ŒUVRES ORATO

DE

CHALLEMEL-LACOUR

DE L'ACADÉMIE FRANÇAISE

AVEC UNE INTRODUCTION ET DES NOTICES

PAR

JOSEPH REINACH

DÉPUTÉ

Ouvrage orné d'un portrait en héliogravure d'après un dessin inédit de

LÉON BONNAT

PARIS

LIBRAIRIE CH. DELAGRAVE

15, RUE SOUFFLOT, 15

1897

ŒUVRES ORATOIRES

DE

CHALLEMEL-LACOUR

COULOMMIERS

Imprimerie Paul Brodard.

CHALLEMEL-LACOUR

I

La première fois que je suis entré, comme spectateur, dans une assemblée délibérante, M. Challemel-Lacour était à la tribune. Si vingt-cinq années de régime parlementaire n'ont point lassé la curiosité du public pour les débats des Chambres, on peut imaginer à quel point elle était ardente au lendemain de la guerre, quand le régime était jeune, les passions dans leur nouveauté et les acteurs dignes de la pièce, qui était l'une des plus intéressantes de l'histoire contemporaine. Tout contribuait à rendre le spectacle saisissant et pittoresque. L'Assemblée, qui était appelée à décider des destinées de la France nouvelle, siégeait dans la capitale de la vieille royauté. Elle occupait au château de Versailles la vaste salle de théâtre, d'une architecture à la fois si galante et si noble, que Louis XV avait commandée pour la marquise de Pompadour et que Marie-Antoinette avait inaugurée. Plus de sept cents représentants du peuple s'y agitaient, élus dans des circonstances tragiques, souverains, et qui ne figuraient pas seulement, dans ce décor d'opéra, toutes les opinions du temps présent, mais comme un résumé de l'histoire même de la nation depuis un siècle. On y voyait vraiment planer à droite l'image de la Monarchie, et à gauche celle de la République. Le choc des partis hostiles y avait la violence et le fracas des flots déchaînés ; mais toutes les convictions paraissaient sincères et profondes. L'Assemblée n'avait pas été plus tôt élue qu'elle avait été impopulaire, tous les partis la maudirent à tour de rôle, et le jour où elle disparut fut pour la France entière un jour de soulagement, où chacun respira plus librement. Ce n'en était pas moins une grande assemblée et des années s'écouleront avant qu'on revoie une réunion d'hommes qui puisse, même de loin, lui être comparée pour le talent, la force et le caractère. On suivait ses orageux travaux, jusque dans les coins les plus reculés de la province, avec une attention haletante. A Versailles, les galeries et les tribunes, d'où le public était admis à assister aux séances, ne désemplissaient jamais. Les femmes y étaient assidues ; plusieurs participaient vraiment à la bataille, où elles portaient quelque chose de l'âme des héroïnes de la Fronde et promettaient au vainqueur la récompense de Chimène. De larges œils-de-bœuf s'ouvraient dans le plafond d'où les auditeurs les moins favorisés, qui n'étaient pas les moins curieux, se penchaient fiévreusement, entassés les uns contre les autres, sur le gouffre de l'énorme salle.

C'est de l'une de ces loges que nous contemplions l'Assemblée, houleuse avant même que cette tempête, la séance, fût ouverte. Elle allait reprendre, en effet, l'une de ses besognes favorites, qui était de recommencer le procès du gouvernement de la Défense.

Par une de ces contradictions qui, les passions une fois éteintes, semblent presque inexplicables, les principaux chefs du parti royaliste, dont le patriotisme avait fait pourtant ses preuves, s'acharnaient alors à déshonorer ceux qui avaient sauvé, au lendemain de Sedan, l'honneur national. Le magnifique et douloureux effort de la France envahie pour conserver l'intégrité du territoire avait retourné

l'opinion de l'Europe, si violemment hostile, jusqu'à l'effondrement de l'Empire, à la nation perturbatrice du repos du
monde; à la colère, à la joie maligne de nos défaites avait
succédé une pitié respectueuse où se mêlait beaucoup
d'admiration. C'était cette page glorieuse que la moitié de
l'Assemblée avait juré de salir, et deux grandes commissions d'enquête, l'une sur les actes du gouvernement du
Quatre-Septembre, l'autre sur les marchés passés pendant
la guerre, s'y employaient de leur mieux. Il est certain
qu'au lendemain de l'année terrible, Gambetta, qui avait
arrêté pendant quatre mois et, un instant, failli briser la
fortune de la Prusse, était jugé à Berlin avec plus d'équité
qu'à Versailles. Qui aurait dit au marquis de Vogüé que le
plus brillant de ses neveux comparerait un jour, dans
l'organe attitré du parti orléaniste, le dictateur de Tours à
l'héroïne de Domrémy et n'exciterait aucun scandale? A
cette époque, il s'agissait surtout de montrer ou de faire
croire que les hommes de la Défense nationale n'avaient
pas été seulement incapables, mais qu'ils avaient encore
dilapidé follement, criminellement peut-être, les deniers de
la France vaincue.

La commission des marchés surtout affectait une sévérité
impitoyable. Il était assurément légitime et même nécessaire
de dresser le tableau des dépenses faites pendant la guerre,
sous la République comme sous l'Empire, et d'y relever
celles qui seraient ou suspectes ou insuffisamment justifiées.
Mais était-il honnête d'oublier que le gouvernement de la
Défense, héritier d'un désastre unique dans l'histoire, avait
dû agir en pleine tourmente, dans le double tumulte de la
révolution et de l'invasion, sous la triple pression de la
nécessité, du temps et du patriotisme exalté? Or, non seulement la commission des marchés ne tenait aucun compte
des circonstances, où les lenteurs de la procédure administrative n'étaient peut-être pas de mise, où tout était à créer

au fort de la bataille; mais, acharnée à prendre en flagrant délit le personnel républicain, elle présumait partout la dilapidation, la maladresse et la fraude. Les rapports qui étaient en discussion le 30 janvier 1873 concernaient les marchés de Lyon; M. Challemel-Lacour, ancien préfet du Rhône, venait de se lever de son banc pour y répondre.

L'homme qui était à la tribune, et qui y faisait ses débuts, n'avait pas encore cinquante ans; mais sa barbe, comme sa chevelure, était toute blanche, et la grave mélancolie des soirs semblait descendue sur lui depuis longtemps. La figure était belle, aux traits réguliers, le nez aquilin, le front large, les yeux d'un bleu limpide; il était d'assez haute taille, mince, d'allure volontairement correcte et naturellement élégante. Ce que le public et même l'Assemblée savaient alors de lui se résumait en peu de choses. Il avait été de la grande promotion de l'École normale; professeur de philosophie, il avait protesté contre le coup d'État de décembre, plus encore comme philosophe que comme républicain, parce que l'*Impératif catégorique* de Kant, qu'il enseignait, lui en avait fait un devoir, et il avait été aussitôt destitué, frappé d'expulsion. Il avait gagné alors, péniblement, à travers la Belgique et la Suisse, le pain d'exil, donnant des conférences littéraires, faisant des cours publics, traduisant de gros livres d'outre-Rhin. Plus tard, rentré en France, il avait collaboré à divers journaux, servi de secrétaire à François Buloz, dirigé la *Revue politique*, organisé, avec Delescluze, la souscription pour l'érection d'un monument à Baudin. On citait de lui une étude sur la fantastique princesse Tarakanov, des portraits d'hommes d'État turcs et de métaphysiciens allemands, le récit d'une conversation avec le philosophe, encore mystérieux et point encore à la mode, Schopenhauer. Puis, le soir du 4 septembre, le gouvernement de la République l'avait improvisé préfet du Rhône, parce qu'aucun poste n'était plus difficile;

et ce proconsulat dans la sombre ville, révolutionnaire et mystique, de Lyon apparaissait, dans la tragédie encore confuse de la Défense nationale, comme quelque chose de particulièrement obscur et sinistre, une grande ombre noire avec une immense tache de sang, une rumeur confuse d'émeutes, de violences de toutes sortes, avec le tocsin ininterrompu des cloches sonnant à toute volée au-dessus des fusils de la guerre civile toujours prêts à partir. Les républicains soupçonnaient qu'il y avait été simplement héroïque, les partis de réaction le traitaient de jacobin et de sectaire. Enfin, le département des Bouches-du-Rhône l'avait nommé député, après qu'un quartier perdu de Paris eut dédaigné de faire de lui un conseiller municipal, et il était au journal *la République française* le principal colla- borateur de Gambetta. Depuis qu'il siégeait à l'Assemblée, il s'enfermait dans un silence qui paraissait méprisant; il se contentait de voter avec la gauche, fuyait le bavardage des couloirs, étouffait dans l'atmosphère des intrigues; on lui attribuait, non à tort, quelques-uns des articles les plus acerbes du journal qu'il rédigeait. Il y avait ainsi autour de lui comme un mur de défiance et de crainte. Aussi le débordement des injures s'était attaqué à lui avec une fureur inusitée; nul, sauf Gambetta, n'avait été plus grossièrement calomnié.

M. Challemel-Lacour prit la parole, et tout de suite, rien qu'à son attitude, aussi calme, aussi impassible que s'il occupait encore, au lieu de la tribune, la chaire de philo- sophie d'où le coup d'État de décembre l'avait chassé, on comprit qu'il ne s'abaisserait pas l'espace d'une minute à la posture d'accusé que la commission des marchés lui avait voulu infliger. « Est-ce que vous me considérez comme un « accusé, par hasard? » s'était-il écrié à l'une des premières interruptions qui s'étaient produites. Et cela avait été dit d'un tel ton, avec un tel redressement de la tête, que les rôles avaient été aussitôt intervertis. Il donnera assurément des explications à l'Assemblée, mais cette Assemblée n'est pas une cour de justice. Il a assez vécu pour connaître la morale et la politique des partis; il ne s'émeut donc ni de leur violence, ni de leur injustice; il n'ignore pas « que « la véritable opinion est impénétrable à ces averses ». Quand il est allé à Lyon, il savait bien « que le courage le plus « nécessaire n'était pas celui de braver les dangers person- « nels, mais de subir, par contre-coup, la responsabilité de « tout ce qui se ferait, même des actes auxquels il serait ou « contraire ou étranger ». Il lui suffit que sa conscience soit en repos.

L'orateur parlait lentement, pesant chaque mot avant de le laisser tomber, cherchant l'expression la plus rigoureuse-ment exacte, dessinant chaque phrase d'un contour irré-prochable. S'il ne répondait à de certaines interruptions que par un haussement dédaigneux des épaules, il n'hési-tait pas, pour riposter à d'autres, qui étaient plus captieuses ou moins basses, à rompre l'harmonie du discours par quelque improvisation rapide où sa parole, d'ailleurs, malgré le jaillissement soudain de la pensée, n'était pas moins sûre d'elle-même. Mais il revenait vite au plan qu'il s'était tracé et, dans un débat où son honneur politique était en jeu, ne semblait pas moins jaloux de sa réputation littéraire. J'ai su plus tard, de lui-même, comment il com-posait ses discours. Il n'en écrivait que de rares fragments, mais il faisait par avance tout le discours dans sa tête, le corrigeant et le perfectionnant sans cesse, de telle sorte que si sa parole n'avait pas l'éclat et la fougue du verbe spontané, elle n'avait pas non plus ce je ne sais quoi de factice qui entrave et glace les plus savantes récitations. Il répugnait à la déclamation, qui est la banalité oratoire, comme à toute autre banalité. Dès que sa pensée, en s'échauffant, menaçait de l'entraîner, il la retenait, comme on fait d'un cheval qui s'emporte, et la remettait au pas, mais au pas relevé et grave des chevaux classiques. Et tout en lui, en effet, était classique : l'ordonnance simple du discours, l'architecture sévère des périodes, le choix scrupuleux des mots, la voix nette et claire. Comme sa vision des choses était très forte, sa phrase était tout en relief. Elle ne traînait jamais, incertaine et molle, même dans l'exposition des faits les plus ordinaires; le contour en était toujours accentué, et comme il ne reculait pas devant le mot propre, fût-il brutal, ces mots n'en ressortaient que davantage sur la correction élégante de l'ensemble, et tout en restant forts devenaient nobles. Il devait à ses études philosophiques une science achevée du développement, multipliant les arguments, les déroulant dans toute leur ampleur, tirant de chaque idée tout ce qu'il y avait en elle, serrant l'argumentation dans d'implacables étaux. La jouissance artistique que lui causait ce travail adoucissait, au moins dans la forme, l'amertume qui débordait de son âme. La pensée se dégageait en pleine lumière et la parole sonnait comme le bronze.

Comme j'étais alors en rhétorique et tout plein des souvenirs de l'antiquité, le débat qui s'engageait devant l'Assemblée m'avait fait songer par avance à la scène fameuse où Scipion, accusé de malversations, avait répondu en montant au Capitole pendant que Caton, resté seul sur le Forum, murmurait âprement que, tout de même, il eût mieux fait de rendre ses comptes. M. Challemel-Lacour monta au Capitole, lui aussi, mais non sans avoir rendu d'abord des comptes à ses détracteurs. Un dégoût cruel lui venait aux lèvres devant la nécessité de pareilles explications infligées à un homme tel que lui, mais il s'expliquait quand même. Il s'expliquait sur tout, sur les deux individus, Geneste et Moulinier, que le rapporteur de la Commission présentait comme les types des agents de la Défense natio-

nale; il avait chassé de son cabinet l'un, qui était un imbécile, et fait arrêter l'autre, qui était un repris de justice; —
sur une réclamation de 40 francs qui avait été faite par un
fournisseur pour l'équipement de la légion d'Alsace-Lorraine; — sur une dépense de 25 000 francs faite par le
Conseil municipal de Lyon et dont la justification n'aurait
pas été produite : il produit la justification; — sur une
fourniture de fusils qui n'aurait pas été livrée : il produit
la preuve que les avances payées ont été restituées; et ainsi
de suite. Mais, lui dit-on, ces armes, ces vêtements, ces
munitions, vous les avez donnés sans compter. « Ah! oui,
« j'ai donné beaucoup sans m'inquiéter si, à deux ans de dis-
« tance, des Français viendraient me demander compte de ce
« que j'avais fait pour des Français qui allaient se battre! »

On peut se demander comment un orateur condamné à
descendre à d'aussi misérables querelles put réussir, sans
déplacer le débat, à s'élever à une hauteur d'éloquence qu'il
ne devait jamais, par la suite, dépasser ni même peut-être
atteindre de nouveau. Il y a là une leçon d'art oratoire qui
vaut la peine qu'on s'y arrête. M. Challemel-Lacour, en effet,
ne sortit pas un instant du sujet qui lui était imposé, mais,
tout en passant au crible de sa discussion chacun des griefs
de ses adversaires, il faisait apparaître insensiblement, par
larges touches successives, derrière ces odieux marchan-
dages, le tableau de la ville bouleversée et déchirée par
l'émeute, où il avait été envoyé pour rétablir l'ordre, et,
derrière cette ville, l'image même de la patrie envahie, du
sol qui voulait rester libre et d'où sortaient, sous les efforts
d'un patriotisme qui ne s'était pas résigné dès les premiers
moments de la défaite, des légions nouvelles, en armes,
jeunes, ardentes, pour remplacer les vétérans que l'Empire
avait perdus ou livrés. Il y avait ainsi, dans cet extraordinaire discours, des lambeaux de phrases, de simples mots
qui recréaient l'atmosphère où il avait accompli sa mission.

Qu'il y ait eu des erreurs, des fautes mêmes dans cette période troublée, il ne le niait pas. Mais pendant que la commission, en s'appliquant non seulement à rechercher, mais à isoler de l'ensemble les moindres irrégularités, en incriminant jusqu'à des propos, en suspectant tous les actes, semblait « prendre à tâche de fournir à la France des prétextes de se mépriser », il s'efforçait, au contraire, de faire revivre à grands traits le puissant et sincère effort de la Défense et de présenter ainsi une idée de la France militante et résistante où la France, vaincue, mais résolue à se relever, pût apprendre à s'estimer. Il pardonnait donc à la commission ses railleries, ses duretés, les paroles équivoques dont le public abuse et dont s'arment « les journalistes déshonorés », sa passion haineuse ; il ne lui en voulait même pas d'avoir fait croire et laissé croire à l'existence de faits qui entachent la probité. Mais ce qu'il lui reprochait, c'était d'avoir menti à la France, qui était intéressée cependant à savoir ce qu'elle avait pu faire sous le pied de l'étranger ; « car il y a quelque chose de « plus grave qu'un adversaire maltraité, qu'une vérité « déguisée, que la justice blessée : c'est le triste et funeste « exemple qu'on donne par là à une nation qu'on se pro- « pose de moraliser et d'instruire ».

On raconte que la lyre d'Orphée apprivoisait les lions et les tigres ; je ne vis point, ce jour-là, et j'en fus meurtri, et je n'ai jamais vu depuis, et je ne m'en étonne plus, la parole humaine, même la plus loyale et la plus persuasive, abattre les passions des partis. Au contraire, elles éclatèrent de plus en plus exaspérées, cherchant de nouveaux aliments. M. Challemel-Lacour n'était pas plutôt descendu de la tribune que M. de Carayon-Latour s'y élançait pour affirmer qu'il avait vu de ses yeux, sur la table du général Bressolles, un rapport du maire de Vénissieux qui incriminait le bataillon des mobiles de la Gironde dont il avait été le chef; en tête du rapport, il y avait écrit, de la main de l'ancien préfet du Rhône : « Faites-moi fusiller tous ces gens-là ! » L'Assemblée nationale parut alors une immense maison de fous. Toute la droite et une partie du centre étaient debout, criant, hurlant, menaçant du poing et outrageant M. Challemel-Lacour, qui était remonté à la tribune et qui, très calme, un peu triste, attendit longtemps, dit le compte rendu officiel, que le silence se fît. Il put enfin placer quelques paroles : il n'avait gardé aucun souvenir du fait allégué contre lui; « une pièce de cette nature, qui « devait si vivement frapper l'attention de celui qui l'avait « reçue, on la garde; donc elle existe! Eh bien, qu'on « veuille faire une enquête, chercher la lettre, la produire; « et l'on verra alors quelle explication favorable ou défa- « vorable on peut en donner ». Aussitôt les cris, les injures, le délire, recommencèrent, et le président ne put mettre un terme au tumulte qu'en levant brusquement la séance. Pourtant l'incident ne fut pas clos, et par deux fois encore, dans des séances d'une violence croissante, il revint devant l'Assemblée. M. Challemel-Lacour ne contestait pas la véracité de ses accusateurs; il voulait bien con- céder, « provisoirement, par politesse », l'existence de l'annotation, puisque M. de Carayon-Latour affirmait l'avoir vue; cependant sa mémoire ne lui rappelait toujours rien de semblable, et dès lors il demandait, il exigeait, la produc- tion de la pièce : « Je demande la pièce! il faut la pièce! » Mais l'on ne put jamais fournir la pièce. Le ministre de la guerre ordonna des recherches dans les archives de son département; ces recherches furent infructueuses. Le général Bressolles écrivit qu'il se souvenait de l'annotation; mais, chose bizarre, il ne se souvenait pas de quoi il était question dans ce rapport. Tout ce qu'on put établir, ce fut que le bataillon en question s'était livré à Vénissieux à des actes répétés et scandaleux d'indiscipline, qu'il avait arrêté le

maire et l'avait traîné loin de son domicile à travers la nuit ;
que des femmes avaient été violées, et que ces désordres
avaient été signalés alors au préfet. La pièce arguée contre
M. Challemel-Lacour resta donc introuvable ; mais la légende
imbécile, qui ne repose même pas sur un chiffon de papier
qu'on puisse produire, lui a survécu.

II

M. Taine, qui fut l'un des condisciples de M. Challemel-
Lacour à l'École normale, a dit quelque part que « le signe
« d'un esprit supérieur, ce sont les vues d'ensemble ». En
effet, elles sont non seulement le résumé des vues particulières sur les sujets les plus divers, mais encore de
tous les autres dons qui ne servent qu'à préparer ou à
manifester celui-là. L'immense majorité des hommes
s'arrête plus ou moins loin, à mi-côte, se contentant d'une
vue partielle ou superficielle des choses ; une élite seule, de
plus en plus rare à mesure qu'augmente l'énorme complexité
des connaissances, parvient à s'élever jusqu'au sommet d'où
le regard découvre l'enchaînement des causes et des effets,
des phénomènes et des lois. Noble ascension et grand
spectacle ! L'homme qui a le don des idées générales n'en
est pas moins condamné à une perpétuelle inquiétude.
Rien de la science, ou de l'art, ou de la politique, ne le
satisfait tant qu'il n'en a pas dégagé la philosophie. Tout
ce qui n'est point elle lui paraît médiocre ou vulgaire ; il ne
poursuit qu'elle, ne veut qu'elle. Tant qu'il ne l'a point
conquise par une méditation prolongée et une tension violente de la pensée, il est tourmenté et mécontent. Il éprouve,
assurément, une joyeuse fierté d'être monté si haut ; mais,
tout de suite, une force irrésistible et douloureuse le pous-
sera à monter plus haut encore. Seul d'ailleurs, l'artiste

ou le savant peut jouir pleinement, pendant quelques heures,
des horizons nouveaux qu'il a découverts, car c'est cette
découverte même qui a été son ambition. Mais il n'en est
point de même de celui qui a dirigé ses méditations vers
la politique. Un certain mélange d'illusion et d'ignorance,
qui ne va pas sans une certaine pauvreté de conscience, est
loin d'être une cause de faiblesse dans la bataille des partis.
Le penseur qui s'est élevé jusqu'aux idées générales, s'il
redescend ensuite des hautes sphères dans l'action, s'y reconnaît au contraire un combattant beaucoup moins fort et
beaucoup plus malheureux que le premier caporal venu qui
ne songe qu'à gagner du galon ; il se rend compte de difficultés, sent l'approche de dangers et s'embarrasse de scrupules
que l'autre ignore ; il répugne aux formules toutes faites qui
mènent les sociétés et surtout les démocraties ; il s'arrête à
des obstacles qui n'existent même pas pour l'homme subal-
terne, lequel va droit devant lui, sottement peut-être, mais
résolument confiant en soi. Il est bon qu'il y ait des philosophes qui se préoccupent des lois supérieures de la politique
et de l'histoire ; il est bon que ces philosophes rompent parfois leur silence et tirent un pan du voile qui recouvre la
statue de Saïs ; mais, pour que le monde marche, il est
nécessaire que ce soient les autres qui le conduisent et le
poussent.

M. Challemel-Lacour était un de ces philosophes égarés
dans l'action. A vrai dire, l'action ne le prit jamais tout
entier qu'une seule fois, pendant son proconsulat de Lyon.
Il n'y dépouilla point sa philosophie, mais il l'enferma
en lui, et ne fut alors, cinq mois durant, qu'un combattant. Il a tenu par la suite les charges les plus hautes de
l'État, successivement ambassadeur, ministre, président du
Sénat ; à deux reprises, il ne dépendit que de lui d'occuper
la dignité suprême de la République. Il ne donna cependant sa mesure dans aucune de ces diverses fonctions, alors

que des mérites ou subalternes, ou du moins d'une qualité
moins rare, s'en acquittèrent avec succès. Leur intelligence
paraissait pâle auprès de la sienne; il les dominait encore
de toute l'ampleur harmonieuse de son talent, de toute
l'étendue d'une culture presque universelle, de la beauté
d'un caractère vraiment antique. Mais il n'avait que des
réveils et des éclairs, tandis que les autres s'attachaient
incessamment à leur œuvre, croyaient sans réserve, pei-
naient et travaillaient sans trève.

C'est un très grand honneur pour notre démocratie que,
même dans des temps aussi épais que les nôtres, elle se
soit presque toujours inclinée devant un mérite comme
celui de M. Challemel-Lacour et lui ait à peine marchandé
les fonctions qui tentèrent successivement sa fantaisie. Elle
connaissait trop peu l'homme même pour l'aimer; mais
elle reconnaissait la transcendance de son esprit, la respec-
tait et aurait voulu en trouver l'emploi. M. Challemel-
Lacour a parlé de la démocratie républicaine avec une sévérité qui a paru légitime à quelques-uns, que la plupart ont
trouvée excessive; en tout cas, il avait le droit d'en parler
selon sa conscience; mais il n'eut jamais le droit de s'en
plaindre personnellement, car elle lui facilita toutes les
occasions qui s'offrirent à lui de tenir un grand rôle dans
la direction de ses affaires.

S'il ne réussit pas dans les divers postes qu'il a occupés
sous la République, du jour où elle fut devenue le gouvernement légal du pays, ou, du moins, s'il y parut inférieur
aux espérances qu'il avait fait concevoir, on n'en peut
donc accuser que lui-même, et, pour préciser, que le genre
même de sa supériorité intellectuelle. Précisément parce
qu'il était un philosophe politique de la plus grande enver-
gure, l'égal, sans nul doute, d'Alexis de Tocqueville et
même de Royer-Collard, il était peu propre à la politique
militante, et sa véritable place était, loin des contingences

et des rebutantes difficultés de la lutte quotidienne, celle
d'un conseiller des gouverneurs de l'État et d'un avertis-
seur, si je puis dire, de la démocratie. Aussi bien, les
importants et parfois admirables services qui l'ont illustré,
dont ses contemporains ont été loin d'épuiser le profit et
qui resteront des leçons pour la postérité, c'est ainsi qu'il
les a rendus, lorsque, sortant à de longs intervalles de la
retraite où il méditait, il venait exposer à la tribune ses vues
sur la politique. Tels furent notamment ses discours sur la
nécessité de constituer la République, sur la liberté de
l'enseignement supérieur et la collation des grades, sur le
projet de loi relatif aux prétendants, sur la politique radicale et sur le régime de la presse. Mal à l'aise dans les simples discussions d'affaires, non point qu'il ne fût pas capable
de bien étudier les questions spéciales et de les bien
exposer, mais parce qu'il était comme un grand oiseau dans
une cage trop étroite où il ne peut pas déployer ses ailes,
il n'était ou ne redevenait lui-même que dans les larges
questions qui prêtent au développement des idées générales et des conceptions d'ensemble.

Il est certain que ses discours ressemblaient un peu à des
leçons; ils en avaient la forme doctrinale, l'allure involon-
tairement didactique, et l'homme public haranguant des collègues avait, malgré lui peut-être, le ton d'un maître s'adressant à des élèves. Mais quelles leçons, et qui reprendra,
après lui, ce cours de philosophie politique!

M. Challemel-Lacour, qui était un républicain de l'avant-
veille, qui avait sacrifié à la République sa carrière universitaire et qui avait souffert pour elle de longues années de
proscription et de misère, pensait-il que le principe de la
République est supérieur en soi à celui de la Monarchie?
Parmi ses contemporains, il est hors de doute que beaucoup, et des plus éminents, étaient imbus de la conviction
que la République est, en tous pays et à toutes les époques,

la forme naturelle des gouvernements et la plus parfaite, —
opinion qu'ils justifiaient par des considérations multiples,
d'ordre à la fois philosophique et historique, politique et
social. Bien plus, cette aspiration leur était instinctive :
comme elle les avait faits orateurs ou poètes, hommes de
science ou hommes d'imagination, la nature les avait faits
républicains. Il n'en était pas de même de M. Challemel-
Lacour, et l'on peut en trouver l'aveu, très prémédité, dès son
premier discours à l'Assemblée nationale sur les marchés de
Lyon. « J'ai toujours, y dit-il, voulu et appelé la République,
« *faute de voir en France les conditions d'une monarchie pos-*
« *sible.* » Qu'est-ce à dire, sinon qu'il ne préférait point le
principe de la République à celui de la Monarchie, mais qu'il
jugeait que la Monarchie avait perdu en France, par sa propre
faute et dans une succession de catastrophes, les vertus qui
la rendaient théoriquement supérieure à la République?
« A l'heure qu'il est », demandait-il un peu plus tard, le
8 mars 1874, au duc de Broglie, « cette nation, labourée par
« les révolutions, revenue de toutes les dynasties, a-t-elle
« ou peut-elle jamais reprendre les idées, les dispositions, les
« habitudes sans lesquelles un établissement monarchique
« est un établissement précaire, ou plutôt reste la plus
« impraticable des utopies? » Il constatait que non, que le
gouvernement de l'Ordre moral était impuissant « à mettre
« sa petite sagesse à la place de la sagesse du pays », et,
dès lors, que la République, loin d'être une apparition fortuite, ramenée seulement par le hasard des événements,
était une nécessité. Ce qui avait fait dans les siècles précédents la force incomparable de la Monarchie, c'est que sa
légitimité, qui était réputée d'institution divine, n'était
point contestée, qu'elle était considérée d'un universel consentement comme ayant contracté mariage avec la France,
qu'elle s'était identifiée avec elle. Or, rien au monde ne
pouvait plus faire que cela fût de nouveau comme cela avait

été. La famille des Bourbons, « cette maison dont la grandeur était sans égale dans l'histoire », s'était si bien divisée elle-même que l'héritier du prince qui incarnait la légitimité se trouvait être le petit-fils d'un usurpateur et l'arrière-petit-fils d'un régicide. L'oint de Dieu ne croyait plus lui-même pouvoir se passer de la consécration du peuple. Cette magnifique union des Capétiens avec la France avait été si tragiquement rompue à la fin du siècle dernier qu'aucune réconciliation ne pourrait jamais effacer les traces du sanglant divorce. A qui en incombait la responsabilité? On en pouvait discuter, bien que ceux qui proclamèrent la première République fussent encore la veille, et le matin même, des partisans déclarés du principe monarchique. Cependant les faits n'étaient pas contestables et leurs conséquences ne l'étaient pas moins : ce n'était pas pour ses vertus théologales, c'était comme une nécessité de l'histoire que la République s'imposait.

Cette vue très juste des choses et qui ne rabaisse pas du tout la République, car rien ne saurait primer la nécessité de l'évolution historique, paraîtra évidemment blasphématoire aux esprits bornés et au petit nombre des fanatiques sincères. Les déductions qui en résultent d'autre part sont capitales. La République et la Monarchie, en effet, ne sont pas surtout différentes l'une de l'autre par leurs principes ; car quels sont ces principes? Montesquieu a dit que celui de la Monarchie est l'honneur, celui de la République la vertu. Cela est bien vague. Dans la réalité des choses, la République et la Monarchie ne sont que des formes différentes de gouvernement, et, par suite, la forme ne saurait l'emporter sur le fond. Que le pouvoir exécutif soit ou non héréditaire — et il peut être électif sous la monarchie, comme autrefois en Pologne et en Allemagne — le fonds essentiel et primordial de tout gouvernement est le même. Pour qu'il soit fort, stable et régulier, qu'il puisse assurer l'ordre au dedans et faire prévaloir quelque continuité dans les affaires du dehors, il faut qu'un gouvernement, Monarchie ou République, se conforme à un certain nombre de lois et de règles, dont l'utilité indispensable résulte de l'expérience traditionnelle comme de la nature même des choses, et qui sont partout les mêmes. La base de la République étant nécessairement moins ferme et plus flottante que celle de la Monarchie, il en faut conclure que l'observation de ces lois doit être plus stricte encore sous la République, afin de rétablir l'équilibre. Mais alors, disent les hommes de parti et les gens à courte vue, la République n'est qu'une étiquette ; puis, ils traitent tout de suite soit de réactionnaires, soit de jacobins, ceux qui sont assez attachés à la République pour vouloir qu'elle ne soit pas un gouvernement plus débile que la Monarchie. C'est ce qui advint à M. Challemel-Lacour. Quand les privilèges ou les droits qu'il réclamait pour la République blessaient les monarchistes, qui croyaient avoir intérêt à ce que la République fût faible, il était dénoncé comme un sectaire. Quand d'autres privilèges et d'autres droits, qu'il ne réclamait pas avec moins d'énergie pour le gouvernement de son choix, gênaient les démagogues, il était dénoncé comme un rétrograde. Il n'était cependant, dans les deux sortes d'occurrence, qu'un seul et même homme de gouvernement; ses prétendues variations n'existaient qu'aux yeux d'adversaires passionnés ou peu attentifs.

Ce n'est point à dire que la leçon des faits ait jamais été perdue pour lui ; — autant dire qu'il ne se faisait pas gloire d'être une borne, à la façon de tels pontifes de la démocratie, figés dans une immobilité de dieu égyptien, aussi aveugles et aussi sourds qu'une statue de pierre, et malheureusement moins muets. J'ai sous les yeux le texte d'un toast qu'il prononça au mois de juillet 1848, dans un banquet de l'École normale, et qui eut alors son heure de célébrité. Le jeune Challemel y maudissait le Code civil, qu'il croyait

b

apparemment être l'œuvre de Napoléon et non celle de la
Révolution, comme « une consécration des droits prétendus
« du capital » et comme un monument d'iniquité ; il accusait
« la science de se taire ou de mentir, le sanctuaire d'être
« devenu un marché, l'idée de s'être prostituée à la force » ;
la première assemblée élue du suffrage universel n'était
« qu'une enceinte plus pleine que l'Enfer de Dante de
« fraudes, de mensonges, de lâchetés, d'apostasies » ; et
toutes les folles illusions de la démocratie de 1848, à qui il
reprochait d'ailleurs d'avoir « trahi la foi jurée à nos frères
« d'Italie et d'Allemagne », il les proclamait comme de sou-
veraines vérités. Malheur et honte au jeune homme dont
les vingt ans n'auraient pas été alors ivres du vin généreux
de Février ! M. Challemel-Lacour avait cuvé cette ivresse
dans l'exil et dans la méditation. Mais le philosophe qu'était
devenu ce rhétoricien n'eut qu'une seule conception du
gouvernement, et c'est précisément dans des discours qui
furent applaudis tour à tour sur les bancs les plus opposés
que sa fidélité à son idée apparaît avec le plus d'éclat.

Si l'on part, en effet, de cette idée fondamentale qu'il
voulait que la jeune République fût un régime aussi fort
que l'avait été la vieille Royauté, c'est-à-dire, en deux
mots, un gouvernement, on découvre tout de suite la puissante harmonie de la politique où les politiciens myopes
crurent voir la contradiction et le désaccord. A-t-il attendu
l'expérience des désorganisations radicales et la menace
d'un abject césarisme pour inviter la République à se
défendre avec une même énergie « contre tous les pertur-
« bateurs anarchistes ou monarchistes », pour affirmer que
« la démocratie n'aime pas les gouvernements sans force,
« qu'elle les méprise, qu'elle les redoute comme une proie
« promise à l'anarchie », — ce mot, synonyme de désordre,
revient sans cesse sur ses lèvres — « à l'usurpation » ? On
croirait ces paroles extraites du fameux discours où il

accabla de son ironie le ministère que présidait solennellement M. Floquet ; or, il les adressait, en 1874, par-dessus
la tête du ministère que présidait le duc de Broglie, aux
républicains qui étaient alors unanimes à l'acclamer. Il professe donc que la République a les mêmes obligations que
la Monarchie et qu'elle n'est nullement tenue, du fait de
son origine, à se dépouiller de droits qui n'ont pas cessé
d'être régaliens ; l'État, qu'il soit monarchiste ou républicain, doit conserver les mêmes privilèges qui sont essentiels et les mêmes attributions. « Il est étrange », disait-il
le 4 décembre 1874 à l'Assemblée nationale, répondant à
l'évêque d'Orléans, M. Dupanloup, qui réclamait la liberté
de l'enseignement supérieur, « il est étrange qu'une pré-
« tention inconnue à l'ancienne France, que les juristes, les
« jurisconsultes, les hommes d'État, les ministres de la
« Monarchie ont presque unanimement considérée comme
« diamétralement contraire aux bases de notre droit public,
« qu'une prétention qui paraissait absolument fausse à des
« esprits tels que Royer-Collard, qui a été victorieusement
« combattue jusqu'en 1850, soit tout à coup passée à l'état
« d'axiome et érigée en principe indiscutable. » Pareille-
ment, il demande, le 20 février 1890, dans le débat sur le
régime de la presse, pourquoi, en vertu de quel phénomène
nouveau, les opinions qui étaient, à bon droit, punissables
sous la Monarchie, qui l'étaient aussi sous la Constitution
de l'an III, pourquoi elles auraient cessé de l'être sous la
troisième République : « Elles s'étalent parmi nous, mar-
« chent tête levée, nous poursuivent insolemment, nous
« assourdissent de leur bruit ; cette sédition d'idées et de
« paroles, c'est notre état habituel ; nous y vivons, selon
« une expression vulgaire, comme le poisson dans l'eau, et
« c'est de cette même expression dont se servait d'un air
« satisfait, presque triomphalement, en causant avec moi,
« un de ceux qui ont le plus coopéré à introduire le régime

« nouveau. Je veux bien croire avec lui que la République
« est capable d'y résister ; mais je me demande si elle
« pourra y résister toujours, et si elle n'a pas déjà perdu
« aux yeux d'électeurs ignorants et naïfs un peu de son
« auréole. Je me demande si ce régime ne finira pas par
« énerver une nation vigoureuse encore, mais fatiguée, qui
« se lasse d'être ainsi ballottée et qui réclame à grands cris
« un abri définitif. » Prenez maintenant, dans l'intervalle
de ces deux discours, celui du 10 février 1883 sur la question des prétendants, et vous y trouverez encore la même
doctrine : « La République a-t-elle, comme tous les gouver-
« nements, le droit de se défendre ? par quelles mesures
« doit-elle pourvoir à se défendre ? lui convient-il de négliger
« et de dédaigner le péril ? va-t-il de son honneur, est-il de
« son intérêt d'inaugurer dans le monde un régime de tolé-
« rance sans limite à l'égard de ses adversaires déclarés,
« régime qui serait bien nouveau, régime jusqu'à présent
« inconnu dans tous les pays ? »

Voilà donc une de ces vues d'ensemble qui ne peuvent
résulter que de l'étude approfondie de l'histoire et dont
l'histoire seule pourra montrer toute la justesse. En voici
une autre qu'il ne se lasse pas d'exposer : s'il réclame
pour la République le droit de ne pas mettre bas les
armes dont la Monarchie ne s'est jamais dessaisie, il
voudrait imposer à la République le devoir de maintenir
intacte, non pas seulement l'unité matérielle, mais encore
l'unité intellectuelle et morale de la France. Cette préoccupation, qui est absente de la plupart des cerveaux,
hante au contraire le sien, et elle lui fournit des arguments d'une force admirable, à la fois contre la loi qui
établira prématurément la liberté de l'enseignement supérieur et contre celle qui a laïcisé prématurément les écoles
primaires. « Ce qui donne, dit-il, tant d'importance à
« l'enseignement supérieur dans ce pays, ce n'est pas qu'il

« fait des avocats, qu'il fait des médecins, qu'il fait des
« magistrats, qu'il fait des humanistes; ce n'est pas non
« plus qu'il entretient ou qu'il propage l'amour désinté-
« ressé de l'étude et de la science; ce n'est même pas qu'il
« élève le niveau des connaissances humaines; — ce qui
« lui donne une telle importance, une gravité si haute, c'est
« que plus que tout au monde, plus que toutes les autres
« causes ensemble, il contribue à former l'esprit de ce
« qu'on nomme improprement les classes moyennes; —
« improprement, car ce ne sont pas des classes : elles
« viennent de partout; mais elles sont une puissance, une
« puissance indestructible; leur union est le nerf et l'éclat
« d'un peuple; leurs divisions entourent les gouvernements
« de difficultés et entourent quelquefois les sociétés de
« périls. » M. Challemel-Lacour repousse donc la liberté
de l'enseignement supérieur ou, tout au moins, il la voudrait ajourner. Craint-il que l'on puisse tenter aujourd'hui
de créer quelque part une science orthodoxe, une chimie
orthodoxe, une linguistique orthodoxe? Existe-t-il pour la
science, fût-elle enseignée dans un séminaire ou dans une
université catholique, une autre orthodoxie possible que
celle de la démonstration? Même dans les sciences fermées
à la certitude absolue, comme l'histoire, et qui se prêtent
trop complaisamment à nos passions et à nos haines; même
dans cette région obscure qui entoure ce qu'il y a de certain dans les connaissances humaines et qui est comme le
domaine livré à la conjecture, au surnaturel, à la philosophie, la critique et l'expérience peuvent-elles être sérieusement menacées? Il ne craint pas cela, mais ce qu'il
redoute et ce qui l'épouvante, « c'est qu'en accueillant dans
« des établissements spéciaux des esprits tout préparés, en
« les soumettant à une discipline spéciale, à un régime
« spécial, en les protégeant contre toutes les influences
« sociales, contre les plus légères atteintes de ces doctrines

« qu'on qualifie de malsaines, on veuille, dans ces futurs
« professeurs, armer des auxiliaires de l'esprit catholique.
« Et ces nouvelles milices ne conquerront pas tout le
« monde ; mais plus elles mettront d'ardeur dans leur pro-
« sélytisme, plus d'autres mettront d'ardeur à se défendre,
« en sorte que vous aurez agrandi les divisions et entassé
« dans ce pays des éléments combustibles jusqu'à ce que se
« produisent des chocs et peut-être des cataclysmes. » —
Là-dessus, les républicains battent des mains et les cléricaux
protestent. Mais comme M. Challemel-Lacour reste conséquent avec lui-même, le jour viendra où, reprenant la même
thèse, sauf à en faire une autre application, il sera applaudi
à droite pendant que la gauche protestera : « Oui, nous
« nous sommes laissés peut-être conduire trop docilement
« par de pures doctrines à des conséquences extrêmes qui
« n'étaient pas sans péril. Nous avons trop confondu peut-
« être les théories abstraites avec les lois de la politique.
« Perdant de vue que, s'il est beau d'avoir le culte des prin-
« cipes absolus, il est dangereux de n'écouter qu'eux et je
« ne dirai pas d'alarmer, mais d'inquiéter ou de gêner seu-
« lement dans certaines habitudes la masse des populations,
« nous avons oublié que, même après le triomphe de la
« République, il y avait encore en France non seulement
« un parti qu'elle n'avait pas conquis, parti puissant dans
« tous les cas, redoutable quand il parle, plus dangereux
« encore quand il se tait; mais aussi des populations
« immenses attachées à leurs habitudes, attachées à leurs
« croyances, avec des croyances peut-être attiédies et
« assoupies sur certains points et dans quelques régions,
« mais sujettes à des réveils surprenants, vivaces encore
« presque partout et qui tiennent dans la vie intime, dans
« la vie de famille, plus de place que la politique n'en
« tiendra jamais. »

Quoi qu'on ait pu penser, dans les nombreux camps

ennemis où la France s'est morcelée, de ces prévisions et
de ces confessions de M. Challemel-Lacour, il était difficile
de prétendre qu'elles ne vinssent pas, les unes comme les
autres, d'une inspiration très haute. Bien qu'il fût un admi-
rateur passionné de la Révolution et qu'il fût imbu de ses
doctrines, il avait une vision trop claire des faits pour ne
pas reconnaître que la France, comme détachée de son
passé par cet immense bouleversement, ballottée sans cesse
de l'anarchie au despotisme, n'avait point encore retrouvé
cet équilibre intérieur qui avait été, pour une si large part,
la cause de sa grandeur et de son influence sur les affaires
du monde. N'est-il pas manifeste qu'affaiblir le gouvernement et diviser de plus en plus la nation contre elle-même
ne sont pas des moyens de rétablir cet équilibre? On peut
donc soutenir que M. Challemel-Lacour, allant toujours
jusqu'au bout de sa pensée, lui donnait une forme excessive; on peut soutenir aussi qu'il avait presque seul le courage de dire très haut ce que beaucoup osaient seulement
murmurer. Mais on ne peut refuser à ses inquiétudes d'avoir
été très nobles et très patriotiques. Alors même que l'événement final ne les justifierait pas, de tels avertissements
n'en auront pas moins une grande utilité. Hélas! qui peut
assurer encore qu'ils ne seront pas justifiés?

M. Challemel-Lacour préférait-il, comme on l'a dit, l'autorité à la liberté? Cette manière de poser la question est
trop simpliste. On n'imagine pas, sauf dans le cas de guerre
civile ou de guerre étrangère, où les républicains de la
vieille Rome proclamaient d'abord la dictature, que les
citoyens d'un pays paisible doivent nécessairement opter
entre la liberté et l'autorité. L'une et l'autre sont indispensables, et tout le problème réside dans la conciliation de
ces deux principes, conciliation qui s'appelle l'ordre quand
elle est harmonieuse et rationnelle. C'est évidemment cette
conciliation que poursuivait, après tant d'autres, M. Chal-

lemel-Lacour, et, par conséquent, on ne saurait s'étonner qu'il ait réclamé plus vivement la liberté sous l'Empire et l'autorité sous la République. Mais, même sous l'Empire, il ne pensait point que la liberté fût une panacée. Prévoyait-il vraiment que, l'ayant toujours publiquement appelée, il serait des premiers, du jour où elle réapparaîtrait en France par une révolution, à en soutenir le choc ? Il savait, en tout cas, par quelle fatalité logique la liberté sans frein aboutit aux excès les plus opposés à ce qui fait sa beauté et à ce qui est son essence ; la liberté impunie de la diffamation et de l'outrage, il l'appelle « la pire des tyrannies ». Il se flattait d'ailleurs de n'avoir jamais été atteint par le libéralisme, voulant dire la combinaison d'une indulgence extrême pour toutes les idées et d'une crainte exagérée des responsabilités gouvernementales, combinaison grâce à laquelle on se concilie la bienveillance de ses adversaires, mais qui énerve l'État et la conscience elle-même. Il eût volontiers, comme le pape Grégoire XVI, dénoncé « la source infecte de l'indifférentisme ».

Sa conception du progrès n'était pas moins classique. L'un des caractères de l'époque où nous vivons est d'avoir complètement modifié la valeur, sinon absolue, du moins relative du temps. Il est certain que dans les siècles qui ont précédé le nôtre, quand il fallait dix jours pour aller de Paris à Marseille, les mouvements de l'État, de la société et de l'homme lui-même participaient en quelque sorte de la lenteur des communications. Aujourd'hui, la vapeur et l'électricité, les chemins de fer et les télégraphes n'ont pas seulement supprimé les distances, mais le temps luimême. Une communication téléphonique qu'on met plus de deux minutes à établir nous paraît une perte de temps intolérable. Nous sommes tous devenus des gens pressés et apportons dans toutes les affaires une hâte fébrile. Cependant la nature même des choses n'a point changé.

Le grain de blé met toujours le même nombre de mois
à germer et à devenir épi ; la société est un organisme
qui participe de la lenteur des lois qui président aux évo-
tions organiques ; mais nous nous comportons comme si
les réformes politiques et même sociales pouvaient être
l'œuvre d'un seul jour. M. Challemel-Lacour reprochait
donc à la République « de s'être défiée du temps, comme si
« elle n'avait point confiance en son avenir ». Avec une intention généreuse, elle avait commencé tout à la fois ; presque
toutes ses entreprises étaient marquées de précipitation et
d'entraînement. Le goût du progrès chez lui ne se séparait
point de la préoccupation constante de la méthode. Il crai-
gnait que tant de réformes hâtives fussent mal assises ; il
n'admettait point qu'on pût faire des expériences de labo-
ratoire sur l'âme de la France ; il s'alarmait de la perturbation maladive qu'on avait apportée dans les esprits que
leur propre agitation, leur nervosité surexcitée, empêchait
de s'apercevoir eux-mêmes du mal ; il prévoyait enfin que
la surenchère des programmes, le débordement des promesses irréalisables, fatigueraient le suffrage universel, le
dégoûtant du présent, mais le faisant aussi douter de
l'avenir. Faut-il l'avouer ? Il était de ceux qui pensent que
tout n'était pas mauvais dans le passé, que les grands cons-
tructeurs de l'État français n'avaient peut-être pas manqué
tout à fait de sagacité et de sens, et que beaucoup de nova-
teurs sont encore plus ignorants que présomptueux.

III

Je n'essaye point d'écrire ici la vie de M. Challemel-
Lacour : il cacha sa vie intime, et sa vie publique est inséparable d'une histoire qu'on pourra raconter seulement
dans vingt ans, celle de l'établissement du système républi-

cain. Mais je voudrais fixer encore quelques traits d'un caractère que très peu ont bien connu et qui risquerait, si les témoins ne parlaient à temps, d'être méconnu de la postérité.

Les poètes et les romanciers ont un notable avantage sur les philosophes : ils se peignent eux-mêmes dans leurs ouvrages, et, comme de droit, sous des couleurs qui sont plutôt favorables. Les philosophes, au contraire, ne donnent au public que le fruit de leurs méditations qui sont objectives, et se bannissent eux-mêmes, tant qu'ils peuvent, de leurs discours. Cependant ils ne s'en exilent pas entièrement. On peut découvrir ainsi, dans ceux de M. Challemel-Lacour, la marque d'une âme très haute, sévère, éprise de justice, imbue de l'idée kantienne du devoir. On y reconnaît son mépris des préjugés, des opinions toutes faites, des vaines et faciles popularités. On se rend compte encore qu'il faisait très clair en lui. Mais ce n'était pas tout l'homme.

Nombre de ceux à qui l'on parle du cœur de M. Challemel-Lacour répondent qu'il avait un mauvais estomac. Il était, en effet, fort souvent d'humeur morose et il y avait des jours où il ne s'inquiétait pas de déplaire. Il avait parfois l'abord hérissé, le verbe dur; ceux de ses amis qu'il prisait le plus n'ont pas été toujours à l'abri de ses bourrades. Quand il était rédacteur en chef de la *République française*, il traitait un peu les collaborateurs de ce journal qui étaient, presque tous, des hommes déjà mûrs, ayant occupé, sous le gouvernement de la Défense, d'importantes fonctions, comme une classe d'écoliers. Toute familiarité lui était odieuse et il avait vite fait d'en décourager les tentatives. S'il aimait causer, peut-être surtout s'entendre causer, la contradiction finissait d'ordinaire par l'irriter. Je me rappelle avoir entendu la fin d'une discussion orageuse qu'il eut un soir avec Gambetta. Comme il avait la démission

prompte, il avait, à bout d'arguments, menacé de se retirer.
« L'abbaye, lui disait gaiement Gambetta, de son ton qui
était volontiers rabelaisien, ne chôme pas faute d'un moine.
— Ni faute de deux, monsieur Gambetta ! » reprit-il en
repoussant la porte avec violence. Il revint le lendemain ;
mais il avait fallu le chercher, et c'était probablement lui
qui avait tort. Jules Ferry, qui n'était pas moins bon que
Gambetta, apprit, lui aussi, la patience à l'école de cette
collaboration. Il tranchait volontiers, faisait siffler vivement
« les cordelettes de l'ironie », n'éprouvait aucun scrupule
à faire sentir une supériorité dont il avait trop ouvertement conscience.

On pourrait se contenter d'expliquer que ses défauts
étaient ceux de ses qualités et que, s'il ne les avait pas eus,
il n'aurait pas atteint à cette hauteur de dignité, tout
ensemble décorative et morale, dont il fit preuve dans
des circonstances, les unes seulement solennelles, les
autres tragiques. Si le dédain n'avait pas fait partie de son
esthétique, il n'aurait ni réduit à l'impuissance les fureurs
des socialistes, au congrès de Versailles, ni fait reculer à
Lyon, tout prisonnier qu'il était dans sa préfecture, les fusils
déjà en joue des émeutiers. Mais cette âpreté même, qui
éloigna de lui tant de gens, était-elle un défaut ? Qu'on fasse,
aussi large qu'on le voudra, la part d'une irritabilité qui
était surtout nerveuse, et d'un orgueil intellectuel qui
n'était d'ailleurs pas injustifié : cette rudesse cornélienne
était encore une protestation contre des vices gouvernemen-
taux et sociaux qui ont fait et font encore un mal incalcu-
lable. Avait-il tort de se tenir à l'écart des molles et lâches
complaisances qui ont tant contribué à l'abaissement des
mœurs publiques ? de condamner, rien que par son attitude,
la déchéance des caractères ? de n'incliner devant personne
l'indépendance de son jugement ? de fuir la domesticité des
coteries et des partis ? On dira qu'il réagit parfois avec

quelque brutalité; cela prouve seulement que la réaction
était nécessaire.

Si ses haines étaient vigoureuses et ne s'arrêtaient point,
par une habile diplomatie ou un méprisable calcul, aux
idées dont sa colère ou son mépris ne distinguait point les
scélérats ou les pleutres qui les professaient, son amitié,
une fois qu'il l'avait accordée, avait la solidité du roc. Sans
doute, il ne la prodiguait point, pensant un peu comme
Alceste de l'ami de tout le monde et n'ayant jamais cherché
à se faire de clientèle. Mais cette amitié, qui ne reculait
point, ne fût-ce que par respect d'elle-même, devant la
sévérité, savait aussi être exquise et renfermait d'incomparables trésors de virile tendresse. Aux heures cruelles de la
vie, nul ne savait parler plus doucement que lui aux âmes
harassées; le fardeau des iniquités et des misères semblait
léger après qu'on l'avait entendu. Il était le plus sûr et le
plus délicat des conseillers.

Il était moins certain de ses propres aptitudes et de ses
propres intérêts. Tantôt il se plaignait « d'avoir été précipité
« du monde paisible et lumineux des idées dans la sphère
« opaque des réalités et mis aux prises avec les aigres pas-
« sions des hommes »; il se félicitait d'autres fois d'avoir toujours pensé « qu'il ne lui était pas permis de se bercer dans
« un oubli voluptueux des intérêts », et il s'écriait : « Non, le
« grand poète n'a pas raison; il n'est pas vrai qu'il soit bon
« de pouvoir contempler de loin, sans s'y mêler, les luttes des
« hommes et les tempêtes de la vie. » En fait, il fut toujours
indécis entre la philosophie et la politique, se donnait successivement à l'une et à l'autre, et, régulièrement, préférait
l'absente. La netteté de son jugement s'arrêtait à lui-même
ou, plutôt, lui était tout extérieure; la contradiction habitait en lui. De goûts très simples et de besoins très modérés,
il se plaisait toutefois dans la représentation. Il aimait la
retraite, les longs loisirs, l'étude qui est le travail sans

l'être; une lettre écrite par lui à Delescluze, tout au début de son administration lyonnaise, moins de dix jours après la proclamation de la République, alors que l'heure des désillusions n'avait pas encore sonné, se termine par cette exclamation : « Oh! ma rue Fontaine-Saint-Georges, où « êtes-vous? » Cependant il n'attendit pas que les honneurs le vinssent chercher et, s'il y renonçait très simplement, dès qu'il croyait sentir que ses forces le trahissaient, il les sollicitait un peu comme on réclame un dû. Sa pensée ne fut jamais inactive, elle usa son cerveau; et l'œuvre qu'il a laissée est toute parcellaire, une collection, peu nombreuse d'ailleurs, de fragments.

Il fut entièrement, sans réserve, de ses deux partis : du parti républicain jusqu'à l'exil, et du parti de la libre-pensée jusqu'aux obsèques civiles. Mais il n'en eut aucune des grandes ni des petites mauvaises habitudes : il ne fut pas un homme de café et ne faisait point dater de l'an 1er de la République l'histoire de France; il détestait Homais et ne pensait pas qu'un dévot fût forcément un imbécile ou un hypocrite.

Il avait le culte du respect, — le respect, qui est relativement facile, des grandes choses mortes, celui aussi, plus courageux, des grandes croyances qu'il ne partageait pas. Républicain, il ne trouvait point de sarcasmes assez amers contre les sots qui cherchaient à enseigner à la France le dédain de son passé, de cette monarchie extraordinaire qui l'avait faite, et il glorifiait surtout Michelet pour avoir pieusement vénéré la tradition. Philosophe, il n'admettait pas qu'on parlât, avec une irrévérence qui lui semblait bête et sacrilège, de cette vieille religion qui n'était pas la sienne, mais « dont les psalmodies « avaient bercé l'enfance des sociétés modernes, dont la « poésie avait assoupi tant de douleurs et dont les symboles « avaient donné à tant de désespoirs une heure d'adoucis-

« sement ». « A Dieu ne plaise, s'écriait-il encore, qu'il
« m'échappe une parole capable de contrister une âme
« simple ! » Aussi bien, il ne protestait pas seulement
contre les lourdes plaisanteries des bedeaux et des sacris-
tains de la maçonnerie; une autre ironie encore, tout
ailée qu'elle fût, la plus légère et la plus charmante qui
ait jamais voltigé autour des redoutables problèmes,
lui parut fâcheuse, et il n'hésita pas à le dire. Élu par
l'Académie française en remplacement de M. Ernest Renan,
M. Challemel-Lacour, dans son discours de réception,
voulut épargner à son prédécesseur, « comme il convenait »,
les banalités d'une admiration de commande et l'apprécier
« avec une liberté digne de lui ». Sa haute conscience tenait
qu'il faut parler sérieusement des choses sérieuses : il dit
nettement que M. Renan avait eu le tort d'en rire. Ce
blâme fut jugé maussade et souleva de vives polémiques.
J'ose croire qu'il est tout à son honneur et qu'il n'appartenait, en effet, ni à M. Renan ni à personne de
badiner avec le gouffre qui avait rempli Pascal d'angoisse
et d'horreur.

Sa mort montra quelle avait été l'immense tendresse
secrète de sa vie. Du jour où il eut renfermé dans le tombeau
celle qui avait été pendant quarante ans la mystérieuse
compagne de son existence, il n'eut plus qu'une pensée,
celle de l'y rejoindre. On lui montrait en vain le champ de
bataille où il y avait encore pour lui de grands devoirs
à accomplir; il répondait d'une voix qui se voilait : « Rien
« ne m'est plus. » Nous surprenions de temps à autre sur
ses lèvres comme un dernier écho de sa calme et hautaine
philosophie; il disait doucement que sa conscience ne lui
reprochait rien, qu'il croyait avoir bien rempli sa tâche,
qu'il n'avait fait de mal à personne, qu'il avait eu de
bons amis et qu'il les remerciait. Le jour où fut célébrée
la fête du centenaire de l'École normale, l'assistance

d'élite qui se pressait dans les vieux bâtiments où s'étaient
écoulées les plus belles années de sa jeunesse, lui avait
fait une ovation enthousiaste; l'ami qui l'accompagnait
crut le voir sourire : « Ah! dit-il, si vous saviez com-
« bien il est affreux de rentrer chez soi et de ne trouver
« personne à qui dire cela! » Ses livres mêmes n'existaient
plus pour lui; toutes les sources de sa vie étaient empoi-
sonnées. La grande ombre éternelle entrait en lui avant
qu'il ne s'endormît en elle.

L'âme grecque, où l'idée n'avait pas plutôt germé qu'elle
s'épanouissait en une image, avait trouvé ce symbole de la
plus extrême douleur : un génie, jeune encore, qui renverse
sa torche. Puisqu'elle ne doit plus se réfléter dans les yeux
de l'être unique qui était tout l'univers, la flamme, la belle
lumière, qui luisait comme une étoile, n'éclairera plus personne. Il incline le flambeau, la flamme s'éteint, et c'est
la nuit. Quel flambeau? J'avais cru longtemps que c'était
seulement la vie; j'ai compris, en voyant mourir lentement
Challemel, que le sacrifice funéraire n'eût pas été ainsi
assez complet, assez digne de l'objet perdu, et que ce
flambeau, c'était quelque chose de plus précieux encore :
l'intelligence elle-même.

JOSEPH REINACH.

29 décembre 1896.

DISCOURS

SUR

LES MARCHÉS DE LYON

Prononcés les 30 janvier, 1er et 17 février 1873

A L'ASSEMBLÉE NATIONALE

––––––––

L'Assemblée nationale, à la date du 12 août 1871, avait voté la nomination d'une commission chargée d'examiner tous les marchés publics qui avaient été passés pendant la guerre. Le rapport de M. de Ségur sur les marchés de Lyon mettait en cause M. Challemel-Lacour qui avait été, pendant le gouvernement de la Défense nationale, préfet du Rhône et commissaire extraordinaire de la République. L'ordre du jour du 30 janvier 1873 appelant la discussion des conclusions de ce rapport, M. Challemel-Lacour prit la parole dès le début de la séance :

Messieurs, quoique souffrant depuis plusieurs jours, je n'ai pas cru devoir demander la remise d'une discussion que j'ai moi-même provoquée.

Si vous voulez bien m'accorder votre attention, j'espère que mes forces ne trahiront pas ma volonté, mais c'est à la condition de ne pas étendre ma tâche. Je l'étendrais outre mesure si je voulais m'occuper d'un rapport qui nous a été distribué hier, touchant, non pas les marchés qui se sont faits, mais les événe-

1

ments qui se sont accomplis à Lyon. Quelques personnes se sont étonnées de la distribution inattendue de ce rapport, qui n'est point, selon l'usage, accompagné des dépositions qui en sont le commentaire ou le contrôle, rapport qui est appuyé sur des documents ou insuffisants ou sans valeur, ou — vous me permettrez de dire le mot, je n'y attache aucune signification blessante, — falsifiés. (*Rumeurs prolongées à droite et au centre.*)

M. SAINT-MARC GIRARDIN. Les rapports sont venus et viendront successivement.

M. CHALLEMEL-LACOUR. Je suis très loin d'attribuer les altérations dont je parle, soit à la commission, soit à son rapporteur. Qu'elles existent, c'est ce que je me propose de démontrer, lorsque ce rapport, absolument étranger à la question actuelle, et qui émane d'une commission autre que la commission des marchés, sera mis en discussion

Au surplus, je ne suis point, quant à moi, étonné de cette distribution soudaine, inattendue; je me plais à l'attribuer à une concurrence de zèle entre les deux commissions. (*Mouvements en sens divers.*)

M. SAINT-MARC GIRARDIN. Il n'y a aucune concurrence!

M. CHALLEMEL-LACOUR. Mais je compte me renfermer exclusivement dans la discussion des rapports qui concernent les marchés et n'en point sortir.

Nous devons tous avoir, et je dois avoir plus que vous besoin d'explications et de lumières. Au moment où il touche à la fin de son travail, et où il approche de la conclusion, l'honorable rapporteur de la commission des marchés exprime le regret de n'avoir pu jeter la lumière dans ce chaos confus, ce sont ses termes. Lorsque, après six mois de recherches, selon M. le président de la commission, après une année entière, selon M. le rapporteur, une grande commission, malgré son zèle, malgré la savante lenteur de ses travaux, n'a pu arriver à la lumière, ce serait promettre beaucoup, et peut-être au delà de ce que je pourrais tenir, que de m'engager à ne laisser aucune obscurité sur quoi que ce soit dans vos esprits. J'y ferai cependant mes efforts.

Cette obscurité dont se plaint M. le rapporteur de la commission tient-elle au nombre des marchés, à la précipitation avec laquelle ils ont été conclus? Je ne sais. Je crois qu'il ne demanderait pas mieux que de lui assigner d'autres causes encore, telles que l'impéritie, l'incurie, et il laisse même soupçonner certains calculs sur lesquels je lui demande de garder le silence. Mais cette obscurité ne pourrait-elle pas tenir à d'autres causes encore? Par exemple, à l'ordonnance du rapport, ordonnance insolite, qui m'a bien des fois dérouté, car j'y vois rapproché ce qui n'a rien de commun; j'y vois confondu ce qui est absolument distinct; j'y trouve les affaires de la préfecture et les affaires de la commune mêlées avec beaucoup d'art, quoique, encore une fois, elles n'aient rien de commun. (*Signes de dénégation au banc de la commission.*)

Vous en doutez... Mais je trouve, par exemple, qu'il est question de certaines dépenses pour un journal, faites à la préfecture : et dans quel chapitre? Dans un chapitre intitulé : « Batteries électriques! » Cela est étrange, cela est... (*Nouvelles marques de dénégation au banc de la commission.*)

Vous en doutez... Voulez-vous que je lise les textes?

M. LE COMTE DE SÉGUR, *rapporteur.* Nous ne disons rien!

M. LE DUC D'AUDIFFRET-PASQUIER. Mais nous vous répondrons!

M. CHALLEMEL-LACOUR. En un mot, je ne trouve, dans ce rapport, ni l'ordre logique, ni l'ordre chronologique, ni les règles d'aucune classification intelligible. (*Rumeurs à droite et au centre. — Approbation sur divers bancs à gauche.*)

Ce n'est pas tout. J'ai rencontré dans ce rapport, mêlées à la critique des marchés et des dépenses qui ont été faites, des considérations d'un tout autre ordre, des considérations de haute politique.

M. le rapporteur de la commission des marchés, voyant que l'enquête ne fournissait pas précisément ce qu'on attendait et ce qu'on en avait fait attendre à la malignité d'un certain public, M. le rapporteur, qui n'a pas eu le temps d'oublier son La Fontaine... (*Vifs murmures à droite et au centre.*) M. le rapporteur a fait comme ce poète grec... (*Nouveaux murmures sur les mêmes bancs*) qui, s'étant chargé de traiter un sujet ingrat :

> Après en avoir dit ce qu'il en voulait dire,
> Il se jette à côté, se met sur le propos
> De Castor et Pollux...

Castor, c'est l'Internationale, Pollux, c'est la Ligue du Midi, que M. le rapporteur de la commission ne demanderait pas mieux que d'identifier, l'une et l'autre, avec le Conseil municipal de Lyon. (*Mouvements divers.*) En sorte que, en lisant son rapport, on se demande si c'est un rapport sur des marchés ou si c'est simplement un factum politique. (*Exclamations et rumeurs à droite et au centre.*)

Je n'affirme pas, mais je me demande simplement si cette manière de concevoir le rapport n'a pas quelque peu contribué à l'obscurité dont se plaint M. le rapporteur, obscurité fâcheuse : car, lorsqu'on aborde une matière sur laquelle la haine, et, passez-moi le mot, la sottise, alliées cette fois encore, comme elles le sont souvent, ont amassé tant de ténèbres, la lumière est la première loi. (*Mouvements divers.*)

Peut-être que la clarté eût été plus facile à obtenir, si le rapporteur s'était borné à faire la seule chose que l'Assemblée, selon moi, pût vouloir, lorsqu'elle créa cette grande commission : c'était de donner à la France une idée des dépenses faites, en relevant, bien entendu, avec sévérité, celles qui ne seraient ni légitimes, ni suffisamment justifiées, mais aussi, sans les détacher de l'ensemble — en les y rattachant bien plutôt, — de ce grand et sincère effort de la défense; c'était de présenter, en un mot, à la France, une idée de la France militante, résistante, où la France pût apprendre à s'estimer. (*Rumeurs à droite et au centre. — Applaudissements sur quelques bancs à gauche.*)

M. le rapporteur a préféré une autre méthode : c'est de chercher jusque dans les affaires les plus minimes, avec un scrupule administratif admirable, mais qui peut-être n'était pas de mise dans le double tumulte d'une révolution et d'une invasion, d'y chercher jusqu'à l'ombre d'une irrégularité. On a préféré présumer partout ou la fraude, ou la maladresse, ou la dilapidation; comme si on eût pris à tâche de fournir à la France des prétextes de se mépriser. (*Murmures à droite. — Applaudissements à gauche.*)

M. LE RAPPORTEUR. La Ligue de Lyon n'est pas la France.

M. LESTOURGIE. La France ne se confond pas avec vous.

M. CHALLEMEL-LACOUR. Cette méthode, quant à moi, je ne m'en plains pas. Elle m'impose le devoir et elle me fournit l'occasion de montrer que, quelles que soient les qualifications peu obligeantes que l'honorable rapporteur de la commission nous prodigue, si nous avons été inférieurs à la tâche, en revanche le travail n'a pas manqué, à Lyon, et l'intégrité dans tous les fonctionnaires, jusqu'au dernier, a été absolue. (*Rires ironiques à droite. — Très bien! sur plusieurs bancs à gauche.*)

Je suivrai cette méthode, je la suivrai tout en prévenant l'Assemblée que, malgré mon désir d'abréger... (*Bruit à droite.* — *Parlez! parlez! à gauche.*) elle m'obligera d'entrer dans des détails bien petits et d'arrêter l'attention de l'Assemblée sur quelques faits qui pourront lui paraître peu dignes de l'occuper.

Messieurs, il a été déposé jusqu'à présent, sur les marchés de Lyon, quatre rapports; on a cru devoir, au dernier moment, y joindre un cinquième, qui concerne l'armée des Vosges.

Eh bien, je l'ai lu ce rapport sur l'armée des Vosges, et je pense qu'une partie de nos collègues l'a lu comme moi; et je suis obligé de maintenir, mais sans craindre, cette fois, d'être démenti par personne, que ce rapport n'a rien à faire ni avec les affaires de la municipalité lyonnaise, ni avec celles de la préfecture. (*Mouvement.*) Rien, absolument rien!

Pourquoi donc a-t-on cru devoir mêler les affaires de l'armée des Vosges avec la nôtre? C'est ce que j'ignore. Ou plutôt je crois le deviner en partie, mais M. le rapporteur trouvera bon que je ne dise pas un mot de ce rapport. Il pourra le commenter, le développer; quant à moi, je me renfermerai, encore une fois, dans les marchés qui concernent Lyon. (*Mouvements en sens divers.*)

Toutefois, si l'on me permet une seule observation, je dirai que j'ai lu ce rapport avec un sentiment que je tairai, craignant de ne pas pouvoir l'exprimer complètement. (*Rumeurs à droite.*)

Vous êtes obligés de convenir que, dans l'armée des Vosges, la comptabilité a été régulière; vous n'y relevez pas un fait de malversation. Mais, en revanche, on décrit avec des couleurs passionnées les rivalités, les jalousies, les troubles auxquels l'organisation de cette armée a donné lieu, comme si c'était là chose inattendue. On n'y ménage aucun sarcasme ni à ceux qui ont formé cette armée, ni à son chef.

Un membre à droite. Eh bien, n'en avait-on pas le droit?

M. CHALLEMEL-LACOUR. Cependant, je vous le dirai : si un homme de guerre de quelque renom, — un condottiere, si vous voulez, — quoi qu'il ait fait, quelle qu'ait été son histoire, quelles que soient ses idées, vient, dans la détresse de la France et dans le profond et universel abandon où elle est laissée par l'Europe, vient lui apporter la seule chose qu'il ait : son expérience et son courage... (*Interruption à droite.* — *Applaudisse-*

ments sur divers bancs de la gauche.) .... Je vous dis que, quel
qu'il soit ou quoi qu'il puisse y avoir ou dans les faits de sa
vie, ou dans ses attaches, ou dans ses idées, ou dans ses rêves,
qui puisse me blesser, je pourrai garder le silence sur lui, mais
je ne l'outragerai pas. *(Applaudissements à gauche. — Interruptions de divers côtés.)*

M. Edgar Quinet. La France l'acclame... *(Bruit.)* Oui, la France l'acclame comme son défenseur !

M. Challemel-Lacour. Le premier des quatre rapports,
qui roule spécialement et véritablement sur les affaires de Lyon,
remonte à l'année dernière, et il a été déposé par M. Blavoyer.
Il concerne les dépenses d'équipement des corps francs du
département du Rhône.

Je prendrai la permission de dire à M. Blavoyer, avec tout le
respect que je dois à un collègue, que son rapport est peu heureux. *(Rires et bruit à droite.)*

M. le duc d'Audiffret-Pasquier. Ce n'est pas le rapport de
M. Blavoyer, c'est le rapport de la commission tout entière, et soixante
membres de la commission des marchés en revendiquent la responsabilité.
Ce n'est pas, je le répète, le rapport de M. Blavoyer, c'est notre rapport à
nous tous. *(Très bien ! — Bravos et applaudissements à droite.)*

M. Tolain. Ce n'en est pas moins M. Blavoyer qui l'a rédigé.

M. Challemel-Lacour. C'est bien ainsi que je l'entends :
si j'ai dit le rapport de M. Blavoyer, c'est uniquement pour
abréger, et parce que c'est M. Blavoyer qui a été chargé de le
rédiger et de le déposer.

M. Tolain. Il faudra dire le rapport des soixante ! *(Rires à gauche.)*

M. Challemel-Lacour. Ce rapport, dont la commission
revendique la responsabilité, ne contient presque pas une assertion qui ne prête à l'équivoque ou ne soit complètement
inexacte.

Voix à droite. Prouvez-le ! — Ce sont des phrases !

M. Challemel-Lacour. Ce sont des phrases ! Veuillez
prendre patience, je vais arriver à des faits, et je vous en appor-
terai plus peut-être que vous ne voudrez. *(Exclamations ironiques
à droite.)*

Le rapport parle de Garibaldiens qui ne sont pas des Garibaldiens ; il parle d'un Garibaldi qui se fait faire à Lyon un manteau
magnifique et qui n'est pas, il est inutile de le dire, l'homme de
Caprera, qui ne s'appelle même pas Garibaldi, mais Giriboldi...
(Rires sur plusieurs bancs) et qui est un personnage qui n'a

jamais eu de titre officiel, qui a été arrêté à Nice et chassé de France sans avoir pris part à la guerre. (*Mouvement.*)

M. DE LA BORDERIE. Il ne fallait pas l'habiller!

M. CHALLEMEL-LACOUR. Ce même rapport roule sur trois faits dont la commission s'est longuement occupée et dont elle paraît s'être beaucoup préoccupée ; il roule sur trois noms qui semblent être, d'après M. le rapporteur de la commission, les types du personnel qui a pris part à la défense nationale : l'un est celui d'un imbécile, l'autre est celui d'un repris de justice, le troisième est celui d'un lâche et d'un traître. (*Ah! ah! à droite.*)

Permettez-moi, comme ces personnages reparaissent plus d'une fois, de vous en dire deux mots. J'abrégerai autant que possible. (*Ecoutez! écoutez!*)

Un membre, en face de la tribune. N'abrégez pas!

M. CHALLEMEL-LACOUR. Cela vous amuse, monsieur Pajot, je crois ?...

M. PAJOT. Je n'ai rien dit, et je ne vous reconnais pas le droit de m'interpeller de cette manière! (*Très bien! très bien! à droite. — Rumeurs à gauche.*)

M. CHALLEMEL-LACOUR. Je vous demande pardon, mais ce que j'ai dit s'adressait à l'interpellateur. (*Rumeurs diverses.*)

M. PAJOT. Allez distiller votre fiel ailleurs!

M. CHALLEMEL-LACOUR. Je n'ai point de fiel. Je suis tranquille, je crois le montrer, et plus tranquille que beaucoup de ceux qui ne sont pas sur la sellette en ce moment.

Le premier fait concerne un certain Geneste, qui s'est avisé de vouloir former à Lyon, au commencement de septembre, une compagnie d'*Éclaireurs du Rhône*. Ce Geneste, qui, par parenthèse, n'est point disparu, comme le dit M. Blavoyer dans son rapport, ou comme le dit la commission dans le rapport de M. Blavoyer... (*Rires à gauche*), M. Geneste, qui demeure à Lyon, 45, rue Saint-Joseph, où il exerce la profession d'entrepreneur de menuiserie, commence par recruter quelques individus, et, comme de juste, il se préoccupe de leur faire faire des uniformes, la manie de l'uniforme étant aussi française que celle des décorations. Il s'adresse au préfet qui, le 7 octobre 1870, refuse absolument de se mêler à l'affaire et de faire habiller ces éclaireurs aux frais du département. Un peu plus tard, l'armée de Chagny demande des éclaireurs, et, sa compagnie existant toujours, M. Geneste est autorisé à se rendre à Chagny avec

86 hommes. Comme cette fois c'est un service réel qui lui est
demandé, il reçoit un bon d'habillement; non pas un bon qui
l'autorise à faire confectionner des uniformes à sa fantaisie, mais
un bon d'habillements à prendre parmi ceux qui se trouvent dans
les magasins. Néanmoins, Geneste, muni de son bon, se présente
chez un tailleur, le sieur Desprets, je crois, et lui fait faire ces
uniformes. Aussitôt qu'il l'apprend, le préfet chasse Geneste;
mais, en même temps, admettant la bonne foi du tailleur, il consent à payer les uniformes. (*Ah! ah! à droite.*)

Voilà toute l'affaire; il n'y a rien de plus.

Si, plus tard, le sieur Geneste a cru devoir faire d'autres commandes et s'il a commis des imprudences, qu'il les paye. Si des
fournisseurs trop pressés d'accepter des commandes lui ont
fourni des uniformes, qu'ils payent leur précipitation; soit.
Quant à moi, je ne connais absolument de cette affaire que ce que
je viens d'en dire.

La seconde affaire concerne une compagnie de chasseurs
volontaires du Rhône qui a eu pour commandant un certain Moulinier, lequel est actuellement au bagne. (*Rires à droite.*)

Je vous engage, messieurs, à ne pas vous presser de triompher, car vous allez savoir pour quelle raison il est au bagne.

Ces chasseurs volontaires du Rhône et tous les officiers de la
compagnie ont reçu leurs brevets au mois d'août 1870 : vous
entendez, au mois d'août 1870; ils les ont reçus, par ordre du
ministère Palikao, du général Espivent de La Villesboisnet,
actuellement à Marseille.

En août et septembre, la compagnie fait campagne dans les
Vosges et la Meurthe où elle est décimée. Moulinier revient à
Lyon pour la réorganiser et, n'obtenant rien du préfet qui n'était
pas toujours aussi donnant que le fait le rapport, il se rend à
Tours où, exhibant son ancien brevet, il en reçoit un nouveau.

C'est alors qu'il revient à Lyon. Là, ses allures, ses lenteurs,
ses exigences me donnent l'éveil; je fais faire des recherches et,
après quelques semaines, j'apprends que Moulinier ne s'appelle
pas Moulinier, mais Mounot, que c'est un ancien négociant
d'Arles, condamné pour banqueroute frauduleuse à douze années
de travaux forcés.

A ce moment, Moulinier était avec ses hommes à Chagny, où
peut-être il n'eût pas été prudent de le faire arrêter à la tête de
sa compagnie, à moins de s'exposer à la soulever ou à la désor-

ganiser. Je le fais venir à Lyon, je le fais arrêter dans mon
cabinet et je le rends à la justice, à laquelle il appartenait légitimement. (*Approbation à gauche.*) Voilà l'histoire de Moulinier.

M. DE SÉGUR, *rapporteur*. Vous confirmez mon rapport.

M. CHALLEMEL-LACOUR. Pardon! vous dites bien dans
votre rapport que je l'ai fait arrêter; M. Blavoyer, qui parle aussi
longuement de Moulinier dans le sien, ne dit pas un mot de ce
que je viens de rappeler.

Je viens de vous apprendre que c'était l'Empire, qui avait donné
son brevet à Moulinier : vous ne le saviez pas, et vous n'en dites
rien, ou, si vous le saviez, vous le passiez sous silence. (*Très
bien! à gauche.*)

La troisième affaire est plus grave, elle concerne le corps des
Vengeurs et le Polonais Malicki.

On a confié une entreprise sérieuse à un homme qui a déserté,
qui a volé et qui, finalement, a été condamné. C'est un malheur;
et si vous voulez que je vous donne pleine satisfaction, je dirai
que ne s'être pas suffisamment assuré de ce qu'était Malicki est
une faute; mais enfin, cette affaire commencée à Lyon ne concerne en quoi que ce soit les affaires lyonnaises : car le préfet du
Rhône a été complètement étranger à l'entreprise, soit sous le
rapport financier, soit quant à l'organisation. C'est le gouvernement qui s'était réservé, non seulement la direction, mais encore
la connaissance de la tâche secrète qui devait être confiée à
Malicki.

Si j'en ai parlé, c'est parce que le général commandant la division, qui recevait de fréquentes visites de Malicki, m'en a souvent entretenu, et, chose singulière, en s'étonnant toujours des
connaissances militaires de ce chef et de l'ascendant extraordinaire qu'il avait pris sur des éléments qui n'étaient pas faciles à
conduire et qui étaient dangereux à dompter. Cet homme trom-
pait tout le monde; il avait l'air d'un soldat; c'était un aventurier, c'était un lâche, c'était un traître; qu'y pouvons-nous?

Quand la commission a trouvé des arguments qui lui paraissaient bons — c'est là un procédé que je dois vous signaler,
procédé d'ailleurs très légitime et que je ne blâme pas, — elle
les fait volontiers resservir; Geneste, Moulinier, Malicki, figurent longuement dans le rapport signé par M. Blavoyer; ils en
font presque tous les frais; mais ils figurent non moins longuement, ils reparaissent développés et commentés, dans le nouveau

rapport de M. de Ségur, et je serais étonné, si l'orateur de la
commission vient prononcer le discours que tout le monde attend,
que ces trois arguments n'y tinssent pas aussi leur place. (*Mouvements divers.*)

Le second rapport concerne les affaires de Lyon; il est de
M. de Ségur. Il roule sur une seule série d'affaires, mais la plus
considérable qui se soit faite à Lyon; car le montant de cette
affaire s'élève à 3 millions de francs. Il s'agit d'achat d'armes, de
munitions, de canons, de fusils, de poudre, qui ont été faits en
Angleterre et en Amérique par M. Girodon, fabricant de Lyon,
que j'avais envoyé en Angleterre, qui y est resté plusieurs
semaines, qui a fait plusieurs voyages accompagné d'un capitaine
d'armes de Saint-Étienne, bien connu de la commission, le capitaine Boudreaux, qui a rendu de grands services et qui, je ne
sais par quel malheur, en attend encore aujourd'hui la récompense.

M. de Ségur rend pleine justice à M. Girodon et déclare que
ses marchés ont été irréprochables. Il aurait pu ajouter qu'ils
ont été heureux, car c'est à ces marchés que nous avons dû l'artillerie qui a si bien fait à Nuits et qui a servi à rompre l'effort
de l'ennemi sur Lyon, comme notre collègue, M. de Carayon-
Latour, dont la conduite fut justement admirée dans cette journée, peut en témoigner.

M. RAOUL DUVAL. M. de Carayon-Latour que vous avez voulu faire
fusiller! (*Mouvement général.*)

M. CHALLEMEL-LACOUR. Qui dit cela?

M. RAOUL DUVAL. C'est moi!

M. CHALLEMEL-LACOUR. Vous êtes mal informé, monsieur.

M. RAOUL DUVAL. J'en appelle à M. de Carayon-Latour lui-même!

M. CHALLEMEL-LACOUR. Si M. de Carayon-Latour l'a dit,
il a été induit en erreur. (*Très bien! à gauche.*)

M. LE PRÉSIDENT. Je demande qu'on n'interrompe pas et qu'on ne
perde pas de vue le caractère que doit conserver cette discussion.

M. CHALLEMEL-LACOUR. Je dis que je remercie personnellement M. de Ségur de la justice qu'il a rendue à M. Girodon.
Je pourrais ajouter que cet empressement à rendre justice à un
bon citoyen était d'un heureux augure. Je regrette que les espérances qu'il avait fait naître en moi aient été trompées par le
dernier rapport.

Je ferai, toutefois, deux observations : la première, c'est qu'il aurait fallu que les éloges justement données à M. Girodon n'emportassent pas, dix mois d'avance, un blâme anticipé ou au moins des réserves injurieuses pour d'autres personnes qui ont rendu des services, qui les ont rendus avec activité, avec intelligence, avec désintéressement.

Ma seconde observation, c'est qu'il aurait fallu au moins que cet empressement fût spontané.

Eh bien, je crois savoir qu'il ne l'a pas été ; je crois savoir que M. Girodon...

M. LE RAPPORTEUR. Expliquez-vous !

M. CHALLEMEL-LACOUR. Je vais m'expliquer.

Je crois savoir, dis-je, que M. Girodon s'est rendu chez M. Riant pour lui demander d'activer le dépôt de son rapport, qu'il a dû lui faire considérer qu'étant en butte, comme bien d'autres, à une guerre suivie de calomnies, qui mettait sa situation de négociant en péril, il lui importait que cette guerre finît. Et pour vaincre les incompréhensibles objections de M. Riant (*Exclamations sur divers bancs*)... il a été obligé de lui déclarer... (*Rumeurs à droite.*)

M. LE RAPPORTEUR. Tous les commerçants se sont adressés à la commission des marchés, tous sans exception.

M. CHALLEMEL-LACOUR. Il fallait faire un rapport sur tous ; vous le deviez. (*Exclamations à droite.*)

M. LE RAPPORTEUR. Il est fait !

M. LE PRÉSIDENT. J'invite l'orateur à parler en face.

M. CHALLEMEL-LACOUR. Je parle en face quand on ne m'interrompt pas au banc de la commission.

Un membre au centre. Les rôles sont intervertis !

M. CHALLEMEL-LACOUR. Les rôles sont intervertis ?

Quelques membres. Mais oui !

M. CHALLEMEL-LACOUR. Est-ce que vous me considérez comme un accusé, par hasard ? (*Applaudissements à gauche.*)

Quelques membres à droite. Oui ! oui !

M. CHALLEMEL-LACOUR. C'est un rôle que je n'accepterai pas et je ne vous reconnais pas pour être une cour de justice.

M. LE COMTE DE BOISBOISSEL. Expliquez-vous !

M. CHALLEMEL-LACOUR. Je passe au troisième rapport : celui-là est le plus récent ; il a été déposé par M. Monnet, et il roule sur l'équipement et l'habillement des mobilisés. Les obser-

vations de M. Monnet, en ce qui concerne les mobilisés du
Rhône, sont en général favorables ; il n'y a rien à y relever ; mais
j'y constate une lacune singulière ; il n'y est pas question de la
légion d'Alsace-Lorraine, comme si cette légion n'avait pas laissé
de traces dans les marchés. Cette lacune, je la rencontre aussi
dans votre rapport, qui parle de tant de choses et qui ne paraît
pas connaître la légion d'Alsace-Lorraine ; il n'en est pas question non plus dans le rapport de M. Blavoyer, ou plutôt, si je ne
me trompe, il en est question à propos d'une réclamation de je
ne sais quel fournisseur, qui s'élève à 40 francs. M. Blavoyer a
l'air de considérer la légion d'Alsace-Lorraine, c'est ainsi qu'il
s'exprime, comme un corps franc. Voilà qui est singulier ; un
corps franc, trois légions s'élevant à 11 000 hommes ! Un corps
franc, trois légions que tout Lyon a pu voir habillées, armées,
équipées, encadrées, instruites, le 5 février, sur la place Belle-
cour ! Vous y étiez, mes collègues du Rhône, et vous y étiez aussi,
monsieur Keller ! (*Interruption à droite.*) Oui, M. Keller y était ;
je l'ai vu, et il a dû sentir une joie amère, en voyant l'ardeur de
ces compatriotes, alors que déjà ils ne nous appartenaient plus !
Un corps franc ! Onze mille hommes venus de leur pays envahi,
occupé, venus un à un, la nuit, par des chemins de traverse,
passant par la Suisse et se rendant à Lyon pour former, quoi ?
Un corps franc ?... Non ! non ! ils étaient venus par un sentiment
d'un autre ordre pour exécuter le décret de mobilisation, pour
obéir à ce qui, à ce moment-là, était encore la loi française, pour
donner à la patrie ce suprême gage de fidélité, et vous ne trouvez
rien à en dire, pas même à en faire mention ? Ah ! laissez-moi,
non pas protester contre un oubli, qui, je veux le croire, n'est
pas volontaire, mais le réparer. (*Très bien ! à gauche.*) Laissez-
moi envoyer un souvenir à ces braves légions... (*Acclamations
répétées à gauche*) pour lesquelles j'ai fait ce que j'ai pu. . (*Nouveaux applaudissements.*)

M. PARIS (Pas-de-Calais). Passons aux marchés ! (*Exclamations à
gauche.*)

M. CHALLEMEL-LACOUR. Passons aux marchés, dit
M. Paris ?...

M. PARIS (Pas-de-Calais). Oui ! A la question !

M. CHALLEMEL-LACOUR. Il paraît que M. Paris s'ennuie
d'entendre parler des légions d'Alsace-Lorraine !

Je demande que cette interruption ne soit pas mise au compte rendu de l'*Officiel...* (*Oh ! oh !* — *Rires ironiques à droite.* — *Très bien ! à gauche*)... Je le demande pour l'honneur de M. Paris et pour l'honneur de la France !

A gauche. Appuyé !

M. PARIS (Pas-de-Calais). Je demande, moi, que mon interruption soit reproduite au compte rendu. Ce que vous dites là, ce n'est qu'une habile diversion ; mais, encore une fois, passons aux marchés ! (*Très bien ! à droite.*)

Voix à gauche. Étiez-vous à Strasbourg ou à Metz, monsieur Paris ? (*Bruit général et confus,*)

M. CHALLEMEL-LACOUR. Je passe au quatrième et dernier rapport.

Une observation me frappe d'abord, si je considère les observations de tout ordre qui remplissent une partie de ce rapport ; si je regarde la place qu'y tiennent les citations, les récits, les appréciations politiques, si je regarde surtout au prologue et à l'épilogue : il me semble que ce n'est pas à un rapport sur les marchés que nous avons affaire, mais à un rapport politique. Je ne crois pas me tromper beaucoup, — et je pense que sur ce point ni la commission ni le rédacteur du rapport ne me démentiront, — je ne crois pas me tromper en disant que la critique des marchés n'arrive là que comme un argument, comme la démonstration d'une thèse politique.

Je regrette, messieurs, de vous fatiguer... (*Mais non ! mais non !* — *Parlez ! parlez !*) Je désire abréger autant que possible...

Voix à droite. Non ! non ! dites tout !

M. CHALLEMEL-LACOUR... Mais la tâche est longue. (*Parlez !*)

Eh bien, je disais que l'honorable rapporteur me paraissait se proposer plusieurs choses, indépendamment de la critique et de l'appréciation des marchés. Il me paraît d'abord établir que les révolutions sont chose mauvaise, accompagnées de troubles et de désordre, et il croit trouver un exemple de cette vérité dans ce qui s'est passé à Lyon.

Vraiment cette thèse ne demandait pas un si grand appareil. Nous savons tous ce que coûtent les révolutions... (*Oui ! oui !* — *Chuchotement à droite.*)

Un membre. Pourquoi les faites-vous ?

M. CHALLEMEL-LACOUR. A cet égard, la révolution du 4 septembre, compliquée d'une invasion, ne se distingue pas des autres.

Mais je ferai remarquer à la commission des marchés et à son

honorable rapporteur que les seuls responsables, sinon les plus
responsables des révolutions, ne sont pas toujours ceux qui les
accomplissent; ce sont ceux qui, parfois longtemps, vingt ans
d'avance, les rendent absolument inévitables. (*Assentiment à
gauche. — Rumeurs ironiques à droite.*)

Il me semble même que la révolution du 4 septembre a été
mieux préparée et rendue plus inévitable que tout autre, à tel
point que, sans se piquer de prophétie, on pouvait la prédire à
coup sûr.

M. GALLONI D'ISTRIA. Avec l'aide de l'étranger!

M. CHALLEMEL-LACOUR. Le second point que M. le rapporteur paraît s'être proposé de démontrer, c'est que les personnes, les individus, qui le lendemain d'une révolution se trouvent, ou par l'acclamation des foules, ou par le hasard de leur
situation, ou par leur propre impatience, ou même quelquefois
par une élection régulière, portés aux affaires, manquent souvent
d'expérience et de sagesse.

C'est encore là un point que personne ne peut songer à contester; et si ce qui s'est passé à Lyon, après le 4 septembre,
sert à l'établir, toute autre révolution l'établirait également; ce
qui s'est passé à Lyon, le 4 septembre au matin, c'est ce qui se
passe toutes les fois qu'il se fait une révolution. Une foule
s'empare de la préfecture, une autre foule s'empare d'un fort où
étaient déposés des chassepots; elle s'en empare, se les distribue,
elle est maîtresse, elle nomme un gouvernement.

M. LE COMTE DE BOISBOISSEL. Et le tour est fait!

M. CHALLEMEL-LACOUR. On sait comment se nomment
ces gouvernements... (*Oui! oui! — Rires à droite.*)

M. LESTOURGIE. On sait ce qu'ils valent aussi!

M. CHALLEMEL-LACOUR. Je dis ce que je veux dire; je
crois en sentir la portée, et il ne me semble pas que ce soit une
naïveté dont vous ayez lieu de triompher. Les gouvernements
d'acclamation sont des gouvernements de hasard ou, si vous le
voulez, de fatalité. Eh bien, personne ne soutient que, dans le
comité de salut public qui s'est formé, il n'y eût que des sages,
que des modérés, que des administrateurs modèles, il s'en faut
de beaucoup; mais que voulez-vous! c'est une révolution qui
s'accomplit... (*Ah! ah! à droite.*)

M. TOLAIN, *s'adressant aux membres à droite.* Il vous fallait l'empêcher!

M. CHÁLLEMEL-LACOUR. Et une révolution qui s'accomplit dans quelle ville? Dans une ville qui est soumise depuis vingt ans à un régime exceptionnel, qui est soumise à l'état de siège, où, au lieu de régler la démocratie, on prend à tâche de la refouler, de l'évincer, de l'exclure, où l'on abuse de la compression.

Mais la compression s'épuise; la force n'a qu'un temps, elle se relâche ou elle se détruit; le poids comprimant tombe : il finit toujours par tomber, et alors on s'étonne de voir apparaître, non pas des esprits redressés, ramenés, mais des esprits irrités, défiants, enclins aux représailles; on voit avec épouvante que, sous l'unité du despotisme, il s'est creusé un abîme d'antagonisme et de division. On s'aperçoit avec stupeur que l'unité politique elle-même, que l'unité morale est compromise, que l'autorité du pouvoir central ne paraît plus qu'un fardeau, ce qui n'empêche pas ceux qui sont témoins de ces résultats, qui peuvent les constater, quelques-uns du moins, d'alléguer ces résultats eux-mêmes pour demander qu'on revienne à la compression.

Enfin, l'auteur du rapport paraît s'être proposé tout spécialement d'établir que le Conseil municipal de Lyon qui a succédé au comité de salut public était animé d'un esprit de désordre. Il va plus loin, car il met en question le patriotisme de la majorité de ce Conseil.

Un membre à droite. Il a raison!

M. CHALLEMEL-LACOUR. Vous dites qu'il a raison? C'est ce que nous allons voir dans un instant.

Il m'est impossible d'accepter ce que l'auteur du rapport dit de l'esprit de désordre du Conseil municipal.

Et la preuve, je la trouve dans l'état même de Lyon. Comment! voilà une ville en révolution, où tout moyen de police, tout moyen de coercition ont disparu; une ville où les éléments de désordre qui y ont existé de tout temps se sont formidablement accumulés dans le silence de l'Empire, et dans cette ville il règne encore, non pas un ordre parfait, mais une espèce d'ordre... (*Exclamations et rires à droite et au centre.*) Et je vois, non pas seulement dans le Conseil municipal, mais même dans le sein du comité de salut public qui l'a précédé, un effort non pas intelligent, non pas toujours efficace, mais sérieux, pour empêcher le désordre d'éclater et de dominer complètement! Eh bien, je vous dis que, dans cette ville, il n'y avait personne,

personne qui voulût l'anarchie, même parmi ceux qui la faisaient sans le vouloir... (*Nouveaux rires à droite et au centre. — Mouvements divers.*)

Je me trompe. Il y avait des éléments de désordre : je les ai moi-même signalés, indiqués dans une lettre intime qui a été rendue publique, qui a été publiée — qu'on me permette de le dire — sans droit... (*Rumeurs à droite. — Très bien! à l'extrême gauche*) une lettre trouvée chez un homme que la mort avait dérobé à la justice [1]. On en a fait un usage extra-judiciaire, sans même s'assurer, quand on m'avait sous la main, que j'en reconnaissais l'authencité.

Je n'ai rien à désavouer de cette lettre, ni l'amitié qui me l'a fait écrire, je n'ai rien à en désavouer, ni les sentiments ni les idées. (*Nouvelles marques d'approbation sur les mêmes bancs à gauche.*)

La commission cite une partie de cette lettre, elle devrait au moins la citer exactement, je ne dis pas complètement : elle ne devait pas l'altérer en la tronquant (*Exclamations à droite et au centre. — Très bien! très bien! à gauche.*)

M. LE RAPPORTEUR. Veuillez la lire tout entière !

M. CHALLEMEL-LACOUR. Elle ne devait pas l'altérer en la tronquant. Je ne dis pas qu'elle se soit aperçue de l'altération, mais l'altération est réelle, non seulement dans les mots, mais dans le sens.

J'ai dit en effet, parlant de certaines gens qui me gardaient à vue : « Cette bande, c'est l'Internationale de Lyon, composée de ce qu'il y a de pire dans le mauvais, que l'invasion ne touche guère, que la République n'émeut pas du tout et qui s'en vante. »

Eh bien, vous supprimez cette fin de phrase. Croyez-vous qu'elle soit indifférente? (*Mouvement. — Applaudissements à gauche*).

M. LE RAPPORTEUR. Je l'ai copiée dans le rapport de la commission du 18 Mars...

M. CHALLEMEL-LACOUR. Vous vous trompez, monsieur; car moi aussi je l'ai copiée dans le rapport de la commission du 18 mars... (*Mouvements divers*), et j'en apporte le texte vrai.

Voulez-vous que je vous dise pourquoi vous avez supprimé cette phrase?... (*Bruit.*)

---

1. Lettre du 13 septembre 1870 à Charles Delescluze.

C'est parce que vous voyez bien que j'indique dans ceux qui me gardaient à vue des artisans de désordre, des membres de l'Internationale, mais nullement des républicains... (*Très bien! très bien! à l'extrême gauche.*) Et en effet, ce ne sont pas ceux-là qui sont entrés dans le Conseil municipal, ce ne sont pas ceux avec lesquels j'ai administré; ce sont ceux qui, pendant cinq mois, ont songé à attenter à ma vie.

Vous ajoutez que la majorité de ce Conseil était moins soucieuse de l'invasion que de l'application de ses théories. Mais votre rapport tout entier, dans toute sa teneur, dépose contre cette assertion; mais le comité de la guerre que vous raillez parce qu'il n'était pas composé de militaires, ces achats précipités, cette fièvre d'entreprise, ces expériences irréfléchies, qu'est-ce que tout cela prouve, sinon le patriotisme qui était dans l'esprit et le cœur de cette majorité. (*Approbation sur plusieurs bancs à gauche. — Mouvements divers.*)

Oh! je ne me trompe pas, je sais ce qu'il y a d'expérience dans ce Conseil; j'ai lutté contre lui, j'ai combattu ses idées sur bien des points essentiels qui le touchaient fort; je l'ai combattu quand il a maintenu la suppression de l'octroi au moment où il avait besoin de toutes ses ressources; j'ai combattu ses idées sur l'organisation de la police; j'ai combattu ses idées bien d'autres fois avec une énergie et une obstination que vous ne paraissez pas soupçonner. Mais ce que je ne puis pas admettre, c'est que, ayant les faits, les résultats sous les yeux, vous veniez dire que cette majorité a été moins soucieuse de l'invasion que de l'application de ses théories.

M. LE RAPPORTEUR. C'est dans le rapport de la commission du 18 Mars et dans celui de M. Ducarre. Je me suis appuyé sur un document de l'Assemblée.

M. CHALLEMEL-LACOUR. Vous avez supprimé deux phrases qui se trouvent citées par M. Ducarre. C'est cette supression qui altère la pensée, qui l'altère d'une manière profonde.

M. LE RAPPORTEUR. Je ne parle pas de cela. Il s'agit de l'application de théories. Veuillez lire le rapport de M. Ducarre.

M. CHALLEMEL-LACOUR. Peu m'importe que ce soit une phrase de M. Ducarre ou une phrase de M. de Ségur, puisque la commission l'adopte et se l'approprie!

Vous vous étonnez des prodigalités du Conseil municipal, où, si vous voulez, de ses facilités; vous signalez une somme de 25 000 francs qui, dans les dix ou douze premiers jours, ont été distribués sous différentes formes aux 1,500 ou 2,000 hommes armés qui occupaient la préfecture, qui avaient le pouvoir, qui pouvaient tenir la ville à leur merci. Mais je prends la permission de vous faire observer que ces 25,000 francs sont bien peu de chose, si avec cette somme on est parvenu à écarter les périls et désastres qu'on peut toujours craindre d'une troupe armée et d'une troupe toute-puissante.

Vous signalez, comme un scandale, l'autorisation donnée au sieur Grinand, qui avait reçu ces 25,000 francs et qui avait été chargé de les distribuer. Vous signalez la dispense de toute justification et vous ajoutez :

« C'est une habitude de la majorité du Conseil de prescrire des dépenses et de dispenser des justifications. »

Mais je m'étonne que vous n'ayez pas lu les pièces de manière à y remarquer que ces justifications existaient et ont été produites.

Je lis dans le rapport à la suite duquel la délibération du Conseil municipal a été prise, cette phrase :

« Le Conseil ayant renvoyé cette demande à la section des finances, il nous a été remis un dossier de notes, de comptes et de pièces diverses à l'appui des dépenses. »

Et ce n'est pas tout. Je trouve dans votre rapport même, aux annexes, une lettre de M. Grinand qui cite ce reçu :

« Reçu du citoyen Grinand les pièces à l'appui des dépenses faites, qu'il a soldées pour le compte du comité de salut public de Lyon, pièces qu'il m'a remises.

« Signé : VALLIER. »

Et je trouve dans la lettre de M. Vallier cette phrase : « M. le receveur municipal se rappelle avoir vu les notes ; il dit qu'elles étaient empreintes d'un grand caractère de sincérité. Je puis également joindre mon témoignage à celui de M. le receveur municipal. »

Mais alors ces notes ont donc existé, puisqu'elles ont été vues par tant de monde? Cette lettre de M. Vallier, actuellement conseiller municipal et adjoint au maire de Lyon... (Ah! ah! à droite.) Grave tort, je le reconnais, et qui doit ôter beaucoup de valeur à son témoignage; mais M. le receveur municipal n'est pas du Conseil. Ce n'est pas un démocrate, ce n'est même pas un républicain, c'est un fonctionnaire scrupuleux... (*Rires et applaudissements ironiques à droite et au centre.*)

M. Schœlcher. Que signifient ces applaudissements ? Est-ce une injure à notre adresse ?

M. Challemel-Lacour, *se tournant vers la droite.* Je puis vous répondre, de la part des membres du Conseil municipal ancien et actuel, que ces applaudissements ironiques les feront sourire. (*Ah ! ah ! à droite. — Très bien ! à l'extrême gauche.*)

M. Daubarède, le receveur municipal, est un homme d'opinions correctes : je le connais ; c'est un homme d'opinions profondément catholiques. Sa parole doit donc avoir pour vous une grande autorité. (*Sourires à gauche.*) L'avez-vous consulté ? Si vous ne l'avez pas consulté, pourquoi ? Et, si vous l'avez consulté, où est sa réponse ? (*Très bien ! très bien ! à gauche.*)

Mais il y a plus : c'est que vous vous méprenez même sur le paragraphe de la délibération que vous alléguez. Vous vous méprenez quand vous dites que la délibération est une dispense de justifications. Que dit, en effet, ce paragraphe ? « Une expédition de ladite délibération tiendra lieu de toute autre justification d'emploi. »

M. le rapporteur. Eh, voilà !

M. Challemel-Lacour. Mais tenir lieu, ce n'est pas dispenser. (*Exclamations à droite et au centre.*) La preuve que ce n'est pas dispenser, c'est que le Conseil municipal, que la commission, que son adjoint ont vu les notes en question. Je trouve, si nous voulons y mettre de la bonne foi, que ceux qu'il faudra accuser de légèreté, ce n'est ni l'adjoint, ni le Conseil municipal de Lyon, ni sa commission. (*Marques d'approbation sur divers bancs à gauche.*)

J'arrive, — je regrette, messieurs, de m'arrêter à ces observations, mais elles me sont imposées par le plan même du rapport que je discute en ce moment, — j'arrive aux affaires spéciales de la préfecture. (*Parlez ! parlez !*)

Ici, j'éprouve quelque embarras, car, en lisant le rapport, j'ai bien vu qu'un grand nombre de ces dépenses sont critiquées par la commisssion, qu'elle les trouve mauvaises, blâmables, mais j'avoue de ne pas apercevoir toujours clairement sur quoi porte le blâme ni même contre qui il est dirigé. C'est là une première difficulté.

Une seconde difficulté, c'est que toutes ces affaires sont éparses dans le rapport, mêlées à des affaires d'un tout autre ordre, complètement étrangères : en sorte que, pour m'y retrouver, je suis obligé de les démêler dans la masse d'affaires sous lesquelles elles sont enfouies, de les rapprocher, afin de les présenter sous leur vrai jour.

Et ici encore, si je voulais entrer dans tous les détails, — comme le rapport semble m'y inviter et même m'y obliger, — ce serait infini, il faudrait quelquefois de longues explications pour signaler une erreur, parfois une erreur grave, contenue dans un seul mot.

Nombre de ces affaires sont, d'ailleurs, vraiment minimes. Vous parlerai-je, par exemple, de l'affaire Grosbois? Il s'agit de la réclamation d'une somme — je n'ose pas en dire le chiffre, — de 149 francs! élevée par un certain personnage qui prétend avoir reçu de moi je ne sais quelle mission. Cette affaire fournit à la comission l'occasion de citer une lettre très bizarrement orthographiée.

Elle la cite probablement pour dérider le lecteur ; mais elle aurait dû remarquer que la déclaration du sieur Grosbois et la note de ma main qu'elle porte prouvent que je me suis refusé itérativement à donner satisfaction à cette réclamation, et que si, finalement, cette misérable somme a été payée, il faut chercher par qui et sur l'ordre de qui ; mais ce n'est apparemment ni par moi ni sur mon ordre.

Parlerai-je du comité de défense rurale? C'était un comité chargé de faire des études en vue créer des obstacles à l'ennemi, s'il s'avançait sur Lyon? Ce comité de défense rurale a fonctionné gratuitement, sauf une somme de 3,000 francs qui lui a été accordée pour frais de déplacement.

Remarquez que ce comité de défense rurale était composé de personnages notables, d'architectes, d'ingénieurs, de négociants. Je pourrais citer leurs noms, et ce sont des noms qui inspireraient toute confiance à ceux dont ils sont connus.

Mais si ce comité a élevé plus tard des prétentions, des réclamations illégitimes ou tardives, qu'y puis-je faire? Il s'agit de les discuter et de les repousser si elles ne sont pas fondées.

Parlerai-je des réquisitions de chemins de fer? La somme en paraît scandaleusement élevée à la commission. En effet, la compagnie réclame 84,000 francs ; mais je serais heureux de savoir ce qui sert de terme de comparaison à la commission. Dans quel temps y a-t-il eu, je ne dis pas un tel besoin de réquisitions, une telle nécessité, mais une telle apparence de nécessité? Faut-il faire remarquer à la commission que, s'il y a eu un grand nombre de délégués envoyés en mission, en revanche les missions ont été fréquemment nécessaires? Lui dirai-je que, lorsqu'il a fallu évacuer Lyon, en faire sortir les gens sans aveu, les bouches inutiles, un grand nombre de ces gens, quelques-uns très intéressants, ont réclamé des réquisitions et ont dû les obtenir pour eux et pour leur famille? Lui dirai-je que les réquisitions étaient délivrées, non par le préfet seul, mais par les sous-préfets, par les maires, même par les chefs de corps, aux mobilisés et aux mobilisables par exemple, qui venaient quelquefois de très loin pour passer devant le conseil de revision de Lyon? Lui dirai-je qu'un grand nombre de négociants, qui voyageaient quelquefois avec des fournitures, dans l'intérêt de la défense, ne pouvaient pas partir, les trains ordinaires étant suspendus, les voies étant encombrées?

Il fallait, pour qu'ils partissent, qu'ils entrassent dans un convoi de marchandises, ou dans un train de bestiaux ; or, on ne prend pas d'argent, de voyageurs, pour ces trains-là ; il fallait donc, pour qu'ils pussent s'embarquer, des réquisitions que je ne refusais pas. Au surplus, s'il y a des réclamations à faire, s'il y a à examiner ce qu'il y a à la charge de la Ville, à la charge de l'État, à la charge du département, — il y a un grand nombre d'individus qui peuvent se retrouver, — qu'on le fasse. Et je dirai à la commission que c'est précisément de quoi s'occupe à l'heure qu'il est l'administration du département du Rhône. (*Approbation sur divers bancs à gauche.*)

Je regrette, messieurs, de me perdre et de vous attarder à ces détails; mais le rapport, en ce qui concerne les affaires de la préfecture, est tout en détails. Je cherche les affaires plus considérables, plus importantes; j'ai peine à les trouver. Cependant j'en distingue quelques-unes auxquelles la commission a paru attacher une importance un peu plus considérable, par exemple l'affaire Valichi, l'affaire Favier.

Qu'est-ce que c'est que l'affaire Valichi?

Il s'agit, messieurs, d'une commission de 3 p. 100 qui a été accordée à un sieur Valichi sur une fourniture de sabres-baïonnettes faite par M. Escoffier, de Saint-Étienne.

Dans cette affaire, deux choses paraissent particulièrement

choquer·la commission. La première, c'est que M. Escoffier ait
pu céder à d'autres qu'au ministre de la guerre des sabres-baïonnettes. Il est vrai que la commission a découvert, depuis, que
M. Escoffier n'est pas seulement entrepreneur de la manufacture
de Saint-Étienne, mais qu'il est, en outre, entrepreneur et fabricant pour son propre compte.

La seconde, c'est que le préfet ait eu besoin, pour traiter avec
l'entrepreneur d'une manufacture de l'État, d'un intermédiaire.
Mais je demande comment la commission travaille! Quoi? ce n'est
pas avec l'entrepreneur de la manufacture de l'État que j'ai
traité, c'est avec M. Escoffier, entrepreneur pour son propre
compte. C'est à ce titre que M. Escoffier m'a fourni ces sabres-
baïonnettes.

Un M. Valichi, — il est fort connu à Lyon, il est commission-
naire en soieries, c'est une situation fort honorable, et il est
facile de le retrouver, — un M. Valichi, dans un pressant
besoin de sabres-baïonnettes, s'offre à en chercher; il parcourt
les départements, va à Châtellerault, à Pont-Salomon, et découvre
enfin à Saint-Étienne, chez un fabricant qui s'appelle Escoffier,
un stock de sabres-baïonnettes. Il passe le marché et revient à
Lyon. Ayant trouvé ces sabres-baïonnettes, il touche sa commission de 3 p. 100. Que trouvez-vous là de choquant? Qu'y a-t-il
là d'étranger aux habitudes des affaires? J'avoue ne pas l'apercevoir.

L'affaire Favier est tout aussi simple.

Depuis le 4 septembre, une partie de la garde nationale, —
vous savez laquelle, celle qui fait les révolutions, la plus démocratique, — s'était amplement pourvue de chassepots; mais il y
avait une autre partie de la garde nationale qui n'était pas armée.
Vous pouvez juger de son impatience, ou plutôt, non, vous ne
pouvez pas en juger, c'est-à-dire vous ne pouvez pas savoir,
dans une ville telle que Lyon, où les alertes étaient si fréquentes,
dans un département constamment menacé d'invasions pendant
cinq mois, vous ne pouvez pas savoir à quel degré d'intensité et
de violence était arrivée cette impatience d'avoir des armes dans
la garde nationale; vous ne pouvez pas savoir à quelle défiance,
à quelles interprétations singulières et dangereuses en même
temps, donnaient lieu les lenteurs malheureusement involontaires
de l'autorité à fournir des armes; si vous l'aviez vu, vous vous
expliqueriez bien des choses et, par exemple, certains achats de

fusils d'Italie, dont il sera question plus tard. Eh bien, dans cette situation, un sieur Favier m'est présenté, déclarant avoir connaissance de l'existence de 8,000 fusils en Suisse. Il offre des références, il m'est recommandé instamment par un employé supérieur de la préfecture, que je pourrais nommer. J'accepte son offre, et, sur cette recommandation, il reçoit, à titre de garantie exigée par le vendeur, une somme de 30,000 francs.

Messieurs, cette recommandation était imprudente, hasardée. Ce Favier, une fois arrivé en Suisse, soit que les fusils, n'aient jamais existé, soit qu'ils eussent déjà été enlevés, se livre à d'autres spéculations. Mais, selon un usage que j'ai pratiqué constamment, et dont je me suis toujours bien trouvé, je ne l'avais point perdu de vue; je le faisais surveiller. Sachant qu'il ne s'occupait plus de fusils, je réclame les 30,000 francs. Comme il ne peut pas les rendre, je demande et j'obtiens des autorités de Genève son arrestation.

Presque aussitôt j'obtiens la restitution de 16,000 francs en argent et, pour le reste, une hypothèque sur ses immeubles. Les intérêts du Trésor étaient saufs, autant du moins qu'ils pouvaient l'être. (*Rires sur quelques bancs à droite. — Approbation sur d'autres bancs à gauche.*)

La commission veut bien dire qu'il n'y avait peut-être rien de mieux à faire : eh bien, j'ai la hardiesse d'affirmer qu'il n'y avait absolument rien de mieux à faire. (*Interruption.*) Et la preuve, je la trouve dans le dossier judiciaire de l'affaire dont j'ai là une analyse exacte, et de laquelle il résulte : premièrement, que le préfet du Rhône a pris l'initiative des poursuites; secondement, que le procureur de la République n'a rien négligé pour qu'elles aboutissent; troisièmement, que l'autorité genevoise et ensuite le juge d'instruction de Lyon n'ont pas cru que l'abus de confiance fût suffisamment caractérisé, et que, suivant eux, il y avait lieu à un débat civil plutôt qu'à une poursuite correctionnelle.

M. LE RAPPORTEUR. Il n'y a pas de critique!

M. CHALLEMEL-LACOUR. S'il n'y a pas de critique, pourquoi l'avez-vous mentionné? A quel titre?

M. LE RAPPORTEUR. Il fallait rendre compte d'une dépense!

M. CHALLEMEL-LACOUR. Mais vous ne rendez pas compte de bien d'autres dépenses; je vous en signalerai un grand nombre dont vous ne dites pas un seul mot. Et d'ailleurs la teneur même du paragraphe sur les faits dont il est question prouve que l'affaire a été mal conduite, d'après votre conclusion.

Enfin j'arrive à une troisième affaire, celle-là plus considérable et qui a beaucoup occupé la commission. Je serais bien étonné que, nonobstant les explications que je vais avoir l'honneur de vous soumettre, il ne fût pas fait encore mention de cette affaire; il s'agit de l'affaire Sparre.

Sparre est un fabricant de cartouches, de fusils, un inventeur, un ingénieur suédois, et par-dessus tout un fort habile homme, un trop habile homme. (*Mouvement.*) Il a été fait avec Sparre plusieurs marchés : deux par la municipalité, un par la préfecture.

Voici dans quelles circonstances :

Au commencement de novembre, Sparre sachant, ce que personne n'ignorait, dans quelle épouvantable pénurie de cartouches spéciales se trouvait la France en ce moment, Sparre se présente à moi avec une cartouche de son invention pour fusil Remington. On m'envoyait bien des fusils Remington pour armer les légions du Rhône; rarement, on m'envoyait les cartouches.

Je fais examiner la cartouche qui m'est présentée; je la soumets à l'examen de gens compétents, du colonel d'artillerie qui commande l'arsenal, le colonel Rolland. Cette cartouche est trouvée bonne et même avantageuse. Sparre me soumet le traité; je le fais également examiner. Ce traité est reconnu onéreux; je le repousse.

A cette époque, nous avions encore l'espérance d'obtenir, de jour en jour, des cartouches bien impatiemment attendues de l'étranger. Mais un mois se passe, les légions du Rhône, armées de remingtons, sont sur la route de Dijon. L'armée des Vosges, dans laquelle il y avait un grand nombre de remingtons, demande des cartouches à grands cris : la campagne de l'Est a commencé. A ce moment, je reprends le traité que j'avais repoussé; je négocie derechef avec Sparre, et ce traité, qui m'avait paru dur, mais non pas inacceptable, je suis forcé de l'accepter sous l'empire de la nécessité. Je le signe, parce que, entre la crainte de manquer de munitions nécessaires et l'obligation fâcheuse de subir des conditions dures, je n'avais pas à hésiter, et je n'ai pas hésité. (*Très bien! très bien! à gauche.*)

Si, après cela, Sparre n'a pas rempli ses engagements en temps voulu, en temps utile, s'il ne les a pas plus remplis avec

la préfecture qu'avec la municipalité, chose que j'ignorais entièrement, si même par adresse ou par chance...

Quelques voix. Par ruse!

M. CHALLEMEL-LACOUR. Vous êtes bien sévères! Je disais : si, par adresse ou par chance, il a su mettre la loi de son
côté, je le regrette infiniment; mais, encore une fois, nous avons
fait, en traitant avec Sparre, ce que nous devions, nous avons
rempli un double devoir : d'une part en ne négligeant pas une
ressource qui se présentait à nous, d'autre part en prenant à son
égard toutes les précautions que les circonstances comportaient.
(*Dénégations à droite. — Très bien! très bien! à gauche.*)

Je passe, messieurs, à un autre ordre de dépenses.

Il s'agit de l'organisation des légions du Rhône, organisation
qui est la plus grosse dépense faite par la préfecture et sur
laquelle la fureur de l'esprit de parti a entassé un monde d'inventions aussi grotesques qu'odieuses.

Pendant deux années entières, il n'est sottises qu'à propos de
l'organisation de ces deux légions le mensonge n'ait inventées
et que la crédulité n'ait recueillies et propagées.

Un membre à gauche. C'est vrai!

M. CHALLEMEL-LACOUR. Eh bien, cette organisation a
donné lieu à de nombreux marchés. Vous les avez examinés, vous
les avez scrutés; du moins vous en avez eu le temps. Qu'avez-
vous trouvé? Rien! rien!

S'agit-il de fournitures? Il n'y en a pas eu en aussi grande
quantité, ni d'aussi mauvaises qu'on l'a dit, mais il y en a eu.
Poursuivez les fournisseurs! Vous dites que les types ont disparu. Mais la chose n'est pas exacte. Car la 2e légion, par
exemple, a intenté un procès aux fournisseurs David et Meyer,
et les types ont été produits par le lieutenant d'habillement
Loupy; ils ont été produits sur la demande de M. Journel, juge
d'instruction; à l'heure qu'il est, ils doivent être au greffe, à
moins que M. Journel ne les ait fait verser au campement.

Il y a eu des fournitures mauvaises, il y a eu procès, il y a eu
même une condamnation à la prison. Prononcée contre qui?
Contre un fournisseur qui a fourni l'Empire pendant vingt ans,
et qui a été mieux que cela, car depuis 1852 il était attaché à
l'intendance militaire en qualité d'expert. (*Ah! ah! à gauche.*)
C'était Chenon. S'agit-il des conditions des marchés? Ici vous
parlez d'un sieur Riboulet, vaguemestre dans une légion et qui

en aurait été en même temps le fournisseur. Vous vous méprenez!
J'ai les dates sous les yeux. Riboulet n'est pas un légionnaire
devenu fournisseur; c'est un fournisseur qui, après avoir
accompli ses obligations, lorsqu'il n'a plus rien à fournir,
lorsque la légion s'en va, étant de famille militaire, fils d'un commandant de l'armée, fait comme bien d'autres, s'engage. (*C'est
cela! — Très bien! à gauche.*)

Vous vous étonnez qu'étant marchand de dentelles et de tissus,
il ait fourni des marchandises étrangères à sa spécialité, des
mouchoirs, des couvertures, voire même des prolonges! Comment vous étonnez-vous de ce qui a été si fréquent, de ce qui
devait l'être, que des marchands dont l'industrie ou le commerce
habituel chômait, dont les affaires étaient enrayées, aient essayé
d'autres affaires pour vivre? Comment! vous vous étonnerez que
les chantiers de Buire, où l'on fabriquait des machines et des
voitures, soient devenus une manufacture de canons? (*Très bien!
à gauche.*)

Ainsi, vous n'avez rien trouvé, pas un fait. Et cependant vous
raillez les organisateurs des légions; vous faites une longue et
piquante énumération des substances diverses et bizarres dont
ils ont muni leurs légions.

Mais ces organisateurs, c'étaient des officiers distingués, je
pourrais vous les nommer; la plupart étaient sortis ou de Saint-
Cyr ou de l'École polytechnique; il n'y en avait pas un qui
ne fût capitaine, pas un, j'ose le dire, après les avoir connus
les uns après les autres, après avoir étudié leurs antécédents
et leurs origines, pas un qui ne fût un brave. (*Très bien! à
gauche.*

Et cependant vous les raillez agréablement, de même que vous
raillez M. Sans, un ingénieur qui avait proposé au gouvernement de la Défense nationale une invention qui vous paraît singulière, et qui obtint, dites-vous, que le préfet l'autorisât à faire
sur les fonds de l'État des dépenses pour des engins innommés.
Ce sont, ajoutez-vous, des cylindres bizarres en zinc, des appareils à pulsation, des appareils à détente spontanée, et vous con-
tinuez sur ce ton.

Mais cette invention de M. Sans a été connue d'hommes spéciaux; elle a été soumise à un homme peu porté à adopter les
inventions qui n'étaient pas éprouvées, à un homme qui raillait
agréablement ceux qu'il appelait les « torpillards », à un officier

du génie d'un mérite supérieur, au général Rivière, et il l'a approuvée.

Sans doute, vous avez consulté les hommes de l'art, vous avez consulté les savants sur l'invention de M. Sans? Eh bien, si vous ne l'avez pas fait, je vais vous donner l'avis d'un savant.

Voici la dépêche envoyée au gouvernement de la Défense nationale, le 27 octobre 1870 :

« Projet de défense très remarquable proposé par M. Sans, ingénieur à Chalon, pour être mis à exécution sur les voies ferrées non encore au pouvoir de l'ennemi, mais menacées par lui.

« Ce projet, de nature à empêcher l'occupation des voies, pourrait être exécuté sur les chemins de Lyon, du Nord, partout où les besoins de la défense l'exigeraient.

« M. Sans offre d'effectuer lui-même tous les travaux, avec le concours du génie militaire. La dépense serait faible, cinq mille francs environ par cent kilomètres.

« La commission recommande d'une manière spéciale le projet en question, auquel elle attache la plus grande importance.

« *Le président du comité de défense nationale,*

« Signé : SERRET, *de l'Institut.* »

(*Applaudissements à gauche.*)

Messieurs, la commission s'étend fort longuement sur les corps francs ; elle n'aime pas les corps francs. (*Mouvements divers.*)

Quelques membres à droite. Elle n'a pas tort!

M. CHALLEMEL-LACOUR. Elle en parle avec une dureté qui pourrait choquer bien des braves gens qui y ont pris part, quelques-uns que je pourrais nommer, avec le plus grand éclat. Eh bien, quelques services qu'ils aient rendus, quelqu'utiles, quelque nécessaires qu'en l'absence de cavalerie ils aient pu paraître à des chefs militaires supérieurs et d'une expérience consommée, moi non plus, je ne les aime pas, ou du moins je préfère les corps réguliers, je préfère les légions. Mais vous vous plaignez des faveurs que j'ai prodiguées, dites-vous, aux corps francs, que vous prétendez que j'attirais à Lyon, sans prétexte, sans raison. C'est bien à tort; je n'y avais aucun intérêt. Vous dites que je me suis montré prodigue à leur égard aux dépens des Lyonnais. Ici vous allez trop loin. Même parmi ceux qui sont de votre parti à Lyon, il n'y en a pas un seul qui souscrive à cette assertion.

Vous énumérez tout ce que je leur ai donné. Oui, j'ai donné beaucoup, j'ai donné beaucoup notamment aux Volontaires de l'Égalité de Marseille, et je m'en applaudis. Et voulez-vous que je vous dise pourquoi j'ai donné facilement? je vais vous donner deux raisons qui peut-être vous toucheront.

L'une, c'est que je n'ai jamais considéré la présence des corps francs dans une ville telle que Lyon comme étant précisément un élément d'ordre... (*Rires à droite*) et je me hâtais, le plus que je pouvais, de mettre ces corps francs en état d'aller à l'ennemi, qui n'était pas loin.

La seconde raison, c'est que quand ils m'arrivaient des départements éloignés, quelquefois de très loin, d'Algérie, d'Alexandrie, ou d'ailleurs, et quand, à Lyon, par un froid implacable, — vous vous le rappelez, — je les voyais mal vêtus, manquant de tout, oui, j'ai donné beaucoup sans m'inquiéter de savoir si, à deux ans de distance, des Français viendraient me demander compte de ce que j'avais fait pour des Français qui allaient se battre. (*Applaudissements répétés à gauche.*)

Le rapport parle avec ironie de ce préfet qui a étendu sa tâche à plaisir, qui l'a étendue jusqu'à en être submergé.

Vous vous trompez, je ne l'ai pas étendue. J'ai fait ce que j'ai pu pour la comprendre et j'ai fait ce que j'ai pu pour la remplir ; je regrette seulement de ne pas l'avoir mieux remplie. (*Applaudissements à gauche.*) Je l'ai regretté bien des fois et amèrement. En voulez-vous un exemple?

Au mois de janvier, un matin, on vint m'annoncer qu'une mutinerie venait d'éclater au camp de Sathonay. C'était bien une révolte. Je m'y rendis avec le général Crouzat, et vous y étiez, monsieur le général Pellissier ; vous vous rappelez ce que nous y trouvâmes. Nous y trouvâmes une légion de montagnards de l'Ardèche, à peine vêtus, ayant pour tout costume un pantalon et une misérable tunique.

Dieu me garde d'accuser le préfet de ce département qui était un administrateur excellent, un homme regretté de tous ceux qui l'ont connu, et qui venait, lorsqu'il est mort, d'obtenir du gouvernement de M. Thiers un siège qu'il eût honoré par son caractère et son savoir. Il avait fait tout ce qu'il avait pu, dans le peu de temps que nous laissait l'ennemi.

Ces pauvres gens, le ventre vide, grelottant sous la bise glaciale, refusaient de partir. Ils partirent pourtant, ils partirent sur de simples promesses. Ah ! si j'avais eu à ce moment des capotes, des chemises, des pantalons, des ceintures, vous pouvez croire que je les leur eusse donnés; je les en aurais comblés, au risque d'encourir votre ironie et vos reproches. (*Vifs applaudissements à gauche.*)

Je crois avoir recueilli à peu près tous les faits spéciaux à la préfecture, dans le rapport de l'honorable M. de Ségur. Cependant il en est un, précisément cette dépense de journal dont je parlais en commençant, et que vous relevez. Le préfet a fait un journal dans la préfecture! Je l'avoue, cela est bien irrégulier. On a bien vu des préfets subventionner des journaux clandestinement, à grands frais; mais un préfet qui fait faire un journal publiquement sous ses yeux, dans la préfecture, qui le fait distribuer, qui le fait afficher, cela, en effet, est extrêmement anormal. Mais savez-vous ce qui est plus anormal et plus irrégulier? C'est un département dans lequel on est chargé de maintenir la paix sans avoir les moyens ordinaires pour cela, sans avoir une force publique disciplinée et irrésistible. Savez-vous ce qu'il y a d'irrégulier? c'est d'avoir... (*Nouvelles interruptions à droite.*)

M. DE GAVARDIE. Vous avez fait le désordre. (*Vives exclamations à gauche.*)

M. CHALLEMEL-LACOUR. Il est fort irrégulier d'avoir, je ne dis pas à maintenir la paix, mais à se faire tolérer, et pour cela, de n'avoir que les moyens de la persuasion. Eh bien, ces moyens, j'en ai usé : je me suis mis en rapports directs, habituels, quotidiens, avec mes administrés : dans des temps où les journaux de Paris n'arrivaient plus, où l'*Officiel* manquait, où les nouvelles fausses circulaient, où il y avait une grande soif de nouvelles, et une égale disette de certitude, j'ai donné des nouvelles, des dépêches ayant un caractère authentique; j'ai fait faire des articles dans un ordre d'idées que je croyais propre à répandre la confiance et le calme; j'ai essayé de persuader à mes administrés que si la République est, ce que nous croyons, le gouvernement du bon droit et de la justice, il faut, pour mériter de durer, qu'elle soit aussi un gouvernement d'ordre. Voilà ce que j'ai fait. (*Bravo! bravo! — Applaudissements à gauche.*)

Je conviens que cela est fort irrégulier... (*Sourires approbatifs à gauche*), mais cela n'a pas duré longtemps. Aussitôt que l'*Officiel* a reparu, aussitôt que je suis parvenu à ressaisir en mains ce qu'il fallait d'autorité pour empêcher le désordre, ce journal a été supprimé. Et, en effet, je l'avoue, les dépenses avaient dépassé les recettes de 2,900 francs. (*Exclamations ironiques à gauche.*)

Maintenant, messieurs, je vous demande si les observations présentées par la commission sur ces divers marchés vous donnent une idée suffisamment exacte de ce qui s'est fait. Je crois qu'il en ressort clairement qu'en ce qui concerne ces marchés, quelles qu'aient été les irrégularités, s'il y en a, — je ne nie pas qu'il y en ait; j'aurais mauvaise grâce à le faire, car je pense qu'il a dû y en avoir, — au moins l'intégrité est inattaquable. (*Approbation à gauche.*)

Vous ne relevez pas un fait de malversation, vous ne relevez pas un fait de dilapidation. Cela manque dans votre rapport. (*Mouvements divers.*) Mais ce qui y abonde, ce sont les insinuations, ce sont les railleries, ce sont les duretés, ce sont les paroles dont le public abuse; vous ne les avez pas épargnées! Vous avez lâché la bride à votre passion. (*Exclamations à droite. — Applaudissements à gauche.*)

Vous vous êtes dit : Qui nous demandera compte d'un peu de passion contre des adversaires politiques? Comme le dit le poète latin :

Dolus an virtus quis in hoste requirat?

(*Exclamations et bruit prolongé à droite.*)

Je m'étonne que certains membres de ce côté si amoureux des humanités... (*Sourires à gauche*) se scandalisent qu'on cite trois mots de latin aussi connus qu'un proverbe. Je ne leur dirai pas ce qu'ils signifient, ils le savent très certainement. (*Rires et applaudissements à gauche. — Rires ironiques à droite.*)

Eh bien, il y a des esprits qui croient que la passion politique excuse tout, que la passion politique justifie tout : qu'il est permis, pour combattre un adversaire, de le déshonorer, qu'on peut faire croire ou laisser croire à l'existence de faits qui entachent l'honneur et qui n'existent pas! Je dis qu'on se trompe. La passion politique elle-même a sa limite, et cette limite, c'est la justice, cette limite, c'est la vérité! Et il y a quelque chose de plus grave qu'un adversaire maltraité, qu'une vérité déguisée, que la justice blessée : c'est le triste et funeste exemple qu'on donne par là à une nation qu'on se propose d'instruire et de moraliser. (*Bravos et applaudissements redoublés à gauche.*)

Eh bien, encore une fois, ces critiques donnent-elles une juste idée de ce qui s'est fait dans le département du Rhône par la préfecture seule, en dehors de ce que l'administration militaire a dû faire, a pu faire, et a fait? Huit légions, 26,000 hommes, équipées, habillées, organisées, instruites; une artillerie excellente, et on sait ce qu'elle a fait, donnée à chacune de ces légions; des chevaux trouvés, quand les chevaux étaient rares, en nombre suffisant pour les besoins; un magasin permanent d'habillement pour ces légions; une école d'artilleurs créée dans un moment où les artilleurs étaient à la fois ce qu'il y avait de plus rare et de plus précieux, et je ne dis pas tout.

Je ne vous reproche pas d'avoir passé tout cela sous silence; je ne vous le reprocherais pas, du moins, s'il ne s'agissait que de celui qui y a coopéré pour une bien petite part; mais je vous le reproche parce qu'il s'agit là de l'honneur du département du Rhône, et de l'honneur même de la France... (*Oui! oui! — Très bien à gauche*), qui est intéressée à savoir ce qu'elle a pu faire sous le pied de l'étranger. (*Applaudissements répétés à gauche.*)

Je vous demande pardon, encore une fois, de ces longueurs. (*Parlez! parlez!*)

Il me reste quelques observations à vous présenter sur les marchés qui ont été faits par le Conseil municipal. Je n'entrerai à cet égard dans aucun détail : l'honorable M. Ferouillat se réserve de donner les éclaircissements, les explications que le rapport réclame.

Tout le monde comprend bien que le « *vu et approuvé* » du préfet sur ces marchés n'implique pas absolument une approbation personnelle. Je vous ai déjà dit qu'à bien des reprises je m'étais trouvé en désaccord avec le Conseil municipal. J'ai combattu la mesure de l'abolition de l'octroi, qui a été une si grande faute. J'ai lutté longtemps sur l'organisation de la police municipale et de la police préfectorale, et sur leurs attributions respectives. J'ai donné des avis et des avertissements sur certaines dépenses; quelquefois j'ai réussi; plus souvent j'ai échoué.

Eh bien, alors, plutôt que de m'exposer à des conflits dont les suites pouvaient être incalculables, lorsque je me suis heurté à des partis pris contre lesquels je n'aurais rien pu, alors, dis-je, j'ai donné mon approbation. Je l'ai donnée pour plusieurs raisons. Je l'ai donnée parce qu'une résistance vaine augmente la faiblesse en la constatant. Je l'ai donnée parce que l'accord extérieur de deux autorités importait plus que vous ne pensez au maintien de la paix publique. Je l'ai donnée parce que le patriotisme de la majorité du Conseil municipal tout entier m'était connu et que les fautes qui procèdent d'un tel mobile ne sont pas, selon moi, les plus dangereuses; ce ne sont pas celles-là qui perdent les États, ni même qui compromettent le plus les finances. (*Très bien! très bien! à gauche.*)

Au surplus, quand je suis allé à Lyon, j'ai bien su que le courage le plus nécessaire n'était pas celui de braver les dangers personnels qu'on pouvait y rencontrer, c'était de subir, par contre-coup, la responsabilité de tout ce qui se ferait, même des actes auxquels j'aurais été ou contraire ou étranger.

Du reste, messieurs, je ne parle pas maintenant pour moi seul : permettez-moi de vous le dire, j'ai assez vécu, je connaissais assez la politique et la morale des partis pour ne pas m'émouvoir de leurs violences et de leurs injustices, et pour ne pas ignorer que la véritable opinion est impénétrable à ces averses.

Mais j'ai vu se jeter en avant des hommes moins aguerris, je les ai vus se jeter en avant sans retour personnel, uniquement pour protéger, ou contre l'ennemi extérieur, ou contre les passions soulevées, une société qui, depuis longtemps, n'avait que l'apparence de l'ordre, et dans laquelle cette apparence même était anéantie; et quand est venu pour eux le moment de recueillir le salaire habituel pour ce genre de services, à savoir la calomnie et l'outrage, ces hommes qui n'avaient pas fléchi dans le danger, je les ai vus fléchir : j'en sais que ces injustices ont désespérés. Vous en connaissez, car je sais que vous avez reçu depuis quelques jours plus d'une protestation indignée et poignante.

Vous avez vu M. Ganguet, cet homme simple qui est la droiture et la probité mêmes : eh bien, en lisant votre rapport, où il semble que vous n'avez point tenu compte de ses observations, où vous lui faites des reproches et des accusations imméritées, le désespoir est entré dans son cœur.

J'en connais qui y ont succombé. (*Mouvements divers.*)

Voix à l'extrême gauche. C'est vrai!

M. CHALLEMEL-LACOUR. Et j'en nommerai un ici, M. Hénon, dont le rapport parle en des termes qui sont faits pour affliger plusieurs de ses amis.

Plusieurs membres à gauche. Oui! oui!

M. CHALLEMEL-LACOUR. Vous paraissez croire que si
M. Hénon ne s'était pas rendu à la préfecture le 4 septembre au
matin, la révolution ne se serait pas faite. Ou du moins vous lui
faites un reproche d'y être allé. Eh bien, la révolution se serait
faite tout de même, et s'il n'y était pas allé, il y aurait eu simplement un esprit modéré et sage, un vaillant cœur de moins
pour la contenir (*C'est cela ! — Très bien ! à gauche.*)

Vous le rapprochez à dessein, visiblement, de l'Internationale,
dans laquelle il ne comptait que des ennemis. Il n'était pas plus
international que moi, qui ne le suis guère, peut-être parce que
je connais un peu les nations étrangères.

Eh bien, le 28 septembre, pendant que j'étais prisonnier de
l'émeute, pendant que j'avais à côté de moi M. le procureur
général Le Royer et M. le procureur de la République Andrieux...
(*Rumeurs à droite*), faisant bravement leur devoir de magistrats,
libellant des mandats d'arrêt... (*Interruption à droite. — Applaudissements à gauche.*)

M. DE GAVARDIE. Ils faisaient arrêter leurs collègues! (*Exclamations
à gauche.*)

M. LE PRÉSIDENT. Monsieur de Gavardie, vous ne devez pas interrompre!

M. LE ROYER. Vous avez invoqué mon témoignage, monsieur Challemel-Lacour; je déclare que vous avez évité l'effusion du sang au péril même
de votre vie. (*Applaudissements à gauche.*)

M. CHALLEMEL-LACOUR. ...libellant des mandats d'arrêt
contre les émeutiers encore maîtres, un homme parcourait la
ville, un vieillard, sollicitant les courages, excitant ceux qui fai-
blissaient, ramenant du bon côté ceux qui chancelaient et hési-
taient encore : c'était M. Hénon. Et où étaient à ce moment ceux
qui depuis l'ont attaqué? Je l'ignore. (*Bravos à gauche.*)

M. Hénon a eu des ennemis violents, implacables, tels qu'en
ont les hommes vertueux, et c'en était un. En les signalant, je
ne prétends pas les ramener à la justice, et cet homme de bien,
qui était aussi fier qu'il était modeste et bon, s'indignerait dans
sa tombe si je sollicitais leur suffrage pour sa mémoire. (*Très
bien ! très bien ! à gauche.*)

Me permettrez vous de vous dire avec franchise, et sans nulle
intention de vous blesser, quelle est la pensée de votre rapport?
quel en est le but? Et j'attends de votre loyauté que vous ne me
démentirez pas. Ce que vous voulez atteindre, c'est la démocratie
lyonnaise ..

M. ÉDOUARD MILLAUD. C'est la vérité!

3

Un membre à droite. Ce que nous voulons atteindre, c'est la démagogie!

M. CHALLEMEL-LACOUR. ...c'est-à-dire, après tout, la majorité numérique du département.

Vous en voulez au Conseil municipal actuel en faisant le procès à l'ancien, et c'est pour cela que vous cherchez à confondre l'ancien Conseil municipal avec le comité de salut public et le comité de salut public avec l'Internationale.

M. LE BARON CHAURAND. Ce sont les mêmes! (*Assentiment à droite. — Murmures à l'extrême gauche.*)

M. CHALLEMEL-LACOUR. Vous dites : Ce sont les mêmes. Les mêmes que qui? Les mêmes que le comité de salut public?

M. LE BARON CHAURAND. Oui!

M. CHALLEMEL-LACOUR. Mais le comité de salut public comptait des éléments bien divers, et notamment ceux qui, au 28 septembre, sont venus pour culbuter le Conseil municipal et pour prendre sa place; ce n'étaient donc pas les mêmes, du moins ce jour-là. (*Rires approbatifs à gauche.*)

Je sais bien, encore une fois, que vous pouvez constater des faits d'inexpérience. Cependant ce Conseil, dans lequel il y avait non seulement des médecins, des avocats, des professeurs, des ingénieurs, mais même des personnes que, par leurs professions, on considère comme ordinairement acquises à l'ordre, des négociants, des entrepreneurs, des fabricants, ce Conseil ne pouvait pas vouloir absolument le désordre.

Seulement, je l'avoue, il n'était pas en totalité composé d'hommes éclairés; il ne comptait pas uniquement des administrateurs rompus aux affaires, et vous pouvez signaler des marchés précipités. Mais, quand vous dites que le comité de salut public a consenti à l'élection d'un Conseil municipal parce qu'il se savait maître, vous croyez donc qu'il est bien facile de faire déguerpir une puissance, une assemblée qui se croit maîtresse... (*Rires et applaudissements à l'extrême gauche. — Vives protestations à droite et au centre. — A l'ordre! à l'ordre!*)

M. TARGET. Je demande quelle est la portée de l'allusion!

M. DAHIREL prononce des paroles qui se perdent dans le bruit.

Voix à droite. A l'ordre! — Monsieur le président, faites respecter l'Assemblée.

M. LE PRÉSIDENT. Je veux croire qu'il n'y a aucune allusion dans la pensée de l'orateur... (*Bruit à droite*) : je veux croire qu'il n'y a aucune comparaison, aucune insinuation...

Voix à droite et au centre. Que l'orateur le dise, qu'il le déclare!

M. LE PRÉSIDENT. S'il en était autrement et si la pensée d'une telle dissimulation se produisait d'une manière claire et certaine, je la réprimerais sévèrement. (*Très bien! très bien!*)

A droite. Qu'il s'explique!

M. Challemel-Lacour. Et le fait même, les efforts qu'il a fallu faire pour obtenir le départ du comité de salut public prouvent assez ces difficultés que vous paraissez ignorer, car, d'après le rapport qui vous a été distribué hier, vous ne pouvez connaître quelles négociations il a fallu engager pour y parvenir.

Voix à droite et au centre. Et la comparaison?

M. Challemel-Lacour. Et s'il y a une chose dont il y ait à se faire honneur, c'est d'y avoir réussi.

Mais, enfin, quelque inexpérience qu'on puisse attribuer à ce Conseil municipal, quoi qu'on puisse blâmer dans ses opérations, il faut constater encore ici que la commission n'est pas tombée sur la trace d'une malversation, qu'elle n'a pas rencontré un seul fait d'improbité.

Et cependant il y a deux ans que ce rapport est agité devant nous et devant eux comme une menace : il y a deux ans qu'on le tient suspendu sur leurs têtes; il y a deux ans qu'ils sont, grâce à cela, livrés à la poursuite de la meute des journalistes déshonorés! (*Exclamations diverses.*)

M. Target. Et il y a deux heures que l'Assemblée est en butte à vos insinuations. C'est contre ces insinuations que nous protestons avec énergie! (*Vives et nombreuses marques d'approbation.*)

M. Challemel-Lacour. Le rapport de la commission reproche avec vivacité au Conseil municipal ces dépenses intempestives, ces nouveautés inutiles et coûteuses; il se moque des nouveautés imaginées par Mieroslawski, nouveautés que le Conseil municipal a fait essayer aux frais de la ville. Il a une opinion sur ces nouveautés. Je déclare n'en point avoir, quoique j'aie repoussé les offres et les sollicitations de cet inventeur et que je n'ignorasse cependant pas qu'il comptait parmi les écrivains estimés de l'art militaire.

Le rapport blâme les achats de munitions excessifs. A cette époque, la crainte se manifestait partout et jusque dans l'arsenal, que non seulement les munitions manquassent, mais que même les matières premières, et par exemple le plomb, manquassent à la fabrication.

Enfin, le rapport traite avec une certaine sévérité le comité d'artillerie départemental, et il triomphe de ce que les pièces nombreuses commencées et exécutées sur ses plans se sont trouvées de mauvaise qualité.

Sur ce point, je me bornerai à faire remarquer que cette sévérité est bien grande : car ce comité était, après tout, composé d'hommes spéciaux et devait posséder, si jamais comité peut l'avoir, compétence en la matière.

En admettant que le Conseil municipal se soit laissé aller trop facilement à des espérances chimériques, qu'il ait été trop prompt à adopter ces projets qui ne devaient pas réussir, ces projets, ces chimères, je les ai, quant à moi, repoussés. Mais je dois dire que je suis porté à plaindre plus qu'à admirer ceux qui, dans la guerre, n'ont pas eu, par moments, leurs chimères. Je plains ceux dont la sagesse s'est accommodée dès les premiers moments de la défaite. (*Vives réclamations en face et à droite de la tribune. — Très bien ! très bien ! sur quelques bancs à gauche. — Agitation prolongée.*)

M. CHARLES ABBATUCCI. C'est vous qui vous en êtes accommodé !

M. PARIS (Pas-de-Calais). C'est une insulte !

M. CHALLEMEL-LACOUR. Il est clair, messieurs et il va sans dire... (*Nouvelles interruptions.*)

M. LE PRÉSIDENT. L'orateur va expliquer sa pensée, veuillez l'écouter; il demande lui-même à donner une explication.

M. CHALLEMEL-LACOUR. Il est clair, messieurs, et il va de soi que je ne puis avoir la pensée d'appliquer ce que j'ai dit à personne dans cette Assemblée. (*Interruptions diverses.*)

Un membre à droite. A qui l'appliquez-vous alors ?

M. CHALLEMEL-LACOUR. A personne dans cette Assemblée; j'imagine que chacun a fait son devoir dans la sphère où il se trouvait placé; mais, enfin, il n'en est pas moins certain qu'il s'est rencontré en France un grand nombre de personnes qui, de bonne heure, à une date ou à une autre, ont considéré la cause comme perdue.

M. LE BARON DE BARANTE. M. Thiers, par exemple !

M. ANISSON-DUPERRON, *à l'orateur.* Qui l'ont considérée comme perdue quand ils l'ont vue dans vos mains.

M. CHARLES ABBATUCCI. Oui, la défense a été impossible quand elle est tombée dans vos mains !

M. LAMBERT DE SAINTE-CROIX. Ce n'est pas nous qui avons dit que l'ennemi entrerait dans une ville sans courage en entrant à Lyon.

M. CHALLEMEL-LACOUR. Nous discuterons cette dépêche, et toutes les dépêches, si l'Assemblée veut bien que le rapport qui a été distribué hier donne lieu à une discussion. Quant à présent, ma tâche est assez longue et assez vaste pour que je ne l'élargisse pas encore.

M. LE PRÉSIDENT. Je sais toute la liberté qu'on doit laisser aux orateurs qui sont à cette tribune, et particulièrement à ceux qui se trouvent dans la situation de M. Challemel-Lacour. Je suis, en outre, très persuadé que M. Challemel-Lacour, puisqu'il le déclare, n'a eu l'intention de blesser aucun de ses collègues...

Plusieurs membres à droite. Qu'il le dise! qu'il le dise!

M. LE PRÉSIDENT... Mais je l'engage, lui qui est si maître de sa pensée et de ses expressions, à ne pas leur donner une tournure qui soulève, comme il est arrivé plusieurs fois, la légitime susceptibilité d'une partie de l'Assemblée. (*Très bien! très bien! sur un grand nombre de bancs.*)

M. CHALLEMEL-LACOUR. Ce que je veux dire, c'est que ce scepticisme qui s'est rencontré, personne ne peut le nier, d'assez bonne heure chez certaines personnes sur le résultat final, n'existait pas à Lyon. Là, il m'a semblé que, presque jusqu'au bout, la majorité de la population a espéré même contre l'espérance.

Un membre à droite. Et n'a rien fait!

M. CHALLEMEL-LACOUR. J'ai vu, je puis le dire, bien des fois des hommes graves de tous les partis venir me communiquer leurs rêves. J'ai vu, et je ne craindrai pas de dire ici une chose qui, selon moi, lui fait tant d'honneur, j'ai vu le premier président de la cour venir, le cœur navré du peu qui se faisait, inquiet des timidités de la politique défensive, me communiquer, avec prière de les transmettre au Gouvernement, quelque projet formidable qui était un appel suprême à l'héroïsme national. (*Mouvements divers.*) Il y croyait, et tout le monde y croyait à Lyon. En voyant chez un homme aussi sérieux une foi si juvénile, une telle ardeur patriotique, je puis lui rendre ce témoignage, me rendre ce témoignage que j'ai conçu pour ce magistrat un respect affectueux dont les traces ne s'effaceront jamais.

M. LE GÉNÉRAL ROBERT. Il en est digne.

M. CHALLEMEL-LACOUR. Eh bien, le rapport de la commission ne tient pas suffisamment compte de cette situation; il parle avec un intérêt que tout le monde approuve des finances de la ville obérées par des marchés précipités, par des expériences mal entendues, par des fabrications mal réussies; mais on peut lui dire qu'il est assez facile, quand on est loin, deux années après la paix, quand on n'a pas vu ce milieu embrasé où nous étions, de critiquer ce qui s'est fait. Croyez-le bien, cependant, à ce moment, il y a eu des heures où souvent ce qui se faisait passait pour bien peu de chose aux yeux des plus sages.

Messieurs, je suis obligé de m'en tenir à ces observations; mes forces défaillent.

Je dirai, pourtant, pour résumer, que je ne me suis pas séparé du Conseil pour ces deux raisons : l'une parce que dans ses efforts, dans ses entreprises, il me paraissait s'associer à un mouvement d'opinion contre lequel il eût été difficile de lutter; l'autre, parce qu'il a été mon auxiliaire pour le maintien de l'ordre, qu'il m'a aidé, aidé efficacement, jusqu'à partager avec moi l'animadversion des violents, jusqu'à partager souvent mes périls.

Je sais bien que la commission se moque de ce préfet qui n'a maintenu sa faible autorité — ce sont ses expressions — que par une circonspection constante et des ménagements infinis pour les passions populaires.

Il est vrai que si la force consiste à posséder et à employer tous les moyens ordinaires, une police et une armée, l'autorité du préfet, à Lyon, lequel ne possédait rien de pareil, était faible; mais si la force consiste à faire quelque chose avec peu, cette autorité n'était point si faible, elle à qui toute police, toute armée, tout moyen de coaction a manqué, et qui, pourtant, a empêché la guerre civile d'éclater. (*Approbation à l'extrême gauche*)

On parle de la circonspection du préfet. Je me permettrai de dire que cette circonspection n'a pas toujours été sans raison. Je pourrais, à cet égard, citer des faits qui paraîtraient instructifs, peut-être décisifs.

Tenez; je prends l'affaire d'un comité de la rue Luizerne. Une bande d'hommes armés, composée de ce qu'il y avait de pire à Lyon, — ville où tous les Gouvernements ont eu le tort d'accumuler des hommes surveillés, — deux ou trois cents de ces hommes s'étaient cantonnés dans une maison, comme dans une espèce de forteresse, et, de là, ils terrifiaient la ville. Un conseiller général, aussi intelligent que brave, et dont la démarche méritait peut-être mieux de la part du rapporteur qu'une expression dédaigneuse, M. Baudy, se rendit dans cette maison, seul, au péril de sa vie, pour sommer ces hommes de se retirer. Ils le retinrent prisonnier.

Je trouvai que, cette fois, c'était trop, et je donnai l'ordre au chef d'état-major de la garde nationale de réunir un bataillon pour aller faire évacuer cette maison. Le chef d'état-major refusa. C'était le soir : il ne voulait pas alarmer la ville.

Je m'adressai alors personnellement à un chef de bataillon à moi connu, à un ancien officier, brave, ferme, qui commandait un bataillon conservateur.

A droite. Ah! ah!

M. CHALLEMEL-LACOUR. Je vous prie, messieurs, de ne point prendre en mauvaise part ce que je dis...

A droite. Mais non! — Au contraire!

M. CHALLEMEL-LACOUR... ni ce que je vais dire. Je ne veux mettre en question ni la fermeté, ni la bravoure de ceux dont j'invoque en ce moment le souvenir; je veux simplement vous peindre une situation. (*Parlez! parlez!*)

Eh bien, je demandai à ce chef de bataillon de réunir cinq cents hommes. Il le fit, et à une heure du matin, réunis sans bruit, ils étaient rassemblés dans la préfecture. Mais, lorsque je dis à ce chef de bataillon ce que nous allions faire, il refusa en me déclarant que, pour prendre cette maison, il fallait du canon.

Encore une fois, messieurs, c'était un brave homme, et ceux qui l'accompagnaient étaient des hommes aussi résolus et aussi fermes qu'ils étaient conservateurs; mais ils avaient le sentiment de la situation.

Le 28 septembre, au moment où la foule qui allait envahir la préfecture descendait sur la place des Terreaux, un bataillon de l'ordre, encore, était réuni en bataille devant l'entrée de l'Hôtel de Ville : il céda et se dispersa, et ce ne fut que quelques heures après qu'un bataillon de la Croix-Rousse descendit et nettoya la préfecture.

Eh bien, messieurs, que veux-je dire par là? Je veux dire que cette circonspection dont on me fait le singulier reproche, avait bien ses raisons; que je devais y regarder de près avant de m'engager dans une aventure qui aurait fait couler le sang, et que je devais savoir à quoi m'en tenir sur les conseils de répression violente dont j'étais assailli de plus d'un côté. (*Approbation à l'extrême gauche.*)

J'ai fait, je l'avoue, les efforts les plus constants pour empêcher que, dans cette ville en effervescence continuelle, où il y avait tant de causes de troubles et de divisions, on n'eût pas au moins la guerre civile ; je me suis associé à tous ceux qui faisaient les mêmes efforts que moi, et c'est pour cela qu'il m'est arrivé de ménager, comme on le dit, les passions populaires.

Quelques membres à droite. Et même l'émeute !

M. CHALLEMEL-LACOUR. Je les ai ménagées sans scrupule quelquefois, souvent avec douleur ; mais je dois en faire l'aveu, la politique, la mienne du moins, ne consiste pas à rompre en visière avec les passions, au risque de tout mettre en combustion : elle consiste, autant que possible, à les manier, à les calmer, quelque temps et quelque patience qu'il faille dépenser pour cela ; et j'ose dire que la patience sera longtemps, et peut-être toujours, pour les préfets de Lyon la qualité la plus nécessaire. (*Mouvements divers.*)

Je sais que ce point de vue n'est pas celui auquel M. le rapporteur de la commission s'est placé pour juger la ville de Lyon, pour apprécier la conduite de l'autorité préfectorale et celle du Conseil municipal. Il rend bien un hommage au patriotisme de la population lyonnaise ; mais, presque aussitôt, il diminue de beaucoup la portée de cet hommage, lorsqu'il en vient à parler du Conseil municipal, lorsqu'il en vient à parler de la démocratie tout entière dont le Conseil municipal était alors le représentant ; il se sert alors de termes qui semblent, qui doivent avoir pour effet de dénoncer à la France la population et la démocratie lyonnaises et ce Conseil municipal comme dignes de mépris et faits pour inspirer la peur.

Eh bien, si l'on me permet de le dire, je trouve que c'est là une politique mauvaise, une politique dangereuse. Cette ardeur à peindre Lyon et le Midi tout entier, — car vos rigueurs s'étendent sur tout le Midi, de Lyon à Marseille, — cette ardeur à les peindre comme ayant été, pendant la guerre, en proie à une sorte de délire démagogique, qui durerait encore...

A droite et au centre. Oui ! oui ! — Il dure encore.

M. CHALLEMEL-LACOUR... Ce soin que l'on prend de transformer une activité honnête et patriotique... (*Murmures au centre et à droite*) en une sorte de confusion préméditée et voulue, on ne saurait dire à quelle fin, à quoi cela peut-il aboutir ? Je vous le demande : Que prétendez-vous par là ? Prétendez-vous, prétend-on, peut-on prétendre faire ainsi honneur à la France, dont le Midi, après tout, est une portion notable ? Prétend-on raffermir cette unité politique qu'on a cru un instant si sérieusement menacée, et cette unité morale qui, malheureusement, n'existe pas? (*Rumeurs à droite et au centre.*)

Prétend-on regagner à ce que l'on considère comme de sages idées politiques ce parti qu'on peint comme emporté, impétueux, violent, lorsque, au lieu de le réconcilier par la justice, on semble prendre à tâche de l'aliéner par la sévérité, et, passez-moi le mot, par les injures? (*Vive approbation à l'extrême gauche. — Nouvelles rumeurs au centre et à droite.*)

Je crois que cette politique est dangereuse. L'Assemblée pourra bien approuver les conclusions du rapport; mais elle ne pourra pas guérir le mal que font des documents dans lesquels il y a si peu de paroles pour procurer l'apaisement et tant d'autres pour semer la colère et la haine; elle ne pourra pas guérir le mal que de pareils documents font, je ne dis pas à votre parti ni au nôtre, je dis à la France même. (*Nouvelle approbation à l'extrême gauche.*)

Et maintenant, messieurs, après ces observations, je n'ose point répondre aux qualifications peu obligeantes qui sont prodiguées à celui qui vient d'avoir l'honneur de parler devant vous et qui vous a, je le crains, retenus trop longtemps.

Un membre à droite. Oui!

A gauche. Comment oui? — Non! non!

M. CHALLEMEL-LACOUR. M. le rapporteur me qualifie du nom de dictateur improvisé. Dictateur, je ne sais; improvisé, à coup sûr. Oh! vous pouvez bien croire que ni mes goûts, ni ma vie, ni mes études, ne m'avaient préparé à cette destinée.

M. DE GAVARDIE. Il ne fallait pas l'accepter! (*Réclamations à gauche.*)

M. CHALLEMEL-LACOUR. M. de Gavardie, s'il eût été à Lyon, aurait eu là une bonne occasion d'exercer ses qualités d'intrépidité et de résistance. (*Très bien! très bien! et rires à gauche. — Mouvements à droite.*)

M. DE GAVARDIE, au milieu du bruit. Je n'aurais pas laissé assassiner le commandant Arnaud!

M. CHALLEMEL-LACOUR. Je sais qu'il y a des familles où, à quelque poste qu'on se trouve porté subitement, on n'est jamais improvisé, on est toujours prêt ou à être préfet, ou à être ambassadeur, ou à être homme d'État. (*Exclamations et bruit sur plusieurs bancs.*) Cet avantage ne m'est pas échu. En France et aussi à l'étranger, où mon grand amour de la dictature m'avait conduit après 1851... (*C'est cela! très bien! à gauche.*) j'ai même une vie d'étude et de retraite, je n'ai jamais pu, je l'avoue, m'empêcher de prêter une attention passionnée aux destinées et aux affaires de la France; mais, encore une fois je l'avoue, je ne pensais pas être jamais préfet, non, je n'y étais pas préparé, j'ai été improvisé.

Quand je dis que je n'y étais pas préparé, quelque chose pourtant, à ce qu'il paraît, m'y avait, non pas préparé, mais condamné; quelque chose m'avait condamné à être un préfet de passage dans une ville en révolution. Ce quelque chose, c'est qu'ayant toujours appelé publiquement la liberté, du jour où elle reparaissait en France par une révolution, je devais être des premiers à en soutenir le choc et, si je pouvais, en écarter le danger. (*Très bien! très bien! à gauche.*)

C'est qu'ayant toujours voulu, appelé la République, faute de voir en France les conditions d'une monarchie possible, lorsque cette République arrivait, je devais être des premiers à faire de mon mieux pour la protéger contre les emportements qui pouvaient la compromettre. (*Très bien! très bien! à gauche.*) C'est qu'ayant aimé la démocratie, que je ne sépare pas de la justice et de l'ordre... (*Nouvelles marques d'approbation*), j'étais désigné pour m'opposer, à mes risques, à son impétuosité.

Aussi, lorsque le soir de la révolution du 4 septembre, — révolution que, comme bien d'autres, j'avais prévue et redoutée... (*Mouvement*), oui, je l'avais redoutée, car je savais ce que vingt ans de despotisme accumulent de passion et de dangers sous la société qu'il prétend sauver (*C'est vrai! Très bien! à gauche*) — le soir de cette révolution, quand on est venu me dire dans ma retraite : « Il faut aller à Lyon! la ville est aux mains des révolutionnaires! » j'y suis allé, j'y suis allé avec épouvante, sachant bien ce qui m'y attendait, et n'ignorant pas non plus ce qui m'attendait ensuite si j'en revenais jamais. (*Mouvement approbatif à gauche.*)

Maintenant, messieurs, de ces dictatures improvisées vous allez en juger une. Ce jugement, je l'attends depuis deux ans en silence, avec tranquillité, non sans une impatience que vous jugerez bien naturelle. Votre juridiction, je la reconnais; mais vous n'ignorez pas qu'à côté de cette juridiction, il y en a une autre : c'est la juridiction de tous ceux qui, jusque dans la passion politique, gardent quelque souci de l'équité, de la vérité...

M. LE COMTE DE BOISBOISSEL. On ne fait appel qu'après le jugement!

M. CHALLEMEL-LACOUR. Ce sont ceux qui ne se laissent pas égarer par les allégations sans preuves, et qui ont su résister à ce torrent de calomnies dont une presse qui déshonore la presse... (*Oh! oh! à droite*) a ouvert les écluses le lendemain du 8 février. C'est la juridiction de ceux enfin qui s'indignent de voir des gens qui ont fait leur devoir, ou qui ont essayé de le faire, obligés de venir à cette tribune, aux dépens de l'apaisement des esprits, aux dépens des affaires publiques, aux dépens des travaux de l'Assemblée, disputer l'honneur de leur nom à des adversaires politiques que rien n'arrête. (*Applaudissements répétés à gauche.*)

De beaucoup de côtés. A demain! à demain!

M. DE CARAYON-LATOUR monte à la tribune.

(*Un grand nombre de membres qui s'étaient levés pour sortir se rasseyent.*)

M. LE PRÉSIDENT. M. de Carayon-Latour a la parole.

M. DE CARAYON-LATOUR. Messieurs, je ne viens pas répondre au cours de morale et de patriotisme que vous venez d'entendre, et je regrette vivement d'intervenir pour un fait personnel dans cette discussion.

J'y viens appelé et amené en quelque sorte par une interruption de mon ami, M. Raoul Duval, à laquelle a répondu l'honorable orateur qui descend de la tribune. Je dois expliquer le fait qui a provoqué cette interruption.

J'ai eu l'honneur de commander pendant la guerre un de nos bataillons de mobiles, et j'ai été envoyé à Lyon par le général qui commandait la 14ᵉ division militaire.

A mon arrivée dans cette ville, j'eus la douleur de voir le drapeau rouge flotter sur l'hôtel de ville et sur la préfecture.

Mon bataillon fut envoyé dans un village des environs, village où je ne m'attendais pas à trouver encore le drapeau de la Commune. (*Mouvement.*)

Mes mobiles furent aussi indignés que leur commandant, et vous ne serez pas surpris d'apprendre, messieurs, qu'ils n'étaient pas dans ce village depuis quatre heures que ce drapeau rouge était enlevé. (*Vive approbation et applaudissements à droite*).

Dès ce moment, les autorités municipales devinrent les ennemis mortels de mon bataillon. Tous les jours des discussions très vives s'engageaient entre les autorités et les officiers et les sous-officiers; tellement que je fus obligé de prendre la défense d'enfants qui, je vous le dis en conscience et en pleine vérité, se sont admirablement conduits dans ce cantonnement — les députés de Lyon peuvent en avoir l'assurance en s'adressant aux habitants de Vénissieux, — que je fus, dis-je, obligé de prendre énergiquement la défense de mon bataillon, et que j'eus avec le maire de Vénissieux des explications dont je ne donnerai pas les détails, mais qui furent très sérieuses.

Alors, ce n'était plus le bataillon des mobiles, c'était le commandant qu'on attaquait.

Un rapport avait été fait au préfet de Lyon, M. Challemel-Lacour; ce rapport était contre le commandant, contre les officiers et les sous-officiers. Me trouvant un jour chez le général Bressolles, j'ai vu le rapport du maire de Vénissieux, qui avait été adressé au préfet de Lyon. Il fut renvoyé par l'honorable M. Challemel-Lacour chez le général Bressolles et, en tête du rapport, il y avait écrit, — je l'ai vu de mes yeux : « Faites-moi fusiller tous ces gens-là ! » *Signé :* Challemel-Lacour. (*Longue et bruyante explosion d'exclamations. — Applaudissements répétés à droite et au centre droit.*)

Un membre à droite. C'est là de la politique d'apaisement !

M. LE MARQUIS DE GRAMMONT. C'est de la fraternité rouge !

M. CHALLEMEL-LACOUR monte à la tribune aussitôt que M. de Carayon-Latour en est descendu et attend pendant longtemps que le silence se fasse.

M. LE PRÉSIDENT. M. Challemel-Lacour a la parole.

M. CHALLEMEL-LACOUR. Messieurs, je ne puis entrer dans la discussion d'un fait dont ma mémoire n'a gardé aucun souvenir. (*Nouvelles exclamations à droite et au centre. — Mouvement prolongé.*)

M. PARIS (Pas-de-Calais). Recueillez vos souvenirs! (*Rires approbatifs. — Bruit.*)

M. CHALLEMEL-LACOUR. Tout ce dont je me souviens, c'est qu'il y a eu, à une certaine époque, des démêlés entre le bataillon des mobiles de la Gironde et les autorités d'un village dont le nom même m'avait échappé... (*Interruptions à droite. — Écoutez! écoutez! à gauche.*)

Quelles étaient les causes de ces démêlés? quelles en furent les suites? c'est ce que j'ignore. (*Bruit à droite.*)

Je n'entends point mettre en doute la sincérité des affirmations si précises qui viennent d'être portées à cette tribune. Ce que je puis affirmer, c'est que l'annotation dont il a été parlé est absolument impossible.

Il y a donc ici une confusion, une erreur, qu'évidemment je ne me charge point d'expliquer... (*Bruyantes exclamations et rires ironiques à droite*) et dont l'explication... (*Bruit*).

M. DAGUILHON-LASSELVE. J'affirme que le fait que vient de rapporter M. de Carayon-Latour est exact. (*Bruit. — Agitation.*) Je le tiens du général Bressolles.

Plusieurs membres à droite. Répétez-le!

M. DAGUILHON-LASELVE quitte sa place et vient se placer sur un des bancs les plus rapprochés de la tribune.

Les mêmes membres. Répétez ce que vous avez dit! On ne vous a pas entendu!

M. DAGUILLON-LASSELVE. Je déclare que le général Bressolles m'a rapporté exactement le fait que vient de déclarer M. de Carayon-Latour. (*Mouvement. — Agitation.*)

M. CHALLEMEL-LACOUR. L'explication n'est possible qu'à la condition que la pièce soit retrouvée et produite. (*Allons donc!*)

M. LE COMTE DE BOISBOISSEL. La parole de M. de Carayon-Latour nous suffit.

M. PARIS (Pas-de-Calais). La parole de M. de Carayon vous juge et vous exécute! (*Longue interruption.*)

M. CHALLEMEL-LACOUR. Une pièce de cette nature qui paraît avoir frappé l'attention...

Quelques membres à droite. Il y avait bien de quoi!

M. CORNÉLIS DE WITT. Elle n'avait pas frappé la vôtre!

M. BLAVOYER. Je demande la parole.

M. CHALLEMEL-LACOUR. Une pièce de cette nature, qui devait si vivement frapper l'attention de celui qui l'a reçue et qui l'a frappée en effet, ne se perd point; on la garde : donc elle existe. Qu'on veuille bien faire une enquête... (*Très bien! à gauche*), chercher la lettre, la produire, et nous verrons alors quelle explication favorable ou défavorable on peut en donner. (*Exclamations à droite.*)

M. LE COMTE RAMPON. Eh bien, donnez-moi votre parole d'honneur d'honnête homme que vous ne l'avez pas écrite, et je vous croirai. (*Bravo! bravo! à droite.*)

M. MAURICE. Au lieu de défendre l'honneur de la France, dont vous parliez tout à l'heure, vous la couvrez de honte.

M. Tirard et quelques autres membres se tiennent dans le couloir de gauche et prononcent avec vivacité des paroles que le bruit empêche d'entendre.

A droite. En place! en place!

M. le président invite les membres qui se tiennent debout de chaque côté de la tribune à reprendre leurs places. — *Le silence se rétablit peu à peu.*

M. CHALLEMEL-LACOUR. Qu'on fasse cette enquête sur un fait qui, vu sa gravité, s'il doit être interprété comme on l'interprète... (*Exclamations à droite*), devrait avoir figuré dans les dépositions de celui qui en est le principal témoin.

Un membre à gauche. Évidemment!

M. CHALLEMEL-LACOUR. M. le général Bressolles doit ou devrait l'avoir mentionné.

M. Daguilhon-Lasselve. Je demande la parole.

M. Challemel-Lacour. S'il ne l'a pas mentionné, ce ne peut être que par oubli. S'il ne l'a pas mentionné, il doit toutefois avoir gardé dans ses papiers une lettre qu'il ne saurait avoir perdue. (*Mouvements divers.*)

Je demande donc que cette enquête soit faite ; j'en attends le résultat, et je l'attends, quoi qu'on puisse dire, avec tranquillité. (*Exclamations à droite.*)

(*MM. Daguilhon-Lasselve et Blavoyer se présentent ensemble à la tribune*).

M. le président. La parole est à M. Daguilhon-Lasselve.

M. Daguillon-Lasselve. Je viens affirmer à l'Assemblée que je tiens du général Bressolles lui-même que l'ordre dont il s'agit a été entre ses mains et lui a été envoyé. (*Exclamations itératives.*)

La discussion sur les marchés de Lyon se prolongea pendant plusieurs séances. Le 31 janvier, le rapporteur, M. de Ségur, répondit à M. Challemel-Lacour, qu'il déclara d'ailleurs mettre personnellement hors de cause, et M. Ferrouillat répliqua au rapporteur. Le 1er février, M. d'Audiffret-Pasquier, président de la Commission, prit la parole et M. Challemel-Lacour lui répondit :

Messieurs, au point où en est la discussion, après trois jours d'un débat ardent, laborieux, je me garderai bien, quand bien même ma santé ne me l'interdirait pas, de revenir sur des faits dont le détail doit vous être connu, sur lesquels vous pouvez et vous devez avoir, dès à présent, une opinion arrêtée.

Mon intention n'était pas de monter à la tribune ; mais je viens d'y être appelé dans de tels termes, qui m'est impossible de me soustraire à la nécessité de répondre.

Un fait nouveau, imprévu, vient d'être allégué, sans document, sans preuve écrite, sans autre témoignage que le témoignage de celui qui s'y trouve intéressé. (*Exclamations à droite.*)

M. de Belcastel. D'un honnête homme ! (*Oui ! — Très bien !*)

M. Challemel-Lacour. Je respecte profondément mes collègues ; il ne m'en coûte point d'avoir confiance en leurs paroles. Néanmoins, quand il s'agit de faits graves, il me semble que lorsqu'on veut les porter à la tribune, il serait bien, il serait convenable, de la part de ceux qui y sont intéressés, de commencer par se munir de preuves. (*Approbation à l'extrême gauche.*)

Je répondrai d'abord en ce qui concerne M. Keller.

J'ai eu l'honneur de le voir; c'était assez peu de temps avant le moment où les trois légions d'Alsace-Lorraine devaient être complètement organisées.

M. Keller, dont le nom m'était depuis longtemps connu, dont la conduite, depuis le début de la guerre, me l'était également, se présenta chez moi, et vint me demander de recruter à Lyon un corps franc d'Alsaciens.

M. KELLER. Je demande la parole. (*Mouvement.*)

M. CHALLEMEL-LACOUR. Je vous ai dit avant-hier quel était, messieurs, mon sentiment sur les corps francs. Je ne vous ai point celé ma préférence marquée, réfléchie pour les corps régulièrement organisés, régulièrement commandés : je ne crus pas devoir autoriser M. Keller à se livrer au recrutement à l'aide duquel il voulait organiser ou réorganiser son corps.

Ai-je accompagné mon refus des motifs que vient de dire M. d'Audiffret-Pasquier?

Cela se peut, cela ne s'écarte point de ma manière de voir. La plupart des Alsaciens et des Lorrains, qui, en arrivant à Lyon, venaient chez moi, me témoignaient, à l'égard de la République démocratique, des sentiments qui m'ont permis de croire que ces sentiments étaient unanimes parmi eux!

Quelques membres à droite. C'est vrai!

M. CHALLEMEL-LACOUR. Je respecte toutes les opinions; mais je ne crois pas que celles de M. Keller, celles qu'il avait manifestées et exprimées publiquement jusque-là fussent des opinions républicaines. (*Rumeur à droite et au centre.*)

A droite. Il s'agissait avant tout de la défense de la France!

M. CHALLEMEL-LACOUR. Il se peut donc qu'en opposant à la demande de M. Keller un refus dont je vous ai donné tout à l'heure la principale raison, — ma résolution ferme de ne point autoriser la formation de corps francs à Lyon, ma résolution ferme de favoriser au contraire de toutes mes forces, l'organisation des légions régulières, il se peut, — je ne m'en souviens point... (*Oh! oh!*) il l'affirme, je le crois, — il se peut que je lui aie dit que, dans mon opinion, l'unité d'esprit était dans ces légions de fraîche date, mal cimentées encore, une condition de force et de discipline.

Quant au fait singulier, insolite, de l'avoir menacé d'arrestation sur la place des Terreaux, je vous avoue que, malgré son affirmation, s'il la soutient, il m'est difficile d'y croire. (*Murmures sur quelques bancs à droite.* — *Écoutez! écoutez!*)

Je remarque toutefois cette chose singulière : que je veux faire arrêter un homme, qui n'est pas arrêté, de même que, dans une autre circonstance, j'aurais donné l'ordre de fusiller un homme qui n'a pas été fusillé.

Sur un grand nombre de bancs. Mais c'est fort heureux!

M. CHALLEMEL-LACOUR. Je serais un homme malheureux, car je n'aurais que des intentions; je serais heureux d'un autre côté, car ces intentions, qui seraient mauvaises, ne se réalisent pas.

Voix à droite. Oui, heureusement!

M. CHALLEMEL-LACOUR. J'arrive à l'incident qui a clos la séance d'avant-hier et que l'honorable M. d'Audiffret-Pasquier à cru devoir rappeler.

Un de nos honorables collègues vient affirmer qu'il a vu dans un rapport qui m'était adressé et que j'ai renvoyé au général commandant la division, une annotation d'un caractère grave. (*Rumeurs.*) Il l'a vue, il l'a lue de ses yeux, il en a retenu les termes, il vient la rapporter à cette tribune. Ce témoignage me suffit : j'y crois; l'annotation existe. (*Mouvement.*) Je ne m'en souviens pas, et vous vous en étonnez! J'ai écrit bien des choses dont je me souviens pas. (*Ah! ah!*)

Un membre à droite. Était-ce dans le même genre?

M. CHALLEMEL-LACOUR. Mais, si je n'en ai point gardé le souvenir, cela paraît indiquer, dans tous les cas, que je n'y attachais pas une signification si tragique. (*Exclamations diverses.*)

Quoi qu'il en soit, sur la seule affirmation de l'honorable M. de Carayon-Latour, je crois à l'existence de cette annotation : elle existe. Je pense que c'est clair. (*Écoutez! écoutez!*)

Un autre de nos honorables collègues est monté à la tribune au moment où M. de Carayon-Latour en descendait; il a apporté son témoignage : il tient du général Bressolles que l'annotation existe en effet.

Ce témoignage était superflu. On interrogera le général Bressolles; il déclarera que l'annotation existe; ce témoignage sera encore superflu : celui de M. de Carayon-Latour me suffit et je m'y tiens.

Mais, Messieurs, il y a une autre chose que l'annotation, il y a la pièce. Or, pour savoir ce que signifie l'annotation, quelle en est la gravité, quelle en est la portée, il ne suffit ni de dire qu'elle existe, ni d'en dire les termes ; il faut qu'on sache à quoi elle se rapporte.

« Fusillez-moi ces gens-là », c'est à coup sûr une annotation d'un caractère grave.

A droite. Trop grave !

M. CHALLEMEL-LACOUR. Mais ne vous semble-t-il pas qu'il serait nécessaire, utile tout au moins, de savoir ce qui peut l'expliquer ?

Voilà une pièce qu'on ne produit pas ; on ne dit pas de qui elle émane ; on ne dit pas quels faits elle rapporte. Et qui sait si ces faits qu'on me dénonçait n'étaient pas des violences d'un caractère tel, des violences aux autorités, des provocations adressées aux habitants, des outrages publics à des femmes... (*Exclamations diverses.*)

A droite. Ce sont là des insinuations !

M. DUSSAUSSOY. Vous n'aviez pas le droit de décréter la peine vous-même.

M. DE CARAYON-LATOUR. Je demande la parole. (*Mouvement général.*)

M. CHALLEMEL-LACOUR. Ces faits, quels qu'ils soient, il faut les connaître, et nous ne pouvons les connaître que par la pièce. Je ne dis pas que les faits allégués dans la pièce fussent vrais, qu'ils eussent un caractère authentique ; c'était une dénonciation, mais cette dénonciation pouvait être d'un caractère tel que, — à la condition que les faits fussent vérifiés... (*Protestations à droite.*)

M. DUSSAUSSOY. Voilà une belle théorie !

M. CHALLEMEL-LACOUR... à la condition que les faits fussent vérifiés, — il fût possible qu'ils méritassent une répression exemplaire. (*Nouvelles protestations à droite.*)

Je dis une répression exemplaire ; je ne dis pas autre chose. (*Interruptions.*)

M. DE PEYRAMONT. La répression par vous !

M. CHALLEMEL-LACOUR. Je ne dis pas autre chose ; je ne dis pas la peine capitale, je ne dis pas la mort.

M. DE PEYRAMONT. Mais puisque vous disiez : « Fusillez ! »

M. CHALLEMEL-LACOUR. Mais n'est-il pas possible aussi que ces faits, à supposer qu'ils fussent ce que je viens de dire,

4

aient pu m'arracher un cri d'indignation? (*Exclamations à droite.*)

M. LE MARQUIS DE CASTELLANE. C'est le : « Faites flamber finances! » (*Bruit.*)

M. CHALLEMEL-LACOUR. Oui, un cri d'indignation qui s'est manifesté par une annotation d'un caractère excessif.

M. DE LORGERIL. Pour faire fusiller sans jugement!

M. CHALLEMEL-LACOUR. N'est-il pas possible, n'est-il pas probable que cette annotation, sur un rapport que je renvoyais au général commandant la division, ait simplement voulu dire : Il y a là du désordre, de l'indiscipline ; des faits graves me sont signalés ; vérifiez!... (*Oh! oh!*) et s'ils sont vrais, sévissez avec rigueur.

M. DUSSAUSSOY. Traduction libre!

M. CHALLEMEL-LACOUR. Je demande... (*Interruptions à droite.*)

M. LE MARQUIS DE DAMPIERRE. Il n'y a donc plus ni foi ni loi dans notre pays pour qu'on puisse y dire de pareilles choses! (*Bravos à droite.*)

M. DUSSAUSSOY. Oui, pour qu'on puisse soutenir de pareilles doctrines à la tribune française!

M. CHALLEMEL-LACOUR. Je prie mes honorables collègues de faire trêve à leurs cris, à leurs interpellations.

M. LE MARQUIS DE CASTELLANE. A leur indignation!

M. CHALLEMEL-LACOUR. A leur indignation aussi sincère, j'en suis sûr, qu'elle est bruyante. (*Légères rumeurs.*)

Je les prie d'y faire trêve : car ces cris et cette indignation ne peuvent changer le caractère du fait ni en augmenter la portée.

M. DUSSAUSSOY. C'est assez grave comme cela.

M. CHALLEMEL-LACOUR. Je demandais s'il n'était pas possible, si même il n'était pas probable que l'annotation dont il s'agit eût une signification moins grave, plus simple, celle que je viens de définir.

J'ajoute que cela est certain. Depuis quand a-t-on vu un ordre de mort libellé de cette façon... (*Interruption.*)

Quelques membres. Et Arbinet!

M. CHALLEMEL-LACOUR... dans une annotation placée au coin d'une lettre ? Quand l'a-t-on vu ? (*Interruptions à droite.*)

M. CORNÉLIS DE WITT. C'est la première fois.

M. DUSSAUSSOY. C'est vous qui l'avez inauguré.

M. CHALLEMEL-LACOUR. J'ajoute que je ne donnais pas d'ordres au général commandant la division.

Je ne lui en ai donné aucun, d'aucune nature, en aucune circonstance, malgré le décret par lequel j'avais été investi, contre
ma volonté, contre mon désir, contre mes protestations, des pouvoirs militaires en même temps que civils, je n'en ai jamais fait
usage; je ne les ai jamais considérés que comme une manière de
terminer plus rapidement, et plus facilement, et plus pacifiquement aussi les conflits, s'il venait à s'en élever entre les deux
autorités. (*Mouvements divers.*)

Je n'ai jamais donné d'ordre au général Bressoles, pas un seul.
Si j'en avais donné, et quelque violence que vous puissiez me
prêter, apparemment j'y aurais pris plus de précaution. Quoi que
quelques-uns d'entre vous en puissent penser, je ne suis pas fou
et je sais bien qu'on ne fusille pas les gens sans enquête..
(*Interruptions diverses.*)

Quelques membres. Et Arbinet !

M. CHALLEMEL-LACOUR... sans interrogatoire, sans
témoins, sans tribunal, sans jugement.

Voix à droite. Et la Commune?

M. CHALLEMEL-LACOUR. « Fusillez-moi ces gens-là! »
qu'est-ce que cela veut dire? Quelles gens? Combien? Est-ce le
bataillon tout entier que commandait l'honorable M. de Carayon-
Latour? Est-ce M. de Carayon-Latour lui-même? Est-ce vingt
hommes? est-ce dix hommes? est-ce deux hommes? est-ce un
seul? (*Mouvements divers.*)

M. LE MARQUIS DE PLŒUC. Ce n'est pas une question de nombre.

M. CHALLEMEL-LACOUR. Qui jamais a pu penser à un
ordre aussi extravageant et qui jamais a pu penser que cet annotation fût un ordre?

J'ajouterai, sans donner au fait plus d'importance qu'il n'en
mérite... (*Oh! oh!*) qu'en disant, il y a deux jours, à l'honorable
M. Raoul Duval, que je n'avais point donné l'ordre dont il parlait,
j'avais eu raison.

L'assertion de M. de Carayon-Latour, l'annotation qu'il a vue
le prouvent. Est-ce que par hasard, « Fusillez-moi ces gens-là! »
et « Fusillez-moi M. de Carayon-Latour! » c'est la même chose?
(*Exclamations à droite et au centre.*)

Pour savoir si l'annotation existe, le témoignage de M. de
Carayon-Latour me suffit... (*Mouvements divers*) comme m'eût
suffi, d'ailleurs, le témoignage de tout autre de mes collègues.
Mais pour savoir ce que signifie cette annotation, quelle en est

la portée vraie, ni le témoignage de M. de Carayon-Latour, ni
celui de personne ici, ni des témoignages, quelque nombreux,
quelque honorables, quelque concordants qu'ils fussent, ne sauraient suffire : je demande la pièce! Il faut la pièce (*Très bien ! à
gauche.*) Je demande la pièce... (*Interruptions*) et on ne peut pas
la produire...

M. DE CARAYON-LATOUR. Nous ne sommes pas libres, monsieur
Challemel-Lacour! Vous savez bien qu'elle n'est pas dans mes mains!

M. CHALLEMEL-LACOUR. Il fallait la chercher... (*Exclamations sur un grand nombre de bancs*) avant d'apporter à cette
tribune une allégation dont je ne conteste point la vérité... (*Ah !
ah !*) mais dont je conteste absolument le sens.

Il fallait vous munir du document, du seul document qui
l'explique et qui ôte, à ce que cette annotation aurait à la fois de
violent et d'insensé, ce double caractère.

Voilà deux ans que ce fait vous est connu, que ce fait est connu
de plusieurs personnes : pourquoi n'en a-t-il jamais été question?

M. DE CARAYON-LATOUR. Parce qu'il m'était personnel. (*Très bien !
très bien! — Applaudissements sur un grand nombre de bancs.*)

M. DUSSAUSSOY. Très bien! Voilà l'homme de cœur!

M. CHALLEMEL-LACOUR. « Fusillez-moi ces gens-là! »
est une phrase qui n'a rien qui vous soit personnel.

M. HERVÉ DE SAISY. Ce qu'il nous faut, ce ne sont pas des faux-
fuyants, c'est la vérité tout entière! (*Exclamations diverses et bruit.*)

Il ne s'agit pas de croire à telle ou telle parole; il faut dire si vous êtes
réellement l'auteur de l'annotation : Fusillez-moi ces gens-là! (*Bruit.*)

M. LE PRÉSIDENT. Monsieur de Saisy, veuillez garder le silence.

M. HERVÉ DE SAISY. On doit prendre la responsabilité de ses actes,
la revendiquer tout entière, quelle qu'en aient été l'audace et la portée. Il
faut, ici, la vérité tout entière! (*Exclamations sur plusieurs bancs.*) Oui, nous
demandons la vérité!

M. LE PRÉSIDENT. Monsieur de Saisy, veuillez garder le silence, et ne
pas interrompre. Vous me forcerez à vous rappeler à l'ordre!

M. CHALLEMEL-LACOUR. Je disais que cette annotation,
s'appliquant à un nombre indéfini de personnes, n'est pas personnelle à M. de Carayon-Latour...

Un membre à gauche. C'est juste! Très bien!

M. DE CARAYON-LATOUR. La vie du dernier de mes soldats était, à
mes yeux, plus précieuse que la mienne. (*Nouveaux et vifs applaudissements
à droite et au centre.*)

M. CHALLEMEL-LACOUR. Et c'est précisément...

Voix nombreuses à droite. Assez! assez! il faut en finir!

M. CHALLEMEL-LACOUR. Et c'est précisément parce que
la vie de chacun des hommes que commandait M. de Carayon-

Latour était à ses yeux aussi précieuse que la sienne...

Plusieurs membres. Plus précieuse! Il a dit « plus précieuse! »

M. CHALLEMEL-LACOUR... plus précieuse que la sienne, qu'il leur devait de les venger, il leur devait...

M. DUSSAUSSOY. Allons donc! N'allez-vous pas donner des leçons de conduite et de loyauté à M. de Carayon-Latour.

M. CHALLEMEL-LACOUR... dès que l'autorité qu'il considère comme régulière était rétablie et qu'une grande enquête sur les hommes qu'il considérait comme des usurpateurs, comme des dictateurs, était ouverte, il leur devait, il se devait à lui-même, il devait à son pays... (*Interruptions.*)

M. LE MARQUIS DE CHASSELOUP-LAUBAT. C'est trop fort!

M. CHALLEMEL-LACOUR... de dire : Voilà ce que je sais sur un homme que vous aurez à apprécier, à juger.

Je conclus sur ce point.

Quoique admettant, comme je le disais, sur la parole de M. de Carayon-Latour, l'existence de cette annotation, elle est à mes yeux sans valeur... (*Exclamations à droite*) jusqu'à ce qu'on ait produit la pièce; il faut produire la pièce, produisez la pièce! (*Nouvelles exclamations.*)

M. LE MARQUIS DE PLŒUC. Souvenez-vous!

M. DUSSAUSSOY. Aucune production de pièce ne pourra jamais justifier votre ordre !

M. CHALLEMEL-LACOUR. Jusqu'à ce que la pièce soit produite, je repousse absolument toute signification fâcheuse, injuste, répréhensible, que vous voudriez attacher à une annotation qui peut, qui doit avoir été parfaitement fondée. (*Nombreuses protestations à droite. — Assez! assez!*)

M. DUSSAUSSOY. Assez! assez! On ne peut pas laisser exposer la théorie de l'assassinat à la tribune française.

M. LE COMTE DE DOUHET. L'intention vaut le fait ici!

Nouveaux cris. Assez! assez!

M. CHALLEMEL-LACOUR. Je trouve, en effet, qu'en voilà beaucoup trop sur cet incident; mais ce n'est pas moi qui l'ai soulevé. (*Bruit à droite.*)

M. ANCEL. Vous aviez de bonnes raisons pour cela!

M. CHALLEMEL-LACOUR. Ce n'est pas moi qui l'ai rappelé! Je comprends très bien que de pareils incidents, préparés ou non, se produisent dans une assemblée passionnée... (*Oh! oh! à droite.*) Je comprends à merveille que les partis fassent leurs efforts...

A droite. Ce n'est pas ici une question de parti!

M. CHALLEMEL-LACOUR... pour en tirer le plus grand avantage possible. Cela ne m'étonne point; mais j'ai l'honneur de dire à mes collègues que, dans mon opinion, cet avantage sera petit, car on ne fera jamais croire à personne que les cris d'indignation les plus violents, que l'indication la plus sincère puisse tenir lieu de preuve ni d'explications positives. (*Bruit au centre et à droite.*)

M. BARAGNON. C'est toujours la même chose!

M. CHALLEMEL-LACOUR. C'est toujours la même chose, dit M. Baragnon.

M. BARAGNON. Oui, je constate que vous dites absolument la même chose, depuis une demi-heure.

M. CHALLEMEL-LACOUR. M. Baragnon me permettra de citer Molière. (*Exclamations.*)

Je dis la même chose, parce que c'est toujours la même chose. Vous me dites : « L'annotation! » Je vous réponds : « La pièce! »

Un membre. Si elle n'existe pas!

M. CHALLEMEL-LACOUR. Si elle n'existe pas, il fallait se taire.

A droite. C'est trop fort! nous avons votre aveu!

M. LUCIEN BRUN. Veuillez-vous expliquer sur la dépêche où vous dites que Lyon est sans courage.

M. CHALLEMEL-LACOUR. J'y arrive.

M. LUCIEN BRUN. Je vous en prie.

M. CHALLEMEL-LACOUR. J'allais y arriver sans votre prière, monsieur Lucien Brun.

M. LUCIEN BRUN. La prière n'y aura pas nui et je crois que nous avons droit à ces explications.

M. CHALLEMEL-LACOUR. Cette dépêche a été écrite le 4 février, lorsque l'armée de l'Est était détruite.

Eh bien, messieurs, il y a des heures, et vous l'avez dit vous-mêmes bien des fois, où l'on demande trop à une nation. Le jour où était écrite cette dépêche, sous une impression sombre, — les termes dans lesquels elle est conçue en témoignent, — je demandais trop à la population lyonnaise.

Il se peut, il est probable que j'aie découvert, ce jour-là, chez ceux qui m'entouraient, que j'aie appris qu'il existait chez d'autres encore des signes de fatigue qui m'étaient entièrement nouveaux, des signes de découragement que je n'avais vus jusque-là chez personne à Lyon; et c'est alors que j'ai écrit cette dépêche de laquelle je m'empresse de retirer ici,.. (*Ah! ah! à droite.*)

publiquement, loyalement, tout ce qu'elle pourrait renfermer d'injurieux pour qui que ce soit parmi mes anciens administrés. (*Approbation sur quelques bancs à l'extrême gauche. — Exclamations bruyantes et prolongées à droite.*)

La discussion fut close par le vote d'un ordre du jour de M. Pâris blâmant ceux qui, « en arborant le drapeau rouge, n'avaient pas craint de nuire à la cause de l'ordre et à la défense nationale dans la ville de Lyon ». Cet ordre du jour, qui ne se rattachait par aucun lien à la question des marchés de Lyon, fut adopté par 559 voix contre 42.

Le 17 février, la discussion d'une interpellation relative au programme d'admission à l'école de Saint-Cyr fut interrompu tout à coup par M. de Carayon-Latour, qui demanda à s'expliquer sur l'incident relatif au rapport du maire de Vénissieux et à la prétendue annotation de M. Challemel-Lacour. M. de Carayon-Latour déclara que le rapport en question avait été recherché, par ordre du ministre de la guerre, dans les archives de son département, mais qu'il n'y avait pas été retrouvé. D'autre part, le général Bressolles avait écrit à M. de Carayon-Latour une lettre que l'orateur allait soumettre à l'Assemblée :

M. DE CARAYON-LATOUR. Maintenant, messieurs, ne pouvant retrouver à Lyon le rapport que désirait tant connaître M. Challemel-Lacour, j'ai écrit au général Bressolles, en Afrique, en le priant de m'envoyer la copie de ce rapport si du moins il était entre ses mains. Voici la réponse du général Bressolles ; elle m'est parvenue ce matin.

Il y a certains passages de cette lettre que je suis confus de vous lire..... (*Lisez! lisez!*) à cause des éloges qui sont adressés à mon bataillon.

Plusieurs membres à droite. Lisez! lisez!

M. DE CARAYON-LATOUR. Cependant l'honneur de mes soldats ayant été attaqué publiquement, mon devoir est de les défendre, et je me sers des armes qui sont dans ma main. (*Lisez! lisez!*)

« Fort National, le 8 février 1873.

   « Mon cher commandant,

« Permettez-moi de vous donner encore ce titre sous lequel je vous ai particulièrement connu, et que vous avez si noblement et si vaillamment porté.

« Comme je vous l'ai promis dans ma dépêche d'hier, et suivant votre désir, je vous écris une lettre au sujet de l'incident survenu à la fin de la séance du 30 janvier dernier.

« Mais, d'abord, permettez-moi de dire deux mots encore des réponses que j'ai faites à mon ami et ancien officier d'ordonnance, Faurax, lesquelles dépêches ont été, sans doute, communiquées. Les 1er et 4 février, je recevais de lui deux télégrammes dont ci-joint copie, auxquels je répondais par deux autres également ci-inclus.

« Voici ces dépêches :

« Paris, 31 janvier, 10 h. 9.
« Général Bressolles. (Fort National.)
« Avez-vous connaissance incident Challemel-Lacour? Renseignements m'ont été demandés. Rapport contre Carayon-Latour. Drapeau rouge. Vénissieux. Quelle réponse faire?

« *Signé* : Faurax. »

RÉPONSE

« Fort National, 1er février, 10 h.
« Drapeau rouge fut enlevé par mon ordre, colonel Bousquet commandait camp Sathonay. Aucun rapport contre Carayon.

« Général Bressolles. »

« *Nota*. Vu l'insuffisance de cette dépêche, je n'en ai pas gardé copie, mais je crois qu'elle était rédigée exactement en ces termes.

« Général Bressolles. (Fort National.)

« Paris, le 4 février, 10 h. 50 soir.
« Daguilhon-Lasselve soutient en votre nom que Challemel-Lacour vous a donné ordre écrit fusiller Carayon-Latour. Affaires prennent grandes proportions. Pressé de demandes, réponds que crois pas à ordre écrit.
« Fixez-moi sur réponse à faire. On vous fait dire choses fausses. Suis à Paris, à votre disposition, jusqu'à mercredi soir.

« Signé : Faurax. »

« *Nota*. Cette dépêche, déposée le 4 à 10 h. 50 soir, m'est parvenue le lendemain 5, à 9 h. 50. J'ai répondu de suite à cause du départ de Faurax qu'il me fixait au lendemain mercredi, c'est-à-dire le jour même où je répondais, 5.
« Si j'avais attendu le lendemain, j'aurais connu l'incident et je me serais évité de répondre sans avoir pu deviner ce dont il s'agissait.

RÉPONSE

« Difficile comprendre sur dépêche »... (*Rires d'assentiment.*) « Jamais ordre écrit ou verbal donné contre Carayon. Rappelle pas jamais avoir été question Carayon avec Challemel.
« Tenais Carayon en haute estime, aurais dit que du bien, le jugeant comme officier. Jamais connu avant.
« Ai beau creuser ma tête, ne puis trouver avoir jamais parlé de chose pareille à personne.

« Général Bressolles. »

« Fort National, le 5 février, 10 h. et demie.
(*Nouveaux rires.*)
« La lecture de ces télégrammes devait me faire croire, et m'a fait croire, en effet, qu'il avait été dit à l'Assemblée que le préfet du Rhône m'avait donné un ordre écrit de vous fusiller, à la suite d'un rapport que j'aurais adressé contre vous.
« Partant de cet ordre d'idées, j'ai dû évidemment affirmer que c'était faux, et que jamais aucun rapport n'ayant existé contre vous, formulé par moi, aucun ordre semblable ni écrit ni verbal n'avait pu m'être donné, j'af-

firmais même que jamais entre M. Challemel-Lacour et moi, il n'avait été question de vous. Sur le moment, je dois le dire, j'étais dans un grand état d'exaspération et d'indignation. Car personne n'ignorait à Lyon combien je vous tenais, vous personnellement, en haute estime, ne vous jugeant du reste que comme un officier que je n'avais jamais connu avant, et que cette estime, je l'avais aussi à un haut degré pour votre beau bataillon.

« Ce qui a surtout contribué à dérouter mes idées, c'est l'allusion au drapeau rouge contenue dans la première dépêche. J'ignorais complètement que vous eussiez enlevé pareil drapeau à Vénissieux, et alors ma mémoire se reportait naturellement sur le drapeau rouge que j'avais fait enlever de force à la redoute des Merciers, près du camp de Sathonay, enlèvement dont M. Challemel-Lacour doit bien se rappeler.

« Je ne pouvais donc comprendre ce que venait faire ici le commandant Carayon-Latour, dont le bataillon était à Sainte-Foy, travaillant aux lignes du même nom, et puis enfin, comme sur la fameuse annotation vous n'étiez pas désigné personnellement, elle ne m'est pas, par la lecture de ces dépêches, revenue à la mémoire.

« Telle est l'explication que je devais donner sur ma réponse à Faurax.

« Le premier mot du *Journal officiel* que j'ai lu sur l'incident a rappelé aussitôt mes souvenirs et je ne puis qu'affirmer votre récit purement et simplement. Sur un rapport adressé contre vous et votre bataillon, qui m'était envoyé par le préfet, se trouvait l'annotation suivante : « Faites-moi « fusiller tous ces gens-là ! — Signé : Challemel-Lacour. » (*Exclamations et murmures sur un grand nombre de bancs.*)

« De quoi était-il question dans ce rapport? Je dois à la vérité d'avouer que je ne puis rien préciser.... » (*Ah! ah! à gauche*). « Il ne m'est resté rien de saillant dans la mémoire. Cependant je n'étais pas très tendre lorsqu'il s'agissait de discipline ; je n'avais guère besoin de stimulant pour la faire respecter, et, si quelque fait d'une gravité absolue avait existé, nul doute que je ne l'eusse déféré à la justice militaire.

« Or, je n'ai aucune souvenance d'avoir donné ordre d'informer contre personne. A cet égard, vos souvenirs doivent être évidemment plus précis que les miens. Du reste, quelque graves que fussent les accusations vraies ou fausses portées contre vous, la lecture de cette annotation devait singulièrement me refroidir : car je ne pouvais prendre au sérieux une pareille note, que M. Challemel-Lacour n'avait pu écrire que par une exagération de sa pensée terriblement dangereuse, il est vrai.

« En effet, comme l'a fort bien dit M. Raoul Duval, que pouvait-il arriver? Que serait-il arrivé peut-être, si pareille annotation était tombée entre les mains de quelques-uns de ces chefs que les cinq parties du monde envoyaient à la tête de tous ces corps francs que nous avons connus de si près? Et puis, en somme, quand je l'eusse prise au sérieux, le résultat en eût été absolument le même. On ne fait pas fusiller ainsi quelqu'un aussi sommairement, que diable! pas même un bataillon. » (*Mouvement. — Rires sur plusieurs bancs.*)

« Je passe à la question la plus importante après celle de l'affirmation.

« Ce rapport, où est-il? Qu'est-il devenu?

« Ce rapport, s'il n'est pas à la division, l'annotation lui enlevant, pour moi, tout caractère véritablement sérieux, aura probablement, très certainement même, suivi au panier tant d'autres rapports de même nature, les uns signés, les autres anonymes, qui m'étaient adressés de toutes parts contre ces pauvres mobiles, que je ne ménageais guère, cependant, vous pourrez en témoigner, et que je faisais travailler sans relâche, par tous les temps, surtout aux fortifications.

« Si des plaintes eussent dû m'arriver, je les aurais plutôt comprises venant de ces braves jeunes gens qui, sans murmurer, se ployaient aux rudes labeurs que je leur imposais, à ce rude travail de pioche que leurs mains connaissaient si peu, de ces mobiles qui peu à peu se faisaient au métier, à la discipline, et qui étaient presque des soldats achevés quand ils ont quitté mon commandement.

« Avec quels regrets je les ai vus partir et ne pas entrer dans la composition du 24e corps ! Je ne m'en plains pas, puisque les besoins du service l'exigeaient ; mais je n'en puis pas moins vous dire que le *sic vos non vobis* de Virgile m'a été très dur.

« Et maintenant, en terminant, mon cher commandant, permettez-moi de vous dire combien je me rappelle avec bonheur votre bon bataillon... »

Il est inutile, messieurs de continuer la lecture...

Voix à droite. Si ! si ! lisez ! lisez !

D'autres voix. Non ! Non ! L'orateur est juge de ce qu'il doit lire !

M. DE CARAYON-LATOUR. La fin de la lettre m'est entièrement personnelle, et je demande que vous me dispensiez de vous la lire. (*Oui ! oui ! — Très bien !*)

Deux mots, messieurs, et je termine.

Il ne m'appartient pas de vous raconter quelle a été pendant la guerre la conduite des soldats que j'ai eu l'honneur de commander, mais permettez-moi, cependant, avant de descendre de cette tribune, de vous dire que, parti de Bordeaux à la tête de 1,135 hommes, j'ai terminé la campagne par la douloureuse retraite de l'armée de l'Est. Mon bataillon, réduit par les balles prussiennes et des souffrances de toute nature à un effectif de 585 hommes....

M. DE CHAMPVALLIER. Ce n'étaient pas des républicains ! (*Bruyantes exclamations à gauche.*)

MM. Schœlcher, Langlois et un grand nombre de membres de la gauche se lèvent et s'approchent de M. de Champvallier, qu'ils interpellent vivement. — Des cris : A l'ordre ! partent de la droite. — M. le président agite sa sonnette, et fait de vains efforts pour faire cesser le tumulte. — Après quelques minutes, le silence se rétablit, et M. de Champvallier se dirige vers la tribune.)

M. LE PRÉSIDENT. La parole est à M. de Champvallier, pour s'expliquer. (*M. de Carayon-Latour cède la tribune à M. de Champvallier.*)

M. DE CHAMPVALLIER. Mon Dieu ! messieurs, si quelqu'un de vous a vu une insulte dans ce que je viens de dire, je le regrette : mon intention... (*Vive interruption à gauche.*)

Plusieurs membres à gauche. Oui ! oui ! c'était une insulte !

M. LE PRÉSIDENT. Veuillez faire silence. M. de Champvallier a la parole pour s'expliquer ; je vous prie de lui permettre de le faire.

M. DE CHAMPVALLIER. Je vous déclare donc que je n'ai pas eu, en prononçant ce mot tout à l'heure, l'intention d'adresser une insulte à qui que ce soit. (*Exclamations à gauche.*)

Attendez donc ! (*Bruit.*)

Messieurs, je retire cette expression et je demande à l'expliquer. (*Nouvelles interruptions à gauche.*)

M. LE PRÉSIDENT, *se tournant vers les interrupteurs.* Vraiment, messieurs, je ne vous comprends pas ! Vous avez pu avoir à vous plaindre très légitimement d'une expression échappée à M. de Champvallier, qui commence par protester de son intention de ne pas avoir voulu vous injurier... (*Bruit et rumeurs à gauche.*)

Veuillez donc ne pas interrompre, messieurs. S'il en est parmi vous qui n'approuvent pas ce que je dis, qu'ils montent à la tribune et y portent leurs réclamations. Mais ne réclamez pas, comme vous le faites, en tumulte. (*Très bien !*)

Je répète que, quand un membre de l'Assemblée proteste de son intention de n'avoir pas voulu insulter ses collègues, et qu'il retire l'expression qui vous avait blessés, je ne sais ce que vous pouvez exiger de plus. Vous avez donc tort de l'interrompre quand il vous donne satisfaction. (*Très bien! très bien!*)

M. DE CHAMPVALLIER. Je retire donc cette expression. En disant les républicains, je n'avais en vue que les partisans du drapeau rouge, qui voulaient faire de la révolution, et qui ne se battaient pas. Je regrette qu'on ait pu donner un tout autre sens à mes paroles, et, je le répète, je retire l'expression de républicains. (*Très bien! très bien! sur divers bancs. — Agitation.*)

M. SCHŒLCHER. Je demande la parole, monsieur le président!

M. LE PRÉSIDENT. Sur quoi?

M. SCHŒLCHER. Je veux répondre à M. de Champvallier; il faut que le mot républicains soit retiré.

M. LE PRÉSIDENT. Il l'est!

M. SCHŒLCHER. Complètement?

De divers côtés. Oui! il est retiré!

M. LE PRÉSIDENT. M. de Champvallier a expliqué son intention, il a retiré loyalement l'expression qui lui était échappée.

L'incident est clos. (*Très bien! très bien!*)

La parole est à M. de Carayon-Latour.

M. DE CARAYON-LATOUR. J'ajouterai seulement un mot, messieurs, pour vous dire que je ne me suis jamais occupé des opinions politiques de mes soldats, et que je n'ai vu sous mes ordres que des soldats de la France en face des Prussiens. (*Très bien! très bien!*)

Je vous disais que mon bataillon, réduit par les balles prussiennes et par des souffrances de toute nature à un effectif de 585 hommes, est entré en Suisse et a été dirigé sur Lausanne. Cette ville n'avait pas été comprise parmi celles désignées pour l'internement des soldats français. Mais ses habitants, dont je me plais à rappeler aujourd'hui devant vous la généreuse hospitalité... (*Très bien! sur un grand nombre de bancs.*)

MM. ÉMILE LENOEL, EDMOND ADAM, *et plusieurs autres membres à gauche.* C'étaient des républicains ceux-là! (*Rires et applaudissements à gauche.*)

M. DE CARAYON-LATOUR. Je dis que ses habitants furent tellement frappés de l'ordre et de la discipline de ce corps de troupes, qu'ils demandèrent au Conseil fédéral et obtinrent ce qu'ils appelaient eux-mêmes la faveur de conserver dans leurs murs le troisième bataillon des mobiles de la Gironde. (*Très bien! à droite.*)

Tels ont été pendant tout le temps qu'ils sont restés sous mes ordres ces soldats français, dont quelques mois avant la vie paraissait si peu précieuse à M. Challemel-Lacour. (*Bravos et applaudissements répétés à droite et au centre droit.*)

M. CHALLEMEL-LACOUR monte à la tribune.

Un membre en face de la tribune. Fusilleur! (*Bruit.*)

M. CHALLEMEL-LACOUR. Je suis interrompu avant d'avoir parlé. Déjà on m'appelle « le fusilleur ». Attendez que je parle pour m'interrompre.

Messieurs, puisque l'Assemblée nationale veut bien oublier ses graves et légitimes préoccupations, puisqu'elle veut bien se distraire de ses travaux pour prêter encore une fois l'oreille à ces sortes d'histoires... (*Interruptions et exclamations à droite*).

M. RAOUL DUVAL. C'est malheureusement de l'histoire de France !

M. CHALLEMEL-LACOUR. ... je surmonterai moi-même le dégoût et la répugnance profonde que j'éprouve...

M. DE PEYRAMONT. C'est nous qui l'éprouvons.

M. CHALLEMEL-LACOUR. ... à revenir sur un pareil débat.

Lorsque, dans la séance du 30 janvier et dans celle du 1er février, au milieu et à la fin d'une discussion sur les marchés, on a soulevé un incident qui ne s'y rapportait en rien, un incident d'un caractère absolument personnel, j'aurais pu me dispenser d'y répondre... (*Exclamations à droite.*) Non seulement je l'aurais pu, mais peut-être l'aurais-je dû, non seulement parce que cet incident était absolument étranger à la discussion qui avait lieu dans ce moment, mais encore parce que le but de cette diversion était grossièrement apparent,.. (*Murmures à droite.* — *Très bien ! très bien ! sur plusieurs bancs à gauche.*) et que rien ne pouvait m'obliger à me prêter aux calculs de ceux qui l'avaient imaginé. (*Nouveaux murmures à droite.*)

J'aurais pu me dispenser de répondre pour une autre raison non moins sérieuse : c'est que cet incident reposait entièrement, exclusivement, sur une assertion pure, assertion de telle nature qu'à moins de pouvoir produire des pièces décisives.... (*Rires ironiques à droite.*)

M. CRÉMIEUX. Mais écoutez donc, c'est abominable !

M. CHALLEMEL-LACOUR. ... on aurait dû se l'interdire. Mais on y a du moins gagné ce que l'on croit être des démonstrations suffisantes pour fournir un aliment à ceux qui dans une certaine presse font métier d'insulteurs de profession. (*Bruyantes exclamations à droite.* — *Applaudissements à l'extrême gauche.*)

Par déférence pour ce qui m'a semblé être à ce moment le désir de l'Assemblée, et aussi, je l'avouerai, avec l'espoir qu'on voudra bien en croire ma parole, par un esprit de courtoisie dont plusieurs de mes collègues se sont crus en droit de se départir à mon égard, j'ai répondu.

On affirmait avoir vu et lu ; j'ai accepté pour vrai ; provisoirement, par politesse, (*Sourires ironiques à droite.*) j'ai admis l'annotation dont on affirmait l'existence, mais, en même temps, j'ai demandé qu'une enquête sérieuse fût faite.

Vous avez une grande commission qui est tout indiquée pour la faire, qui a qualité pour recueillir et pour comparer les témoignages, pour rechercher les pièces, pour vérifier les faits; et puisqu'on attachait quelque importance, que dis-je quelque importance? une importance tragique... (*Oui! oui! à droite*) à la ligne d'écriture qu'on m'attribuait, il était nécessaire de saisir la commission d'enquête sur les faits et sur les hommes du 4 septembre.

J'ai demandé en même temps et surtout que la pièce qui était censée porter cette annotation fût produite. (*Exclamations à droite.*) C'était mon droit de demander qu'elle fût produite et c'était votre devoir de la produire. (*Nouvelles exclamations à droite. — Très bien! très bien! à l'extrême gauche.*)

C'était votre devoir de la produire si vous l'aviez, de la chercher si vous ne l'aviez pas et de vous taire s'il était impossible de la trouver. (*Vives réclamations à droite! Très bien! à gauche.*)

Aujourd'hui et peut-être avec l'espoir de produire l'émotion que nous avons vue, on vient soulever de rechef le même incident. A-t-on fait l'enquête que j'avais demandée? (*Rumeurs à droite*)... que j'étais en droit de demander?

A-t-on produit la pièce, la pièce nécessaire? (*Nouvelles rumeurs à droite.*) Non. On produit deux témoignages considérables, je le reconnais. (*Ah! ah!*)

L'un est une pièce signée par le conseil municipal actuel de la commune de Vénissieux, qui rend hommage à la conduite du bataillon et de son chef pendant leur séjour dans cette commune.

Du reste elle n'entre dans aucun détail précis. (*Interruption à droite.*)

Cette pièce ne répond à aucune des allégations qui pouvaient et qui devaient être contenues dans la pièce que je réclame et que je ne cesserai de réclamer. (*Rires ironiques à droite.*)

L'autre est le témoignage de M. le général Bressolles, témoignage fort respectable assurément, mais qui n'ajoute rien à l'allégation de M. de Carayon-Latour...

Voix à droite. Il la confirme!

M. CHALLEMEL-LACOUR... qui n'éclaircit pas ce que le fait avait d'obscur, qui ne complète pas ce que la mémoire de M. de Carayon-Latour avait d'incomplet, car s'il s'est souvenu de certaine ligne d'écriture, en revanche, il ne s'est pas souvenu du contenu du rapport. (*Nouvelle interruption.*)

Eh bien, je dis que ce témoignage du général Bressolles est insuffisant. Il l'est parce que, pour savoir ce que vaut cette annotation, quelle en était la portée, à supposer qu'elle existât dans les termes où elle a été rappelée à cette tribune...

Un membre à droite. Elle est certaine.

M. Challemel-Lacour. ... il faut de toute nécessité savoir à quels faits elle se rapporte, à quelle date, à quelle circonstance et à quelles personnes. (*Exclamations à droite.*)

M. le marquis de Castellane. Dites pourquoi vous avez condamné !

M. Challemel-Lacour. Je m'en suis rapporté, et il ne m'en coûtait rien, à la mémoire de M. de Carayon-Latour. Cette mémoire l'a déjà trompé sur deux points essentiels ; le premier est le fait d'un ordre qui aurait été donné contre lui personnellement. (*Interruption*).

Plusieurs membres à droite. Non! il ne l'a pas dit.
M. de Carayon-Latour. Je ne l'ai jamais dit.

M. Challemel-Lacour. Alors, c'est M. Raoul Duval qui l'a dit [1].

Un membre. Pas davantage !
M. Raoul Duval. Le commandant comptait bien pour quelque chose au bataillon !

M. Challemel-Lacour. Ou du moins, la manière dont l'incident a été introduit permettait de supposer que l'annotation devait être ainsi entendue.

M. de Carayon-Latour. J'avais le droit de penser que j'étais compris dans ceux qui devaient être fusillés. Voilà tout.

M. Challemel-Lacour. La mémoire de M. de Carayon-Latour l'a trompé sur un second point qui concerne l'enlèvement du drapeau rouge dans la commune de Vénissieux. L'enlèvement aurait eu lieu, d'après lui, quatre heures après l'arrivée du bataillon.

Il est établi aujourd'hui par des témoignages nombreux, concordants, sans aucun témoignage qui contredise ceux-là, que le drapeau rouge n'a pas été enlevé quatre heures après l'arrivée du bataillon, mais vingt jours après (*Mouvements divers*), qu'il n'a été le fait que de quelques étourdis, sans aucun caractère politique et qu'il n'a duré que l'espace d'une nuit, car, dès le len-

1. Cf. page 10.

demain, ce drapeau a été rétabli et je vous prie de croire que je
ne suis nullement disposé à m'en féliciter.

Un membre à droite. Vous l'avez laissé!

M. DEPEYRE. Vous l'avez gardé à Lyon! (*Bruit.*)

M. CHALLEMEL-LACOUR. Eh bien, après m'en être rapporté à la mémoire de M. de Carayon-Latour qui l'a trompé, au
moins en une circonstance, sinon en deux, sur un point considérable... (*Oh! oh! à droite.*) sur un point considérable, je le
répète... (*Dénégations à droite.*) faudra-t-il que je m'en rapporte
à la mémoire de tout le monde, excepté à la mienne?

Quelques voix à droite. Oui!

M. CHALLEMEL-LACOUR. Oui? Je devrais croire que
tout le monde est exempt d'erreur et de prévention! Je tiendrais
pour certaines toutes les allégations, toutes les assertions, même
les plus dénuées de vraisemblance et les plus dénuées de preuves,
toutes, excepté mes propres souvenirs?

Un membre à droite. Mais vous n'avez pas nié!

M. CHALLEMEL-LACOUR. J'ai accepté provisoirement et
par politesse.., (*Bruyantes exclamations à droite.*) sur l'affirmation d'un de mes collègues qui prétendait avoir vu, mais cette
acceptation n'équivaut point à un aveu.

Au surplus, si la pièce qui porte cette annotation et qui seule
l'expliquerait complètement, est toujours et restera jusqu'au bout
nécessaire, elle l'est aujourd'hui plus que jamais. Car si M. de
Carayon-Latour a pris ses informations, moi aussi j'ai pris les
miennes. (*Ah! ah! à droite.*)

Je ne sais pas tout, mais j'en sais assez, je crois, non pas pour
affirmer, mais pour prouver, pièces en main, que des faits graves
ont eu lieu. Je regrette bien vivement d'être obligé de les rapporter à cette tribune... (*Très bien! à gauche. — Rumeurs à
droite.*) Je le regrette, parce que je sais ce que valait le bataillon
commandé par M. de Carayon-Latour; je sais ce que valait et ce
qu'a fait le commandement lui-même, et je n'ai pas attendu qu'il
l'eût dit à cette tribune pour lui rappeler, le premier jour où j'ai
eu l'honneur d'élever la voix dans cette Assemblée, que je m'en
souvenais. (*Très bien! à gauche.*) Eh bien, il importe, puisque
des allégations ont été apportées et des pièces produites ici, que
l'Assemblée veuille bien entendre la lecture de quelques pièces
que j'ai entre les mains. Ces pièces, bien qu'incomplètes, suffiront pourtant à l'éclairer, puisque l'Assemblée a voulu que ce

débat se vidât devant elle, lorsque, selon moi, il l'eût été bien mieux et bien plus complètement dans le secret d'une commission d'enquête. (*Mouvements divers.*)

M. de Carayon-Latour vous a lu une pièce émanant du conseil municipal actuel; celle dont je vais avoir l'honneur de vous donner lecture émane du conseil municipal ancien. (*Exclamations à droite.*)

Voix à droite. Celui du drapeau rouge !

M. DEPEYRE. Par qui avait-il été nommé? C'est par vous!

M. CHALLEMEL-LACOUR. Mais, avant de vous en donner lecture, je dois vous dire que je ne me scandalise pas outre mesure des faits qui y sont contenus, quelque graves qu'ils soient; je ne trouve rien d'étonnant à ce que des désordres même sérieux se produisent dans une troupe de jeunes soldats à peine sortis de chez eux, neufs à la vie militaire, qui ne sont pas encore rompus à la discipline. (*Interruptions.*)

A droite. Lisez! lisez donc!

M. CHALLEMEL-LACOUR. Je trouve, je l'avouerai, plus étonnant et plus fâcheux, — je le dirai sans vouloir blesser en quoi que ce soit l'honorable M. de Carayon-Latour, — que ces désordres, quand ils se produisent, soient tolérés ou couverts par le commandement.

M. LE MARQUIS DE CASTELLANE. Nous demandons formellement par qui avait été nommé le conseil municipal dont vous parlez.

M. CHALLEMEL-LACOUR. Faites une enquête. (*Exclamations à droite.*) Il m'est impossible de répondre à toutes les questions qui me sont adressées à l'improviste.

M. LE COMTE DE BOISBOISSEL. N'est-ce pas cette commission municipale qui avait fait le rapport?

M. LE BARON CHAURAND. C'est le comité de salut public qui l'avait nommée, et je défie que M. Challemel-Lacour le nie! (*Bruit.*)

M. CHALLEMEL-LACOUR. Voici cette pièce :

« En parcourant les journaux du 31 janvier dernier, nous n'avons pas été peu étonnés d'y lire les assertions complètement inexactes dirigées contre nous par M. de Carayon-Latour dans la séance du 30 janvier.

« Notre droit et notre devoir même est de rétablir les faits dans la plus stricte vérité.

« Ainsi : 1° il n'est pas vrai que les mobiles de la Gironde aient enlevé le drapeau rouge qui flottait à la mairie de Vénissieux, quatre heures après leur arrivée. Ce ne fut même qu'une quinzaine de jours après et nuitamment. (*Interruptions.*) D'ailleurs, ce n'est pas à la couleur du drapeau qu'ils en voulaient, puisqu'un nouveau drapeau fut arboré le lendemain et maintenu sans nouvelle attaque.

« 2° Les discussions avec l'autorité dont parle M. de Carayon-Latour n'étaient dues... »

Je suis obligé de dire les termes, quelques durs qu'ils soient.

Voix à droite. Lisez ! lisez !

Un membre à droite. Ce sont des gens sans qualité qui ont écrit cela.

M. LE PRÉSIDENT. Si vous pouvez vous en dispenser, ne lisez pas cela !

M. CHALLEMEL-LACOUR. Je vous demande pardon, monsieur le président, il faut que je lise.

« ... n'étaient dues qu'aux orgies quotidiennes que commettaient surtout MM. les sous-officiers de ce bataillon avec des filles soumises qui venaient de Lyon et qui, par leurs gestes et leurs propos obscènes, provoquaient les cris des mobiles réunis sur la place publique. » (*Protestations et murmures. — Bruit sur divers bancs.*)

M. FOURCAND. Je demande la parole !

Plusieurs membres. Les signatures ! les signatures !

M. CHALLEMEL-LACOUR. Je les donnerai.

Voici la suite :

« 3° La municipalité voulut prendre des mesures d'ordre pour empêcher ces immoralités... » (*Oh ! oh ! — Assez !*) « et protéger les mœurs, ce qui amena des altercations très vives avec ces mêmes sous-officiers, qui se répandirent en injures et en menaces au point que le maire fut obligé d'aller trouver le commandant qui, en présence de ses officiers, fit cette réponse : « Si mes sous-« officiers avaient une chambre particulière, pousseriez-vous la « vigilance jusque-là ? »

« Le maire répondit que les faits, ayant lieu dans les établissements publics, étaient scandaleux, et que son devoir était de les réprimer... » (*Interruptions sur plusieurs bancs à droite.*) « Il s'ensuivit l'enlèvement du drapeau par quelques fanfarons de la Gironde. » (*Exclamations sur les mêmes bancs.*)

« 4° Cette conduite injustifiable détermina la municipalité à en référer à la préfecture pour obtenir de changer de cantonnement ce bataillon, cause de désordres dans la commune. Une délégation composée du maire, des adjoints et d'un capitaine de la garde nationale, s'adressa même au général Bres-

solles, qui promit une enquête et le changement s'il y avait
lieu.

« L'officier supérieur chargé de l'enquête, malgré les supplica-
tions du commandant qui demandait à ce qu'on n'eût pas l'air de
chasser son bataillon, dut ordonner le changement immédiat,
d'après les explications données en mairie, en présence de M. de
Carayon-Latour, par les deux adjoints; au surplus, on peut invoquer le souvenir de cet officier supérieur en l'honorabilité duquel
nous avons pleine confiance. »

Un membre à droite. C'est bien heureux !

M. CHALLEMEL-LACOUR. « 5° La veille de leur départ, 50
ou 60 mobiles effrenés, surexcités par l'esprit de corps et de pays,
se rendirent de nuit au domicile du maire pour l'arrêter, lequel
ceint de son écharpe... »

A droite. Rouge ! rouge !

M. CHALLEMEL-LACOUR... « résistant, son fusil à la main,
fut traîné avec son fils chez le commandant qui, après des explications, le fit mettre en liberté.

« Nous ne passerons pas sous silence les menaces qu'ils pro-
féraient dans le parcours pour arriver à la résidence du commandant, ni la prise d'armes qui eut lieu un instant après sur la
place publique, où l'on forma les faisceaux, ce qui jeta l'alarme
et la consternation dans la population.

« Toutes ces explications, sous la garantie de l'honneur, vous
sont données avec la plus scrupuleuse exactitude. »

Plusieurs membres. Les noms ? les noms des signataires ?

M. CHALLEMEL-LACOUR. Signé : Balmont, propriétaire,
ancien maire, Sandier, adjoint, Garapon, ancien adjoint et
membre actuel du conseil municipal, Chambon, propriétaire, etc.

M. DE LA BORDERIE. Tous partisans du drapeau rouge ! (*Rumeurs à
gauche.*)

A droite. Oui ! oui ! C'est cela !

M. CHALLEMEL-LACOUR. La seconde pièce dont je vais
avoir l'honneur de vous lire quelques passages émane de celui
qui avait rédigé les rapports qui me furent adressés en même
temps qu'ils l'étaient au général Bressolles. C'était le secrétaire
de la mairie. Il était secrétaire de la mairie avant le 4 septembre
1870, il est resté secrétaire après le 4 septembre, et il occupe
encore la même fonction. (*Rumeurs diverses.*)

Cet employé, dont la maison fut pillée au lendemain du 2 décembre 1851 par les sicaires du coup d'État... (*Interruptions sur quelques bancs à droite. — Très bien ! à gauche.*) et qui faillit être transporté, a pris l'habitude prudente, mais fâcheuse dans la circonstance, de ne garder aucun papier.

C'est ainsi qu'il explique l'impossibilité où il se trouve d'envoyer la minute du rapport ; mais, dans une pièce dont le langage est extrêmement modéré, comme vous pourrez vous en apercevoir, il signale dans des termes un peu différents, mais dont la pensée est la même, les faits qui amenèrent les démêlés entre la municipalité de Vénissieux et les mobiles de la Gironde, et, finalement, le départ du bataillon.

Voici ce qu'il dit :

« Les mobiles de la Gironde ont donné plusieurs sujets de plainte à Vénissieux.

« Le premier fait dont je me souviens est l'apparition dans les cafés ou cabarets du bourg de filles publiques amenées par eux. » (*Allons donc ! à droite.*)

« C'est l'origine des démêlés de l'administration locale du moment avec le commandant Carayon-Latour. » (*Interruption à droite.*)

Plusieurs membres. C'était pour cela que vous vouliez le faire fusiller !

A gauche. Parlez ! parlez !

M. CHALLEMEL-LACOUR. « Le maire Balmont et l'adjoint Garapon ayant voulu faire partir du pays les filles amenées et entretenues dans l'établissement Metrat... »

A droite. En voilà assez !

A gauche. Laissez parler !

M. CHALLEMEL-LACOUR... « où les sous-officiers avaient leur cantine, il y eut des bousculades et la mise au poste de Garapon par les mobiles. L'incarcération de l'adjoint aurait duré quelques heures.

« Un second fait accompli par provocation, par espèce de défi, est l'enlèvement du drapeau rouge que Balmont, depuis le 6 septembre, avait arboré à la porte de la mairie. »

M. PARIS (Pas-de-Calais). Il a donc été enlevé !

M. DAHIREL. Le drapeau rouge était une provocation !

M. CHALLEMEL-LACOUR. « Le fait qui mit le comble aux agissements des mobiles de la Gironde à Vénissieux fut l'enlèvement du maire. Il fut donné alors deux motifs à ce fait : on voulait forcer M. Balmont à envoyer son fils sous les drapeaux... » (*Ah ! ah ! à droite.*)

Messieurs, le fils de M. Balmont a passé trois fois devant le conseil de revision à Lyon, et trois fois il a été reconnu impropre au service. (*Rumeurs et chuchotements.*)

« On voulait mener M. Balmont aux pieds de M. Carayon-Latour, lui faire faire amende honorable pour ce qui avait pu être dit de désagréable sur ce commandant à ces mobiles.

« En fait, on prit M. Balmont chez lui, on l'entraîna avec violence et menaces, on le traîna de son domicile au logement du commandant — douze ou quatorze cents mètres, — avec force vociférations proférées par une grande partie du bataillon des mobiles. C'était le soir, vers huit heures ; M. Balmont fut relâché ensuite par le commandant, auprès duquel s'étaient rendus les membres de la municipalité. »

Je n'achève pas, les faits qui suivent étant de même nature que ceux qui sont contenus dans la première pièce dont j'ai donné lecture ; mais je dois vous lire encore une troisième pièce, c'est la copie d'une lettre adressée à M. le commandant de Carayon-Latour pendant que M. Balmont était détenu dans son logement :

« Vénissieux, le 19 octobre 1870.

« Monsieur le commandant,

« Nous venons vous demander pourquoi vos mobiles ont arrêté et conduit auprès de vous M. Balmont, notre maire.

« Nous vous demandons également pourquoi vous le détenez.

« Veuillez nous répondre et nous dire quelles sont vos intentions.

« Nous attendons votre réponse ; des faits aussi insolites ne peuvent rester sans explications.

« Les adjoints,
« Signé : Sandier, Garapon. »

(*Bruit et rumeurs diverses.*)

Enfin, messieurs, voici une lettre d'un des mobiles qui faisaient partie du bataillon.

A droite. Son nom ! il n'y a pas de nom !

M. Challemel-Lacour. Vous vous trompez ; la lettre n'est pas anonyme.

Je sais ce que valent les lettres anonymes ; j'en ai reçu beaucoup et elles m'inspirent un profond mépris.

On assure bien que les lettres qui ont paru dans le journal de la Gironde, signées de simples initiales, ne sont pas anonymes, en ce sens que ceux qui en sont les auteurs tiennent leurs noms à la disposition de quiconque voudra les connaître ; mais il suffit que ces lettres ne soient pas signées complètement pour que je n'en fasse aucun usage. La lettre dont je vais vous lire quelques lignes est signée d'un nom que M. de Carayon-Latour connaît et qu'il ne récusera pas.

« Il est très vrai, » dit l'auteur de la lettre, « que les mobiles du 3e bataillon de la Gironde qui étaient cantonnés à Saint-Priest et à Vénissieux, se sont attiré l'antipathie du conseil municipal de Vénissieux et particulièrement du maire de cette dernière commune, M. Balmont. L'origine de toute cette affaire venait de l'enlèvement du drapeau rouge de la mairie par quelques mobiles.., » (*Ah! ah! à droite.*) « une certaine nuit que ces enfants, gâtés d'ailleurs par les habitants, avaient fait trop de libations; mais j'affirme qu'il ne faut voir dans ce fait aucun mobile politique, ç'a été une espièglerie qui se serait adressée indifféremment à n'importe quel drapeau. » (*Réclamations et rires d'incrédulité à droite et au centre.*) « Le conseil municipal et le maire M. Balmont ne prirent pas la chose ainsi. De là une série de conflits journaliers, d'attaques passionnées contre notre bataillon et notre commandant. Les rapports entre les habitants et nous devinrent de plus en plus tendus.

« Bref, le maire fit un rapport au préfet, M. Challemel-Lacour. Ici se place un fait qui, dans l'espèce, a son importance.

« Ému à la nouvelle d'un rapport dirigé contre lui et son bataillon, l'honorable commandant me fit l'honneur, probablement en ma qualité de républicain connu, de m'envoyer vers le préfet pour donner à ce dernier quelques explications de nature à atténuer la portée du rapport Balmont, et surtout pour dissiper l'équivoque politique qui pouvait exagérer encore la gravité des faits.

« M. Challemel-Lacour me reçut avec une bienveillance extrême, comprit parfaitement le but de ma mission, m'assura qu'il tiendrait compte de mes explications et, en dernière analyse, me fit la promesse de ne point agir sans une enquête qui placerait les choses sous leur vrai jour. Vous comprenez que je ne puis voir, dans de pareilles dispositions d'esprit, un homme prêt à faire fusiller le bataillon et son commandant.

« Quelques jours après, une enquête est faite par des officiers supérieurs de Lyon. Si mes souvenirs me servent bien, le colonel Poullet était enquêteur.

« A la suite de cette enquête, le bataillon reçut ordre de quitter Vénissieux et Saint-Priest et d'aller cantonner de l'autre côté de Lyon, à Oullins, Sainte-Foy, la Mulatière, Saint-Genis-Laval et Pierre-Bénite.

« Sur ces entrefaites et avant de quitter Vénissieux, plusieurs de nos mobiles s'étaient rendus coupables de faits graves d'indiscipline. »

L'auteur de la lettre ne le spécifie pas, mais il est probable que ce fait se rapporte à l'arrestation du maire.

Je poursuis :

« Deux d'entre eux, arrêtés par l'autorité militaire de Lyon, furent mis en prison ; un troisième fut, sur ma déclaration, renvoyé à sa famille.

« Ici je hasarde cette explication... » (*Exclamations ironiques sur plusieurs bancs à droite.*)... « de l'annotation attribuée à M. Challemel-Lacour. Ne serait-ce pas sur le dossier de cette dernière affaire que M. le préfet, concentrant en sa main tous les pouvoirs, aurait écrit cette annotation : Faites-moi fusiller ces gens-là !

« Signé : Solles,

« Ex-aide major du 3ᵉ bataillon de mobiles de la Gironde, conseiller municipal de la ville de Bordeaux. »

(*Nouvelles rumeurs sur les mêmes bancs.*)

M. Gaslonde. Mais tout cela ne signifie rien !

M. Challemel-Lacour. J'ai encore entre les mains la lettre par laquelle le commandant de la division m'informe qu'il vient de changer le bataillon de cantonnement.

De ces lectures, que je ne veux pas prolonger, il me paraît résulter plusieurs choses : d'abord que des faits graves ont eu lieu, des outrages à la morale publique... (*Vives interruptions à droite.*)

M. de Gavardie, *se levant.* C'est abuser de la tribune... (*Bruyantes exclamations à gauche.*)

M. le président. Veuillez ne pas interrompre.

M. Challemel-Lacour... des voies de fait contre les autorités, pour des actes relatifs à leurs fonctions.

Ce qui me paraît résulter encore des mêmes pièces, c'est que l'autorité militaire, au lieu de s'associer, dans cette circonstance, à l'autorité civile pour réprimer ces faits, pour les prévenir ou pour les punir, s'est tenue à l'écart... (*Ah ! ah ! à droite.*) et qu'elle a partagé, dans une certaine mesure que je n'entends pas déterminer, — ce serait l'objet d'une enquête, — qu'elle a partagé quelques-unes des passions des soldats contre les autorités. (*Allons donc ! allons donc ! à droite.*)

Lorsque ces désordres me furent signalés dans un rapport écrit sous l'impression toute fraîche des faits, lorsqu'on m'apprit qu'il y avait eu des violences de commises, qu'un maire avait été arrêté pendant la nuit...

M. LE COMTE DE LEGGE. Et le général Mazure?

M. CHALLEMEL-LACOUR. ...traîné loin de son domicile, à une distance de quatorze cents mètres, ai-je invité l'autorité militaire à sévir?

Plusieurs membres à droite. Et le général Mazure?

M. CHALLEMEL-LACOUR. Si je l'ai fait, je n'ai fait que mon devoir! (*Vives réclamations et murmures à droite et au centre.*)

Plusieurs membres. A l'ordre! à l'ordre! (*Applaudissements ironiques à l'extrême gauche.*)
M. BOTTIAU. Voilà comme vous voudriez nous gouverner!

M. CHALLEMEL-LACOUR. Dans quels termes l'ai-je fait? C'est ce que croit savoir M. de Carayon-Latour.

A droite. Et le général Bressolles!

M. CHALLEMEL-LACOUR. Mais c'est ce qui reste et restera sujet à contestation, tant que nous n'aurons pas la pièce. (*Protestations à droite.*)

M. LE MARQUIS DE GRAMMONT. Jamais on n'a rien entendu de pareil à la tribune française!

M. CHALLEMEL-LACOUR. Un homme qui s'y entendait a dit qu'il suffisait de trois lignes de l'écriture d'un homme pour le condamner. (*Interruptions à droite.*)

Un membre. Il vous suffisait d'une ligne pour faire fusiller un bataillon! (*Bruit.*)

M. CHALLEMEL-LACOUR. Ici on ne demande pas trois lignes, on se contente d'une seule ligne, et cette ligne, on ne la produit pas! (*Applaudissements à l'extrême gauche. — Nouvelles réclamations à droite et au centre.*)

J'achève, mais en terminant je me permettrai une observation touchant ce qu'il y a d'étrange dans ce procédé qui consiste à jeter au milieu d'une discussion un incident ou une allégation qui ne s'y rapporte en quoi que ce soit.., (*Oh! oh! à droite. — Très bien! à gauche.*) ...à élever sur cette allégation, sur cette assertion pure, dénuée de preuves écrites, dénuée d'explications...

(*Exclamations à droite. — Assentiment sur plusieurs bancs à gauche.*) des imputations plus ou moins sérieuses...

A droite. Allons donc! Assez! assez!

M. Lepère. C'est vous qui l'avez soulevée, cette discussion!

M. Challemel-Lacour. Je dis que c'est une tactique bien connue, mais une tactique inadmissible, que de saisir l'opinion publique d'un procès sur lequel elle est dans l'impuissance absolue de se prononcer. (*Réclamations à droite.*)

Plusieurs membres. Elle a prononcé!

M. Challemel-Lacour. Eh bien, qu'elle prononce, puisqu'on l'a voulu, entre des faits précis attestés par des témoignages nombreux, signés, et une affirmation aussi dépourvue de preuves que d'explications.

M. le comte de Bastard. Comptez-vous donc pour rien la signature du général Bressolles?

M. Challemel-Lacour. J'ajoute qu'à mon avis du moins, c'est une tactique non moins choquante que de vouloir transformer d'autorité cette tribune en une sellette et cette Assemblée en un prétoire. Il y a de ce côté (*la droite*) un grand nombre de membres qui se font une haute idée des pouvoirs de l'Assemblée. (*Oui! oui! à droite*)... et ils ont raison; mais ils croient que sa toute-puissance ne se borne pas à faire des lois que le pays attend; ils croient qu'elle s'étend jusqu'à rendre, en matière morale, bien entendu, des arrêts plus ou moins définitifs; ils croient qu'elle peut de sa main souveraine distribuer le blâme et la réprobation. (*Oui! oui! — Non! non!*)

Ils se trompent; il lui manque, pour être un tribunal, même un tribunal moral, deux choses indispensables : la première, c'est la pratique de formes régulières... (*Exclamations à droite.*)

M. Paris (Pas-de-Calais). Fusillez-moi ces gens-là! voilà qui est régulier!

M. Challemel-Lacour. ... qui est le seul moyen d'arriver à connaître la vérité et de donner une garantie à tous.

La seconde chose qui lui manque, et qui est non moins essentielle, c'est l'impartialité.... (*Réclamations à droite.*)

La politique est le domaine de la passion...

M. Bigot. Il ne s'agit pas de politique, ici!

M. Challemel-Lacour... et c'est pourquoi si l'Assemblée, cédant à ces sollicitations, s'abandonnant à des tentations dangereuses et funestes, se mettait à rendre des arrêts, il arriverait ce qui est arrivé, ce qui arrivera encore : c'est que l'opinion publique les revise et les casse. (*Applaudissements sur plusieurs bancs à gauche.*)

Un membre à droite. C'est ce qu'elle a fait des vôtres !

(*L'orateur en retournant à sa place reçoit les félicitations d'un certain nombre de ses collègues.*)

M. Baragnon proposa à l'Assemblée de clore le débat par le vote d'un ordre du jour exprimant sa confiance dans les déclarations du général Bressolles. M. Jules Favre, rappelant l'article du règlement qui interdit les interpellations de collègue à collègue, demanda à l'Assemblée de clore l'incident sans ordre du jour. La proposition de M. Jules Favre fut adoptée à mains levées.

DISCOURS

Prononcé le 20 juin 1873

AUX OBSÈQUES DE BROUSSES

DÉPUTÉ A L'ASSEMBLÉE NATIONALE

———

Plusieurs de nos amis ont désiré qu'avant de quitter ce lieu de repos il fût prononcé, au nom de sa famille, au nom de l'Union républicaine, au nom de la France démocratique qu'il a toujours servie, une parole d'adieu à Brousses, député de l'Aude, dont nous confions les restes à la terre et dont nous sommes séparés pour jamais.

Brousses n'avait pas besoin de ces vains et inutiles honneurs qu'au mépris de toutes les convenances [1] lui conteste et lui refuse, à la dernière heure, un pouvoir dans lequel la France reconnaît, avec une surprise mêlée d'épouvante, le spectre et les passions de l'ancien régime [2].

Je me demande s'il est nécessaire qu'une voix humaine s'élève

1. La délégation du bureau de l'Assemblée nationale, qui était composée de MM. de Goulard, Albert Desjardins, Cazenove de Pradines et le général des Pallières, et qui, conformément à l'usage, s'était jointe à la délégation parlementaire pour assister aux obsèques du député Brousses, s'était subitement retirée lorsqu'elle avait appris, en arrivant au domicile mortuaire, que les obsèques seraient purement civiles. La délégation, en se retirant, avait emmené avec elle les huissiers de l'Assemblée et le détachement militaire.

2. M. Thiers avait été renversé le 24 mai ; il avait été remplacé par le maréchal de Mac-Mahon à la présidence de la République. Le duc de Broglie avait été appelé à constituer le premier cabinet du Maréchal.

pour traduire les émotions saintes et salutaires dont la mort d'un
homme de bien remplit tous les cœurs. En cette minute, où se
résume toute la solennité de la vie humaine, tous nos cœurs, je
le sens, battent à l'unisson. Nos esprits sont préoccupés des
mêmes pensées, dont la banalité d'un panégyrique, aussi bien
que l'insignifiance de rites désertés par la foi, ne pourrait qu'altérer la gravité.

Je n'ai pas à faire en ce moment l'éloge de l'ami que nous
regrettons. Il me suffira de dire que ceux qui l'ont connu savent
ce que, sous la simplicité des manières et la modestie du langage,
il se cachait de véritable élévation. Ils savent à quel degré la
sévérité pour lui-même et l'inflexible fermeté dans les principes
s'associaient chez lui à l'indulgence envers les autres. Et si, dans
leur orgueil insolent, quelques sectaires osaient encore prétendre
que la bienfaisance et la charité étaient le monopole d'une
croyance, il n'y aurait qu'à leur opposer cet homme simple, ce
libre-penseur, qui lègue en mourant quatre cent mille francs à
partager entre les cinquante familles les plus pauvres de sa commune, et destine le château qu'il habitait pour servir de maison
municipale.

Brousses avait connu la vie humaine dans ce qu'elle a de plus
haut, je veux dire dans l'épreuve de la souffrance volontairement
acceptée pour ses convictions. Brousses était de ceux qui, prévoyant, il y a plus de vingt-deux ans, que la République devait
être l'asile de la France et voulant l'y acheminer, avaient mérité
les rigueurs du coup d'État. Il avait compté parmi les premières
victimes de ce gouvernement qui, né dans le sang, est tombé
dans le sang, en entraînant presque la France avec lui. Brousses
avait connu les heures lentes et amères de l'exil. Il avait ressenti
plus cruellement encore, nous le savons tous, les douleurs de
la France vaincue et envahie. Mais l'indomptable espérance
habitait dans son sein, et il la communiquait aux autres.

Et il meurt sans avoir vu le sol du pays purgé de la présence
de l'étranger. Il meurt au milieu des passions soulevées et menaçantes. Il meurt avant que la République, le refuge de la France,
le rempart du droit et son dernier espoir, ait cessé d'être exposée
aux insultes et aux embûches.

Il meurt, et la tâche à laquelle il avait voué sa vie, à l'établissement de la liberté et de la justice dans une démocratie laborieuse, n'est pas achevée. Elle ne le sera jamais, messieurs. Rien

ne s'achève pour les générations humaines. Tout se continue,
tout se poursuit, lentement, avec effort, sans qu'il soit donné ni
au plus puissant ni au plus heureux de voir terminé l'édifice
auquel il a travaillé. Le savant meurt au moment où il voit se
poser de nouveaux problèmes. L'homme politique tombe à l'heure
où les difficultés semblent se compliquer et le ciel s'assombrir.
La bataille recommence chaque matin, et la victoire, éternellement poursuivie, semble fuir éternellement.

Elle fuit et s'échappe, mais non pas pour se jouer des efforts
humains. Si elle s'éloigne, c'est au contraire pour les exciter
sans relâche. Car, si rien ne s'achève, rien aussi ne périt. La
science nous l'apprend et nous le démontre chaque jour plus
clairement. Rien ne périt : ni une force ni un atome de cette
matière, aux transformations incessantes de laquelle préside une
inépuisable puissance. Rien ne périt : ni une bonne pensée, ni
une bonne parole, ni une bonne action, ni un bon exemple. Nous
portons en nous, comme un dépôt sacré, tout ce que le passé a
eu d'excellent. Nous héritons de ce que nos devanciers ont fait
de bien et de grand ; notre devoir est d'augmenter sans cesse ce
glorieux patrimoine, la plus haute ambition ne peut avoir pour
objet que d'y ajouter une parcelle qui nous soit propre. L'ami
que nous pleurons à cette heure, dans la sphère modeste où s'est
écoulée sa vie, dépensée tout entière au service de la France et
de la justice, a laissé un exemple qui ne périra pas. Sous des
formes que l'œil humain n'aperçoit pas, par mille canaux souter-
rains qui se dérobent à la curiosité, cet exemple répandra ses
bienfaits parmi ceux qui l'ont connu et qui l'ont aimé. Plaignons-
nous, messieurs, plaignons-nous de la mort aveugle dont les
coups atteignent prématurément les plus dévoués. Mais rassu-
rons-nous. La mort même ne prévaut pas contre la vérité et la
justice. Elle peut troubler nos cœurs, mais elle n'arrête pas le
progrès dans l'ordre républicain dont Brousses fut un des plus
infatigables ouvriers.

DISCOURS

SUR

L'INTERPELLATION DU CENTRE GAUCHE

Prononcé le 12 novembre 1873

A L'ASSEMBLÉE NATIONALE

———

M. Léon Say avait déposé, au nom du centre gauche, une demande
d'interpellation relative à la convocation des électeurs dans les départements où des sièges étaient vacants. La discussion de l'interpellation
avait été fixée au 13 novembre. Mais le duc de Broglie, vice-président
du Conseil, ayant demandé à l'Assemblée d'ajourner le débat de cette
interpellation après le règlement des propositions relatives à la prorogation des pouvoirs de Mac-Mahon, M. Léon Say consentit à cet
ajournement, s'en rapportant à l'Assemblée pour le choix du jour de
la discussion. M. Challemel-Lacour demanda la parole.

Messieurs, avant que l'Assemblée prononce sur la demande
qui lui est faite par M. le vice-président du Conseil, je la prie de
me laisser lui soumettre contre cette demande quelques observations très courtes.

Nous aurions quelque droit de nous étonner qu'après avoir
accepté, à cette tribune, sans objections, la demande d'interpellation qui lui était adressée, M. le vice-président du Conseil
vienne aujourd'hui en solliciter l'ajournement; nous aurions le
droit, bien plus encore, d'être surpris des motifs qu'il a apportés
à l'appui de cette demande, et que j'apprécierai tout à l'heure.

D'autre part, tout en respectant profondément la résolution de

MM. les signataires de l'interpellation, nous ne saurions approuver l'assentiment que l'honorable M. Léon Say a paru donner à la demande de M. le vice-président du Conseil. (*Rumeurs sur plusieurs bancs.*) Bien que, dans tous les cas, il ne puisse, dans la pensée de M. Léon Say, être question que d'un retard de quelques jours...

M. Léon Say. Certainement!

M. Challemel-Lacour... nous ne saurions souscrire à ce retard, non seulement parce que les circonstances pourraient être plus fortes que la bonne volonté et les espérances des signataires de l'interpellation, et transformer ce retard en un abandon définitif...

M. Léon Say. Non!

M. Challemel-Lacour... mais encore parce que ce retard, si court qu'il soit, nous paraît entraîner de graves inconvénients. Nous ne voyons, quant à nous, dans ce qui s'est passé depuis jeudi dernier, rien qui puisse rendre l'interpellation moins opportune et en justifier l'ajournement.

La demande d'interpellation de M. Léon Say reposait sur les motifs les plus graves, sur des motifs dont l'urgence, bien loin d'avoir diminué, aurait plutôt grandi.

Ces motifs sont : le premier, que le pays a le droit et le désir d'être consulté; il a ce droit, surtout, dans les circonstances graves où nous sommes et à la veille d'une discussion qui peut entraîner pour lui les conséquences les plus longues et les plus sérieuses. (*Très bien! sur plusieurs bancs à gauche.*)

Et parce que, dans la situation de cette Assemblée, il est du plus grand intérêt pour tout le monde, à tous les points de vue, et surtout au point de vue parlementaire, que les sièges vacants soient occupés au plus tôt. (*Très bien! à gauche.*)

Le second motif, c'est que, après des agitations que personne n'a oubliées, il importe, pour en connaître la cause et pour en prévenir le retour, que le cabinet vienne s'expliquer au plus tôt sur l'attitude qu'il a prise dans ces circonstances, et vous dire pourquoi il n'a point fait à l'opinion publique un appel qui aurait contribué puissamment à arrêter ou à éteindre les agitations auxquelles le pays était en proie. (*Très bien! à gauche. — Marques de dénégation à droite.*)

Ces deux motifs, messieurs, sont aujourd'hui aussi urgents que jamais.

Le pays a aujourd'hui le même désir et le même droit qu'il y a huit jours d'être consulté, il y a la même nécessité et peut-être une nécessité plus grande encore, que la représentation nationale soit complétée, et il est indispensable que le cabinet vienne nous dire, dès à présent, pourquoi il n'a pas fait et ne veut point faire les élections. (*Très bien! à gauche.*)

Je sais bien, messieurs, que depuis huit jours la situation du cabinet, et même, dans une certaine mesure, la situation respective des partis a été modifiée par l'accueil fait au projet de prorogation et par la nomination des commissaires; mais ce changement, quel qu'il soit, bien loin de rendre l'interpellation moins opportune, la rend au contraire plus nécessaire.

Il me sera bien permis, après l'honorable M. Léon Say, de faire une hypothèse dont je prie le cabinet de ne pas se scandaliser, et qui, dans tous les cas, n'étonnera personne en France.

Si nous étions en présence d'un autre ministère, si un autre programme de gouvernement vous était apporté, si une politique de nature à donner satisfaction au pays... (*Réclamations à droite. — Applaudissements à gauche.*)... si une autre politique de nature à donner satisfaction aux vœux du pays et à lui donner surtout la sécurité dont il a l'impérieux besoin... (*Nouveaux applaudissements à gauche. — Bruit à droite.*)... si cette politique était inaugurée, il y aurait peut-être lieu de retirer ou d'ajourner l'interpellation. Je dis peut-être, car dans ce cas-là même, il serait conforme à notre droit, il serait conforme à la volonté ou à l'intérêt du pays, j'ajouterai conforme aux saines traditions parlementaires, de demander aux membres de l'ancien cabinet des explications sur la politique qu'ils ont suivie pendant les vacances de l'Assemblée, et sur les raisons sans doute fort graves qui les ont empêchés de faire des élections dans des circonstances qui semblaient leur en imposer l'obligation, non pas légale, mais morale et politique. (*Exclamations à droite. — Très bien! et applaudissements à gauche.*)

M. LE COMTE DE RESSÉGUIER. Faisiez-vous des élections quand vous étiez au pouvoir? (*Très bien! à droite.*)

M CHALLEMEL-LACOUR. Je prie l'honorable M. de Rességuier de ne pas essayer de donner le change ..

M. LE COMTE DE RESSÉGUIER. Du tout! je vous demande monsieur, si vous faisiez des élections quand vous étiez au pouvoir! (*Bravos et applaudissements prolongés à droite.*)

M. CHALLEMEL-LACOUR. Je n'ai pas à vous répondre, monsieur! (*Exclamations à droite.*)

Voix à droite. Vous ne le pouvez pas!
M. LE PRÉSIDENT. N'interrompez pas!

M. CHALLEMEL-LACOUR. Je n'ai pas à répondre à l'honorable M. de Rességuier.., (*Nouvelles exclamations à droite.*) quant à présent. Mais nous attendons, et la France attend depuis trois ans les rapports qui doivent être déposés par la commission d'enquête sur la politique du 4 septembre. Je donne rendez-vous à M. de Rességuier...

M. LE COMTE DE RESSÉGUIER. Nous acceptons le rendez-vous. Nous avons déjà déposé des rapports et nous sommes prêts à les discuter.

M. CHALLEMEL-LACOUR. Nous les avons discutés!

Voix à droite. Vous n'avez pas pu y répondre!
Un membre à gauche. Monsieur le président, maintenez donc la parole à l'orateur!
M. LE PRÉSIDENT. Je n'ai pas besoin pour maintenir la parole à l'orateur d'être invité à le faire. (*Exclamations sur quelques bancs à gauche.*) J'ai déjà réclamé le silence et demandé qu'on s'abstînt d'interrompre.

M. CHALLEMEL-LACOUR. Je dis donc que si nous nous trouvions en présence d'un autre cabinet et d'une autre politique, il y aurait lieu peut-être d'ajourner ou de retirer l'interpellation; mais il n'est point, ou il ne paraît point être question, quant à présent, d'un pareil changement. Les modifications ministérielles sont encore à l'état de bruit ou d'espérances incertaines. (*Exclamations à droite. — Rires ironiques à gauche.*) Du moins on assure que M. le vice-président du Conseil les déclare absolument chimériques. (*Ah! ah! à gauche.*)

M. le ministre de l'Intérieur, qui s'est refusé inexorablement aux sollicitations qui lui étaient adressées d'appeler au vote les électeurs des départements où il y a des sièges vacants, est encore sur ces bancs.

Voix à droite. A la question! C'est l'interpellation même que vous faites.

M. CHALLEMEL-LACOUR. Et quand bien même nous aurions perdu M. le ministre de l'Intérieur, il nous resterait encore M. le vice-président du Conseil, dont le nom résume la politique d'ajournement, la politique de défiance à l'égard de l'opinion publique... (*Exclamations à droite. — Très bien! à l'extrême gauche.*)... la politique de légalité à outrance.

M. LE PRÉSIDENT. Vous ne pouvez pas faire maintenant l'interpellation.

M. Challemel-Lacour. Je ne fais pas d'interpellation.
(*Approbation à l'extrême gauche.*)

A droite. Mais si! mais si!

M. Challemel-Lacour. Je ne comprends pas ces clameurs d'un côté de l'Assemblée. (*Nouvelles et plus vives réclamations.*)

Je faisais observer à l'orateur que la question posée en ce moment devant l'Assemblée est celle de savoir si l'interpellation sera ajournée ou si elle aura lieu demain. (*Interruptions à gauche.*) Voulez-vous me permettre de poser la question?

Je disais que cette question d'ajournement de l'interpellation à un jour plus éloigné que demain ne donnait pas le droit de la faire dès aujourd'hui. (*Vive approbation à droite. — C'est cela! c'est cela!*)

Je dis qu'une raison, selon moi décisive, pour laquelle l'interpellation ne doit pas être ajournée, fût-ce de vingt-quatre heures, c'est qu'il n'y a rien de changé ni dans la politique ni dans le ministère, que, par conséquent, il y a lieu de demander des explications que le pays attend et que le ministre de l'intérieur et le vice-président du conseil doivent être pressés de lui donner.

Je dis qu'ils devraient être pressés de les lui donner autant que le pays est pressé de les recevoir.

Quant aux motifs donnés par le vice-président du conseil à l'appui de sa demande, j'avoue que si je ne connaissais pas le ministère, j'en serais confondu (*Vive approbation et applaudissements à l'extrême gauche.*); car, messieurs, s'il est une question de nature à rendre l'interpellation non seulement nécessaire, mais urgente, c'est précisément la situation que le message et le projet de prorogation ont faite à la fois au pouvoir exécutif et au ministère. (*Très bien! à l'extrême gauche.*)

J'avais bien lu dans certaines feuilles, d'un caractère notoirement officieux, et j'avais bien, comme tout le monde, entendu dire autour de moi, par des personnes dont l'intérêt était d'ailleurs facile à saisir, qu'il y avait une question gouvernementale et une question ministérielle, et que la question ministérielle ne devait être abordée et résolue qu'après la question gouvernementale. Eh bien, malgré ce qui se passe, malgré ce qu'on dit depuis plusieurs jours, j'ignore encore s'il y a une question gouvernementale. Je sais qu'une demande de prorogation des

6

pouvoirs de M. le président de la République, ou de M. le maréchal, a été déposée par un certain nombre de nos collègues.
Cette demande a été examinée dans les bureaux, elle est en ce
moment soumise à une commission qui l'examine avec maturité.
(*Exclamations ironiques à droite.*)

M. GASLONDE. Avec un peu de lenteur !

M. CHALLEMEL-LACOUR. Elle passera devant vos yeux et
elle vous sera apportée, nous ne savons pas encore dans quel
moment. (*Nouvelles exclamations à droite.*)

M. ARTHUR RIVAILLE. Le plus tôt possible !

M. CHALLEMEL-LACOUR. Le plus tôt possible, soit.
Mais je me permettrai de dire toutefois que la France, moins
fougueuse dans ses désirs que M. le comte Jaubert.., (*Interruptions à droite. — Rires à gauche.*)... la France ne marchandera
pas à la commission les quelques jours dont elle peut avoir
besoin pour examiner à fond toutes les questions soulevées par
le projet. (*Applaudissements à gauche. — Bruit à droite.*)

Dans tous les cas, quel que soit le résultat de cet examen, je
ne sache pas qu'il y ait, quant à présent, de question gouvernementale ; le chef du pouvoir exécutif est aujourd'hui ce qu'il était
hier, et il se peut fort bien que même après la discussion il soit
ce qu'il est maintenant. (*Très bien ! sur divers bancs à gauche.*)
Mais, il est très vrai qu'il y a une question ministérielle...

A droite. A la question ! à la question !

M. CHALLEMEL-LACOUR... et je pense qu'il n'y a pas lieu
d'espérer que les explications que M. le vice-président du Conseil et M. le ministre de l'Intérieur auraient à donner sur la politique qu'ils ont suivie dans la question électorale soient tout à
fait de nature à écarter la question ministérielle.

M JULES FAVRE. Très bien !

M. CHALLEMEL-LACOUR. Quoi qu'il en soit, s'il y a une
question gouvernementale et une question ministérielle, ces
deux questions ne sont point de même ordre, elles n'ont point la
même importance, elles ne doivent pas avoir des conséquences
pareilles : la question gouvernementale, quand elle existe, est
une crise ; et un ministère, fût-ce celui qui est sur ces bancs, et
dont M. le duc de Broglie est le vice-président, peut être remplacé sans que rien soit mis en question. (*Très bien ! à gauche.*)

Il est donc étonnant, il est étrange, il est illogique de demander
que la question la plus difficile et la plus grave soit résolue

avant la question la plus facile et la moins grave; et contrairement à l'opinion émise à cette tribune par M. Léon Say, je me crois autorisé à penser et à dire qu'après avoir soulevé ou laissé soulever par ses amis la question gouvernementale, le cabinet, au lieu de couvrir — comme c'était son rôle et son devoir — la personne du chef du pouvoir exécutif, cherche maintenant à s'abriter derrière elle. (*Applaudissements à gauche.* — *Dénégations à droite.*)

Cela est inacceptable.

A droite. A la question! Aux voix l'ajournement!

M. CHALLEMEL-LACOUR. Un tel procédé ne saurait être admis; il peut d'autant moins l'être que, s'il y a, en effet une question gouvernementale et une question ministérielle, et s'il existe entre ces deux questions quelque connexité, cette connexité n'est pas ce qu'on voudrait nous faire croire.

M. GAMBETTA. Très bien!

Un membre à droite. C'est l'interpellation, cela!

M. CHALLEMEL-LACOUR. Je vous demande pardon, ce sont de simples raisons contre l'ajournement de l'interpellation.

Je dis que ces deux questions, si elles sont connexes, le sont d'une tout autre manière qu'on ne voudrait le faire croire. Celle qui peut éclairer l'autre, en faciliter la solution, c'est la question ministérielle. (*Ah! ah! à droite.* — *Très bien à gauche.*)

En effet, messieurs...

A droite. A la question! — Aux voix!
A gauche. Parlez!

M. CHALLEMEL-LACOUR. En effet, si quelque chose explique le projet de prorogation qui vous est soumis, c'est l'état de l'opinion publique, ou du moins l'idée, selon nous très fausse, que le cabinet se fait de l'état du pays. Et de même, si quelque chose peut expliquer le retard systématique, l'ajournement indéfini des élections, c'est aussi l'idée qu'on se fait ou qu'on prétend se faire de l'état du pays.

Par conséquent, en demandant au cabinet de vouloir bien s'expliquer sur les raisons de cet ajournement...

A droite. Il l'a fait!

M. CHALLEMEL-LACOUR... nous lui donnons précisément l'occasion d'apporter ici les explications les plus propres à éclaircir la question de prorogation et à en faciliter la solution.

Par conséquent, messieurs, si ces deux questions sont soule-

vées et si leur connexité est réelle, la première, dans l'ordre
logique, celle qu'il faut aborder sans retard, celle qui peut jeter
sur l'autre le plus grand jour, c'est la question qui fait l'objet de
l'interpellation. (*Approbation sur plusieurs bancs à gauche.*)

En conséquence, je prie l'Assemblée de ne point accorder
l'ajournement demandé, et, si elle l'acorde, si, contre notre
désir et notre espérance, les signataires de la demande d'interpellation y donnaient leur assentiment, je demanderais au moins
que le jour de la discussion fût fixé dès à présent et très prochain.
(*Bravos et applaudissements sur plusieurs bancs à gauche. — Aux
voix! aux voix! à droite.*)

L'Assemblée, sur la proposition de M. Baragnon, fixa la discussion
de l'interpellation de M. Léon Say au surlendemain du vote sur les
propositions de prorogation.

DISCOURS

SUR

L'INTERPELLATION

AU SUJET DE LA CIRCULAIRE RELATIVE A L'EXÉCUTION
DE LA LOI SUR LES MAIRES

prononcé le 18 mars 1874

A L'ASSEMBLÉE NATIONALE

La loi du 20 novembre 1873, qui avait prorogé les pouvoirs du
maréchal de Mac-Mahon, à la suite de l'échec des tentatives de fusion,
était considérée par les républicains comme un acheminement vers la
République et par les légitimistes comme « une préface vers la
Monarchie ». C'était les propres expressions du journal *l'Union*; les
légitimistes, avait déjà dit M. Grévy, prétendent que, pendant toute la
durée du septennat, la porte doit rester ouverte à la Monarchie, toujours prête à entrer. Le duc de Broglie, vice-président du Conseil,
commença par montrer quelque velléité de repousser cette prétention. S'adressant aux préfets dans une circulaire relative à l'exécution
de la loi sur les maires : « L'Assemblée nationale, écrivait-il, a conféré pour sept années le pouvoir exécutif à M. le maréchal de Mac-
Mahon, qu'elle avait déjà désigné, le 25 mai, comme président de la
République. Le pouvoir qu'elle lui a remis et dont la commission
constitutionnelle devra déterminer l'exercice et les conditions est,
dès à présent, et pour toute la durée que la loi lui assigne, au-dessus
de toute contestation. » Quelques jours plus tard, dans une allocution
qu'il adressait au président du Tribunal de commerce, le maréchal de
Mac-Mahon disait à son tour : « Soyez sans inquiétude; pendant

sept ans, je saurai faire respecter de tous l'ordre de choses légalement établi. »

M. le duc de Broglie maintiendrait-il, à la tribune de l'Assemblée
nationale, devant la droite royaliste, les termes de sa circulaire et
les assurances du maréchal de Mac-Mahon ? M. Gambetta pensa qu'il
y avait quelque intérêt pour le parti républicain à le savoir et il
déposa, le 26 janvier, une demande d'interpellation ainsi conçue :
« Les soussignés — c'était, avec M. Gambetta, MM. Challemel-
Lacour, Peyrat, Eugène Pelletan, Lepère, Pascal Duprat et Scheurer-
Kestner — demandent à interpeller le ministre de l'Intérieur, vice-
président du Conseil, sur sa circulaire en date du 22 janvier 1874,
relative à l'exécution de la loi sur les maires ; ils prient l'Assemblée
de bien vouloir fixer la discussion de l'interpellation au jour qui
suivra le vote définitif des lois d'impôt. »

M. Challemel-Lacour développa en ces termes, le 18 mars, cette
interpellation :

Messieurs, il nous était permis d'espérer, et j'espérais pour
ma part, que les six semaines, et davantage, écoulées depuis le
jour où l'Assemblée a bien voulu accueillir notre demande,
auraient rendu inutile ou moins opportune l'interpellation que je
suis chargé de développer devant vous.

Il n'en a rien été. La crise des affaires continue et s'aggrave ;
le malaise des esprits n'a jamais été plus grand. Il s'est d'ailleurs
produit, dans cet intervalle, divers incidents que j'aurai sans
doute occasion de rappeler et qui prouveraient au besoin que,
sans y chercher d'autre plaisir que celui d'entendre les explications de M. le ministre de l'Intérieur, ni d'autre profit que celui
du pays, nous devions maintenir notre interpellation.

Elle roule sur un sujet dans lequel sont engagées deux choses
intimement liées : l'autorité du pouvoir et la sécurité du pays. Il
importe d'aborder la discussion avec une gravité proportionnée
à de tels intérêts. C'est ce que je tâcherai de faire, et il ne tiendra
pas à moi d'éviter non seulement — ce qui va sans dire — tout
ce qui pourrait effleurer les personnes, mais même toute parole
capable d'irriter ce qu'il y a de plus ombrageux au monde : les
passions de parti. (*Très bien ! à gauche.*)

Le 22 janvier, M. le vice-président du Conseil, ministre de
l'Intérieur, a adressé aux préfets une circulaire relative à l'application de la loi des maires.

Cette circulaire contient quelques assertions contestables et
des appréciations dont j'aime mieux ne pas parler ; mais elle

s'explique aussi sur le pouvoir présidentiel, qu'elle déclare
« élevé dès à présent, et pour toute la durée que la loi lui assigne,
au-dessus de toute contestation ».

Cela posé, elle signale, parmi les devoirs que les nouveaux
maires auront à remplir à l'égard de M. le président de la République, celui « d'apporter tout leur concours à son pouvoir, et de
ne se prêter à rien de ce qui pourrait l'ébranler ou l'amoindrir ».

Il n'y avait rien de plus naturel que de pareilles prescriptions à
la veille d'appliquer une loi qui donnait au pouvoir le droit de
nommer un si grand nombre d'agents.

Tout le monde comprend qu'il n'y aurait pas de gouvernement
possible, si les agents de ce gouvernement ne savaient à quoi
s'en tenir sur le pouvoir dont ils relèvent, et s'ils ne recevaient
pas une impulsion uniforme et précise. Et cependant, ces déclarations ont immédiatement suscité dans la presse des discussions
dans lesquelles a percé avec énergie, avec âpreté, la persistance
des prétentions monarchiques.

Alors, comme il est arrivé déjà plus d'une fois dans des circonstances critiques pour M. le vice-président du Conseil, M. le
président de la République est intervenu à son tour. Le 4 février,
il a prononcé un discours dans lequel il confirme pleinement les
déclarations de M. le ministre; on y lit quelques paroles qui
ont déjà été citées à cette tribune, et que je demande la permission de vous rappeler :

« Le 19 novembre, l'Assemblée nationale m'a remis le pouvoir
pour sept ans; mon premier devoir est de veiller à l'exécution de
cette décision souveraine. Soyez donc sans inquiétude; pendant
sept ans, je saurai faire respecter de tous l'ordre de choses léga-
ment établi. »

M. le président de la République, en s'exprimant en ces
termes devant le Tribunal de commerce, comme M. le ministre
de l'Intérieur dans sa circulaire, voulait rassurer la France. La
France a, en effet, grand besoin d'être rassurée... (*Légères
rumeurs à droite.*) et c'est pourquoi nous avons applaudi à la
pensée qui a dicté ces déclarations. Mais nous devons dire
qu'elles ne nous paraissent pas suffisantes : la confiance nécessaire à la reprise du travail et des transactions, l'autorité
du pouvoir, l'honneur des partis dans cette Assemblée, le
crédit de la France au dehors, exigent impérieusement, selon
nous, non seulement qu'elles soient répétées à cette tribune,

mais qu'elles y soient complétées. (*Très bien! très bien! à gauche.*)

Nous n'avons pas besoin, messieurs, qu'on nous rapelle qu'avec un grand nombre de membres de cette Assemblée, nous nous sommes opposés à la loi du 20 novembre. Cette loi a été combattue par des orateurs de divers partis, à l'aide d'arguments différents, quelquefois contraires. Plusieurs de ceux qui l'ont votée n'avaient pas caché leur répugnance ou leurs scrupules ; plusieurs avaient pris soin de faire, avant le vote, comme d'autres l'ont fait après, leurs réserves dans des lettres qui ont été publiées.

Quant à nous, messieurs, nous avons combattu cette loi, parce qu'elle ne nous paraissait pas répondre à ce que la France désire et réclame depuis longtemps ; parce qu'un provisoire ou un définitif de sept ans, — car c'est le vice principal de cette loi qu'on puisse lui appliquer les deux termes avec une égale justesse.., (*Approbation à gauche.*) — parce qu'un pouvoir à l'abri duquel devaient continuer à s'agiter des prétentions diverses ne nous paraissait pas avoir assez de force, ni être fait pour mettre un terme aux anxiétés dont le pays est travaillé depuis trois ans. (*Très bien! à gauche.*) Nous l'avons combattue, parce que cette prorogation d'un pouvoir défini dans sa durée, indéfini dans son caractère, commencé sous un régime et destiné, dans la pensée de ceux qui l'avaient imaginé, à se continuer sous un autre, nous paraissait être une création pour le moins étrange, et que si la logique ne gouverne pas seule les choses humaines, elle ne souffre pas qu'on lui adresse impunément des défis trop violents. (*Vive approbation à l'extrême gauche.*)

Mais nous le déclarons, au risque de provoquer l'étonnement sincère de M. le ministre de l'Intérieur, lorsqu'un projet de loi que nous avons combattu est devenu une loi, nous faisons profession de nous y soumettre et de le respecter. (*Exclamations et rires ironiques à droite.* — *Très bien! à gauche.*)

M. DE CARAYON-LATOUR. Je demande la parole. (*Mouvement.*)

M. CHALLEMEL-LACOUR. Nous n'admettrions pas que personne, soit ici, soit ailleurs, élevât la prétention de confisquer à son profit, s'arrogeât le droit exclusif d'interpréter à sa guise une loi de l'État, sous prétexte qu'il a compté parmi ses partisans de la première heure.

Vous n'avez pas oublié non plus, messieurs, et je n'ai pas

oublié, pour ma part, qu'un des orateurs les plus graves de cette Assemblée, un homme dont tout le monde apprécie la raison prévoyante et écoute la parole, s'était posé devant vous une question sérieuse : il s'était demandé si la loi que vous aviez à faire était une loi comme une autre, une loi que vos successeurs pussent abroger comme toute autre loi ; ou bien si c'était un article de Constitution par lequel ils fussent liés aussi bien que vous. Son opinion n'était pas douteuse ; vous n'avez pas partagé ses craintes et vous avez tranché la question d'une manière différente. Si maintenant les prédictions de l'honorable M. Grévy vous revenaient en mémoire et vous paraissaient avoir besoin de commentaire, personne ne peut le remplacer ici, et je n'aurai pas la prétention, la présomption de le suppléer.

Je n'aurai pas non plus l'imprudence de dire ce que feront vos successeurs ; mais j'ai le droit d'espérer qu'issus, comme vous, du suffrage universel, préoccupés, comme vous, des intérêts généraux, interprètes autorisés de la volonté nationale, ils auront plus à cœur de mettre un terme aux perplexités du pays que de renouveler ses agitations. (*Très bien ! très bien ! à gauche.*) J'ai le droit d'espérer que cette Assemblée, dont il faudra bien que le jour vienne enfin, et qui sera républicaine... (*Applaudissements sur les mêmes bancs.*) et qui sera républicaine parce que le pays est républicain.., (*Nouveaux applaudissements sur les mêmes bancs. — Non ! non ! à droite et au centre droit.*) maintiendra, respectera toute institution dans laquelle elle ne verra pas une menace avouée pour la République, c'est-à-dire une chance prochaine de révolution pour la France. (*Très bien ! très bien ! à l'extrême gauche et à gauche.*)

Quant à nous, messieurs, je le répète, nous respectons toutes les lois du pays. (*Rires et exclamations à droite.*)

M. RIVAILLE. L'histoire proteste contre vos assertions !

M. CHALLEMEL-LACOUR. Et c'est pour cela que nous avons applaudi aux déclarations successives de M. le ministre de l'Intérieur et de M. le président de la République.

Mais les inquiétudes du pays, qui subsistent même après ces déclarations, prouvent qu'elles ne sont pas suffisantes. Les polémiques de la presse, qu'on ne peut se flatter tout au plus que d'avoir pacifiées momentanément ; les interprétations divergentes de la prorogation par les divers partis de cette Assemblée ; les prétentions et les espérances que M. le ministre de l'Intérieur ne parvient pas à refréner, et, pour tout dire, nos perplexités à tous, prouvent qu'il faut des explications décisives. (*Très bien ! à gauche.*)

Ce que les partis réclament, ce qu'ils prétendent maintenir en face de la prorogation, ce n'est pas le droit de définir le pouvoir présidentiel, de le circonscrire, de régler ses rapports avec les autres pouvoirs, c'est celui de le remplacer ; (*Nouvelle approbation à gauche.*) c'est celui d'annoncer, de préparer la substitution d'une monarchie au pouvoir présidentiel.

M. DAHIREL. C'est vrai ! (*Mouvement. — Ah ! ah ! et applaudissements à gauche.*)

M. CHALLEMEL-LACOUR. Il n'y a pas à s'y tromper : ce qui se continue ou se renouvelle, sous ces interprétations divergentes, c'est la lutte des deux principes qui sont en présence dans cette Assemblée, depuis trois ans : le principe de la souveraineté nationale et le principe du droit traditionnel ; ce qui est en question, c'est la Monarchie et la République. (*Oui ! oui !*)

Eh bien, nous pensons que le moment est venu pour la France de savoir, et, pour le Gouvernement, de dire s'il se considère comme engagé, ainsi qu'on l'affirme, à nous acheminer à la Monarchie, ou, au contraire, à maintenir le fait existant, qui, pour nous, est la République. (*Très bien ! — Applaudissements à gauche.*)

Messieurs, le gouvernement du 24 mai existe depuis près de dix mois ; le pouvoir présidentiel créé ce jour-là a été prorogé pour sept ans, il y a bientôt quatre mois, et cependant, quoiqu'on se flattât bien haut de calmer les inquiétudes du pays, ces inquiétudes subsistent.

M. le président de la République a été obligé de constater que la confiance est encore à naître et que les inquiétudes du pays tiennent à ses préoccupations politiques.

M. le vice-président du Conseil s'est expliqué plus d'une fois sur la prorogation ; il l'a fait le 12 janvier, notamment, en des termes qui ne satisfaisaient pas tout le monde, l'honorable M. Raoul Duval entre autres, et qui ne pouvaient, en effet, satisfaire que des esprits très faciles. Depuis ce jour-là, les polémiques de la presse ont continué avec un redoublement d'ardeur. Le 22 janvier, il s'est expliqué de nouveau, et jamais les polémiques n'ont été plus vives. Je me demande comment il se fait que les déclarations du Gouvernement, au lieu de répandre la lumière, ne fassent jamais qu'épaissir les ténèbres..; (*Applaudis-sements sur plusieurs bancs à gauche.*) comment il se fait qu'elles fournissent toujours un texte nouveau aux arguties grammaticales, aux subtilités, à la dialectique des partis. Je demande enfin s'il est possible de dire quelque chose de net, et si la langue française aurait ce malheur d'avoir perdu jusqu'à sa clarté proverbiale. (*Approbation sur plusieurs bancs à gauche.*) S'il suffisait de dire un mot pour dissiper les incertitudes qui planent sur la politique du cabinet, et que ce mot, le gouvernement ne puisse pas ou ne veuille pas le dire, je me demande comment il aurait la prétention et comment nous aurions l'espérance que la confiance se rétablisse jamais.

Ce mot, nous demandons à M. le vice-président du Conseil de venir le prononcer à cette tribune. Car nous sommes convaincus que, pour signifier stabilité, résistance efficace aux entreprises des partis, pour signifier sécurité et confiance, il faut que la prorogation signifie d'abord République. (*Très bien ! à gauche. — Exclamations diverses à droite.*)

M. LE MARQUIS DE MORTEMART. La République, c'est le provisoire perpétuel!

M. CHALLEMEL-LACOUR. Il importe tout autant à la dignité du pouvoir qu'à la sécurité du pays de s'expliquer aujourd'hui clairement.

Je pourrais m'arrêter au titre sous lequel ce gouvernement a été établi et qui lui a été confirmé au 20 novembre ; car, enfin, ce titre a sans doute sa raison d'être et atteste à tout le moins une nécessité que vous avez reconnue ou que vous avez subie. Mais il me suffit de faire appel aux faits; il me suffit de montrer que le gouvernement a le devoir de reconnaître le droit de revendiquer le caractère qui lui appartient et qui ressort de faits irréfragables,

Le 19 novembre, M. le vice-président du Conseil, après avoir exposé à l'Assemblée que la commission chargée d'organiser les pouvoirs du Président n'avait pas jugé à propos de l'appeler devant elle et de l'entendre, ajoutait :

« Réflexion faite, j'ai pensé qu'elle avait raison; qu'après tout, nous étions sous le régime essentiellement républicain de la responsabilité présidentielle ; que, si on avait réduit cette responsabilité par la loi des Trente, on ne l'avait pas détruite, on l'avait réservée expressément pour les cas graves et exceptionnels. »

Je ne sais pas où ces réserves ont été formulées; mais le caractère républicain du gouvernement qui nous régit n'en est pas moins reconnu dans ces paroles.

Personne, ce jour-là, personne dans cette Assemblée n'a pensé ni à fonder une monarchie constitutionnelle, ni à créer une dynastie; et cette responsabilité, M. le président de la République, dans ses messages et dans quelques-unes des paroles qu'il a prononcées devant le Tribunal de commerce, l'a expressément reconnue en des termes qui témoignent qu'il en a le sentiment le plus vif.

Ce n'est pas tout, ce gouvernement est issu d'une Assemblée qui procède elle-même du suffrage universel. Au 24 mai, vous avez choisi M. le maréchal de Mac-Mahon pour remplacer M. Thiers; vous l'avez choisi dans les mêmes conditions, sous le même titre, avec le même nom, et, à cet égard, la loi du 20 novembre n'a fait que confirmer l'acte du 24 mai.

Enfin, cette loi du 20 novembre a donné une durée fixe à un pouvoir qui était déjà limité dans sa durée. De telle sorte qu'au bout de sept ans la France sera, non pas, comme quelqu'un l'a dit, rendue à elle-même, — car il faut bien qu'on sache qu'elle ne cesse jamais de s'appartenir, même quand elle a été surprise, même quand elle a été garrottée... (*Très bien! très bien! et applaudissements à gauche. — Murmures à droite.*)

Un membre à droite. Comme au 18 mars!

Un autre membre. Et au 4 septembre, qui est-ce qui l'a surprise?

M. CHALLEMEL-LACOUR... au bout de cette période elle sera appelée, si la loi est exécutée dans toute sa teneur, à déléguer le pouvoir exécutif à un autre pour une période également limitée.

M. PAJOT. Pas du tout!

M. CHALLEMEL-LACOUR. Ce pouvoir est donc responsable; il est électif, il est temporaire. Qu'est-ce à dire, messieurs, sinon qu'il est républicain et que, tant qu'il dure, la République a pour elle non seulement le droit, mais le fait, et que le gouvernement ne peut se défendre et durer qu'à la condition de défendre du même coup la République! (*Applaudissements sur plusieurs bancs à gauche.*)

Si je passe en revue les circonstances déjà nombreuses dans lesquelles le gouvernement s'est adressé au pays, je remarque que toujours il s'est présenté à lui comme chargé de maintenir le fait existant. C'était ce qui ressortait avec évidence du langage tenu par M. le président de la République dans la lettre de remerciements qu'il adressait à l'Assemblée le 24 mai; c'était aussi ce qu'il répétait le lendemain, lorsqu'il s'adressait pour la première fois au pays et qu'il disait : « Aucune atteinte ne sera portée aux lois existantes et aux institutions. » C'était encore ce que, dans le feu des plus ardentes polémiques, il répétait le 4 janvier devant les représentants du haut commerce de Paris, en des termes que le *Journal officiel* n'aurait pas, dit-on, reproduits avec une rigoureuse exactitude... (*Rumeurs.*)

Au banc des ministres. Qu'est-ce que cela signifie?

M. CHALLEMEL-LACOUR... mais qui, tels qu'ils ont été publiés, n'en paraissent pas moins avoir une signification parfaitement positive.

Devrai-je, messieurs, discuter les termes mêmes de la loi du 20 novembre, pour y reconnaître le caractère vrai du pouvoir qu'elle a institué? Beaucoup de personnes croient aujourd'hui avoir intérêt à obscurcir cette loi et à la sophistiquer; mais je croirais manquer au respect que je dois à l'Assemblée, si je m'arrêtais à discuter des arguties grammaticales plus dignes en vérité de la comédie que de cette tribune. (*Murmures sur divers bancs. — Approbation sur d'autres.*)

Non, je ne m'attacherai pas à débattre la question de savoir si ces mots : « Jusqu'aux modifications qui pourraient y être apportées par les lois constitutionnelles », s'appliquent uniquement aux conditions dans lesquelles le pouvoir créé par la loi du 20 novembre s'exerce, ou si ces paroles doivent s'étendre jusqu'au titre sous lequel il s'exerce, ou si enfin elles doivent s'appliquer à la durée même qui lui a été assignée; de telle sorte que, s'il en était ainsi, cette loi, qui prorogeait le pouvoir du président de la République pour sept ans, pourrait se traduire à peu près en ces termes : Le pouvoir du président de la République est prorogé pour sept ans, jusqu'à ce que les lois constitutionnelles, que nous ferons dans quelques mois, l'aient absolument changé ou abrogé définitivement.

A gauche sur plusieurs bancs. C'est cela! Très bien!

M. CHALLEMEL-LACOUR. Je dis, messieurs, que cela est inadmissible; que personne n'admettra ni ne croira que l'Assemblée ait pu se tromper volontairement elle-même et choisir précisément les termes propres à donner le change aux esprits de bonne foi. Cela eût été dérisoire, indigne du pays, indigne de vous. (*Nouvel assentiment sur les mêmes bancs.*)

Messieurs, on a pu, depuis quatre mois, élever bien des controverses, on a pu multiplier les sophismes, on a pu imaginer et commenter des gloses plus ou moins captieuses : mais il y a une vérité qu'on n'est pas parvenu à ébranler. Cette vérité certaine, c'est que ce jour-là, en votant la loi, vous avez pris avec le pays un engagement volontaire et solennel, celui de le mettre à l'abri pour sept ans au moins des agitations qu'il avait traversées, et qui l'avaient troublé si profondément. (*Rumeurs à droite.*)

Quelles que fussent alors les répugnances qui se cachaient au fond de quelques esprits, ou qui se faisaient jour à mots plus ou moins couverts dans certains discours, vous avez pris un engagement dont la signification formelle était déterminée, et par les circonstances dans lesquelles le projet de loi vous était présenté, et par l'argument, par l'unique argument qu'on a fait valoir en sa faveur : les circonstances, c'était l'état douloureusement troublé dans lequel avaient laissé le pays les tentatives de restauration monarchique. (*C'est vrai! — Très bien! à gauche.*) L'argument, c'était le besoin d'assurer, à un pays fatigué, irrité, et que l'inquiétude et la défiance conduisaient à sa ruine, un long repos.

Tous ceux qui, ce jour-là, ont pris la parole pour défendre le projet de loi, ont conspiré à faire croire au pays que, pendant sept ans au moins, il vivrait, il travaillerait à l'abri d'un pouvoir incontesté. Et quel pouvait être ce pouvoir, si ce n'était la République? (*Assentiment à gauche.*

Le pays demandait davantage, nous le savons bien, et c'est pour cela que nous avons combattu la loi; mais il n'en a pas moins pris votre engagement au sérieux et, si la confiance ne s'est pas rétablie, ce n'est pas sa faute : c'est qu'il n'a pas vu que cet engagement pris par le cabinet fût justifié, fût confirmé soit par son langage, soit par ses actes.

La confiance ne s'est pas rétablie, parce que les lois que le cabinet a demandées, obtenues ou annoncées, inquiètent le pays; parce que les procédés de gouvernement qu'il pratique inquiètent le pays; parce que son personnel inquiète le pays. (*Bravos à gauche. — Réclamations au centre et à droite.*)

Un membre à droite, ironiquement. Le pays ne sera rassuré que par vous!

M. CHALLEMEL-LACOUR. La confiance ne s'est pas rétablie parce que, lorsque le gouvernement s'adresse au pays,
comme au 24 mai, comme au 22 janvier, comme au 4 février,
lorsque, parlant à la France et contraint d'avoir égard à l'opinion, il déclare qu'il maintiendra les lois existantes et l'ordre
légalement établi, il veut que le pays entende par là la République; et lorsque, au contraire, il s'adresse à la majorité dispa-
rate qui le soutient, et qu'il parle de la nécessité de combattre le
péril social, il veut que par ce péril vous entendiez la République.
(*Très bien! très bien! à gauche.*)

De telle sorte que le pays, ne voyant qu'opposition entre les
engagements pris par le cabinet et sa conduite, que contrariété
dans son langage quand il s'adresse au pays et quand il s'adresse
à vous; le pays, ne sachant pas où vous voulez le conduire, quels
sont vos desseins, le pays garde ses défiances et reste en proie
aux soupçons qui l'énervent et le ruinent. (*Marques d'adhésion à
l'extrême gauche.*)

Messieurs, si la situation générale et l'état des esprits n'ont
pas notablement changé, non seulement depuis le 20 novembre,
mais depuis le 24 mai; si malgré les déclarations successives de
M. le vice-président du Conseil, de M. le ministre du Commerce
à Nevers, et de M. le président de la République devant le Tribunal de commerce, les inquiétudes subsistent; si le cabinet, en
butte aux défiances du pays, se voit exposé d'autre part aux
objurgations et aux réclamations d'une partie de la majorité,
c'est, messieurs, qu'une équivoque déplorable a présidé à la loi
du 20 novembre comme elle avait présidé à l'acte du 24 mai.

Il importe, et je pense que personne ici ne me contredira, que
cette équivoque, qui a duré trop longtemps, soit, s'il se peut,
dissipée. Le 24 mai, le cabinet actuel est arrivé au pouvoir, après
quels efforts et combien de tentatives? Tout le monde se le rappelle. Il était alors rempli d'une confiance, qu'il me pardonne de
le dire, un peu novice..; (*Rumeurs.*) il donnait à ses amis l'assurance, un peu présomptueuse, que sa seule présence sur ces
bancs suffirait pour ramener l'opinion de la France dans ce qui
lui paraissait être le droit chemin; mais il s'est trouvé en présence
d'une nation avide, je le crois, de réformes sérieuses, mais surtout impatiente de se reposer dans la République définitive, à
l'abri des manœuvres des partis; (*Exclamations et rires à droite.
— Applaudissements sur quelques bancs à gauche.*) et il s'est

trouvé, d'autre part, en présence d'une majorité diversement monarchique, qui considérait la journée du 24 mai comme sa victoire et qui avait la prétention d'en tirer profit sans délai. Et, en effet, les manœuvres monarchiques ont recommencé presque aussitôt, plus actives que jamais, avec la tolérance du gouvernement, quelques-uns ont dit alors et peut-être croient encore à cette heure, avec sa protection et avec son concours. (*Rumeurs à droite.*)

M. TAILHAND. Tout cela a déjà été dit!

M. CHALLEMEL-LACOUR. Cette tentative a échoué; elle a échoué avec éclat; mais la nation en a gardé, à l'égard du gouvernement, une défiance plus marquée. Elle a conservé des dispositions amères à l'égard de ce gouvernement qui n'avait su ni empêcher, ni répudier à temps ces manœuvres et qui, après lui avoir promis le repos, la laissait, à peine délivrée de la présence de l'étranger, troubler jusqu'au fond par des agitations funestes. (*Vives réclamations à droite. — Approbation à gauche.*)

C'est alors que la prorogation a été imaginée. Contre les plaintes du pays et contre son mécontentement, le gouvernement a bien compris qu'il n'avait de refuge que dans la République... (*Rumeurs à droite.*)

M. LE MARQUIS DE PLŒUC. Laquelle?

M. CHALLEMEL-LACOUR... mais il a reculé, par instinct, par amour-propre, devant la nécessité qui lui était imposée, et, à la place de la République définitive, il a imaginé une République momentanée, passagère, transitoire, une République de sept ans. Et, pour la faire accepter de la nation, qui demandait la République définitive... (*Allons donc! allons donc!*)

M. LE COMTE DE RESSÉGUIER. Proposez-la!

M. CHALLEMEL-LACOUR... et des royalistes eux-mêmes qui, malgré leur déroute, ne voulaient ni abjurer ni désarmer, il a enveloppé sa pensée et ses projets dans un langage obscur, et dont l'obscurité était faite pour gagner, pour flatter toutes les espérances et pour capter toutes les crédulités. (*Applaudissements à l'extrême gauche et à gauche.*)

Aux uns, il a laissé croire que, obligé de se résigner *in extremis* à la République, il fallait au moins s'assurer l'avantage de fixer et d'affermir pour sept ans le pouvoir entre les mains d'un homme qu'on disait étranger, supérieur aux partis, et dont le nom, dans tous les cas, était propre à couvrir, à protéger les desseins conservateurs, quels qu'ils fussent. (*Mouvements divers.*)

Aux autres, il a laissé croire que la prorogation n'avait qu'un seul but, qui était de combattre le péril social, c'est-à-dire de détruire en France l'esprit républicain.., (*Ah! ah! à droite.*) et que l'opinion républicaine, une fois domptée, une fois vaincue, refoulée, anéantie, que ce fût dans sept ans ou que ce fût dans trois mois, la Monarchie n'aurait plus qu'à occuper la place ainsi déblayée. (*C'est cela! — Très bien! très bien! à gauche.*)

Je ne dis pas que cela ait été l'objet d'un contrat formel. Non, je ne scrute pas les intentions du cabinet ni de son chef. (*Rires ironiques sur quelques bancs à droite.*)

Mais je dis que c'est ainsi que l'ont entendu un grand nombre des auxiliaires que M. le vice-président du Conseil a eus le 20 novembre; et s'il en doutait, je lui rappellerais les lettres pleines d'explications et de réserves écrites avant le vote et le lendemain du vote; je lui rappellerais les lettres de M. Limayrac, de M. de La Rochette, de M. Boyer, qui ont attiré si vivement et à si juste titre l'attention de la France. Je lui rappellerais les interprétations soutenues avec tant de suite et d'énergie par tous les organes de la presse royaliste, et notamment par l'organe le plus autorisé, le seul vraiment autorisé de cette presse monarchique, *l'Union*, dont peu de personnes, je pense, de ce côté (*la droite*) seront tentées de récuser les explications et la politique. (*Dénégations à droite et applaudissements ironiques à gauche*).

M. LE MARQUIS DE LA ROCHETHULON. Vous êtes dans l'erreur!

M. LE VICOMTE DE RAINNEVILLE. Absolument.

M. CHALLEMEL-LACOUR. Cette politique, du moins, si elle n'a pas l'assentiment de tous ces messieurs, a l'assentiment du premier des légitimistes, de M. le comte de Chambord, (*Réclamations et interruptions à droite.*) et j'en ai pour preuve...

A droite. Qu'en savez-vous?

M. CHALLEMEL-LACOUR... La preuve, c'est la lettre qu'il a écrite à M. Laurentie, récompense d'une fidélité de cinquante ans.

Voix à droite. A la question! à la loi des maires!

M. CHALLEMEL-LACOUR. J'ajouterai encore pour preuve qu'ainsi a été entendue la prorogation, que, depuis le 20 novembre, cinquante-deux membres de ce côté de l'Assemblée (*la droite*) et parmi eux des membres du cabinet, des ambassadeurs, des membres de la commission chargée d'organiser les pouvoirs du maréchal, ont déposé et déposent encore tous les jours sur le bureau des pétitions dans lesquelles on demande la proclamation immédiate de la monarchie de Henri V...

Plusieurs membres. C'est leur droit !

M. CHALLEMEL-LACOUR... chose évidemment peu compatible avec la durée du septennat que M. le vice-président du Conseil... (*Vive approbation et applaudissements à gauche. — Réclamations à droite*).

M. LE MARQUIS DE PLŒUC. Voulez-vous supprimer le droit de pétition ?

M. LE BARON DE BARANTE. Est-ce qu'on n'a pas déposé des pétitions demandant la dissolution? Vous réservez-vous ce droit à vous seuls?

M. CHALLEMEL-LACOUR. Je dis qu'ainsi l'ont entendu un grand nombre des auxiliaires dont le vice-président du Conseil a eu besoin pour faire voter la loi de prorogation, et je dois ajouter qu'il n'avait, jusqu'au 22 janvier, rien fait pour les détromper.

J'ajouterai encore que M. le vice-président du Conseil n'a pas le droit de s'étonner si aujourd'hui ces auxiliaires, ces partisans sous condition de la prorogation viennent en donner une interprétation qu'il répudie, en tirer des conséquences qu'il repousse. Personne parmi eux n'a certainement eu la pensée de le river au pouvoir pour sept ans. (*Sourires à gauche. — Murmures au centre.*) Mais il devait savoir, — et c'est pourquoi il ne doit pas s'étonner s'il trouve aujourd'hui ses auxiliaires difficiles, chagrins et, qu'il me passe le mot, un peu ingouvernables, — il devait savoir qu'ils professent un principe devant lequel tout autre principe doit fléchir; quand ils agissent ou qu'ils parlent, c'est en vertu d'un droit absolu auquel nul autre droit ne peut ni s'opposer, ni faire équilibre, et à côté duquel tout est expédient secondaire, tout est procédé transitoire et contingent, la prorogation comme tout le reste.

Ils ne sont point disposés à accepter pour sept ans la suspension de ce droit, car pendant ces sept ans peut sonner pour eux l'heure qu'ils attendent depuis si longtemps, l'heure de la victoire. (*Bruit.*)

On parle de mandat impératif, et nous avons vu dans un projet déposé et distribué récemment, qu'on ne le comprend guère, et qu'on tend à le proscrire.

A droite. A la question! à la question!

M. CHALLEMEL-LACOUR. Eh bien, plusieurs des auxiliaires de M. le vice-président du Conseil, au 20 novembre, ont un mandat bien autrement impératif que celui qui peut être donné par des électeurs.., (*Rumeurs à droite.*) c'est le mandat qu'ils tiennent, qu'ils croient tenir de la Providence qui les a envoyés ici. (*Bruyantes interruptions à droite. — Vives marques d'assentiment à gauche.*)

M. GASLONDE. Parlez donc de la circulaire et de la loi des maires! *A droite.* Oui! oui! à la question! A la loi des maires!

M. CHALLEMEL-LACOUR. Je suis surpris, en vérité, que ces messieurs ne voient pas que je suis au cœur de la question.. (*Mais non! mais non! à droite.*)

Et maintenant, messieurs, s'il m'était permis de m'adresser à ces royalistes inflexibles qui n'admettent pas que le droit monarchique puisse être ni diminué, ni suspendu, ni prescrit, je leur dirais qu'il y a un peu de leur faute s'ils se sont trompés sur la prorogation.

Dès le 5 novembre, l'honorable M. Grévy les avait avertis que l'heure du repentir pourrait venir bientôt pour plusieurs, et cette heure est venue.

M. TAILHAND. Qu'en savez-vous?
M. LE MARQUIS DE DAMPIERRE. Vous voyez donc dans toutes les consciences? (*Rires ironiques à gauche.*)

M. CHALLEMEL-LACOUR. Je n'ai garde, messieurs, de mettre en question leur bonne foi; mais l'égoïsme des convictions politiques a ses calculs secrets qui se dérobent dans les replis de la conscience.

Eh bien! ce jour-là, en votant ainsi la loi du 20 novembre, en instituant un pouvoir si long, si exceptionnel, qu'ils comptaient armer d'une autorité plus exceptionnelle encore, ils ont cru fonder quelque chose d'assez semblable à un établissement monarchique pour accoutumer la France à la royauté; de telle sorte que, non pas dans sept ans, mais bien avant, la France convertie glissât d'elle-même et sans s'en apercevoir dans la Monarchie. (*Exclamations et mouvements divers.*) Et ils ont cru, d'autre part, en établissant ainsi, au pied levé, d'une manière expéditive, en une soirée...

M. LE MARQUIS DE GRAMMONT. Le 4 septembre?...

M. CHALLEMEL-LACOUR... à quelques voix de majorité, un pouvoir limité dans sa durée, et en le confiant à un homme dont les idées peu connues ou neutres étaient à leurs yeux un des mérites éminents; ils ont cru faire quelque chose d'assez semblable à la République pour que le passage de ce qui existait à ce qui se faisait ne provoquât pas dans le pays un soubresaut redoutable. (*Très bien! très bien! à l'extrême gauche.*)

On a procédé, ce jour-là, comme on avait procédé au 24 mai, pour adoucir la transition d'un homme illustre dans la politique à un homme inconnu dans la politique. (*Rumeurs sur divers bancs.*)

On a laissé croire, on a voulu que le pays fût persuadé que d'ici à sept ans au moins, la République ne serait pas mise en question.

C'est ce caractère à la fois monarchique et républicain de la prorogation qui a, je crois, tenté un certain nombre de royalistes, qui les a induits à la voter. La combinaison était adroite, mais l'habileté même peut se prendre dans ses propres calculs, et, dans tous les cas, elle ne peut pas prévaloir contre la nature des choses.

Eh bien, le caractère républicain de la prorogation a forcément et définitivement prévalu; de telle sorte que, quelque amère que soit la déception de quelques-uns, il faut bien, si le gouvernement se prend lui-même au sérieux, s'il veut inspirer quelque confiance au pays, qu'il se décide à s'appeler hautement de son vrai nom, la République.

M. DE COLOMBET. Vous ne l'avez pas votée, la prorogation!

M. CHALLEMEL-LACOUR. Personne d'entre eux n'a pu, ce jour-là, avoir la pensée de réserver, ni pour sept ans, ni pour un an, le droit de mettre en question, non pas seulement la durée du pouvoir qu'on établissait, mais son nom et son caractère. Personne n'a pu avoir cette pensée pour une infinité de raisons, parmi lesquelles il y en a deux qui me semblent décisives.

La première, c'est que, ce jour-là, vous promettiez à la France la sécurité, et que, quelque vigilant que soit le pouvoir, il ne peut pas y avoir de sécurité sans un gouvernement reposant sur un principe de droit, sur un principe incontesté, capable de se faire respecter et de se défendre. (*Interruption à droite.*)

Vous n'êtes pas, messieurs, permettez-moi de le dire, une académie; vous n'êtes pas un concile qui puisse ici chercher à son aise, sans se presser, indéfiniment, la meilleure forme de gouvernement; vous ne pouvez pas suspendre la vie politique d'une nation. Il faut qu'elle vive à l'abri d'un gouvernement défini, sérieux, puisant dans son titre et dans son origine le droit de se défendre et de protéger le pays. (*Exclamations à droite. — Très bien! à gauche.*)

Et voici une seconde raison, c'est que, s'il est rare qu'une nation se trouve dans cet état d'indifférence qui permette à une assemblée de trancher par un vote ses incertitudes, la France n'est assurément pas dans cet état-là. Elle a fait son choix. La République a-t-elle été assez hautement, assez longtemps, j'ajouterai assez sévèrement discutée, et dans les principes qui la constituent, et dans les hommes qui la représentent, (*Rires à droite.*) pour que la nation ait pu faire son choix à bon escient?

Ce choix, elle l'a fait. Il se peut que vous trouviez que la prédominance de l'idée républicaine soit un fait déplorable; il se peut que vous la considériez comme un mal passager dont vous aurez raison moyennant quelques remèdes énergiques et transitoires; mais, quant au fait, vous ne pouvez le contester, et vous aurez beau en réduire la portée, il signifie tout au moins que la France ne veut plus de secousses, qu'elle veut s'en tenir à ce qu'elle a, c'est-à-dire à la République.

A droite. Laquelle? laquelle?

M. CHALLEMEL-LACOUR. Vous me demandez laquelle? (*Oui! oui! à droite.*) Mais vous ne comptez pas, sans doute que j'improvise une Constitution républicaine à la tribune? (*Nouveaux rires à droite.*) Je puis vous dire, néanmoins, que la République, que la France réclame et que tout le monde veut de ce côté...

A droite. Non! non!

M. CHALLEMEL-LACOUR... c'est la République qui repose sur la souveraineté nationale sincèrement respectée, c'est-à-dire sur le suffrage universel... (*Vive approbation à gauche.*) C'est la République qui repose sur le développement de tous les droits, sur le respect de toutes les libertés, sur le maintien inflexible du bon ordre et des lois... (*Applaudissements sur divers bancs à gauche. — Exclamations à droite.*)

M. DE RESSÉGUIER. Alors, ce n'est pas la vôtre!

M. DE MONTGOLFIER. Est-ce la République comme à Lyon? (*Bruit.*)

M. CHALLEMEL-LACOUR. C'est la République qui, résolue à se défendre contre les perturbateurs, anarchistes ou monarchistes.., (*Nouvelles exclamations à droite.*) n'en reste pas moins ouverte à tout le monde, parce qu'elle ne connaît ni caste ni classe, et qu'elle ne tient compte que des services rendus et des bonnes volontés avérées. (*Rires ironiques à droite.*)

M. LE MARQUIS DE FRANCLIEU. La République a toujours livré la France au premier venu.

M. CHALLEMEL-LACOUR. C'est la République qui, dans un pays longtemps monarchique et divisé entre tant d'opinions.., (*Rumeurs diverses.*) comprend qu'il n'y a de sûreté pour elle que dans les voies moyennes et veut rester à égale distance de la routine obstinée et des changements précipités. (*Applaudissements à gauche.*) C'est une République où il y aura sans doute encore des diversités d'opinions, où il y aura des divergences et des partis, — car il y a des partis sous tous les régimes, excepté sous le despotisme absolu, — mais où les partis ne triompheront, s'ils méritent de triompher, que par les voies laborieuses et sûres de la publicité et de la discussion. (*Applaudissements à gauche. — Exclamations à droite.*)

M. PRÉSIDENT. Je prie qu'on n'interrompe pas. Les interruptions ne servent qu'à passionner le débat.

M. CHALLEMEL-LACOUR. Permettez-moi, messieurs, de revenir à la question qui nous préoccupe.

Je vous disais que l'opinion de la France est fixée et détermine le sens qui, selon nous, est celui de la prorogation.

J'arriverais bien tard, vous le comprenez, pour m'expliquer sur le pouvoir constituant que vous avez revendiqué : je n'en ai nullement la pensée; mais il me sera permis de dire, au moins, que, dans l'esprit même de ceux qui sont le plus disposés à l'étendre, ce pouvoir a sa limite. Il se borne, et c'est déjà beaucoup, à recueillir le principe qui vous est donné par les événements, par la situation générale du pays, par l'état des esprits et des opinions; l'exercice de ce pouvoir suppose nécessairement un certain accord, une certaine entente entre vous et le pays; et vous l'avez bien compris, puisque vous attendez depuis trois ans, vous attendez, contrairement à toute logique, au risque d'épuiser ce pouvoir en tentatives partielles, en organisation de détails, vous attendez que cet accord, rompu presque au lendemain de notre réunion, se rétablisse, nous ne savons par quel miracle. Quand cette Assemblée serait souveraine, d'une souveraineté absolue comme quelques-uns l'entendent, l'opinion de la France ne serait pas entre ses mains comme une matière inerte qu'elle pût vouloir, sans excéder son pouvoir aussi bien que son droit, pétrir à son gré.

Et si on essayait, si on espérait, par lassitude ou par séduction, ou par intimidation, changer cette direction puissante de l'opinion, on tenterait une œuvre inutile, je le crois, mais on tenterait surtout une œuvre pernicieuse et corruptrice, en apprenant à cette nation que les opinions les plus réfléchies, que les principes les plus chèrement conquis ne sont rien ; que la sagesse consiste à en changer avec les gouvernements, et qu'il faut, en un mot, que l'esprit suive toutes les vicissitudes de la force. Eh ! messieurs, c'est l'exemple donné par le gouvernement de l'Empire, et les conséquences en pèsent cruellement sur nous. (*Applaudissements à gauche.*)

Je crois que cet état de l'opinion du pays impose au gouvernement l'obligation stricte de s'expliquer enfin avec clarté sur le caractère de la prorogation, et nous espérons qu'il ne viendra pas, pour toute réponse, nous redire que la prorogation c'est la trêve des partis, ou bien qu'il ne nous ajournera pas, pour nous dévoiler sa pensée, aux lois constitutionnelles. Et laissez-moi, sur ces deux points, vous soumettre de courtes observations. (*Mouvements divers.*)

La trêve ! c'est le mot d'ordre que vous aviez adopté dès votre réunion à Bordeaux ; c'était la devise du pacte de Bordeaux, c'est la formule que tout le monde a répétée pendant deux ans ; et quand on songe au fractionnement des partis dans cette Assemblée, aux contre-coups que des discussions nécessairement sans issue auraient eus sur le pays, à la présence de l'étranger sur le sol français ; quand on songe surtout au désaccord qui s'était manifesté entre une grande partie, entre la majorité du pays, — et la majorité de cette Assemblée, il fallait bien accepter la trêve des partis...

Voix à droite. A la question ! — Les maires ! les maires !

M. CHALLEMEL-LACOUR. Qu'est-ce que cela signifiait ? Cela signifiait qu'il fallait attendre qu'il fût établi sur les faits.. ; (*A la question !*) qu'on pût savoir par les faits si la même division, le même fractionnement, la même incertitude régnaient dans le pays, ou bien s'il n'en sortirait pas un vœu dominant, irrésistible, auquel tout le monde fût obligé de se ranger. (*Très bien ! très bien ! et applaudissements à gauche.*)

A droite. Et les maires !

M. CHALLEMEL-LACOUR. Encore une fois, vous pouviez bien ajourner vos décisions, ajourner des débats qui eussent été, pour le pays, sans profit ; mais ce que vous ne pouviez pas empêcher, c'est le développement de l'opinion dans le pays, c'est que la lutte ne se poursuivît entre les divers partis dans les élections, dans la presse, ardente et passionnée.

Les opinions se sont mesurées, en effet. Une de ces opinions a fini par dominer, et certes les faveurs, s'il y a des faveurs, non seulement depuis le 24 mai, mais auparavant, n'ont pas été pour cette opinion qui l'a emporté. (*Mouvements divers.*)

La trêve, c'était un délai nécessaire donné au pays pour s'expliquer plus clairement qu'il ne l'avait fait au 8 février 1872. Le pays s'est expliqué depuis lors avec une clarté qui ne permet pas désormais de s'abuser sur ce qu'il veut, et le temps de délais qui ne pouvaient être éternels est à présent passé.

Je le répète, une opinion a triomphé; elle l'emporte dans les élections.

Un membre à droite. Parlez donc des maires !

M. Challemel-Lacour. Et quant au gouvernement, la trêve signifiait qu'il avait le devoir de ne point user des moyens qui lui appartiennent pour avancer frauduleusement les affaires d'un parti; qu'il devait maintenir avec sincérité le fait existant et vous apporter, de temps en temps, des informations sur l'état du pays, en vous soumettant les conclusions pratiques qu'il convenait, selon lui, d'en tirer.

C'est, messieurs, ce qu'a fait le gouvernement antérieur au 24 mai.

Direz-vous que l'opinion publique imposait au gouvernement un autre devoir encore : celui de gouverner sans un principe régulateur, sans un titre avoué, sans règle ou, du moins, sans autre règle que celle de combattre le péril social, c'est-à-dire l'esprit républicain? car nous savons bien, par les explications qui ont été tant de fois apportées à cette tribune, que, dans la bouche de MM. les ministres, les deux mots sont équivalents. (*Très bien ! très bien ! à gauche.*)

Mais, messieurs, j'ose dire que c'est là une prétention insoutenable, une impossibilité; j'ose dire que c'est là une neutralité chimérique. Il faut bien une direction, il faut bien que le gouvernement imprime une direction à ses agents; qu'il leur trace une règle uniforme; que sa propre conduite, que son langage procèdent d'une pensée suivie.

Eh bien, messieurs, le gouvernement qui a précédé le 24 mai puisait cette règle dans l'opinion publique; il la trouvait dans le maintien du fait existant qui lui avait été confié. Il est venu vous le déclarer avec loyauté dans le Message du 13 novembre; et c'est pour cela, c'est pour vous débarrasser d'un gouvernement à la prétendue connivence duquel vous imputiez, bien à tort, le progrès des opinions républicaines, c'est pour vous défaire du vieux et intelligent pilote.... (*Murmures à droite. — Applaudissements répétés à gauche, auxquels répondent quelques applaudissements ironiques à droite.*) Je remarque de ce côté (*l'orateur se tourne vers la droite*) des applaudissements ironiques que je ne comprends guère : car, enfin, c'est sur ces bancs que siègent ceux qui se plaignent de la diminution du respect et qui ont la prétention de le restaurer dans notre pays : et ils ne peuvent pas laisser passer, sans le couvrir de leurs murmures, un des plus grands noms parlementaires de France ! (*Bravos et acclamations répétés à gauche.*)

M. DE GAVARDIE. Vous l'avez insulté vous-même dans votre journal.

A gauche. Allons donc ! N'interrompez pas ! — Laissez parler !

M. LE PRÉSIDENT. Veuillez ne pas interrompre, monsieur de Gavardie !

M. DE GAVARDIE. Je répète que M. Thiers a été en butte aux insultes de certains républicains.

Divers membres à gauche. Non ! non ! jamais !

M. DUSSAUSSOY. Ils l'ont appelé cheval de renfort.

M. CHALLEMEL-LACOUR. C'est, dis-je, pour vous débarrasser de ce guide intelligent et sûr, qui, consultant — tout le monde sait avec quelle circonspection, avec quelle lenteur presque craintive — l'opinion publique, se décidait à mettre le cap sur la République ; c'est pour vous en débarrasser qu'à l'aide d'une majorité de coalition vous avez fait le 24 mai.

A droite et au centre. Les maires ! les maires ! — Parlez donc de l'application de la loi des maires !

M. CHALLEMEL-LACOUR. Je ne pense pas que le cabinet se flatte que le pouvoir présidentiel institué le 24 mai et prorogé le 20 novembre puisse tenir une conduite bien différente. S'il le croyait, les observations et les reproches d'un certain nombre de ses auxiliaires de ce jour-là lui prouveraient à quel point il se trompe ; car enfin, le cabinet n'a pas la prétention que ce pouvoir présidentiel puisse, pendant sept ans, gouverner sans un principe et sans un but politique ; il n'a pas la prétention de n'être, pendant sept ans, ni la Monarchie, ni la République, d'être un gouvernement sans nom, qui ne trouve aucune place dans les classifications connues, qu'on appellera tantôt pouvoir nouveau, — comme si la nouveauté était un titre, — tantôt gouvernement conservateur, comme si tout gouvernement n'avait pas la prétention d'être conservateur... (*Exclamations et rires à droite et au centre.*) oui, messieurs, et quelques-uns à meilleur titre que celui-ci (*Approbation du côté gauche.*)

Il est bien facile d'éviter de prononcer dans ses discours le nom de République ou le nom de Monarchie; il est bien facile de s'envelopper dans des expressions générales qui donnent, peut-être, au langage de la noblesse, mais qui lui donnent, à coup sûr, encore plus d'obscurité. (*Très bien! très bien! à gauche.*) Mais ce qui n'est pas facile, c'est de gouverner sans un principe; c'est d'assurer la confiance, de calmer les inquiétudes, quand on ne se réclame pas d'un droit positif et incontesté.

Je ne crois pas que M. le vice-président du Conseil veuille ajourner sa réponse jusqu'aux lois constitutionnelles.

Tout le monde se rappelle ce qui s'est passé à l'égard des lois constitutionnelles. Dès le 5 novembre, l'honorable M. Grévy et l'honorable M. Dufaure vous avaient demandé de les rattacher au projet de prorogation. La commission chargée d'examiner ces pouvoirs vous avait fait la même demande. Vous crûtes bien faire, messieurs, de voter d'avance, à part, isolément, la prorogation, en vous appuyant sur une raison d'urgence dont tout le monde n'était pas également convaincu. Mais, en même temps, vous décidâtes que ces lois constitutionnelles viendraient le plus tôt possible. Tous les orateurs qui vinrent à cette tribune soutenir le projet de loi, M. Depeyre, M. de Goulard, M. le vice-président du Conseil, y engagèrent leur parole, j'ai presque dit leur honneur.

Eh bien, personne, à ce moment-là, personne, au moment où vous décidiez qu'une commission serait nommée dans les trois jours pour examiner les lois constitutionnelles déposées par M. Dufaure, personne ne pouvait s'y méprendre. Vous pouviez bien songer, comme sans doute y avait songé lui-même le premier auteur du projet de loi, à jeter les bases d'un gouvernement soustrait aux fluctuations de l'opinion, capable de se défendre contre toutes les attaques, armé de précautions, peut-être superflues, contre les périls réels ou imaginaires des emportements d'une Assemblée unique ou d'une législation de classe...

Quelques membres à droite. Qu'est-ce que cela veut dire?

M. CHALLEMEL-LACOUR... mais personne, alors, ne pouvait songer à faire des lois constitutionnelles banales...

A droite. Au fait! — Parlez donc des maires!

M. CHALLEMEL-LACOUR... qui pussent s'adapter indifféremment à la République ou à la Monarchie. Cela eût été dérisoire.

Pourquoi donc, messieurs... ? (*Interruption.*)

Que signifiait donc ce vote de la loi de prorogation avant le vote des lois constitutionnelles dont vous aviez décidé l'examen? Cela signifiait que, obligés d'organiser la République, vous vouliez au moins vous assurer pour un long temps le nom de celui qui en serait le président, à cause de ce nom d'abord, et ensuite afin d'exclure de toute compétition d'autres noms qui, peut-être, vous agréaient moins. Cela signifiait que, obligés de subir une obligation qui vous était pénible, vous vouliez la compenser par un avantage qui vous semblait précieux; vous faisiez une loi extraordinaire à tous les points de vue, afin d'atténuer l'ennui, désormais inévitable, d'organiser la République. (*Bruit.*)

Je crois, messieurs, que ces circonstances que j'ai cru devoir vous rappeler suffisent pour montrer que les lois constitutionnelles, quelles qu'elles soient, ne sauraient altérer essentiellement le pouvoir constitué le 20 novembre. Et si M. le vice-président du Conseil persistait à en laisser le caractère indéterminé jusque-là, qu'il me permette de lui dire quelle serait la situation au moment de la discussion des lois constitutionnelles.

Nous ne savons pas, messieurs, combien de temps nous sépare encore de ces lois constitutionnelles, — et à voir à quelles études approfondies et diverses se livre, pour l'instruction de la France, la commission que vous avez chargée de les élaborer, elle peut n'être pas, d'ici à bien longtemps encore, prête à vous apporter ses conclusions. Eh bien, je demande quelle peut être l'autorité du gouvernement jusque-là, quelle peut être son autorité dans l'attente du jour qui mettra une fois de plus en question et sa durée, et son caractère, et l'avenir même de la France !

Et lorsque viendra cette discussion, lorsque ceux qui n'ont voté la prorogation que comme une convention, qui n'ont accepté le pouvoir présidentiel de sept ans que comme un pis-aller, comme un en-cas, et, — permettez-moi de le dire, malgré la familiarité de l'expression, — que comme un bouche-trou.., (*Oh! oh! à droite et au centre droit.*)

Plusieurs membres. Ce n'est pas convenable.

M. CHALLEMEL-LACOUR... comme un suppléant provisoire, — si vous aimez mieux, — destiné à occuper temporairement la place qui, dans leur conviction indestructible, appartient à un autre, — lorsqu'ils viendront demander l'exécution de la convention, je demande quelle sera la situation du cabinet. Et si, d'aventure, si contre toute vraisemblance, si malgré le cri de l'opinion, le principe monarchique était proclamé, était imposé à la France, — ce que je ne crois pas, ce qui est impossible, mais permettez-moi l'hypothèse, — je demande quelle serait la situation du pouvoir du 20 novembre? Cédera-t-il, après tant de déclarations réitérées à la face du pays? Ou bien aura-t-il la prétention de maintenir la monarchie en quarantaine pendant sept ans, de maintenir, comme on l'a dit, pendant sept ans le bannissement légal du comte de Chambord? Aura-t-il la prétention de tenir la France pendant sept ans sous la menace d'un tel changement? Donnera-t-il sept ans aux projets pour se mûrir, aux partis pour fourbir leurs armes, aux faiseurs de coups d'État pour dresser leurs batteries? (*Mouvement.*)

Je dis que la raison se trouble à contempler la situation d'un peuple en présence d'un tel avenir. Est-ce là ce que vous appelez bon ordre, sécurité, confiance? Et si un pareil état est trop violent pour durer sept ans, je demande quel fond le pays peut faire sur les déclarations du cabinet, à moins que M. le vice-président du Conseil ne sorte, enfin, de ces déclarations évasives dont il a usé trop longtemps pour permettre à toutes les espérances de les interpréter à leur gré, et, à moins qu'il ne vienne nous dire quelles sont ces lois existantes, quel est cet ordre légal établi, quelles sont ces institutions qu'il prend l'engagement de maintenir. (*Très bien! à gauche.*)

Cela, messieurs, est nécessaire pour que la confiance se rétablisse à l'intérieur; cela n'est pas moins nécessaire pour faire naître la confiance que la France a besoin d'inspirer au dehors. (*Mouvements divers.*) La question est assez grave pour mériter de votre part encore quelques minutes d'attention. (*Les maires! les maires! à droite. — Parlez! parlez! à gauche.*)

Un membre à droite. L'orateur parle depuis près de deux heures, et il n'a pas encore dit un mot des maires!

M. CHALLEMEL-LACOUR. Je dis, messieurs, que je n'aborde que malgré moi... (*Oh! oh!*) parce que je crois obéir à un devoir strict, une question qu'il ne faut toucher qu'avec une extrême discrétion, celle de nos relations avec le reste de l'Europe. (*Exclamations à droite.*)

M. GASLONDE. Cela n'a aucun rapport avec la loi des maires, aucun!

M. CHALLEMEL-LACOUR. Tout ce qui touche à cette question mérite l'attention de l'Assemblée, d'une Assemblée française. (*Rumeurs.*)

M. LEPÈRE. Parlez! parlez! Honorez la tribune française. (*Exclamations ironiques à droite.*)

M. CHALLEMEL-LACOUR. Je ne citerai point de faits; j'en aurais d'anciens, j'en aurais de récents à citer : je les passerai sous silence. La seule chose qui nous convienne, c'est d'en dévorer l'amer souvenir.

Mais je vous demande si vous croyez, en supposant au gouvernement et à tous ses agents toute la bonne volonté, toute l'habileté du monde, je demande si vous croyez que sa diplomatie puisse agir efficacement; que le gouvernement puisse être écouté, s'il se considère lui-même comme un gouvernement d'expédient, s'il admet seulement l'hypothèse qu'il puisse être, dans un temps plus ou moins long, plus tôt ou plus tard, évincé par un gouvernement d'un caractère différent et de tendances inconnues. Je crois au patriotisme de tous les gouvernements, mais, pour être écouté, pour être ménagé, pour être respecté, le patriotisme ne suffit pas. Il faut la suite, la durée, la durée qui ne tient pas aux personnes, mais qui tient à la permanence des principes. (*Rires à droite.*)

Eh bien, je demande quel peut être au dehors le crédit d'un gouvernement qui n'ose pas dire son nom, d'un pouvoir et d'un peuple qui se trouvent en présence d'une révolution, à échéance fixe, la plus pleine d'inconnu, la plus grosse de périls qui se puisse imaginer.

Je vous dis, messieurs, que, quand ce gouvernement devrait durer sept ans entiers, s'il ne se réclame pas d'un principe, s'il n'a pas un avenir plus assuré et plus certain, il est impossible qu'il parle au dehors un langage digne de la France ; il est impossible qu'il assure au pays la sécurité. (*Murmures à droite.*)

Je m'arrête, messieurs, et, bien que vos murmures me prouvent que j'ai trop longtemps abusé de votre attention, je suis, bien malgré moi, obligé de vous retenir encore quelques instants. (*Parlez! parlez!*)

Si, messieurs, conformément aux déclarations réitérées de MM. les ministres et du président de la République, selon la lettre de la loi, le pouvoir présidentiel doit nous régir pendant un certain nombre d'années, nous avons le droit, nous avons le le devoir de nous intéresser à sa dignité et à sa force.

Eh bien, l'honorable M. Grévy vous avertissait, le 20 novembre, dans le cours de la discussion, que vous alliez créer un gouvernement plus faible que celui qui l'avait précédé.

Cette parole d'un esprit clairvoyant, d'une intelligence vraiment politique, je crois qu'elle est justifiée; s'il est vrai, comme le disait M. le vice-président du Conseil, que la force d'un gouvernement consiste surtout dans l'opinion qu'on a de sa force, celui du 20 novembre en est dépourvu. On a des doutes sur sa sa force, on a des doutes sur son avenir, et ces doutes ne sont que trop justifiés. A voir de quelle manière il est mis en discussion; à lire les lettres qui ont été écrites, avant et après le vote de la loi, par ceux-mêmes qui l'ont votée, il est impossible qu'on ne soit pas tenté de considérer ce gouvernement comme un pur expédient.

Mais, messieurs, la France a lu la lettre de M. Rouher, cette lettre où, après avoir éconduit avec un sans-façon qu'il ne m'appartient pas de qualifier toutes les monarchies rivales, pour ne laisser en présence que la République et l'Empire, le chef des bonapartistes, leur conseiller, traite le pouvoir présidentiel comme un gouvernement déjà presque caduc, prend en pitié sa débilité, le recommande d'un ton protecteur aux ménagements dédaigneux, aux respects extérieurs de ses amis, en considération du seul mérite qu'il reconnaisse au septennat : celui d'acheminer la France à l'Empire, c'est-à-dire à la ruine finale et au déshonneur! (*Bravos et applaudissements à gauche.*)

M. LE MARQUIS DE LA ROCHEJACQUELEIN. C'est malheureusement vrai!

M. CHALLEMEL-LACOUR. La France entend parler depuis quelques jours de ces promenades, de ces démonstrations en Angleterre. A l'heure où je vous parle, elle lit ces manifestes, ridicules sans doute, mais encore plus insolents, qui sont une insulte à la France, une insulte à l'Assemblée, une insulte à la vérité, une insulte à la loi, mais qui sont surtout une humiliation pour le cabinet. (*Applaudissements répétés à gauche.*)

M. ANDRÉ (de la Charente). Notre parti s'incline devant la souveraineté nationale! (*Bruit.*) Il demande l'appel au peuple, et vous, vous le repoussez!

A gauche. A la tribune, l'interrupteur! On n'a pas entendu!

M. CHALLEMEL-LACOUR. Eh bien, le pays qui voit, non-seulement le parti légitimiste, mais encore la faction bonapartiste, malgré le double vote de déchéance que vous avez prononcé contre la dynastie du 2 décembre et de Sedan.., (*Vifs et bruyants applaudissements à gauche.*) le pays qui la voit étaler ses espérances, ouvrir dès à présent le chapitre des accidents « imprévus et divers » qui peuvent abréger à son profit la durée du pouvoir présidentiel; le pays, qui voit cette faction passer en revue ses forces, presque sous les yeux et comme avec la permission du pouvoir... (*Dénégations sur plusieurs bancs à droite. — Très bien! et nouveaux applaudissements à gauche.*) comment ce pays, qui ne sait pas pour combien le calcul et l'illusion entrent dans ces fanfaronnades des partis, ne serait-il pas inquiet, comment s'assurerait-il en vos déclarations?

Croyez-vous qu'il suffise d'une dépêche comme celle du 19 février, dépêche si bénigne qu'elle pourrait, en vérité, avoir été dictée par M. Rouher, ou corrigée de sa main? (*Exclamations à droite. — Bravos et applaudissements à gauche.*)

Je demande s'il est possible qu'un pouvoir né d'une coalition et dont on voit ainsi les partis se disputer, dévorer tous les jours le prochain héritage; je demande si ce pouvoir peut inspirer confiance, ou bien si on n'est pas conduit comme par force à croire qu'il est, malgré lui, je le crois, à son insu, je le pense, je ne dirai pas l'instrument, mais au moins le paravent derrière lequel se cachent des projets opposés, mais également inquiétants. (*Nouvelle et vive approbation à gauche.*)

M. ANDRÉ (de la Charente). C'est ainsi que vous entendez la liberté!

M. CHALLEMEL-LACOUR. Et cependant, messieurs, ce pouvoir est un pouvoir responsable; il répond de la sécurité, il répond de la paix intérieure qu'il a promise à la France; il a besoin d'être fort et nous voudrions qu'il le fût. (*Rumeurs dubitatives et rires ironiques à droite et au centre.*)

A gauche. Oui! oui! — C'est vrai!

M. CHALLEMEL-LACOUR. La démocratie, messieurs, n'aime pas les gouvernements sans force... (*Ah! ah! — Vive interruption.*)

Elle les méprise, elle les redoute comme une proie promise à l'anarchie ou à l'usurpation. (*Très bien! très bien! à gauche.*)

Mais je crains que le cabinet ne se méprenne sur les conditions de la force. Il ne suffit pas, pour la posséder, d'être constamment armé en guerre contre un désordre matériel dont on n'aperçoit les traces nulle part; il ne suffit pas de dissoudre les cercles, de fermer les cafés, de supprimer les journaux, de remplacer par milliers les municipalités républicaines. (*Interruption prolongée.*)

Voix diverses à droite et au centre. C'est votre politique. — C'est ce que vous avez fait! — *Remember!*

M. LE PRÉSIDENT. Je réclame le silence.

M. DE GAVARDIE, *s'adressant avec vivacité à l'orateur.* Vous parlez de gouvernement faible... (*Exclamations à gauche.* — *N'interrompez pas!*) Vous avez laissé assassiner (*Oh! oh!*) le commandant Arnaud à Lyon. (*Bruyante agitation.*)

M. CHALLEMEL-LACOUR *échange à voix basse quelques paroles avec M. le Président.*

M. LE PRÉSIDENT. J'invite M. de Gavardie à expliquer ses paroles.

A gauche. Non! non! ce n'est pas la peine!

M. LE MARQUIS DE DAMPIERRE. Il s'expliquera tout à l'heure.

M. CHALLEMEL-LACOUR. Tout cela n'est pas la force, ce n'en est que l'apparence, ce n'est qu'un vain épouvantail.

L'honorable M. Lucien Brun a signalé un jour au cabinet sa faiblesse, et il lui en a donné le secret : c'est que l'autorité lui manque.

M. Lucien Brun, bien entendu, plaçait cette autorité dans le principe monarchique où, selon nous, elle ne réside pas; mais il n'y en avait pas moins un grand fond de vérité dans ces paroles, car l'autorité ne résulte pas de la force brutale dont on est armé : elle résulte de l'ascendant qui dispense de s'en servir. (*Très bien! très bien! à gauche.*)

Elle ne résulte pas des lois d'intimidation qu'on sollicite et qu'on obtient, dévoilant ainsi sa faiblesse, mais du principe au nom duquel on les applique. Eh bien, quel est votre ascendant? Vous n'en avouez aucun, car vous conviendrez bien que votre fiction de péril social n'est pas un principe. (*Nouvel assentiment à gauche.*)

M. LE COMTE DE TRÉVENEUC. C'est un fait, malheureusement!

M. CHALLEMEL-LACOUR. Il y a, messieurs, une autre condition de force dont aucun gouvernement, quels que soient son nom et son origine, n'a jamais pu se passer; les gouvernements despotiques eux-mêmes, en leurs jours de prudence, n'ont pas été les moins attentifs à s'assurer cet appui; cette condition, plus nécessaire à un gouvernement de discussion qu'à tout autre, c'est un certain accord avec l'opinion dominante, avec la masse des intérêts, j'oserais presque dire avec les passions du pays.

Eh bien, cette opinion dominante que vous avez tant besoin de reconquérir et de ramener à vous, vous la froissez tous les jours... (*Très bien! sur quelques bancs à gauche*); depuis dix mois que vous existez, vous n'avez su ni la retenir ni la comprendre. (*Nouvelle approbation sur les mêmes bancs.*)

Les intérêts, vous les défiez, vous les négligez ; cette masse des intérêts, vous l'avez qualifiée vous-mêmes ici de brutalité du nombre... (*Très bien! sur les mêmes bancs*), et depuis nous avons souvent entendu parler — nous en avons eu les oreilles rebattues — de la représentation des intérêts, paroles dans lesquelles tout le monde a reconnu le langage éternel des prétentions oligarchiques.., (*Rumeurs et chuchotements à droite.*) comme si dans les démocraties tous, les petits comme les grands, n'avaient pas des intérêts, et comme si ces grands intérêts qui ont le privilège de vous préoccuper ne pouvaient être rassurés qu'à la condition d'exclure les petits, c'est-à-dire le grand nombre, de toute participation à la gestion des affaires locales et des affaires publiques. (*Très bien! très bien! à gauche.*)

Cette opinion générale, cette opinion dominante, elle s'est assez manifestée depuis trois ans dans cette longue suite d'élections qui commencent au 10 avril 1871, et qui se continuent maintenant de mois en mois; elle s'est manifestée également dans ces démarches, dans ces délégations, dans ces adresses qui ont été, pendant la prorogation de l'Assemblée, bien plus encore que la lettre du 27 octobre, le véritable écueil de la tentative monarchique.

Plusieurs membres à gauche. Voilà la vérité !

M. CHALLEMEL-LACOUR. Eh bien, au lieu de vous rapprocher de l'esprit public, pour exercer sur lui une action légitime, vous vous en éloignez de plus en plus, vous couvrez de qualifications dures l'opinion qui vous déplaît. Ce peuple républicain.., (*Rumeurs à droite.*) vous le froissez, vous le blessez, tantôt en lui disant que cette République à laquelle il est attaché ne peut être que le chaos, tantôt en lui répétant, au contraire, que c'est un régime pour lequel il n'est point fait, que c'est un régime qui exige des idées, des vertus qu'il n'a pas. Comme si à l'heure qu'il est, cette nation, labourée par les révolutions, revenue de toutes les dynasties, avait ou pouvait jamais reprendre les idées, les dispositions, les habitudes sans lesquelles un établissement monarchique est un établissement précaire ou plutôt reste toujours la plus impraticable des utopies. (*Vives approbations à gauche. — Exclamations ironiques à droite.*)

Voix au centre. Et l'Angleterre! et la Belgique!

M. Challemel-Lacour. Je n'ai plus que quelques mots à dire, messieurs...

Quelques membres. Ah! ah!
D'autres membres. Parlez! parlez!

M. Challemel-Lacour... Et quoi que je puisse faire, j'ai bien peur que ces quelques mots même vous ne puissiez les écouter en silence. (*Rumeurs et chuchotements.*)

Assurément, M. le vice-président du Conseil ne croit pas qu'un gouvernement soit fait pour être commis au soin de la sécurité matérielle, rien de plus; qu'il ne soit fait que pour gérer tant bien que mal les affaires d'un pays et surveiller ses mouvements; il ne le croit pas, puisque depuis dix mois et plus il affiche la prétention de rétablir l'ordre moral, c'est-à-dire, en langage plus simple, de mettre sa petite sagesse à la place de la sagesse du pays. (*Rires approbatifs à gauche.*)

Et la preuve, c'est précisément l'application qui a été faite de la loi des maires.

A droite. Ah! enfin!

M. Challemel-Lacour. J'ai mieux aimé finir par là.

Quelques paroles de la circulaire nous avaient portés à croire que M. le vice-président du Conseil, ministre de l'Intérieur, avait l'intention de faire de cette loi, si vivement sollicitée, une application prudente. Il écrivait à ses préfets : « Vous appliquerez la loi actuelle avec l'esprit d'équité que je vous recommande. Ai-je besoin d'ajouter que vous n'avez, dans le choix des maires, aucune exclusion systématique à prononcer pour des raisons purement politiques? » (*Rires à gauche.*)

Voilà ce qu'il disait; et qu'avons-nous vu depuis six semaines? Le *Journal officiel* a donné chaque matin à la France le spectacle d'une orgie de révocations. (*Exclamations au centre et à droite. — Quelques cris : A l'ordre!*)

Les hommes que vous avez exclus, ce ne sont pas les administrateurs malhabiles, ce ne sont pas ceux dont la probité était attaquée, ce ne sont pas ceux que vous accusiez de manquer de courtoisie à l'égard de vos préfets : les noms de ceux que vous avez exclus résument presque toujours la considération publique, la dignité de la vie.., (*Réclamations et rires à droite. — Applaudissements à gauche et au centre gauche.*)

M. Challemel-Lacour.... l'autorité du caractère, la

modération dans les idées, les services rendus. Ce sont des noms
qui sont l'honneur et la force du gouvernement qui sait se les
attacher, qui sont la condamnation de celui qui les éloigne.
(*Bravos et applaudissements au centre gauche et à gauche.*)

Quand on vous voit frapper des hommes comme M. Fourcand,
comme M. Lenoël, comme M. de Tocqueville, comme MM. Faye,
Margaine, Deregnaucourt, et mille autres.., (*Rires sur quelques
bancs.*) comme M. Delacroix, comme M. Rameau...

Une voix à droite. C'est le massacre des innocents!

M. CHALLEMEL-LACOUR... que voulez-vous que pense la
France, sinon que, lorsque vous parliez d'une loi d'intérêt
général, vous la trompiez, vous ne songiez qu'à faire une loi de
parti? (*Très bien! à gauche.*)

Je demande de quel nom vous voulez qu'on appelle une telle
politique. Oseriez-vous dire que c'est la trêve? et, dans le cas où
vous le diriez, osez-vous espérer qu'on vous croie?

Pour reconquérir la France, vous commencez par exclure tous
ceux que la France estime et qu'elle choisit depuis trois ans.
(*Très bien! à gauche.*) Système déplorable, système dangereux,
qui, s'il durait longtemps et si vous étiez assez forts, inquiéterait
justement tous ceux qui ont appris dans l'histoire qu'après avoir
commencé par exclure, on finit souvent par proscrire. (*Oh! oh!
à droite. — Très bien! très bien! à gauche. — Sourires ironiques
au banc des ministres.*)

M. le vice-président du Conseil ne refusera pas sans doute
d'apporter à la tribune quelques explications sur des procédés
qui ne nous paraissent point en parfait accord avec l'esprit de la
loi, mais qui sont dans tous les cas en contradiction formelle
avec l'esprit et avec le langage de sa circulaire.

Là toutefois n'est pas notre question principale. Nous espérons
qu'il voudra bien venir définir à cette tribune le caractère vrai de
la prorogation et le faire en des termes assez clairs cette fois
pour rassurer le pays et y faire naître la confiance. (*Oh! oh! à
droite.*)

Au surplus, afin d'éviter toute surprise, et pour plus de précision, j'ai rédigé par écrit les deux questions... (*Exclamations à
droite.*)

Un membre à droite. Un questionnaire!

M. GASLONDE. On vous répondra par écrit alors!

M. CHALLEMEL-LACOUR... que nous prenons la liberté

d'adresser à M. le vice-président du Conseil.., (*Exclamations et rires à droite et au centre. — Applaudissements à gauche.*) et dont j'aurai l'honneur de lui laisser le texte, en le déposant sur la tribune. (*Nouveaux rires à droite. — Nouveaux applaudissements à gauche.*)

M. CHALLEMEL-LACOUR. Nous demandons en premier lieu à M. le ministre de l'Intérieur si, en déclarant, dans sa circulaire du 22 janvier, le pouvoir du président de la République élevé, dès à présent, et pour toute la durée que la loi lui assigne, au-dessus de toute contestation, il n'a pas entendu déclarer que toute tentative de restauration monarchique était dès à présent interdite.

M. DAHIREL. Allons donc! (*Applaudissements ironiques à gauche.*)

M. CHALLEMEL-LACOUR. Nous lui demandons, en second lieu, s'il ne se propose pas de veiller désormais à l'exacte application des lois qui punissent comme délictueux tous les actes et manœuvres quelconques ayant pour objet de changer la forme du gouvernement établi. (*Exclamations à droite et au centre. — Applaudissements répétés et prolongés à gauche. — L'orateur, en retournant à sa place, reçoit les félicitations de ses collègues.*)

(*Un grand nombre de membres se lèvent et quittent leurs places.*)

Les questions de M. Challemel-Lacour étaient nettes et précises; le duc de Broglie n'y pouvait répondre nettement qu'en renonçant à l'appoint des voix légitimistes et même bonapartistes sans lesquelles il n'avait pas de majorité : il répondit en conséquence qu'il demandait la permission de ne pas répondre. Ne voulant ni répéter ni désavouer les déclarations de sa circulaire aux préfets, il se contenta de dire, d'une part, que « le gouvernement ne pouvait se maintenir que par l'union des hommes qui l'avaient fondé »; d'autre part, que « le pouvoir avait été conféré pour sept années d'une manière *incommutable* au maréchal de Mac-Mahon ». On savait déjà que, par définition, le septennat était un gouvernement qui devait durer sept ans.

Cette retraite du duc de Broglie lui assurait une dernière fois les voix légitimistes; mais les légitimistes tinrent à marquer qu'ils ne donnaient leur adhésion, — adhésion d'ailleurs toute temporaire, — qu'au septennat qu'on appelait alors *personnel*, par opposition au septennat *impersonnel* qui était synonyme de la République. M. Cazenove de Pradines affirma donc sa persuasion que, le jour où l'Assemblée proclamerait la Monarchie héréditaire et traditionnelle, ce ne serait pas le Maréchal qui ferait attendre le Roi de France à la porte du septennat.

Que devenait le discours du Maréchal au président du Tribunal de commerce? Le duc de Broglie répliqua seulement que l'opinion de M. Cazenove de Pradines lui était personnelle et n'engageait pas le gouvernement.

Le centre gauche constata la reculade du cabinet en déposant un ordre du jour ainsi conçu : « L'Assemblée nationale, regrettant que les actes du ministère ne soient pas d'accord avec ses déclarations, passe à l'ordre du jour. » C'était la condamnation de l'équivoque qui, dissipée un instant, réapparaissait de nouveau.

Le duc de Broglie réclama l'ordre du jour pur et simple qui avait la priorité et qui fut adopté par 62 voix de majorité.

Ce nouveau bail du duc de Broglie avec la droite légitimiste dura à peine quelques semaines. La force des choses, plus forte que toutes ses habiletés, l'obligeait à organiser les pouvoirs du Maréchal, c'est-à-dire à constituer, qu'il le voulût ou non, le gouvernement de la République. Comme la commission des Trente avait élaboré un projet de loi électorale, le duc de Broglie en demanda la discussion. L'extrême droite riposta en demandant à l'Assemblée de discuter d'abord la loi municipale. Le duc de Broglie posa la question de confiance et, par 381 voix contre 317, la priorité fut refusée au projet qui avait les préférences du ministère; 52 légitimistes et 18 bonapartistes avaient voté avec les gauches.

Le duc d'Audiffret-Pasquier ayant échoué dans la mission de constituer un cabinet qui lui avait été confiée par le Maréchal, le général de Cissey forma un cabinet avec MM. de Fourtou, Magne, le duc Decazes, Tailhaud, Grivart, de Cumont et Caillaux. Ce cabinet, où la prédominance appartenait à l'élément bonapartiste, dura jusqu'au 19 février 1875, où M. de Chabaud-Latour remplaça M. de Fourtou au ministère de l'Intérieur et M. Mathieu Bodet succéda à M. Magne. Ce fut sous ce ministère que fut votée, le 25 février 1875, la Constitution qui faisait de la République le gouvernement légal de la France.

DISCOURS

SUR LA

LIBERTÉ DE L'ENSEIGNEMENT SUPÉRIEUR

prononcés les 4 et 5 décembre 1874

A L'ASSEMBLÉE NATIONALE

Le 3 décembre 1874, l'ordre du jour de l'Assemblée nationale appelait la discussion de la proposition de loi de M. le comte Jaubert relative à la liberté de l'enseignement supérieur. M. Laboulaye, rapporteur, y répondit à M. Paul Bert qui combattit le projet ; M. Beaussire répliqua à M. Laboulaye. Le lendemain, M. Challemel-Lacour répondit en ces termes à l'évêque d'Orléans, M. Dupanloup :

M. CHALLEMEL-LACOUR. Messieurs, je voterai contre le passage à une seconde délibération sur le projet de loi qui vous est soumis.

Mon devoir, je le crois, est d'en apporter à la tribune des raisons ; devoir pénible et dont je sens tout le poids, car je n'ai pas le présomptueux espoir d'entamer des opinions déjà faites, des convictions certainement aussi réfléchies qu'elles sont décidées ; et, d'autre part, je sens, par ce que j'ai à vous dire, que, si je ne puis pas prétendre à votre bienveillance, j'ai grand besoin de votre tolérance. Devoir impérieux aussi, d'autant plus impérieux que j'ai le regret, sur cette grave question, de me trouver en désaccord avec des esprits élevés, solides, sincèrement libéraux, convaincus qu'il s'agit ici d'une liberté véritable, et notamment

avec mon honorable collègue et ami, M. Paul Bert, dont le discours riche de science et d'aperçus profonds, renferme aussi,
selon moi, des concessions hasardeuses auxquelles il m'est
impossible de m'associer. (*Très bien! sur quelques bancs à
gauche.*)

Je ne discuterai pas, messieurs, le principe de la loi, principe
qui a, dit-on, paru si évident à la majorité, et même, je crois, à
l'unanimité de la commission, ainsi qu'à son rapporteur, qu'il
n'a pas cru devoir prendre la peine de le discuter et de l'établir;
il se contente de dire que la liberté de l'enseignement supérieur
est très généralement réclamée.

Sur ce point, messieurs, je vous dirai que, pour ma part, je ne
crois pas à cette liberté; et j'ajouterai qu'il est, en vérité, fort
étrange qu'une prétention inconnue à l'ancienne France, comme
M. Paul Bert l'a démontré hier péremptoirement, par des textes
que M. l'évêque d'Orléans n'a pu ni contester, ni renverser, il
est étrange, dis-je, qu'une prétention inconnue à l'ancienne
France, que les juristes, les jurisconsultes, les hommes d'État,
les ministres de la Monarchie ont presque unanimement considérée comme diamétralement contraire aux bases de notre droit
public; qu'une prétention qui paraîtrait absolument fausse à des
esprits tels que Royer-Collard, qui a été victorieusement combattue, on peut le dire, jusqu'en 1850, soit tout à coup passée à
l'état d'axiome et érigée, ce qu'elle paraît être aujourd'hui, en
principe indiscutable.

En vérité, c'est là une transformation qui valait la peine d'être
étudiée de près; car, en passant en revue les noms et l'histoire
des amants les plus impétueux de cette liberté nouvelle, peut-
être aurions-nous vu ce qu'elle vaut et où elle tend. (*Applaudissements sur plusieurs bancs à gauche.*)

J'admire, messieurs, les esprits auxquels apparaît maintenant,
avec une clarté sans nuage, l'évidence d'un principe si longtemps
combattu et qui a partagé jusqu'à nos jours, qui partage encore
des intelligences de premier ordre; je les admire et les envie,
car pour moi, qui cependant ai réfléchi avec sincérité, plus d'une
fois, sur ce sujet; pour moi qui, longtemps attaché en qualité de
professeur ordinaire à une grande institution d'enseignement
supérieur dans un pays de langue allemande, ai, pour ainsi dire,
été sollicité chaque jour, chaque heure, pendant plusieurs années,
à comparer le système intellectuel de la France avec le régime

que j'avais sous les yeux; pour moi, je vous l'avouerai, je me sens assailli de doutes profonds en présence d'une solution dans laquelle me paraît engagée, au plus haut point, la responsabilité de ceux qui sont disposés à l'adopter.

Je suis troublé, profondément troublé, en considérant combien cette question a d'aspects et combien, dans la question principale il y a de questions subsidiaires, toutes également pleines de difficultés; car, messieurs, on a beau réduire autant qu'on le peut le changement qu'on sollicite aux proportions d'une innovation inoffensive, d'une réparation nécessaire, d'un acte de justice qu'on ne peut refuser et qui doit être sans inconvénient; on a beau faire tout cela, il est impossible de vous y méprendre, vous ne pouvez pas vous dissimuler tous ici, partisans et adversaires de la loi, et vous aussi peut-être, plus nombreux qu'on ne croit, que cette question, bien qu'élaborée pendant deux années entières dans le secret d'une commission, bien que longtemps annoncée, a, je puis le dire, trouvés, peut-être surpris, en proie à des préoccupations bien différentes, vous ne pouvez pas vous dissimuler que cette question, en bien ou en mal, intéresse au plus haut point non seulement l'honneur intellectuel de notre pays, mais encore l'unité morale de la France, (*Applaudissements sur divers bancs à gauche.*) mais encore la sécurité de notre gouvernement civil, et j'ajouterai notre situation à l'extérieur. (*Très bien! sur quelques bancs à gauche. — Rumeurs et réclamations à droite.*)

Si cela vous paraît exagéré, je vous demanderai le crédit de quelques instants, et peut-être parviendrai-je à vous montrer que mes expressions sont au-dessous de la vérité.

A ne consulter que la lettre du projet de loi, vous dotez la France d'une liberté nouvelle, dont l'usage est offert à tous. Mais, messieurs, il serait indigne d'une grande assemblée, indigne de vous, indigne de quiconque a l'honneur de paraître à cette tribune, ce serait, passez-moi cette expression, un vain enfantillage que de feindre ignorer que le seul intérêt qui soit à cette heure en question est l'intérêt de l'Église catholique. (*Nouvelles réclamations à droite.*)

M. LE COMTE D'ABBADIE DE BARRAU. Et l'intérêt des pères de famille?...

M. CHALLEMEL-LACOUR. Car, messieurs, personne ne croira que dans cette nation réduite, comme on l'a dit souvent,

en poussière par tant de despotismes successifs, dans laquelle
les gouvernements, même réguliers, même celui qui nous régit
à cette heure, semblent prendre à tâche, par leurs lois de suspicion, par leurs mesures restrictives et préventives, par leur
politique de défense, par les suspensions périodiques de toutes
les libertés, par l'état de siège, semblent, dis-je, se proposer pour but de maintenir les citoyens dans l'isolement, de
couper entre eux toutes communications, de les mettre en cel-
lule... (*Exclamations à droite. — Applaudissements à l'extrême
gauche.*)

Messieurs, la question qui s'agite en ce moment est une question d'une haute gravité et qui, certainement, peut soulever des
passions ; il ne tiendra pas à moi qu'il n'en soit ainsi, et ma
ferme intention est d'exprimer avec modération des idées qui
vous choqueront peut-être malgré moi, mais qui, cependant, ont
le droit d'être exprimées, car elles sont dans beaucoup d'esprits.
(*Parlez ! Parlez !*) Eh bien, je dis, messieurs, que personne ne
croira que de sitôt, de longue date, il puisse s'établir en France
des associations laïques pour profiter de cette liberté nouvelle.
La seule qui puisse en profiter, c'est aussi la seule association
qui existe, libre, riche, autorisée, puissante, toujours conqué-
rante, jamais rassasiée, c'est l'Église catholique. (*Applaudissements sur plusieurs bancs à gauche. — Murmures et réclamations
à droite.*)

Je m'étonne, messieurs, que cette assertion ait l'air de vous
surprendre, (*Interruptions à gauche.*) car l'ardeur avec laquelle
le clergé catholique a réclamé le premier, presque seul, cette
liberté, l'ardeur même de l'intervention de M. l'évêque d'Orléans dans le débat, semblent déposer en faveur de ce que
j'avance et le placer au-dessus de toute contestation. (*Rumeurs à
droite. — Parlez ! à gauche.*)

Eh bien, messieurs, je dis que cette liberté est destinée, dans
l'esprit de ceux qui la réclament, et probablement destinée en
fait, à profiter à l'Église catholique seule. Sans doute on espère
que cette liberté bien employée contribuera à rétablir en France
l'unité morale si profondément troublée. On espère, quand il
y aura en France une ou plusieurs universités catholiques,
enfanter tous les jours à la foi catholique un plus grand nombre
d'esprits, jusqu'à ce qu'enfin on touche à cet âge d'or, peut-être
aussi chimérique que l'autre, où il n'y aura plus qu'une foi,

qu'un Dieu et qu'un baptême. (*Interruptions sur plusieurs bancs à droite.*)

Quelques membres à droite. N'interrompez pas!

M. CHALLEMEL-LACOUR. Et cette espérance, elle est grande, elle est haute, elle est légitime. M. l'évêque d'Orléans l'exprimait tout à l'heure, et personne n'était en droit de s'en étonner.

Seulement, si ceux qui la nourrissent, si M. l'évêque d'Orléans lui-même, se trompaient? si, au lieu de rétablir l'unité morale, cette liberté nouvelle ne faisait qu'aggraver les divisions, que séparer pour toujours peut-être ceux qui ne sont encore que désunis; qu'enfermer, qu'engager pour jamais dans des voies toujours divergentes, sans communication aucune, deux classes d'esprits, de telle sorte que, quoique vivant sur le même sol et se rencontrant accidentellement par la nécessité des relations sociales, ils en vinssent à ne plus se comprendre?

Cette hypothèse a été hier faite devant vous; si elle n'était pas une pure hypothèse, vous en conviendrez avec moi, elle serait un mal immense.

M. le rapporteur ne croit pas à ce péril, ou du moins il n'y attache pas une grande importance. Il n'a pas cru devoir, hier, s'y arrêter longuement, et il n'y a répondu que par une méthode bien spécieuse, par un procédé bien spirituel, qui consistait à dire que si ce péril était un argument contre la liberté de l'enseignement supérieur, il serait un argument contre toutes les libertés, contre la liberté de l'enseignement secondaire comme de l'enseignement primaire. En entendant parler ainsi M. le rapporteur au moment même où il rappelait un proverbe du moyen âge, je me rappelais aussi un adage scolastique : *Cave a consequentiariis.* Gardez-vous des tireurs de conséquences.

M. l'évêque d'Orléans ne croit pas non plus à ce péril; mais, messieurs, il ne m'a pas convaincu. Je crois, quant à moi, le péril réel, je le crois imminent, inévitable, et je vous avoue que cela seul suffirait à me faire repousser le projet de loi.

Messieurs, je m'étonnais que, dans ces deux jours de discussion, aucun orateur n'eût encore songé à dire ce qui donne à l'enseignement supérieur une si grande importance. M. l'évêque d'Orléans vous en a fait une description éloquente et magnifique, comme tout ce qui sort de sa bouche, mais je crois que, même après lui, sur ce point spécial, il reste encore quelque chose à dire

Ce qui donne tant d'importance à l'enseignement supérieur
dans un pays, ce n'est pas qu'il fait des avocats, qu'il fait des
médecins, qu'il fait des magistrats, qu'il fait des humanistes, ce
n'est pas non plus qu'il entretient ou qu'il propage l'amour désintéressé de l'étude et de la science, ce n'est pas même qu'il élève
le niveau des connaissances humaines — ce sont là certainement
des services immenses, et pourtant ce sont des services secondaires ; — ce qui lui donne une telle importance, une gravité si
haute, c'est que plus que tout au monde, plus que toutes les
autres causes ensemble, il contribue à former l'esprit de ce qu'on
nomme improprement les classes moyennes. Improprement, car
ce ne sont pas des classes, elles viennent de partout, d'en haut,
d'en bas. Mais si elles ne sont pas une classe, elles sont une
puissance, une puissance indestructible ; leur union est le nerf
et l'éclat d'un peuple ; leurs divisions entourent les gouvernements de difficultés et entourent quelquefois les sociétés de
périls. (*Vive approbation et applaudissements à gauche.*)

Messieurs, je vous le demande, où sont, à l'heure qu'il est,
les divisions ? Oh ! elles sont partout ; elles retentissent jusque
dans ce monde du travail qui a tant besoin de paix et qui, je crois
pouvoir l'affirmer, est affamé d'union et de concorde. Mais où
ces divisions éclatent-elles avec le plus d'âpreté et de violence ?
où paraissent-elles les plus désespérées et les plus dangereuses ?
d'où viennent-elles ? où ont-elles commencé ? quel en a été le
foyer originaire ?

Elles ont eu leur foyer, elles ont pris leur origine dans ces
classes lettrées qui sont, comme je le disais tout à l'heure, une
puissance si haute, dans ces classes par lesquelles les peuples
se distinguent principalement les uns des autres, dans ces
classes dont l'importance sociale ne diminuera jamais, mais
grandira plutôt avec la démocratie, car ces classes elles-mêmes
se dilatent, s'agrandissent et embrassent de plus en plus, dans
leur cercle sans cesse élargi, tout ce qui travaille, tout ce qui
monte, tout ce qui s'élève, tout ce qui réussit. (*Bravos et applaudissements répétés à gauche.*)

Eh bien, messieurs, ces classes moyennes, ces classes lettrées,
sont en grande partie ce que les fait l'enseignement supérieur,
et c'est ce qui lui donne une si haute importance et ce qui, je
vous l'avoue, me remplit de scrupules, d'inquiétudes et de
trouble lorsque je considère le projet qui vous a été soumis.

Ah! messieurs, j'ai le malheur de ne point partager avec
M. l'évêque d'Orléans les espérances qu'il fonde sur la concurrence. Je suis persuadé que les universités nouvelles ne contri-
bueront guère au relèvement du niveau scientifique et intellectuel
dans notre pays. Je crois qu'elles l'abaisseraient bien plutôt par
une concurrence malsaine qu'elles ne manqueront pas de susciter. (*Interruptions diverses à droite.*)

Plusieurs membres. Pourquoi malsaines?

M. CHALLEMEL-LACOUR. Mais, messieurs, ce n'est pas
l'intérêt de la science qui m'inquiète le plus. Non, je vous
l'avoue, je ne crois pas, comme paraissait le craindre hier mon
ami M. Paul Bert, que personne aujourd'hui, nulle part, puisse
tenter de créer une science orthodoxe, une linguistique orthodoxe, ni qu'il y ait à l'heure qu'il est, pour la science, fût-elle
enseignée dans un séminaire ou dans une université catholique,
une autre orthodoxie possible que l'orthodoxie de la démonstration. Je ne crois même pas que, dans cette région obscure qui
entoure ce qu'il y a de certain dans les sciences et qui est comme
le domaine livré à la conjecture, au surnaturel, à la philosophie;
je ne crois pas que, là même, les hypothèses, quel qu'en soit le
caractère, puissent porter à la science un dommage réel et pui-
sent tenir, dans les esprits bien faits, contre l'enseignement
supérieur et invincible de la critique et de l'expérience. (*Très
bien! très bien! à gauche.*)

Je vais plus loin. Je ne crois pas même que dans ces sciences
fermées à la certitude absolue et qui se prêtent par malheur —
nous en avons tous les jours et presque à chaque instant la
preuve — trop complaisamment à nos passions, à nos sympathies,
à nos haines, à nos rancunes, à nos préjugés d'enfance, de collège et d'Église, je ne crois pas que, même dans l'histoire,
quelque falsification qu'on y introduise, de quelques erreurs
qu'on la remplisse systématiquement, quelques préjugés, quelques calomnies qu'on y entasse, je ne crois pas que, même dans
l'histoire, la liberté d'enseignement constitue un danger réel,
car ce danger a sa limite, il a son remède dans le bon sens
public, qui a plus de force et de puissance qu'on ne le croit.
(*Applaudissements sur divers bancs à gauche.*)

Où donc est, selon moi, le péril? Je dois vous le dire avec une
sincérité égale à mes craintes. En accueillant dans des établissements spéciaux des esprits tout préparés, en les soumettant à

une discipline spéciale, à un régime savamment combiné, en les protégeant contre les influences sociales, contre la plus légère atteinte de ces doctrines qu'on qualifie de malsaines, on veut, dans ces universités, dans ces futurs magistrats, dans ces futurs professeurs, préparer des auxiliaires de l'esprit catholique. (*Mouvements divers.*)

Sur divers bancs à droite. Eh bien! — Nous l'espérons bien!

M. CHALLEMEL-LACOUR. Mais, messieurs, je ne m'en étonne pas, je ne m'en indigne pas; ce n'est pas un reproche, je constate un fait dont vous vous applaudiriez...

A droite. Oui! oui!

M. CHALLEMEL-LACOUR... Peut-être qu'à d'autres il donnera beaucoup à penser. (*Très bien! sur plusieurs bancs du côté gauche.*)

M. L'AMIRAL SAISSET. Ainsi le veut la liberté.

M. CHALLEMEL-LACOUR. Sortis de là, ils se répandront dans la société, et dans leurs carrières diverses ils mettront ou ils devront mettre au service de l'esprit catholique dont ils auront été pénétrés, au service de l'Église à laquelle ils devront tout ce qu'ils sont, ils mettront toutes les ressources, tous les moyens d'action que leur fourniront leurs professions mêmes.

A droite. Eh bien? eh bien?

M. CHALLEMEL-LACOUR. Ils ne se contenteront plus d'être des croyants, ils seront des zélateurs: ils seront des apôtres.

Voix diverses à droite. Tant mieux! — Parfaitement.

M. CHALLEMEL-LACOUR. Je ne puis, messieurs, que m'applaudir de la satisfaction que vous témoignez, car elle prouve que je suis dans le vrai, que mes prévisions ne sont pas vaines, qu'au point de vue de la propagande catholique vous êtes impatients de voir se produire de pareils effets. Vous vous en félicitez d'avance. Eh bien, moi, je le déclare ici, ils m'épouvantent. (*Exclamations à droite.*)

M. LE BARON DE BARANTE. Nous voulons la liberté, et la liberté vous épouvante. Voilà tout.

M. CHALLEMEL-LACOUR. Ils m'épouvantent, messieurs, parce que je suis convaincu que ces nouvelles milices ne conquerront pas tout le monde, et que plus elles mettront d'ardeur dans leur prosélytisme, plus d'autres mettront d'ardeur à se défendre.

A droite. C'est la liberté! — La liberté pour tous!

M. CHALLEMEL-LACOUR. En sorte qu'au lieu de rétablir l'unité morale, vous aurez agrandi les divisions, vous aurez entassé dans ce pays des éléments combustibles, jusqu'à ce que se produisent des chocs, et peut-être des cataclysmes. (*Applaudissements à gauche.*)

Je vous demande pardon de ne pas abréger davantage.

A droite. Parlez! Parlez!

M. CHALLEMEL-LACOUR. Je tâcherai d'être plus court sur ce qui me reste à vous dire; non pas que les objections que j'ai encore à vous soumettre aient moins d'importance à mes yeux, mais, je vous l'avoue, je cherche à abréger, parce que je me sens sur un terrain peut-être déplaisant pour vous.

A droite. Mais non! mais non! — Au contraire! — Parlez! parlez!

M. CHALLEMEL-LACOUR. Il n'est pas déplaisant pour vous...

A droite. Non! non!

M. CHALLEMEL-LACOUR... j'en suis heureux; mais il est, à coup sûr, inquiétant et dangereux pour moi. (*Chuchotements.*)

J'ai dit, messieurs, que le projet de loi me paraissait constituer un danger pour nos libertés civiles, pour la sécurité des gouvernements dans notre pays... (*Rumeurs et dénégations à droite.*) et j'avoue que, moins courageux qu'une partie de mon auditoire, je suis obligé de faire quelque effort pour m'expliquer sur ce point. Car, encore une fois, si je suis décidé à employer des expressions qui ne soient pas de nature à vous blesser, je ne suis pas sûr de les rencontrer toujours...

A droite. N'importe! parlez! — Essayez!

M. CHALLEMEL-LACOUR... et je le suis encore moins de ne pas provoquer parmi vous une émotion ironique, qui pourrait bien être une forme détournée de la protestation.

Je dis, messieurs, que ce projet de loi peut contenir un danger sérieux pour la sécurité des gouvernements civils dans notre pays. Je sais que les catholiques, que le clergé catholique en France, comme partout, proteste bien haut, avec une sincérité que je serai le dernier à mettre en doute, qu'il n'en veut pas aux libertés civiles, à ces bases de la société qu'à tort ou à raison, à raison selon moi, et peut-être aussi à raison selon l'orateur qui m'a précédé à cette tribune, on rattache en France, et même en Europe, à la Révolution française. Certes, le clergé partout proteste qu'il ne veut pas recouvrer l'ascendant qu'il a eu autrefois; mais, messieurs, il est, du moins, un fait que vous ne contesterez pas, c'est que, dans la plupart des livres qui procèdent de l'esprit catholique, des journaux qui s'en inspirent, des discours qui en sont les organes, il se livre une guerre acharnée, infatigable, même après bientôt quatre-vingts ans de lutte, contre la Révolution française.

Il n'est rien qu'on n'en ait attaqué; on attaque non pas seulement les actes et les acteurs, mais les principes premiers d'où ils sont partis, mais les idées qu'à force d'efforts ils ont réussi à faire prévaloir dans le monde.

A droite. A la bonne heure!

M. CHALLEMEL-LACOUR. Mgr d'Orléans s'est contenté d'immoler devant vous la Convention; dans l'histoire, elle se défendra toute seule. (*Très bien! très bien! et applaudissements sur divers bancs à gauche.*)

Mais ce n'est pas seulement la Convention qu'on veut attaquer. Malgré sa vaillance bien connue, son courage inépuisable que les années renouvellent, M. l'évêque d'Orléans a été moins hardi que M. de Montalembert, car M. de Montalembert n'attaquait pas la Convention, c'était un lieu commun, il s'en prenait à la Constituante, et avec ce feu impitoyable contre elle que vous admiriez en lui, qui le poussait à n'en rien laisser debout, il en a attaqué les orateurs jusqu'à ce qu'il fût parvenu à montrer que ce n'était pas aux excès que ses amis et lui en voulaient, que c'était aux principes premiers.

Mais aussi ces principes premiers, tout le monde sait que ce sont ceux sur lesquels reposent, comme sur des assises indestructibles, la société française et toute la société moderne. (*Bravos et applaudissements répétés à gauche.*)

M. AUDREN DE KERDREL. Quand M. de Montalembert a-t-il attaqué la Constituante? Nous demandons une citation.

M. CHALLEMEL-LACOUR. M. de Kerdrel peut se donner le plaisir de relire le discours tout entier de M. de Montalembert le jour de sa réception à l'Académie française.

Il se peut qu'on récuse des auteurs qui peuvent avoir manqué d'autorité; mais pourquoi irais-je chercher ces témoignages qu'on peut récuser, quand j'ai sous la main un document qui les résume tous? Il m'en coûte de le nommer. (*Parlez! parlez! à droite.*) Je le fais avec scrupule, avec tremblement,

(*Oh! oh! à droite.*) mais je le fais parce que je le dois. C'est le *Syllabus*.

A droite. Ah! ah!
A gauche. Très bien! Parlez! parlez!

M. CHALLEMEL-LACOUR. Je ne me permettrai pas de l'analyser, de l'interpréter, de le commenter.

M. l'évêque d'Orléans a pu le faire, il l'a fait et il s'est efforcé, contrairement à une impression générale, universelle et qui pourrait bien avoir, jusqu'au moment où je vous parle, en grande partie subsisté, il s'est efforcé d'établir que les principes dont le *Syllabus* porte la condamnation, qu'il déclare être des erreurs pernicieuses, contraires à la fois catholique, n'étaient point les principes sur lesquels repose la société française. L'a-t-il établi? Je ne sais.

Et d'ailleurs, malgré le caractère dont il est investi, et malgré sa grande autorité personnelle, avait-il qualité pour interpréter un document dont l'auteur semble bien s'être réservé à lui seul l'interprétation dernière? Je n'en sais rien encore.

Mais ce qui, dans tous les cas, est certain, c'est que ce document est aujourd'hui et doit être la base de l'enseignement catholique. Il s'impose à tous; les plus récalcitrants comme les plus dociles ont dû plier sous le joug. Tous les évêques de France ont dû l'accepter, y adhérer publiquement par des lettres qui ont été recueillies et publiées, et d'ailleurs ce qui s'est passé depuis, en 1870, au Vatican, n'est pas de nature à affaiblir l'autorité souveraine attachée à ce document. Il n'y a qu'un malheur, c'est qu'en France, dans sa grande majorité, tous les esprits qui ont pris connaissance de ce document, éclairés par leurs seules lumières naturelles et ne pouvant absolument dompter cette raison indocile, considèrent que ce qui est condamné, que ce qui est attaqué dans ce document, ce sont précisément les libertés auxquelles nous sommes attachés, et que, je l'espère, on ne nous enlèvera pas. (*Vive approbation et applaudissements à gauche.*)

Eh bien, messieurs, quand il y aura des universités catholiques, nul doute que la science n'y soit sincèrement étudiée, qu'elle n'y soit sincèrement enseignée; nul doute que la médecine, le droit, les humanités, les sciences, n'y soient professées avec une rare supériorité; le clergé en général, et le clergé catholique en particulier, a un don d'enseignement que tout le monde admire et auquel, pour ma part, je suis le premier à rendre hommage. (*Ah! ah! à droite.*) Mais prenez garde, à côté de ces siences, il y a des doctrines qui ne sont pas un pur accident, qu'on ne peut pas passer sous silence, car ce sont des doctrines essentielles à quiconque cherche cet ordre moral, le seul ordre moral que la religion catholique comprenne.

Donc, messieurs, les doctrines du *Syllabus* seront soigneusement, constamment inculquées à cette jeunesse, de sorte que ces universités seront des pépinières d'où sortiront, pour se répandre ensuite et pour agir dans le monde, des hommes convaincus que, pour atteindre à l'ordre véritable, il faut commencer par combattre, par miner, par détruire les principes qui sont le fondement de notre société actuelle.., (*Assentiment à gauche.*) qui chercheront la justice, la vérité, le droit, sur les ruines de tout ce que nous appelons de ce nom, de tout ce qui a coûté tant de sang à conquérir et tant de sang à conserver. (*Très bien! très bien! et applaudissements sur divers bancs à gauche.*)

Messieurs, il me reste une crainte encore, dont je vous dois l'aveu. Quand je considère le mouvement qui entraîne l'Europe, que je me rappelle le rôle que la France y a joué, que je regarde celui qu'on semble lui assigner désormais, je vous l'avoue, je me sens rempli d'alarmes.

Je sais, messieurs, — et vous me rendrez cette justice que je me suis efforcé de ne pas l'oublier, — je sais que je parle devant une Assemblée en grande partie catholique ; je sais que les catholiques considèrent ce qui se passe à cette heure sur plusieurs points de l'Europe comme une chose mauvaise et funeste... (*Interruptions à droite.*)

A leurs yeux, c'est l'iniquité qui triomphe momentanément.

Je ne discute pas ce sentiment, je m'en garderais bien : je le constate. Mais il est certain aussi que ce qui triomphe à cette heure dans la plus grande partie de l'Europe, c'est — permettez-moi de me contenter de ce mot, qui en dit beaucoup — c'est l'esprit laïque. Il est certain aussi que les gouvernements, par des moyens légitimes ou violents, — je n'ai pas à me prononcer sur ce point, — croient devoir se mettre en mesure de se défendre contre ce qu'ils appellent les menaces, les envahissements, les rébellions de l'esprit catholique. (*Rumeurs à droite.*)

Encore une fois, je constate des faits, messieurs, je ne les

9

apprécie pas. Et ce n'est pas seulement en Allemagne, en Italie, que ce spectacle vous est donné, c'est en Angleterre même que l'alarme commence à se faire jour. L'Angleterre, à l'heure qu'il est, retentit encore du cri poussé par un homme qui passe pour être assez maître de sa parole et qui ne passe pas pour accoutumé à semer dans son pays de vaines alarmes : M. Gladstone.

Eh bien, c'est dans un pareil temps, lorsque la France.., (*Protestations à droite.*)... affaiblie par ses désastres, commençant à peine à se relever, n'est pas sûre encore d'avoir désarmé toutes les malveillances, d'avoir conjuré toutes les haines... (*Nouvelles rumeurs et protestations à droite.*)

L'expression de ces inquiétudes vous choque, messieurs?... (*Oui! oui! à droite.*)

M. LE GÉNÉRAL D'AURELLE DE PALADINES. Elle est au moins inopportune à la tribune française.

M. CHALLEMEL-LACOUR... elles me font, à moi aussi, cruellement sentir que nous sommes un peuple vaincu.., (*Nouvelles protestations à droite.*) que notre indépendance est encore précaire, qu'on nous épie et que nous sommes obligés à surveiller nos démarches, à surveiller notre politique, nos actes, nos paroles.

Eh bien, je demande, messieurs, parce que je crois remplir un devoir, encore une fois.., (*Non! non! à droite.*) et un devoir dont je sens toute la difficulté, je demande s'il est bien sage, s'il est prudent, en face de l'Europe ironique, irritée...

Plusieurs membres à droite. D'être catholiques?

M. CHALLEMEL-LACOUR... de l'Europe inquiète, s'il est sage...

A droite. Assez! assez!

M. CHALLEMEL-LACOUR... de nous constituer les champions de l'ultramontanisme..; (*Très bien! très bien! à l'extrême gauche. — Nombreuses réclamations à droite et au centre.*) la forteresse de l'esprit catholique, l'avant-garde d'une restauration qui est, Dieu merci! impossible. (*Murmures et interruptions diverses à droite.*)

M. LE VICOMTE DE LORGERIL. Vous vous faites l'avocat de l'étranger! Cela est bon à dire à Berlin! (*Bruit.*)

M. CHALLEMEL-LACOUR. Messieurs, on disait autrefois que la France agissait par le rayonnement de ses idées, et il est en effet très vrai que c'est à elle que revient en grande partie l'honneur d'avoir propagé et fait triompher dans le mondes les idées de liberté, d'égalité civile qu'on lui conteste encore, l'idée de l'indépendance de l'État laïque, gardien de la paix publique, seul responsable de la sécurité nationale ; et cet honneur, messieurs, ce n'est pas seulement de nos jours que la France l'a conquis, ce n'est pas même depuis la Révolution, c'est dans l'ancienne France, sous l'ancienne monarchie, plus jalouse de ses droits, plus prompte et plus hardie à les défendre contre toutes les entreprises, de quelque côté qu'elles vinssent, fût-ce du clergé, fût-ce de Rome même, que ne paraissent le savoir ou s'en souvenir ceux qui croient pouvoir associer dans un même culte l'amour de la monarchie qu'ils voudraient restaurer et leur soumission sans réserve aux prétentions toutes nouvelles de l'esprit catholique. (*Applaudissements répétés sur plusieurs bancs à gauche.*)

Eh bien, cet honneur, au risque de vous blesser, je dirai que nous ne l'avons plus ; ce rayonnement, je dirai que nous ne l'exerçons plus ; l'Empire nous l'a enlevé. Mais à cet honneur, qui était une partie de notre force, ne substituons pas, messieurs, je vous en prie, l'honneur imprudent, l'honneur dangereux de nous faire l'avant-garde de la restauration catholique.

Un membre. Le catholicisme n'a pas besoin d'être restauré !
Une voix à gauche. Vous répondrez !
M. Emmanuel Arago. Le ministre répondra ! (*Exclamations et rires à gauche.*)

M. Challemel-Lacour. Deux mots encore, messieurs, et j'ai fini.

Je n'ai pas cru devoir discuter la valeur théorique du principe du projet de loi ; je n'ai pas cru devoir examiner jusqu'à quel point et en quel sens cette liberté de l'enseignement, qui a fait grand tapage sur la scène politique et qui a bien agité le monde depuis cinquante ans, est une liberté réelle, constitue un droit positif et intelligible. Je n'ai pas cru devoir le rechercher. J'ai évité cette métaphysique pleine d'incertitudes, pleine d'obscurités, et dans laquelle, n'en déplaise à M. le rapporteur, il n'est pas donné à tout le monde de voir clair et de se reconnaître. Je ne l'ai pas examiné et je n'en avais pas besoin. Car, alors même que cette liberté serait une liberté réelle, que ce droit serait un droit positif, je conclurais encore de l'état actuel de la France que cette liberté doit être ajournée.., (*Exclamations ironiques à droite*.) que ce droit ne doit pas être appliqué, et il me suffira, messieurs, d'invoquer un principe que vous-mêmes vous invoquez bien souvent, devant des périls tout autrement illusoires que ceux que j'ai signalés, un principe que vous invoquez bien souvent pour supprimer ou pour suspendre des libertés bien autrement nécessaires, des droits tout autrement incontestables.

Vous dites que la société a le droit et le devoir de se défendre. Eh bien, je crois, moi, qu'à l'heure qu'il est, devant le projet de loi qui vous est soumis, elle a le droit et le devoir de se défendre contre des périls sérieux, contre le péril d'aggraver les divisions au sein de la France, contre le péril de mettre en échec toutes les libertés civiles, de semer l'inquiétude parmi les citoyens, d'aigrir et d'augmenter les préventions qui existent contre la France à l'étranger. (*Vives interruptions à droite.*)

Je dis, messieurs, qu'il sera temps de voir s'il est possible d'accorder... (*Nouvelles interruptions.*)

M. GALLONI D'ISTRIA. Vous faites appel à Bismark!

M. CHALLEMEL-LACOUR. C'est M. Galloni d'Istria, bonapartiste, qui fait cette interruption! (*Très bien! et applaudissements à gauche.*)

M. GALLONI D'ISTRIA. Et je la maintiens!

M. CHALLEMEL-LACOUR. Il sera temps, disais-je, d'examiner s'il y a lieu d'accorder ce que vous demandez, lorsque le pays sera rassuré sur les dispositions de l'Église catholique à l'égard des libertés modernes et des libertés civiles, lorsque le clergé catholique, d'une manière ou d'une autre, se sera réconcilié avec des idées qu'il me semble réprouver aujourd'hui, mais que nous considérons, nous, comme la vérité et la justice ; il sera temps enfin lorsque cette Assemblée, née dans une heure d'illusion passionnée.., (*Protestations à droite et au centre. — Approbation sur divers bancs à gauche.*)... qui s'est crue appelée à une régénération de la France miraculeuse, qui s'est imaginé que la Révolution, ses souvenirs, ses principes, ses institutions avaient pour jamais disparu, qu'en un mot la France de 89 s'était abîmée dans un effondrement définitif, lorsque, dis-je, cette Assemblée aura fait place à une autre Assemblée qui aura le recueillement nécessaire pour aborder de telles questions et la sécurité d'esprit indispensable pour les résoudre. (*Vive approbation et applaudissements répétés sur divers bancs à gauche. — L'orateur, en regagnant sa place, reçoit de vives félicitations de ses amis.*)

* *

M. Dupanloup ayant, dans sa réponse, mis vivement en cause M. Challemel-Lacour, celui-ci prit une seconde fois la parole dans la séance du 5 décembre.

M. CHALLEMEL-LACOUR. Messieurs, dans les paroles que vient de prononcer M. l'évêque d'Orléans, il y a une partie presque tragique, et il y en a une autre qui m'a beaucoup plus étonné que la première, car elle a eu le don tour à tour d'irriter et de dérider l'Assemblée. (*Murmures à droite. — Rires sur plusieurs bancs à gauche.*) Il eût mieux valu peut-être que sa protestation ou ses explications, s'il les croyait nécessaires, eussent un caractère simplement sérieux. (*Exclamations et nouveaux murmures à droite. — Applaudissements sur plusieurs bancs à gauche.*)

Quant au fond de la question que M. l'évêque d'Orléans est venu traiter à nouveau sous prétexte de rectifier le fait personnel.., (*Protestations à droite.*) comme il n'a apporté aucun argument nouveau, aucun fait nouveau, je n'ai ni à atténuer, ni à modifier, ni à expliquer ce que j'ai dit, je n'ai qu'à le maintenir. (*Rumeurs à droite. — Approbation sur plusieurs bancs à gauche.*)

En ce qui concerne le fait personnel lui-même, à savoir l'interprétation que M. l'évêque d'Orléans a donnée du *Syllabus*, il a répété ici une fois de plus une allégation qu'il avait souvent émise, et qui n'en est pas moins vaine. (*Protestations à droite.*) Car, messieurs, si le texte du *Syllabus* est en latin, il en existe une traduction officielle, authentique, que tout le monde a lue, que tout le monde a pu lire et qui se vend, puisque nous sommes ici pour donner des adresses de libraires.., (*Très bien! très bien! et applaudissements bruyants à gauche. — Murmures à droite.*)

M. LE PRÉSIDENT. Vous n'avez pas l'intention, je pense, en prononçant ces paroles, de les appliquer à Mgr l'évêque d'Orléans! (*Très bien! à droite.*)

M. CHALLEMEL-LACOUR. ... et qui se vend chez M. Adrien Le Clère, rue Cassette.

M. GAMBETTA. Le numéro? (*Rires à gauche.*)
Un membre à droite. Vous déridez l'Assemblée.

M. CHALLEMEL-LACOUR. Quand au sens que je lui

applique, c'est celui que l'Europe intelligente tout entière lui donne, et ce n'est pas une interprétation plus ou moins approuvée par un prélat, ni l'interprétation d'un journaliste, qui pourrait prévaloir contre le sens naturel et incontestable d'un texte que toute l'Europe et l'univers ont sous les yeux. (*Très bien! sur divers bancs à gauche.*)

Il ne me reste, messieurs, qu'un mot à dire, et c'est sur ce qui me concerne personnellement.

Le caractère dont est revêtu M. l'évêque d'Orléans, la robe qu'il porte et dont il vous a parlé, m'interdisent de lui répondre comme je pourrais le faire... (*Interruption et rumeurs à droite. — Très bien! très bien! sur plusieurs bancs à gauche.*)

Quant à l'interprétation qu'il a faite de mon discours, quant aux commentaires qu'il y a ajoutés, je les livre au jugement de tous les honnêtes gens dans cette Assemblée.., (*Exclamations ironiques à droite.*) au jugement de tous les gens sensés dans le monde et de tous ceux qui ont encore quelques soucis de la dignité de l'épiscopat. (*Protestations nombreuses et murmures à droite. — Vifs applaudissements sur plusieurs bancs à gauche. — L'orateur en retournant à son banc est acclamé par ses amis.*)

A la majorité de 553 voix contre 133, l'Assemblée décida de passer à une seconde délibération sur la proposition de loi.

DISCOURS

SUR

LE MAINTIEN DE L'ÉTAT DE SIÈGE

prononcé le 29 décembre 1875

A L'ASSEMBLÉE NATIONALE

Le dernier acte de l'Assemblée nationale, à la veille même de sa séparation, fut le vote du projet de loi relatif à la presse et à l'état de siège dont elle avait été saisie par M. Buffet, vice-président du Conseil et ministre de l'Intérieur, et M. Dufaure, ministre de la Justice. Elle en commença la discussion dans la séance du 24 décembre. Le 29 décembre, M. Challemel-Lacour prononça le discours suivant sur l'article 9 du projet, portant qu'à partir de la promulgation de la loi l'état de siège serait levé dans toute la France, à l'exception des départements de la Seine, de Seine-et-Oise, du Rhône et des Bouches-du-Rhône :

M. CHALLEMEL-LACOUR. Messieurs, malgré la rapidité nécessaire de cette discussion et le désir parfaitement légitime que vous avez d'en voir la fin, personne d'entre vous ne s'étonnera qu'un député d'un des départements pour lesquels on demande le maintien de l'état de siège vienne soutenir l'amendement de la Commission et tenter un dernier effort en faveur des départements menacés.

Je pourrais dire que, en un certain sens, la question dont il s'agit est pour quelques-uns d'entre nous un fait personnel; car lorsqu'on vient prétendre que des passions dangereuses fermentent dans trois ou quatre grands centres de population, ceux qui représentent ou qui du moins sont censés représenter l'esprit et les opinions qui dominent dans ces grandes villes se sentent atteints, et par cela seul ils seraient autorisés à réclamer de vous le droit d'élever la voix pour protester. Mais je ne veux que réclamer, au nom de ce que je considère comme le bon droit et le bon sens, en faveur des quatre départements en question, et ma réclamation sera aussi courte que possible.

Messieurs, lorsque, en présence de désordres que tout le monde considère comme imminents, ou bien, lorsque, au lendemain d'une grande catastrophe, l'inquiétude étant partout, le gouvernement croit devoir recourir à l'état de siège, il s'y résout avec tristesse, avec la pensée arrêtée d'avance, avec la préoccucupation constante d'en abréger la durée.

Mais lorsqu'un gouvernement s'est assez habitué à l'état de siège pour n'en plus apercevoir les inconvénients, et qu'il vient, à la veille d'élections générales, d'un grand et solennel appel au pays, vous en demander le maintien, cela seul me suffit pour refuser. Quelque raison qu'il allègue, de quelque prétexte qu'il se couvre, je me détourne, je n'écoute rien, je refuse : car, enfin, à quel moment rendra-t-il la liberté au pays, si ce n'est au moment où il croit pouvoir, où il doit le consulter? (*Très bien! très bien! à gauche.*)

Et lorsqu'un gouvernement est assez mal avisé pour venir, comme l'a fait M. le ministre de l'Intérieur, nous dire que la liberté électorale n'a rien à redouter dans les grandes villes où il s'agit de maintenir l'état de siège, qu'il n'en a pas abusé dans le passé, qu'il n'en abusera pas dans l'avenir, qu'on peut s'en fier à lui pour en faire un usage discret, qu'il ne s'agit, après tout, que de quelques écarts de la presse à réprimer sur l'heure, du tumulte de certaines réunions à prévenir, que tout cela ne concerne en somme qu'un petit nombre d'individualités peu intéressantes, il me surprend encore davantage. Il importe peu de savoir, en effet, si l'usage qu'il a fait de l'état de siège a été raisonnable ou absurde, s'il a été modéré ou intempérant : l'état de siège n'est pas mauvais seulement en raison de ses effets positifs, de ses conséquences pratiques : il est mauvais en luimême par son existence seule.

Il est arrivé un jour, dans cette Assemblée, qu'un de nos collègues, qui prend parfois plaisir à nous égayer, a cru défendre l'état de siège à cette tribune en s'écriant d'un ton plaisant :

Et qui donc, quand il arrive dans un département, s'informe ou s'aperçoit si ce département est en état de siège? L'Assemblée a ri! elle aurait dû s'affliger. (*Très bien! à gauche.*)

Et je m'étonne que M. le ministre de l'Intérieur ait cru pouvoir, sous une forme, il est vrai, moins gaie, reprendre le même argument.

Qu'il y ait dans le pays des hommes que la suspension, même nominale, de toutes les garanties laisse indifférents, chez lesquels l'esprit de légalité est assez peu développé pour qu'ils semblent ne faire aucune distinction entre l'arbitraire et l'ordre légal, pourvu qu'eux-mêmes ne soient pas inquiétés, pourvu qu'en ce qui les concerne personnellement ils puissent compter sur le minimum de garanties nécessaire à la vie civile, c'est là un fait dont une Assemblée patriotique doit s'affliger et dont un gouvernement sage n'a certainement pas à s'applaudir. (*Approbation à gauche.*)

Quant à nous, messieurs, nous nous faisons honneur de souffrir de l'état de siège, quoi qu'il fasse, quoi qu'il ne fasse pas, nous en souffrons pour la moralité de notre pays... (*Rumeurs à droite. — Approbation à gauche*), pour sa dignité, pour son bon renom dans le monde; nous en souffrons pour son avenir : car enfin, je le demande, quelle espérance peut-on conserver de voir s'acclimater dans ce pays un régime libre, s'il peut supporter sans se plaindre, sans réclamer incessamment, et de toutes ses forces, un régime qui n'est, après tout, que le nom légal de la dictature? (*Très bien! très bien! à gauche.*)

Et, messieurs, quant aux arguments généreux qu'on a fait valoir pour maintenir l'état de siège dans quelques départements, quant à ces écarts de la presse, quant au scandale de certains acquittements qui laissent en quelque sorte le gouvernement désarmé devant les journaux, quant au tumulte possible de certaines réunions publiques qui n'ont jamais eu lieu, quant à ces arguments de tribune, messieurs, il suffit de regarder les faits pour les réduire à leur juste valeur.

Si M. le ministre de l'Intérieur vient à ouvrir le volumineux dossier qu'il a devant lui, il pourra certainement, sans grande peine, vous donner des exemples de doctrines extravagantes ou malsaines, de polémiques passionnées ou grossières, et, concluant, comme il lui est déjà arrivé de le faire, du particulier au général, il vous dira qu'en France la presse, dans son ensemble,

sauf quelques exceptions, est faite pour inspirer de l'horreur aux
honnêtes gens. Eh bien, messieurs, ces exagérations ne tiennent
pas contre la vérité, et la vérité est, pour tout observateur impar-
tial, que les excès de la presse sont moins grands en France que
partout ailleurs.., (*Très bien! très bien! à gauche.*)... moins grands
à l'heure qu'il est dans le parti républicain que dans d'autres partis... (*C'est vrai!*) où M. le ministre de l'Intérieur a des amis. (*Très
bien! et applaudissements sur les mêmes bancs.*)

Et quand je pense que cette demande vous est faite à la veille
des élections générales, je me demande à quoi sert l'expérience :
car s'il est un fait certain, duquel vous tous, à quel côté de l'Assemblée que vous apparteniez, vous pouvez rendre témoignage,
c'est que les élections en France, depuis qu'on en fait, sont plus
pacifiques que dans tout autre pays libre de l'Europe. Et c'est là
une tradition déjà ancienne, dont la France a lieu d'être fière et
dont elle n'est pas, vous pouvez m'en croire, disposée à se
départir à l'heure qu'il est. (*Très bien! très bien! à gauche.*)

Quant au scandale de certains acquittements, aux plaintes que
ces acquittements ont inspirées à M. le ministre, plaintes qui
étaient faites pour étonner avant les explications données par
M. le garde des Sceaux et qui peuvent étonner même après, le gouvernement pourrait se demander si ces acquittements, dont quelques-uns, je le reconnais, ont été scandaleux, ne s'expliqueraient
pas, du moins en partie, par certaines causes auxquelles le gouvernement n'est pas tout à fait étranger.., (*Assentiment à gauche.*)
telles, par exemple, que la tolérance poussée jusqu'à la longanimité, je n'ai garde de dire jusqu'à la faveur, à l'égard de certains polémistes, pourvu qu'ils attaquassent la République et les
républicains.., (*Très bien! très bien! à gauche.*)

M. LE VICE-PRÉSIDENT DU CONSEIL. Quelle tolérance?

M. CHALLEMEL-LACOUR... telles encore que la politique
tant de fois exposée par M. le vice-président du Conseil à cette
tribune, exposée avec quelque ostentation, qu'il me permette de
le dire, politique de bienveillance, sinon d'encouragement, envers
tous ceux qui considèrent la Constitution que vous avez faite
comme un provisoire sans avenir et qui la minent d'avance par
leurs critiques anticipées.., (*Très bien! à gauche*), politique, au
contraire, de défiance et d'hostilité à l'égard de tous ceux qui
demandent l'application loyale et complète de cette Constitution
et qui ont l'audace ou le mauvais goût de l'appeler par son nom :

la République. (*Très bien ! très bien ! sur un grand nombre de bancs à gauche. — Applaudissements.*)

De tous ces arguments généraux, messieurs, il ne restera rien, ou il restera bien peu de chose, je le crois, pour les esprits réfléchis; il suffit d'un peu d'attention pour en reconnaître le creux et la vanité. Et quant aux arguments spéciaux, ou plutôt à l'argument unique sur lequel M. le vice-président du Conseil s'appuie pour demander le maintien de l'état de siège dans les quatre départements, — et il a évidemment en vue Paris, Lyon et Marseille spécialement, — j'ose dire que ces arguments reposent sur des imputations gratuites, sur des hypothèses vaines, et qu'ils ne sont encore, j'en demande bien pardon à M. le ministre, qu'une injure nouvelle et imméritée à l'adresse de trois grands centres de population qui ne se signalent depuis plusieurs années que par leur activité paisible et leur bon esprit. (*Approbation à gauche.*)

Le cabinet, à ce qu'il paraît, avant de prendre une résolution, a recueilli l'avis des commandants de l'état de siège, et c'est sur leur opinion motivée et raisonnée, je n'en doute pas, que le cabinet s'est décidé et qu'il a conclu qu'il y avait dans ces grands centres de population des passions vives, ardentes, dangereuses, qui, si la compression de l'état de siège venait à cesser, ne manqueraient pas de faire explosion.

Messieurs, j'ai foi dans la sagacité politique des officiers généraux ou des fonctionnaires auxquels s'est adressé M. le vice-président du Conseil; mais des inductions ne suffisent pas; il nous faudrait des preuves, il faudrait alléguer des faits. Eh bien, je demande où est l'indice de ces passions, où on en voit le symptôme. Comment peut-on en signaler l'existence?

Serait-ce par hasard dans la presse? Mais depuis longtemps il n'y a plus, à Marseille, à Lyon, que les journaux qu'on a laissés subsister, et à Marseille notamment il n'y a pas un seul journal républicain, tant les coups ont été bien assénés et bien dirigés; et les journaux qu'on a supprimés, ils n'ont pas été supprimés parce qu'ils menaçaient de jeter le trouble dans la rue, d'armer les citoyens les uns contre les autres : ils ont été supprimés, les uns pour une expression grossière ou malsonnante, d'autres pour des articles détestables sans doute, puisqu'ils déplaisaient au cabinet.., (*Oh ! oh ! — Interruption au banc des ministres.*) mais dans lesquels jamais ni un jury ni même un tribunal n'auraient découvert un délit. (*Très bien! à gauche.*)

Et si ces passions ne se manifestent pas dans une presse qui n'existe plus, elles ne se manifestent pas davantage dans les réunions publiques; car il n'y en a pas non plus. Il y a plusieurs années qu'à Lyon et à Marseille l'administration n'en tolère aucune. Il y avait dans les départements du Midi des sociétés, des cercles, des chambrées, dont l'existence, traditionnelle dans le pays, avait été respectée, même par l'Empire. Ces réunions, ces cercles, ils ont été supprimés, et le gouvernement n'en a jamais donné d'autre raison, sinon qu'on y parlait politique ; en sorte que, de son propre aveu, il ne lui est pas possible de tolérer que des citoyens paisibles, des hommes d'affaires, dont les intérêts sont si intimement liés à ceux de la politique, se réunissent le soir, et là, jettent un coup d'œil sur la situation, s'entretiennent entre eux, se forment une opinion et échangent leurs appréciations sur ce que fait le gouvernement et sur ce que font ses agents. (*Très bien! très bien! à gauche...* — *Rumeurs à droite.*) Ce qui est, on peut le dire, un honneur des peuples civilisés et considéré chez eux comme une vertu civique, prendre intérêt aux affaires publiques, est devenu dans ces villes privilégiées une sorte de crime. (*Interruptions diverses.*)

Le gouvernement semble travailler de gaieté de cœur à isoler les citoyens les uns des autres, à élever entre eux mille barrières et à dissoudre, autant qu'il est en lui, ces liens habituels de société, qui ne sont pas seulement un droit, mais une garantie et une condition d'ordre. Il oblige les citoyens, sous peine de se condamner à l'isolement absolu, à se répandre dans les lieux publics, dans les cafés, parmi des inconnus, parce que là, je le reconnais, il est plus facile de les surveiller et de les provoquer aussi.

A gauche. C'est cela! très bien!

M. Challemel-Lacour. Le gouvernement en est venu à ce point de ne pas permettre dans ces départements la libre communication des députés avec leurs électeurs. Un député ne peut réunir ses amis, même en petit nombre, autour d'une table, sans être exposé à voir presque aussitôt des agents...

M. le vice-président du Conseil. A qui cela est-il arrivé?

M. Challemel-Lacour. A moi-même!

M. le vice-président du Conseil. Et quand?

M. GENT. A moi aussi!

MM. ROUVIER, PELLETAN, GAMBETTA et LOCKROY. A moi aussi!

M. LEPÈRE. J'ai été escorté par la gendarmerie il y a deux mois.

M. JULES FAVRE. Et M. Barthélemy Saint-Hilaire? le radical Barthélemy Saint-Hilaire!

M. LE PRÉSIDENT. Veuillez ne pas interrompre, messieurs.

M. GAMBETTA. Le ministre de l'Intérieur nous interroge ; on lui répond.

M. CHALLEMEL-LACOUR. Il nous est impossible de dîner avec nos amis, même en petit nombre... (*Rires à droite.*) sans voir apparaître l'ombre de Banco... (*Sourires.*) dans la personne d'un commissaire de police. Il n'est pas possible à un député, surtout s'il n'appartient pas au département par sa naissance ou par un établissement, de mettre le pied dans un département, de s'y mouvoir, sans se sentir épié, escorté, traqué par des agents. Et quels agents! (*C'est vrai! Très bien! très bien! à gauche.*)

M. JULES FAVRE. Voilà le régime de dignité parlementaire!

M. CHALLEMEL-LACOUR. Eh bien, je demande à M. le ministre s'il pourra nous signaler, je ne dis pas un signe de mécontentement, — il y en a, et comment n'y en aurait-il pas ?... ceux qu'on traite de cette manière ne seraient pas des hommes, s'ils n'étaient pas mécontents, — mais le plus léger indice d'une pensée, non pas même de rébellion, mais de résistance momentanée.

Messieurs, il y a eu des procès où l'on pouvait s'attendre à découvrir l'indice de ces mauvaises passions qui nous sont depuis si longtemps signalées.

Longtemps avant ces procès, il nous avaient été en quelque sorte annoncés, lorsque M. le vice-président du Conseil nous parlait d'un ton mystérieux et tragique de je ne sais quels périls, sur lesquels il ne s'expliquait qu'à mots couverts, mais qui devaient, lorsqu'ils seraient révélés au pays, justifier, glorifier toute sa politique.

Eh bien, messieurs, ces périls qui ne laissaient de repos à M. le ministre de l'Intérieur ni jour ni nuit, ils ont apparu à la lumière de l'audience...

M. LE VICE-PRÉSIDENT DU CONSEIL. Non!

M. CHALLEMEL-LACOUR... Les faits ont été exposés et discutés, il y a eu des procès : Lyon a eu le sien; Marseille a eu le sien. Eh bien, je demande à tous ceux qui ont suivi ces débats, de quelque côté de cette Assemblée qu'ils siègent, je leur

demande s'il en est parmi eux un seul qui ne se prenne à douter
si c'étaient bien ces périls qui rendaient les procès nécessaires,
ou si ce n'étaient pas les procès qui étaient nécessaires pour
faire croire à ces périls. (*Très bien! et applaudissements à
gauche*).

Et, en effet, qu'y a-t-on vu?

On y a vu qu'un certain nombre de personnes — un petit
nombre — privées de journaux, qui ne pouvaient se réunir
dans leurs cercles, qui ne pouvaient obtenir l'autorisation d'avoir
des réunions privées, ces personnes se sont rencontrées une ou
plusieurs fois, à dates fixes ou indéterminées, qu'elles se sont
entretenues d'élections. Elles avaient tort, je le reconnais; il y a
des condamnations, je m'incline; mais, enfin, tout se réduit à ce
que je viens de dire.

Voilà donc ces grands crimes, ces immenses périls, ces signes
effroyables dont on nous menaçait et sur lesquels on se fonde
pour demander aujourd'hui de pouvoir éterniser l'état de siège!

Et quand on regarde de près au détail des faits qui se sont
produits, qu'est-ce qu'on y aperçoit? On y a reconnu presque à
chaque pas l'intervention de la police...

A droite, ironiquement. Toujours.

M. CHALLEMEL-LACOUR... le travail ingénieux de certains
agents; on y a vu éclater des sottises qui ont fait de quelques-uns
d'entre eux la risée de l'Europe... (*Applaudissements à gauche.*)
et qui ont jeté comme une ombre de ridicule jusque sur l'administration et sur le gouvernement lui-même. (*Très bien! très bien!
sur les mêmes bancs. — Exclamations et rires sur divers bancs à
droite.*)

Eh bien, c'est sur ces excès de presse, sur le mauvais esprit de
ces sociétés qui n'existent pas depuis longtemps; c'est sur des
procès commencés à grand fracas, comme des tragédies, et qui se
sont terminés piteusement au milieu de la gaieté universelle...

M. LE VICE-PRÉSIDENT DU CONSEIL. Par des condamnations!

M. CHALLEMEL-LACOUR. A part les condamnations, oui;
cela est moins gai, je le reconnais.

Eh bien, c'est là-dessus qu'on se fonde pour vous demander le
maintien de l'état de siège!

M. LE VICE-PRÉSIDENT DU CONSEIL. Non!

M. CHALLEMEL-LACOUR. Si vous avez d'autres raisons,
monsieur le ministre, vous les donnerez.

M. LE VICE-PRÉSIDENT DU CONSEIL. Je les ai données.

A gauche. N'interrompez pas!

Un membre à droite. Pourquoi interpelle-t-on le ministre?

M. CHALLEMEL-LACOUR. Vous les avez données? Celles que vous avez données, je les discuterai.

Je dis qu'on peut juger de la sagesse, de l'autorité, de la force d'un gouvernement qui en est réduit à parler ainsi...

MM. GAMBETTA ET JULES FAVRE. Très bien! très bien!

M. CHALLEMEL-LACOUR... et à venir nous déclarer que contre de pareils périls, à la veille des élections, il n'y a de protection efficace que l'état de siège, et qui ne comprend pas qu'en parlant ainsi, non seulement il se condamne lui-même, mais il fait à l'Assemblée qui l'écoute, à la France qui l'entend, une véritable injure. (*Vives marques d'approbation à gauche.*)

Messieurs, il faut pourtant bien que le langage et les arguments apportés par M. le ministre de l'Intérieur ne soient pas dépourvus de sens, du moins à ses yeux. Il faut bien croire que, lorsqu'il nous parle de mauvaises passions, il veut dire quelque chose. Il est bien vrai qu'à Lyon, qu'à Marseille, comme à Paris, règnent la plus parfaite tranquilité et la sécurité la plus complète.

A droite. Grâce à l'état de siège!

M. CHALLEMEL-LACOUR. Il n'y a nulle part ombre de société secrète, ni trace des conspiration. (*Réclamations à droite.*)

Plusieurs membres à gauche. S'il y en a, poursuivez-les!

M. GAMBETTA. Ces messieurs veulent dire sans doute que ces sociétés sont si secrètes qu'elles sont ignorées! (*Rumeurs à droite.*)

M. CHALLEMEL-LACOUR. Vous avez beau dire, vous ne ferez croire à personne que dans ces grandes villes on en veuille, à l'heure qu'il est, bien sérieusement, ni à la propriété, ni à la Constitution. (*Rires à gauche.*)

Le fait est que l'autorité militaire y est parfaitement oisive, que la vigilance inquiète des administrateurs ne trouve pas du tout à s'exercer et que les préfets en sont réduits à fermer de temps en temps quelques cafés pour s'entretenir la main. (*Nouveaux rires à gauche.*)

Et cependant c'est dans ces grands centres qu'on nous dit que règnent les mauvaises et dangereuses passions; cela veut dire que M. le ministre de l'Intérieur, vice-président du Conseil, a le sentiment ou la certitude que la politique suivie par lui ne rencontre pas l'approbation générale. (*Très bien! à gauche.*)

Ici je dois dire que M. le vice-président du Conseil a raison.

Non, son système d'administration et de politique n'y est pas approuvé; il y est détesté. (*Très bien! très bien! à gauche.*)

Cette imitation intempestive et misérable... (*Protestations à droite et cris : A l'ordre! à l'ordre!*) des procédés de l'Empire...

M. LE PRÉSIDENT. Monsieur Challemel-Lacour, je vous engage à vous absten'r de toute expression qui pourrait blesser un de vos collègues.

M. CHALLEMEL-LACOUR. Je dis que cette imitation des procédés de l'Empire, — je l'appelais misérable, parce qu'elle a l'équivoque en plus et la force en moins, (*Vive adhésion à gauche.*) — je dis que cette imitation étonne tout le monde; je dis que cette prétention de défier ce qui, d'après mille indices, semble être l'opinion de la majorité du pays, de la tenir en suspicion, de la mener aux lisières... (*Allons donc! à droite.*)

M. HENRI BRISSON. Oui! oui! Très bien!

M. CHALLEMEL-LACOUR... je dis que cette tentative fait pitié!

M. GAMBETTA. Très bien!

M. CHALLEMEL-LACOUR. Seulement, il faut bien que M. le ministre se persuade que si ces sentiments sont de détestables et dangereuses passions, ces passions règnent partout. Si leur existence suffit pour justifier l'état de siège, ce n'est pas seulement dans quatre départements qu'il faut maintenir l'état de siège, c'est aussi dans les trente-quatre autres; et cela ne suffit pas encore, il faudra l'étendre à toute la France. Partout ces sentiments sont aussi répandus, aussi intenses, aussi justifiés. (*Très bien! très bien! à gauche.*)

M. le vice-président du Conseil nous a affirmé que ces sentiments sont plus ardents, que ces passions sont plus vives et plus excitées dans les trois grands centres qu'il veut maintenir en état de siège, qu'ailleurs. Il doit être bien informé : s'il le dit, je veux le croire; mais s'il en est ainsi, a-t-il lieu vraiment de s'en étonner? Combien y a-t-il de temps que ces grandes villes sont, ou de sa part, ou de celle de ses prédécesseurs, de ceux dont il a recueilli l'héritage et dont il continue les traditions, sont l'objet de toutes les imputations, de toutes les incriminations, de toutes les exceptions? Combien y a-t-il de temps qu'elles sont livrées à des administrateurs dont l'humeur difficile, tracassière, a fini par fatiguer jusqu'aux amis du cabinet? (*Applaudissements à gauche.*)

Car enfin, n'est-il pas vrai qu'un de ces administrateurs, défendu par M. le vice-président du Conseil, au lendemain d'une de ces fautes lourdes qu'un gouvernement avisé ne met pas une heure à châtier, a été, vous me permettrez de le dire, — c'est la seule expression juste, — chassé par l'opinion publique...

M. LE VICE-PRÉSIDENT DU CONSEIL. Non! non! Je proteste!

M. CHALLEMEL-LACOUR. Oui, chassé!

M. LE VICE-PRÉSIDENT DU CONSEIL. Non! non! Je n'accepte pas cette expression, ni la pensée qu'elle exprime!

M. DE MONTGOLFIER. Je proteste contre tout ce que vous venez d'affirmer. L'opinion de tous les honnêtes gens, à Lyon, est avec M. Ducros, et contre vous et contre votre proconsulat! (*Bruit*).

M. CHALLEMEL-LACOUR. Je n'ai pas entendu ce qu'a dit M. de Montgolfier.

M. LE VICE-PRÉSIDENT DU CONSEIL. Ni la pensée qu'elle exprime!

M. CHALLEMEL-LACOUR. Je retire l'expression; mais je dirai du moins que ce fonctionnaire a été condamné par l'opinion publique...

Plusieurs membres à droite. Par la vôtre! par la vôtre!

M. CHALLEMEL-LACOUR... et si bien condamné que vous avez été obligé de l'exécuter. (*Applaudissements à gauche.*)

Il est vrai que, pour pallier un échec qui était en même temps le sien, M. le vice-président du Conseil n'a rien trouvé de mieux à faire que d'accueillir ce fonctionnaire déchu avec un redoublement de faveur et d'encombrer de cette capacité profondément méconnue un des grands corps de l'État. (*Nouveaux applaudissements à gauche. — Exclamations et rumeurs à droite.*)

Et ce qui a été fait à Lyon l'a été également à Marseille. Marseille se trouve livré depuis trop longtemps à des administrateurs qui semblent prendre à tâche, non, comme ils le devraient, d'éviter les conflits avec les corps élus, mais d'aller à leur rencontre; non de les assoupir lorsqu'ils viennent de naître, mais de les aggraver; non d'apaiser les esprits, mais de chercher pour ainsi dire le bruit et le scandale.

Et cependant, messieurs, ces villes, elles patientent. (*Oh! oh! à droite.*) Oui, elles patientent, et nous verrons si M. le vice-président du Conseil nous donnera des preuves certaines, irréfragables, de leur impatience.

Je dis qu'elles patientent, et que, s'il y avait quelque impatience chez elles, bien loin de m'inquiéter, de me paraître le prélude de désordres, cette impatience me rassurerait; car elle rend singulièrement facile la tâche du gouvernement qui vous suivra.

10

(*Très bien! très bien! à gauche.*) Il n'aura pas grand'chose à faire pour être accueilli avec faveur et être soutenu. Il pourra être aussi conservateur qu'il lui plaira, aussi mesuré dans sa marche, aussi prudent, aussi circonspect qu'il le voudra : il lui suffira, pour être soutenu et même pour être aimé, de se montrer vis-à-vis de ces grandes villes si calomniées doux, juste et bienveillant. (*Bravos et applaudissements prolongés à gauche.*)

Et comment pouvez-vous vous étonner maintenant si les passions sont plus vives dans ces départements? Comment pouvez-vous vous étonner que, ayant eu plus que d'autres à souffrir ou de vos préventions, ou de vos antipathies, ou de vos vaines peurs, ayant eu plus à souffrir de la maladresse de vos fonctionnaires, de vos préfets, elles attendent avec plus d'impatience que d'autres l'avènement d'un régime plus sensé? (*Nouvelle approbation sur les mêmes bancs.*)

M. le vice-président du Conseil nous a dit que ces passions constituent, dans ces grands centres de population, un danger particulier, auquel il ne peut s'engager à parer pendant les élections générales, à moins d'avoir à sa disposition les procédés expéditifs de l'état de siège. Quels sont ces dangers?

Ce n'est pas que l'ordre soit troublé. M. le vice-président du Conseil nous a affirmé, et je le crois, qu'il avait à la fois la volonté et les moyens de réprimer sans retard les perturbateurs, s'il en paraissait. Il ne croit pas que le repos dans la rue soit troublé. Mais il craint des manifestations extérieures dont la nouvelle, répandue à l'instant dans le reste de la France, y sèmerait l'inquiétude. Quelles manifestations extérieures? Les chants de victoire des vainqueurs?... Les cris de détresse des vaincus?... Des illuminations?... Des drapeaux aux fenêtres?...

Voilà sur quels périls on se fonde pour demander le maintien de l'état de siège : c'est une expression vague, générale, dépourvue de sens. (*Oh! oh! à droite. — Oui! oui! Très bien! à gauche.*) Je le prouve : c'est sur l'inconvénient de manifestations extérieures que rien n'annonce, dont le caractère reste absolument indéterminé, que M. le vice-président du Conseil se fonde pour demander que les libertés publiques, que les garanties publiques demeurent suspendues, au moins pendant quatre mois encore, dans quatre départements.

J'ai la prétention que l'Assemblée ne se laissera pas convaincre par un argument de ce genre, et, si elle le faisait, il faut bien qu'elle sache qu'au lieu de lui savoir gré de pareilles précautions prises pour assurer son repos, le pays, qui sait maintenant à quoi s'en tenir, s'en étonnerait et y verrait une preuve nouvelle de défiance à l'égard de la France et de la Constitution qui lui a été donnée. (*Approbation à gauche.*)

Je cherche, messieurs, les véritables motifs pour lesquels M. le vice-président du Conseil demande avec tant d'énergie et de persistance le maintien de l'état de siège dans quatre départements, c'est-à-dire une exception qui choque la justice et qui scandalise la raison. (*Exclamations à droite.*)

Ces motifs ne nous ont pas été donnés.

M. LE VICE-PRÉSIDENT DU CONSEIL. J'ai donné tous les motifs.

M. CHALLEMEL-LACOUR. Peut-être me sera-t-il permis d'en chercher que M. le vice-président du Conseil ne nous a pas donnés...

M. LE VICE-PRÉSIDENT DU CONSEIL. Il n'y en a pas d'autres.

M. CHALLEMEL-LACOUR... d'en chercher peut-être au fond de son esprit, s'il ne les y a pas d'abord aperçus.

J'en vois un par exemple : c'est que les villes de Lyon et de Marseille ont, comme Paris, l'habitude, déjà ancienne, de nommer des républicains, et des républicains avancés. C'est un tort dont l'expiation a commencé pour elles, puisque vous avez cru devoir, non pas mutiler, mais réduire dans une proportion que plusieurs bons esprits ont trouvée excessive, le nombre de leurs représentants.

C'est aussi un ennui pour le gouvernement, et un ennui dont il se peut très bien que M. le vice-président du Conseil, après beaucoup d'autres d'ailleurs, ait conçu l'ambition de débarrasser le gouvernement. La tâche n'est pas facile ; mais M. le vice-président du Conseil a pu croire qu'elle n'était pas supérieure à son habileté et à son obstination. (*Sourires à gauche.*) Et pour l'accomplir il a cru qu'il n'y avait pas de mesures assez énergiques, ni de procédés trop fâcheux.

Supprimer les journaux au besoin, interdire les réunions, intimider les courages par les perquisitions de jour et de nuit, poursuivre les comités, les dissoudre ; quand ils ont disparu, en rechercher et en découvrir jusqu'à l'ombre, ce sont les procédés à l'aide desquels il y aurait peut-être moyen d'enlever un, ou deux, ou trois sièges pour les amis de M. le vice-président du Conseil. Or, comme ces procédés sont tous résumés dans l'état de siège et que l'état de siège les facilite extrêmement, M. le vice-président du Conseil a pu être tenté de demander le maintien de l'état de siège.

Ce serait, je le reconnais, une belle victoire, une victoire aussi belle que difficile, (*Nouveaux sourires à gauche.*) que d'enlever un certain nombre de sièges, sinon tous si l'on pouvait, à la démocratie de ces grandes villes.

Cependant je ne sais pas si, obtenue par de tels moyens, cette victoire constituerait pour le gouvernement un avantage dont il dût s'applaudir. On peut refouler la démocratie, on ne la détruit pas, et encore une fois je ne sais pas s'il serait bon que cette démocratie des grandes villes, refoulée, mais non détruite, fût sans représentants dans les Assemblées, privée, frustrée de cette espérance sur laquelle elle fonde son avenir, de cette espérance pacificatrice et salutaire qu'elle a dans les élections. (*Assentiment à gauche.*)

Mais ce que je sais bien, c'est que le moyen qu'on emploierait ne serait pas le meilleur pour atteindre le but. M. le vice-président du Conseil a fait, il y a quelques jours, appel à l'union conservatrice, et il l'a fait en des termes qui respiraient peut-être un peu plus l'esprit de parti que l'esprit de conciliation et de sage gouvernement. Mais enfin, s'il existe, comme j'en suis convaincu, dans les groupes conservateurs de toute dénomination, des esprits prévoyants, j'imagine qu'ils doivent ressentir quelque inquiétude de ce maintien en quelque sorte indéfini de l'état de siège. C'est qu'en effet, que fait l'état de siège? Il ferme la bouche aux esprits modérés, il leur enlève leur meilleur argument... (*Rires ironiques à droite.*)

Oui, messieurs qui riez, vous sentiriez, si vous étiez vraiment modérés, qu'il vous ôte toute prise sur la masse électorale. Car enfin, que voulez-vous que des modérés sincères, des conservateurs intelligents répondent à des électeurs qui leur diraient :

« Ceux qui sont au pouvoir se donnent pour les vrais modérés, pour les conservateurs ; or, depuis deux ans et plus qu'ils sont au pouvoir, ils déclarent qu'ils n'y sont que pour gouverner contre nous, et qu'il n'y a de loi, pour nous, que l'état de siège. Et ce qu'ils disent, ils le font ! Eh bien, nous choisirons, nous ne pouvons choisir pour nous représenter, ou plutôt pour nous défendre contre eux, que leurs ennemis les plus déterminés ? » (*Très bien ! très bien ! sur plusieurs bancs à gauche.*)

J'espère que les républicains ne parleront pas ainsi, je l'espère sérieusement.

J'ai lieu de l'espérer, d'ailleurs, car le nombre est restreint, à l'heure qu'il est, des esprits sensés qui assument la tâche difficile de défendre et de propager la politique préconisée par M. le vice-président du Conseil. Ils sont peu nombreux, et la démocratie des grandes villes n'aura pas à se défendre contre eux. Elle fera, je l'espère, des choix sages, des choix raisonnables, qui n'apporteront dans les futures Assemblées aucun souvenir aigre et amer de ce que la démocratie a eu à souffrir de certaine politique... (*Très bien! et bravos sur les mêmes bancs.*)

Messieurs, il y a peut être — et je n'abuserai pas plus longtemps de votre patience — une autre raison encore à laquelle, sans en avoir peut-être une entière et lumineuse conscience, obéit M. le vice-président du Conseil lorsqu'il vient vous demander le maintien de l'état de siège. Je n'ai garde de croire que la préoccupation sous l'empire de laquelle il demande cette exception soit entièrement feinte, purement affectée; je la crois, du moins dans une certaine mesure, parfaitement sincère. Quoique mieux placé que personne pour bien connaître et bien observer la France, quoique obligé, par position et par devoir, de mieux interpréter ce qu'il voit, M. le vice-président du Conseil nous a prouvé plus d'une fois qu'il ne connaissait pas parfaitement bien la France, et il se peut qu'il s'abuse cette fois encore de bonne foi.

Par malheur, il y a si longtemps qu'on nous parle de péril social, de péril radical, que, vraiment, nous sommes tentés de croire parfois que ces mots ne sont qu'une machine de guerre.

Toutes les fois, depuis deux ans et demi, qu'on a voulu arracher à cette Assemblée un vote difficile, obtenir une loi qui parfois lui répugnait, ou bien défendre devant elle des actes hasardés, on s'est placé sous l'invocation du péril social, on a remué la même machine.

Eh bien, ce péril, il y a cinq ans, au lendemain de tant de catastrophes, on avait le droit d'y croire, et un pareil langage pouvait n'être pas sans effet. Mais aujourd'hui en présence d'un pays pacifié, dont la sagesse excite — vous pouvez le savoir — l'admiration de l'Europe... (*Rumeurs à droite.*)

Vous doutez, messieurs, de cette sagesse? ou bien est-ce l'admiration de l'Europe qui vous choque?

En présence de cette sagesse, ce langage sonne creux. On ne

voit en effet, en France, que gens travaillant, ne voulant nul changement, ne songeant qu'à consolider ce qui existe, se soumettant aux autorités que vous avez créées, rendant au premier magistrat de la République ce qui lui est dû.

Il n'y a pas à cette heure en France de questions troublantes, ou du moins, s'il y en a, elles ne sont pas particulières à la France et elles concernent l'Europe tout entière, et nous pouvons dire qu'elles sont, grâces à Dieu, moins brûlantes en France que partout ailleurs. Cette paix, cette activité tranquille, c'est un fait que le gouvernement ne peut contester et que, je crois, il ne conteste pas.

Et cependant; son échafaudage politique, son système d'ad- . ministration, tout cela repose sur l'hypothèse, sur la fiction du péril social. Il faut bien qu'il puisse lui donner un corps, il faut bien qu'il puisse l'évoquer au besoin. Pour cela, il semble vouloir le localiser, réserver certaines grandes villes, y maintenir l'état de siège comme une enseigne des passions mauvaises et détestables qu'il n'a pas su assoupir depuis deux ans.

J'achève, messieurs.., (*Ah! ah! à droite.*) mais vous me permettrez bien de dire qu'il est étrange qu'après avoir subi des épreuves si rudes, si multipliées, la population de ces grandes villes, qui n'ont jamais bronché depuis quatre ans, ne puisse pas échapper à son sort. Il faut que le gouvernement s'en serve aux yeux de l'Europe qui s'étonne, aux yeux de la France qui s'indigne, pour faire croire que l'ordre, au moment des élections, ne peut être assuré qu'à l'aide d'un bras de fer. Aussi ces nobles villes de Lyon et de Marseille, ces nobles villes qui sont l'honneur de la France, l'honneur de la civilisation, non seulement par leur génie commercial et industriel, mais par l'excellent esprit qui anime l'immense majorité de la population, doivent servir d'épouvantail, tandis que la France qui les connaît ne comprend pas que, après tant de mauvais traitements et de calomnies, on ne les juge pas encore assez châtiées de leur attachement à la République. (*Vive approbation sur divers bancs à gauche.*)

Je crois que cette politique touche à son terme. Quelles que soient les passions dont nous avons pu, dans les derniers jours, apercevoir ici le réveil; quels que soient les sentiments que plusieurs d'entre vous puissent nourrir encore à l'égard de ceux qui ont appelé la République de leurs vœux, qui l'ont soutenue de leurs efforts, je ne pense pas que vous accordiez à M. le vice-président du Conseil le maintien de l'état de siège dans quatre départements, c'est-à-dire une exception qui serait à la fois une injure et une injustice.

M. le vice-président du Conseil n'aime pas Paris, Lyon, Marseille.., (*Mouvement à droite.*) il nous en donne à cette heure même une preuve signalée ; je crois qu'en général il n'aime pas les grandes villes, il s'en défie et, par là, il nous fournit la preuve de son aptitude à gouverner une grande démocratie comme la France. Il ne s'aperçoit pas qu'une institution politique qui ne reposerait pas sur l'assentiment, sur le concours volontaire des grandes villes, en même temps que sur la sympathie du reste du pays, serait un édifice caduc dès sa naissance, par conséquent un système faux. C'est par là qu'a péri l'Empire : un pareil système ne peut tolérer aucune liberté, il ne peut même supporter longtemps aucune loi ; et de changements en changements, de restrictions en restrictions, il finit toujours par se réfugier dans la dictature et retomber dans l'expédient des coups d'État.

M. le vice-président du Conseil demande une exception pour trois grandes villes ; mais pourquoi faire cette situation à Paris, à Lyon, à Marseille, si, par hasard, toutes les grandes villes de France pensent à l'unisson, comme il aura peut-être bientôt l'occasion de s'en convaincre, et où se réfugiera-t-il si, comme j'en suis convaincu, les campagnes elles-mêmes pensent et votent en majorité comme les villes ? (*Applaudissements répétés sur plusieurs bancs à gauche. — L'orateur, en descendant de la tribune, reçoit les vives félicitations de ses amis.*)

Après une réplique du vice-président du Conseil, M. Buffet, l'article du projet de la commission fut repoussé par 377 voix contre 329 : l'état de siège fut maintenu dans les départements de la Seine, du Rhône, des Bouches-du-Rhône et de Seine-et-Oise. L'ensemble de la loi fut ensuite adopté.

L'Assemblée nationale se sépara le 31 décembre 1875 après avoir fixé les élections sénatoriales au 30 janvier 1876 et les élections législatives au 20 février. M. Challemel-Lacour fut élu sénateur par le département des Bouches-du-Rhône avec MM. Eugène Pelletan et Esquiros.

DISCOURS

prononcé le 14 mai 1876

AUX OBSÈQUES D'ALPHONSE ESQUIROS

SÉNATEUR DES BOUCHES-DU-RHÔNE

Un autre que moi, plus illustre et plus digne [1], devrait parler à ma place et rendre à l'ami que nous avons perdu les derniers devoirs, si une douleur récente, à laquelle tout le monde sympathise, ne lui permettait le silence. Je parlerai donc. Collègue d'Alphonse Esquiros au Sénat, élu par le même département, son ancien compagnon d'exil, il me sera permis, avant que la tombe ne se ferme sur les restes de ce vaillant homme, qui vit toujours dans nos cœurs, de lui adresser le dernier adieu, au nom de ses amis présents et absents, au nom de la démocratie des Bouches-du-Rhône, dont il fut trois fois le représentant.

Quelle que soit notre douleur en face de cette tombe, ne plaignons pas trop l'ami que nous avons perdu. Il n'est si courageux ouvrier qui, la journée finie, n'ait besoin de repos, et celle d'Alphonse Esquiros a été laborieuse : car non seulement elle a été pleine d'œuvres, mais elle a été pleine aussi de ces souffrances volontairement affrontées dans l'intérêt de la justice et supportées avec une intrépidité tranquille pour l'édification de tous.

Il y a quarante ans et plus qu'il s'était engagé dans nos luttes démocratiques, dans ces luttes qui ne connaissent pas d'armis-

---

1. M. Louis Blanc qui venait de perdre sa femme.

tice et qui ne réservent trop souvent pour salaire à ceux qui les
soutiennent que la haine d'un grand nombre, compensée par la
solide affection de quelques-uns et les douceurs d'une réputation
toujours contestée. Il n'était pas de ces volontaires inconsidérés
qui, après quelques brillantes campagnes, se refroidissent et
fléchissent sous le fardeau. Il a poursuivi jusqu'au bout la tâche
entreprise, sans bruit, sans ostentation, sans faiblesse. Après
un jour d'éclat qu'il n'avait point cherché, il n'a pas cru l'heure
de la retraite arrivée. Il a fait sa dernière étape sans se plaindre,
quoique la fatigue se fît déjà sentir. Il a marché jusqu'à la fin,
vous savez, vous, ses collègues et ses amis, avec quel calme et
quelle tranquilité.

C'est qu'il n'était pas de ceux que les mécomptes irritent, que
les lenteurs découragent ou que l'injustice aigrit.

Pour réconfort et pour refuge contre les cruautés de la vie, la
nature maternelle lui avait donné l'imagination et le rêve. L'éducation catholique, longtemps continuée, qu'il avait reçue et qui
faillit un jour l'enlever pour jamais à la vie civile, avait encore
développé ces dons; et quand, poussé par un instinct du vrai
qui le tournait invinciblement vers l'avenir, il eut rompu les
liens par lesquels il tenait aux crédulités de la jeunesse et qu'il
se fut engagé d'un pas résolu dans les régions de la science, son
esprit garda de cette éducation première l'empreinte d'un mysticisme dont les traces se retrouvent encore jusque dans les
titres de ses premiers écrits. Au moment où il entrait dans la
vie littéraire, la poésie, grâce à quelques merveilleux génies,
régnait en souveraine : elle ne reconnaissait plus de limites, elle
semblait vouloir envahir et dominer la vie tout entière, elle prétendait résoudre les questions même qui ne relèvent que de la
raison et de l'expérience. C'est ainsi que, sous des impulsions
diverses, Alphonse Esquiros se fatigua d'abord et pendant longtemps à vouloir concilier l'inconciliable, à marier le passé à
l'avenir, le souvenir d'un âge éteint et les espérances d'une ère
qui s'ouvre; c'est ainsi qu'il se laissa bercer à des analogies
trompeuses entre la révolution chrétienne d'il y a dix-huit siècles
et la révolution morale et philosophique dont nous voyons se
dérouler les premières scènes, tantôt grandioses et tantôt douloureuses. Son esprit, encore une fois, conserva longtemps ce
tour mystique, et voilà pourquoi son âme, concentrée en elle-
même, allait être enveloppée de silence et de rêverie comme d'un

vêtement religieux. Voilà pourquoi il a été donné à si peu d'entre nous de pénétrer dans cette solitude de méditation qu'il semblait s'être faite à dessein, comme pour se défendre contre les tumultes et les vanités du dehors.

Il aurait manqué quelque chose à cette existence de dévouement et d'honnêteté, la fortune, j'ose le dire, n'eût pas été juste envers lui si elle lui eût évité l'honneur d'être frappé après le coup d'État du 2 décembre. Esquiros avait tous les titres aux rigueurs de la tyrannie naissante. Homme de justice, il avait droit aux premiers coups de celui qui venait de fouler aux pieds les lois et la justice. Intrépide dans ses convictions de républicain et dans son ardeur d'écrivain démocrate, il fallait que l'usurpateur éloignât des yeux de la nation asservie dans une nuit de surprise le péril de pareils exemples. Il fut frappé. Et que vit-on alors éclater dans son âme? Ce ne fut ni la colère, ni l'impatience, ce fut un surcroît de raison. Ah! l'imagination, certes, est une grande magicienne; mais c'est pour cela même, c'est à cause de la puissance redoutable de ses enchantements qu'il faut que partout, et chez l'homme politique, chez l'écrivain démocrate plus que chez tout autre, elle se subordonne à la raison.

Depuis de longues années déjà, Esquiros s'appliquait sans relâche à se former de jour en jour un jugement plus sain. Dès la première heure de son exil, l'imagination qui, chez lui, avait commandé jusqu'alors, apprit à obéir. Il alla parcourant les pays libres, où il devait passer de longues et mortelles années, la Belgique, la Hollande, l'Angleterre, étudiant sur place comment la liberté prend naissance, comment elle fonctionne et comment elle dure. Et, de là, il envoyait, l'une après l'autre, à la France ces études charmantes et sereines qui déconcertaient ses adversaires, car ils y cherchaient l'utopie et ils n'y trouvaient que du bon sens; ils y cherchaient un texte à des récriminations malveillantes, et ils subissaient en dépit d'eux le charme d'un enseignement plein de modestie et de grâce, d'un jugement plein de justesse, d'une modération qui les étonnait toujours. C'est ainsi que, pendant plus de quinze années, il sut remplir les fonctions de l'exilé, car l'exilé a aussi sa fonction, portant partout témoignage en faveur de sa patrie contre les injustes rigueurs prodiguées à nos infortunes, protestant contre les ironies de l'étranger indifférent ou hostile, et recueillant partout, comme ces philosophes voyageurs de l'antiquité, les leçons

dont il essayait de nous faire profiter. Ces études, empreintes
d'une admiration sympathique pour les nations plus heureuses,
il ne les écrivait pas pour faire en mauvais fils le procès à son
pays. Il ne voulait pas humilier la France par des comparaisons
impertinentes. Il n'était pas de ceux qui croient que les peuples
vivent d'imitation, que les conditions de la vie et du progrès
politique sont partout les mêmes. Il était juste envers les autres
pour que les autres apprissent à être justes envers nous.

Après l'exil, une autre épreuve, la plus dangereuse pour le
penseur solitaire, pour l'écrivain, quelquefois pour l'homme
politique, lui était encore réservée : avoir vécu de longues
années dans le monde des idées, monde paisible et lumineux,
puis se voir précipité tout à coup dans la sphère opaque des
réalités, et mis aux prises avec les aigres passions des hommes :
quelle épreuve plus redoutable? Non, messieurs, le grand poète
n'a pas raison : il n'est pas vrai qu'il soit bon de pouvoir contempler de loin sans s'y mêler les luttes des hommes et les
tempêtes de la vie; cela n'est pas bon, du moins pour celui qui
est exposé à s'y voir rejeter un jour. Les longs exils n'ont pas
de suite plus douloureuse et plus déplorable que d'énerver
l'homme, de le déshabituer des luttes véritables en l'amusant
d'illusions, de le mutiler d'une portion de sa vigueur en lui infli-
geant le supplice de l'inaction forcée. Un jour vient où le destin
moqueur rappelle l'athlète dans l'arène, et l'athlète attendu avec
curiosité, accueilli avec affection et respect, salué parfois d'applaudissements anticipés, ne retrouve qu'un bras fatigué par le
temps, une volonté alanguie et inexpérimentée, pour se mesurer
avec les difficultés qu'il ne connaît plus. Cependant, lorsque les
démocrates des Bouches-du-Rhône, qui avaient gardé du passage
d'Esquiros parmi eux un souvenir reconnaissant, l'appelèrent,
il ne se récusa pas. Il revint à leur appel et alla siéger au Corps
législatif. Il sortait d'un pays où le peuple s'appartenait, où
l'ordre régnait, où la démocratie se développait avec lenteur,
mais avec continuité, sous l'abri de la liberté, où la vie morale
était active, où tout se passait en pleine lumière, et il rentrait
dans un pays, — ah! Dieu me garde d'en parler mal! — dans
un pays grand, d'une grandeur immortelle, à cause des vérités
sociales dont il porte le dépôt, sacré aux yeux des sages par ses
malheurs mêmes, mais qui alors était depuis des années courbé
sous le joug d'un despotisme imbécile, livré à des fantaisies

qu'il ne lui était pas même permis de prévoir, chargé d'avance de mille liens comme pour offrir une proie plus facile à l'étranger!

Et ce passage subit n'était que le prélude d'une épreuve encore. Lorsque l'Empire fut tombé, lorsque le sol de la patrie était souillé par l'invasion, lorsque l'écluse était ouverte à des colères amassées par dix-huit ans d'outrages, lorsque chaque jour apportait la nouvelle de quelques nouveaux désastres que le courage et le patriotisme de nos armées rendaient invraisemblables, il fallut qu'Esquiros, le doux rêveur que vous avez connu, se trouvât, dans une grande cité démocratique, agitée par mille passions, ouverte à des étrangers de toutes sortes et de tous pays, aigrie de longue date par les excès d'une police violente, il fallut qu'il se trouvât chargé de dominer et de maîtriser ces mouvements. Ç'a été trop souvent l'injustice de notre destinée d'être sommés par elle de venir à l'improviste relever des ruines que nous n'avions point faites, contenir des passions que nous n'avions pas déchaînées, nous jeter entre nos amis de tous les temps et des adversaires éternels, pour faire à ceux-ci un rempart contre des ressentiments trop naturels. Destinée cruelle qui aurait dû désarmer les rancunes! elle n'a jamais fait qu'encourager la haine. Esquiros, le bon et l'inoffensif, en a ressenti les coups. Il a pu savourer à longs traits les amertumes de la calomnie. Il ne s'est pas plaint, il ne s'est pas défendu, il a légué aux hommes justes le soin de sa défense. Il a souffert silencieusement, sans se troubler : l'honnêteté ne se trouble pas.

Il a bien fait. Ce qui surnage aujourd'hui dans toutes les mémoires, ce qui le protégera contre la haine jusque dans l'esprit de ses adversaires, c'est le souvenir de sa patience et de sa bonté. Silencieux et recueilli au milieu des flots soulevés, il ne songeait qu'à pacifier les cœurs, à amortir les colères, à prévenir, au prix de son renom même, une lutte que des fautes qui n'étaient pas les siennes avaient préparées.

Quiconque l'a vu dans ces jours funèbres, quiconque l'a suivi dans sa vie intime, traversée par un deuil affreux, la mort d'un fils qu'il adorait, comme si aux tristesses de la patrie le destin avait voulu ajouter un coup de plus pour l'accabler; quiconque l'a vu alors est de ceux qui l'aiment.

Nul ne l'approchait, nul ne le quittait sans recueillir et sans emporter l'impression d'une bienveillance infinie. Ah! sa mort aura sans doute désolé ses auxiliaires d'abord; mais dans plus d'un village des Bouches-du-Rhône, sous l'humble toit de l'ouvrier, plus d'un cœur aura battu d'une émotion douloureuse, plus d'un regard se sera voilé de larmes à cette nouvelle qu'Esquiros n'était plus.

Il n'est plus. Il habite maintenant l'idéale région où n'atteignent pas les faux jugements et les âpres rancunes. Il est arrivé, trop tôt pour nous, mais après une traversée qui a été rude pour lui, à l'heure qui devrait, chez un peuple qui se respecte, être le signal de l'équité et de la réparation. Nous le regretterons, nous l'honorerons, nous l'aimerons, mais nous ne le pleurerons pas. Il nous convient de regarder la mort même des plus chers et des meilleurs parmi les nôtres avec une confiance virile dans l'éternelle loi qui utilise tous les efforts pour acheminer, à travers des luttes mortelles, les hommes vers la justice, pour étendre le règne de la raison, pour agrandir le domaine de la liberté en diminuant celui du destin. Non, nous ne le pleurerons pas, parce que son existence, bien remplie et jusqu'au bout honorable, n'attend plus que cette couronne de gloire tempérée, ce regard bienveillant que la postérité ne refuse pas à l'homme de lettres qui fut en même temps un honnête homme. Les destinées qu'il faut pleurer, ce sont les destinées flétries par le mensonge et l'égoïsme ou les destinées demeurées volontairement infécondes. Quant à ceux qui ont bien travaillé et courageusement vécu, nous n'avons qu'à les aimer et à les remercier : car à travers les déceptions que chaque jour, chaque heure nous apporte quand le découragement nous effleure, leurs noms seuls nous relèvent, le souvenir de leur existence nous rassérène et nous fortifie.

DISCOURS

prononcé le 18 mai 1876

AUX OBSÈQUES DE MICHELET

Après les nobles et touchantes paroles prononcées par les amis, les élèves, les collègues et les confrères de M. Michelet[1], et qui ont fait revivre un instant devant nous non seulement l'historien, le savant, l'écrivain et le poète, mais encore cette figure étincelante d'esprit et ce regard où brillait la double flamme du génie et de la bonté, que pourrais-je ajouter qui soit digne de cette tombe illustre? J'obéis pourtant à un désir sacré pour moi en me hasardant à vous retenir encore quelques instants dans ces lieux que Michelet, comme on vous le disait tout à l'heure, aimait, où il se plaisait, jeune et encore inconnu, à promener ses pieuses rêveries et où l'attirait le culte des morts. Que dis-je, le culte des morts? Non, le culte de la vie. La mort n'existait pas pour lui; elle n'était qu'un voile transparent derrière lequel il suivait le travail toujours renaissant de l'artiste éternel; elle n'était que le flot fugitif et limpide au fond duquel il se plaisait à contempler les réalités impérissables. Soit qu'il errât dans ce champ du repos, soit qu'il parcourût le champ de l'histoire, les morts se levaient au signal de ce puissant résurrecteur et lui faisaient confidence de leurs pensées, de leurs instincts, de leurs

---

1. Les discours précédents avaient été prononcés par MM. Bersot, au nom de l'Académie des sciences morales et politiques, Laboulaye, au nom du Collège de France, Havet, au nom de l'École Normale, et Jules Quicherat, au nom de l'École des Chartes.

souffrances. Ils lui révélaient le secret de la vie pour qu'à son tour il nous le transmît.

C'est dans cette fréquentation qu'il avait développé cette sympathie qui embrassait tout, depuis l'insecte jusqu'à l'homme, et qui était la meilleure moitié de son génie. Non! il ne croyait pas à la mort. Je voudrais que ce mot tombât dans le cœur de sa courageuse veuve, non pour le ranimer : n'y vit-il pas encore tout entier?

Quant à nous, écrivains, professeurs ou hommes politiques, nous lui devons trop pour l'oublier jamais. Je manquerais à la vérité si je voulais en faire un homme de parti, si je tentais de l'enlever à la sphère supérieure et paisible où il a vécu, pour le faire descendre dans la poussière et parmi les cris qui remplissent nos bruyantes arènes.

Il se connaissait, il se jugeait avec une sagacité impitoyable pour lui comme pour tout le reste, et c'est pourquoi, respectueux de sa mission, animé de l'unique ambition d'achever son œuvre, il avait toujours résisté obstinément aux sollicitations les plus séduisantes : il n'avait jamais voulu quitter le domaine où il se sentait puissant et souverain.

Mais personne ne sera tenté d'attribuer le dédain de l'action à ce travailleur matinal, à ce fils du xviiie siècle, qui a résumé la loi de l'existence humaine et le secret du bonheur terrestre dans cet unique mot : Agir.

Soit qu'il écrivît, soit qu'il enseignât, Michelet ne croyait pas déroger aux plus strictes obligations de la science, il ne croyait pas non plus distraire les jeunes gens de leur voie studieuse en n'oubliant jamais qu'il était du xixe siècle, en ne feignant jamais d'ignorer ce qui se passait à la porte de l'école.

Il ne pensait pas que ce fût bien servir les jeunes gens que de leur dérober l'origine, le sens, la gravité de nos luttes contemporaines; il ne croyait pas non plus qu'il fût permis à l'écrivain de se renfermer dans le monde de la spéculation et de la fantaisie, de se bercer dans un oubli voluptueux de tous les intérêts actuels. Ainsi, pensait-il, demeure stérile, ainsi se trouve frappée d'une caducité précoce l'œuvre de prétendus penseurs qui dédaignent les leçons de la vie active et qui, sous prétexte de ne s'occuper que de l'éternel, abaissent un regard de dédain sur les luttes des hommes.

Au contraire, la vie de Michelet a été une longue, une incessante action, et toujours il a été attentif et sympathique à toute

action généreuse. Et qui le sait mieux que nous ? Dans une des
plus sombres journées du mois de novembre 1870, quand le naufrage paraissait à beaucoup inévitable et prochain, ceux qu'un
sort capricieux avait chargés du fardeau, bien lourd pour leurs
faibles épaules, d'organiser en province les débris de nos forces
nationales, ceux-là reçurent une brochure de quelques pages. Un
cri involontaire avait jailli du cœur brisé de Michelet. Frappé
jusqu'au plus profond de son âme, mourant déjà du malheur de la
patrie, pendant que d'autres, et parmi les plus fermes, se pre-
naient déjà à désespérer, pendant que les semeurs de découragement se multipliaient et allaient d'heure en heure élevant la voix, il
nous envoyait, lui, du fond de sa retraite, un cri de confiance ; il
nous rappelait, pour nous soutenir, que les nations ne vivent pas
seulement de pain, mais d'honneur, et que, pour renaître, il faut
qu'elles sachent traverser la mort. Il nous envoyait, comme dans
un testament anticipé, son acte de foi invincible dans ce peuple
dont, mieux que personne, il connaissait toutes les ressources
morales et dont l'âme vibrait en lui.

Cet acte de foi était-ce une illusion ? Non, car la France,
épuisée et vaincue, a eu raison de l'ironie et elle a imposé silence
à ses insulteurs ; et la France était plus respectable après la
défaite, quand ses bataillons périssaient engloutis dans les neiges,
que lorsqu'elle brillait de toutes les pompes de l'Empire.

Et si la France ne s'est pas abandonnée elle-même, si, devant
ses arsenaux vides, devant ses places fortes livrées l'une après
l'autre à l'ennemi, devant ses vaillantes armées rendues prison-
nières, se réveillant au matin dans le dénûment et l'abandon, elle
a retrouvé cette force suprême qui crée toutes les autres et qui,
parfois, les supplée : la confiance en soi, le devoir de ne pas
démentir la glorieuse tradition des ancêtres, qui pensera que
Michelet, le chantre épique de Jeanne d'Arc et de 92, le professeur qui, pendant quarante années, avait attisé dans tant de
jeunes cœurs le feu de l'amour de la patrie, qui dira qu'il n'y fut
pour rien ?

Oh ! messieurs, voilà comment une grande âme peut en allumer
des milliers, comment la flamme sainte se propage. Le potier
brise le vase à son heure, mais le parfum, au lieu de se perdre, se
répand au loin, invisible et vivifiant. Nul ne sait, nul ne saura
jamais combien un conseiller tel que Michelet peut avoir, en nos
temps d'épreuves, raffermi des cœurs un instant ébranlés.

Il y a dans la vie des hommes publics, mêlés à nos luttes contemporaines, des heures cruelles. Ce ne sont pas celles où la
mêlée est ardente, où les coups se reçoivent et se rendent. Non,
ce sont celles où, devant la complexité de la tâche entreprise,
devant les difficultés quelquefois croissantes de l'œuvre à accomplir, en présence des ténèbres qui nous dérobent l'avenir, après
tant de défaites subies, quand la fortune s'est jouée tant de fois de
nos efforts et qu'elle a renversé si souvent notre édifice à peine
sorti de terre, c'est alors que parfois le cœur sincère se sent pris
d'angoisses et se demande avec déchirement s'il est dans la vérité.
Un tel doute, si court qu'il soit, recèle une douleur infinie, car
ce n'est pas le salut d'un homme qui est en jeu, c'est celui d'un
peuple et du monde. Ah! ceux-là n'ont qu'une faible idée du
drame dans lequel tous, à cette heure, qu'ils le sachent ou qu'ils
l'ignorent, jouent leur rôle, qui n'ont jamais, pas même un jour,
une heure, une minute, ressenti cette poignante perplexité.

Michelet avait connu cette agonie, et il en était sorti vainqueur, l'âme retrempée, l'intelligence agrandie. Aussi, messieurs,
qui ne se rassurerait lorsqu'il nous crie : Non! la France ne s'est
pas trompée quand elle a fait la Révolution! Non! les grands
hommes qui l'ont préparée et accomplie n'ont pas été le jouet
d'un mauvais génie! Ne perdez pas courage, ô vous qui manœu-
vrez à cette heure le vaisseau de la patrie; fermez l'oreille aux
avertissements des faux sages qui vous crient que vous faites
fausse route et que vous allez vous perdre dans les glaces
éternelles. Non! vous êtes dans la voie de la vérité et de la vie.
Bientôt le printemps va venir, les glaces vont fondre, déjà le
passage est ouvert, voici la grande mer : elle s'appelle la justice,
elle s'appelle la démocratie.

Voilà l'enseignement qui sort de cette tombe, voilà ce que vous
dit la voix d'un des hommes qui ont le mieux connu la France,
qui l'ont aimée du plus grand cœur, de l'homme qui en a célébré
le plus magnifiquement toutes les grandeurs et toutes les époques.
C'est en l'étudiant dans son passé qu'il a recueilli le secret de sa
destinée présente : c'est pour l'avoir toujours écoutée qu'il ne
s'est jamais égaré. Lui-même, cherchant avec cette sincérité dans
laquelle il entrait de la fierté, sans doute, mais point d'amour-
propre, en quoi il se distinguait de ses contemporains illustres,
en quoi consistait son avantage particulier, répondait naïvement :
« Je suis resté peuple. » Quoi donc! Michelet, qui a dépensé la

moitié de son génie a préparer la réconciliation des classes, à restaurer entre elles le lien fraternel de la famille française, divisait-il la France en fractions? Lui, le fils de l'imprimeur arrivé à la gloire, entendait-il décerner à une classe privilégiée des mérites au-dessus des autres?

Non, messieurs, la démocratie à laquelle il croyait, et dont le salut, s'identifiant pour lui avec la justice, avait pris dans son âme poétique et tendre l'autorité d'une religion, cette démocratie embrassait toutes les classes, ou plutôt elle les confondait dans une harmonieuse unité. C'est pour cela qu'il se séparait de ceux qui, dans l'orgueil d'une illustration ancienne, ou qui, se laissant trop facilement éblouir à l'éclat de leur fortune d'hier, laissaient voir, à l'égard des foules laborieuses, les mépris qui irritent ou les insultantes peurs.

Quant à lui, il les aimait, et c'est parce qu'il les aimait qu'à mesure qu'il avait vu, dans le cours de son histoire, au-dessus de cette France théâtrale de gentilshommes oisifs, à genoux autour d'une idole, — à mesure qu'il avait vu la vie française se concentrer dans une cour écrasant de son poids, épuisant de son insatiable appétit tout le monde du travail, il était devenu de plus en plus sévère. Et c'est alors que lui, l'historien pieux de Louis IX, l'interprète ému du génie de la vieille France, il n'avait pas craint, au risque de déconcerter des respects de convention et d'étonner des admirations superstitieuses, il n'avait pas craint de dépouiller, à la face du monde, ces nullités solennelles. C'est alors que son rire vainqueur avait éclaté, sous les arceaux de Versailles, à la face de cette France travestie dont l'éclat factice n'éclipsait pas, à ses yeux, la grandeur impérissable et le bon droit éternel de cette France muette qui attendait son jour.

Gardons-nous, messieurs, gardons-nous de croire et de dire qu'il enseignait ainsi à la France le dédain de son passé, qu'il achevait de ruiner, chez la jeunesse, l'habitude déjà trop affaiblie du respect. Ceux auxquels il a été donné de le connaître et de l'entendre savent s'il avait l'amour du passé, qu'il vénérait la tradition jusqu'à la tendresse; mais, lorsqu'il s'appliquait à dissiper le respect corrupteur qui s'adresse aux fictions et aux idoles, que se proposait-il, sinon de restaurer le respect salutaire qui n'est dû qu'à la vertu et au bon droit? Comme Pascal et comme Voltaire, ses ancêtres, il avait reçu les cordelettes sacrées de l'ironie pour expulser les fausses grandeurs de la place qui n'appartient qu'aux véritables. Et c'est pour cela qu'ayant traversé tant de cours, vécu avec les grands et avec des rois, touché de ses mains les majestés ridicules, pris la mesure des colosses d'argile, et étant sorti de ces fréquentations tel qu'il était entré, il disait en s'applaudissant : Je suis resté peuple.

Mot profond où l'on sent vibrer tout ce qu'il y avait en lui d'affection pour le travail, de tendresse pour les petits et les humbles, de sympathie pour tout ce qui souffre.

Grave conseil à ne jamais oublier, qui s'adresse à nous tous, messieurs, trop souvent portés, sous mille prétextes, à nous circonscrire et à nous mettre à part; mais qui s'adresse surtout à vous, jeunes gens, appelés peut-être aux destinées brillantes, qui vous abreuvez librement aux sources du savoir, et auxquels il sera donné de cueillir les fruits d'or de la vie. Ne vous isolez jamais : restez peuple, restez ce qu'on est à vingt ans, quand on a un cœur large, sympathique et vaillant.

Où serait-il permis de le dire, messieurs, si ce n'est ici où, tout autour de nous, de ces tombeaux semble sortir une leçon de démocratie? Les hommes sont égaux dans la mort, mais il n'y a pas loin, même dans la vie, du plus fier de sa sagesse et de son expérience au plus humble : mêmes dévouements et mêmes vertus, mais aussi mêmes misères et mêmes souffrances se retrouvent partout.

Ne vous isolez jamais, restez peuple, non pour aduler les foules, mais pour leur faire partager les nobles idées dont elles sont avides, pour les comprendre, pour les aimer, pour les instruire, pour mériter d'être écoutés d'elles : c'est le commencement de la réconciliation.

Maintenant, nous pourions nous éloigner de la tombe de Michelet en emportant comme un cordial le souvenir de ce que la France, de ce que chacun de nous doit à ce conseiller, à cet homme de courage et de vertu, mort dans l'unique et austère religion de la justice, après avoir passé sa vie, employé ses efforts, épuisé son génie à en propager le culte. Comme nous tous, messieurs, il avait comme une autre religion, et vous savez tous de quelle voix enchanteresse, avec quelles couleurs merveilleuses il en a célébré la poésie qui charme les ennuis du moyen âge et qui, parfois, en assoupit les douleurs. Il se sépara de cette religion qu'il avait aimée, pour suivre une autre lumière, lorsqu'il crut que son flambeau était devenu insuffisant ou dangereux pour le monde.

Plus tard sa voix redoutée s'éleva contre ceux qui la pervertissent et en abusent pour la faire servir à leurs calculs de domination et exploitent jusqu'aux douleurs des hommes pour leur imposer leur joug. Mais jamais, jusqu'à la fin de sa vie, il ne parla de cette vieille religion, dont les psalmodies ont bercé l'enfance des sociétés modernes, qu'avec une respectueuse pitié.

A Dieu ne plaise, messieurs, que, dans ce lieu où sont versées tous les jours tant de larmes, parmi ces pierres sous lesquelles dorment tant d'espérances moissonnées, tant d'affections prématurément ensevelies, en face de ces symboles au pied desquels tant de désespoirs ont peut-être trouvé une heure d'adoucissement, à Dieu ne plaise qu'il m'échappe une parole capable de contrister une âme simple et que pût désavouer celui que nous saluons pour la dernière fois. Mais il me sera bien permis de dire que les rites, les chants et les cérémonies ne sont pas la religion, et ceux qui profitent de l'heure où nous enterrons les nôtres et où nous leur faisons un cortège de nos admirations et de nos regrets pieux, pour leur jeter l'outrage, pour scandaliser les faibles, pour tâter les courages et savoir si le moment ne viendra pas bientôt pour eux de passer de l'injure à l'intolérance, — ceux-là ne feront pas que la religion réside dans les pompes extérieures. Michelet, j'ose le dire, a été, dans le sens le plus élevé du mot, un homme religieux, et si on lui eût demandé pourquoi il avait rompu avec la religion, il aurait pu, comme le poète, répondre dans la sincérité de sa foi : Par religion.

La sienne était d'étudier, de comprendre, d'adorer, en ses œuvres infinies, la puissance d'amour qui se révèle dans les instincts de l'insecte et de l'oiseau, comme dans la lente création de la justice parmi les hommes. Si, comme on vous l'a dit, il aimait l'histoire par-dessus tout, c'est qu'il croyait y apercevoir plus distinctement l'infaillible action de cette puissance qui se sert du génie des uns, de la vertu des autres, de la bonne volonté de tous pour engendrer la liberté.

Il a travaillé longtemps, et qui sait ce qu'il a dû souffrir dans ce long effort! Il n'a pas souffert seulement de injustices et des ignorances de la critique, de la légèreté des jugements humains, de la fragilité des plus chères amitiés, des coups répétés de la mort qui frappait à son foyer, de ses souffrances obscures qui, sans catastrophes éclatantes, bien souvent compensées pour quelques-uns par le bruit qu'elles font, suffisent amplement à attrister

la vie. Il a encore, ne l'oubliez pas, ressenti les souffrances accu
mulées des siècles qu'il a racontés ; il a retraversé, par cette sympathie qui était le ressort, mais aussi la rançon de son génie,
toutes les douleurs de ce peuple qui fut son unique héros. Il ne
s'est pas lassé. Soutenu, rafraîchi d'année en année par une affection sans pareille, par la plus douce et la plus chère des collabo-
rations, tandis que bien d'autres voient leur œuvre rester ina-
chevée, il a mené la sienne à terme, et c'est pourquoi il est mort
en adressant à Dieu une parole de reconnaissance « pour tant de
biens, pour tant d'œuvres, pour tant d'amitié ».

Que maintenant il dorme en paix sous ces couronnes ! Nous
pouvons prononcer sur lui ces paroles d'un autre travailleur infatigable, de son vieil ami Luther : *Beati mortui, quia requiescunt!*
Heureux les morts parce qu'ils se reposent !

DISCOURS

SUR

LA PROPOSITION DE LOI RELATIVE

A

LA COLLATION DES GRADES

prononcé le 18 juillet 1876

AU SÉNAT

A la suite des élections sénatoriales et législatives, le ministère présidé par M. Buffet avait donné sa démission; il fut remplacé par un ministère où M. Dufaure réunissait, sous sa présidence, MM. Ricard, le duc Decazes, Waddington, Léon Say, Christophle, Teisserenc de Bort, le général de Cissey et l'amiral Fourichon. La déclaration qu'il porta le 14 mars devant les Chambres, annonçait que le gouvernement proposerait la modification des articles 13 et 14 de la loi du 12 juillet 1875 sur la liberté de l'enseignement supérieur. Le 23 mars, M. Waddington, ministre de l'Instruction publique, remplit cet engagement en déposant un projet qui réservait aux seules Facultés de l'État le droit de collation des grades. Voté par la Chambre, le projet de M. Waddington fut discuté par le Sénat dans la séance du 18 juillet 1876; M. Paris, rapporteur, concluait au rejet du projet. Le projet, combattu par MM. Dupanloup, le duc de Broglie, Laboulaye et Wallon, fut défendu par MM. Dufaure, Waddington, Jules Simon, Berthauld et Challemel-Lacour, qui s'exprima en ces termes :

M. CHALLEMEL-LACOUR. Messieurs, ce n'est, je dois vous l'avouer, qu'après une certaine hésitation que je me suis décidé à monter à cette tribune. J'ai été longtemps partagé entre le devoir, impérieux ponr moi, de venir exprimer et, si je le puis, justifier une conviction à laquelle je ne puis rien, et la crainte de tourner contre une loi d'une importance, selon moi, considérable, les préventions qui peuvent exister çà et là contre les opinions ou contre le nom de l'orateur. J'ai dû, messieurs, surmonter cette crainte comme injuste, comme peu respectueuse pour le Sénat. (*Très bien! très bien! à gauche.*) Je me refuse à croire qu'en une question aussi grave aucun de mes collègues puisse prendre conseil d'autre chose que de l'intérêt public et de la vérité. (*Très bien! très bien! sur les mêmes bancs.*)

Je voudrais, pour ne pas compliquer le débat, écarter toute considération théorique sur la liberté de l'enseignement supérieur, laquelle n'a, selon moi, rien à faire dans la question. Tout le monde, d'ailleurs, sait trop bien que cette liberté n'est pas entendue de la même manière par tous ses partisans. Je voudrais surtout, chose malheureusement plus difficile, m'abstenir de toucher à certaines questions d'une nature plus délicate encore, ou ne le faire, si j'y suis obligé, qu'avec la plus extrême réserve.

Lorsque, il y a dix-huit mois, au début même de la discussion sur l'enseignement supérieur, il fut dit à cette tribune que la question intéressait principalement, sinon d'une manière exclusive, l'Église catholique, cette assertion causa dans l'Assemblée d'alors un certain étonnement; elle souleva même, si j'ai bonne mémoire, d'assez vives protestations. Je ne pense pas qu'aujourd'hui, après ce que nous avons vu et entendu depuis un an, personne puisse en contester l'exactitude. Oui, il est certain qu'aux yeux des catholiques, — et à leurs yeux seuls, — il s'agit d'une conquête capitale à conserver : de là, l'ardeur avec laquelle on s'apprête à la défendre; de là l'agitation qui se produit par un pétitionnement habilement organisé; de là les protestations qui ont éclaté dès la présentation du projet de loi et les vives attaques dirigées contre le ministre qui, d'accord avec le cabinet tout entier, s'était décidé à le présenter.

On a manifesté d'abord une surprise qui n'était peut-être pas aussi profonde qu'elle l'a paru, qui, dans tous les cas, n'était point justifiée. Oui, il est vrai, la stabilité dans les lois est un grand bien : tout le monde en est d'accord; elle est la condition de leur autorité, de la confiance qu'elles doivent inspirer à la société; mais cette stabilité, il ne faut pas l'oublier, ne s'obtient que par l'attention scrupuleuse du législateur, non seulement à ne blesser

ou à ne trahir aucun droit ; non seulement à tenir compte de l'opinion publique, des préoccupations même excessives auxquelles il
peut lui arriver de s'abandonner ; mais surtout à ne point profiter
d'une situation exceptionnelle, d'un entraînement passager pour
enlever une victoire précaire. (*Très bien ! à gauche.*)

A cet égard, il est permis de croire que les vainqueurs n'ont
jamais eu dans leur triomphe qu'une demi-confiance. La précipitation — qu'on me permette de le dire — presque fébrile avec
laquelle ils se sont empressés d'en tirer parti, de créer des intérêts pour s'en faire un argument, trahissait déjà une préoccupation involontaire. Et, d'autre part, les commentaires imprudemment ajoutés à la victoire à peine obtenue expliquent assez
l'émotion qui s'est produite dans une partie notable de l'opinion
publique. C'est alors que le gouvernement, gardien des droits de
l'État, appréciateur des mesures nécessaires pour rassurer l'esprit public et pour tenir en respect les ambitions intempérantes,
a cru devoir demander sur un point unique, mais grave, je le
reconnais, une modification à la loi votée l'année dernière.

S'il l'a demandée sans délai, c'est — je le pense du moins, car
je n'aurai garde de m'arroger le droit de parler en son nom...
(*Bruit à droite.*) — c'est qu'il n'a pas voulu avoir l'air de sanctionner par un long ajournement l'abandon de ce qu'il considère
avec raison, selon moi, comme un droit de l'État ; c'est qu'il n'a
pas voulu entretenir des illusions qu'un avenir prochain devait
dissiper ; c'est aussi peut-être avec l'espoir d'obtenir de la sagesse
de tous ce qu'il aurait dû plus tard arracher à des intérêts qui
n'auraient pas manqué de se faire de la possession un nouveau
titre. (*Très bien ! à gauche.*)

On s'étonne, en vérité, que l'article 1er de la loi de 1875, la
liberté si large qu'il reconnaît, ne suffise pas aux plus exigeants et
qu'on essaie, par voie de raisonnement et d'extension, d'établir
que la liberté d'enseigner implique le droit de participer à la collation des grades, ou, du moins, aux examens qui en sont la condition.

Il semble, en effet, à regarder les choses simplement, que le
droit d'ouvrir des écoles, de nommer des professeurs, d'enseigner ce qu'on veut et comme on le veut, constitue un droit complet en lui-même ; que ce droit soit une chose, et que le droit de
participer à la collation des grades ou aux examens en soit une
autre.

Et cependant on s'efforce d'identifier ces deux choses, ou du moins de les rattacher si étroitement l'une à l'autre qu'on ne saurait accorder la première sans s'engager par cela même à concéder la seconde. L'expérience, le bon sens, la grammaire elle-même ont beau protester contre cette assimilation ; tous les bons esprits, même parmi les partisans les plus déterminés de la liberté de l'enseignement, — de l'enseignement supérieur notamment, — ont beau reconnaître et proclamer cette distinction, il n'importe! Les adversaires de la loi qui vous est soumise insistent, et ils essaient de montrer la liberté des programmes, la liberté des méthodes, la dignité des professeurs, l'existence même des établissements nouveaux comme engagées dans la question. Ces intérêts sont respectables, messieurs, et je les respecte profondément ; mais ils n'ont, selon moi, et je crois qu'il est facile de l'établir, rien à faire dans le débat dont il s'agit.

J'admire toujours comment, dans certaines questions, il suffit qu'une chose ait été dite une fois pour être répétée éternellement ; et comment, à force d'être répétée, l'assertion la plus futile finit par prendre corps, par s'imposer à la légèreté de nos esprits, par devenir un argument supérieur à l'examen, et comme une sorte d'axiome. (*Très bien! très bien! à gauche.*) En vérité, si la liberté des programmes est compromise, ou même réduite à néant, comme on le dit, par le système d'examens en vigueur jusqu'à la loi de 1875, et dont nous vous demandons le rétablissement, il ne suffit pas de demander, pour les établissements nouveaux, le droit de participer aux examens, il faut aller plus loin : il faut pousser jusqu'où la Belgique vient d'arriver, c'est-à-dire la suppression totale des examens, (*Très bien! à gauche.*) car tant qu'il y aura des examens, il faudra bien qu'il y ait des programmes, c'est-à-dire un ensemble de questions définies sur lesquelles portent les examens ; encore une fois, il faut ou supprimer tout examen on admettre des programmes qui s'imposent aux professeurs et aux élèves.

Est-il besoin de rappeler quelle est, en France, l'autorité chargée de dresser les programmes universitaires ? C'est un conseil dont la composition a été imaginée, dictée par ceux-là mêmes qui sont les adversaires de la loi actuelle ; c'est un conseil dans lequel ils sont sûrs, non seulement de rencontrer des garanties de lumière, mais des garanties de bienveillance et même de faveur pour l'enseignement qu'ils ont à cœur de propager. Il n'est pas à craindre que le conseil supérieur de l'instruction publique les oblige d'omettre ce qu'ils voudraient enseigner et les force à enseigner ce qu'ils voudraient omettre.

Mais, quelle que fût l'autorité chargée de dresser les programmes, je dis qu'un programme n'a pas cette vertu d'opprimer le professeur, de régir et de dominer son enseignement. Un programme peut être dressé avec plus ou moins d'intelligence, il peut être dressé à telle ou telle fin; mais, quel qu'il soit, général ou détaillé, un professeur qui s'attacherait à le suivre pas à pas, article par article, ne pourrait donner qu'un enseignement mesquin et misérable. J'aperçois ici, messieurs, des professeurs, la plupart éminents, quelques-uns illustres, de physiologie, de droit, de philosophie, d'histoire; je me permets d'invoquer leur expérience, car je n'ose parler de la mienne en leur présence; j'oserai leur demander si les professeurs les plus appréciés des élèves, les plus heureux dans les examens, ne sont pas ceux pour qui les programmes n'ont jamais été une chaîne et un joug, si ce ne sont pas ceux qui ont toujours su enseigner la science librement et largement. (*Très bien! à gauche.*)

Et, messieurs, si ces autorités ne suffisaient pas, je pourrais en alléguer que personne, de ce côté du moins (l'orateur montre la droite), ne serait tenté de récuser; je puis en alléguer deux au moins : l'une est celle d'un professeur de l'université catholique de Louvain, l'autre est celle de M. Delcour, ministre de l'intérieur de Belgique, membre distingué du parti catholique, professeur lui-même. Or, dans la séance du 21 mars dernier, M. Delcour, répondant à un député de son parti qui se trouvait accidentellement son adversaire, M. Kerwyn de Lettenhove, s'exprimait ainsi :

« On a prétendu que le programme des examens compromet la liberté d'enseignement. L'honorable M. Thonissen (de Louvain) nous a dit cependant que jamais sa liberté de professeur n'a été gênée en aucune manière.

« Sans doute, quand il y a un programme, il faut bien que le professeur l'observe dans son enseignement.

« Mais voyons quel est le programme de l'enseignement universitaire. En ce qui concerne le droit, j'y vois figurer le droit civil, le droit criminel, le droit public, le droit romain. Or, je vous le demande, messieurs, l'obligation d'aborder ces matières générales peut-elle avoir pour effet d'empêcher le professeur

d'enseigner comme il l'entend? Doit-elle le gêner en quoi que ce
soit, même dans l'appréciation d'une question quelconque? Évidemment non.

« J'ai eu l'honneur d'enseigner le droit public, le droit administratif, le droit civil. Eh bien, j'affirme que jamais je n'ai été
gêné par le programme, ni dans mes opinions, ni dans le mode
de mon enseignement, ou dans l'appréciation des auteurs. »

Eh bien, messieurs, ce qui est vrai des programmes l'est, pour
le moins, au même degré des méthodes. Que n'a-t-on pas dit de
la liberté des méthodes et de l'atteinte qui serait portée à cette
liberté précieuse par le système des examens actuels? J'ose dire
que ce système laisse subsister dans sa plénitude la liberté des
méthodes; et ici, messieurs, je ne puis me défendre d'un souvenir.
Il y eut un temps, c'était vers 1850, où l'on revendiquait comme
aujourd'hui, avec la même ardeur, la liberté des méthodes, où
l'on ne tarissait pas sur les bienfaits que devait produire, comme
par magie, cette liberté sur le merveilleux rajeunissement qu'elle
devait apporter dans l'enseignement secondaire, et l'on opposait,
par anticipation, à la routine universitaire les nouveautés admirables qui ne demandaient qu'à se faire jour pour produire tous
leurs fruits. Eh bien, messieurs, la loi de 1850, que je respecte
profondément puisqu'elle existe, cette loi dure déjà depuis vingt-
cinq ans, et je cherche encore où sont ces méthodes qui devaient
tout renouveler, ce qu'il est advenu de ces nouveautés si bruyam-
ment promises; et si elles existent, quoique nous ne les connaissions pas et que même nous n'en ayons jamais entendu parler, je
demande que, du moins, on nous en montre les effets. Je regarde
si, parmi la jeunesse instruite d'après ces méthodes, les études
sont plus sérieuses et plus solides, si les humanités y sont plus
en honneur, si l'intelligence y est plus élevée et plus vigoureuse.
Je regarde la jeunesse depuis vingt-cinq ans, et je suis forcé de
douter. (*Très bien! à gauche.*) Je doute, quand on me parle de ces
nouveautés si grosses d'avenir et qu'on craint de voir étouffer
dans leur germe... et je me demande si toutes ces nouveautés ne
pourraient pas aboutir simplement à enseigner la philosophie
selon saint Thomas ou le droit public selon Bellarmin! (*Très
bien! très bien! à gauche. — Rires ironiques à droite.*)

Quoi qu'il en soit, messieurs, je suis grand partisan de la liberté
des méthodes; je veux que cette liberté soit reconnue, acquise,
garantie aux établissements nouveaux comme à l'Université; cela

ne me suffit pas, je veux que chaque professeur ait la pleine liberté de sa méthode.

Il n'y a, messieurs, qu'un bien petit nombre de méthodes de démonstration, mais les méthodes d'enseignement sont innombrables ; il y en a autant que de professeurs, et tant vaut le professeur, tant vaut la méthode. (*Très bien !*)

Quant à moi, élève ou professeur, je n'ai jamais rencontré, soit parmi mes collègues, soit parmi mes maîtres, ou dans les grandes écoles de France, ou dans les grandes universités étrangères qu'il m'a été donné de traverser, je n'ai jamais rencontré d'homme de valeur qui n'eût sa méthode à lui, ses procédés particuliers. Étaient-ils gênés par les examens ? Il n'y a jamais paru. Quelle que soit, en effet, la méthode employée, que ce soit l'analyse ou la synthèse, que ce soit la méthode historique ou la méthode dogmatique, que ce soit la méthode socratique ou la méthode déductive, que le professeur fasse parler les élèves, ou qu'au contraire il se prodigue lui-même, il faut toujours que l'élève arrive à pouvoir répondre sur les programmes. Eh bien, plus la méthode est libre, plus l'enseignement est large et libre, et moins il y a de risque que l'élève se laisse déconcerter ou par les termes dans lesquels la question est posée ou par les habitudes personnelles du professeur.

Les seuls qui ont à redouter ces sortes de périls, ce ne sont pas les professeurs dignes de ce nom, ce sont les préparateurs de métier, qui ne connaissent qu'une méthode mécanique et qui sont vraiment le fléau de l'enseignement. Or, messieurs, — et ici vous serez tous de mon avis, — quels que soient les examinateurs, il faut souhaiter que par leur sévérité, leur vigilance, ils découragent et chassent, s'il se peut, de l'enseignement ceux qui pratiquent, ceux qui propagent ces procédés corrupteurs. (*Très bien ! très bien ! à gauche.*)

Quant aux professeurs sérieux, ils peuvent se livrer sans péril à la liberté de leurs méthodes, et ceux qui recevront leur enseignement n'auront rien à craindre des examens.

J'arrive, messieurs, à quelque chose de plus grave. Il a été dit, et il est répété dans le rapport de l'honorable M. Paris, que la loi qui vous est soumise, en refusant aux établissements nouveaux le droit de participer à la collation des grades, c'est-à-dire aux examens qui en sont la condition, humilie leurs professeurs devant ceux de l'Université, enlève aux universités nouvelles les chances d'une concurrence loyale, compromet enfin leur existence. Et l'on s'est emporté jusqu'à dire que, réduite à la seule liberté d'enseigner, la loi de 1875 était une hypocrisie et un mensonge!

Nous l'avons entendu, messieurs; cela a été dit, écrit, publié, et il n'y a pas d'argument sur lequel on soit revenu avec plus d'énergie et plus souvent.

Je crains, messieurs, que cet argument n'en soit pas meilleur, et, si vous me permettez de le dire, il me reporte à une époque déjà bien éloignée, où se livraient d'autres luttes, des discussions bien différentes. Lorsque, il y a vingt-huit ans, nous assistions à la fortune momentanée d'utopies aussi funestes aux classes laborieuses qui s'y laissaient séduire que grosses de malentendus dangereux, et lorsque, pour arracher les ouvriers à la séduction des plus absurdes systèmes, nous les invitions à regarder leur situation telle que la Révolution française l'a faite, lorsque nous leur montrions le travail libre, l'industrie libre, l'ouvrier affranchi de toute entrave, libre de donner l'essor à son activité et à son esprit d'invention, plusieurs nous écoutaient; d'autres, plus réfractaires, nous disaient : « Que nous importent la liberté et la concurrence, si nous n'avons pas, pour entamer et soutenir la lutte, ce qui abonde aux mains de nos rivaux : le capital, la clientèle acquise, l'instruction, les moyens d'action et de publicité? Que nous importe la liberté, si nous n'avons pas l'égalité? »

Depuis, ils ont compris, et nous devons tous nous en féliciter, que l'égalité n'est pas le point de départ, qu'elle est le terme; (*Très bien! très bien! à gauche.*) qu'il n'y a d'égalité sérieuse et solide que celle qui a la liberté pour origine et pour garantie; (*Très bien! très bien!*) que la légalité, en un mot, est la récompense de la liberté bien employée. (*Très bien! très bien! sur un grand nombre de bancs.*)

Eh bien! chose étrange, voilà qu'un raisonnement analogue, identique, nous est opposé aujourd'hui d'un autre côté. On nous dit encore : « Que nous importe la liberté, si nous n'avons pas l'égalité? » Et l'on ajoute avec une franchise qui jette un grand jour sur la situation : « Vous nous donnez le droit d'exister, et vous nous refusez les moyens de vivre! — ce sont, si je ne me trompe, les propres termes de M. Paris, — car ne voyez-vous pas qu'il nous est impossible de vivre, que les élèves ne viendront jamais à nous si nous n'avons pas le droit de les examiner nous-mêmes? ne voyez-vous pas que les pères de famille ne nous confieront pas leurs enfants, s'il leur faut pour cela s'exposer à la chance de rencontrer la prévention, risquer d'encourir à quelque degré la défaveur des examinateurs de l'Etat? »

Voilà, messieurs, ce qu'on dit. Je ne proteste pas une fois de plus contre ce qu'il y a d'injuste et, le dirai-je? d'absurde dans un soupçon à l'appui duquel on n'alléguerait pas un seul fait. Mais je me permets de m'étonner et de répondre : C'est au nom de la liberté des pères de famille que vous avez demandé et obtenu la concession qui vous est si chère. Vous nous les montriez alors en proie à des alarmes dont vous connaissiez bien l'étendue, car c'est vous qui les aviez fait naître : vous nous les montriez effrayés, indignés, désespérés d'avoir à livrer leurs enfants à cet enseignement de perdition, qui se donne pourtant à ciel ouvert, sous l'œil de l'opinion, en partie sous votre contrôle, dans les écoles de l'Etat. Vous ne tarissiez pas en adjurations aux pouvoirs publics d'avoir à calmer ces alarmes, à tenir compte de ces réclamations, à apaiser ces inquiétudes d'autant plus saintes qu'elles portaient non pas sur un intérêt secondaire de science ou de succès, mais sur un intérêt primordial de conscience et de foi!

Et voilà que, tout d'un coup, ces alarmes si vives se dissipent; elles tombent! Voilà que cet intérêt supérieur est sacrifié à un tout petit intérêt. Voilà que les pères de famille qui se détournaient avec effroi, presque avec horreur, de l'enseignement universitaire, y sont — c'est vous qui nous le dites — ramenés, et par quoi? par une crainte illusoire, sans prétexte, sans fondement, par la crainte de trouver les examens un peu plus difficiles, les chances de succès un peu moins grandes pour leurs fils s'ils sortaient de vos écoles.

Mais permettez-moi de vous exprimer ma profonde surprise et de vous demander : Qu'y avait-il donc de sérieux dans ces alarmes, si elles cèdent devant une préoccupation si infime? Et si ces alarmes n'avaient rien de sérieux, quelle est donc la valeur qu'on peut accorder à votre argument de la liberté des pères de famille? (*Très bien! à gauche.*)

Messieurs, la liberté est dans la loi. La loi de 1875 reconnaît, consacre la liberté d'ouvrir des établissements, de choisir des professeurs, de donner un enseignement strictement orthodoxe. Mais cela ne suffit pas. On veut que des corporations sur lesquelles l'État ne peut rien, — car le droit de surveillance qui lui est reconnu par l'article 7 est, tout le monde en conviendra, une garantie bien insuffisante, pour ne pas dire complètement illusoire, — on veut que des corporations partagent, au nom de l'égalité, avec l'État un droit que personne d'ailleurs ne songe à lui contester.

Messieurs, par un raisonnement analogue ou plutôt par un nouvel abus de logique, demain on demandera la pleine domination!

A gauche. Très bien! (*Protestations à droite.*)

M. CHALLEMEL-LACOUR. Messieurs, vos protestations ne m'étonnent point, je crois fermement qu'elles partent du cœur; mais enfin, nous lisons, comme vous, les publicistes en crédit, les auteurs approuvés dans le monde religieux; nous recueillons comme vous les déclarations qui émanent des autorités les plus hautes, et nous savons ce que, dans le sens vraiment orthodoxe, signifient ces grands mots, ces mots respectables et respectés, de liberté de l'enseignement et de liberté de l'Église. A cet égard, les textes abondent; je pourrais vous en citer un tel nombre, d'un tel caractère, émanant d'une telle source, que personne d'entre vous ne serait tenté de les récuser.

Eh, messieurs, faut-il vous rappeler ce que nous avons entendu dans les congrès de la saison dernière, ce que disait à Poitiers un prélat auquel le nom, le nom seul, entendez-vous, de liberté de l'enseignement donnait le frisson? et n'avons-nous pas encore présentes à l'esprit les paroles que le pape, le pape lui-même, écrivait il n'y a pas longtemps à l'un des plus valeureux champions de la liberté de l'enseignement supérieur pour le féliciter de sa victoire?

Souffrez que je fasse passer sous vos yeux les paroles par lesquelles débutait cette lettre de félicitations :

« Quoiqu'il répugne aux éternelles lois de la justice, et même à la saine raison de mettre sur le même rang le vrai et le faux, et d'accorder à l'un et à l'autre des droits pareils, cependant, comme l'iniquité des temps a transféré à l'erreur un droit qui, de sa nature, n'appartient qu'à la vérité, et que, sous le nom assez inconvenant de *liberté*, elle lui confère le pouvoir d'ensemencer à son gré, de répandre et d'enseigner des théories mensongères, nous estimons, vénérable frère, que vos efforts pour tirer du poison communiqué à la société civile un antidote, ont été tout à fait habiles et opportuns... »

Ce que c'est que le faux, le mal, le poison, ce qu'il convient d'entendre par les théories mensongères dont il est question dans ces lignes, il est, messieurs, bien inutile de le dire. Quant aux prétentions de l'Église catholique sur l'enseignement, sur tout l'enseignement, elles ne sont un mystère pour personne ; elles ne se dissimulent pas, elles s'étalent au grand jour, elles sont formulées avec une clarté éblouissante, non pas par des écrivains subalternes, sans autorité, sans crédit, mais par les personnages les plus haut placés et les plus considérables, soit que je regarde à leur caractère personnel, ou bien aux fonctions dont ils sont investis.

Permettez-moi de vous citer quelques lignes seulement d'une lettre écrite par un évêque aux professeurs d'une faculté de l'État établie dans son diocèse. Cette lettre, je voudrais vous en recommander la lecture, ne pouvant vous la citer tout entière, et le regrettant d'autant plus qu'elle ne contient pas une ligne qui ne soit instructive.

Voici comment s'explique M. l'évêque de Montpellier :

« La sainte Église se croit investie du droit absolu d'enseigner les hommes ; elle se croit dépositaire de la vérité, non pas de la vérité fragmentaire, incomplète, mêlée de certitude et d'hésitation, mais de la vérité totale, complète, au point de vue religieux.

« Bien plus, elle est si sûre de l'infaillibilité que son fondateur divin lui a communiquée comme la dot magnifique de leur indissoluble alliance, que, même dans l'ordre naturel, scientifique ou philosophique, moral et politique, elle n'admet pas qu'un système puisse être soutenu et adopté par des chrétiens, s'il contredit à des dogmes définis. »

Je pourrais, messieurs, me prévaloir de mille textes pareils. Je me contenterai d'en citer un seul, qui me paraît avoir un mérite spécial. Il émane d'un orateur bien connu dans les congrès, et d'un écrivain de valeur et d'autorité dans son parti, et son langage a ce caractère heureux et singulier d'être la paraphrase lumineuse de certains articles du *Syllabus* qu'on assure être obscurs et difficiles à comprendre, notamment des articles 43, 47 et 48.

Voici comment s'exprime le P. Marquigny :

« Le régime parfait de l'instruction publique, le régime qui répondrait à l'état normal de la société, ce serait que l'Église possédât seule, en fait comme en droit, la direction de tout l'enseignement et à tous ses degrés; ce serait que la surveillance universelle des écoles primaires, secondaires ou supérieures fût confiée à l'Église, de façon que le dogme et la morale n'eussent rien à souffrir nulle part, ni dans l'enseignement de la religion, ni dans l'enseignement des sciences profanes. » (*Études religieuses*. Livraison de mars 1874.)

Et il ajoute, comme pour dissiper ce qu'il pourrait rester d'obscurité dans sa pensée ou arracher à certains esprits leur dernière illusion : « Il faut qu'on le sache, l'Église ne consentira jamais à renier ou à dissimuler son droit souverain de diriger l'éducation tout entière de ses enfants, de tous ceux qui lui appartiennent par le baptême. »

En ce qui concerne la liberté de l'Église, messieurs, je me garderai bien d'en hasarder moi-même une définition qui risquerait fort d'être incorrecte; mais cette définition, je la trouve heureusement chez un écrivain très en crédit dans l'Église, à l'heure qu'il est, dont les écrits déjà nombreux sont recommandés par le saint-père lui-même : c'est M. Charles Périn, professeur à Louvain. Il a publié en France un livre spécialement composé pour la France, destiné à devenir, personne n'en doute, un des guides, un des manuels dans l'enseignement des futures universités. Or, comment M. Charles Périn définit-il la liberté de l'Église ?

« L'Église, dit-il dans son ouvrage intitulé *Les lois de la société chrétienne*, l'Église, qui nous donne la vérité et le salut, a droit, en ce monde, à la pleine et entière liberté. Donc le premier devoir de la puissance publique en toute société, qu'elle soit chrétienne ou non, est de défendre l'Église contre tout ce qui ferait obstacle à l'accomplissement de la mission divine. »

Et il poursuit un peu plus loin :

« Il ne s'agit pas ici d'une liberté abstraite, mais d'une liberté réelle, d'une liberté de fait avec ses conditions naturelles d'action et d'application. »

Et enfin, de peur que personne ne puisse conserver un doute sur la portée de sa pensée, il continue :

« Les pouvoirs publics qui gouvernent les peuples chrétiens doivent plus encore à l'Église; il faut qu'ils lui accordent un concours positif. Il faut non seulement qu'ils lui garantissent sa liberté d'action, mais de plus qu'ils concourent à son action par

une assistance directe et une coopération effective... Les pouvoirs publics sont les ministres de Dieu pour le bien. »

Messieurs, pourquoi n'ai-je pas craint de vous fatiguer de ces
citations? C'est que ce ne sont pas là des théories purement
spéculatives, des théories en l'air, destinées à rester sans action
sur les faits et sur la pratique. Nous les avons vues réalisées de
notre temps et sous nos yeux; non pas dans une région lointaine, par delà l'Atlantique, dans quelques républiques perdues,
mais chez un grand peuple civilisé, au cœur de l'Europe. Ces
idées, messieurs, ce sont celles qui formaient la base du con-
cordat autrichien de 1855.

Eh bien, ces théories qui tendent ou qui équivalent à la domination, je dis que l'État ne saurait y souscrire; c'est pour cela
qu'il a reçu, qu'il a gardé, qu'il revendique aujourd'hui le droit
non seulement de contrôler l'enseignement, mais de présider
d'une manière exclusive aux examens de l'enseignement supérieur, en les attribuant à des hommes qui ont sa confiance, parce
qu'ils sont pénétrés de son esprit, parce qu'ils sont respectueux
de ses principes, parce qu'ils ne reconnaissent dans l'ordre civil
d'autre suprématie que la sienne. (*Très bien! très bien! à gauche.*
— *Interruptions à droite.*)

Une voix à gauche. Vous répondrez!
Un sénateur à droite. Oui, on répondra!

M. CHALLEMEL-LACOUR. Et lorsqu'on vient maintenant
parler de l'honneur, de la dignité des professeurs, on se
méprend : car il ne s'agit pas ici d'individus, les uns investis de
privilèges, les autres au contraire privés par injustice du droit
de prendre part aux examens. Il s'agit d'un service public, que
l'Etat exerce ou qu'il délègue sous sa responsabilité propre,
sous l'œil vigilant de l'opinion, en ne consultant que ce qui lui
paraît être l'intérêt public. (*Très bien! à gauche.*)

Et, messieurs, puisque je parle de l'État, laissez-moi vous
confesser... (*Rires à droite.*) Je ne vois pas en quoi le mot de
confession ou celui de confesser vous choque : il doit vous être
familier. (*Bruit sur les mêmes bancs.*)

... Permettez-moi de me montrer surpris et alarmé de la
défiance, du mépris qu'on affiche d'un certain côté, quelquefois,
souvent même avec ostentation, à l'égard de l'État; non pas à
l'égard des hommes qui le représentent passagèrement, des
ministres qui s'élèvent et qui tombent du gouvernement, mais à

l'égard de cet ensemble d'institutions que les ministres servent les uns après les autres, avec plus ou moins de dévouement et d'habileté, qui les a précédés et qui leur survit; en un mot, à l'égard de cet ensemble d'institutions qui constituent notre société civile et politique elle-même.

Permettez-moi aussi de vous dire à quelles nécessités répond, selon moi, cette Université, si vivement battue en brèche, si injustement accusée, et si ridiculement — passez-moi le mot — qualifiée parfois de monopole odieux.

Je n'ai garde, messieurs, de vouloir défendre l'Université contre certaines imputations tout à fait insoutenables en ce qu'elles ont de général, tout à fait dépourvues de sens et de portée en ce qu'elles ont de particulier. Il y a cinquante ans et plus que ces attaque ont commencé, et elles ont pris, par intervalles, une vivacité qui, quelquefois, a touché à la fureur. C'est encore en renouvelant, ici ou ailleurs, ces imputations, ces insinuations, ces accusations, qu'on a cru plus facilement obtenir ce qu'on souhaitait. Je ne veux pas entreprendre cette défense, n'ayant pas la pensée naïve qu'une voix humaine, et à plus forte raison la mienne, puisse imposer silence à ces attaques. Elles relèvent d'un autre tribunal, qui n'a pas besoin qu'on plaide devant lui une pareille cause.

Je voudrais, cependant, faire à ce propos une observation.

Ces imputations portent d'ordinaire sur des doctrines philosophiques ou scientifiques qui se sont fait jour ici ou là, dans quelques livres, dans quelques thèses, et qu'on croit pouvoir apporter à cette tribune, avec l'espoir assuré qu'en les signalant on scandalisera les faibles et qu'on s'emparera des esprits par l'émotion.

Eh bien, je sais devant qui je parle; je parle devant des hommes réfléchis et mûrs (*Sourires.*) qui ont eu le temps de se faire et qui se sont fait, j'en suis certain, une opinion solide, consciencieuse sur chacune de ces grandes questions. (*Mouvements en sens divers.*) Cela ne m'empêchera pas de dire — et je ne crois pas que cette parole vous offense — qu'après tout vous êtes une assemblée politique; vous n'êtes pas une académie ou un concile. Et j'ajouterai que c'est un procédé facile, un procédé captieux, mais aussi un procédé hors de saison et quelque peu deplacé, d'apporter devant une assemblée politique des thèses sur lesquelles elle doit être la première à décliner toute compétence. (*Vives approbations à gauche.*)

Ce procédé, d'ailleurs, est ancien. C'est ainsi que, sous la monarchie de Juillet on dénonçait à la Chambre des pairs l'Université comme rationaliste et comme panthéiste.

Aujourd'hui on l'accuse de matérialisme. Le matérialisme répond à tout. Mais où est-il, ce matérialisme?

Un sénateur à droite. Il est partout!

M. CHALLEMEL-LACOUR. Dans combien de chaires est-il enseigné? Dans combien de livres en découvre-t-on les traces? Est-ce qu'on aurait, par hasard, la prétention de nous faire croire que le matérialisme est né d'hier, et que c'est l'Université qui l'a inventé?

Je ne veux pas faire moi-même ce reproche à d'autres, mais il me sera bien permis de dire — car c'est une chose que personne n'ignore — que la matérialité de l'âme a été une doctrine admise, soutenue, propagée par des Pères de l'Église. (*Rires ironiques à droite.*)

En vérité, messieurs, je ne sais pas ce qui vous fait rire; je n'ai pas la prétention de vous apporter une découverte. Ce que je dis là se trouve dans bien des livres; cela est tout au long chez des historiens que vous ne soupçonnerez pas d'avoir du penchant pour les mauvaises doctrines. M. Guizot affirme que cette doctrine a été la plus répandue au premier siècle, qu'elle a dominé jusqu'au troisième siècle, et il cite à l'appui de son affirmation des textes nombreux, qu'il aurait pu multiplier indéfiniment. (*Bruit et interruptions à droite.*)

M. LE PRÉSIDENT. N'interrompez pas, messieurs; vous répondrez.

M. CHALLEMEL-LACOUR. Si je franchis dix-huit siècles et que je regarde à cette époque où le matérialisme dominait dans les sciences et dans les lettres, où il perçait jusque dans l'enseignement, quels étaient les hommes qui s'en faisaient alors les propagateurs passionnés, d'où ils venaient, quelle éducation ils avaient reçue, je trouve que la plupart d'entre eux étaient sortis des écoles ecclésiastiques et que beaucoup y avaient enseigné. Je ne veux pas faire de vaine érudition, mais Gassendi, le restaurateur de l'épicuréisme en Europe, avait été professeur au collège ecclésiastique d'Aix; La Mettrie, l'auteur de *l'Homme-Machine*, avait fait sa rhétorique sous un jésuite et sa philosophie sous un janséniste; Diderot avait été élevé par son frère qui était un ecclésiastique; Helvétius était élève du fameux Père Porée... (*Nouvelles interruptions à droite. — Vive approbation à gauche.*)

Quand une doctrine se répand et prévaut, ou quand, après un long discrédit, elle se relève et reprend faveur, cela tient, messieurs, à des causes plus générales ; et, si je cherche comment, après 1851, au lendemain du coup d'État, une doctrine qui avait toujours existé, mais qui semblait avoir disparu, qui, dans tous les cas, subissait depuis cinquante ans une profonde éclipse, à tel point qu'on a pu la croire à une certaine époque décriée pour jamais ; si je cherche comment, tout d'un coup, elle a semblé ressusciter, prendre une allure agressive, comment elle s'est produite, d'un ton parfois étourdiment provocateur, je le reconnais, dans des journaux, dans des congrès de jeunes gens ou dans des thèses, je trouve bien des causes à ce fait, de quelque manière qu'on le qualifie.

Mais il est une explication qui se présente tout d'abord à l'esprit, et on se demande si, par hasard, ce fait ne se rattacherait pas très directement à l'imprudence avec laquelle la fortune de l'Église catholique a été associée en France et ailleurs à celle d'un gouvernement qui venait de fouler aux pieds toutes les lois ! (*Applaudissements à gauche.*)

On se demande s'il ne s'expliquerait pas par l'intolérance croissante d'une doctrine qui semblait répudier à plaisir toutes les idées auxquelles l'esprit moderne, l'esprit libéral, est attaché ! (*Nouveaux et plus vifs applaudissements sur les mêmes bancs.*)

Quoi qu'il en soit, messieurs, personne ne prétendra que ces doctrines, dont on cherche si curieusement et dont on s'empresse avec tant de zèle de venir dénoncer ici les moindres vestiges, soient celles de l'Université ! Personne ne le dira. Personne ne prétendra que l'Université soit sortie de la réserve et de la prudence qui lui conviennent, que son enseignement, toujours favorable à ce qui est grand et beau, ait cessé un seul jour d'être également généreux dans ses doctrines et circonspect jusque dans ses hardiesses. (*Très bien ! très bien !*) L'Université ne se compose pas d'une espèce d'hommes. Les catholiques peuvent y entrer, et ils y entrent en grand nombre. A côté de quelques hommes d'une intelligence plus hardie ou, si vous le voulez, plus téméraire, que leur ardeur, l'emportement de leur esprit ou la nature particulière de leurs recherches inclinent et conduisent ces doctrines que vous réprouvez, il y en a d'autres — et ils sont nombreux — qui sont non seulement des spiritualistes, mais des catholiques. Il est telle Faculté que je pourrais citer, où tous les professeurs comptent parmi les écrivains les plus en crédit dans la fraction la plus avancée du catholicisme ultramontain. (*Très bien! très bien! à gauche.*)

Ce qui distingue, messieurs, l'Université, c'est, avec le goût de la science, la pratique des méthodes sévères et une tradition de prudence à laquelle elle n'est pas près de renoncer. (*Nouvelle et plus vive approbation sur les mêmes bancs.*)

Comment donc se fait-il que l'Université ait eu à subir des attaques si nombreuses et si persistantes? Ou plutôt, car cette question m'intéresse davantage, d'où vient qu'elle ait toujours résisté à ces attaques, que, toujours mise en question, elle dure encore, que les orages, au lieu de l'ébranler, semblent l'affermir? Bien des gouvernements se sont succédé, différents d'origine, différents de principes et de tendances, souvent ombrageux, quelquefois hostiles, rarement bienveillants, à l'égard de l'Université : ils ont toujours fini par la défendre et par la soutenir.

Après les bourrasques qu'elle a eu à essuyer presque au lendemain de son établissement, dès 1815, après celles qui l'ont assaillie sous la Restauration, sous le gouvernement de Juillet, sous la seconde République, on sait de quelles défiances, de quelles rigueurs elle a été poursuivie sous le second empire jusqu'au jour où l'un de nos honorables collègues, M. Rouland, que l'Université n'a pas oublié, fut appelé à radouber le navire et à lui rendre la solidité et la sécurité.

Eh bien, messieurs, tous ces gouvernements, quelle qu'ait été leur origine, quelles qu'aient été parfois leurs complaisances pour les ennemis de l'Université, ont fini par s'en faire les protecteurs et les patrons. Pourquoi cela? C'est que l'Université a répondu, dès le jour de sa fondation, à une nécessité impérieuse et qui, bien loin d'avoir cessé, s'impose à nous plus pressante et plus impérieuse que jamais. Il se peut bien, comme on l'a dit, qu'en la fondant l'empereur Napoléon Ier n'ait obéi qu'à une pensée égoïste, qu'il n'ait songé qu'à en faire, comme du clergé, une des cariatides de son pouvoir. Mais voilà bien longtemps qu'on en a fait la remarque; il y a toujours dans l'œuvre de ces grands dominateurs deux parts : une part égoïste, intéressée, personnelle, que le temps dévore tous les jours et finit bientôt par emporter; et une part qui dure, parce qu'elle répond à une nécessité permanente et générale. (*Très bien! à gauche.*)

L'Université de l'empereur Napoléon Ier, nous pouvons le dire aujourd'hui, a disparu. Une autre s'est formée peu à peu, qui s'est enracinée et qui se fortifie malgré ses antagonistes.

C'est qu'il faut, de toute nécessité, qu'entre les principes moraux, philosophiques, juridiques, sur lesquels reposent les institutions d'une société, et les principes moraux, philosophiques, juridiques, dont l'instruction publique est pénétrée, il faut qu'il y ait une harmonie réelle.

Ce n'est pas là une doctrine périmée et vieillie, une doctrine païenne et qu'il faille renvoyer à Aristote, qui l'a, il est vrai, formulée en termes immortels; c'est une vérité qui s'impose par son évidence, c'est une condition d'existence et d'ordre pour toute société. Or, au lendemain de cette grande mutation qui a changé la face de la France, il a bien fallu qu'un système d'éducation en harmonie avec cette société renouvelée fût fondé; et, depuis cette époque, l'Université est demeurée l'expression des idées et des principes, non pas de tel ou tel gouvernement, de tel ou tel ministère, de tel ou tel parti, mais des idées et des principes d'où procèdent nos institutions elles-mêmes. (*Très bien !*)

Si ces principes étaient universellement acceptés, certes, la société moderne se créerait à elle-même, comme a fait l'ancienne, des organes pour cette grande fonction d'enseignement; et plus d'une fois, dans le cours de ce siècle, on a pu croire que nous marchions dans cette voie; plus d'une fois on a pu croire que les principes d'indépendance légitime de l'État dans son domaine, d'égalité civile, de liberté religieuse, qui sont l'âme de nos institutions et comme le génie de nos codes, étaient ou allaient être définitivement acceptés. Mais en sommes-nous là, messieurs? Je n'étonnerai, je n'offenserai personne en disant qu'aujourd'hui la division est plus manifeste; le divorce est plus éclatant et plus profond que jamais. Il y a, d'un côté, la société française, l'État français avec ses principes vitaux auxquels répond, sans blesser aucune conscience éclairée, l'institution universitaire; il y a, de l'autre côté, des institutions fondées sur une doctrine... oh! bien grande, bien vénérable, bien complète, mais qui n'est point en accord avec ces principes; et c'est pour cela, encore une fois, que ceux qui se font les fauteurs de cette doctrine adverse, qui poussent avec tant d'énergie et d'obstination à la guerre contre les principes que nous aimons et que la France a cru parfois définitivement acquis, ceux-là dispensés des dissimulations savantes, des ménagements politiques imposés à d'autres, ne cessent d'attaquer l'Université et de jeter chaque matin contre elle leur *Delenda Carthago*! Mais c'est pour cela aussi que tous les gouvernements sont obligés de la protéger contre les adversaires qui les menacent eux-mêmes; c'est pour cela qu'à l'heure qu'il est j'estime qu'il est utile, indispensable que l'État conserve dans son intégrité un droit qui lui appartient depuis le commencement de ce siècle, et qu'il maintienne les examens dans les mains d'hommes dont il est sûr, qui répondent devant lui et dont il répond. (*Nouvelle approbation.*)

Je vous demande pardon, messieurs, d'abuser de votre attention en insistant sur un point qui est, selon moi, décisif. Les diplômes que l'État décerne sont pour les populations une protection contre les charlatans; pour l'État lui-même, un moyen nécessaire d'assurer le recrutement des fonctionnaires éclairés dont il a besoin; pour la société, une garantie contre l'abaissement continu des hautes études sous un régime de concurrence mercantile. Et ce dernier point suffisait pour que l'État se réservât le contrôle supérieur des examens; car ainsi qu'on l'a dit avec grande raison, dans un parlement voisin : Les universités catholiques sont bien plus une œuvre de prosélytisme que de science; or, ce qu'il faut à la science, c'est la qualité, mais ce qu'il faut au prosélytisme, c'est le nombre!

Les diplômes sont autre chose encore : ils sont une garantie pour l'État que les principes sur lesquels reposent les institutions civiles ou politiques ne seront pas faussés dans l'enseignement, qu'ils ne seront pas sapés, minés par une conspiration — innocente, je le veux bien — plus ou moins volontaire, mais réelle, de ceux qui donnent l'enseignement et de ceux qui le reçoivent.

Pour avoir cette garantie, pour conjurer ce péril, il faut que l'État s'assure, par des examens confiés à des hommes qu'il connaît, supérieurs à toute pensée de concurrence mesquine, supérieurs à tout esprit de secte, que ces principes sont respectés, ou que, tout au moins, ils sont connus.

On ne peut répondre à cela qu'en niant l'existence du péril, en disant qu'il est illusoire, que personne n'en veut à ces institutions! (*Murmures à droite.*)

Je voudrais me rendre à ces assurances; mais, franchement, le puis-je quand tout les dément autour de nous; quand tout parle : les congrès, les feuilles autorisées, les lettres pastorales,

les mandements; quand tout conspire ou semble conspirer
contre des choses que l'État est spécialement chargé de préserver?

Ah! messieurs, il y eut un temps — vous vous le rappelez
comme moi — où tout homme éclairé se faisait honneur d'être
libéral; c'est-à-dire de tenir pour définitives, pour irrévocables
et même pour heureuses, malgré ce qu'elles ont coûté, les conquêtes réalisées dans nos lois. Alors les libéraux se flattaient
d'une conciliation prochaine entre ces conquêtes et l'intérêt religieux. Cette conciliation, pour plusieurs d'entre eux, était le
problème politique par excellence.

Ainsi pensait un homme qui fut le type et l'honneur des libéraux dont je parle; un homme qui était un esprit vaste et une
âme religieuse; resté cher à tous ceux qui l'ont connu, ou, pour
mieux dire, à tous les amis de la liberté. Tocqueville, vous l'avez
déjà nommé, Tocqueville, incapable de parler à la tribune autrement qu'il n'écrivait à ses amis, s'exprimait en ces termes dans
une lettre intime adressée à M. de Corcelle :

« L'un de mes rêves, le principal, en entrant dans la vie politique, était de travailler à concilier l'esprit libéral et l'esprit de
religion, la société nouvelle et l'Église. Cette conciliation nécessaire à la liberté et à la moralité publique est maintenant bien
difficile. »

Et, cherchant les moyens d'opérer cette conciliation qu'il
jugeait à la fois si nécessaire et si difficile, il croyait les avoir
découverts, et il les communiquait, quelques mois après la lettre
dont je viens de vous citer quelques lignes, à un autre de ses
amis. Il écrivait à M. Bouchitté :

« Je tiens pour constant que l'éducation laïque est la garantie
de la liberté de penser. Je crois fermement que l'Université doit
rester le foyer principal des études, et que l'État doit conserver
des droits de surveillance très étendus sur les écoles même qu'il
ne dirige pas. » (*Très bien! à gauche.*)

Ainsi pensaient, ainsi parlaient alors beaucoup de libéraux.
En reste-t-il encore? Je l'ignore; mais je me ferais un crime d'en
douter en voyant sur ces bancs M. le garde des Sceaux.

Parmi ces libéraux se trouvait plus d'un champion valeureux
de l'Église. Bien des ecclésiastiques, en effet, rêvaient, eux
aussi, cette conciliation, et ils y croyaient. Ils cherchaient alors,
de bonne foi, les moyens de pacification religieuse et ils les

proposaient au gouvernement. Ils enrôlaient avec eux dans le parti libéral Fénelon, et Massillon, et Bourdaloue, et Bossuet lui-même. Ils s'écriaient en propres termes : « Nous acceptons, nous invoquons les principes et les libertés proclamés en 1789! » — Quelques années plus tard, M. de Montalembert, au lendemain d'une catastrophe qui avait englouti la liberté et presque jusqu'à l'espérance, dans un temps où, selon l'usage, on jetait, on prodiguait l'injure aux vaincus et à leurs idées, M. de Montalembert, pressentant déjà les projets qui se sont déroulés depuis, et au succès desquels il a eu la douleur d'assister, prenait courageusement en main la cause humiliée de la liberté et célébrait dans une brochure fameuse tout ce que l'Église catholique avait dû, depuis cinquante ans, au libéralisme du siècle.

Mais il y a plus : la discussion actuelle, l'émotion produite dans le pays par la loi de 1875, le sentiment impérieux auquel obéit le gouvernement en vous proposant, en réclamant de votre sagesse une modification à cette loi, tout cela n'est qu'un épisode des difficultés prévues, annoncées dès 1869, par des hommes éclairés qu'inquiétaient déjà les progrès de certaines idées, et qui, ne pouvant se résoudre à abjurer l'espoir si longtemps caressé d'une conciliation entre les conditions de la société actuelle et l'Église, osaient élever la voix pour donner un avertissement sérieux. Dans un document dont la rédaction, attribuée dans le temps à un de nos collègues qui me fait l'honneur de m'entendre, n'est certes pas indigne de son talent, il suppliait les pouvoirs de l'Église de ne pas condamner d'une manière absolue ces principes mi-partie politiques et mi-partie religieux qui figurent dans toutes les constitutions modernes, et de ne pas placer les catholiques dans cette alternative douloureuse d'avoir à résister aux enseignements de leur Église ou à manquer aux lois de leur patrie.

Une voix à gauche. — Dans l'article du *Correspondant* sur le Concile. C'est le chef-d'œuvre de M. de Broglie.

M. CHALLEMEL-LACOUR. — Et un autre, d'un tempérament plus fougueux, investi d'une qualité plus éminente, au moment de s'éloigner de son clergé, lui faisait part, en termes tristes et forts, des inquiétudes que son âme recélait sur l'avenir de la paix entre la société et l'Église, si ce qu'on méditait venait à s'accomplir et si la conciliation était déclarée à tout jamais impossible.

Eh bien, ces voix n'ont pas été entendues, ces avertissements n'ont pas été écoutés, cet espoir a été déçu, mais il a été condamné. Ceux qui le nourrissent encore, ceux qui oseraient le manifester sont traités de prévaricateurs. Ce libéralisme, dont on se faisait honneur, il est flétri et proscrit; ce libéralisme, l'espoir de tant de nobles et religieux esprits, il n'est plus, dans la langue d'un puissant parti, ou qu'une hypothèse ou qu'une incartade, ou qu'une illusion ou qu'une secte; le libéralisme est répudié, dénoncé comme la grande hérésie du xix° siècle. (*Très bien! très bien! à gauche.*)

M. DE GAVARDIE. Oui, votre libéralisme!...

M. LE PRÉSIDENT. N'interrompez pas, monsieur de Gavardie.

M. CHALLEMEL-LACOUR. Aussi lorsqu'on vient nous parler ici de liberté, de droit commun, de respect des institutions, ah! messieurs, je crois à la sincérité de ce langage, j'en suis touché; mais il m'est bien permis de dire, je suis obligé de dire : Vous êtes désavoués! votre esprit de transaction, il est traité de complaisance coupable, de faiblesse inadmissible. Voilà vingt ans qu'on prépare votre condamnation! Elle est aujourd'hui partout : dans les encycliques, dans les conciles, dans les livres orthodoxes, dans tout ce qui nous arrive de Rome. C'est contre vous, c'est contre votre esprit de transaction qu'a été préparé, que sera dirigé l'enseignement de ces universités dont vous vous faites si généreusement les avocats, — mais, avec tant d'imprudence, aussi les garants. (*Vifs applaudissements à gauche.*)

M. DE GAVARDIE. Il n'en sortira jamais des communards ! (*Bruyantes réclamations à gauche.*)

M. TOLAIN. Monsieur le président, M. de Gavardie a donc le droit de tout dire ici! (*Rumeurs à droite. — A la tribune!*)

M. CHALLEMEL-LACOUR. Si quelques personnes s'y trompent — et l'erreur de M. de Gavardie me prouve qu'il en existe, — il est certain pour tous ceux qui sont quelque peu au courant des affaires, que cette condamnation n'est point dirigée contre ceux qui se déclarent les fils reconnaissants de la Révolution française; qu'elle n'est pas dirigée contre les rationalistes, contre les radicaux. Non! elle est dirigée contre tous ceux qui ne répudient pas d'une manière formelle l'espoir d'une conciliation, à quelque degré que ce soit, entre les principes modernes et les principes qu'on déclare orthodoxes. (*Très bien! à gauche.*)

A cet égard, il n'y a pas d'équivoque possible. Eh! messieurs, si je voulais, je trouverais des noms. Je n'aurais qu'à ouvrir une

histoire de l'Église, que j'ai là sous la main, la plus récente, la
plus moderne, signée par un homme en crédit à la cour de Rome,
par un prélat; et j'y trouverais ces noms que vous respectez, que
je respecte avec vous, qualifiés en termes qui dépassent l'injure
et que le Sénat ne supporterait pas! (*Très bien! à gauche.*)

Je ne vous citerai pas ces lignes, par respect pour des
hommes considérables, par respect pour le Sénat, par respect
pour moi-même. Mais puisqu'il me faut dissiper un doute dans
quelques esprits, il me sera bien permis d'alléguer, avec le respect qui lui est dû, une autorité suprême, contre les arrêts de
laquelle il n'existe plus d'appel. Pour cela, je n'ai qu'à lire ce
bref du pape à M. l'évêque de Quimper, en date du 28 juillet 1875 :

« Avertissez, y est-il dit, vénérable frère, les membres de
l'association catholique que, dans les nombreuses occasions où
nous avons repris les sectateurs des opinions libérales, nous
n'avions pas en vue ceux qui haïssent l'Église et qu'il eût été
inutile de désigner, mais ceux que nous venons de signaler, lesquels, conservant et entretenant le virus caché des principes
libéraux qu'ils ont sucé avec le lait, sous prétexte qu'il n'est pas,
suivant eux, nuisible à la religion, l'inoculent aisément aux
esprits et propagent ainsi les semences de ces révolutions dont
le monde est depuis longtemps ébranlé. »

Et dans un autre document, — dont on a contesté pendant
quelque temps l'authencité, mais dont les termes nous sont
aujourd'hui connus d'une manière certaine, car il figure dans
l'édition romaine, autorisée et revue par le saint-père, des allocutions qu'il a prononcées au Vatican depuis 1870, — voici les
paroles qu'il prononçait en recevant, le 18 mars 1874, M. l'évêque de Nevers :

« ... Vous savez combien j'aime la France. Je puis donc vous
dire franchement la vérité. Il est même nécessaire que je vous la
dise.

« L'athéisme dans les lois, l'indifférence en matière de religion, et ces maximes pernicieuses qu'on appelle « catholiques-
libérales », voilà, oui, voilà les vraies causes de la ruine des
États, et ce sont elles qui ont précipité la France.

« Croyez-moi, le mal que je vous signale est plus terrible que
la Révolution, que la Commune même. »

Le saint-père continue :

« J'ai toujours condamné le libéralisme catholique (puis, le-

vant les mains et les agitant, il ajoute avec vivacité et avec force)
et je le condamnerais quarante fois encore s'il le fallait ! »

Ces condamnations émanées de si haut, tant de fois répétées,
contre le libéralisme le plus modéré, professé par des conservateurs ardents, par des catholiques obéissants, je les trouverais
sous mille formes, reproduites en mille occasions, venant de la
même autorité; je les trouverais dans les livres les plus répandus
et les plus orthodoxes; je les trouverais dans tous les journaux
en faveur dans le parti religieux; je les trouverais dans d'innombrables brochures dont quelques-unes sont spécialement à
l'adresse des catholiques libéraux.

Je laisse tout cela, mais je demande si, dans ces circonstances,
il est possible de contester que le maintien du droit actuel de
l'Etat dans son intégrité soit, comme le dit M. le ministre de
l'Instruction publique dans l'exposé des motifs de son projet, le
correctif nécessaire de la liberté. Je me pose cette question
lorsque je considère que ces doctrines ne peuvent être tenues
pour non-avenues, comme des doctrines personnelles, comme
des rêveries ou des aberrations de quelque imagination trop fougueuse; mais qu'elles prétendent reposer, qu'elles reposent en
effet sur un document que l'on nous déclare tous les jours devoir
servir de règle à l'enseignement des futures universités; sur un
document qu'on nous accuse de ne pas comprendre, ce qui est,
en vérité, bien malheureux, car si nous ne le comprenons pas,
ce n'est pas faute de l'étudier dans son texte, dans les allocutions qui le résument, dans les commentaires dont nous le voyons
partout et presque à chaque heure entouré.

Ces doctrines reposent, dis-je, sur le *Syllabus*, et, pour qu'on
n'en puisse douter, (*Bruit à droite.*) je me permets de citer encore
quelques lignes d'un commentaire écrit pour les masses, pour le
peuple, par un prélat fort connu, un court passage d'une brochure répandue à l'heure qu'il est par centaines de mille exemplaires, sous le titre expressif de *Petit catéchisme du Syllabus.*
Voici ce qu'au chapitre 24 il est dit sur ce libéralisme que
j'essayais tout à l'heure de qualifier :

« Q. — Qu'est-ce que le libéralisme moderne ?

« R. — Le libéralisme moderne est une secte qui prétend concilier l'esprit moderne avec l'esprit de l'Église.

« Q. — Sur quels points, en particulier, le libéralisme ré-
clame-t-il cette conciliation ?

« R. — Voici les points, en particulier, sur lesquels le libé-lisme réclame cette conciliation : la liberté de conscience, l'éga-lité des cultes, la liberté de la presse, la sécularisation de la poli-tique.

« Q. — L'Église peut-elle accepter une pareille conciliation ?

« R. — L'Église ne peut, elle ne pourra jamais accepter une pareille conciliation; autrement, elle s'abdiquerait elle-même, trahirait le dépôt des lois éternelles qui lui a été confié et se rendrait complice du malheur des peuples.

« Q. — Comment cela ?

« R. — En approuvant la liberté de conscience et l'égalité des cultes, l'Église perdrait sa raison d'être, puisqu'aux yeux du monde entier il n'y aurait plus une seule et vraie religion; en approuvant la liberté de la presse, c'est-à-dire la liberté de tout écrire, elle sanctionnerait la liberté de tout faire; en approuvant la sécularisation de la politique, elle laisserait la conscience humaine sans autre règle que le caprice des princes ou des assemblées régnant sans contrôle. Partout la force primerait le droit et à la morale de l'Évangile succéderait la morale des loups. »

Puis, se rattachant aux derniers mots, une note que je ne me pardonnerais pas d'omettre, car elle est du plus haut prix et résume avec une heureuse brièveté la pensée de la brochure :

« Pour des raisons graves, ces libertés prétendues peuvent quelquefois être tolérées, mais jamais elles ne peuvent être élevées à la dignité d'un droit. Le droit d'enseigner l'erreur, par exemple, n'existe pas plus que le droit de tuer ou de voler. » (*Vive agitation à gauche. — Mouvements en sens divers.*)

Il ne m'appartient pas de me prononcer sur les doctrines que je viens de vous signaler, et toutefois, si malgré les rigueurs auxquelles nous nous exposons toujours lorsque nous nous per-mettons d'avoir un avis sur certaines questions, j'osais en exprimer un, je dirais que j'espère qu'en dépit des difficultés amoncelées à plaisir et qu'on accroît encore tous les jours, cette conciliation que l'on répudie, que l'on réprouve, dont on blâme jusqu'à l'espérance, cette conciliation s'opérera. Mais à l'heure qu'il est, elle n'existe pas; cela est certain, jamais la division n'a été plus profonde, et c'est pourquoi je maintiens que l'État, non pas comme détenteur de la vérité absolue, comme dépositaire des vraies doctrines en quelque science que ce soit, mais comme

gardien de la paix publique, comme défenseur des principes qui
sont les nôtres, ceux de nos lois et de nos institutions, l'État ne
doit pas se désarmer d'un droit qui lui est désormais plus nécessaire que jamais. (*Très bien! à gauche.*)

J'achève, messieurs, ces trop longues observations. (*Non! non!
— Parlez! Parlez!*) On a essayé, — et c'est l'objet spécial du
rapport de M. Paris, — on essayera encore d'obtenir de vous,
au nom de la liberté, au nom de la logique, le maintien des articles 13 et 14 de la loi de 1875.

Je me suis appliqué à établir — je ne sais dans quelle mesure
j'y serai parvenu — que la liberté et la logique ne sont nullement
intéressées ici. Au surplus, la logique, qu'il est toujours bon
d'avoir pour auxiliaire lorsqu'on le peut, — la logique est une
maîtresse dangereuse et tyrannique lorsqu'on la suit servilement,
et qui fait faire en peu de temps bien du chemin. Nous ne sommes
pas ici pour faire des déductions, pour dérouler des théories,
nous sommes ici pour faire les affaires du pays, en tenant
compte des circonstances, des difficultés et des périls. (*Très
bien! à gauche.*)

Il est arrivé à quelqu'un de s'écrier un jour dans ce débat :
« C'est la lutte, l'éternelle lutte de la libre-pensée et de l'Église. »
Non, messieurs, il s'agit ici d'autre chose que de cet ennuyeux
procès qui faisait sourire notre spirituel collègue. Je ne crois
pas que les principes qu'on bat en brèche soient destinés à disparaître; je crois que les institutions qui reposent sur ces principes survivront encore longtemps; j'ai foi, comme mon éloquent maître, M. Jules Simon, dans la liberté et dans la vérité;
je crois à leur triomphe final. Mais je crois aussi que certaines
complaisances irréfléchies peuvent éterniser les divisions entre
les citoyens; qu'elles peuvent, dans un pays donné, avoir cet
effet de le conduire lentement à l'affaiblissement, aux convulsions, à la ruine; et lorsqu'on nous dit que ces complaisances
sont le seul moyen d'arriver à la paix, j'oserais affirmer, en invoquant l'expérience de tous les temps, qu'au contraire elles ne
font qu'irriter, qu'encourager les prétentions qui ne peuvent se
reposer que dans la domination absolue. (*Très bien! à gauche.*)

Si la logique est dangereuse, il y a quelque chose d'aussi
décevant et d'aussi périlleux que la logique à outrance : c'est la
séduction des analogies, le mirage des exemples.

Il y a un an, à pareille époque ou peu s'en faut, on invoquait à cette tribune celui de la Belgique, de la liberté religieuse dont elle jouit, des bienfaits qu'elle en recueille. On se présentait les mains pleines de témoignages en faveur du système d'examens qui y existait et qui a servi de patron à celui qu'on vous propose de maintenir aujourd'hui. (*Non ! non ! à droite. — Bruit.*)

M. PARIS. Je demande la parole.

M. CHALLEMEL-LACOUR. Messieurs, j'ai lu comme vous le rapport de M. Paris. M. Paris, qui est l'auteur du système qui a prévalu l'an dernier, ne veut pas que son enfant soit un fils de l'étranger. (*Rires.*) C'est une illusion bien douce et une ambition bien naturelle. Aussi prétend-il à toute force que ce système n'a rien de commun avec celui qui existe en Belgique. Il se trompe.

Ce que je puis lui accorder seulement, c'est que son système a des défauts qui échappent à ses yeux paternels, mais qui en font quelque chose de très inférieur au système belge. (*Réclamations à droite.*) Et puisqu'on m'en fournit l'occasion par ces murmures, qu'il me permette et qu'il me pardonne de les lui signaler.

Le jury belge est unique, le même pour tous, ce qui est conforme aux principes. Vous, vous établissez deux jurys distincts, composés d'éléments différents, pour aboutir au même diplôme (*Très bien ! très bien ! à gauche*), ce qui est à la fois contraire au sens commun et à l'équité.

Le système belge admet sur le même pied les professeurs de l'État et les professeurs libres pour examiner tous les candidats indistinctement. Vous, vous admettez les professeurs libres pour examiner leurs élèves seulement, avec le concours et, il ne faut rien dissimuler, sous la surveillance des professeurs de l'État ! Eh bien, permettez-moi de vous le dire, voilà où est la véritable atteinte à la dignité, et non pas à ne point participer aux examens. (*Très bien ! à gauche.*)

Le système belge ne fait point acception de candidats; vous, vous créez deux catégories de candidats. Vous donnez, par un privilège bizarre, à certains candidats l'avantage de pouvoir choisir, au gré de leur fantaisie ou de leur intérêt, entre deux juridictions, celle qui leur paraîtra la plus favorable. (*Très bien ! très bien ! et applaudissements à gauche. — Réclamations à droite.*)

Je vous répète que votre jury mixte est une contrefaçon, contrefaçon malencontreuse, difforme, du jury combiné de la Belgique, mais c'en est une contrefaçon.

Le système belge qu'on nous proposait pour modèle, six mois à peine s'étaient écoulés depuis qu'on en faisait à cette tribune un pompeux éloge, qu'il tombait, abandonné, repoussé, déshonoré par les catholiques eux-mêmes, et qu'à sa place on instituait un système qui, je le dirai sans détour, n'est qu'un coup de désespoir. (*Rumeurs à droite.*)

Je n'aime pas beaucoup, messieurs, à parler à cette tribune d'un pays étranger, si ce n'est pour l'admirer; mais l'exemple de la Belgique nous a été proposé si souvent, sans réflexion, je ne dis pas sans bonne foi; il a été si souvent présenté par les uns sous un faux jour, accepté par d'autres avec légèreté; cet exemple, en un mot, a poursuivi et troublé chez nous tant d'esprits, il a fait tant de mal à la France, qu'il m'est bien permis d'en dire un seul mot. Ce système de liberté d'enseignement qu'on va réclamant partout, qui est devenu un mot de ralliement et un cri de guerre, non seulement en France, mais en Italie, mais en Allemagne, où il n'existe cependant pas, que je sache, de monopole universitaire bien oppressif à dénoncer et à détruire, ce système a été réalisé d'abord en Belgique. Mais la pensée en est partie de France, et de qui, messieurs? de M. de Lamennais, au moment de sa lutte la plus ardente contre la société civile, à une époque où, dans sa haine contre le gouvernement de la Restauration, il conviait tous ses adversaires indistinctement à lui donner l'assaut sous le même drapeau. Cette liberté, elle faisait partie de ce système de liberté totale, illimitée, où s'était jeté cet esprit extrême en tout, par lequel il préludait à des hardiesses d'une tout autre nature, et qui, déféré au pape après 1830, fut condamné, vous savez en quels termes! Destinée singulière d'un homme si longtemps condamné par ceux au service desquels il avait mis d'abord l'emportement de son éloquence et dont les idées, après avoir servi de programme pendant quarante ans au catholicisme le plus intransigeant, sont devenues de nos jours et sous nos yeux presque la loi de l'Église et ont fini par asservir ses adversaires eux-mêmes.

Eh bien, messieurs, ce système de liberté de l'enseignement a été réalisé d'abord en Belgique, grâce à des circonstances particulières; il y a été introduit, adopté comme un expédient pour réunir contre l'ennemi commun, le gouvernement néerlandais,

13

les catholiques et les libéraux, dont les griefs étaient différents. Et c'est un républicain du pays, un libre-penseur, devenu l'ami de M. de Lammenais, M. de Potter, lequel n'était pas, lui non plus, un esprit juste, sage, mesuré, qui, dans un moment d'irritation générale, conclut avec les catholiques un pacte dont l'article unique était la revendication et la promesse réciproque d'une liberté absolue et illimitée. On n'a pas encore oublié le succès de sa brochure intitulée : *De l'union des catholiques et des libéraux*, premier coup porté à la dynastie néerlandaise, premier manifeste du système qui a prévalu après la victoire.

Ainsi, messieurs, un pur expédient, une arme de guerre, en France contre la Restauration, en Belgique contre le gouvernement d'alors, voilà ce que fut à son début, sous quels auspices s'est présentée la liberté de l'enseignement. Le sentiment du droit, de la justice, de la prévoyance et la sagesse politique n'y ont été pour rien.

Cette liberté, elle existe en Belgique depuis bientôt cinquante ans. Quels en ont été les fruits? Est-ce qu'elle a assuré, cette liberté, le progrès des lumières? Est-ce que les classes instruites sont plus éclairées? Est-ce que les masses sont plus morales? Je ne réponds pas à ces questions. Je ne les poserais même pas, si les plaintes sur la médiocrité croissante, sur l'abaissement des études, n'étaient aujourd'hui générales.

Ce système qui devait assurer le succès de la vérité, amener la pacification des esprits, a-t-il abouti à la conciliation des partis?

Messieurs, je me demande, j'examine si la religion en Belgique est plus respectée et plus efficace; et je la vois plus passionnée, plus mêlée à la politique, plus superstitieuse. Je vois en même temps l'incrédulité plus répandue, l'hostilité plus ardente, les systèmes de négation plus en faveur, sans que pour cela la foi libérale y soit plus vive, car là aussi beaucoup se découragent, pour avoir trop cru à l'efficacité et à la vertu d'un simple mot.

Mais du moins, la paix a-t-elle régné dans les esprits sous ce régime! Messieurs, depuis qu'il est établi, il n'y a pas eu un jour où la Belgique n'ait été intérieurement agitée, pas un jour où les catholiques se soient tenus pour satisfaits, pas un jour où les discussions les plus ardentes n'aient troublé l'esprit public, tantôt à propos de l'enseignement primaire ou de l'enseignement secondaire, tantôt à propos de la collation des grades et des jurys d'examen, tantôt à propos de l'organisation de la charité, tantôt à propos de démonstrations extérieures du culte et de la question des cimetières. (*Bruit à droite.*)

Et tout le monde sait quels désordres, quels troubles la Belgique a traversés à diverses époques, en 1835, en 1849, en 1857; tout le monde sait ce qui s'y passait encore il y a quelques semaines. (*Bruit à droite.*)

Eh bien, ces rixes prolongées, ces désordres de la rue ne font que manifester la scission profonde que cinquante ans à peine de ce régime ont creusée entre les villes et les campagnes; elle ne fait que mettre en lumière une situation qui, je l'espère, ne mettra pas l'État ni la Constitution en péril, mais qui, dans tous les cas, est trop violente pour durer longtemps. (*Approbation à gauche.*)

Aucune question n'a été résolue, celle de l'enseignement supérieur moins que toute autre; et ce qui s'est passé, il y a deux ou trois ans, au Parlement belge, la résolution qu'il a prise sous l'impulsion assez inattendue du chef du parti libéral, c'est, je ne crains pas de le répéter, un coup de désespoir.

On s'est aperçu à la longue que tous les essais de conciliation qu'on avait tentés avaient échoué, que tous avaient tourné au détriment des bonnes études, à la déconsidération des universités, à l'exaltation toujours croissante de certaines prétentions. Et alors, de guerre lasse, de dégoût, on s'est précipité les yeux fermés, à l'improviste, dans un régime qui n'est pas, comme on l'a dit, le régime américain, mais qui n'est que la suppression à peu près totale de tout examen et de toute garantie.

Ainsi, après avoir essayé du jury central nommé de différentes façons, du jury combiné à haute et à basse pression, comme quelqu'un l'a appelé, on a fini par reconnaître que rien n'avait servi, et tous ces systèmes ont été condamnés, je pourrais et je devrais dire flétris, par les catholiques eux-mêmes; car voici en quels termes leur organe, dans la section centrale, M. Smolders, résumait les raisons de cette condamnation désormais unanime; son langage est assez décisif pour que je vous demande la permission de le placer sous vos yeux :

« D'après les déclarations même du gouvernement faites à trois époques différentes, en 1847, en 1856 et en 1875, les trois régimes sous lesquels nous avons successivement vécu n'ont rien fait pour relever les études supérieures et ont servi plutôt à les abaisser et à les affaiblir.

« Et remarquez que ces déclarations ne sont pas faites à la légère, elles ne sont pas dictées par un sentiment de jalousie, pour se donner le triste plaisir de critiquer ce qui a été fait antérieurement; elles ne sont — chose triste à dire — que le reflet d'informations précises, puisées aux meilleures sources, fournies par les hommes les plus compétents.

« Il doit donc être bien démontré aujourd'hui, après la nouvelle et déplorable expérience faite depuis 1857, que la cause du mal tient non seulement à la forme, mais à l'essence même de l'institution. Nous avons sucessivement essayé, d'abord du jury central, même sous deux formes différentes; après cela, du jury combiné, à haute et basse pression (c'est-à-dire avec réduction du programme et certificats d'études pour certaines matières). Le mal est resté le même et les mêmes plaintes se sont reproduites. Quant au jury professionnel, il est condamné sans avoir été pratiqué par ceux-là mêmes qui en vantaient l'excellence. »

Et, messieurs, si je recherche maintenant quelles causes ont poussé le chef du parti libéral à la résolution fort étrange au premier abord qu'il a prise, je crois apercevoir qu'il a obéi sans doute à des raisons bien multiples : à la fatigue de tant d'assauts avortés, à l'esprit de système, à l'illusion produite par certains principes économiques, transportés sur un domaine qui n'est pas le leur; mais il est une autre raison qu'il faut que vous connaissiez pour ne pas vous abuser sur le sens de cette réforme.

M. Frère-Orban a cru reconnaître que le système alors établi contribuait à perpétuer et à aigrir la guerre intérieure. Ce qui l'a poussé, c'est le sentiment du péril actuel, pressant, que des événements, des prétentions que vous connaissez, font courir à la société civile; c'est l'incompatibilité désormais déclarée entre des principes qui sont seuls orthodoxes et le régime civil. Il s'en est expliqué, messieurs, dans son discours du 30 mai, dans les termes les plus clairs :

« Je me demande, a-t-il dit en finissant, ce que l'on fait de ce principe qu'on proclame tous les jours : l'exclusion, dans l'enseignement, de toute intervention du clergé, à titre d'autorité, lorsque, pour l'enseignement supérieur, vous appelez les représentants des évêques à siéger dans nos jurys d'examen, à juger nos écoles et les élèves qui y ont été formés !

« Je me demande ce que l'on fait du principe de la sécularisation de l'enseignement, lorsque les jésuites sont investis de l'autorité de surveiller votre enseignement dans les jurys de gradués en lettres, de contrôler l'enseignement de vos athénées !

« Je me demande ce que vous faites de ces principes, lorsque les délégués des évêques se réunissent avec les délégués de l'État, sous la responsabilité de l'État, pour délivrer des diplômes qui, de plein droit, sont un titre d'admissibilité aux fonctions publiques !

« Je me demande ce que deviennent tous ces principes avec celui de la séparation de l'Église et de l'État, lorsque l'État est obligé de sacrer les professeurs du *Syllabus*, de leur donner l'investiture et d'en faire des magistrats chargés d'agir au nom du pouvoir souverain. »

Et après s'être posé cette série de questions qui impliquent la réponse, il conclut à quoi, messieurs? à l'abdication de l'État, mais à son abdication provisoire, momentanée; car aussitôt, il annonce qu'il faudra chercher de nouvelles garanties et des garanties plus sérieuses à la place de celles qu'il vient d'abandonner : il déclare, lui aussi, qu'il faut un correctif à la liberté qui va être proclamée. Et savez-vous quel est celui qu'il indique? C'est de rendre, sous une forme particulière, aux écoles de l'État le droit exclusif de faire des fonctionnaires publics :

« Il restera, dit-il, à édifier :

« On reconnaîtra que s'il y a peu ou point d'inconvénients à laisser des établissements d'instruction donner des diplômes pour exercer des professions, le devoir de l'État, rétabli dans ses droits, sera d'investir ses écoles du soin de former ceux qui se préparent à la magistrature, aux fonctions publiques, au notariat, aux fonctions de médecin et de pharmacien des administrations civiles et militaires, aux services des hospices, des hôpitaux, et ce, en vertu d'un droit incontestable, inaliénable, qui lui a été reconnu dans cette discussion même et qui a été défendu par le Gouvernement.

« Ce droit résulte de la souveraineté, de la responsabilité du pouvoir exécutif et de la charge qui lui incombe de pourvoir à l'administration générale de l'État. »

Eh bien, messieurs, je ne demande pas à ceux qui combattent le projet de la loi présenté par M. le ministre de l'Instruction publique ce qu'ils pensent du correctif et du contrepoids imaginés

par l'homme d'État belge; je ne leur demande pas s'ils accepte-
raient à ce prix la liberté comme en Belgique. Mais je vous
demande à tous, messieurs, si, instruits par ce qui se passe à vos
portes, presque sous vos yeux, vous voudrez relever, même par-
tiellement, un système qui a produit de tels effets, et déserter un
système que vous connaissez, pour courir les hasards d'un système encore inéprouvé.

Vous avez un système contre lequel soixante années d'exercice
n'ont pas encore fourni un argument qui supporte l'examen.
(*Interruptions à droite.*)

L'année dernière, on a fait une loi que je n'ai pas votée, mais
qui offre à la liberté d'enseigner ce qu'on veut, où l'on veut,
comme on veut, la plus large carrière; elle n'y pose qu'une
limite : le respect de la morale, de la Constitution et des lois. Il
faut, messieurs, que cette limite soit maintenue et respectée.
(*Très bien! à gauche.*)

Si j'étais de ceux qui veulent perpétuer en France l'esprit
révolutionnaire, j'applaudirais au déchaînement des attaques
dirigées contre des institutions et des principes que le pays
n'abandonnera pas; je favoriserais ce déchaînement. Mais je veux
l'ordre et la paix. (*Très bien! très bien! à gauche*). Et c'est pour
cela que je demande, c'est pour cela qu'il faut, dans l'intérêt
public, dans l'intérêt de cette conciliation à laquelle nul esprit
sage, nul bon citoyen, nul homme religieux avec intelligence ne
renoncera jamais, c'est pour cela, dis-je, qu'il faut que ces attaques soient contenues et découragées. (*Vifs applaudissements à
gauche. — L'orateur, en retournant à son banc, reçoit les félicitations d'un grand nombre de ses collègues.*)

(*La séance est suspendue de fait pendant quelques minutes.*)

Le Sénat, par 144 voix contre 139, décida qu'il ne passerait pas à
la discussion des articles. (Séance du 21 juillet.)

DISCOURS

SUR LA

QUESTION DES PRÉTENDANTS

prononcés les 10 et 17 février 1883

AU SÉNAT

Nous n'avons pas à raconter ici les événements qui éloignèrent
M. Challemel-Lacour, pendant sept années, de la tribune du Sénat.
A la suite de la tentative manquée du Seize-Mai, le maréchal de
Mac-Mahon rappela M. Dufaure à la présidence du Conseil ; M. Waddington, nommé ministre des Affaires étrangères, offrit alors à M. Challemel-Lacour, qui l'accepta, le poste d'ambassadeur à Berne. Le
premier ministère Freycinet appela ensuite M. Challemel-Lacour à
l'ambassade de Londres, en remplacement de M. Léon Say, nommé
président du Sénat. M. Challemel-Lacour occupa ce poste pendant
toute la durée des ministères qui furent successivement présidés
par MM. de Freycinet, Jules Ferry et Gambetta. Démissionnaire
après la chute du ministère Gambetta, M. Challemel-Lacour fut remplacé à Londres par M. Tissot.

La mort de Gambetta (31 décembre 1882) fut le signal d'une agitation politique intense. Profitant du désarroi du parti républicain, le
prince Napoléon fit apposer, le 16 janvier 1883, sur les murs de Paris
une affiche où il faisait appel contre le régime parlementaire à la souveraineté directe du peuple, au plébiscite, et évoquait le droit des
Napoléon. Le prince fut aussitôt arrêté ; la Chambre, par 401 voix
contre 85, approuva la conduite du ministère, que présidait alors
M. Duclerc ; puis, M. Floquet déposa une proposition tendant à interdire

le séjour du territoire français aux membres des familles ayant régné en France et à les priver de leurs droits civiques. Le gouvernement essaya de canaliser le mouvement; le 29 janvier, M. Fallières, ministre de l'Intérieur, déposa un projet *autorisant* et non *obligeant* le gouvernement à expulser par décret tout membre d'une famille impériale ou royale « dont la présence serait de nature à compromettre la sûreté de l'État », à ne point le laisser entrer en France sous peine d'un emprisonnement de un an à cinq ans, et à mettre en disponibilité, s'il le jugeait nécessaire, les princes qui occupaient des grades dans l'armée. La Chambre renvoya à une même commission le projet de M. Fallières, la proposition de M. Floquet et une troisième proposition de MM. Lockroy et Ballue portant radiation des princes d'Orléans des cadres de l'armée. Une proposition transactionnelle fut apportée ensuite par M. Joseph Fabre; elle autorisait le gouvernement à expulser du territoire tout membre d'une des familles ayant régné en France et dont la présence serait de nature à compromettre la sûreté de l'État; les membres de ces familles ne pourraient remplir aucun mandat électif ni aucun emploi civil ou militaire.

Le ministère Duclerc avait été remplacé sur ces entrefaites par un cabinet provisoire dont M. Fallières avait accepté la présidence; M. Duclerc, malade, le général Billot et l'amiral Jauréguiberry avaient donné leur démission de ministres des Affaires étrangères, de la Guerre et de la Marine. Le 1er février, la Chambre, s'étant déclarée en permanence, repoussa successivement les propositions de MM. Floquet et Lockroy et, par 355 voix contre 142, adopta celle de M. Joseph Fabre, qui fut portée aussitôt au Sénat. Le rapporteur de la commission sénatoriale, M. Allou, conclut au rejet de la proposition; divers amendements, d'un caractère transactionnel, avaient été déposés par MM. Barbey, Léon Say, Waddington, Marcel Barthe et Bardoux. M. Challemel-Lacour prononça, dans la séance du 10 février, le discours suivant :

M. CHALLEMEL-LACOUR. Messieurs, en montant à cette tribune pour soutenir le projet de loi voté par la Chambre des députés, je me trouve tout d'abord, — par une singulière rencontre, — en présence d'un homme auquel je suis attaché par un de ces souvenirs qui ne s'effacent pas, et je me vois obligé de combattre dans la personne de M. le rapporteur un orateur dont l'entrée au Sénat a été, il y a quelques mois, accueillie par toute la majorité républicaine comme une espérance. (*Très bien! très bien! à gauche.*)

Je suis pourtant si sûr des sentiments de notre honorable collègue M. Allou, si sûr des miens à son égard, que je n'hésiterai pas à combattre librement le rapport dont il est l'auteur; il y a

des intérêts devant lesquels toute autre considération doit disparaître. (*Approbation à gauche.*) Et cependant je ne discuterai pas
ce rapport, messieurs. Le moyen de discuter, dans une longueur
infinie des conjectures que rien ne justifie, des principes, vrais
assurément en eux-mêmes, mais qui n'ont pas d'application dans
la circonstance actuelle; des assertions qui reposent sur l'oubli de
faits certains, récents, et sur des craintes entièrement imaginaires?

M. le rapporteur combat la loi qui vous est présentée en invoquant contre elle les principes du droit pénal. On dirait, à lire
son rapport, qu'on vous propose de décréter des peines contre
des innocents, tandis qu'il s'agit de voter une loi politique, une
loi de nécessité sociale, dont les exemples abondent partout,
dont les précédents remplissent — qu'on me permette de le dire
— toutes les histoires. Et non seulement cette loi constitue, pour
M. le rapporteur, une rupture avec le droit commun et une
injustice, elle est encore une formule, un programme, l'ouverture d'une ère de violence, de telle sorte que les 250 députés
modérés, je ne parle que de ceux-là qui ont voté cette loi à la
Chambre des députés et nous tous, mes collègues, qui sommes
disposés à la voter ici, nous nous trouvons, non pas peut-être
les complices volontaires, mais les collaborateurs aveugles de je
ne sais quelle entreprise de violence, nous sommes les adhérents
sans le savoir d'une formule que d'ailleurs on ne nous donne
point, d'un programme que nous ne connaissons pas. (*Marques
d'approbation à gauche.*)

Et ce n'est pas tout! Emporté par ses préoccupations, M. le
rapporteur voit déjà, si le projet était voté, il voit la guerre
déclarée aux classes moyennes. (*Très bien! très bien! sur les
mêmes bancs.*) La guerre est déclarée aux classes moyennes!
Quel est ce langage? Cette langue était peut-être de mise en 1840,
et encore elle était déjà un peu vieillie dès lors. (*Sourires approbatifs à gauche.*) Mais il me semble que depuis cette date il s'est
passé quelque chose dans le monde; il s'est accompli, je pense,
certains petits changements, notamment l'établissement du suffrage universel... (*Applaudissements à gauche.*) dont M. Allou,
tout absorbé qu'il fût dans les nobles préoccupations du barreau,
doit avoir entendu parler.

Les classes moyennes! Mais, messieurs, est-ce que M. Allou,
trompé peut-être par ces lambris ou par ces figures, abusé par
je ne sais quel mirage rétrospectif, aurait cru s'adresser déjà à

la Chambre des pairs? (*Rires ironiques et applaudissements à gauche.*)

Une déclaration de guerre aux classes moyennes! Mais il faudrait pour cela que les classes moyennes existassent. Or, je vois bien encore les représentants clairsemés d'une aristocratie de naissance et de finance; mais à côté, au lieu des classes moyennes, je ne vois plus qu'une vaste démocratie dans laquelle il y a des riches et des pauvres, des gens instruits et des ignorants, des propriétaires et des manœuvres, des patrons et des ouvriers, dans laquelle on trouverait même des capitalistes; une démocratie où chacun, selon la mesure de sa capacité, de son activité, de son mérite, de son dévouement à l'intérêt commun, peut se faire une place, et quelquefois au premier rang, sans que personne ait la bizarre idée de lui demander de produire ses parchemins d'enfant des classes moyennes. (*Nouveaux rires et approbation sur les mêmes bancs.*)

Messieurs, je ne veux pas discuter le rapport de M. Allou; d'autres le feront certainement mieux que moi, avec le soin et l'étendue que mérite un travail aussi sérieux et aussi éloquent.

Je ne veux pas non plus, messieurs, entrer dans la discussion des articles du projet de loi. La commission, après en avoir délibéré jusqu'au dernier moment, est décidée, paraît-il, à ne pas s'opposer à la discussion des articles; mais il me paraît bien probable — et le silence gardé par M. Allou sur l'interpellation qui lui a été adressée par l'honorable M. de Lareinty, me porte à croire qu'il n'y a rien de changé dans les résolutions de la commission — que si elle ne s'oppose pas à la discussion des articles, c'est plutôt par une condescendance d'ailleurs des plus louables, par un respect presque imposé à l'égard de la Chambre des députés, que par une disposition à modifier sérieusement son premier avis. (*Approbation à gauche.*)

Je n'entrerai pas, messieurs, dans l'examen des articles. Non pas que j'éprouve le moindre embarras à déclarer que je suis disposé à les voter tous; car si j'ai, comme beaucoup d'autres, éprouvé quelque tristesse à voir la République, non pas comme le dit M. le rapporteur, après douze années d'existence — c'est vraiment accorder trop d'importance à la forme, et je ne le comprendrais guère si je ne me souvenais que M. Allou est un illustre avocat, — mais après cinq années d'existence réelle, effective, indépendante, j'ai, dis-je, éprouvé quelque tristesse à voir la

République obligée de venir vous demander de voter des mesures
de défense; je n'en suis pas moins résolu à les voter, parce
qu'elles me paraissent justifiées, non seulement par l'expérience
de tous les temps, mais encore par les circonstances actuelles,
et surtout parce qu'elles me paraissent imposées aujourd'hui à
notre vote par des raisons politiques de l'ordre le plus élevé.

Il ne s'agit plus, en effet, à l'heure qu'il est, de savoir si la
République peut vivre avec les prétendants, si leur présence sur
le sol français et les menées dont cette présence est la cause ou
le prétexte mettent en péril l'existence de la République, ou
simplement son développement régulier et l'ordre qui doit y
régner; il ne s'agit pas de savoir si la République a, comme
tous les gouvernements, le droit de se défendre et par quelles
mesures elle doit pourvoir à sa défense, ou bien, si, au contraire,
il lui convient de négliger et de dédaigner le péril, s'il y va,
comme on le dit, de son honneur, s'il est de son intérêt d'inaugurer dans le monde un régime de tolérance sans limite, à l'égard
de ses adversaires déclarés, régime qui serait bien nouveau,
régime jusqu'à présent inconnu dans tous les pays, mais qui,
s'il réussissait, ferait à la République une place à part entre
tous les gouvernements, et lui assurerait une singulière gloire.

Cette question, si elle avait été portée devant vous d'abord,
vous auriez pu l'examiner et la discuter utilement. Peut-être
aurait-elle pu et dû vous être soumise, à vous, Sénat, par le
gouvernement. Mais elle a été soulevée d'abord à la Chambre
des députés; elle a été résolue par elle dans un sens que le plus
grand nombre d'entre vous ne paraît pas avoir approuvé,
puisque vous avez nommé une commission tout entière, sauf
un seul membre, hostile au projet. Il en résulte que la résolution qui vous est soumise aujourd'hui soulève des questions,
mais des questions secondaires, non pas accessoires, non pas
dérivées, dont l'importance, selon moi, dépasse de beaucoup
celle de la question originelle.

Il ne s'agit pas de savoir quelle sera la situation spéciale faite
par le projet de loi à un certain nombre de personnes; il s'agit
de savoir ce qui résultera du rejet de cette loi pour les pouvoirs
publics, pour le Sénat, pour la Chambre des députés; il s'agit
de savoir quel sera le contre-coup de ce rejet dans le pays et
quelle influence il peut avoir et aura nécessairement sur son état
politique et moral.

Il s'agit enfin de savoir quelles sont les conséquences qui peuvent en résulter pour l'avenir de nos institutions, de la République et même de la France. (*Très bien! très bien! à gauche.*)

Je n'ignore pas, messieurs, qu'un certain nombre de personnes se soucient peu de ces prévisions. Elles les trouvent, — elles les déclarent ou déplacées ou exagérées. A les en croire — et il m'a semblé que le rapporteur, sinon la commission, dont il est l'organe, inclinait un peu vers cette opinion; — à les en croire, lorsque vous aurez rejeté le projet, tout sera fini; il n'y aura qu'un désaccord de plus entre le Sénat et la Chambre des députés, et un désaccord dont les conséquences seront ou nulles ou faciles à conjurer, un désaccord, d'ailleurs, dont le souvenir sera promptement effacé par une conciliation sur une autre question.

Je ne sais pas si cet optimisme de M. le rapporteur est partagé par un grand nombre de nos collègues. Il me paraît, quant à moi, reposer sur une foi implicite si obstinée, si absolument rebelle, je ne dirai pas aux vraisemblances, mais aux évidences les plus incontestables et les plus prochaines, que je ne la combattrai pas, désespérant de pouvoir l'entamer. (*Sourires à gauche.*)

Il y a, messieurs, d'autres personnes dans une direction d'esprit bien différente — et je tiens à déclarer que je ne m'adresse à personne dans cette assemblée; sur quelques bancs qu'ils siègent et quelque différence d'opinion qu'il puisse y avoir entre eux et moi, je n'attribuerai jamais à aucun de mes collègues une disposition et des espérances que je considérerais comme antipatriotiques. Mais enfin ces opinions existent et je suis bien obligé d'en tenir compte.

Oui, il y a des personnes qui, bien loin de s'effrayer d'un conflit, qui bien loin de le nier, bâtissent sur cet espoir tout leur système.

Elles escomptent déjà les avantages qu'elles se flattent d'en retirer pour leur parti. Ces personnes voient, dès à présent, la République affaiblie par la lutte des pouvoirs publics. Elles voient le gouvernement obligé après le rejet de la loi, non seulement pour durer, mais pour naître, de s'appuyer sur l'autre Chambre et de gouverner contre vous : pour tout dire, elles voient la République désorganisée dépérir par sa propre impuissance et par la difficulté d'exister.

Ces sentiments, messieurs, ce sont ceux des adversaires
déclarés de la République; je ne m'adresserai pas à eux, n'ayant
point l'autorité qu'il faudrait pour être écouté d'eux ni la présomption de vouloir les convertir.

Mais il y a d'autres personnes encore, et, parmi elles, un
grand nombre de nos amis, qui se croient, à l'heure qu'il est,
séparés de nous par un simple accident, pour peu de temps, et
qui sont, très consciencieusement, persuadés de mieux servir la
République que nous, en lui donnant un simple avertissement,
avec le concours, il est vrai, de tous les monarchistes. (*Très bien !
très bien ! à gauche.*)

Eh bien, messieurs, ceux-là ne nient pas que le rejet de la loi
puisse être le signal d'une lutte, qu'il puisse et doive conduire a
un conflit; ils pressentent même que ce conflit pourrait avoir
des conséquences désastreuses, mais ils ne veulent pas y attacher
leur esprit; ils ne veulent, de parti pris, voir que le projet en
lui-même; ils ne veulent envisager que ce qui les blesse dans la
manière dont le projet a été présenté, dans les dispositions
qu'il contient, dans l'esprit qui l'a inspiré, dans le caractère
exceptionnel qu'ils lui attribuent; ils se cramponnent aux idées,
— aux nobles idées — de justice, de l'égalité et de droit
commun, et ils ne veulent pas entendre parler d'autre chose.

Ils se détournent de tout le reste et il disent, ils nous disent à
nous-mêmes : Assez de faiblesse! assez de complaisance! Il est
temps de nous arrêter; il est temps de recouvrer notre liberté,
que nous n'avons que trop longtemps aliénée, et ils sont tout
prêts à jeter, eux aussi, le cri : *Alea jacta est!*

Qu'ils me permettent de le leur dire, ce cri n'est pas digne
d'eux. C'est le cri ou de la frivolité ou du désespoir; il peut convenir au joueur qui hasarde sa fortune follement; il est interdit à
l'homme public, à l'homme d'État qui porte, si modestes que
soient sa place et son rôle, si humble que soit sa sphère d'action,
qui porte, dis-je, une part du poids des destinées du pays.
(*Très bien ! très bien ! à gauche.*)

Eh bien, messieurs, si nous étions une assemblée de philosophes, oui, nous pourrions, comme nos amis dont je viens de
parler le désirent, faire abstraction des conséquences possibles
de la résolution qui vous est recommandée par la commission;
nous pourrions discuter pour l'honneur des principes, dans
l'oubli complet de la réalité et de ses complications, sans nous

soucier des suites possibles et vraisemblables de ce vote ; nous
pourrions discuter les questions dont il s'agit, ces questions de
droit et de justice qui se sont posées, d'ailleurs, dans tous les
temps, chez tous les peuples, devant tous les gouvernements, et
que tous, sans acception ni de principes ni d'origines, depuis ceux
de l'antiquité jusqu'à la Monarchie traditionnelle, jusqu'à la
Monarchie de juillet et au second Empire, que tous ont résolues
de la même manière ; et les grands esprits qui les ont abordées,
les esprits les plus mesurés, les plus judicieux, les plus froids,
depuis des philosophes qui ont perdu, à ce qu'il paraît, toute
autorité en matière politique, même quand ils s'appellent Aristote, jusqu'aux penseurs de nos jours, jusqu'à Montesquieu et à
M. Thiers, tous les ont résolues dans le même sens.

Nous pourrions, nous aussi, aborder ces questions ; nous pourrions les trancher d'une manière abstraite, si nous pouvions nous
considérer comme une assemblée de philosophes ; mais, quoique
Français et, par conséquent, beaucoup plus portés qu'il ne faudrait à confondre la philosophie et la politique, erreur qui a été
pour notre pays la cause de bien des mécomptes et de bien des
déboires,.. (*Très bien ! très bien ! à gauche.*) nous ne pouvons
confondre le Luxembourg avec la Sorbonne.

Nous sommes obligés de nous rappeler que nous sommes ici
non point pour formuler des principes, mais pour prendre des
résolutions ; nous ne pouvons pas perdre de vue que les résolutions auront tôt ou tard, probablement à bref délai, des conséquences positives et qui peuvent être décisives pour notre pays
et pour la République.

C'est pourquoi, messieurs, je demande à ceux de nos amis,
séparés de nous à l'heure actuelle, de vouloir bien me permettre
d'appeler sur quelques-unes de ces conséquences vraisemblables
et, selon moi, inévitables, leur très sérieuse attention. (*Très bien !
Parlez ! parlez ! à gauche.*)

Messieurs, la Constitution de 1875, improvisée, vous ne l'avez
pas oublié, sous le feu de l'ennemi, conçue, écrite, acceptée par
une Assemblée défaillante, avec la rapidité d'un testament *in
extremis*, renferme une chose bien nouvelle, du moins en France.
— Je ne parle pas de la présidence de la République, ni de la
loi électorale, ni de la Chambre des députés ; je parle du Sénat,
et, sans avoir la pensée d'entrer dans une question de théorie
constitutionnelle, je puis bien dire ce qui me frappe à cet égard.

Oui, messieurs, une seconde Chambre émanant de l'élection, mais d'un suffrage restreint et indirect, en face d'une Chambre des députés nommée par le suffrage universel ; un Sénat, moins nombreux de moitié que la Chambre des députés, et investi cependant des mêmes attributions, des mêmes pouvoirs que cette Chambre, possédant absolument les mêmes droits, sauf sur un point unique ; c'est là, messieurs, chose nouvelle qui ne ressemble pas plus au Conseil des Anciens qu'à la Chambre des Pairs ; et c'est là, je suis obligé de l'ajouter, dans un pays épris comme le nôtre des idées simples, dominé presque constamment par une logique exigeante, quelquefois étroite, souvent intrépide jusqu'à la témérité, — c'est là messieurs, une nouveauté hardie, et — je me hâte de le déclarer — j'espère que ce sera une nouveauté heureuse (*Très bien ! très bien ! à gauche*). C'est peut-être votre vote sur la question actuelle qui va en décider.

Déjà, messieurs, le Sénat, malgré les fautes qu'il peut avoir commises, — nous ne pouvons pas avoir la prétention d'avoir été constamment infaillibles depuis six ou sept ans que nous existons, — le Sénat, dis-je, a rendu de grands services à la France, à la République, même à la Chambre des députés.

Aussi, malgré les logiciens à outrance qui presque dès le premier jour ont contesté sa nécessité, son utilité, sa légitimité ; malgré les amateurs d'une simplicité absolue qui le considèrent peut-être encore aujourd'hui comme une superfluité ou comme un embarras ; malgré les rêveries de certains admirateurs peu attentifs, de certains imitateurs malencontreux et attardés des époques et des procédés révolutionnaires ; malgré tout cela, le Sénat a grandi dans l'opinion. Grâce à la réserve qu'il s'est imposée et qui lui a coûté quelquefois, je le sais ; grâce aux sacrifices pénibles en quelques circonstances qu'il s'est imposés par esprit de conciliation ; grâce surtout au souci qu'il a montré, quand il l'a fallu, de la dignité peut-être un peu trop oubliée de la France, il a vu sa considération grandir. (*Très bien ! C'est vrai ! à gauche*).

Messieurs, je m'en félicite, je m'en applaudis, j'en suis heureux, parce que je considère que le Sénat est une pièce essentielle des institutions républicaines... (*Très bien ! et applaudissements à gauche*) ; ... que son existence importe à leur bon fonctionnement, à leur jeu normal, à leur durée ; je m'en applaudis aussi parce que, indépendamment des attributions qu'il possède et qui lui sont communes avec la Chambre des députés, il a, selon moi, il a

dans ma pensée à remplir une fonction spéciale, et je n'hésiterai
pas à la définir en deux mots. Je le crois le défenseur désigné,
naturel, de la souveraineté nationale contre les empiétements par
lesquels elle pourrait être menacée ; je vois en lui l'avocat de
l'opinion publique si cette opinion était jamais méconnue, le
défenseur, le revendicateur des vœux véritables de la nation si
certaines méprises, ou certaines fantaisies, ou l'esprit de système
le faisaient méconnaître ou oublier. (*Très bien ! très bien ! à
gauche.*) Je vois en lui, messieurs, le soutien naturel de la majorité vraie contre... Comment dirai-je ? Il ne s'est rien produit de
pareil, je fais en ce moment une pure hypothèse et je recule
presque à l'exprimer, tant elle est invraisemblable — mais je le
ferai néanmoins — je vois en lui le soutien de la majorité vraie
contre les entreprises d'une minorité passionnée, contre les tentatives de je ne sais quelle dictature conventionnelle. (*Très bien !
très bien ! et applaudissements à gauche.*)

Il me semble, messieurs, que je ne suis pas de ceux dont a parlé
M. le rapporteur et dans la théorie constitutionnelle desquels le
Sénat tient peu de place ; il me semble que le rôle que je lui
reconnais est assez grand. Je n'en imagine pas de plus grand !
Mais, messieurs, pour le remplir il faut que le Sénat acquière, il
faut qu'il conquière une autorité dans l'opinion, une autorité toute
normale qui ne soit pas inférieure à celle que la Chambre des
députés tient de son origine.

Une telle autorité ne peut être que la conquête et le fruit du
temps ; il faut, pour la conquérir, que le Sénat dure, et, pour
qu'il dure, il faut qu'il triomphe de certaines préventions hostiles ;
il faut qu'il accoutume les esprits à voir en lui un rouage nécessaire, une partie intégrante, indestructible, des institutions républicaines ; il faut surtout qu'il subjugue la confiance de la démocratie par la sincérité indiscutable de son attachement à la
République (*Très bien ! à gauche.*) et qu'il ne s'expose par aucun
acte malencontreux, par aucun vote irréfléchi, à faire croire à
cette démocratie toujours un peu défiante que le Sénat est encore
un foyer d'espérances monarchiques, un champ de manœuvres
antirépublicaines. (*Très bien ! et applaudissements à gauche.*)

Je n'ai pas, messieurs, la prétention de demander à ceux qui
dans le Sénat font profession d'un attachement persévérant à telle
ou telle monarchie, non, je ne leur demande pas d'abjurer leurs
espérances ou leurs doctrines. Je sais, messieurs, quelle est la

ténacité des partis pris politiques. Je sais combien est forte et
souvent impossible à rompre la chaîne de certains engagements;
le temps seul peut en avoir raison. Mais je m'adresse à ceux que
je vois entrés à cette heure dans une majorité nouvelle, — pour
combien de temps, le savons-nous? le savent-ils eux-mêmes? —
que je vois engagés dans une voie dont l'issue est pour eux
comme pour nous couverte d'une profonde obscurité, et je leur
dis : Ne faites pas que par le rejet de la loi on puisse désormais
faire planer un doute sur l'attachement de la majorité du Sénat aux
institutions républicaines; vous croyez et vous voulez servir la
République; vos protestations sont à cet égard au-dessus de tout
soupçon. Ne vous exposez pas à ce que le rejet de la loi puisse
être le texte de commentaires qui pourraient être, je ne dis pas
mortels à l'existence du Sénat, mais je dis mortels à son autorité. (*Très bien! à gauche.*)

Messieurs, nous entendons depuis plusieurs jours nombre de
nos collègues rappeler, non sans quelque amertume, et avec un
accent qui ressemble ou à des repentirs ou à des regrets, nous les
entendons rappeler les votes qu'ils se sont laissé arracher par les
sollicitations de leurs amis, par les promesses du gouvernement;
ils nous rappellent les sacrifices qu'ils ont déjà faits à l'esprit de
conciliation, et vous trouvez un écho de ces plaintes dans le rapport de M. Allou.

Ils vont répétant : Nous sommes arrivés au terme; l'heure des
complaisances, de nos faiblesses est passée, celle de la résistance
inexorable a sonné. Qu'ils me permettent de leur répondre là-
dessus un seul mot : Des sacrifices, vous en avez fait, et je vous
prédis dès à présent, sans être prophète, que vous en ferez encore.
La vie parlementaire ne repose que sur des sacrifices, puisque
sous un régime de discussion vous êtes inévitablement condamnés
à l'isolement, à la dispersion, à l'impuissance.

Vous vous refusez à des sacrifices dont la nécessité se renouvelle incessamment? Quant à des votes de faiblesse, non! Ce que
vous appelez faiblesse a été sagesse.

Vous avez épargné plus d'une fois peut-être au pays des crises
stériles, des luttes inquiétantes et coûteuses; vous avez bien fait;
vous avez rempli votre devoir; vous lui avez rendu un inappré-
ciable service.

Vous lui en avez rendu encore un autre dont il vous est impossible de mesurer aujourd'hui l'étendue. Vous avez acclimaté le

14

Sénat; ne pensez pas, ne dites pas que vous avez compromis son crédit; vous l'avez, au contraire, sauvé et affermi. Ne dites pas que vous avez abaissé sa dignité; vous l'avez maintenue et assurée, en préservant le Sénat des suggestions mauvaises de l'esprit de corps et de l'esprit de parti! (*Très bien! très bien! à gauche.*)

Je sais, messieurs, ce qui, dans le vote qui vous est demandé, excite vos scrupules; je vois ce qui vous cause aujourd'hui plus que des scrupules et engendre chez vous une secrète irritation. Vous dites : Quoi! encore et toujours des lois d'exception, des lois de proscription? Toujours les mêmes procédés surannés, inutiles, que tous les gouvernements ont pratiqués, c'est vrai, mais que la morale perfectionnée de nos jours condamne, que la science politique répudie, que l'expérience d'ailleurs a convaincus d'absurdité; car ils n'ont jamais servi de rien à personne.

Hé? messieurs, ceux qui tiennent ce langage ne sont pas tous, je l'avoue, de ces libéraux impitoyables qui verraient mourir la République sans grande émotion pourvu qu'elle mourût selon les règles du libéralisme. (*Sourires, et très bien! à gauche.*)

Il y en a d'autres qui tiennent à peu près le même langage et qui sont parfaitement sincères, qui répètent avec une profonde conviction tout ce que les publicistes libéraux ont dit des lois d'exception.

Eh bien, nous aussi nous avons lu ces publicistes, nous avons appris chez eux, nous avons épelé dans leurs écrits les éléments de la politique. Nous aussi nous avouons, nous déclarons, si vous le voulez, que les lois d'exception sont une extrémité fâcheuse, une nécessité cruelle et toujours douloureuse; que l'idéal de l'État et du gouvernement, l'idéal surtout de l'État républicain, c'est de reposer uniquement sur des lois générales et permanentes. Oui, voilà l'idéal.

A vrai dire, je ne sais pas si cet idéal s'est jamais réalisé, je ne sais pas s'il a jamais existé, s'il existe à cette heure un seul pays qui ne connaisse pas les lois d'exception.

M. LE COMTE DE MÉRODE. Mais l'Italie n'en a pas!

M. CHALLEMEL-LACOUR. A coup sûr, ce n'est pas l'Angleterre, qui, depuis trois ans, entasse les lois d'exception à propos de l'Irlande; ce n'est pas l'Allemagne, qui renouvelle d'année en année ses lois contre le socialisme; ce n'est même pas la Belgique, qui n'a pas, que je sache, rapporté les mesures de pré-

caution promulguées il y a cinquante ans et qui sont certainement bien inutiles aujourd'hui, contre la maison d'Orange ; ce
n'est pas même la Suisse, pays républicain dont la Constitution
renferme, dans son article 45, des dispositions spéciales contre
une classe déterminée, exceptionnelle, de personnes. Ce n'est
pas même la République française : car si vous cherchiez bien,
peut-être trouveriez-vous encore dans votre riche arsenal de lois
certaines lois d'exception que bien peu de personnes dans cette
Assemblée, que personne, parmi les membres de ce côté, (*L'orateur désigne la droite.*) certainement n'est disposé à abroger,
quand ce ne serait que les lois qui règlent le régime municipal de
la ville de Paris. (*Mouvements divers. — Rires à droite.*)

Est-ce que, par hasard, vous nieriez, messieurs, que la ville
de Paris ne soit soumise à un régime d'exception ?

Mais, dans tous les cas, ce que je sais bien, c'est que pour faire
jouir de cette légalité idéale, pour être à toujours dispensé de la
triste nécessité de recourir à des lois d'exception, il faudrait
qu'un État fût sûr de ne se trouver jamais dans des circonstances
exceptionnelles, devant des périls exceptionnels, en présence de
manœuvres accomplies ou par certaines personnes ou en faveur
de certaines personnes dans une situation exceptionnelle. (*Vive
approbation à gauche.*)

Est-ce que nous en sommes là, messieurs ? Est-ce que la République française, après six années d'existence, issue du suffrage
universel, voulue par la nation, se trouve par hasard dans une
position d'heureuse sécurité qui nous dispenserait pour toujours
de ces lois d'exception ?

Je ne suis pas en mesure d'apporter ni à la commision, ni à son
rapporteur, cette révélation qu'il a vainement cherchée dans la
discussion de la Chambre des députés et qui aurait sans doute
triomphé de ses scrupules. Je n'ai rien à révéler et, si vous voulez
que je l'avoue, je n'ai rien cherché. Non, je n'ai point été chercher d'un œil soupçonneux ce qui se passe dans certaines rési-
dences princières, et comment on s'y comporte. Je n'ai pas examiné, et je ne sais pas ce qu'il en est de certaines réceptions
dont on a parlé ni de certaines habitudes d'étiquette peu républicaines, encore moins militaires, qui se seraient, dit-on, introduites dans tel régiment.

Ces bruits, je les ai entendus comme tout le monde, je n'en ai
pas recherché l'exactitude ; je ne suis pas en mesure de les con-

trôler. Il serait certainement aussi téméraire à moi de rien
affirmer à cet égard, qu'il vous serait facile à vous de tout nier
et peut-être difficile de me convaincre. Aussi, je me contente de
dire, comme Mme Pernelle :

> Je veux croire qu'au fond il ne se passe rien.
> Mais enfin, on en parle,et cela n'est pas bien.

(Rires et applaudissements à gauche.)

Je ne veux pas non plus rechercher quelle importance il convient d'attacher à certains articles de journaux dont le langage
avait jusqu'en ces derniers temps un grand poids, dont toutes les
paroles étaient mesurées et significatives.

Je veux croire, messieurs, puisqu'on l'affirme, qu'il n'en est
plus de même et que la feuille dont je parle est, comme toutes
les autres, gagnée et pervertie par l'habitude des fanfaronnades.
Je n'exagère rien, je n'amplifie rien ; je regarde seulement à ce
qui se passe, à ce qui se dit, à ce qui s'écrit, à ce qui s'affiche.

Cela me suffit, et je dis, sans crainte d'être démenti, j'affirme
qu'il existe dans le sens le plus étroit du mot une conspiration.
(Très bien! très bien! à gauche.) J'entends une résolution concertée entre plusieurs — car il faut prendre les mots juridiques
— une résolution concertée dans le but d'avilir, d'abaisser et de
détruire la République. *(Nouvelle approbation et applaudissements
sur les mêmes bancs.)*

Je dis, messieurs, que cette conspiration est un fait patent,
avéré, incontestable ; qu'elle agit à ciel ouvert ; qu'elle marche à
son but, quel qu'il soit, enseignes déployées, et c'est peut-être
uniquement le bruit qu'elle fait qui permettrait de contester son
existence si on voulait absolument que le secret soit un élément
de la conspiration.

Oh! messieurs, je ne dis pas que cette conspiration rentre
dans la définition et tombe sous le coup des articles 87-91 du
code pénal concernant l'attentat et le complot. Plût au ciel qu'il
en fût ainsi! les choses seraient bientôt faites... *(Mouvements en
sens divers à droite.)*

M. LE BARON DE LAREINTY. Fusillez-moi ces gens-là!

M. CHALLEMEL-LACOUR... et nous ne tarderions pas à
savoir s'il y a encore des juges en France. *(Très bien! à
gauche.)*

Eh bien, messieurs, cette conspiration éclatante comme la

lumière, qui enveloppe, qui enlace les princes à leur insu, — je le veux bien, — malgré eux, on l'affirme et je n'y contredis pas, cette conspiration à laquelle nombre de nos collègues assis sur ces bancs et tout récemment conquis, momentanément, je le souhaite, par la droite, affirment que la République est en état de résister, mais qui n'en est pas moins une cause de trouble pour le pays, de perturbation pour les affaires, d'inquiétudes et de scandale pour la masse tranquille de la nation, de corruption pour l'administration; cette conspiration, insolente et bruyante, est la vraie cause, l'origine première, la justification décisive et indépendante de tout incident ridicule ou mesquin, de la loi qui vous a été présentée. (*Applaudissements à gauche.*)

Messieurs, je quitte un sujet que j'aurais désiré ne pas aborder, mais qui s'est imposé à moi-même, et je dis à ceux de mes amis qui sont tentés de repousser le projet et jusqu'à l'idée même d'une loi : Croyez-vous que le rejet de la loi par une majorité formée tout exprès et comme à la main, le rejet d'une loi provoquée par des circonstances si anormales, demandée par le gouvernement, votée par la Chambre des députés à une majorité considérable, dans laquelle figurent au bas mot deux cents députés d'une modération notoire,.. (*Oh! oh! à droite.*) — pouvez-vous, dis-je, que le rejet de cette loi votée, non pas au pied levé, mais après une discussion sérieuse, après une discussion forte, approfondie, éclatante, dans laquelle tout a été dit, à laquelle il est douteux que la discussion du Sénat, quelque brillante qu'elle puisse être, ajoute rien d'important, croyez-vous, messieurs, que ce rejet ne serait pas de nature à faire un bien grand trouble dans l'esprit du pays? Pensez-vous qu'il laissât absolument intacte l'autorité du Sénat, et qu'interprété comme il le serait sans nul doute il ne permettrait pas à nos adversaires de dire et aux esprits simples de croire qu'après tout la République a dans le Sénat une majorité d'ennemis?

Pensez-vous enfin que cette opinion, plus ou moins accréditée, bien à tort, je le veux, vous laisserait la force de résister, comme vous le dites, comme l'affirme M. le rapporteur et, je le crois, dans l'intérêt de la République, aux mesures qui paraîtraient compromettre son avenir et l'intérêt du pays?

Messieurs, ma fatigue, et la vôtre sans doute, m'avertissent d'abréger. (*Non! non! — Parlez!*) Aussi, ne rechercherai-je pas quelle sera la conduite de la Chambre des députés, quelle sera la conduite qu'elle imposera ou qui s'imposera au cabinet, quel qu'il soit, appelé à se présenter devant elle après le rejet de la loi.

Je ne veux pas le rechercher. Plusieurs affirment, avec une parfaite confiance, qu'il n'y aura point de conflit. Telle paraît être la pensée de la commission, et M. le rapporteur l'a exprimée avec un ton d'étonnante certitude, en donnant de cette certitude une raison qui n'est peut-être pas d'une entière solidité.

« Comment, dit-il, y aurait-il conflit, quand le Sénat a fait de son droit un usage royal »... (On rit.)

M. MAYRAN. Cela viendra.

M. CHALLEMEL-LACOUR. «... Quand le Sénat, dis-je, a fait de son droit un usage loyal et sincère. »

C'est là, messieurs, un grand hommage rendu à la sagesse de la Chambre des députés. Mais est-ce que cet usage si loyal et si sincère ne pourrait être en même temps imprudent, téméraire et menaçant pour la République? et croyez-vous par hasard que, s'il en était ainsi, la Chambre des députés déserterait le devoir qu'elle a de la défendre? Pensez-vous enfin que les moyens lui feraient défaut? (Interruptions à droite. — Très bien! à gauche.)

M. MAYRAN. C'est une menace.

M. CHALLEMEL-LACOUR. D'autres, messieurs, se contentent de dire que la majorité de la Chambre ne veut pas de conflit. A ceux-là, je ne répondrai pas que je le désire, que je l'espère; non, je dirai que j'en suis sûr, et je n'en veux pour preuve que la loi même qui vous est présentée, loi de transaction, quoi qu'en puisse dire M. le rapporteur, qui ne me paraît pas s'être rendu un compte parfaitement exact et de l'esprit de la Chambre des députés et de l'émotion dont elle est animée depuis quinze jours.

Je puis lui affirmer que c'est une loi de transaction et que, lorsqu'on l'a faite, lorsqu'on l'a votée, vos répugnances ont été prévues, vos objections mises en ligne de compte ; que la pensée du Sénat a été constamment présente à l'esprit de la majorité de la Chambre des députés. (Très bien! très bien! à gauche.)

Mais enfin, messieurs, si cette majorité qui a voté avec tant de conscience, après un débat si sérieux, consentait à tenir son vote comme non avenu, si elle passait condamnation sur les nécessités auxquelles elle a obéi, si elle voulait bien oublier les raisons d'une gravité si grande par lesquelles elle s'est déterminée, eh bien, messieurs, n'allez pas croire, si elle faisait cela, si elle pouvait le faire, n'allez pas croire qu'elle le ferait avec satisfaction; ne répétez pas, comme on l'a dit, je le sais, que le rejet de la loi serait, pour cette majorité, un soulagement; ne faites pas ce tort à sa sincérité et à son courage. Non, si elle le faisait, ce serait un nouvel acte de sagesse, elle le ferait par pur esprit de conciliation.

Messieurs, je ne veux plus que jeter un regard sur le pays pour y rechercher l'impression que le rejet de cette loi ne peut manquer d'y produire, non plus vis-à-vis du Sénat, mais vis-à-vis de la République elle-même.

La République, messieurs, est l'œuvre de la volonté nationale, de la volonté la plus suivie, la plus persévérante, la plus indomptable que jamais peuple ait montrée dans le choix et la fondation d'un gouvernement. (*Très bien! et applaudissements à gauche.*)

Certes, messieurs, c'est là une grande raison d'avoir confiance; une pareille base est solide et permet de croire que la République est bien forte, et, à cet égard, je partage la pensée de M. le rapporteur et de la commission. Et, cependant, le dirai-je, je suis émerveillé, je suis quelquefois effrayé de l'étonnante sécurité dont je vois tant de personnes faire parade autour de moi! On ne rencontre, à chaque pas, que gens qui vous affirment, qui vous jurent, de par l'éternité de la République, qu'elle n'a rien à craindre, qu'il n'existe pour elle aucun danger, qu'elle peut défier toutes les attaques.

Et la plupart de ceux qui parlent ainsi, je dois le dire, nouveaux venus à la République, ne seraient peut-être pas — je ne parle pas pour tous, mais plusieurs qui n'ont pas eu le temps de s'attacher à ce gouvernement par un lien bien solide... (*Rires approbatifs à gauche*)... — la plupart, dis-je, de ceux qui tiennent ce langage ne seraient peut-être pas, s'il arrivait à la République quelque mésaventure, les derniers à se consoler de sa disgrâce. (*Nouveaux rires sur les mêmes bancs.*)

Mais il y a, messieurs, d'autres personnes plus sincères, mais aussi imprévoyantes et non moins dangereuses qui, elles aussi, paraissent se reposer dans une sécurité béate, oublieuses de toutes les difficultés, aveugles à tous les périls, sourdes à tous les avertissements, se permettant, je dois le dire, bien des choses imprudentes, et cette sécurité excessive, malheureuse, est peut-être la cause principale de leurs erreurs.

Eh bien, cette sécurité, je l'avoue, je ne la partage pas.

Oui, messieurs, je crois à l'avenir de la République! mais je ne puis perdre de vue qu'en établissant la République en France nous avons entrepris une tâche difficile, longue, qui demande de la suite, de la patience, de la circonspection et aussi de la résolution. (*Très bien! à gauche.*) Je vois cet édifice républicain qui date de cinq années — c'est d'hier, monsieur le rapporteur, pour un gouvernement — je vois cet édifice s'élever sur un sol encore tout couvert des débris de plusieurs monarchies; je vois dans la génération qui nous entoure et qui travaille, partie à la consolidation, partie à la ruine de la République, je vois un nombre considérable d'hommes qui ont servi diverses monarchies et qui, ou par suite de préventions indestructibles, ou par des traditions de famille, ou par le mécontentement de ce qui est, ou par une ambition inquiète, ou peut-être aussi par je ne sais quelle malsaine et malheureuse curiosité d'une révolution nouvelle,.. (*Protestations à droite.*)... cette curiosité qui est le fléau de notre pays, je vois, dis-je, un nombre d'hommes considérable restés jusqu'à cette heure attachés à des partis différents.

Quelle est la force de ces partis? je l'ignore; mais je sais que ces partis existent, car ces partis sont vivaces; je sais qu'ils agissent, car ils font du bruit ; je sais aussi que leurs chefs naturels, ces chefs dont M. le rapporteur vantait l'éclatante adhésion à la République,.. (*Rires ironiques à gauche.*) adhésion qui coïncidait avec une autre adhésion fort éclatante aussi, dont il n'a pas parlé,.. (*Très bien! et nouveaux rires sur les mêmes bancs.*) je vois, messieurs, que ces chefs naturels des partis ne les ont pas jusqu'à présent licenciés.

Eh bien, je vous demande si vous pensez qu'un vote qui permettra à ces partis, ou du moins à l'un d'entre eux de croire qu'il a dès aujourd'hui une majorité d'adhérents au Sénat n'est pas propre à jeter un trouble profond dans l'esprit public, à ajouter un nouvel élément de division à tant d'autres éléments qui existent encore chez nous?

Et, à cet égard, messieurs, qu'il me soit permis de vous dire un mot, un seul mot, au sujet des observations qui ont été présentées dans un bureau, répétées probablement dans la commission, car le rapport de M. Allou y fait une légère allusion, au sujet, dis-je, des observations qui ont été faites touchant l'impression que ferait hors de France le vote de cette loi.

Oh! messieurs, je ne suis pas de ceux qui considèrent comme négligeable ce genre de considérations.

Je ne m'étonne pas que le patriotisme clairvoyant de M. le comte de Saint-Vallier, encore tout rempli des souvenirs de Berlin, observe l'horizon, toujours avec vigilance, quelquefois avec anxiété; non, je ne m'étonne pas, car, moi non plus, je ne m'abuse pas sur les sentiments qu'on nourrit dans les gouvernements, dans les chancelleries, dans les cours, non pas à l'égard de la République, — ici je crois que M. de Saint-Vallier s'est trompé, — mais à l'égard de la France.

Il ne faut pas aller chercher bien loin pour savoir ce que, dans ces chancelleries et dans ces cours, on penserait de telle mesure qui vous est proposée, de tel vote qui vous est demandé.

Vous avez, à cet égard, un critérium certain : s'agit-il d'un vote destiné à fortifier la France, à éliminer les causes de division qu'elle renferme encore? Soyez sûrs qu'on s'en affligera et que, si l'on peut, on le blâmera. (*Très bien! à gauche.*) S'agit-il, au contraire, d'un vote ou d'une mesure destinée à perpétuer le trouble chez nous, à l'aggraver, à fortifier et à enhardir les partis? Oh! n'en doutez pas, on se réjouira et peut-être on applaudira. (*Nouvelles marques d'approbation sur les mêmes bancs.*)

Oui, messieurs, pourvu que le gouvernement soit tenu en échec ou par les anarchistes ou par d'autres partis que je ne veux pas nommer à côté de celui-là, pourvu que le gouvernement soit tenu en échec, paralysé en France, cela suffit. Et si l'étranger pouvait voir, à la suite du rejet de la loi, un parti qui semble s'être effacé depuis quelques années, mais sans avoir peut-être cessé d'agir, s'il le voyait se réveiller et entreprendre à son tour, fort de l'adhésion que ce parti se flatterait d'avoir dans une des deux Chambres, une campagne contre la République, c'est-à-dire contre la France, oh! messieurs, c'est alors que l'étranger pourrait s'applaudir! (*Très bien! très bien! à gauche.*)

Nous entendons parfois, messieurs, qualifier la loi qui vous est demandée de loi de peur, de loi de faiblesse, et M. le rapporteur, comme plusieurs de nos collègues, a fait appel, contre cette loi, à la générosité spéciale qui serait l'apanage du gouvernement républicain. La générosité d'un gouvernement, messieurs? Ah! je comprends qu'un particulier hasarde généreusement sa fortune, sa liberté, même sa vie, et, s'il le fait avec bon sens, je comprends qu'on le loue et qu'on admire sa générosité, mais prétendez-vous, admettez-vous qu'un gouvernement, pour généreux que soit son principe, puisse faire acte de générosité au risque de compromettre la sûreté et la sécurité, et le bon ordre, et la paix publique dans le pays ? (*Très bien! et vifs applaudissements à gauche.*)

Quant à savoir si c'est une loi de peur ou une loi de prévoyance, je crois m'être assez expliqué à cet égard. Mais quand on me dit que c'est une loi de faiblesse, eh bien, oui, je n'hésite pas à le reconnaître : c'est une loi de faiblesse, car elle a les faiblesses antérieures pour cause. Oui, c'est une loi de faiblesse, parce que les lois d'exception, quand elles ne sont pas portées au lendemain des révolutions, à une heure où on n'en conteste guère la légitimité, — M. le rapporteur le reconnaît, — ces lois sont toujours le fruit amer ou de l'imprévoyance, qui n'a pas su prévenir le péril à temps, ou bien de la faiblesse, qui n'a pas su se servir à propos des lois existantes. (*Nouvelle approbation sur les mêmes bancs. — Rumeurs à droite.*)

M. LE BARON DE LAREINTY. C'est comme pour l'article 7 !

M. CHALLEMEL-LACOUR. Oui! les lois d'exception sont toujours un châtiment, et pour les gouvernements obligés d'y recourir parce qu'ils se sont laissé prématurément désarmer, et pour les partis obligés de les subir, parce qu'ils ont trop ouvertement travaillé à démanteler le pouvoir à leur profit. (*Applaudissements à gauche.*)

Messieurs, la République, entre plusieurs fautes qu'elle peut avoir faites, en a commis, selon moi, une grave; elle a trop oublié, et trop tôt, que si elle est un régime appelé à modifier bien des choses, à opérer dans notre société française, avec le temps et avec la prudence voulus, bien des transformations, elle ne saurait cependant s'affranchir des conditions vitales de tout gouvernement. (*Marques d'assentiment à gauche.*)

Or, il est arrivé, depuis nombre d'années, que certaines personnes engouées d'un libéralisme philosophique ou, pour mieux dire, d'une sorte de mysticisme libéral (*Très bien! sur les mêmes bancs.*) qui prête à la liberté poussée jusqu'à l'impunité je ne sais quelle vertu toute-puissante, (*Murmures sur quelques bancs à droite et au centre.*) que d'autres, pour avoir voulu transplanter en France un américanisme dont elles n'avaient pas suffisamment calculé les effets; que d'autres encore, en vue de combinaisons profondes qui n'ont point réussi jusqu'à cette heure, je le reconnais, et que l'avenir pourrait bien déjouer en définitive, il est arrivé, dis-je, que de parti pris, des côtés les plus opposés, dans les vues les plus différentes, on a travaillé à affaiblir, à énerver, à déconsidérer l'autorité. (*Rumeurs à droite.* — *C'est vrai! Très bien! à gauche.*)

On y a travaillé, messieurs, comme si l'autorité, même contrôlée, même républicaine, ne pouvait jamais être qu'oppressive, comme si elle ne pouvait pas être en même temps protectrice; comme si elle n'était pas la protection et la garantie nécessaires de la liberté. (*Très bien! très bien! à gauche.*)

On y a travaillé comme si on se flattait de pouvoir, toujours, en temps voulu et à son gré, restaurer l'autorité dans les institutions, après l'avoir bannie des habitudes et minée dans les esprits. (*Nouvelle approbation sur les mêmes bancs.*)

Messieurs, le mal dont nous souffrons, qui se fait sentir dans le gouvernement, dans les Chambres, dans l'administration, et même dans le pays, ce mal, qui est l'origine première et la justification de la loi qui vous est présentée, il a peut-être plus d'une cause; mais la principale, assurément, réside dans le relâchement de l'autorité républicaine... (*C'est vrai.* — *Très bien! à gauche*)... livrée aux coups impunis des partis, compromise par l'oubli presque constant, depuis plusieurs années, des devoirs qui s'imposent aux Parlements et des droits qui appartiennent au pouvoir.

Eh bien, je ne pense pas que personne ici, à quelque parti qu'on appartienne, puisse avoir un intérêt sérieux, un intérêt durable à voir s'affaiblir peu à peu et s'abîmer à la fin ces idées capitales sans lesquelles il n'y a ni République, ni liberté, ni gouvernement, et c'est pourquoi, messieurs, je voudrais pouvoir oublier que, parmi ceux qui m'écoutent, il y a des légitimistes, des orléanistes, des bonapartistes; je voudrais pour un moment voir en eux ce qu'ils sont aussi : des patriotes, et, je l'espère, des patriotes avant tout!

Si ce n'était pas là un vain rêve et une illusion trop naïve pour un homme de mon âge, je leur dirais : acceptez cette loi comme une nécessité nationale, n'ouvrez pas, — vous ne savez pas pour combien de temps, vous ne savez pas au profit de qui, mais ce ne serait probablement au profit ni de vos idées, ni des princes auxquels vous êtes attachés — n'ouvrez pas la porte à une série de crises interminables et certainement funestes, car elles ne peuvent être qu'une cause d'affaiblissement et de déconsidération pour la France! (*Vive sensation et applaudissements prolongés à gauche. — L'orateur, en retournant à sa place, reçoit les félicitations d'un grand nombre de ses collègues.*)

＊
＊＊

Le Sénat, après une longue discussion, repoussa successivement la proposition de M. Barbey, par 148 voix contre 132, et l'article 1er du projet de la Chambre, par 171 voix contre 88; il adopta, par 158 voix contre 122, l'amendement de MM. Léon Say et Waddington qui punissait du bannissement toute personne appartenant à une famille royale ou impériale qui aurait fait, soit un acte de prétendant, soit une manifestation ayant pour but d'attenter à la sûreté de l'État; la peine serait prononcée, selon le choix du gouvernement, soit par le Sénat réuni en haute cour de justice, soit par la cour d'assises. Le cabinet remit aussitôt sa démission au président de la République, qui pria les ministres de rester en fonctions jusqu'à nouvel ordre.

Le 13 février, M. Paul Devès, garde des Sceaux et président du Conseil par intérim, porta à la Chambre le texte adopté par le Sénat; la commission de la Chambre le repoussa et reprit, cette fois, la proposition de M. Floquet dont le rapport fut confié à M. Marcou.

MM. Martin-Feuillée et Antonin Proust reprirent alors les articles 1 et 2 du contre-projet de M. Barbey qui étaient presque identiques au projet primitif de la Chambre, sauf une légère modification de texte, et qui, soutenus cette fois par M. Floquet, furent adoptés par 317 voix contre 173.

Le 17 février, M. Challemel-Lacour défendit devant le Sénat, dans les termes suivants, le texte qui avait été adopté par la Chambre et que la commission sénatoriale persistait à repousser.

M. Challemel-Lacour. Messieurs, ce n'est pas sans un sentiment de profonde tristesse que je viens combattre encore une fois, et le plus brièvement que je le pourrai, les conclusions de votre commission.

Au vote de la Chambre — vote de sagesse et de réflexion, que n'ont pu empêcher ni les résistances de la commission ni les protestations emportées d'un vieux patriote que j'aime, mais dont, je le reconnais, le zèle n'est pas toujours selon la science,

— à ce vote, messieurs, votre commission vous propose en termes d'une sécheresse dédaigneuse, (*Très bien! très bien! à gauche.*) qui n'est pas elle-même exempte de passion... (*Vive approbation sur les mêmes bancs. — Protestations à droite.*)

M. LE BARON DE LAREINTY. Sus au Sénat! (*Murmures à gauche.*)

M. CHALLEMEL-LACOUR. ...de répondre par le rejet pur et simple.

Ainsi, messieurs, dans une circonstance, on peut le dire, solennelle et peut-être décisive, où le sang-froid, un langage conciliant, à tout le moins un examen sérieux et attentif, eût été si parfaitement de mise, ne fût-ce que comme un témoignage de votre sincère désir de la bonne entente, on s'enferme dans un *Non possumus* absolu sans souci du lendemain, sans regard sur les difficultés déjà si graves que ce rejet sommaire va tout à l'heure aggraver encore et qui pèsent si douloureusement sur le pays!

Et le vieux républicanisme de mon ami M. Barthélemy Saint-Hilaire a pu envisager ces conséquences sans s'étonner, et l'âme démocratique de l'honorable M. Jouin ne s'en est pas émue, et la commission tout entière, cette commission résolument républicaine, selon l'expression de son rapporteur, ne s'est pas préoccupée du retentissement douloureux que son inflexibilité ne peut manquer d'avoir dans le pays! (*Très bien! très bien! à gauche.*)

Messieurs, la tristesse que j'éprouve, jointe à la crainte de m'imposer une fois de plus mal à propos à votre attention, aurait dû me retenir à mon banc.

Quels efforts, en effet, pourraient à l'heure qu'il est, après une discussion si complète et si longue, avoir cette vertu de ramener quelques-uns de ceux qui se sont séparés de nous? Et comment pourrais-je, moi, avoir l'espérance ou la présomption de faire passer chez quelques-uns de nos anciens amis la conviction qui m'anime?

Et cependant cela ne m'empêchera pas de le tenter, car la résolution que vous êtes appelés à prendre tout à l'heure doit avoir et aura certainement une telle portée que, s'il est impossible de rien ajouter d'essentiel ou même de nouveau à ce qui a été dit, il doit au moins nous être permis de résumer, en aussi peu de mots que possible, les raisons qui nous ont empêchés de nous rendre aux objections qui se sont fait jour soit à la Chambre, soit ici.

Messieurs, la commission et son rapporteur vous affirment

qu'entre le premier projet que vous avez rejeté et celui que la
Chambre des députés vous renvoie il n'y a nulle différence. Elle
les enveloppe tous deux dans la même condamnation. Ils sont l'un
et l'autre entachés à ses yeux des mêmes vices et donnent lieu aux
mêmes reproches. L'un et l'autre ont le même défaut : c'est d'être
une loi d'exception, c'est d'ouvrir un libre cours à l'arbitraire.

Messieurs, je ne reviendrai pas sur tout ce qui a été dit à ce
sujet. Que ce soit une loi d'exception, nous ne pouvons pas le
nier; mais aussi ce caractère n'est-il que le résultat de la nature
même des choses, et pouvez-vous espérer de faire une loi générale
qui réponde en même temps aux nécessités tant de fois signalées
sans menacer ou inquiéter du même coup la liberté de personne?

Quant au reproche d'ouvrir la porte à l'arbitraire, la loi qu'on
vous demande a précisément pour objet de l'écarter, puisque,
parmi ceux qui me font l'honneur de m'entendre, il en est, je
pense, bien peu, s'il en est, qui fussent disposés à refuser d'une
manière absolue au gouvernement le droit de prendre, même en
l'absence de toute loi, les mesures qui seraient rendues nécessaires par l'évidence et l'urgence du danger. (*Rumeurs à droite.*
— *Très bien! très bien! à gauche.*)

Messieurs, si le gouvernement, d'après cette loi, reste encore
non pas le seul, mais le premier appréciateur des circonstances
dans lesquelles il devra user du droit qu'on vous demande de
lui conférer, est-il possible, est-il raisonnable de dire que cette
appréciation dépasse la mesure d'arbitraire qui est inhérente à
l'exercice le plus normal du pouvoir, et même à l'administration
de la justice? (*Rumeurs à droite.*)

Mais, messieurs, vous ne pouvez, en vérité, rêver de réduire
soit le gouvernement, soit la justice, à n'être que l'agent en
quelque sorte mécanique de cette force sourde et inexorable
qu'on appelle la loi! La loi, pour être appliquée, requiert une
interprétation intelligente de son texte, une appréciation équitable des circonstances. Et s'il en était autrement, on ne voit vraiment pas quelle signification pourrait avoir ce mot essentiel dans
notre gouvernement d'opinion, de responsabilité ministérielle.

Et, messieurs, cette responsabilité, elle existe cependant,
malgré les difficultés qu'on a toujours rencontrées soit à la
définir, soit à lui donner hors des Chambres une sanction pénale.
Elle existe, et il n'est pas douteux que le gouvernement, s'il se
croyait obligé d'user de la prérogative qu'il s'agit de lui donner,

ne manquerait pas de venir promptement, sans délai, exposer devant vous, faire connaître au pays les circonstances graves, les raisons puissantes qui l'auraient déterminé à faire usage de son droit.

Et si, par hasard, il ne se pressait pas assez de venir s'expliquer devant vous, croyez-vous qu'il manquerait de s'élever soit dans le Sénat, soit dans la Chambre des députés, des voix pour réclamer de lui ces explications? Et si la responsabilité existe, la sanction non plus ne fait pas défaut; cette sanction vous la connaissez. C'est, pour un gouvernement qui ferait de ce droit un usage abusif, ou inintelligent, ou téméraire, comme pour un gouvernement qui ne saurait pas en user en temps utile, c'est la nécessité de se retirer, accompagné quelquefois dans sa retraite d'une réprobation qui la rendrait définitive.

Oh! je sais bien qu'au lendemain d'une révolution, et même au sortir de certaines crises, cette sanction a paru bien insuffisante, dérisoire parfois, en comparaison des désastres ou des inquiétudes infligées au pays par l'incapacité, par la témérité, par les entreprises de certains ministres. Et cependant il y a d'anciens ministres, — nous en connaissons, — qui trouvent que cette sanction, même réduite à une retraite dans les conditions que je viens de dire, est suffisante et déjà bien sévère. (*Très bien! très bien! à gauche.*)

Cette responsabilité prompte, effective, inévitable, même en dehors de toute sanction juridique, c'est la limite, c'est le correctif de ce que, dans un langage dont l'intention est facile à comprendre, on a qualifié du mot, de l'odieux mot d'arbitraire, mais de ce qui n'est, en fait, que l'exercice nécessaire du pouvoir dans la sphère qui lui est tracée par la loi. Cette sphère, elle peut être plus ou moins large, plus ou moins nettement circonscrite, non pas selon la fantaisie du législateur, mais selon l'objet sur lequel il est appelé à légiférer. Dans le premier projet, la limite fixée, la mesure imposée à l'action du gouvernement, c'était le danger, un danger certain pour le pays, pour la sécurité publique, résultant de la présence des princes.

Messieurs, ce droit a paru excessif, cette limite a paru trop indécise et trop large.

Le projet qui vous a été proposé par l'honorable M. Barbey a précisément pour but et pour effet de restreindre la sphère d'action du gouvernement.

Il faut, pour que le gouvernement puisse agir, que les princes se livrent à des manifestations, qu'ils accomplissent des actes d'où résulte un danger évident pour la sûreté publique. On viendra vous dire, cependant, la commission, par l'organe de son rapporteur, ne craindrait pas d'affirmer qu'entre ces deux projets il n'existe nulle différence, qu'ils sont non pas semblables, mais identiques, qu'ils ont l'un et l'autre les mêmes défauts.

Mais, messieurs, on aura beau se livrer à des raisonnements plus ou moins spécieux sur ce point, faire des hypothèses plus ou moins captieuses, on sait après tout ce que c'est qu'une démonstration, on sait ce que c'est qu'un acte; et à moins que je ne sais quel étrange vertige s'empare le même jour de tous les cerveaux, — à moins que Sénat, Chambre des députés et gouvernement ne deviennent au même moment le jouet de la même hallucination, non, il n'est pas de ministre si ingénieux qui puisse inventer une manifestation ou un acte qui n'existerait pas. On pourra exagérer le danger, il ne se peut qu'on l'imagine de toutes pièces ou qu'on se laisse tromper par des visions sans s'exposer soi-même à un immense ridicule. (*Très bien! très bien! à gauche.*)

Ainsi, ce projet, malgré tout ce qu'on a pu dire, malgré le caractère exceptionnel dont il se trouve entaché, comme le premier, mais qui tient à ce qu'il s'agit de répondre à des situations qui sont elles-mêmes dans la société française une exception rigoureusement définie, qui ne comporte ni aujourd'hui ni dans l'avenir aucune extension, ce projet répond du moins victorieusement au reproche qui lui est fait, d'ouvrir la porte à l'arbitraire.

Vous savez, messieurs, ce qu'on a dit encore, quelle objection on a élevée contre les propositions qui vous ont été faites, celle par exemple, de méconnaître et de compromettre les garanties essentielles qui sont la raison d'être de la société et sans lesquelles la société, au lieu d'être une protection, n'est pas seulement un fardeau sans compensation, mais devient pour tout le monde une perpétuelle menace.

Pendant qu'on développait devant vous cette thèse avec une éloquence que vous n'avez pas oubliée, tout en prêtant aux orateurs une attention religieuse je me demandais si vraiment tous les Français étaient exposés à se réveiller princes un de ces matins, et je m'étonnais de l'abus que l'on peut faire de ces prin-

cipes respectés de la liberté individuelle, de l'égalité devant la
loi, desquels il n'entre dans la pensée de personne assurément
ici de rien abandonner.

On a célébré, messieurs, vous savez avec quelle véhémence,
ces grands principes que l'on invoquait contre la loi.

M. Bardoux a vengé, dans les termes les plus chaleureux, le
droit éternel contre les auteurs et les partisans de la loi qui vous
est proposée. M. Allou s'est écrié : Il n'y a pas de droit contre le
droit! Nous connaissons cette grande maxime empreinte de la
fierté du génie de Bossuet. Nous sommes, nous aussi, disposés à
nous incliner devant le droit, à la condition que l'on nous montre
clairement où il est.

Il n'y a pas de droit contre le droit! Me permettrez-vous de le
dire? Je voudrais bien qu'on laissât dans Bossuet, où elle a peut-
être un sens, cette grande parole. Il est bien facile, en effet,
d'abuser d'une telle formule, et j'ai cherché, j'ai cherché vainement, je dois l'avouer, quelle signification elle pouvait avoir dans
la question actuelle.

Il n'y a pas de droit contre le droit! Mais il s'agit précisément,
à l'heure qu'il est, de savoir où le droit réside, s'il est dans
quatre, cinq ou dix personnes,.. (*Rumeurs à droite. — Très bien!
à gauche.*) issues de race royale, qui elles-mêmes n'ont certainement pas renoncé à recouvrer une situation royale, qui se réservent patriotiquement pour la France; que, dans tous les cas,
leurs amis réservent, qu'ils mettent en avant, qu'ils désignent à
des impatients, à des ambitieux, à des chercheurs d'aventures
révolutionnaires. (*Très bien! très bien! à gauche.*) Il s'agit de
savoir si le droit réside dans ces personnes, j'entends le droit
absolu de demeurer, quand même leur présence y serait une
cause de troubles, quand même leurs manifestations, leurs actes
ou les actes de leurs amis,.. (*Ah! ah! à droite.*) accomplis avec
leur complaisance et sous leur inspiration; (*Très bien! à gauche.*)
il s'agit de savoir si ces personnes ont le droit absolu de résider
dans un pays qu'elles troublent, ou bien si, au contraire, le droit
n'appartient pas à la nation tout entière de se préserver de ces
troubles, de conjurer une révolution nouvelle qui pourrait être
une catastrophe nationale... (*Très bien! à gauche.*) et de prendre
pour cela certaines précautions, dussent ces précautions avoir
pour effet d'obliger les personnes dont j'ai parlé à quitter momentanément le territoire. (*Mouvement à droite.*) Voilà une question

15

qu'il n'est peut-être pas aussi facile de trancher qu'on l'affirme à chaque instant.

On se tromperait fort si l'on croyait qu'il suffit, pour la résoudre, d'invoquer le droit éternel. Je le déclare, pour moi la question n'est pas douteuse non plus! Le droit réside tout entier dans la nation; l'autre droit n'existe pas, et il n'y a pas lieu d'invoquer cette maxime : « Il n'y a pas de droit contre le droit. » (*Très bien! très bien! à gauche.*)

Si vous protestiez, cela ne prouverait qu'une chose — car apparemment vous tous qui combattez la loi au nom du droit éternel, vous n'avez pas la prétention, nul n'oserait du moins l'énoncer, d'être les seuls éclairés, les seuls raisonnables, les seuls impartiaux, les seuls sincères — vos protestations prouveraient une seule chose, c'est que ce droit éternel que vous invoquez ne brille pas à tous les yeux de l'éclat qui éblouit les vôtres. (*Approbation à gauche.*)

Et, messieurs, permettez-moi de signaler un sentiment fort répandu dans le public et dont vous avez certainement, depuis quelques semaines, recueilli comme moi de plus d'un côté l'expression. Il est si évident, pour un grand nombre de personnnes du moins, qu'il n'y a pas ici deux droits en conflit, — un droit social douteux, un droit individuel absolu, — mais qu'il n'y a qu'un seul droit, certain, souverain, indéfectible, cela a paru d'une telle évidence à un très grand nombre d'esprits, qu'ils se sont étonnés, naïvement étonnés, qu'à la vue des troubles et de l'inquiétude que leur présence causait en France, bien contre leur volonté, — je veux le croire, — les princes n'aient pas devancé la loi, qu'ils n'en aient pas prévenu la discussion... (*Mouvement à droite et au centre.*) et qu'ils n'aient pas fait spontanément ce sacrifice, douloureux je le sais, de se retirer de la terre de France pour y faire rentrer l'ordre, l'harmonie et la paix. (*Interruptions et rires sur divers bancs à droite et au centre. — Applaudissements à gauche.*)

M. LE BARON DE LAREINTY. C'est cela. Ils devaient se déclarer coupables, quoique innocents.

M. LE PRÉSIDENT. Veuillez ne pas interrompre, monsieur de Lareinty; si vous voulez prendre la parole, je vous la donnerai.

M. CHALLEMEL-LACOUR. Vous vous récriez. J'entends des rires qui m'avertissent d'une chose qu'il ne m'était pas difficile de soupçonner : c'est que la supposition que je viens de faire devant vous, l'étonnement que je viens de vous signaler, sont en effet bien naïfs, presque extravagants, à peine dignes des jeunes et innocents lecteurs de Plutarque. Je ne l'ignorais pas, et j'aurais pu vous avertir moi-même que j'allais hasarder une grande folie.

Eh bien, messieurs, savez-vous ce que cela prouve? Cela prouve, et d'une manière irréfragable, cela prouve, et nous le savions d'avance, que les princes subissent une situation plus forte que leur volonté! (*Très bien! à gauche.* — *Rumeurs à droite.*) C'est qu'ils sont tenus par devoir, par honneur, de rester en France. Ils sont tenus d'y rester, comme réserve de la France monarchique, comme les héritiers désignés de la République. Ils sont obligés de rester comme les fourriers du roi. (*Très bien! très bien! à gauche.* — *Rumeurs et rires sur divers bancs à droite.*)

Ils sont obligés d'y rester pour une autre cause, c'est qu'ils savent bien que leur retraite serait considérée par leur parti comme une désertion, et que leur présence ici est nécessaire pour le maintenir et pour le stimuler. (*Très bien! à gauche.*)

Cela est si vrai, messieurs, que lorsqu'on a parlé de l'adhésion des princes à la République, ce qui était, soit dit en passant, une exagération malencontreuse; (*Approbation à gauche.*) lorsqu'on a parlé, plus tard, de leur adhésion implicite, ce qui n'était peut-être pas moins hasardé, mais ce qui, dans tous les cas, était plus habile, eh bien, à ce moment, — les princes ont des amis ici, ils ont des confidents de leur pensée, — aucun n'a demandé la parole pour s'associer à cette déclaration. (*Applaudissements à gauche.*)

Aucun ne s'est levé pour y ajouter sa garantie. Ils ne pouvaient pas le faire, parce que non seulement ils auraient trahi leur propre loyauté, mais ils auraient cru certainement manquer de respect à leurs amis en leur attribuant des sentiments qu'ils n'ont pas et qu'ils ne peuvent pas avoir. (*Nouvelles marques d'approbation à gauche.*)

Eh bien, messieurs, si telle est la situation des princes, s'ils restent en France ainsi par honneur, par devoir, s'ils acceptent cette obligation comme l'accomplissement d'une charge d'honneur, il est probable, il est certain qu'en l'acceptant ils en ont aperçu clairement les inconvénients et les périls; il est certain non seulement qu'ils les ont aperçus, mais qu'ils seraient les der-

niers à s'étonner de voir ces périls approcher d'eux. (*Très bien!
très bien! à gauche.*)

Non, messieurs, ils ne s'étonnent pas de les voir s'approcher
d'eux, même et surtout sous le régime du suffrage universel. J'ai
écouté sérieusement, avec scrupule, avec la volonté ferme de me
rendre à un argument qui eût été décisif, ce qu'on a dit à ce
sujet. Il y a déjà été répondu victorieusement; mais je dois
déclarer, quant à moi, que, quelque clarté que les orateurs aient
essayé de mettre dans leur langage en développant cette thèse
étrange que sous le régime du suffrage universel le gouvernement est forcément désarmé, il m'a véritablement été impossible
de dégager leur pensée.

Comment! il faudrait donc admettre, en effet, qu'une nation,
parce qu'elle est constituée sur la base du suffrage universel,
qu'une République démocratique aurait moins de droits, qu'elle
aurait moins besoin de garanties contre les prétendants que ne
s'en réserve une monarchie? Ainsi il serait moins choquant,
moins violent, moins scandaleux, de voir une poignée de prétendants ou de princes avec leurs amis se préparer, se remuer, se
prononcer seulement sur ce qui est la création de la volonté nationale, de l'immense majorité du pays, qu'il ne le serait de voir
prétendant contre prétendant, princes contre princes, roi en disponibilité contre roi en exercice? (*Très bien! à gauche*) et parce
que c'est la nation qui règne, et non pas un prince, il serait
permis de l'attaquer impunément et de la tenir constamment en
échec et en éveil?

Mais, messieurs, ceci est véritablement incroyable, inadmissible, incompréhensible. Ce que je reconnais ici, c'est un nouveau
déguisement de l'éternel sophisme, c'est une nouvelle forme de
l'éternelle tactique pratiquée tantôt au profit d'un certain fanatisme et tantôt au profit des princes. On vous répète, cette fois
en style oratoire, cette insolente prétention : Vous nous devez la
liberté de tout faire contre vous, car tel est votre principe, et
quant à nous, nous entreprendrons tout contre vous et contre
votre principe, car tel est le nôtre. (*Vive approbation et applaudissements à gauche. Murmures et réclamations à droite.*)

Messieurs, je me hâte autant que je puis, et j'aborde un autre
reproche, le plus fréquemment répété dans tout le cours de cette
discussion contre la loi qui vous est présentée. On a dit, ç'a été
le fort et le fond de l'argumentation de presque tous les orateurs :

Ce que nous objectons à votre loi, ce qui nous révolte et ce que nous repoussons en elle, c'est le droit qu'elle donne au gouvernement de frapper des innocents, de les frapper sans instruction préalable, sans débat contradictoire, de les déférer à un tribunal incompétent, de les faire juger par commission.

On est allé — un homme modéré, ordinairement le plus mesuré dans son langage et de l'esprit le plus avisé, est allé jusqu'à employer cette expression outrée et véritablement insoutenable! Comment! on a pu assimiler à un jugement par commission la résolution prise par le gouvernement, sous sa responsabilité, en vertu de circonstances dont il est seul en mesure d'apprécier la gravité, de parer à un danger évident et immédiat par des mesures dont il devra, dès le lendemain, rendre compte devant les Chambres, devant le pays tout entier.

Eh bien, puisqu'on a répété, puisqu'on va peut-être répéter encore cette objection, nous ne devons pas nous lasser d'y répondre. Nous avons fait de notre mieux pour dissiper cette méprise; puisque nous n'avons pas réussi jusqu'à présent, essayons encore. Quelque fastidieuse que soit cette répétition, nous n'hésitons pas à la renouveler jusqu'au bout, (*A droite :* *Écoutez! écoutez!*) et nous vous disons : Non, il ne s'agit pas de procès intenté à des innocents, il ne s'agit pas de créer par une loi un délit nouveau; non, il ne s'agit pas de déférer des prévenus à un tribunal plus ou moins élevé, plus ou moins compétent. Telle n'est pas notre pensée, et vous n'avez pas besoin de mettre en mouvement tout l'appareil des principes du droit pénal pour la combattre. Ce n'est pas notre pensée. Il ne s'agit pas de procès, il ne s'agit pas de tribunal.

Nous vous disons : Il y a des personnes en petit nombre, fils et petits-fils de rois, qui, à l'heure qu'il est, depuis la soumission de Frohsdorff, sont les représentants de la famille du roi, du roi, entendez-vous? (*Mouvements divers.* — *Très bien! très bien! à l'extrême gauche.*) car, quoique dépossédé, quoique absent, ce n'est pas un prétendant; et pour un grand nombre d'entre vous il est et ne peut être que le roi; tandis que vous revendiquez si hautement, à l'égard de la République, le nom de citoyens, vous rougiriez tous (*l'orateur se tourne vers la droite*) de ne pas réclamer à l'égard du roi le titre de sujets fidèles. (*Applaudissements répétés à gauche.*)

Eh bien, les personnes qui se trouvent dans cette situation

spéciale peuvent se livrer à des démonstrations, elles peuvent accomplir des actes qui mettent en péril l'ordre public. La gravité de ces démonstrations, de ces actes, ne tient point à leurs intentions, je les tiens, si vous le voulez, pour irréprochables; elle ne tient point à leurs sentiments, je veux bien les croire patriotiques, elle tient, nous le déclarons nettement, à leur naissance; elle tient à leur situation; elle tient à l'avenir que vous leur réservez et aux obligations que vous leur imposez. (*Très bien! à gauche.*)

Ainsi, il n'y a point de jugement, il n'y a pas de peine, et il est inutile de réclamer pour eux les garanties que la loi assure au prévenu, car il n'y a pas de prévenus. Mais il peut y avoir une nécessité sociale dont vous, messieurs, dont le Sénat, la Chambre des députés, le gouvernement, sont les appréciateurs obligés, dont les princes aussi peuvent être les victimes. Car, tel est le malheur attaché à leur situation, ils peuvent aussi s'en faire un titre de gloire, (*Mouvements divers.*) mais ils ne peuvent se plaindre d'être atteints par un jugement; et, de votre part, il ne peut y avoir dans ces mesures justifiées de sécurité nulle injustice.

Messieurs, ces remarques sont déjà trop longues si elles doivent rester sans effet sur l'esprit d'aucun de nos collègues; elles sont suffisantes, en tout cas, pour préciser le point de vue auquel nous nous sommes placés afin de vous faire comprendre pourquoi notre conviction a résisté jusqu'ici à toutes les objections qui se sont produites.

La dernière fois, messieurs, nous avons voté pour la proposition présentée par MM. Waddington et Léon Say, non pas — nous devons l'avouer — que nous nous fissions grande illusion sur l'accueil qui l'attendait à la Chambre; il ne ne nous échappait pas non plus qu'elle donnait prise à des objections fortes, peut-être invincibles. Cette proposition avait à nos yeux deux défauts graves : quant au premier, les observations que j'avais, il y a un instant, l'honneur de vous soumettre, ont pu vous le faire pressentir : c'est que, quoi qu'elle fût une loi d'exception, elle affectait le caractère d'une loi pénale. Or, nous ne croyons pas, nous n'avons jamais cru qu'il fût ni possible ni prudent de faire, en vue d'un nombre restreint de personnes, une loi pénale. (*Très bien! à gauche.*)

Elle créait un délit nouveau, et un délit de telle nature que

l'activité déployée ou par les prétendants ou, avec leur aveu,
par leurs amis, pouvait créer un danger véritable, sérieux, imminent et, cependant, échapper à la définition renfermée dans la
loi.

Elle avait un autre défaut, messieurs : c'était de donner au
gouvernement le droit de déférer à son gré, à son choix, selon
des circonstances sur lesquelles on ne s'expliquait pas, ce délit
à deux juridictions, pour des raisons différentes, également
incompétentes : le jury parce qu'il ne lui appartient pas et qu'il
ne saurait lui appartenir de prononcer sur ce qui peut, à un
moment donné, être une nécessité nationale et une condition
d'ordre public ; parce que la sécurité publique ne peut pas
dépendre de douze personnes désignées par le sort ; parce que,
surtout, il est impossible de transporter le gouvernement dans
un prétoire ; (*Nouvelles marques d'approbation sur les mêmes
bancs.*) le Sénat, messieurs, parce qu'il a des attributions judiciaires définies, circonscrites par la Constitution, et que ces
attributions vous ne pouvez pas les étendre à volonté, mais surtout, parce qu'il n'appartient pas au Sénat seul, il appartient aux
deux Chambres, ou plutôt il appartient au pays, par la voie de
ses représentants, de prononcer sur la conduite que le gouvernement a cru devoir suivre dans telle ou telle circonstance critique.

Et cependant, messieurs, malgré les vices dont elle était entachée à nos yeux, nous avons voté cette proposition. Nous l'avons
votée parce que nous voulions éviter par-dessus tout, parce que
nous ne voulions à aucun prix assumer la responsabilité de
répondre à la Chambre des députés par un refus formel et absolu ;
(*Très bien ! très bien ! à gauche.*) parce que nous voulions jusqu'au bout tenir la porte ouverte à un accommodement ; parce
qu'il nous plaisait — et il nous plaît encore — d'espérer même
contre l'espérance !

Nous avons voté et nous voterons encore la proposition de
M. Barbey.

Est-ce parce qu'elle ne donne prise à aucune objection, parce
qu'elle est au-dessus de toutes les critiques ?

Non, messieurs, nous n'avons point cette prétention ; mais
nous savons qu'il s'élève parfois, en politique, des questions, et
des questions graves, qui ne comportent pas de solution inattaquable, et que cependant il faut trancher, qu'il faut résoudre

courageusement, parce que la paix publique, parce que la sécurité des esprits en dépendent, parce que le fonctionnement même du gouvernement s'y trouve attaché. (*Nouvelles marques d'approbation sur les mêmes bancs.*)

Messieurs, il me revient à l'esprit un mot de l'empereur Napoléon, qui me paraît trouver aujourd'hui une singulière application. Un jour, vers 1808, à Erfürth, l'empereur, à l'apogée de la gloire, eut avec Goëthe une conversation dont le poète allemand nous a conservé les détails. Ils s'entretenaient de la tragédie antique et du rôle qu'y joue la fatalité. Il arriva à Napoléon de s'écrier : « Et que nous veut-on aujourd'hui avec la fatalité? La politique, voilà la fatalité! »

Parole profonde, messieurs, éclair d'un génie qui en a jeté sur bien des choses! Oui, la politique, c'est pour une bonne part la fatalité.

La situation des princes, leur naissance, leur grandeur avec les inconvénients, et quelquefois les catastrophes qui y sont attachés, les partis dans lesquels nous nous trouvons, tous tant que nous sommes, engagés quelquefois à notre insu, les convenances de famille et de situation dont le joug est si dur et quelquefois impossible à secouer, les habitudes d'esprit qui nous asservissent à une seule idée et nous ferment les yeux sur toutes les autres considérations, les illusions que nous suçons avec le lait et qui, à mesure que nous avançons en âge, revêtent pour nous le caractère d'une foi presque sacrée : tout cela, messieurs, c'est la fatalité!

C'est aussi la politique, car c'est à ces puissances secrètes que nous nous laissons entraîner lorsque nous dérivons insensiblement, quelquefois en dépit de nous, les yeux ouverts, vers un abîme, tout au moins vers un écueil que nous apercevons, sans avoir la force ou le courage de l'éviter. (*Très bien! très bien! à gauche.*)

Mais, messieurs, si grande que soit la part de la fatalité, elle ne domine pas tout; et si petite que soit, dans la direction des affaires humaines, celle de la volonté, de la réflexion, du dévouement réfléchi, cette part existe, et à coup sûr il dépend, à l'heure qu'il est, de quelques-uns d'entre nous, selon la détermination qu'ils vont prendre, de donner à la barque une direction peut-être décisive.

A eux de voir s'ils veulent, en s'associant pour des considéra-

tions secondaires (*Murmures à droite.*) à un rejet dont les conséquences n'échappent plus à personne; à eux de voir s'ils veulent
conduire la République sur des écueils; à eux de voir s'ils veulent
que les difficultés immenses qui déjà surgissent devant nous,
que l'impossibilité de constituer un gouvernement assez fort
pour se faire écouter dans le pays, assez fort pour parler en son
nom au dehors avec dignité, assez fort pour dompter partout où
elles se produiront les exagérations et les folies menaçantes pour
la paix publique, à eux de voir s'ils veulent que ces difficultés,
et beaucoup d'autres presque équivalentes à une catastrophe,
soient dès demain imputées par le pays à leur faiblesse ou à leur
opiniâtreté! (*Très bien! et applaudissements à gauche.* — *Vives
protestations à droite.*)

Le projet de loi fut repoussé une seconde fois par le Sénat, à la
majorité de 142 voix contre 137. Le lendemain, la démission du
cabinet était acceptée définitivement par le président de la République.

M. Jules Ferry fut alors appelé par M. Grévy et chargé de former
un cabinet. Les négociations de M. Ferry aboutirent rapidement et, le
21 février, le ministère était constitué. M. Jules Ferry prenait, avec
la présidence du Conseil, le ministère de l'Instruction publique;
M. Challemel-Lacour était nommé ministre des Affaires étrangères;
M. Waldeck-Rousseau, ministre de l'Intérieur; M. Martin Feuillée,
ministre de la Justice; M. Tirard, ministre des Finances; le général
Thibaudin, ministre de la Guerre; M. Brun, ministre de la Marine;
M. Raynal, ministre des Travaux publics; M. Méline, ministre de
l'Agriculture; M. Hérisson, ministre du Commerce; et M. Cochery,
ministre des Postes et télégraphes.

Le surlendemain, 23 février, un décret du président de la République mettait en non-activité, par retrait d'emploi, le duc d'Aumale,
le duc de Chartres et le duc d'Alençon. Sur une interpellation du
général Robert, le Sénat, à la demande du gouvernement, prononça,
par 146 voix contre 107, l'ordre du jour pur et simple qui impliquait
approbation du décret du 23 février.

DISCOURS

SUR L'ORGANISATION

DE LA

JURIDICTION FRANÇAISE EN TUNISIE

prononcé le 3 mars 1883

AU SÉNAT

———

Le Sénat vota, le 3 mars 1883, le projet de loi portant organisation de la juridiction française en Tunisie. Au cours du débat, M. Challemel-Lacour, ministre des Affaires étrangères, prononça, en réponse au duc de Broglie, le discours suivant :

M. CHALLEMEL-LACOUR, *ministre des Affaires étrangères.* J'essayerai, messieurs, de donner dans la mesure du possible, et en quelques mots seulement, satisfaction à l'honorable duc de Broglie. Mais il me permettra de me féliciter d'abord d'une modification notable que les événements paraissent avoir introduite dans ses idées. (*Très bien ! à gauche.*) Il y a peu de temps encore, M. le duc de Broglie était de ceux qui semblaient considérer notre présence en Tunisie comme temporaire, et qui pensaient que, quelles que fussent les causes qui nous y avaient amenés et les circonstances qui nous y retenaient, ces causes venant à changer, ces circonstances venant à cesser, nous devions lentement, prudemment, avec toutes les précautions voulues,. .

M. LE DUC DE BROGLIE. Il y a des faits accomplis qu'on subit même quand on les regrette !

Voix à gauche. Laissez parler ! On ne vous a pas interrompu.

M. LE MINISTRE DES AFFAIRES ÉTRANGÈRES... nous
retirer, et laisser la Tunisie à sa destinée. Aujourd'hui, messieurs,
M. le duc de Broglie, comme la grande majorité de cette Assemblée — je le crois du moins — et, je l'espère aussi, comme la
grande majorité des Français,...

A gauche. Très bien!

M. LE MINISTRE... est disposé à croire que nous sommes en
Tunisie à titre définitif. (*Très bien! très bien! sur les mêmes bancs.*)

Nous y sommes, en effet, parce que des intérêts permanents
nous y ont amenés; nous y restons, parce que les circonstances
qui nous ont obligés à y aller ne sont pas de celles qui changent;
nous y restons aussi parce que nous sommes liés par un traité, un
traité qui nous confère des droits et qui nous impose des obligations. Les droits qu'il nous confère, nous entendons en user, mais
les obligations qu'il nous impose, nous n'entendons pas nous y
dérober.

L'honorable duc de Broglie est particulièrement préoccupé des
difficultés que l'existence des capitulations peut opposer à l'application du projet de loi qui vous est aujourd'hui soumis, et même
des dangers que ce projet de loi peut entraîner. Cela, messieurs,
me permet non pas de discuter les détails du projet de loi, —
M. le garde des sceaux et M. le rapporteur de la commission
seront beaucoup mieux que moi en état de le faire, — mais de dire
deux mots de ce projet et de l'esprit dans lequel il a été rédigé.

Ce projet de loi, messieurs, est une partie détachée d'un projet
plus général qui a été voté par la Chambre des députés, au mois
de juillet 1882, et, si je ne me trompe, l'évidence de la nécessité
du projet est reconnue par tout le monde. Pourquoi a-t-il été
détaché du projet général? C'est qu'il importe, en toutes choses,
de commencer par le commencement; et le commencement, ici,
c'est l'établissement d'une bonne police, d'une justice régulière,
faite pour inspirer confiance à tout le monde. Nous nous sommes,
par le traité de Kars-Saïd, engagés à rétablir l'ordre dans la
Régence et à prêter au bey un constant appui contre tout ce qui
pouvait troubler la tranquillité de ses états.

L'ordre règne dans la Régence; la tranquillité n'y a été troublée
nulle part; mais, messieurs, une police qui repose sur la présence de troupes d'occupation repose évidemment sur une base
qui n'est pas la véritable et qui n'est pas la meilleure. Il est d'ailleurs facile de comprendre quels inconvénients offre la coexis-

tence de l'autorité militaire et de la justice ordinaire, des mesures
d'ordre que la justice militaire peut être appelée à prendre, et des
conséquences que peut entraîner le fonctionnement de la juridiction consulaire.

Jusqu'à présent, nous avons échappé à ce genre de difficultés;
mais il importe de se prémunir contre elles, et c'est à quoi tend
le projet de loi qui vous est soumis. (*Très bien! à gauche.*)

Je dirai, en passant, pour donner satisfaction aux scrupules
que vient d'exprimer l'honorable M. de Gavardie dans sa courte
apparition à la tribune, qu'il ne nous semble pas du tout que le
projet d'organisation que nous avons l'honneur de vous présenter
aujourd'hui dépasse en quoi que ce droit les droits qui nous ont
été conférés et par le traité de Kars-Saïd et par les capitulations.

Ces divers actes nous donnent le droit de procéder à la réorganisation administrative, judiciaire et financière de la Tunisie...

M. DE GAVARDIE. C'est une erreur.

M. LE MINISTRE.... et, en ce qui concerne plus particulièrement
les capitulations, jamais, que je sache, les gouvernements musul-
mans ne se sont opposés à ce que les États avec lesquels elles
avaient été passées déterminassent à leur gré la forme et la procédure suivant lesquelles ces États devaient rendre la justice. Or,
c'est bien, comme M. le duc de Broglie le disait tout à l'heure,
de la simple substitution de la juridiction ordinaire française à la
juridiction exceptionnelle de nos consuls qu'il s'agit aujourd'hui.
Seulement, il y a en Tunisie deux populations nettement tran-
chées; il y a les Français et les protégés français, en vue desquels
est fait directement, particulièrement, mais je m'empresse d'a-
jouter, non pas exclusivement et uniquement, le projet de loi qui
vous est actuellement soumis. A leur égard, il ne peut exister
aucune difficulté; on ne voit pas quelles objections pourraient
être élevées contre la décision qui, en vue d'un ordre de choses
entièrement nouveau, tend à soumettre à la juridiction commune
de la France ceux qui étaient soumis antérieurement à la juridiction particulière de ses consuls. Il n'y a, je le répète, en ce qui
les touche, aucune difficulté.

Mais je me hâte d'ajouter, et nous n'en faisons nullement mystère, que dans notre pensée le projet de loi sur lequel le Sénat
délibère en ce moment doit avoir une tout autre portée et de
tous autres effets.

Oui, nous espérons que l'organisation que nous voulons établir ne restera pas longtemps enfermée dans une sphère restreinte, et que cette organisation, acceptée comme la juridiction commune en Tunisie, deviendra la base comme elle est la condition première de la réorganisation administrative à laquelle nous avons hâte de procéder.

M. DE GAVARDIE. Vous ne pouvez pas faire cela par la voie d'une simple disposition législative.

M. LE MINISTRE. A côté des Français et des protégés français qui forment la partie de la population tunisienne pour laquelle ce projet de loi est tout particulièrement fait, il y a les sujets du bey et les autres étrangers. Or, il existe dans le projet de loi en discussion un article 2, et, dans cet article 2, un paragraphe 3 dans lequel il est dit que la compétence des tribunaux que nous vous proposons d'établir s'étendra à toutes autres personnes dans les cas que détermineront les décrets rendus par S. A. le Bey avec l'assentiment du gouvernement français.

Nous sommes fort disposés à croire, ou plutôt nous avons la parfaite certitude que les sujets du bey accepteront comme un bienfait une juridiction qui leur présentera les garanties d'indépendance et d'impartialité qui caractérisent les juridictions européennes en général. A la place de tribunaux qui ne leur offrent que peu de sécurité, ils seront, je crois, heureux de se trouver placés, comme les Français eux-mêmes, sous notre juridiction. (*Adhésion à gauche.*)

Ils pourront l'être en vertu de décrets rendus par le bey.

Eh bien! messieurs, nous croyons ne pas nous avancer trop aujourd'hui en vous disant que ces décrets, nous avons la certitude de les obtenir. Il est vrai que, dans ce même paragraphe, il se rencontre une expression très générale qui demande quelque explication. « Leur compétence s'étendra, dit ce paragraphe, à toutes autres personnes... »

Ces autres personnes, messieurs, ce seront peut-être les étrangers établis à Tunis; mais il ne peut encore y avoir aucune espèce de difficulté de ce côté, car le caractère éminemment facultatif de ce troisième paragraphe saute aux yeux, et si des décrets sont rendus par le bey pour placer les étrangers, comme ses propres sujets, sous la protection française, ce ne peut être, évidemment, qu'après que des arrangements auront été pris avec les diverses puissances en vue de l'abrogation des capitulations. (*Approbation à gauche.*)

Ici, messieurs, je répondrai, dans la mesure où je le puis, à la partie la plus importante, et la plus intéressante aussi, des observations qui ont été présentées au Sénat par l'honorable duc de Broglie.

Il convient peu, je crois, d'apporter à cette tribune, en ce moment, le détail des négociations et des pourparlers qui peuvent avoir été engagés en vue de l'abrogation des capitulations. Ce que je puis dire, — et M. le duc de Broglie l'a déjà indiqué, — ce que je puis dire à l'honneur du cabinet du 7 août, c'est que son chef l'honorable M. Duclerc, à peine arrivé au pouvoir, s'était mis en devoir de préparer la solution d'une question qui n'est pas sans difficultés, qui demande des ménagements et qui est fort délicate; et qu'il avait chargé nos représentants auprès des diverses puissances de s'informer des dispositions de celles-ci à cet égard.

Est-ce là ce qu'on peut appeler une proposition formelle ? Le précédent ministre des Affaires étrangères a-t-il chargé l'ambassadeur de France en Angleterre de faire au gouvernement anglais une ouverture positive ? A-t-il demandé au gouvernement anglais de procéder dès à présent à l'abolition des capitulations? Je ne le crois pas. Nos agents se sont contentés, comme ils en avaient reçu l'ordre, d'entrer en pourparlers sur ce point avec les diverses puissances, et le résultat de ces pourparlers, c'est qu'ils ont obtenu de tous les gouvernements, sauf un seul, des réponses satisfaisantes.

Toutes les puissances, avec des nuances, bien entendu, avec divers degrés d'empressement selon leur position, leurs intérêts, leurs sentiments à notre égard, toutes les puissances, dis-je, sauf une seule, se sont montrées parfaitement disposées à renoncer au bénéfice des capitulations concernant la juridiction consulaire, du moment où des garanties suffisantes leur seraient données par l'organisation judiciaire française en Tunisie. (*Très bien ! très bien! à gauche.*) Et même la puissance qui s'est montrée la moins disposée à faire l'abandon de son privilège, tout en faisant des réserves, tout en posant des questions, tout en déclarant vouloir voir, pour ainsi dire, à l'essai la justice française, qui est cependant assez connue, et dont la renommée est assez bonne dans le monde,.. (*Mouvement à droite.*) cette puissance, dis-je n'a pas fait des objections de telle nature que nous devions désespérer, — moyennant beaucoup de bon vouloir de notre part, moyennant aussi les conseils de l'intérêt bien entendu et peut-être les sollicitations de ses propres nationaux en Tunisie, — d'arriver à conclure avec elle, comme avec tous les autres États, un arrangement amical. (*Très bien! sur divers bancs.*)

Tel est, messieurs, l'état des choses à l'heure qu'il est. Nous avons reçu de toutes les puissances les assurances les plus formelles que leur assentiment à l'abrogation des capitulations ne nous ferait pas défaut du jour où l'organisation d'une justice française en Tunisie leur offrirait des garanties suffisantes. S'informer des dispositions des puissances sur ce point, s'assurer qu'elles inclinaient, avec des degrés divers d'empressement, à se prêter à l'ordre de choses que nous nous proposons d'établir en Tunisie, c'est tout ce qu'on pouvait faire, c'est tout ce qu'on a fait. Ces informations, on les a prises; ces assurances, on les a reçues, et nous croyons pouvoir affirmer ici que, lorsque le projet que vous êtes appelés à discuter en ce moment aura été voté, lorsque l'organisation judiciaire que nous vous proposons d'établir en Tunisie fonctionnera, les assurances qui ont été données deviendront des faits accomplis.

Cela dit, je n'ai qu'à ajouter un seul mot, c'est que cette question de la Tunisie est ouverte depuis bien longtemps; elle n'est pas encore close, et je n'affirmerai pas qu'à mesure que nous entrerons plus avant dans l'organisation générale de ce pays, lorsque nous vous apporterons les projets que nous sommes en train d'élaborer et que nous élaborerons avec toute la célérité dont nous sommes capables, la discussion ne recommencera pas. Quoi qu'il en soit, vous devez être impatients — comme tout le monde, en Tunisie, comme tout le monde dans les assemblées et en France — de nous permettre, en votant ce projet, de faire le premier pas dans la voie de l'établissement d'un ordre de choses qui justifie l'effort que nous avons fait et qui dédommage la France des sacrifices qu'elle a dû s'imposer. (*Vive approbation et applaudissements à gauche.*)

DISCOURS

SUR

LES ENTREPRISES COLONIALES

ET LES AFFAIRES DU TONKIN

prononcé le 13 mars 1883

AU SÉNAT

A peine installé aux affaires, le cabinet que présidait M. Jules Ferry eut à s'occuper de la question du Tonkin, qui datait de l'expédition de Francis Garnier et qui n'avait pas cessé de s'aggraver pendant les dernières années. Le traité du 15 mars 1874, qui avait été conclu avec l'Annam par le duc de Broglie, était interprété par la France comme un traité de protectorat; l'Annam n'y voyait qu'un traité d'amitié et n'avait pas tardé à essayer de faire admettre son interprétation par le gouvernement chinois. La France avait aussitôt repoussé toute immixtion de la cour de Pékin dans une affaire qui concernait exclusivement, selon elle, les deux États signataires. Gambetta, au commencement de 1882, l'avait déclaré nettement au marquis Tseng, et M. de Freycinet avait, à son tour, confirmé cette déclaration. La situation cependant se gâtait de plus en plus au Tonkin, où le commandant Henri Rivière, qui s'était emparé, le 23 avril 1882, de la citadelle de Hanoï, signalait une recrudescence de l'insurrection des Pavillons-Noirs et une infiltration persistante de troupes chinoises. Le ministère Duclerc décida, en conséquence, de demander à la Chambre un crédit de 10 millions pour organiser une expédition qui permettrait de garder au Tonkin les positions conquises. Mais ce projet, qui avait été établi par l'amiral Jauréguiberry, d'accord avec Gambetta, rencontra de la part du président de la République une si vive opposition que le ministre de la marine le retira, tout en annonçant sa résolution de donner sa démission plutôt que de consentir à l'abandon de l'entreprise indo-chinoise. M. Grévy consentit alors à l'envoi du transport *la Corrèze*, avec 700 hommes, à destination du Tonkin (30 décembre). Le mois suivant, les rapports de M. Bourée, ministre de France à Pékin, arrivaient au quai d'Orsay ; ils contenaient l'exposé de ses négociations avec la Chine. L'auteur de l'*Histoire diplomatique de l'affaire du Tonkin* résume ces rapports en ces termes : « On n'y retrouvait aucune des concessions annoncées, aucune promesse ferme de la Chine, pas même l'assurance que ses troupes étaient rappelées du Tonkin. Sans se lier à notre égard, le gouvernement chinois avait obtenu la déclaration que « nous n'allions pas au Tonkin pour en faire la conquête » ; que notre intervention « ne saurait avoir pour effet de modifier les rapports existant entre l'Annam et la Chine » ; que « rien dans notre conduite n'impliquait la négation des droits de suzeraineté de la Chine sur l'Annam » [1]. C'était l'abandon, sans compensation, de notre politique traditionnelle. Le principe même de la *zone neutre*, dont il sera tant parlé plus tard, n'avait pas été concédé par la Chine.

Telle était la situation que trouvait M. Challemel-Lacour, le 22 février, en prenant possession du ministère des Affaires étrangères. Après un examen minutieux de la question, M. Challemel-Lacour, d'accord avec M. Jules Ferry, décida de faire connaître à la Chine que le gouvernement de la République ne pouvait acquiescer à des combinaisons impliquant un partage d'influence au Tonkin, mais qu'il restait prêt, comme auparavant, à traiter amicalement pour le règlement des relations de commerce et de bon voisinage entre les deux pays. En même temps, il annonçait à M. Bourée que, mécontent de l'initiative qu'il avait prise, il le rappelait en France « tout en rendant justice à son activité ». Le gouvernement adoptait enfin le principe d'une expédition au Tonkin.

Le 13 mars, M. Challemel-Lacour saisit l'occasion que lui offrait une question de M. de Saint-Vallier pour exposer, devant le Sénat, les vues du gouvernement sur la politique coloniale, et notamment sur les affaires d'Indo-Chine.

M. CHALLEMEL-LACOUR, *ministre des Affaires étrangères.* Messieurs, dans les développements, un peu riches, que l'honorable M. de Saint-Vallier a donnés à sa question, on reconnaît facilement deux préoccupations dignes, l'une et l'autre, de son esprit éclairé et de son patriotisme. La première concerne la nécessité d'une politique coloniale pour la France ; la seconde

1. *L'Affaire au Tonkin*, p. 26.

se rapporte à la question très importante et très actuelle du Tonkin.

En parcourant nos colonies, M. le comte de Saint-Vallier a touché à divers autres problèmes que j'écarterai pour concentrer ma réponse sur les deux parties principales de la question. Sur la première, je serai bref; sur la seconde, je demanderai au Sénat la permission de lui fournir quelques explications.

M. le comte de Saint-Vallier a signalé la nécessité d'une politique coloniale pour la France. Il a établi, avec beaucoup de force, qu'au point de vue de son autorité de grande puissance, comme au point de vue de ses intérêts commerciaux et maritimes, la France avait des obligations auxquelles elle ne saurait se dérober. La République française hérite de traditions auxquelles il ne lui est point permis de faillir.

Je n'ai pas besoin de dire, messieurs, que, sur ce point, le Gouvernement approuve, en très grande partie du moins, les doctrines qui vous ont été exposées et qui sont celles de tous les esprits réfléchis, de tous ceux auxquels l'expérience et l'histoire ont appris qu'une nation telle que la France ne saurait, sans s'affaiblir, renoncer à exercer au dehors une influence que les peuples ont été si longtemps accoutumés à respecter. (*Très bien! très bien! à gauche.*)

Il lui serait d'autant plus difficile, il serait d'autant plus dangereux pour elle de renoncer, à l'heure qu'il est, à cette influence, que le bruit de ses revers, aussi éclatant que l'avait été celui de sa gloire, a donné à ses adversaires de toute nature l'occasion de proclamer jusqu'aux antipodes que la France est déchue, affaiblie presque sans remède, ou du moins pour longtemps amoindrie, et qu'elle serait désormais hors d'état de maintenir ou de reprendre au dehors l'action qu'elle avait exercée; et ce bruit a disposé les populations éloignées, perdues aux extrémités du monde, trop ignorantes pour avoir compris les efforts que nous avons faits pour découvrir et mettre en valeur les ressources de la France, ce bruit les a disposées, dis-je, à accueillir ces exagérations et à chercher ailleurs l'appui qu'elles étaient habituées à demander et à trouver chez nous.

Je ne crois pas, messieurs, qu'il soit nécessaire de dire que la France n'a rien perdu de sa vitalité et qu'il ne tient qu'à elle, à sa volonté, de reprendre, par une conduite à la fois ferme et patiente, la place à laquelle elle a droit et qui n'a point cessé de lui appartenir. (*Très bien ! et applaudissements à gauche.*)

M. le comte de Saint-Vallier s'est étendu sur les intérêts commerciaux de la France ; nous croyons, comme lui, que notre pays ne saurait rester étranger à ces entreprises d'exploration et de conquête définitive de la planète, dont les succès, achetés quelquefois bien cher, sont cependant l'honneur de notre époque.

L'Assemblée nationale, la Chambre des députés et le Sénat, invités à prêter leur appui à plusieurs de ces entreprises, ne s'y sont jamais refusés.

Il est très vrai que la France rencontre aujourd'hui sur tous les marchés du continent des rivalités qu'elle ne connaissait pas ; il est très vrai qu'à mesure que les peuples développent leur industrie et étendent leur commerce, notre pays est obligé de chercher et de trouver au dehors de nouveaux débouchés. Nous nous associons, messieurs, aux observations que l'honorable M. de Saint-Vallier a présentées au Sénat, et nous avons l'espoir qu'en pratiquant, dans la mesure que la sagesse et que nos moyens comportent, la politique qu'il nous a recommandée, nous obtiendrons toujours le concours des pouvoirs publics. (*Nouvelle approbation sur les mêmes bancs.*)

Nous prenons, toutefois, pour guides deux règles que je crois devoir soumettre au Sénat. La première est de nous tenir en garde contre les entreprises romanesques, de nous défier de ces mirages qui ont déjà causé plus d'un désastre. (*Très bien ! très bien ! à droite.*)

Nous avons, messieurs, à conserver d'abord ce que la tradition de la France nous a légué ; nous avons à faire reconnaître notre autorité, à l'établir, à la mettre à l'abri de toute atteinte là où des conventions ou des traités nous ont constitué des droits. Il faut que l'on sache partout, il faut que l'on sache chez les peuplades sauvages ou barbares, ce que l'on n'ignore pas chez les peuples civilisés, à savoir que les traités souscrits par la France sont des traités sérieux et que, si la France se fait un honneur d'accomplir les engagements qu'elle a pris, elle se doit de tenir la main à l'exécution des engagements que l'on a contractés envers elle. (*Très bien ! très bien ! sur plusieurs bancs.*)

Ainsi, messieurs, point d'entreprises chimériques, point de conquêtes hasardées ; mais, là où nous avons des droits, une action suivie, ferme, prudente et, s'il le faut, un effort suffisant pour ne laisser aucune place à ce soupçon d'indécision et de faiblesse qui est un encouragement pour toutes les résistances. (*Applaudissements à gauche.*)

Notre seconde règle, messieurs, c'est que, si nous avons une politique coloniale, comme nos intérêts et nos traditions nous le commandent, nous ne devons pas oublier que nous sommes une nation continentale, et que la concentration de nos forces est la première condition de notre sécurité. (*Très bien! très bien! sur divers bancs.*)

Messieurs, nous devons être — et nous le serons — ménagers, économes, des forces que la France a trouvées dans sa volonté et dans son travail; et nous ne croyons pas qu'il soit impossible de concilier cette préoccupation de toutes les heures, avec les efforts et les dépenses que peut nous commander par intervalles le soin de nos intérêts, jusque dans les mers lointaines. (*Très bien! très bien!*)

Je m'en tiens, messieurs, à ces lignes générales, et j'arrive tout de suite à la question qui me paraît faire l'intérêt principal du discours de M. le comte de Saint-Vallier.

Je laisse de côté toutes celles qu'il a indiquées en passant et qui concernent ou des colonies que nous occupons, ou des pays sur lesquels nous avons des droits auxquels nous ne sommes pas disposés à renoncer. Ces questions viendront à leur heure ; nous en poursuivons avec sollicitude le développement et la solution. Le Gouvernement sera peut-être le premier à solliciter sur quelques-unes d'entre elles votre attention.

La question du Tonkin présente en ce moment un intérêt particulier. Nous ne vous dissimulerons pas que nous avons sur cette affaire des résolutions arrêtées que nous aurions été heureux de soumettre au Parlement avant sa séparation prochaine, et que nous vous présenterons à votre retour sous la forme d'une demande de crédit.

Je ne referai pas, après l'honorable comte de Saint-Vallier, l'historique de notre établissement soit en Cochinchine, soit au Tonkin.

Cette affaire du Tonkin, messieurs, n'est pas nouvelle; elle a occupé tour à tour l'Assemblée nationale, la Chambre des députés et le Sénat; à diverses reprises les pouvoirs publics ont eu à voter, à cet égard, des mesures importantes. Je dirai, sur cette question, ce qui me paraît essentiel pour faire comprendre le point auquel elle est arrivée; elle traverse en ce moment une sorte de crise, crise sans péril, je dois le déclarer dès à présent, et dont l'issue prochaine et même facile ne fait, pour le Gouvernement, l'objet d'aucun doute.

M. de Saint-Vallier s'est montré sévère pour le traité de 1874, qui est cependant notre titre fondamental. Ce traité, messieurs, vous le connaissez ; il a été ratifié par l'Assemblée nationale sur le rapport de M. l'amiral Jaurès, et plusieurs d'entre vous se le rappellent assurément.

Ce traité, en reconnaissant notre pleine et entière souveraineté sur la Cochinchine, nous a créé dans tout l'Annam une situation privilégiée ; il établit à notre bénéfice une sorte de protectorat qui nous impose des devoirs en même temps qu'il nous assure des avantages.

La France a été autorisée par ce traité à établir des consuls dans un certain nombre de villes ; les Français ont été admis à voyager dans tout le Tonkin sous des conditions déterminées : la pleine et parfaite indépendance du roi d'Annam à l'égard de toutes autres puissances, ce qui dans le texte du traité signifie évidemment la Chine, a été nettement formulée ; et nous nous sommes engagés, d'autre part, à prêter au roi d'Annam notre constant appui pour maintenir ou rétablir l'ordre dans ses États.

D'un autre côté, ce souverain a pris l'engagement d'assurer la sécurité du transit du fleuve Rouge, c'est-à-dire de la grande voie fluviale du Tonkin, celle par laquelle on atteint les provinces méridionales de la Chine.

Ce ne sont pas là, messieurs, les seules clauses du traité de 1874 ; mais ce sont les clauses principales ; elles ont été scrupuleusement observées de notre part, je n'ai pas besoin de le dire ; mais elles ont été trop souvent ou oubliées, ou dénaturées, ou violées par le roi d'Annam.

Ainsi, nos voyageurs n'ont cessé d'être molestés ; ainsi, l'article principal du traité, celui qui déclare la souveraineté indépendante du roi d'Annam, a été enfreint ouvertement, puisque, à plus d'une reprise, le roi d'Annam, avec une sorte d'ostentation, s'est reconnu le vassal de l'empire chinois. Non seulement il a reconnu cette vassalité, mais il est aujourd'hui établi que les bandes chinoises qui ont franchi la frontière du Tonkin, l'ont franchie ou avec l'assentiment du roi d'Annam, ou même à son instigation.

Ce qui est plus étrange encore — et le fait pourtant est à peu

près constant — c'est que ces pirates dont l'honorable comte de
Saint-Vallier a parlé, qui désolent les côtes de l'Annam, qui
infestent les rives du fleuve Rouge sont, ou ont été à la solde du
roi d'Annam; que peut-être même ils ont été armés avec les
fusils que, aux termes du traité de 1874, nous avions donnés à
ce souverain. (*Mouvement.*)

Une telle situation ne pourrait se prolonger, elle ne pourrait
être tolérée longtemps, sans porter une atteinte profonde à notre
autorité dans l'Annam, au Tonkin et jusque dans la Cochinchine.

Le traité de 1874 a été notifié à la Chine immédiatement après
sa ratification. Cette puissance n'avait à faire et ne fit, en effet,
aucune observation.

Mais, vers 1881, elle éleva des prétentions que nous ne pouvions admettre. Simulant des inquiétudes qu'ils ne pouvaient
éprouver, nous prêtant des projets de conquête invraisemblables,
ou plutôt d'une absurdité manifeste, bien sûrs, d'ailleurs, de ne
point contrarier les désirs du roi d'Annam, les gouverneurs des
provinces méridionales de la Chine firent passer dans le Tonkin
des détachements armés, plus ou moins nombreux, qui entraient,
se retiraient, disparaissaient, selon qu'on nous attribuait une
résolution plus ou moins arrêtée d'asseoir définitivement notre
autorité dans le pays.

Ces apparitions intermittentes des bandes chinoises n'ont pas
été sans semer, parmi les Tonkinois et les étrangers qui comptaient sur notre protection, une véritable inquiétude.

Il n'est pas douteux que les Tonkinois et les étrangers, qui ne
pouvaient compter que sur nous pour maintenir la sécurité du
fleuve Rouge, pour assurer l'ordre dans le Tonkin, ont éprouvé
une véritable surprise à voir la France si longtemps irrésolue, et
cette surprise a fini par engendrer une sorte de découragement.

Il n'était pas possible qu'en fin de compte, après une longue
patience, le gouvernement de la République française ne songeât
pas à mettre un terme à cet état de choses.

Il fallait bien qu'il se préoccupât de demander réparation de
ces griefs multipliés, et il était inadmissible qu'en présence de
l'inertie du gouvernement d'Annam, des menées de la cour
d'Hué, de l'immixtion trop fréquente de la Chine dans les affaires
du Tonkin, il était inadmissible, dis-je, que le gouvernement
républicain ne se préoccupât point de faire cesser une situation
véritablement dangereuse.

Les projets conçus par le Gouvernement pour arriver à cette fin furent retardés par des circonstances diverses, dont je n'ai pas à entretenir le Sénat.

Vous savez, et M. le comte de Saint-Vallier a rappelé que l'année dernière, au mois d'avril, une petite expédition fut envoyée au Tonkin, non pas pour en faire la conquête, mais uniquement pour y maintenir l'ordre, pour y rétablir la police qu'aux termes du traité de 1874 nous avions l'obligation d'aider le roi d'Annam à instituer chez lui.

Le chef de cette expédition était entré au Tonkin avec la volonté arrêtée d'éviter, conformément aux ordres qu'il avait reçus, toute lutte armée. Mais les provocations de la part des mandarins, des menées hostiles, une suite d'actes insupportables l'obligèrent à prendre par la force la citadelle d'Ha-Noï, puis à la démanteler, et enfin à établir nos troupes sur plusieurs points du Tonkin. Ces petites garnisons, un peu renforcées dans les derniers temps, sont — je me hâte de le dire — à l'abri de tout péril.

Mais il est clair que la situation actuelle ne saurait se prolonger. Nous ne pourrions admettre un seul instant l'idée d'une retraite, que nous a présentée M. de Saint-Vallier comme une des deux alternatives possibles, et celle, j'en suis sûr, à laquelle il est le plus opposé. (*Très bien! très bien! à gauche et au centre.*) Cette retraite ne fermerait pas seulement à nos trafiquants, à notre commerce, les perspectives que nous leur avons nous-mêmes ouvertes, elle entraînerait, par suite de contre-coups rapides et qu'il est facile de prévoir, la ruine certaine de notre influence et la perte de notre prestige dans tout l'Orient. (*Nouvelle approbation sur les mêmes bancs.*)

Il n'est pas permis non plus de songer à une conquête du Tonkin, qui ne présenterait certes pas de grandes difficultés, mais qui serait absolument stérile.

Mais surtout ce qui est complètement inadmissible, c'est que nous persistions dans la politique inconsistante, irrésolue que nous avons malheureusement pratiquée depuis vingt ans. (*Bravos et marques nombreuses d'approbation à gauche et au centre.*)

Il n'est pas douteux que nos efforts intermittents, partiels, sans aucun résultat durable, que nos apparitions victorieuses, suivies bientôt d'une retraite hâtive, ont donné lieu de croire dans tout l'Orient que nous n'avons point de vues arrêtées, que nous agissons beaucoup trop au gré des événements. C'est là une illusion qu'il importe par-dessus tout de dissiper.

Les journaux chinois, ou bien les journaux étrangers inspirés par le gouvernement chinois, répètent à l'envi que nous n'avons pas l'intention de rester au Tonkin, que nous ne pouvons nous y maintenir et que nous allons prochainement disparaître; ce sont des bruits auxquels il faut absolument mettre un terme. Nous voulons nous appuyer sur le traité de 1874; nous entendons l'observer scrupuleusement. Si, comme l'honorable M. de Saint-Vallier le croit, ce traité de 1874 est, à certains égards, incomplet, s'il présente des lacunes, les événements nous fourniront très certainement l'occasion de le reviser.

Quant à présent, puisqu'il est établi par une expérience de plus de neuf années, puisque les faits ont démontré et démontrent encore chaque jour que le gouvernement d'Annam, que le roi d'Annam est incapable de remplir les obligations qui lui sont imposées par ce traité, et notamment celle de maintenir ou de rétablir l'ordre dans ses États en protégeant sa frontière contre les incursions des Chinois, en assurant la sécurité du transit du fleuve Rouge, cette tâche, c'est à nous qu'elle appartient et nous entendons la remplir. (*Très bien! à gauche et au centre.*) Nous vous présenterons à votre retour, après les vacances, les résolutions qui nous ont paru nécessaires et suffisantes pour atteindre ce but.

Je n'ai pas à vous les faire connaître en ce moment, mais je vous demande la permission de vous en indiquer l'esprit. Il suffira qu'au lieu d'être au Tonkin en étrangers, toujours préoccupés, en apparence, de notre prochain départ, nous soyons établis sur certains points dans le delta du fleuve Rouge, c'est-à-dire dans la partie du Tonkin où se trouvent agglomérées les huit dixièmes de la population et de la richesse; il suffira que nous y soyons établis d'une manière définitive comme protecteurs de l'ordre, de la sécurité et de la tranquillité publiques, pour que nous n'ayons à craindre aucune résistance. (*Très bien! très bien! à gauche et au centre.*)

Telles sont, messieurs, les explications que je suis en mesure de donner quant à présent au Sénat; et telle est la réponse que je puis faire à la question que m'a adressée M. de Saint-Vallier. (*Très bien! très bien! et applaudissements sur un grand nombre de de bancs.*)

DISCOURS

SUR

LA TRIPLE ALLIANCE

prononcé le 1ᵉʳ mai 1883

AU SÉNAT

Le 13 mars 1883, dans un discours prononcé à la Chambre des députés à Rome, M. Mancini, ministre des Affaires étrangères, avait donné à entendre qu'une alliance régulière unissait l'Italie à l'Allemagne et à l'Autriche; cette triple alliance s'interdisait d'ailleurs non seulement tout acte d'hostilité, mais encore toute démarche susceptible d'éveiller les défiances de l'un quelconque de leurs voisins.

Cette déclaration inopinée, mais évidemment calculée, provoqua une vive émotion dans les chancelleries et dans la presse. Un article de la *Gazette de l'Allemagne du Nord*, organe officieux du prince de Bismarck, parut une confirmation de l'aveu savamment échappé à M. Mancini. D'autre part, M. Tisza, président du Conseil, interpellé à la Chambre des députés à Pesth, et M. Gladstone, interrogé à la Chambre des communes, répondirent par des déclarations évasives, le ministre hongrois que tout le monde était d'accord pour maintenir la paix continentale, le ministre anglais qu'il n'avait aucune information particulière.

Le duc de Broglie crut, sinon opportun, du moins de bonne politique, de poser, sur ce sujet délicat, une question à M. Challemel-Lacour qui lui répondit en ces termes :

M. CHALLEMEL-LACOUR, *ministre des Affaires étrangères.* Messieurs, lorsque l'honorable duc de Broglie m'a fait part de la question qu'il se proposait de m'adresser, j'ai éprouvé, je l'avoue — et il le sait — un moment d'hésitation; non pas, messieurs, que cette question, bien que délicate en elle-même, m'inspirât la moindre inquiétude de la part d'un ancien ambassadeur, d'un ancien ministre des Affaires étrangères, d'un orateur rompu aux difficultés de la tribune, justement exigeant en fait de convenances politiques et parlementaires, d'un expert consommé en l'art de dire. (*Très bien!*) Cette confiance n'a pas été trompée, je le reconnais; mais je ne pouvais pas comprendre, et c'est à peine si je comprends, à l'heure qu'il est, comment on pouvait avoir la pensée de nous interroger sur un fait dont la nature, l'origine, les conditions, les circonstances, sont encore, au moment où je parle, entourées de profondes obscurités. Les déclarations, les observations dont ce fait a été l'occasion à la tribune de plusieurs parlements étrangers, les commentaires auxquels il a donné lieu, n'ont pas dissipé les nuages, il les auraient plutôt épaissis, — et c'est sur ce fait dont on parle beaucoup, mais encore si vague et si mal connu, c'est sur ces inconséquences possibles, c'est sur la situation diplomatique qu'il fait à la France qu'on nous demande à l'heure qu'il est des explications? Pour croire que le moment fût venu de discourir sur un fait de cette nature, il fallait — c'était ma pensée du moins — que M. le duc de Broglie fût mieux instruit que nous, qu'il eût plus de lumière que nous, et je serais presque en droit de lui rétorquer sa question; je serais presque tenté de lui dire : si vous êtes en possession de renseignements précis et inédits sur les négociations qui peuvent avoir eu lieu entre deux ou trois chancelleries, si vous savez quelle est l'origine, quelles sont les circonstances du traité qui vous préoccupe et quelles sont les stipulations exigées et consenties de part et d'autre, de grâce, faites-nous-en part. C'est un peu dans cette pensée, bien plus que dans l'espoir de faire à M. le duc de Broglie une réponse dont il fût satisfait, que j'ai accepté sa question.

Jeudi dernier, 26 avril, M. Gladstone a été, comme M. le duc Broglie vous l'a dit, interrogé sur le même sujet à la Chambre des communes; il a répondu très lestement en renvoyant le questionneur aux déclarations d'un caractère général qui avaient été faites dans leurs parlements respectifs par les ministres d'Autriche, de Hongrie et d'Italie. Je pourrais en faire autant, (*Mouvements à droite.*) un si haut exemple m'y autoriserait sans doute; je le devrais peut-être si je ne pensais qu'à me mettre à mon aise. Mais par malheur, les déclarations auxquelles M. Gladstone renvoyait son collègue de la Chambre des communes, con-

cordantes sur certains points essentiels, diffèrent complètement
sur quelques autres. Le langage qui a été tenu à Pesth n'est pas
identique à celui qui a été tenu à Rome, et M. le ministre
d'Italie, après avoir fait un discours dans la Chambre des députés,
a cru devoir en faire un second au Sénat pour commenter le premier, et il est arrivé que le commentaire, malgré l'autorité du
commentateur, n'a pas complètement éclairci le texte. (*Rires
approbatifs sur plusieurs bancs.*)

Puis, il y a les interprétations des journaux, de la presse
française, de la presse étrangère, allemande, autrichienne,
anglaise, italienne, interprétations dont le torrent ne tarit pas et
grossit toujours, interprétations quelquefois ingénieuses et plausi-
bles, parfois aussi impertinentes, et, dans tous les cas, très variées,
souvent contraires, selon les intérêts, les passions, les désirs des
journalistes. De telle sorte que si je voulais entrer dans la discussion que M. de Broglie paraît réclamer, sur un fait encore si
incomplètement élucidé, il me faudrait, entre tant d'explications
et d'interprétations, en choisir une qui serait peut-être la vraie,
mais qui resterait toujours conjecturale, et l'on sait combien il
est utile, combien surtout il est sage et prudent de discuter sur
des hypothèses. (*Sourires et marques d'approbation à gauche.*)

Il est vrai que nous avons nos agents qui sont chargés de s'informer et chargés de nous informer; mais, à supposer que leur
vigilance ou que leur pénétration ne soit jamais mise en défaut, nos
agents ne peuvent nous transmettre que ce qu'ils savent ou ce
qu'ils conjecturent; et ils ne savent, sauf certains accidents, qu'on
peut attendre, qu'il est sage d'attendre patiemment, car ils ne manquent jamais de se produire et finissent toujours par divulguer ce
qu'on voulait garder caché, — nos agents ne savent que ce qu'on
leur apprend; or, il paraîtrait que les auteurs, les coopérateurs
de l'acte en question, n'ont pas jugé à propos de leur faire des
confidences. Et vraiment, l'honorable duc de Broglie sera, je
pense, le dernier à s'en étonner. Quant à leurs conjectures, nos
agents devaient nous en faire part, et ils n'y ont pas manqué.

Il semblait, messieurs, qu'en présence de pareilles incertitudes, — et je confesse modestement n'être pas en état de les
dissiper, — il fût sage de s'abstenir et de mettre, pour quelque
temps, un frein à sa curiosité. (*Mouvements à droite. — Très
bien! très bien! à gauche.*) Il existait, d'ailleurs, plus d'un motif
pour prendre le parti de se taire.

M. DE GAVARDIE. Curiosité patriotique! (*Exclamations à gauche.*)

M. LE PRÉSIDENT. Monsieur de Gavardie, si vous interrompez encore, je serai obligé de vous rappeler à l'ordre.

M. LE MINISTRE. M. le duc de Broglie n'est pas tenu d'épargner à un gouvernement républicain, à un ministre républicain, l'ennui d'une question embarrassante, et je n'aurai pas l'indiscrétion ou la candeur de lui reprocher de ne l'avoir pas fait. Mais il aurait pu considérer qu'une question de cette nature, certainement prématurée, peut-être intempestive, une discussion sujette à s'étendre et à dévier, condamnée d'ailleurs presque nécessairement à rester sans résultat; il aurait pu considérer que tout cela pouvait n'être pas sans quelques inconvénients, non plus pour la République, mais pour la France. (*Très bien! très bien! à gauche.*) pour la France qui lui tient à cœur, je l'espère, autant qu'à nous. (*Vive approbation à gauche.*)

Il a considéré tout cela; et ces considérations ne l'ont pas arrêté. J'ai accepté sa question, parce que cette question posée, il fallait y répondre, parce que je ne voulais pas avoir l'air de contester ou d'éluder l'exercice d'un droit parlementaire de grande importance, et enfin parce que je ne voulais pas non plus frustrer le Sénat des hautes considérations mêlées, comme toujours, d'agréables épigrammes qui ne pouvaient manquer de lui être présentées. (*Nouvelle approbation à gauche.*)

Mais, messieurs, en acceptant la question qui m'était posée par l'honorable duc de Broglie, je n'ai pas pris, par cela même, l'engagement d'y répondre, ou, du moins, d'y répondre comme peut-être il le désirerait.

L'honorable duc de Broglie connaît l'histoire, si joliment racontée par Fontenelle, de cet enfant de Silésie chez lequel il avait poussé une dent d'or. Une dent d'or! Un phénomène si extraordinaire fit travailler toutes les têtes de médecins et de naturalistes, mit en mouvement tous les corps savants et toutes les académies, jusqu'au moment où quelque curieux, plus avide d'apprendre qu'impatient de discourir, s'avisa de regarder dans la bouche de l'enfant et constata qu'il n'y avait pas de dent d'or.

Je ne dis pas, messieurs, que le rapprochement de l'Italie et des deux empires de l'Europe centrale; — je me sers du mot « rapprochement » parce que c'est celui qui a cours en Allemagne, dans le pays où l'on est le plus à même de savoir la vérité des choses et parce que ce mot, le plus juste peut-être parce qu'il est le plus

vague, exclut presque l'idée de convention, de traité, d'alliance
formelle ayant un but spécial, impliquant par exemple quelque
garantie territoriale, — je ne dis pas que ce rapprochement soit
la dent d'or! Non. Je crois qu'il existe, il est difficile de douter
qu'il soit, à l'heure qu'il est, réellement effectué, et on ne peut
pas nier davantage qu'il n'ait une véritable importance. Mais ce
qu'on peut dire, et ce que l'honorable duc de Broglie n'a pas dit,
quoique très certainement il l'ait aperçu, c'est que ce rapprochement n'introduit pas, à proprement parler, un élément nouveau
dans la politique européenne; il est déjà ancien et il est ancien-
nement connu. Aux mois d'octobre et de novembre derniers,
M. de Kalmocky, le chancelier de l'empire austro-hongrois, en a
parlé, et à plusieurs reprises; il en a dit, à cette époque, à peu
près tout ce que l'on en sait aujourd'hui. Il y a dix-huit mois, en
novembre 1881, vers l'époque d'une visite royale à Vienne qu'on
n'a pas oubliée, on eut connaissance dans les chancelleries et
l'on fut informé en France de certains arrangements qu'on préparait et qui étaient fort analogues, sinon tout à fait identiques à
ceux dont on parle aujourd'hui; et ces informations ne produisirent alors qu'une très légère émotion; on n'en ignorait cependant ni les circonstances, ni les conditions essentielles, et parmi
ces conditions il s'en trouvait une, la plus intéressante pour
nous, qui se retrouverait, à ce qu'il paraît, dans l'acte dont on a
fait tant de bruit depuis quelques semaines, c'était l'exclusion
formelle de toute pensée d'hostilité à l'égard de la France.

Eh bien, les négociations, ébauchées ou conclues à cette
époque, n'étaient elles-mêmes que la suite, la conclusion d'incidents qui remontaient assez loin. Et pour ne pas chercher plus
loin, en 1873, il y eut une visite royale, celle de Victor-Emma-
nuel, à Vienne, puis à Berlin, qui fut fort commentée, le ministre
des Affaires étrangères, à cette époque, était l'honorable duc de
de Broglie. Je pense qu'il ne manqua pas d'observer ce présage
et qu'il sut l'interpréter — à moins toutefois qu'il n'en fût
empêché par une plus grave préoccupation, celle de préparer
avec ses amis une autre visite royale... (*Très bien! et rires
approbatifs à gauche.*) que certaines difficultés inattendues ont
jusqu'à présent ajournée. (*Nouveaux rires sur les mêmes bancs.*) —
Deux années après, en 1875, il y eut deux autres visites impériales,
l'une à Venise, l'autre à Milan. L'honorable duc de Broglie
n'était plus ministre, mais son ami, son collègue, son collabora-

teur fidèle, M. le duc Decazes, l'était, et je suis sûr qu'il comprit l'importance de ce qui n'était évidemment que des préliminaires.

Je ne veux pas, messieurs, faire l'énumération des incidents de cette nature, parler de toutes les tentatives commencées, interrompues, reprises qui ont été signalées et commentées en leur temps. Si je les rappelle, ce n'est pas pour atténuer un fait qui, récent ou ancien, a son importance et son intérêt. Mais il faut bien faire comprendre que l'acte, le fait, l'incident ou l'évenement diplomatique, comme on voudra l'appeler, qui fait l'objet de la question de M. le duc de Broglie, se rattache par ses origines à toute une série de démarches. Ce qu'il importe de ne pas perdre de vue, c'est que depuis longtemps les positions sont prises, qu'elles sont connues ; et si le rapprochement actuel met en un plus haut relief et entoure d'une lumière plus éclatante une certaine situation de l'Italie à l'égard des deux empires, il ne la crée pas, il ne la constitue pas. (*Approbation à gauche.*)

La politique, messieurs, — il est peut-être bon de le rappeler en ce moment, — la politique ne se fait pas uniquement ni surtout, et même elle ne se fait guère en vertu d'arrangements verbaux ou écrits, mais souvent factices et passagers, quelquefois équivoques, et dans lesquels les diverses parties portent des dispositions particulières ou poursuivent des fins distinctes ou opposées ; la politique se fait en raison d'intérêts constants, permanents et plus ou moins sagement compris ; et c'est en considérant ces intérêts et en s'en rendant, s'il est possible, un compte exact qu'on peut apprécier la valeur, la durée et l'avenir des actes diplomatiques. (*Approbation à gauche.*)

Si l'arrangement dont il est question, si le rapprochement de l'Italie et des deux empires de l'Europe centrale s'explique suffisamment, vous l'avez vu — et M. le duc de Broglie est très loin de l'admettre, — par une pensée pacifique ; s'il n'est pas simplement un triomphe de la politique conservatrice ; s'il n'a pas seulement ce but généreux, mais abstrait, et s'il vise, comme plusieurs nous ont fait la charité de nous en avertir, soit la France, soit la Russie, soit la Turquie, ou même l'Angleterre, — car tous ces pays ont été représentés comme visés par cet acte diplomatique, et comme particulièrement ou collectivement intéressés dans ce fameux rapprochement — si une de ces interprétations est la vraie, et laquelle est la vraie — il serait certainement intéressant de le savoir ; il serait curieux de le rechercher ;

mais il n'est pas facile, et peut-être il serait impossible de l'établir.

Le fait est — et il faut que nous nous en tenions aux faits — que le ministre des Affaires étrangères d'Italie, dans son discours au Sénat, et M. Tisza, à la Table des députés hongrois, — et celui-ci dans un langage dont nous avons été touchés, — ont tous les deux, avec des nuances qu'il est inutile de noter, mais avec une égale clarté, protesté contre toute pensée d'hostilité à l'égard de la France. (*Très bien! à gauche.*)

Eh bien, ces protestations, je les tiens pour sérieuses, j'y crois, j'en admets la sincérité. Il serait à mon sens injuste, il serait téméraire et peu sage de conclure de l'existence — avérée, soit! — d'un rapprochement diplomatique à l'existence d'une pensée hostile, et surtout d'une pensée plus ou moins lointaine d'agression contre la France. Non, je ne crois pas à une pensée d'agression. Je n'y crois pas parce que les paroles de paix prononcées à la face de l'Europe ont une valeur et une sanction ; je ne crois pas à cette hostilité, parce qu'il n'y a pas d'homme d'État, digne de ce nom, parce qu'il n'y a pas même d'homme sensé qui puisse croire que la France pourrait être évincée du concert européen sans que la paix en fût compromise et bien d'autres intérêts menacés. (*Très bien! sur les mêmes bancs.*)

Je n'y crois pas enfin, et je pense, messieurs, que personne, ni ici, ni au dehors, ne se trompera sur la signification profondément pacifique de mes paroles — parce que s'il arrivait que, sous l'impulsion de passions funestes, ou bien entraîné par quelque faux et détestable calcul, on méditât quelque part une agression contre la France, non, personne ne pense que cette agression fût facile et qu'elle fût sans péril pour qui la tenterait. (*Très bien! très bien! Applaudissements à gauche.*)

Je ne partage pas, messieurs, les préoccupations patriotiques, je veux le croire, mais exagérées de M. le duc de Broglie. Je le déclare : nous ne sommes ni émus ni déçus, nous ne prenons pas ombrage d'un rapprochement dans lequel nous ne voyons rien qui nous étonne et même rien qui, quant à présent, nous menace, et dont nous nous réservons, d'ailleurs, de suivre le développement éventuel avec toute l'attention qu'il mérite et avec tout l'intérêt qu'il peut avoir pour nous. (*Très bien! très bien! à gauche.*)

Encore une fois, nous ne partageons pas les préoccupations de M. le duc de Broglie, mais sans nous endormir pour cela dans un optimisme qui serait trop innocent. Notre situation dans le monde, notre situation géographique même nous impose le devoir d'être vigilants. Mais on proclame hautement et nettement qu'on n'en veut pas à notre sécurité, — et j'y fais entrer la place à laquelle nous avons droit parmi les nations, — qu'on ne nourrit pas contre nous de pensées d'hostilité. Eh bien, dussé-je être taxé de naïveté, cette déclaration me rassure.

Je regrette, messieurs, de ne pas en savoir sur cet acte diplomatique autant qu'il le faudrait pour répondre complètement à M. le duc de Broglie. Je lui dirai cependant, sans me flatter de l'espoir que cette déclaration soit d'un grand prix pour lui, que cet événement, quelle qu'en soit l'importance actuelle, quelque portée qu'il puisse avoir dans l'avenir, n'a rien changé; et j'ajoute que j'ai la confiance qu'il ne changera rien, — ni à nos relations pratiques avec les puissances, ni à nos dispositions à leur égard, ni aux règles de conduite que nous nous sommes imposées, que nous comptons pratiquer dans la suite comme conformes à notre dignité et à nos intérêts.

M. le duc de Broglie a pris un plaisir, fort délicat, sans doute, mais que je ne comprends pas, à constater notre isolement, et par suite ce qu'il appelle notre impuissance. Eh bien, sans vouloir nous enfermer de parti pris dans un isolement orgueilleux ou satisfait, nous nous conformons aux nécessités du temps, nous ne recherchons pas d'intimité, nous ne sollicitons pas d'alliance, nous ne prétendons, quant à présent, qu'à vivre en bons termes avec toutes les puissances... (*Très bien! à gauche.*) ...et nous y réussissons. Ce qui ne veut pas dire, messieurs, qu'il n'existe sur aucun point, à l'égard d'aucun événement accompli ou des conséquences que tel événement doit entraîner, nul désaccord entre quelques-unes d'entre elles et nous. Ces désaccords, c'est l'aliment de la politique, et la diplomatie est faite exprès pour les aplanir; nous y travaillons et nous continuerons à y travailler, avec sincérité, avec patience, avec bonne volonté, sans cependant donner à personne le droit de nous demander ou l'espoir d'obtenir de nous rien qui soit incompatible ou avec la dignité, ou avec nos intérêts légitimes. (*Très bien! à gauche.*) Ces différends, messieurs, vous les connaissez, vous en pourriez faire l'énumération : car si M. le duc de Broglie veut bien en croire à ma parole, il sera persuadé que nous n'avons rien de caché pour le Parlement. Messieurs, ces différends, il ne dépassent pas la mesure de ceux que les événements de tous les jours amènent, et nous sommes, je puis vous le dire, en situation de négocier, pour régler tous ces démêlés, avec toutes les puissances, non seulement sur le pied d'une parfaite courtoisie, — cela va sans dire, — mais dans un esprit de bienveillance et de conciliation.

Il est difficile, après tant d'assurances de paix, qui sont données de tant de côtés, après des protestations dont on a été singulièrement prodigue dans ces derniers temps, de venir les répéter ici; il serait, selon moi, presque déplacé d'en faire un inutile étalage. Il nous suffit que nul ne puisse, avec une ombre de vraisemblance, avec la moindre apparence de fondement nous prêter, je ne dis pas un projet, mais des pensées de nature à menacer la paix, à préparer, même à longue portée, de dangereuses complications. Mais nous ne perdons pas de vue pour cela, il ne nous est pas permis de perdre de vue que la France a le droit de travailler en paix et de dormir tranquille sous la protection d'une force nationale. Cette protection-là lui suffit. Nous n'en demandons, nous n'en souffrons pas d'autre. Et de même que nous ne prétendons porter atteinte à l'indépendance de personne, à la souveraineté de personne, nul non plus ne saurait élever et n'élève, que nous sachions, la prétention de s'immiscer même indirectement dans nos affaires.

Nous comptons continuer d'ailleurs à pratiquer la loi, que nous nous sommes imposée, de respecter les droits de tout le monde et de ne rien abandonner des nôtres. Tant que nous serons pour quelque chose dans la direction des affaires, la France ne fera obstacle à l'expansion légitime de personne; persuadés qu'il y a place dans le monde pour le déploiement de toutes les activités, nous pensons que nous avons droit à la même justice et nous estimons que les titres que nous pouvons avoir, que nous pouvons être amenés à faire valoir, qui ont été tacitement ou explicitement reconnus par l'Europe, qu'aucune nation n'a contestés jusqu'à présent, ne le seront pas davantage.

Mais, messieurs, si la France est au-dessus de la jalousie, elle n'est pas au-dessus de la prudence. Nous sommes une nation qui a vu trop de choses, qui a traversé trop d'événements, qui a trop vécu ou trop souffert, ce qui revient au même, pour se bercer d'illusions. L'honorable duc de Broglie a cru m'embarrasser en citant de moi quelques paroles prononcées à cette tribune ou dans une autre occasion; il m'a, si je ne me trompe, presque mis au défi de les répéter aujourd'hui. Il se trompe, et mon embarras n'est pas si grand qu'il le croit. Une nation comme la nôtre, un pays comme la France qui a été vaincu et qui se relève, un pays qui trouve dans son énergie, dans sa volonté, dans son travail, dans son indomptable espérance, de quoi se maintenir debout au rang que les siècles lui ont assigné, un pays qui, au sortir de crises multipliées et terribles, se reconstitue résolument et qui, ayant épuisé les formes diverses de la Monarchie, se reconstitue sur des bases conformes à son génie et à ses besoins, mais nouvelles au sein de l'Europe monarchiste, un pays que sa position géographique condamne à entretenir à grands frais une force défensive considérable, à qui la nature des choses elle-même impose l'obligation d'être, lui aussi, toujours en vedette, et qui est entouré d'États jeunes, par conséquent ambitieux et ombrageux, un tel pays ne peut pas s'étonner s'il y a dans le monde, à son égard, des dispositions variées ; il aurait grand tort de vouloir l'ignorer, et il y aurait danger pour lui à s'y méprendre. (*Très bien ! à gauche.*)

Mais, messieurs, ces dispositions, elles peuvent changer, et nous espérons qu'elles changeront. Oui, nous avons la ferme confiance qu'elles se modifieront avec le temps ; nous croyons que l'affermissement de nos institutions, que la sagesse de notre conduite, que la netteté, la franchise de notre politique, et le bon usage que nous saurons faire des libertés parlementaires ou autres que nos institutions nous assurent, nous espérons que tout cela pourra, peut-être plus vite qu'on ne le suppose, modifier les dispositions dont je parle.

En attendant, ces dispositions existent ; elles nous imposent le devoir d'être attentifs, et nous le sommes.

Je ne sais, messieurs, si ces observations paraîtront au Sénat une réponse suffisante... (*Oui ! oui ! à gauche.*) à la question que l'honorable duc de Broglie m'a fait l'honneur de me poser.

Je le souhaite sans l'espérer ; mais, ce que je souhaite davantage encore, c'est de ne pas avoir mérité le reproche d'en avoir trop dit.

M. le duc de Broglie n'a pas pensé, en me posant sa question à propos d'un fait d'autant moins connu qu'on en parle davantage, sur lequel on raisonne et déraisonne à perte de vue, à l'occasion duquel des correspondants tenus pour infaillibles, longtemps gâtés par les confidences de certains hommes d'État, se sont attiré des démentis pénibles,.. (*Rires approbatifs sur les mêmes bancs.*) l'honorable duc de Broglie, dis-je, ne s'est pas imaginé que je m'étendrais sur les intérêts comparés de l'Allemagne, de l'Autriche et de l'Italie; que je passerais en revue nos relations avec le monde entier, que j'anticiperais sur les événements; que, peut-être, je m'essayerais à refaire, au gré de nos désirs, la carte de l'Europe! Ce sont là fantaisies que je n'aime pas. (*Très bien! à gauche.*) J'ajoute que le moment et l'occasion seraient bien mal choisis pour porter de pareilles spéculations à la tribune.

J'aurais voulu, messieurs, éviter cette question et ces explications. M. le duc de Broglie a cru qu'il était utile d'avertir le pays, et il lui a plu de s'en charger. C'est là une pensée louable, et c'est une belle mission qu'il s'est donnée. (*Sourires approbatifs sur les mêmes bancs.*)

On jugera peut-être que cet avertissement n'était pas bien nécessaire, si l'on considère qu'après tout le bruit qui se fait depuis trois ou quatre semaines, le pays doit être éveillé. Je ne crois pas, j'ai des raisons sérieuses de ne pas croire que le pays demandât, attendît cette discussion. Il est éveillé, mais il n'est pas inquiet, et la voix si écoutée de M. le duc de Broglie ne réussira pas à troubler sa tranquillité, (*Très bien! très bien! à gauche.*) non pas que cette tranquilité soit de l'insouciance, non pas que le pays soit indifférent à ce qui se passe, mais il croit — et, selon moi, il n'a pas tort — que le bon droit, la raison et la bonne conduite comptent pour quelque chose et sont aussi une défense. Il se montre aujourd'hui plus curieux peut-être qu'à aucune époque des incidents de la politique extérieure, et je me félicite de cette curiosité nouvelle; car le sentiment vif de ses intérêts au dehors est, selon moi, le plus sûr préservatif contre certaines défaillances; il est une garantie de la bonne gestion de ses affaires, et il ne peut qu'exercer une influence salutaire, une influence excellente sur la politique intérieure.

Seulement, ce pays, si amoureux qu'il soit de la parole, n'aime plus les discussions stériles, et il sent instinctivement qu'à de certaines heures le silence seul est fier, le silence seul a de la dignité. (*Très bien! très bien! et applaudissements prolongés à gauche. — M. le ministre, en retournant à son banc, reçoit les félicitations d'un grand nombre de sénateurs.*)

Le duc de Broglie répondit que l'instabilité et les contradictions de la politique extérieure du cabinet républicain ne commandaient pas la confiance de l'opposition et, moins encore, celle des puissances étrangères. La gauche du Sénat protesta vivement; le président prononça la clôture de l'incident.

DISCOURS

SUR

LES CRÉDITS DU TONKIN

prononcé le 15 mai 1883

A LA CHAMBRE DES DÉPUTÉS

On a vu plus haut que le gouvernement, présidé par M. Jules Ferry, avait décidé, à la suite du désaveu qu'il avait infligé à M. Bourée, de demander des crédits aux Chambres afin de mettre un terme, par une expédition militaire, à la situation intolérable qui était faite à la France sur le fleuve Rouge. Le projet de crédits, qui s'élevait à 5 millions et demi de francs, vint le 15 mai en discussion devant la Chambre. Il fut vivement combattu par MM. Delafosse, Georges Périn et Frédéric Passy.

M. Challemel-Lacour prononça, en réponse à M. Delafosse, le discours suivant :

M. CHALLEMEL-LACOUR, *ministre des Affaires étrangères.* Messieurs, l'honorable orateur qui descend de cette tribune m'a ouvert un champ que je n'ai nullement l'intention de parcourir, quant à présent, dans toute son étendue. Les préoccupations qu'il a manifestées, fort naturelles en elles-mêmes, méritent assurément d'être prises en considération, encore qu'elles soient peut-être un peu exagérées dans l'intention assez claire de prendre le Gouvernement en faute ou d'ignorance ou d'imprévoyance.

J'y réponds immédiatement, messieurs, en vous disant que les faits et les indices dont M. Delafosse s'alarme ne nous paraissent pas à l'heure qu'il est de nature à causer de bien sérieuses inquiétudes.

La Chine, messieurs, est un vaste empire qui couvre une immense superficie, qui comprend une population innombrable, mais qui, par le principe même de sa civilisation, lequel place au dernier rang le métier des armes,.. ne sera jamais une puissance militaire.

Nous ne pensons pas que les prétentions qu'elle a élevées et qui vous sont connues prennent jamais un autre caractère qu'un caractère purement platonique.

Mais, messieurs, avant de vous donner les raisons de cette conviction, je dois répondre à une objection que l'honorable M. Delafosse a sommairement indiquée : « A supposer que l'immixtion de la Chine dans les affaires du Tonkin ne soit pas à redouter, des arrangements vous ont été proposés qui étaient de nature à écarter toute inquiétude, et même à vous assurer son concours. Pourquoi les avez-vous repoussés? »

Messieurs, le rappel de M. Bourée, notre agent en Chine, a été l'objet de commentaires qui ont quelquefois manqué de justesse par la raison qu'ils reposaient sur des faits mal connus ou peu exacts. Il serait fort exagéré de dire, comme on l'a prétendu, que cet agent avait manqué à son devoir. Il serait excessif de prétendre, comme le disait M. Delafosse tout à l'heure, que son rappel ait eu le caractère d'une disgrâce. La vérité est que M. Bourée s'est engagé de bonne foi dans des négociations qui sont devenues pour nous un embarras, et qui devaient rendre son action auprès du gouvernement chinois à peu près inefficace et son maintien à Pékin tout à fait impossible.

Trompé sans doute, trompé certainement par de faux rapports sur l'état du Tonkin, sur les forces qu'y avait envoyées la Chine, sur les desseins qu'on méditait à la cour de Pékin, M. Bourée, pour conjurer un danger sûrement imaginaire à ce moment, mais qui était, à ses yeux, très réel et même imminent, s'est engagé dans des négociations avec le vice-roi du Pé-Tchi-Li. Il a conduit ces négociations avec rapidité, même avec un peu de précipitation, en vue d'un arrangement pour lequel il n'avait pas reçu d'instructions. Cette précipitation d'ailleurs, messieurs, s'explique par la vive impatience qu'éprouvait M. Bourée de conjurer un danger qui n'avait rien de réel, mais qui était, à ses yeux, redoutable.

C'est, messieurs, le 29 décembre que, par un télégramme assez court, la nature des négociations dans lesquelles cet agent se trouvait engagé a été portée pour la première fois à la connaissance du Gouvernement. Il en indiquait, en quelques mots, les conditions : ouverture du Yun-nan, par la Chine, au commerce européen; reconnaissance de notre protectorat sur le Tonkin moyennant une délimitation nouvelle de la frontière; garantie réciproque de l'ordre de choses ainsi établi.

Ces conditions n'avaient rien qui fût de nature à contrarier les desseins dont le gouvernement poursuivait dès lors la réalisation. L'ouverture du Yun-nan par la Chine au commerce européen, pouvait être considérée comme un succès; la reconnaissance de notre protectorat sur le Tonkin, encore qu'il n'y eût aucune raison de la demander au gouvernement chinois ni même de l'accepter de lui, pouvait néanmoins être envisagée comme un avantage, à condition que cette reconnaissance eût pour effet de couper court à l'envoi des bandes chinoises dans le Tonkin; une rectification de frontières pouvait être commandée par la géographie et méritait, dans tous les cas, considération.

Pour toutes ces raisons, M. Duclerc donna un assentiment, d'ailleurs fort réservé, aux conditions qui lui étaient soumises. Par malheur les indications sommaires du télégramme n'étaient pas suffisantes pour lui donner une idée exacte de la nature des négociations dans lesquelles notre agent se trouvait engagé et des conditions qu'il avait à peu près consenties. Aussi, lorsque arrivèrent les dépêches explicatives de M. Bourée, dans lesquelles il faisait connaître avec détail les bases de ces transactions, on reconnut qu'au lieu de constituer un succès, elles étaient un démenti donné à nos déclarations formelles, un véritable abandon de la politique que nous avions adoptée; elles se trouvaient en contradiction absolue avec le principe fondamental de cette politique : le maintien de nos droits conventionnels et de l'indépendance de l'Annam.

Ainsi, il ne s'agissait plus simplement de reconnaître notre protectorat sur le Tonkin, il s'agissait de le partager. Il n'était plus question d'opérer une rectification de frontières, mais de tracer entre le fleuve Rouge et la frontière actuelle de la Chine une ligne idéale au nord de laquelle de vastes territoires devaient être placés sous l'inspection, sous le protectorat de l'empire chinois; de telle sorte que, par ce seul fait, la Chine se trouvait

avoir à sa disposition toute la région minière, c'est-à-dire industrielle, et notamment des gisements de houille d'une richesse
extraordinaire qui ont été étudiés par M. Fuchs, dont la grande
compagnie de navigation chinoise convoite depuis longtemps
la possession et qui devaient peut-être être cédés à une certaine
puissance entre les mains de laquelle ils auraient constitué un
avantage singulier au profit de sa marine, au détriment de la
nôtre. Enfin, messieurs, ces arrangements nous mettaient en
voisinage direct, en contact immédiat avec la Chine.

Tout cela était, ou du moins nous a paru illusoire et dangereux ;
on croyait avoir assuré la paix : on avait créé une source de
conflits et de guerres.

Aussi lorsque ces conditions transpirèrent, elles produisirent
aussitôt dans tout l'Orient une impression dont le contre-coup
se fit promptement sentir au Tonkin et en Cochinchine. On se
demanda, — et le département de la marine, interprète de l'opinion de nos nationaux et des étrangers, nous fit part de cette
impression, — on se demanda si la France ne se préparait pas à
une nouvelle retraite plus désastreuse que la première. Je dois
déclarer que le Gouvernement n'hésita pas un moment; il comprit qu'il lui était impossible de sanctionner de semblables conditions, d'entrer dans une pareille politique, et qu'il devait le
signifier par acte d'un caractère incontestable. Notre agent en
Chine fut rappelé.

Il se peut, messieurs, qu'un fonctionnaire de mérite, qu'un
agent intelligent se trompe ou soit trompé ; il peut s'abuser par
des motifs qui font honneur à son patriotisme ; mais il peut
arriver aussi qu'une telle erreur le rende impossible dans le
poste qu'il occupait, et incapable de servir utilement une politique et des idées dont il s'est gravement écarté.

Il est assurément superflu, il est presque ridicule de répéter,
messieurs, que nous ne méditons aucun dessein hostile contre la
Chine, que nous n'en voulons point à son territoire, que nous
sommes tout disposés et même parfaitement résolus à reconnaître
ses droits véritables ; que nous ne voulons pas même contester
des prétentions qui, peut-être, ne sont pas tout à fait incontestables ; à condition, toutefois, que ces prétentions n'aient pas
pour effet de mettre en question notre autorité légitime et des
droits qui reposent sur des traités.

Mais si la Chine, parfaitement rassurée sur nos desseins,

n'ayant rien à craindre pour elle-même, invoque ou fait invoquer
des droits, de prétendus droits, et qu'elle veuille en tirer des
conséquences incompatibles avec ceux qui nous sont conférés
par des traités, oh! alors, quelque désir que nous ayons de com-
plaire au Céleste Empire, quelque soucieux que nous soyons de
témoigner de nos bonnes dispositions à son égard, il ne nous
est pas possible de nous incliner devant ses réclamations. (*Très
bien! très bien! à gauche et au centre.*)

Il faut que vous sachiez quelles sont les prétentions du gouvernement chinois.

Tout peuple, tout grand empire a son rêve, dont il se nourrit,
qui est quelquefois le ressort de son action, souvent le principe
de sa grandeur. Le rêve de la Chine, c'est d'être en possession
d'un droit de suzeraineté sur toutes les nations sans en excepter
les barbares de l'Occident. (*C'est cela! à gauche. — Rumeurs à
droite.*)

Ce rêve a été plus d'une fois interrompu par de pénibles
réveils; il a reçu plus d'un démenti, et cependant cette prétention,
quoique la Chine ne l'énonce plus que rarement et avec réserve,
subsiste encore, et il lui est difficile d'y renoncer sans porter
atteinte à son autorité sur ses peuples.

La Chine a un autre rêve, moins vague, moins héroïque, mais
non moins chimérique : c'est d'avoir un droit de suzeraineté sur
tous les peuples de race jaune qui l'entourent, qu'elle a dominés
à une époque quelconque de son histoire, qu'elle a vaincus, sur le
Siam, sur la Corée, sur la Birmanie, sur l'Annam, sur le Tonkin,
sur le Thibet. Sur le Thibet, son droit est incontestable, il est
effectif; sur les autres peuples que je viens d'énumérer, sur
l'Annam en particulier, il est purement historique. C'est un droit
idéal, qui n'a jamais reçu, depuis quatre siècles et plus, de sanction positive.

Depuis le commencement du xve siècle, l'Annam et le Tonkin
se sont soustraits à l'autorité de la Chine, de telle sorte que le
droit de suzeraineté qu'elle s'arroge sur ce pays ressemble, ou
peu s'en faut, à celui que l'Angleterre pourrait s'arroger sur la
France en invoquant les souvenirs de la guerre de Cent ans,
(*Réclamations à droite.*) en invoquant le fait qu'un de ses rois a été
sacré à Paris, que ses souverains ont longtemps pris ce titre...

M. LE PRINCE DE LÉON. La comparaison est malheureuse.
A gauche. C'est une comparaison tirée de l'histoire.

M. LE MINISTRE. Mais je ne fais, messieurs, qu'une simple analogie qui peut être erronée, mais si cette analogie vous paraît fausse et vous touche peu, j'aurai l'honneur de vous présenter d'autres arguments.

Voix à droite. Cela vaudra mieux!

M. LE MINISTRE. Messieurs, puisqu'il le faut, j'entrerai dans le détail et je demanderai si l'on croit que les cadeaux que l'empereur d'Annam, — car c'est le titre qu'il se donne, et ce n'est guère celui qui convient à un vassal quoiqu'il convienne quelquefois à un prisonnier; — (*Sourires à gauche et au centre.*) je demande si ces cadeaux que l'empereur d'Annam envoie non pas à l'empereur de la Chine, mais au Fils du ciel, qui sont reçus non pas par le ministère des Affaires étrangères, au Tsong-li-Yamen, mais par le ministère des Rites, et auxquels l'Empereur de la Chine répond par d'autres présents plus considérables, vous paraissent une démonstration suffisante de rapports de suzeraineté et de vassalité qui existeraient entre deux pays, ou bien si ce n'est pas simplement un signe de courtoisie, un hommage intéressé rendu par le faible au fort qu'il veut se concilier, ou dont quelquefois il veut se faire un auxiliaire contre un autre ennemi, et cet ennemi, c'est nous. (*C'est cela!* — *Très bien! sur divers bancs.*)

Et puis, messieurs, qu'est-ce que cette souveraineté intermittente, qui sommeille, qui se réveille selon l'occasion? Nous avons pris possession de la Cochinchine, qui faisait partie de l'Annam; pour avoir pris possession de six provinces, la Chine n'a rien dit : nous avons fait acte de guerre en Corée, la Chine n'a rien dit : nous lui avons notifié le traité de 1874 : sur le moment, elle n'a rien dit, et lorsque beaucoup plus tard elle a allégué qu'il existait, entre elle et l'Annam, un certain lien de nature inconnue, et pour la définition duquel les expressions de suzeraineté et de vassalité, empruntées à la langue féodale, sont bien imparfaites, ce n'est pas à nous, messieurs, que la Chine devait faire ces représentations, c'est son vassal qu'elle devait rappeler au souvenir et à l'accomplissement de ses obligations, de même que c'est à nous, à l'heure qu'il est, de rappeler le gouvernement de Hué à l'accomplissement de ses engagements à notre égard. C'est à Hué que nous devons parler pour mettre un terme à des rapports que nous pouvions tolérer autrefois, mais qu'à l'heure actuelle et en présence des prétentions de la Chine, des dispositions de l'Annam lui-même, il nous est impossible de supporter. (*Très bien! très bien!*)

Ces prétentions, messieurs, elles sont peut-être pour la Chine un moyen de gouvernement et, à ce titre-là, nous ne songeons pas à nous en alarmer. Nous espérons, nous persistons à espérer que la Chine résistera sagement à des excitations dont l'origine est connue et dont vous avez pu trouver récemment l'écho dans les avertissements suspects, dans les sombres prophéties qui remplissent les journaux de plus d'un pays. Nous espérons que la Chine résistera à ces excitations, je devrais dire que nous en sommes sûrs, car il ne s'agit pas de conjectures, mais d'une conviction qui repose sur des informations d'origines diverses et toutes concordantes, sur des documents authentiques, de source chinoise, tombés accidentellement entre nos mains, mais revêtus d'une autorité incontestable; cette conviction repose, messieurs, sur des déclarations d'autant plus remarquables qu'elles proviennent d'un homme évidemment prévenu, de M. Bourée lui-même, si frappé de ce qu'a d'imposant l'Empire chinois, si préoccupé de ses progrès, et qui cependant n'hésitait pas dans une dépêche récente à dire que, vu l'état actuel de la Chine, vu sa situation intérieure, en raison de maintes circonstances qu'il est inutile, à l'heure qu'il est, d'exposer devant vous, nous étions assurés de jouir jusqu'à nouvel ordre d'une sécurité relative.

Ces affirmations reposent aussi sur certains aveux d'un diplomate éclairé, avec lequel nous avons été, ou plutôt mes prédécesseurs ont été amenés à interrompre momentanément toute communication : le marquis de Tseng, qui reconnaissait un jour que les Pavillons noirs étaient à la solde du roi Tu-Duc, mais que la Chine ne voulait pas s'en émouvoir et ne songeait pas à s'en plaindre pour ne pas se brouiller avec ce prince.

Voilà, messieurs, la puissance militaire du suzerain qui s'étonne et qui tremble devant le vassal, devant un vassal dont nous avons eu l'occasion d'apprécier, dont nous connaissons par expérience les forces militaires.

Messieurs, je n'insiste pas sur ces courtes observations qui suffiront peut-être pour rassurer, dans une certaine mesure du moins, le patriotisme alarmé de M. Delafosse.

Nous ne pensons pas que la Chine songe à intervenir dans les affaires du Tonkin, parce qu'elle n'y a point d'intérêt. Son véritable intérêt, à l'heure qu'il est, et elle ne l'ignore pas, c'est de vivre avec nous en bons termes, c'est que le Tonkin ne soit pas un refuge toujours ouvert aux perturbateurs, aux aventuriers qui pullulent dans les provinces toujours agitées du midi de la Chine, (*Très bien! très bien!*) dans le Kouang-si, encore couvert des ruines qu'y ont accumulées les Taïpings, et dans le Yun-nan, qui se ressent encore de cette insurrection mahométane qui ne s'est terminée qu'il y a quelques années.

Il y a, messieurs, certainement quelque avantage à ce que la Chine et la France ne soient pas en contact immédiat. Et c'est précisément parce que les conditions discutées et acceptées par notre agent à Pékin nous mettaient en voisinage trop direct avec la Chine qu'elles nous ont paru constituer un danger véritable. S'il était nécessaire de discuter quelque jour avec la Chine quelque rectification de frontières, nous sommes disposés à le faire sur un pied parfaitement amical. Si la Chine, écoutant de funestes conseils, au lieu de résister aux excitations dont j'ai parlé tout à l'heure, y cédait momentanément, nous n'avons pas à craindre d'elle, j'en ai la conviction, et c'est le sentiment unanime de tous ceux qui l'ont parcourue, habitée, étudiée, nous n'avons pas à craindre une guerre directe, qui n'est ni dans ses idées, ni dans ses habitudes, ni dans ses moyens. Ce que nous aurions à craindre, c'est qu'elle favorisât, au Tonkin, l'entrée de bandes capables d'y jeter le trouble. Ce n'est pas là un danger à redouter, c'est un mal à guérir, et c'est dans l'espoir d'y porter remède que nous avons présenté le projet soumis en ce moment à vos délibérations. (*Très bien! très bien! et applaudissements à gauche.*)

⁎

M. Georges Périn ayant repris la thèse de M. Delafosse, M. Challemel-Lacour lui répondit en ces termes :

M. LE MINISTRE DES AFFAIRES ÉTRANGÈRES. Il serait impossible, messieurs, de ne pas rendre pleine justice à la persévérance que met M. Georges Périn dans son opposition. Les événements, au lieu de la désarmer, l'affermissent.

En 1874, si j'ai bonne mémoire, M. Georges Périn n'était pas très éloigné de reconnaître qu'il était déjà difficile à la France de se retirer du Tonkin. Il y a deux ans, il vous demandait de dénoncer le traité de 1874, et il renouvelle aujourd'hui l'expression de cette opinion. Il y a ajouté comme tempérament, par déférence sans doute pour l'opinion publique qu'il croit prévenue, au delà de ce qui serait sage, en faveur de l'occupation du Tonkin qu'il suffirait dans tous les cas de nous établir à Haï-Phon et d'y percevoir l'impôt jusqu'à l'entier recouvrement de l'indemnité dont nous jugerions nécessaire de frapper le gouvernement d'Annam.

M. Georges Périn m'a invité, et c'est la tâche à laquelle je vais m'appliquer, à définir, si je le puis, exactement et en toute sincérité le sens et la portée du projet de loi qui vous est soumis. Je répondrai, chemin faisant, aux observations, les unes déjà anciennes, quelques autres nouvelles, qui ont été apportées à cette tribune, soit par M. Georges Périn, soit par M. Delafosse. Je n'ai pas, dans tous les cas, même après le discours de M. Georges Périn, à justifier le principe du projet de loi. Les Chambres actuelles, et avant elles l'Assemblée nationale ont, depuis 1874, manifesté et affirmé d'une manière constante leurs dispositions à l'égard du Tonkin ; et, pour ne rappeler que la dernière de ces décisions, le vote de cette Chambre même, au mois de juillet 1881, a témoigné une fois de plus de la résolution du Parlement de maintenir dans des conditions déterminées notre établissement au Tonkin.

Voilà neuf ans que nous sommes établis au Tonkin, en vertu d'un traité. Nous avons dépensé pour cet établissement une somme importante, qui ne s'élève pas à moins de 9 millions, et qui devrait certainement être portée à un chiffre plus élevé, si l'on y faisait entrer les dépenses que nous avons dû faire pour les navires en station. Chaque année une somme de 800,000 francs est inscrite au budget sous la rubrique : « Service du Tonkin. » Eh bien, messieurs, à l'heure qu'il est, notre situation au Tonkin est précaire, embarrassée, sinon menacée. Je crois que la grande majorité, je crois même que l'unanimité de cette Assemblée — et je n'en excepte ni M. Delafosse ni M. Georges Périn — sera d'avis qu'une telle situation ne peut durer. (*Marques d'approbation.*)

Je vais essayer de vous démontrer que le projet qui vous est apporté est nécessaire, et qu'il est suffisant pour mettre un terme à cette situation, pour substituer à un état de choses indécis, coûteux, stérile, une situation qui aura le mérite d'être précise et parfaitement définie. (*Nouvelles marques d'approbation.*)

Il a été si souvent question dans cette Chambre de notre éta-

blissement au Tonkin, on en a souvent raconté l'histoire, —
M. Georges Périn lui-même en a rappelé tout à l'heure un des
premiers et des plus glorieux épisodes, — que je n'ai pas à y
revenir. J'écarterai donc complètement le souvenir, d'ailleurs
inutile dans cette discussion, des incidents pittoresques ou tragiques qui en ont marqué les différentes phases. Je m'arrête au
traité de 1874, ce traité improvisé quoiqu'on travaillât depuis
plusieurs mois à le négocier, arraché plutôt qu'obtenu après une
retraite inexplicable, le lendemain du jour où nous nous étions
dépouillés, sans aucune raison, des gages tombés entre nos
mains. (*Très bien très bien! à gauche et au centre.*)

Ce traité, c'est la base de notre action, c'est notre point de
départ nécessaire. Malgré les lacunes qu'on a pu y signaler,
malgré les clauses restrictives, gênantes, qu'il contient, ce traité
impliquait cependant, pour la première fois, la reconnaissance
formelle de nos possessions de la Cochinchine, il nous fournissait le moyen de purger le Tonkin de la piraterie et du brigandage, d'y ouvrir au commerce un champ plus ou moins fécond,
mais à coup sûr très vaste et presque illimité.

Ce traité, malgré tous ses défauts, nous constituait une situation privilégiée, et nous aurions pu certainement nous y tenir
jusqu'au moment où le roi d'Annam, convaincu des avantages qu'il
avait pour lui-même, en aurait spontanément élargi les dispositions.

Mais il aurait fallu pour cela que ce traité, souscrit par lui en
connaissance de cause, fût interprété avec bonne foi, et appliqué
fidèlement. Or, vous savez que c'est le contraire qui est arrivé.
Je n'ai pas à revenir sur les violations nombreuses, quotidiennes,
commises par le gouvernement d'Annam. A vrai dire, il n'y a
pas une seule des dispositions du traité qui n'ait été enfreinte. Il
n'a jamais été ni respecté, ni exécuté dans aucune de ses parties,
pas même dans celle qui concernait la reconnaissance de notre
possession de la Cochinchine : car jamais le gouvernement
d'Annam n'a renoncé à l'idée de revenir sur cette reconnaissance; et il a fallu une volonté formelle pour l'empêcher, il y a
quelques années, en 1878, si je ne me trompe, d'envoyer en
France une ambassade pour solliciter de vous la renonciation à
cette possession.

Deux traits, messieurs, suffisent pour caractériser la conduite
qu'il a tenue.

Le traité de 1874 avait pour principal objet de donner au gou-

vernement d'Annam les moyens de maintenir, avec notre concours, l'ordre et la tranquillité dans ses États, notamment contre
les brigands si connus sous le nom de Pavillons-Noirs. Eh bien!
messieurs, il est aujourd'hui établi, par les témoignages les plus
certains, par l'aveu même des ministres du roi Tu-Duc, que c'est
lui-même qui entretient à sa solde les Pavillons-Noirs que nous
étions chargés de l'aider à réprimer.

Le traité de 1874 avait un autre objet, c'était d'établir la parfaite indépendance de l'Annam à l'égard de toute autre puissance.
Il est avéré aujourd'hui, il est évident, il est patent que c'est le
gouvernement d'Annam lui-même, que c'est le roi Tu-Duc qui a
réveillé les prétentions assoupies de la Chine; qui entretient avec
elle des manœuvres, des intelligences dont le but est de faire
naître entre elle et nous des démêlés qui n'ont absolument aucune
raison d'être.

De là, messieurs, la situation dans laquelle nous nous trouvons,
situation que M. Delafosse, aussi bien que M. Georges Périn, ont,
avec grande raison, déclarée fausse, pénible, intolérable.

Que sommes-nous au Tonkin? Sommes-nous les amis ou les
adversaires du roi d'Annam? Sommes-nous des protecteurs ou
bien des barbares avec lesquels on a traité par force et dont il
faut se débarrasser à tout prix? Le traité de 1874 subsiste-t-il
encore ou bien n'en reste-t-il que des lambeaux sans valeur?
Voilà ce que l'on se demande dans tout l'Orient, ce qu'on se
demande en Chine, ce qu'on se demande dans le royaume d'Annam.
Voilà la question qu'on se pose en Europe, où il règne une fâcheuse
incertitude sur nos desseins, et où cette incertitude donne lieu à
des commentaires, à des interprétations et à des prévisions qui
ne sont pas, on est bien forcé d'en convenir, profitables à notre
crédit. (Très bien! très bien! et vifs applaudissements.)

Messieurs, le gouvernement d'Annam, malgré le traité de 1874,
malgré des protestations dont il s'est toujours montré prodigue,
malgré sa faiblesse militaire, est parvenu — et c'est pour lui un
honneur auquel il ne s'attendait pas — à nous tenir en échec.

L'amour-propre blessé, qui est un ressort d'une singulière
puissance chez ces peuples, ne l'oublions pas, la haine du barbare — et le barbare c'est nous, ce sont tous les Européens, —
le regret de voir échapper à sa puissance une population qu'on
est accoutumé à pressurer, ce sont là, messieurs, des sentiments
auxquels nous devions nous attendre; mais ces sentiments, quelque

naturels qu'ils soient chez les Annamites, fort capables de manœuvres hostiles, moins capables d'une action guerrière, ne suffisent
pas à expliquer notre situation actuelle.

Cette situation, messieurs, s'explique par une autre cause :
c'est que par suite des égards que le gouvernement français a cru
devoir à un État faible, par suite de l'espérance vaine qu'il a
nourrie de le ramener, à force de patience, à l'exécution de ses
engagements, par l'illusion qu'il a eue de croire qu'une politique
de ménagements était de quelque action sur ces peuples, notre
politique, il faut l'avouer, a manqué de décision et d'esprit de
suite. (*Très bien ! très bien !*)

Je dis, messieurs, notre politique, je ne dis pas la volonté du
Parlement; car je vous prie de repasser dans vos souvenirs les
différentes discussions qui ont eu lieu, soit ici et au Sénat, soit à
l'Assemblée nationale à propos du Tonkin, et vous verrez que les
Chambres n'ont jamais varié, qu'elles ont montré dans cette question une volonté suivie, persévérante. Et ces discussions, si brillantes, et dans lesquelles tout le monde reconnaîtra que
M. Georges Périn a pris une part essentielle, ces discussions
dans lesquelles tous les points de vue ont été examinés, le climat,
les ressources commerciales, les voies de communication, l'esprit
des populations, les complications possibles, où toutes les difficultés ont été présentées avec force, où toutes les objections ont
été soulevées, ces discussions, il faut le reconnaître, donnent un
singulier relief, une valeur bien remarquable à des volontés si
persistantes et si éclairées. (*Très bien ! très bien !*)

Mais, messieurs, il faut connaître que si les volontés n'ont pas
varié, il n'en a pas été de même de la politique. Là, il a régné une
trop grande et une trop longue incertitude.

Nous avons commencé par quitter le Tonkin, sans raison, et
cette retraite inexplicable, suivie d'événements déplorables, a
laissé dans tous les esprits, chez ceux qui nous étaient hostiles
comme chez ceux qui nous étaient favorables, une trace durable.
Nous avons montré une patience inépuisable en face de toutes les
violations du traité de 1874, de l'oubli le plus formel des engagements, et cette patience, cette longanimité ont eu l'effet qu'elles
devaient avoir, elles ont encouragé le gouvernement d'Annam.

Aussi, est-il arrivé ce qui devait arriver : c'est qu'un jour, nous
nous avons été obligés, — ç'a a été le sentiment de la Chambre,
lorsqu'elle a voté le projet du mois de juillet 1881 ; ç'a a été aussi

le sentiment du Gouvernement, — de prendre enfin des mesures
pour que notre intervention au Tonkin devînt quelque peu efficace.

Vous savez, messieurs, ce qui est advenu. Le commandant
Rivière est allé au Tonkin, à la tête d'une petite force, animé d'intentions pacifiques comme les ordres qu'il avait reçus, jusqu'au
moment où, injurié, menacé, outragé dans des placards affichés
jusque sur sa demeure, il a été obligé de se saisir par la force de
la forteresse d'Hanoï, puis il l'a démantelée, et, usant d'un procédé qui n'a jamais réussi avec ces populations, il l'a rendue.
De là une nouvelle audace, un surcroît de provocations, d'injures
et d'attaques, jusqu'au jour où, menacé de se voir couper les communications qu'il avait avec la mer, il a dû, il y a cinq ou six
semaines, s'emparer de la forteresse de Nan-Dinh et repousser
une attaque dirigée contre la forteresse d'Hanoï. A l'heure qu'il
est, nos garnisons maîtresses des points où elles étaient menacées
comme de ceux dont elles ont cru devoir se saisir, sont en parfaite sûreté.

Mais il est clair qu'une pareille situation ne peut durer, surtout
si vous considérez que, fausse à l'égard de l'Annam, elle est plus
fausse encore, s'il est possible, à l'égard de la population du
Tonkin. Cette population nous a accueillis, il y a neuf ans, avec
une confiance dont elle a été cruellement punie, que les événements qui se sont succédé, que l'inconsistance visible de notre
politique auraient dû ébranler et qui subsiste toujours. (*Très bien!
très bien!*)

Cette population docile et laborieuse, mais qu'un développement excessif et exclusif de l'esprit communal a rendue incapable
de gouvernement, supporte, tout le monde le sait, avec peine le
joug annamite : elle n'a pas perdu le souvenir d'une indépendance
qui n'a succombé qu'au commencement de ce siècle, ni d'une
dynastie dont M. Delafosse nous invitait, tout à l'heure, à rechercher et dont il ne serait peut-être pas impossible, en effet, de
trouver encore quelque représentant. Des insurrections fréquentes, continuelles, dont la dernière ne remonte pas plus loin
que 1872, témoignent de l'antipathie profonde de ces populations
pour les Annamites. Tout cela suffirait à expliquer comment nous
y avons été, presque dès la première heure, accueillis comme des
libérateurs, quand même on ne saurait pas que cette population
est accablée par les exactions des mandarins, aussi bien que par
les coups de main des brigands.

Tout cela, messieurs, sans parler d'une autre partie de la popu-
tion, des 400 000 chrétiens, 800 000, selon d'autres évaluations...

M. PAUL BERT. 460, 000, chiffre officiel de l'*Univers*.

M. LE MINISTRE... qui n'ont peut-être pas été pour nous des
auxiliaires aussi dévoués et aussi actifs qu'on l'a dit, mais qu'en
tout cas la situation particulière qui leur est faite, l'interdit cruel
dont ils sont frappés par les non-convertis, prédisposent à nous
considérer comme des protecteurs. Voilà, messieurs, l'appui
solide, presque indestructible que, si nous le voulions bien, nous
trouverions au Tonkin.

Mais, messieurs, cet appui contribue à rendre notre situation
plus fausse, car ces 10 millions d'hommes qui sollicitent notre
action, notre protection, se demandent, sans le comprendre, comment nous supportons les manœuvres occultes, les attaques
déguisées et quelquefois ouvertes des Annamites. Il est clair que
cette situation ne saurait durer. Il faut absolument y mettre un
terme.

Par la retraite? Non, messieurs, personne — pas même
M. Georges Périn — n'arrive à cette extrémité. Tout le monde
sent que, si l'on peut varier sur les autres solutions, il y en a une
qu'il faut absolument exclure; il faut l'écarter parce que ni l'intérêt, ni l'honneur, ni même la plus simple prudence ne nous permettent de nous y arrêter. (*Très bien! très bien!*)

L'intérêt frappe tous les yeux et il est évident que si nous nous
retirions du Tonkin, il y a, n'en doutez pas, des héritiers tout
prêts... (*Très bien! C'est cela! Applaudissements à gauche et au
centre.*) qui épient le moment où, par je ne sais quel faux calcul,
vous abandonneriez la situation que vous avez prise. (*Très bien!
très bien!*) J'ai parlé de l'honneur, et je n'entends pas par là la
gloriole qui consiste à s'entêter dans une entreprise malencontreuse; je ne parle pas même de l'honneur plus sérieux qui consiste à exiger l'exécution des engagements qu'on a pris avec nous;
je parle de l'honneur qui consiste à remplir les obligations qu'on
a contractées soi-même; or, ces obligations, vous les avez prises
en vous établissant au Tonkin envers cette population qui sollicite
votre action et qui vous soutient. Vous ne pouvez pas vous
retirer sans la livrer le même jour à la vengeance des mandarins,
qui n'attendent que le moment de votre retraite pour punir cette
population des sympathies obstinées qu'elle a toujours montrées
pour vous. (*Applaudissements à gauche.*)

Et, messieurs, quand même l'intérêt, l'honneur, ne vous com-
manderaient pas de rester au Tonkin, la plus simple prudence
vous en ferait un devoir.

Il n'y a aucun lieu entre la Cochinchine et le Tonkin?
M. Georges Périn ne le croit pas, et l'autorité de M. l'amiral Jauréguiberry ne parviendrait pas à l'en convaincre.

M. Georges Périn. Non, il n'y a aucun lien.

M. le ministre. Voilà, messieurs, vingt ans que nous occupons trois de ses provinces, quinze ans que nous avons pris possession des trois autres et notre autorité y est reconnue et obéie;
malgré les manœuvres continuelles, ininterrompues du gouvernement d'Annam dans la Cochinchine, malgré l'action bien
connue et toujours surveillée des sociétés secrètes, notre autorité n'a pas subi un échec. Les deux parties les plus importantes
de la population de la Cochinchine : les Chinois qui détiennent le
commerce, les Annamites qui sont voués à l'agriculture, quelque
travaillés qu'ils soient, et quelque sympathie — il faut bien
l'avouer — qu'ils aient conservée au roi Tu-Duc, ont su résister à
toutes les excitations et s'abstenir de toute velléité de résistance;
ils s'en sont abstenus parce qu'ils nous savent forts. A la vérité,
si nous n'avions jamais mis le pied au Tonkin, notre autorité n'aurait peut-être jamais été contestée dans la Cochinchine, mais
nous sommes au Tonkin depuis neuf ans, et croyez-vous que, si
vous quittiez ce pays, cette retraite, témoignage éclatant aux yeux
de ces populations, non pas de la prudence de votre politique,
mais de votre faiblesse, croyez-vous que cette retraite n'aurait
pas en Cochinchine un contre-coup prompt et formidable? Ces
populations iraient rapidement jusqu'à la conclusion la plus
extrême, elles se conduiraient en conséquence; elles se diraient
que, trop faibles pour conserver le Tonkin, vous n'êtes plus assez
forts pour garder la Cochinchine. (Applaudissements.)

M. Georges Périn. Votre présence à Haï-Phong serait une marque
de votre force.

M. le ministre. Insuffisante!

M. Georges Périn. Très suffisante.

M. le ministre. Je ne doute en aucune façon que nous ne
gardassions la Cochinchine; même dans ce cas, elle resterait en
notre possession; mais je dis qu'alors, pour restaurer notre autorité, pour reconquérir notre ascendant, il faudrait plus de
dépenses et plus d'efforts que pour exécuter le projet qui vous est

soumis et pour vous asseoir définitivement au Tonkin. (*Très bien! très bien!*)

Messieurs, la Chambre appréciera les motifs pour lesquels nous nous sommes déterminés.

Je voudrais maintenant, en aussi peu de mots que possible, répondre à la question que m'a posée l'honorable M. Georges Périn et définir la portée et la signification du projet soumis à la Chambre.

Je n'hésite pas, messieurs, à répéter, malgré les doutes exprimés par M. Georges Périn, que, s'il s'agit bien en effet d'une expédition, il faut bien le reconnaître, il ne saurait être question d'une conquête, — non! et par une raison bien simple que M. Georges Périn appréciera : — c'est qu'il n'y a rien à conquérir chez un peuple où tout le monde nous est ami, où nous n'avons d'adversaires que des fonctionnaires étrangers — car les mandarins annamites sont au Tonkin des fonctionnaires étrangers — et leurs singuliers auxiliaires, les Pavillons-Noirs.

Nous n'avons rien à conquérir dans un pays sans force militaire sérieuse et que nous n'avons pas l'intention de nous annexer.

Nous n'entreprenons même pas, — l'entreprise serait considérable, — de faire la police sur toute l'étendue du Tonkin, sur les 86 000 kilomètres carrés dont vous parlait M. Georges Périn...

M. Georges Périn. Alors, vous n'exécuterez pas le traité de 1874?

M. le ministre. Nous l'exécuterons, soyez-en sûr, parce que nous avons l'espérance et la croyance fondée qu'il y a d'autres moyens, et de plus sûrs qu'une police faite dans les conditions où nous sommes placés actuellement, d'avoir raison du brigandage et de la piraterie. Nous sommes assurés que le brigandage et la piraterie diminueront promptement, du moment où l'un et l'autre ne seront plus favorisés et soldés par l'autorité elle-même. (*Très bien! très bien!*)

Nous avons même la pensée, — et nous avons quelque raison de le dire, — qu'une partie de ces brigands pourraient bien devenir quelque jour les auxiliaires et les instruments de notre police (*Mouvements divers.*) et que cette transformation, qui s'est faite dans des pays plus avancés que le Tonkin, pourrait s'effectuer à peu de frais.

Messieurs, ce que nous voulons, ce que nous proposons, c'est d'affermir, de manière à le rendre incontestable et efficace, notre protectorat dans l'Annam, et tout particulièrement au Tonkin.

Nous croyons qu'il suffira pour cela que nous en ayons la volonté, et que nous la manifestions de telle façon qu'il devienne évident pour tout le monde que notre présence au Tonkin, au lieu d'être momentanée, que notre action, au lieu d'être intermittente et passagère, revêtent un caractère permanent et définitif.

Je dis, messieurs, que nous nous proposons d'affermir et non pas d'établir notre protectorat. C'est qu'en effet, selon nous, notre protectorat existe, il est incontestable, — quoiqu'il soit contesté, je le reconnais, — en vertu du traité de 1874. M. Delafosse vous a parlé du protectorat et vous en a signalé le caractère; il a dit que le protectorat devait être essentiellement volontaire de la part de l'État protégé.

Le protectorat n'est pas un fait nouveau; il est à peu près aussi ancien que l'histoire. Eh bien, il serait peut-être difficile de citer un seul cas où il ait eu ce caractère volontaire que M. Delafosse dit être de son essence. Le protectorat a été étudié par les théoriciens; les règles, le caractère, les effets en sont parfaitement connus. Parmi ces caractères, il en est un, selon moi, beaucoup plus frappant que M. Delafosse a oublié : c'est l'engagement pris par l'État protégé de conformer sa politique étrangère à celle de l'État protecteur, et par une conséquence immédiate, inévitable, de régler sa politique intérieure de manière à éviter les complications. C'est là, messieurs, le vrai signe du protectorat, c'est par là qu'il se reconnaît, c'est par là que les auteurs, s'il faut parler des auteurs, le caractérisent, le définissent. Eh bien, ce caractère, je le trouve précisément dans l'article 3 du traité de 1874.

Les droits inhérents au protectorat, indispensables pour maintenir l'ordre, pour prévenir les complications, pour exercer une tutelle effective, ces droits ne résultent donc pas, par voie de conséquence, du traité de 1874; ils y sont inscrits de la manière la plus explicite. Seulement, je dois bien reconnaître que la conduite du gouvernement de Hué a été telle, ses violations du traité de 1874 ont été si répétées et si continues que ce traité, si clair qu'il soit, ne l'est pas encore assez...

Un membre à gauche. Il faut le refaire.

M. LE MINISTRE... et il est certain — je vous le disais tout à l'heure — que, si nous avions, en temps opportun, rappelé dès les premières violations le gouvernement d'Annam à l'accomplissement de ses engagements, c'est-à-dire au sentiment de sa

faiblesse ; si nous lui avions fait comprendre, d'une manière irréfragable, qu'un traité conclu avec la France ne pouvait pas rester
lettre morte, nous aurions ainsi prévenu bien des difficultés.

Nous ne l'avons pas fait. Aussi nous sommes-nous trouvés
dans la nécessité — il y a déjà assez longtemps, il y a plusieurs
années — de demander un complément au traité de 1874 ; seulement, lorsque le Gouvernement s'est décidé à cette démarche, il
était déjà trop tard ; notre voix n'était plus écoutée à Hué ; on y
avait pris le parti de ne plus entendre à rien. On avait conçu
l'espérance — malheureusement assez fondée — de nous fatiguer
par des difficultés de toute espèce et de nous amener, de guerre
lasse, à une retraite définitive.

Aussi, lorsque M. Reinhardt, notre envoyé à Hué, s'est présenté, porteur d'une convention complémentaire, on ne peut pas
dire que

> Il a montré son ordre et n'a rien obtenu,

car il n'a pas eu à le montrer, il a été tenu à distance par les
ministres, notamment par le ministre des finances de Tu-Duc,
notre ennemi de tous les temps, et il n'est point parvenu à voir
le souverain.

Vous savez, messieurs, ce qui est arrivé, il y a quelques
semaines, lors des derniers incidents militaires du Tonkin.
M. Reinhardt, impuissant depuis longtemps, menacé, exposé
tous les jours à quelque injure qui eût grandement aggravé la
situation, s'est retiré avec la légation.

Eh bien, malgré les justes plaintes que nous pouvons élever
contre la conduite du gouvernement d'Annam, malgré les violations, on peut le dire, presque innombrables du traité de 1874,
malgré les circonstances qui ont décidé notre envoyé auprès de
Tu-Duc à se retirer, nous avons voulu, nous voulons tenter une
dernière démarche auprès de lui, et nous avons choisi pour cela
un homme qui nous était désigné par sa connaissance approfondie
du Tonkin, par le long séjour qu'il y a fait, par les qualités personnelles que nul ne lui conteste ; nous n'avons vu, nous n'avons
voulu voir que son intelligence, ses lumières, sa fermeté, son
sang-froid.

La mission, messieurs, est difficile ; car, vous le voyez, nos
relations avec la cour de Hué ne sont pas bonnes. La cour de Hué
est, on peut le dire, à notre égard, non pas sur un pied de guerre,
mais sur un pied d'hostilité. Elle a été l'ouvrière de toutes les

manœuvres contre lesquelles nous avons eu à nous prémunir ;
c'est elle qui a réveillé les prétentions endormies de la Chine ;
et cependant nous avons cru qu'il était digne de nous, qu'il
était conforme non seulement aux convenances, mais à la justice, — avant de prendre en mains, d'une manière qui doit être
cette fois efficace, la défense de nos intérêts, — de faire une
dernière démarche auprès de Tu-Duc ; nous avons cru que
cela était de convenance et de justice, parce que, après tout et
malgré les faits militaires qui se sont accomplis au Tonkin,
nous n'estimons pas que nous soyons en guerre avec l'Annam.
Nous avons cru que cela était sage, parce qu'il y aurait pour nous
un intérêt véritable à n'agir, s'il était possible, au Tonkin que
de concert avec Tu-Duc et avec son assentiment.

Messieurs, je ne sais pas si nous avons grande chance d'être
cette fois mieux écoutés que nous ne l'avons été jusqu'à présent ;
peut-être cette démarche ne sera-t-elle pas mieux accueillie à
Hué que les précédentes, — à moins toutefois que l'échec du
coup de main tenté sur la forteresse d'Hanoï, que la prise de Nam-
Dinh, que la résolution à laquelle nous nous sommes arrêtés et
que, j'espère vous voudrez bien ratifier ; à moins, dis-je, que
cette attitude ne produise quelque impression sur l'esprit de Tu-
Duc, et cela n'est pas impossible. Nous n'avons pas voulu, en
tous cas, appuyer cette démarche par une force militaire ; nous
ne l'avons pas voulu, messieurs, parce qu'une action accomplie
à Hué n'a qu'un très faible effet sur le Tonkin, où les mandarins
annamites agissent à leur guise et souvent sans consulter leur
souverain, tandis que toute action au Tonkin a son contre-coup
et son retentissement immédiat à Hué. Nous ne l'avons pas
voulu, parce que, s'il fallait exercer quelque pression sur le gouvernement de Hué, nous avons, après tout, des moyens plus
simples et plus sûrs de la faire sentir, étant en possession du
Tonkin, c'est-à-dire du grenier de l'Annam. (*Très bien! très
bien!*)

Nous ne l'avons pas voulu, enfin, pour ne pas fournir prétexte
à une accusation que nous repoussons : celle de vouloir porter
atteinte à l'indépendance de l'Annam. (*Rumeurs sur divers bancs.*)
Je dis l'indépendance, messieurs, parce que, si le protectorat
réduit dans quelque mesure la souveraineté, il réserve l'indépendance. Les preuves en seraient nombreuses, je vous prie de vous
rappeler seulement l'article 1er du traité de 1815, qui plaçait les

îles Ioniennes sous la protection immédiate du roi de la Grande-Bretagne. Cet article dit en termes formels : « Les sept îles forment un État libre et indépendant. »

Un membre à droite. Comme aujourd'hui la Tunisie !

M. LE MINISTRE. Messieurs, quel que soit d'ailleurs le succès de notre démarche à Hué, cela ne nous dispensera point d'agir au Tonkin. C'est là qu'il importe de rassurer nos amis et de décourager nos adversaires; c'est là qu'il importe de dissiper toutes les incertitudes et de bien marquer la politique dans laquelle nous entrons. Selon que nos propositions seront accueillies ou qu'elles seront rejetées par le roi d'Annam, il peut y avoir quelque différence dans notre action. Dans le premier cas, notre action sera évidemment pacifique, à moins que nous n'ayons à triompher de la mutinerie de quelques fonctionnaires; si, au contraire, nos propositions sont rejetées, nous avons à redouter de très vives protestations, mais d'assez faibles résistances.

En somme, la différence sera plus apparente que réelle; car le roi d'Annam a accepté solennellement le traité de 1874 et on ne voit pas que cette acceptation ait beaucoup influé sur sa conduite.

Les difficultés ne seront pas plus grandes au regard des puissances étrangères; nous n'avons à craindre l'immixtion de personne; nous savons que les efforts tentés par la cour de Hué pour intéresser dans cette question diverses puissances ont été absolument et définitivement repoussés.

Quant à la Chine, nous nous en sommes expliqués : nous croyons qu'elle n'a ni la pensée, ni la volonté, ni le droit d'intervenir.

Ce qu'il faut donc, messieurs, pour établir, pour affirmer notre protectorat, ce qui nous a paru nécessaire, ce qui nous paraît suffisant, c'est de prendre dans la partie la plus peuplée, la plus riche, la plus laborieuse du Tonkin, dans ce delta où se trouvent entassés les sept dixièmes de la population, une position solide; c'est de nous établir sur un certain nombre de points, toujours les mêmes, depuis longtemps désignés par l'expérience, et de nous y établir de manière que, par le nombre de nos soldats, par leur installation, il soit désormais indubitable, même pour les plus sceptiques, que nous sommes au Tonkin d'une manière définitive.

Je sais que ce procédé semble insuffisant à certaines personnes qui voudraient nous voir étendre plus loin notre action. Mais il ne nous convient pas, il ne nous paraît ni sage, ni nécessaire, ni même utile de pénétrer dans des contrées inhospitalières, malsaines et mal peuplées.

Je sais que d'autres, — et M. Georges Périn est de ce nombre, — prédisent que nous ne nous arrêterons pas où nous voulons, que rien que par les nécessités de la police, — c'est ce qu'il disait tout à l'heure — ...

M. Georges Périn. Certainement.

M LE MINISTRE. ... nous devrons poursuivre les brigands, les pirates jusque dans leurs retraites les plus éloignées.

Je lui réponds encore une fois que nous avons la certitude qu'une fois exterminés des seules régions où il y a pour eux des tentations et des ressources, condamnés à mourir de faim, faute de proie, ils seront bien obligés de venir à composition.

Le but et l'effet de cette occupation, c'est d'abord de nous établir en sûreté dans un certain nombre de forteresses qu'il nous serait à la fois nécessaire et difficile de prendre plus tard, si nous négligions de nous en emparer aujourd'hui et si elles se trouvaient défendues par une force de quelque valeur; c'est de nous fournir une base d'opérations derrière laquelle nous puissions attendre, sans trouble et sans inquiétude, le jour certainement prochain où le roi Tu-Duc reconnaîtra que, s'il veut conserver sa souveraineté sur le Tonkin, s'il veut continuer à recevoir la part de tribut qui lui revient, il n'a rien de mieux à faire que de s'entendre avec nous.

Enfin, messieurs, cette occupation devra rendre l'espérance à nos amis quelque peu découragés, leur donner la certitude qu'ils n'ont plus désormais à craindre les vengeances des mandarins, leurs ennemis.

A propos de cette occupation, il y a quelques observations à faire; je les abrégerai le plus que je pourrai. La première, c'est que nous entendons très fermement que cette occupation ne soit pas pour nous une charge. Non pas que, comme l'a dit M. Georges Périn, nous voulions faire de cette population de 7 à 8 millions d'hommes laborieux et pauvres une colonie d'exploitation. Non, nous ne le voulons pas. Il nous paraît suffisant, pour nous dédommager, d'assurer à notre commerce un vaste champ d'affaires, d'ouvrir une voie nouvelle pour le négoce. Mais, enfin, nous ne sommes pas obligés de faire à nos frais la police du Tonkin. Nous nous sommes engagés par le traité de 1874 à prêter

gratuitement, et sur sa demande, au roi Tu-Duc notre concours
pour rétablir la paix et la sécurité dans le Tonkin : gratuitement
et sur sa demande! mais à une condition qui, sans être énoncée,
n'en est pas moins indiscutable : c'est que le roi Tu-Duc ne sera
pas le perturbateur de ses États, l'artisan même de désordres qui
auraient pour but, sinon pour effet, de rendre notre occupation
impossible; la justice, le sens commun, la raison, tout concourt à
dire que l'ordre doit être rétabli aux frais de ceux qui l'ont troublé.

J'ajoute qu'en ce qui touche le recouvrement de nos dépenses,
nous avons en main le moyen de l'effectuer. Le traité de commerce, — non plus le traité d'amitié, — mais le traité de commerce du 6 août 1874 nous donne le droit d'établir près des rece-
veurs des douanes des fonctionnaires français pour assurer la
perception des taxes. Ce droit nous a été confirmé depuis par la
nécessité où nous avons été d'avoir nous-mêmes des percepteurs
afin de rentrer dans les avances que nous avons faites, au nom de
l'Annam, à l'Espagne, à laquelle nous avons payé son indemnité
de guerre.

Nous vous demandons, messieurs, de régulariser cette situation, d'étendre cette organisation; et nous pouvons vous assurer
qu'il nous sera très facile de rentrer non seulement dans les
dépenses que nous avons déjà faites, mais dans celles que nous
allons faire, d'y rentrer sans accabler les Tonkinois. Non, comme
le croit M. Georges Périn, nous n'avons pas l'intention de les
accabler. Lorsque nous sommes amenés par la nécessité de
défendre nos intérêts à pénétrer dans un pays barbare, étranger
à la civilisation, lorsque nous finissons par être obligés de nous
y établir, nous estimons que nous prenons à l'égard de ces populations un véritable engagement; nous contractons envers elles
des obligations. Sans nous donner orgueilleusement comme
investis d'un apostolat, nous croyons que le moins que nous puissions faire, du moment où notre action se fait sentir, c'est qu'elle
s'exerce conformément aux règles de la civilisation qui est la nôtre,
conformément aux principes de justice et d'équité sociale, tels
que nous les comprenons. (Très bien! très bien!)

Nous connaissons à peu près, dès aujourd'hui, le rendement des
impôts au Tonkin. Je n'établirai pas cependant, avec M. Georges
Périn, une discussion sur ce point. Ce que nous pouvons affirmer,
sans les chiffrer, c'est que les dilapidations, les exactions, la déper-
dition doublent, triplent, décuplent peut-être les charges qui

pèsent sur les Tonkinois. Je pourrais vous citer vingt exemples, un seul suffira : la ferme de l'opium, concédée récemment au chiffre de 700 000 francs, a rapporté le même jour au fonctionnaire chargé de la donner une autre somme de 700 000 francs. C'est un exemple entre beaucoup d'autres.

Nous croyons, dans tous les cas, sans entrer dans des détails dont les éléments précis nous feraient peut-être défaut à l'heure qu'il est, que nous pouvons augmenter dans une très notable proportion le rendement des impôts, non seulement sans grever les Tonkinois, mais en leur apportant un soulagement.

Enfin, messieurs, et c'est là ma dernière observation, nous avons pensé qu'il importait, du moment où nous prenions une position nouvelle au Tonkin, de la caractériser nettement, de bien la définir; et c'est pourquoi nous avons jugé qu'il était nécessaire de déclarer que nous voulions placer à la tête de l'administration un commissaire général civil. Il nous a paru qu'il serait inutile et peut-être dangereux chez ce peuple apaisé, craintif, de conserver à notre protectorat le caractère d'une occupation militaire. Non pas, messieurs, que nous ayons le moins du monde en défiance la capacité de nos officiers en matière d'administration. Nous avons plus d'une fois, et peut-être au Tonkin plus qu'ailleurs, nous avons eu fréquemment l'occasion de les apprécier à cet égard, et de constater qu'ils ne sont pas plus emportés que des fonctionnaires civils; qu'ils ne sont pas plus prompts à abuser de la force, pas plus impatients de moissonner des lauriers faciles ; nous les avons trouvés souvent aussi habiles et aussi souples dans l'emploi des moyens diplomatiques que résolus dans l'action. Mais il ne nous en a pas paru moins important et moins nécessaire, à l'heure actuelle, de donner à notre occupation son véritable caractère.

Il y aura, messieurs, plus tard, dans quelque temps, à mesure que la situation se régularisera, à chercher, entre différents systèmes d'organisation possibles, celui qu'il paraîtra le plus expédient d'adopter. Nous n'en adopterons aucun qui ne soit compatible avec le respect pour les mœurs de cette population, dont nous ne voulons pas nous départir. Quant à présent, il nous suffit d'établir la police dont nous sommes chargés, de participer à la perception des impôts dans la mesure nécessaire pour couvrir nos dépenses, d'une part, et mettre de l'autre un terme à d'insupportables exactions.

Vous aurez à voir plus tard ce qu'il y aura à faire, quelles
mesures, quelles institutions vous paraîtront nécessaires dans
l'ordre de la justice, des travaux publics, etc.

J'ai fini, messieurs; et en terminant, je prends la liberté de
vous répéter qu'il ne s'agit pas d'une entreprise nouvelle, que le
projet de loi lui-même n'est pas nouveau, que cette entreprise,
commencée depuis neuf ans, aurait pu être, en plus d'une circonstance, accomplie d'un seul coup et sans difficulté.

Et, si je fais cette observation, messieurs, ce n'est pas pour
reporter sur vos devanciers la responsabilité d'une entreprise qui,
à nos yeux, a été, dès son début, tout à l'honneur de la France,
et qui est, aujourd'hui plus que jamais, selon nous, conforme à ses
intérêts permanents; c'est parce que nous sommes pénétrés de la
conviction profonde qu'en matière de politique étrangère, qu'il
s'agisse de colonies ou d'autre chose, sous la République comme
sous la Monarchie, on ne fait rien qu'avec suite, rien qu'avec le
temps, rien qu'en suivant une tradition plus ou moins ancienne.
Nous sommes persuadés que toutes les fautes irréparables viennent
d'avoir failli à une tradition nationale. (*Applaudissements.*)

Je n'ai point songé à ouvrir à vos yeux des perspectives éblouis-
santes; je n'ai point voulu faire de théorie, ou vous proposer de
système; je me suis abstenu de considérations de politique générale; non pas, messieurs, que ces considérations me parussent,
dans une question comme celle-ci, déplacées; non pas qu'il fût
difficile de les y rattacher, — je m'y serais laissé aller peut-être
par le désir de répondre aux vues élevées, patriotiques qui ont
été apportées à cette tribune par M. Périn; — mais j'ai tenu à
me renfermer dans la question du Tonkin, à établir devant vous
qu'elle comporte une solution prompte, praticable et facile. Quant
à ces considérations de politique générale, je vous prie d'être
persuadés d'une seule chose : c'est que, si je m'en suis volontairement abstenu, elles nous ont été et elles nous sont présentes
comme à vous, et que, bien loin d'avoir été pour nous un motif
d'hésiter à vous présenter le projet en discussion, elles ont contribué, au contraire, pour une forte part, à notre décision.
(*Applaudissements sur un grand nombre de bancs.*)

La Chambre, par 357 voix contre 48, se prononça pour l'ensemble
du projet.

DISCOURS

LES AFFAIRES DU TONKIN

prononcé le 24 mai 1883

AU SÉNAT

La Chambre des Députés avait ajouté au projet de crédits pour le
Tonkin qui lui avait été soumis par le Gouvernement un article 2 portant expressément que la haute administration serait confiée à un
commissaire général civil relevant du ministère des Affaires étrangères. Cette disposition, qui avait été acceptée par le Gouvernement,
fut combattue au Sénat par M. Fournier et par l'amiral Jauréguiberry.

M. Challemel-Lacour compléta, par le discours suivant, les explications qu'il avait fournies à la Chambre :

M. CHALLEMEL-LACOUR, *ministre des Affaires étrangères.*
Messieurs, le Sénat me permettra sans doute de lui présenter, en
peu de mots, les considérations pour lesquelles nous nous
sommes décidés à envoyer au Tonkin un commissaire général
civil et pour lesquelles nous avions accepté la proposition faite
par la commission de la Chambre des députés d'introduire
l'article 2 dans le projet de loi qu'on discute en ce moment.

Ce n'est pas, messieurs, sans avoir recueilli les opinions d'un
grand nombre de personnes qui connaissent la situation du
Tonkin, et parmi elles de plusieurs officiers de marine et de
l'armée, que nous avons pris cette décision. Ces personnes ont

été, je puis le dire, unanimes pour reconnaître les avantages et
même la nécessité de la combinaison à laquelle nous nous
sommes arrêtés.

Je ne crains pas de le déclarer au Sénat, nous avons voulu, en
envoyant un commissaire civil au Tonkin, prendre certaines
garanties contre de généreux, mais dangereux entraînements. Je
l'ai déjà dit à la Chambre des députés, et je n'hésite point à le
répéter devant le Sénat, bien persuadé que personne ici n'attri-
buera notre résolution à une injuste défiance.

Nous connaissons nos officiers, nous savons ce qu'ils valent.
Nous savons que nous pouvons, en général, nous fier autant à
leur prudence qu'à leur intrépidité.

Plusieurs sénateurs à droite. Eh bien! alors?

M. le ministre. Mais c'est cependant, il faut bien le reconnaître, un fait constant et un fait inévitable que, lorsque l'autorité
politique et l'autorité militaire se trouvent réunies dans la
même main, et que cette main est celle d'un soldat, il est à
craindre que les considérations politiques, quelque puissantes
qu'elles puissent être, ne soient parfois sacrifiées aux considérations militaires et que les hommes habitués à l'action ne connaissent guère que l'action pour trancher toutes les difficultés.
(*Bruit et exclamations à droite.*)

M. le baron de Lareinty. Un soldat obéit aux instructions tout
aussi bien qu'un commissaire général civil!

M. le ministre. Nous n'avons point eu la pensée de faire
un commandant civil de nos forces de terre et de mer. Nous
n'avons pas songé à rien créer d'analogue à nos commissaires
près des armées du temps de la Convention!

M. le général Robert. Mais cela y est!

M. le ministre. Non, monsieur le général Robert, cela n'y
est pas!

Non, messieurs, nous n'avons rien voulu créer d'analogue.
Au contraire le rôle du commissaire civil, tel que nous le comprenons, est non seulement différent, mais l'opposé de celui que
jouaient ces fameux commissaires, puisqu'il est appelé à prévenir, en en référant au Gouvernement, lorsque les circonstances
et le temps le lui permettront, (*Bruit à droite.*) les démarches et
les opérations qui seraient de nature à nous entraîner, par une
pente fatale, au delà des limites dans lesquelles nous voulons nous
renfermer. Ce commissaire civil délibère, il surveille et retient,

mais il n'intervient dans le commandement ni d'une manière directe ni par des instructions.

Je ne crois pas, messieurs, qu'il puisse y avoir rien là dont la fierté et la susceptibilité de nos officiers doivent être froissées à quelque degré que ce soit. Un contrôle civil? mais ce n'est pas là une chose nouvelle; c'est une chose, au contraire, comme j'aurai l'occasion peut-être de vous le démontrer dans quelques instants, qui est très ordinaire; et si je ne craignais d'avoir l'air, contre ma pensée, de recourir à un sophisme, je dirais que la création d'un commissaire civil est véritablement un hommage rendu à l'intrépidité, au courage, à l'ardeur...

M. LE BARON DE LAREINTY. A l'inintelligence et au manque d'obéissance de nos officiers! (*Bruit à gauche. — Oui! oui! à droite.*)

M. LE MINISTRE. Messieurs, nous espérons très fermement que la phase des opérations militaires sera courte. Eh bien, il nous a semblé que lorsqu'il s'agit d'administrer, d'organiser bien plus que de conquérir et de faire la guerre, une pareille tâche se trouvait naturellement dévolue à un fonctionnaire civil. Il y aura dans cette tâche de quoi occuper toute son attention, absorber toute sa sollicitude et nous ne pouvons pas voir comment un officier, — qui sera grandement occupé à organiser ses troupes, à les instruire, à les installer, à les approvisionner, — pourrait mener de front une tâche qui a son caractère d'urgence. Nous avons eu encore une autre raison tirée des préjugés, des habitudes des populations auxquelles nous avons affaire et qui pourra peut-être, chez quelques-uns d'entre vous, causer un certain étonnement, mais dont aucun de ceux qui connaissent ces pays, qui ont étudié les mœurs de l'extrême Orient ne pourra contester la valeur; cette raison, c'est que, contrairement à ce qui se passe partout, au rebours de ce qui semblerait une loi de l'esprit humain, s'il n'y avait sur la planète quatre cents millions d'hommes qui sont dominés par un sentiment contraire, parmi les populations auxquelles nous avons affaire, devant lesquelles nous allons nous trouver, ce n'est pas l'uniforme, ce n'est pas l'épée, c'est le fonctionnaire civil qui a le plus grand ascendant.

Voix nombreuses à gauche. C'est vrai!

M. LE MINISTRE. Eh bien, messieurs, voilà quelques-uns des motifs qui nous avaient déterminés. Nous n'avions pas cru qu'il fût nécessaire d'introduire la décision à laquelle nous nous

étions arrêtés sous forme d'article dans le projet de loi présenté
à la Chambre des députés. Mais la commission parlementaire,
interprète en cette circonstance, nous avons tout lieu de le
croire, du sentiment général de la majorité, qui ne veut poin
d'entreprises hasardeuses, qui répugne à toute opération téméraire, qui consent à se prêter à une action limitée parce qu'elle
est indispensable, mais qui ne veut pas être entraînée plus loin
qu'il ne convient d'aller, cette commission a demandé comme
gage l'insertion de cet article. Nous lui avons fait envisager que
cette insertion ne nous paraissait pas et n'était pas nécessaire.
Comme, nous aussi, nous ne voulions ni nous lancer, ni nous
laisser entraîner dans des hasards d'opérations plus vastes que
celles que nous avons en vue, nous avons cru ne devoir pas refuser
à la Chambre une garantie à laquelle elle attachait tant de prix, et
accepter l'insertion de cet article dans la loi.

Nous ne nous attendions pas, j'en fais l'aveu, aux objections
qu'il a soulevées, qui se sont fait jour dans plusieurs bureaux,
non pas dans tous, et qui se sont exprimées parfois avec une
singulière vivacité. Elles ont été énoncées à cette tribune par
l'honorable M. Fournier; elles ont été indiquées avec une
énergie plus grande par notre collègue M. de Lareinty.

Permettez-moi d'en dire un mot. Je tiens à réfuter ces objections pour justifier — et cela ne me sera pas, je pense, bien
difficile — le consentement que nous avions cru devoir donner à
la demande de la commission de la Chambre des députés.

On a dit — quelques-uns des adversaires les plus ardents de
l'article 2 sont allés jusque-là — que cet article est inconstitutionnel, qu'il constitue un empiètement du législatif sur l'exécutif; on a dit qu'à tout le moins, il est anti-gouvernemental puisqu'il lie le Gouvernement dans une question où il lui importait à
un si haut degré de conserver sa pleine liberté d'action.

Inconstitutionnel, c'est un bien gros mot, et ce reproche, s'il
était fondé, me toucherait vivement. Il ne peut reposer dans
tous les cas, si ma mémoire est fidèle, que sur les paragraphes
3 et 4 de l'article 3 de la loi du 25 février 1875, lequel dit que le
président de la République dispose de la force armée et qu'il
nomme aux emplois civils et militaires.

Le président de la République nomme aux emplois civils et
militaires! Mais, messieurs, en quoi, je vous prie, l'article que
nous avions accepté porte-t-il la moindre atteinte à ces attribu-

tions, implique-t-il une diminution de cette prérogative? emporte-t-il une confusion de l'exécutif et du législatif? Le Parlement, messieurs, déciderait par les dispositions de l'article 2, si elles étaient adoptées, que la haute administration au Tonkin sera confiée à un fonctionnaire civil chargé d'organiser le protectorat, et que ce fonctionnaire civil sera investi d'une certaine autorité, à l'égard des forces de terre et de mer.

Messieurs, qu'est-ce là, sinon une décision abstraite, une solution de principes, une règle d'organisation, nullement une mesure d'exécution, exclusive du ressort de M. le président de la République, comme le serait, par exemple, comme l'aurait été la désignation, pour remplir les fonctions qui venaient d'être créées, d'une personnalité déterminée. Je crois donc qu'on peut affirmer hardiment qu'il n'y a rien d'inconstitutionnel dans l'article que nous avons admis.

Mais, ajoute-t-on, dans tous les cas, il est anti-gouvernemental : car vous vous êtes dépouillés d'un droit qui appartient naturellement à l'exécutif. Vous vous engagez à nommer un commissaire civil, sans savoir si telle circonstance ne viendra pas à se produire qui vous obligerait à nommer un fonctionnaire militaire. Je ne sais pas ce qui peut arriver; il est possible que ces éventualités se produisent; dans tous les cas, elles sont en ce moment une hypothèse, et, en y regardant avec attention, on reconnaît qu'elles sont assez lointaines. Mais, à supposer qu'elles vinssent à se produire, croyez-vous que nous serions dépourvus de ressources? Il y en a une qui se présente tout naturellement à l'esprit, — c'est que, s'il le fallait, — si certaines circonstances sinon absolument impossibles, du moins à l'heure qu'il est très invraisemblables, venaient à se produire qui rendissent impossible le maintien d'un commissaire civil, nous prendrions, sous notre responsabilité, en cas d'urgence, les mesures nécessitées par les circonstances, quitte à venir vous demander ensuite un bill d'indemnité. (*Interruptions à droite.*)

Savoir prendre les responsabilités, quand il le faut, est le devoir du Gouvernement. Si, au contraire, le temps lui en était laissé, il n'hésiterait pas à demander une modification de la loi, et cette demande, si elle était fondée sur des raisons sérieuses, ne lui serait pas refusée par le Parlement. (*Bruit à droite. — Très bien! très bien! à gauche.*)

On a fait une autre objection; — et c'est celle sur laquelle on

a le plus insisté dans quelques bureaux; on l'a aussi entendu
formuler dans nos couloirs, dans nos conversations avec une
certaine chaleur; elle consiste à dire qu'il est inadmissible que
le commissaire civil ait autorité sur les forces de terre et de mer;
que la subordination des troupes de terre et de mer à leurs
ministres respectifs est un principe absolu, qui ne comporte ni
exception ni tempérament.

Je crains qu'il n'y ait là une certaine exagération. A vrai dire,
qu'est-ce que nous faisons? Le commissaire civil que nous
enverrons au Tonkin aura, dit l'article 2, autorité sur les forces
de terre et de mer. Nous ne sommes pas moins respectueux de
la subordination militaire que de la Constitution, nous tenons
également à ce que ni l'une ni l'autre ne reçoivent aucune atteinte.
Eh bien, il nous a semblé, messieurs, que cette disposition
n'était pas autre chose que l'application restreinte, adoucie, d'un
principe posé dans le sénatus-consulte du 3 mai 1854 relatif aux
colonies; en effet, l'article 9 de ce sénatus-consulte porte : « Le
commandement et la haute administration sont confiés, dans
chaque colonie, à un gouverneur. »

Le sénatus-consulte ne dit point si le gouverneur sera militaire ou civil. A l'heure qu'il est, le gouverneur général de la
Cochinchine est un civil et il a sous ses ordres, sous son autorité, toutes les forces que nous avons au Tonkin; le commandant Rivière relève de lui. De telle sorte que la mesure que
nous vous demandions d'adopter ne modifiait en rien la situation
actuelle ou du moins ne la modifiait qu'en un point : c'est que
l'autorité du gouvernement de la Cochinchine ne peut être que
très faible et presque illusoire sur des forces qui opèrent à
400 lieues de Saïgon, tandis que le commissaire civil désigné
pour le Tonkin sera sur place, pourra s'entendre avec l'autorité
militaire et qu'il sera à même d'apprécier à chaque instant la
situation et les nécessités qu'elle peut comporter.

Et le gouverneur civil de l'Algérie, messieurs, est-ce que lui
aussi n'a pas autorité sur les forces de terre et de mer? Il a
l'autorité, mais il n'a pas le commandement. Il n'y a donc ici rien
de nouveau, et l'expression d'autorité, vague peut-être, mais qui
sera éclaircie, précisée, limitée par les instructions données au
commissaire civil, ne fait que constater un fait connu et admis :
c'est qu'il faut, quand il y a côte à côte plusieurs autorités, que
quelqu'un ait le dernier mot, et que là où il s'agit d'organisation

bien plus que de conquête, il est naturel, il est nécessaire que
le dernier mot appartienne au commissaire civil. Il s'agit de
constituer, dans une situation déterminée où les intérêts politiques et les intérêts militaires se trouvent intimement unis, un
fonctionnaire qui, relevant directement du Gouvernement, en
correspondance avec lui, muni d'instructions détaillées, inter-
viendra pour empêcher que les intérêts militaires et les intérêts
politiques, qui se touchent de si près, qui sont si souvent
enchevêtrés, n'en viennent à se contrarier et à se combattre.

Voilà tout, messieurs; voilà ce que nous avons voulu faire et
ce qui nous a déterminés à accepter l'article 2 et son introduction dans la loi; nous n'innovons pas, nous ne violons pas la
Constitution, nous ne désarmons pas le Gouvernement, nous ne
confondons pas l'exécutif et le législatif; nous ne portons aucune
atteinte à la hiérarchie militaire, qui, vous pouvez m'en croire,
nous est aussi chère qu'à qui que ce soit parmi vous. Nous
avions simplement consenti à insérer dans la loi une mesure qui
nous paraissait commandée par la situation.

Maintenant, messieurs, cette disposition est-elle à sa place
dans une loi de finances?... Je ne prétends pas décider à cet
égard; je ne recherche pas s'il serait préférable qu'une loi de
crédit ne contînt que des dispositions d'ordre budgétaire; je
n'examine pas s'il est admissible en mainte occasion, et même
rationnel dans certains cas, que le Parlement, au moment où il
vote un crédit, détermine lui-même les conditions dans lesquelles
il en sera fait emploi.

Je pourrais à cet égard citer bien des précédents, mais ces
précédents, messieurs, ne paraîtraient peut-être pas à tout le
monde avoir une analogie suffisamment directe avec le cas qui
nous occupe. Ils prouveraient au moins que jamais la ligne de
démarcation n'a été tracée d'une manière très nette et avec une
rigueur absolue entre les dispositions budgétaires et les dispositions organiques ou réglementaires.

Messieurs, je ne soutiendrai pas — je me démentirais moi-
même — que la Chambre des députés n'a pas pris une précaution peut-être excessive en introduisant dans la loi cette disposition.

Je crois que cette insertion s'explique par des raisons plau-
sibles, par des raisons patriotiques; mais je crois aussi, et je
demande au Sénat la permission de lui dire qu'il ferait bien de

ne pas s'arrêter à des inconvénients plus apparents que réels et qui, dans tous les cas, n'ont rien de dangereux.

Ce qui pourra être plus grave, ce qui ne sera pas sans offrir un danger, c'est de renvoyer la loi devant la Chambre des députés... (*Oh ! oh ! Rires et rumeurs à droite.*)

M. LE BARON DE LAREINTY. Il faut alors supprimer le Sénat!

M. LE MARQUIS DE CARNÉ. Alors, ce n'est pas la peine de nous consulter!

M. LE MINISTRE... au risque de réveiller à l'égard de notre action au Tonkin, de l'extension qu'elle peut prendre, des périls qu'elle peut entraîner, des défiances que nous avons fait tous nos efforts pour dissiper. Ce qui serait dangereux surtout, ce serait, messieurs, de nous condamner à un retard qui, ne fût-il que de quarante-huit heures, (*Murmures à droite.*) pourrait, dans quelques semaines, vous causer à tous d'amers regrets, et que nous avons des raisons très fortes et qui ne vous sont pas inconnues, d'éviter, si nous le pouvons. (*Vive approbation à gauche. — Protestations à droite.*)

Le Sénat adopta, par 215 voix sur 218 votants, l'article 1er du projet, mais repoussa l'article 2. Le projet, ainsi modifié, revenait de droit devant la Chambre.

Le 26 mai, jour fixé pour la discussion du projet en séance publique, parvenait à Paris la nouvelle d'un triste événement qui aggravait la situation. Une dépêche de Saïgon annonçait la mort du commandant Henri Rivière, tué le 19 mai, à Hanoï, dans une sortie malheureuse contre les Pavillons-Noirs. On sut également, peu après, qu'à la suite de l'occupation de Hong-Hay par un détachement français, M. Reinart, représentant de la France près de l'empereur d'Annam, avait dû quitter la cour de Hué.

Le projet de loi fut voté à l'unanimité par la Chambre ; le Gouvernement annonçait, en même temps, que des mesures étaient déjà prises pour en assurer l'exécution et poursuivre une réparation éclatante.

DISCOURS

SUR

LES AFFAIRES DU TONKIN

prononcé le 2 juin 1883

AU SÉNAT

On a vu plus haut (p. 291) que la Chambre avait adopté à l'unanimité le projet de crédits relatifs à l'expédition du Tonkin. L'opposition accusait cependant le Gouvernement d'avoir provoqué ces graves complications par la rupture des négociations qui avaient été engagées par M. Bourée avec la cour de Chine. M. de Saint-Vallier, qui était partisan des mesures les plus énergiques, estima qu'il importait de dissiper les légendes accumulées à ce sujet; dans la séance du 2 juin, il demanda à M. Challemel-Lacour s'il ne lui serait point possible de publier les renseignements confidentiels qui avaient été naguère communiqués à la commission sénatoriale :

M. Challemel-Lacour répondit en ces termes à M. de Saint-Vallier.

M. CHALLEMEL-LACOUR, *ministre des Affaires étrangères.* Messieurs, le jour même où a été voté définitivement le projet de loi sur le Tonkin, le Gouvernement, en présence de la nouvelle douloureuse qui venait de lui parvenir, avait un devoir impérieux à remplir. Il devait hâter le plus possible l'exécution de la loi et prendre immédiatement toutes les mesures nécessaires pour assurer le prompt rétablissement de nos affaires du Tonkin.

Il a rempli ce devoir sans perdre un moment.

Vous savez, messieurs, que plusieurs navires ont déjà appa-

reillé, emportant un nombre d'hommes considérable. Trois cui-
rassés de station sont partis de Quiberon, de Brest, de Corfou ;
un croiseur de premier rang sera prêt dans quelques semaines,
mais un croiseur de second rang doit partir, si je ne me trompe,
aujourd'hui même. Nous avons été informés en même temps que
le gouverneur de la Cochinchine avait pu envoyer déjà au Tonkin
des renforts de quelque importance, qui se sont élevés dans les
dix derniers jours jusqu'à 800 hommes comprenant de l'infanterie
de marine, une batterie complète d'artillerie et plusieurs compagnies de tirailleurs annamites.

Nous pouvons disposer de plusieurs compagnies qui se trouvent à la Nouvelle-Calédonie, et, grâce à une coïncidence favorable, nous avons pu déjà leur donner l'ordre de départ ; de plus,
nous avons l'espérance qu'avant la fin de ce mois, aux environs
du 25 juin, le *Cher* et les compagnies qu'il porte seront arrivés
au Tonkin. Au commencement du mois de juillet, il y aura sur
les lieux des forces imposantes, suffisantes, nous l'espérons,
pour parer à toute éventualité et même pour mener à bien l'entreprise que nous avons commencée.

Un malheur cruel est arrivé, messieurs ; une vaillante petite
troupe placée dans une situation qui fixait sur elle depuis quinze
mois tous les yeux et tous les cœurs (*Légères rumeurs à droite*) a
été mutilée. Un officier de grand mérite, vrai fils de la France
par son esprit charmant et par une intrépidité qui défiait le
danger, mais qui, par malheur, allait quelquefois jusqu'à l'insouciance, est tombé avec plusieurs de ses compagnons.

Ces braves ont péri, selon toute vraisemblance, car nous
n'avons pas encore de détails complets sur l'événement, dans
une embuscade dont les personnes ayant la connaissance des
localités s'expliquent facilement le succès, et qui seule peut
rendre compte du nombre de soldats qui ont succombé, nombre
sans proportion avec celui des hommes qui se trouvaient engagés.
Il n'y a aucune induction à tirer de cet accident, quant au nombre
d'ennemis qu'ont en face d'eux nos soldats.

Ce coup nous atteignant à une pareille heure, dans un moment
où nous nous occupions, vous savez avec quelle ardeur, des
affaires du Tonkin, a produit et devait produire une profonde
émotion ; toutefois il n'était pas fait, je ne dis pas pour nous
abattre, mais pour ébranler notre confiance dans le succès, et le
succès prochain, de notre juste entreprise ; (*Très bien ! très bien !*

à gauche et au centre.) il n'était pas fait, dans tous les cas, pour ébranler notre résolution de la mener à bonne fin. (*Nouvelle approbation sur les mêmes bancs.*)

Nous espérons, messieurs, que les forces déjà envoyées suffiront; si elles ne suffisaient pas, nous n'hésiterions pas, vous pouvez le croire, à venir vous demander les moyens de faire un nouvel effort. (*Très bien! à gauche.*) Nous avons la certitude que vous ne les refuseriez pas. Il y a des heures où toutes les divisions tombent, où toutes les volontés s'unissent dans un même sentiment, celui d'un devoir patriotique à accomplir.

Nous avons besoin, non seulement de votre concours, mais de votre confiance, et si elle nous faisait défaut, si elle venait même à s'affaiblir, nous vous prierions de ne pas nous le laisser ignorer, de nous l'indiquer, du moins, et je puis vous donner l'assurance que le Gouvernement comprendrait à demi-mot. (*Très bien! à gauche.*)

Je réponds — et je demanderai la permission d'entrer dans quelques détails — à la seconde partie, selon moi la plus importante, de la question qui m'a été posée par M. le comte de Saint-Vallier; c'est celle qui concerne nos relations avec la Chine et le traité que nous n'avons pas accepté. Quoique les deux Chambres soient indépendantes et séparées, elle ne le sont cependant pas à ce point que ce qui se dit devant l'une d'elles soit ignoré de l'autre, et ce serait vraiment pousser la fiction un peu loin que de supposer que les paroles prononcées à la tribune de la Chambre des députés soient non avenues pour le Sénat. C'est pour cela, messieurs, que je ne m'étais pas cru obligé de reproduire devant vous les explications que j'ai données à la Chambre des députés. Je m'y suis longuement étendu sur cette question ; j'ai fait connaître à la commission de la Chambre, j'ai fait connaître ensuite à la commission du Sénat, les conditions de ce traité qui n'est pas tout à fait un traité, que nous n'avons pas cru devoir accepter, que notre agent à Pékin avait consenti et qui a amené, qui devait amener son rappel.

. Il semblait, messieurs, qu'après ces explications la question dût être, au moins pour un temps, suffisamment éclaircie. Mais je comprends parfaitement, en présence du tour nouveau qu'ont pris les événements au Tonkin, des intentions que l'on prête à la Chine, du bruit qui se fait, un peu artificiellement peut-être, à propos d'une convention que personne, il y a quelques jours, n'eût songé à consentir, je comprends, dis-je, que des esprits sincères désirent savoir à quoi s'en tenir; je comprends qu'ils sollicitent et qu'ils attendent du Gouvernement une explication.

Je vais essayer de la donner claire et brève; j'espère qu'elle mettra le Sénat à même de juger et de dire s'il trouve suffisamment justifiées les deux mesures que nous avons cru devoir prendre : celle de rejeter les conditions qui nous étaient proposées, et celle de rappeler l'agent qui les avait consenties.

Je dois, messieurs, appeler d'abord l'attention du Sénat sur deux points qui sont à remarquer : le premier, c'est qu'il n'a n'a jamais été demandé par M. Bourée, ni donné par le Gouvernement à M. Bourée aucune autorisation préalable d'entamer des négociations; il les a engagées de lui-même, sans instructions, précipitamment, à tel point que, dans les conversations qu'il a eues avec le vice-roi du Pé-tchi-li et dont il nous a rendu compte, ce vice-roi, qui ne paraît pas avoir été bien régulièrement accrédité comme négociateur, a exprimé à M. Bourée le doute qu'il eût les pouvoirs nécessaires pour traiter et qu'il fût autre chose — c'est l'expression dont se sert M. Bourée lui-même — qu'un éclaireur.

M. Bourée a entamé ces négociations sous l'empire d'une pensée que nous considérons comme très exagérée : c'est qu'à cette époque, c'est-à-dire en octobre et en novembre 1882 une guerre entre la Chine et la France au sujet du Tonkin était imminente, inévitable; il a pris sur lui, hardiment, librement, sans instructions, sans autorisation, de la conjurer. Rien n'indiquait alors et rien n'a donné lieu de croire depuis ce temps, rien n'autorise encore à l'heure qu'il est, à penser qu'un pareil danger fût à craindre, que les détachements chinois plus ou moins nombreux qui avaient pénétré au Tonkin fussent en état de mettre notre petite troupe en échec, et que leur présence dénotât, de la part de la Chine, la résolution de nous déclarer la guerre.

Sur ce point, messieurs, comme sur beaucoup d'autres, il y a entre notre ministre à Pékin et le gouverneur de la Cochinchine d'alors, M. Le Myre de Villers, une divergence d'idées absolue, divergence sur laquelle je ne me prononce pas et que je me borne à regretter. (*Légères rumeurs à droite.*)

Le second point à remarquer, et cette observation pourra étonner quelques personnes, c'est qu'il n'y a jamais eu de traité. c'est qu'il n'y a pas eu même de convention proprement dite. Il

y a eu des pourparlers prolongés qui ont abouti à un projet
d'arrangement sur des bases vaguement esquissées et qui ont été
présentées au Gouvernement sous des formes diverses et peu concordantes entre elles.

Annoncé par un télégramme en date du 5 décembre et dont les
premières lignes étaient ainsi conçues : « Guerre avec la Chine
semblait inévitable; je crois maintenant danger écarté après
résistance opiniâtre », ce projet de convention a été présenté le
29 du même mois, dans un autre télégramme, sous la forme d'un
résumé très concis dont voici la teneur : « Je vous envoie un
projet de convention combiné avec le vice-roi du Pé-tchi-li, et
agréé par le Tsong-li-Yamen : ouverture du Yun-nan; reconnaissance du protectorat de la France au Tonkin, sauf une zone à délimiter en suivant la frontière chinoise; garantie réciproque de cet
état de choses contre toute entreprise extérieure. »

Ce résumé, dans sa concision, présentait la convention comme
une sorte de succès ou, si vous le voulez, comme un succès véritable. Il ne parut pas, en effet, à l'honorable M. Duclerc, mon
prédécesseur, que, dans ces termes, elle eût rien d'inconciliable
avec les droits que nous étions décidés à faire valoir, ni qu'elle
fût incompatible avec les projets dont nous poursuivions la réalisation. Aussi, tout en maintenant avec fermeté et de la manière
la plus formelle les droits que nous tenions du traité de 1874,
et tout en répétant, comme nous n'avons jamais cessé de le faire,
que nous n'en voulions nullement aux droits de la Chine quels
qu'ils fussent, M. Duclerc donnait à la convention ainsi résumée
une approbation dont vous apprécierez la réserve. Il télégra-
phiait à M. Bourée, le 30 décembre : « Votre télégramme d'hier
m'est parvenu. D'après vos indications sommaires, le projet de
traité que vous annoncez se présente dans des conditions acceptables. »

Les explications, messieurs, arrivèrent à la fin du mois de
janvier; et dès la première lecture de la dépêche de M. Bourée
qui contenait ces explications, au premier coup d'œil, on put
s'apercevoir, on s'aperçut que l'exposé sommaire du télégramme
du 29 décembre n'avait pu donner qu'une idée incomplète,
inexacte, fausse, de ce qui s'était passé et des conditions que
M. Bourée avait acceptées.

Au surplus, cette longue dépêche du 30 janvier ne présentait
pas non plus ces conditions sous une forme précise et positive;

et l'auteur de la dépêche lui-même ne sachant trop quel nom donner à l'instrument qui contenait les résultats de ses négociations et dont il envoyait au Gouvernement communication, s'exprimait ainsi :

« Après avoir étudié sous toutes ses faces la meilleure forme à donner à un arrangement qui concilierait les intérêts chinois et français engagés dans cette délicate affaire, j'en suis venu à mettre sur le papier l'espèce de memorandum que voici. »

C'est cette espèce de memorandum, qui, dans une série de paragraphes numérotés, contenait les différentes conditions de l'arrangement qui avait été discuté et à peu près convenu entre notre ministre à Pékin et le vice-roi du Pé-tchi-li, c'est ce projet confus et d'un caractère si mal défini auquel nous n'avons pu donner notre approbation. L'exposé de ces conditions, je le répète, ne présentait d'ailleurs aucune précision ; il était mêlé de considérations, de discussions, de justifications qui n'étaient nullement de nature à le rendre plus clair. Cependant, on pouvait en dégager trois ou quatre conditions qui, toutes, je dois le dire, nous parurent alors, — et qui, à l'heure où nous sommes, après ce que nous savons, — nous paraissent encore inacceptables.

Il était stipulé, en premier lieu, que les troupes chinoises qui se trouvaient au Tonkin se retireraient vers le nord, dans leurs provinces respectives, dont elles ne pourraient dépasser les limites, au delà d'une certaine distance, indéterminée d'ailleurs, et qu'elles se retireraient à la condition que notre ministre à Pékin écrirait au gouvernement chinois une lettre dans laquelle il serait expressément déclaré que nous n'avions aucune vue d'annexion sur l'Annam, et qu'il n'entrait nullement dans notre pensée de porter la moindre atteinte à la souveraineté territoriale du roi Tu-Duc.

De quel droit la Chine nous demandait-elle une pareille déclaration? et quelle obligation avions-nous de la lui faire? Il est plus facile, messieurs, de poser ces questions que d'y répondre. Quoi qu'il en soit, les troupes chinoises se retirèrent vers cette époque, elles disparurent peu à peu du Tonkin. Est-ce par suite de l'exécution de la condition à laquelle notre ministre avait consenti, ou n'est-ce pas par la vertu tout autrement sensible des mesures qu'à la même date le gouverneur de la Cochin-chine prescrivait au commandant Rivière? Il est difficile de le

dire. Les deux opinions ont été discutées et ont chacune leur
vráisemblance, selon moi, d'ailleurs, tout à fait inégale.

M. Bourée fit les déclarations qu'on lui demandait; il les fit au
mois de novembre, sans autorisation, sans instruction préalable,
spontanément, sous sa responsabilité. Il écrivit une lettre d'un
ton et dans des termes qu'il nous serait, encore aujourd'hui,
impossible d'accepter. Les troupes chinoises étaient au Tonkin,
elles y étaient entrées sans droit; leur présence y était une
menace pour les nôtres et constituait une violation formelle
d'un territoire dont nous avions la défense. Eh bien, M. Bourée
sollicitait le retrait des troupes chinoises, et voici dans quels
termes : « Mon Gouvernement, Altesse... » — la lettre était
adressée au prince Kong, président du Tsong-li-Yamen —
« mon Gouvernement trouverait un gage significatif du bon vouloir de la Chine et de la confiance qu'elle accorderait à nos
loyales déclarations, si elle consentait à reporter vers le Nord les
troupes impériales venues du Kouang-Si et du Yun-nan, et dont
la présence dans le cercle des opérations que nos colonnes
volantes doivent entreprendre contre les bandes de « pavillons
noirs » ou « jaunes » pourrait donner lieu à d'embarrassantes
difficultés. Quelles ne seraient pas, en effet, les conséquences
d'une méprise qui porterait nos soldats à attaquer ceux de l'Empereur? »

Quoiqu'il fût très vrai que nous n'en voulions nullement à la
souveraineté territoriale du roi d'Annam, et que nous n'avions
pas l'intention de conquérir ou de nous annexer le Tonkin,
quoique cela fût vrai, M. Bourée n'en faisait pas moins une déclaration à laquelle rien ne l'obligeait, qu'on n'avait aucun droit
d'exiger de lui. Quoiqu'il fût aussi très vrai que nous ne voulions
qu'appliquer purement et simplement le traité passé, il y a neuf
ans, avec le roi Tu-Duc, et dont nous avions donné communication au gouvernement impérial, sans que, de ce chef, aucune
protestation, aucune objection même nous eût été opposée depuis,
M. Bourée, indépendamment d'une déclaration qu'on n'avait
nulle raison de lui demander, se livrait à des protestations
encore plus inacceptables lorsqu'il disait : « Votre Altesse me dit
aujourd'hui que la Chine a un droit de suzeraineté sur l'Annam,
mais c'est là un point qui n'est nullement mis en cause, et je
ne vois pas quel intérêt il y aurait à le discuter, puisque rien
dans notre conduite n'implique la méconnaissance du prin-

cipe que vous voulez bien rappeler. » (*Rumeurs sur divers bancs.*)

Si nous avions souscrit à ce langage, si nous avions approuvé de pareilles déclarations, de pareilles protestations, n'est-il pas vrai? nous aurions, par cette approbation, déchiré ou à peu près le traité de 1874, c'est-à-dire le véritable titre sur lequel nous nous appuyons.

Voilà, messieurs, quelle était la première condition de l'arrangement accepté par M. Bourée. Il y en avait une seconde, par laquelle il était convenu que la ville tonkinoise de Lao-kaï, terminus naturel de la navigation ascendante du fleuve Rouge, serait remise à la Chine, qui y établirait une douane, qui la considérerait comme lui appartenant, « de telle sorte, dit la dépêche de M. Bourée, que les produits étrangers ayant franchi cette barrière se trouveraient placés au delà, sous le régime ordinaire de tous les produits qui ont pénétré dans l'intérieur de la Chine par les ports ouverts ».

Cette condition était celle qui, dans la pensée de M. Bourée, devait équivaloir à l'ouverture du Yun-nan.

Nous n'avons pu, messieurs, avec quelque soin que nous l'ayons examinée, y voir autre chose que la remise aux mains de la Chine de la clé même de la navigation du fleuve Rouge. Par cette clause, nous disposions, sans droit, sans raison, contrairement à la justice, contrairement au traité de 1874, d'un territoire qui ne nous appartenait pas. Tout, messieurs, dans cette partie de la convention est également étrange, la conduite de la Chine, de ce prétendu suzerain qui sollicite et accepte les dépouilles du vassal, notre conduite à nous, qui avions assumé les charges du protectorat et qui disposions d'une partie du territoire que nous étions chargés de protéger, la conduite enfin de notre négociateur qui, en vue d'un avantage illusoire, traitait de son autorité privée d'un bien confié précisément à la garde de la France. (*Très bien! à gauche.*) Nous ne pouvions accepter davantage cette seconde condition.

Il y en avait une troisième qui donnait lieu à des objections d'un autre ordre, mais, selon nous, également fortes.

Le télégramme du 29 décembre, parmi les conditions dont il donnait une idée, en signalait une, et c'était, à coup sûr, la plus séduisante, qu'il énonçait en ces termes : « Reconnaissance du protectorat de la France au Tonkin, sauf sur une zone à déli-

miter le long de la frontière. » Cette reconnaissance, c'était déjà
beaucoup que de l'accepter, car on reconnaissait ainsi implicitement à la Chine le droit de la refuser. Mais on conçoit toutefois
que le désir de donner à un grand empire — fier de sa population et de son territoire immenses, jaloux de conserver les souvenirs de son passé — une satisfaction morale et de maintenir à ce
prix les bonnes relations que nous avions avec lui, on conçoit
parfaitement qu'un pareil désir eût conduit notre agent à accepter
une pareille clause. On conçoit de même que, si une rectification
de frontières paraissait nécessaire à la Chine pour sa sûreté,
notre agent s'engageât, en notre nom, à l'obtenir du roi d'Annam.

Mais il n'était plus question d'une zone à délimiter le long de
la frontière, il s'agissait en réalité de diviser toute la région qui
est au nord du fleuve Rouge par une ligne de démarcation à
tracer en des points qui n'étaient pas déterminés, la partie au
nord de cette ligne devant être placée sous l'autorité de la Chine,
celle qui est au sud devant rester sous la police de la France.

Ce n'était pas là reconnaître le protectorat de la France, c'était
purement et simplement le partager. Or, nous voulons bien être
les amis de la Chine, et c'est précisément pour cette raison que,
loin de nourrir la pensée d'attenter à l'intégrité de son territoire,
nous ne voulons pas même être ses voisins immédiats, séparés
d'elle par une ligne simplement idéale. Nous voulons vivre avec
la Chine en bons termes, sur le pied de relations cordiales, et
c'est pour cela que nous ne pouvions accepter une coopération
qui aurait ouvert la porte à mille manœuvres, qui nous aurait
imposé des charges dont il était impossible de mesurer le poids,
qui aurait ouvert une source intarissable de prétentions rivales,
de démêlés et de conflits. Nous ne pouvions pas souscrire à
cette condition.

Il y avait un quatrième point sur lequel je n'ai pas à m'appesantir, à savoir que cet état de choses serait placé sous la
garantie commune de la France et de la Chine. Je ne m'y arrête
pas parce que, en présence de ce qui se passe, de ce que nous
savons aujourd'hui, en présence de la connivence qui n'a jamais
cessé entre l'Annam et la Chine, une pareille condition a vraiment quelque chose de dérisoire.

Telles étaient, messieurs, les conditions de l'arrangement que
notre agent à Pékin avait acceptées, auxquelles nous n'avons pas
cru devoir souscrire et dont l'acceptation par M. Bourée ne nous

a pas paru lui laisser auprès du gouvernement chinois une autorité suffisante pour parler au nom de la France.

Nous les avons repoussées parce qu'elles nous ont paru dangereuses, illusoires et par-dessus tout destructives du traité de 1874. Si nous les avions acceptées, vous auriez eu le droit de nous demander — et certainement plus d'un d'entre vous en aurait usé — ce que nous faisions des traités que nous étions chargés de maintenir, de quel droit nous permettions de mettre à néant la signature de la France.

Car, messieurs, il ne faut pas s'y tromper, et on aura beau dire, — on le dit déjà, sur la foi d'assertions qui devraient être plus suspectes, car elles sont bien intéressées, sur la foi de lettres écrites à des amis, autographiées sur papier de Chine et répandues parmi les complaisants qu'on a dans certains journaux, — on aura beau dire que jamais on n'a reconnu la suzeraineté de la Chine sur l'Annam, et que le traité de 1874 était conservé intact; je vous ai lu, messieurs, quelques lignes qui sont un démenti formel à cette assertion, lignes décisives, à moins qu'elles ne soient absolument dépourvues de sens.

Et quand même ces lignes n'existeraient pas, je demande, messieurs, ce que c'est que toutes ces négociations, toutes ces transactions, toutes ces conventions avec la Chine, si elles ne sont pas, en fait, la reconnaissance d'un droit que la Chine ne peut posséder sans que nous n'en ayons plus aucun au Tonkin...

M. DE GAVARDIE. Ce n'est qu'un memorandum!

M. LE MINISTRE DES AFFAIRES ÉTRANGÈRES. Et, messieurs, on ne s'y trompa pas en Orient. A peine les conventions que je viens de vous exposer sommairement avaient-elles commencé à transpirer; à peine étaient-elles connues que, parmi les indigènes, parmi nos nationaux en Chine et en Cochinchine, il n'y eut qu'un cri; on y vit aussitôt l'indice de notre prochain départ, le triste prélude de l'abandon définitif d'une entreprise que nous poursuivions depuis neuf ans. M. le ministre de la Marine, interprète de ces sentiments, ému lui-même d'un tel démenti donné à notre politique, d'un tel démenti donné à notre politique et à nos espérances, adressait, à la date du 20 février, le jour même où nous entrions aux affaires, au ministre des Affaires étrangères une lettre où ces inquiétudes se faisaient jour, dans un langage caractéristique.

« Les journaux de Chine, disait cette lettre, publient à propos du projet de traité convenu entre notre ministre et le Tsong-li-Yamen, des renseignements que je dois supposer inexacts, mais qui ont provoqué dans l'Extrême-Orient une émotion à laquelle je ne saurais rester étranger, et je vous serai vivement obligé, si le texte du traité qui nous a été annoncé au mois de décembre vous est parvenu, de vouloir bien me rassurer à cet égard.

« Il paraîtrait que le traité reconnaît le droit de suzeraineté de la Chine, ou tout au moins un droit d'immixtion pour elle dans les affaires de l'Annam et du Tonkin. Il ne vous échappera pas que c'est là une doctrine contre laquelle le département de la Marine et des Colonies a protesté de la manière la plus formelle. M. Duclerc, d'ailleurs, avait dans ses dépêches antérieures partagé complètement sur ce point l'avis de mon département.

« Je ne puis croire que ces nouvelles soient exactes, mais leur répétition, l'insertion dans un journal de Shangaï, à la date du 9 janvier, d'une note, d'un caractère semi-officiel démentant un point parmi les informations relatives à ce traité, et donnant par suite plus de force aux autres indications de ce journal, me font craindre que les intérêts de la France au Tonkin n'aient pas été complètement sauvegardés par M. Bourée. »

Et le ministre de la Marine ajoutait :

« Il ne faut se faire aucune illusion sur ce point : l'abandon de nos droits vis-à-vis de la Chine, alors que les Allemands affirment si hautement à Swatow leur volonté de ne souffrir aucune insulte de la part du Céleste Empire, peut avoir pour notre influence dans l'Extrême-Orient, pour les intérêts de notre commerce, des conséquences telles que je ne saurais trop appeler sur ce point votre haute attention. » (Très bien ! à gauche.)

Et ces conventions, messieurs, si longuement élaborées et qui inspiraient de telles alarmes, ces conventions auxquelles notre ministre à Pékin attachait une valeur que nous ne pouvions leur reconnaître, il n'est pas même sûr qu'elles aient jamais été accep-tées par le Gouvernement chinois; il n'est pas sûr qu'il y eût jamais souscrit. Vous avez pu lire, il y a quelques jours, dans un journal conservateur, une conversation, très probablement authentique et qu'on n'a point démentie, entre le chargé d'affaires de la Chine à Paris et un ancien diplomate en Chine, de laquelle il résulte clairement que si ces conventions ont été soumises à l'examen du Tsong-li-Yamen, il n'y a jamais donné son appro-bation. Et, de fait, à peine ces pourparlers étaient-ils terminés

que, dans une lettre d'un caractère médiocrement courtois, —
c'est M. Bourée qui le dit et nous devons l'en croire, car il n'a
pas cru devoir nous faire connaître cette lettre — le Tsong-li-
Yamen faisait des contre-propositions qui bouleversaient de fond
en comble tout le travail accompli; il ne s'agissait plus de convention, de traité; de quoi s'agissait-il donc? Il s'agissait d'une
conférence dans laquelle aurait été admis un plénipotentiaire
annamite et dont les membres auraient été nommés avant qu'on
se fût entendu sur les matières qui devaient être soumises à son
examen. Tout était à recommencer.

Nous n'avons pas été étonnés, messieurs, je dois le dire, de
l'avortement, selon nous, inévitable, de négociations entamées
précipitamment et conduites avec un zèle à tout le moins trop
impatient, sous l'empire d'idées exagérées et fausses; nous n'en
avons pas été surpris; mais ce serait se tromper beaucoup, ce
serait se méprendre sur nos sentiments que de croire que nous
nous en sommes jamais félicités.

On a attribué à je ne sais quel odieux calcul, des journalistes
qui semblent ne connaître que les mobiles bas de la nature
humaine, (*Très bien! à gauche.*) ont imputé à je ne sais quelle spéculation abjecte le rejet de cet arrangement; je ne relèverai pas
leurs insinuations, faute de les comprendre. (*Très bien! très bien!
et applaudissements à gauche.*) Mais, messieurs, il faut bien qu'on
sache que partout où il s'élèvera entre la France et une puissance
quelconque un démêlé, nous nous montrerons empressés à chercher les moyens de l'aplanir pacifiquement et heureux de les
trouver. Puisque la Chine croit avoir au Tonkin d'autres intérêts
que ceux de son commerce, ceux de la sécurité et de l'ordre que
nous sommes chargés d'y rétablir, nous n'avons jamais eu la
pensée de nous refuser *a priori* à toute proposition d'arrangement qui serait compatible avec nos droits. Nous savons tenir
compte de la situation du gouvernement d'un peuple immense et
du prix qu'il peut être forcé d'attacher à de certaines concessions
flatteuses pour l'orgueil national.

Lorsque nous avons rappelé M. Bourée, nous l'avons, néanmoins, maintenu à son poste, jusqu'à ce qu'il fût remplacé; parce
que nous ne voulions pas que ce rappel...

M. DE GAVARDIE. Il fallait l'y laisser! (*Rumeurs à gauche.*) Comment!
on ne peut pas dire cela?
Voix à gauche. Non! — N'interrompez pas!

M. LE MINISTRE. ... eût l'air de couper court, d'interrompre seulement des rapports dont la continuation importait à
tout le monde.

Lorsque nous avons nommé, pour le remplacer, un agent d'un
esprit conciliant, d'une rare intelligence, et que nous lui avons
donné pour mission de se montrer large et facile à toutes les
ouvertures qui pourraient lui être faites, nous voulions donner un
nouveau témoignage de nos bonnes dispositions.

Dans les entretiens qu'il m'est arrivé d'avoir avec l'ambassadeur de Chine à Paris, qui n'avait plus de relations avec le
département depuis près d'une année, je ne lui ai pas fait mystère de notre désir d'éviter tout démêlé, lequel n'avait de limite
que les engagements que nous avons pris et les engagements qui
ont été contractés envers nous, et je dois dire qu'à cette heure
rien ne nous donne lieu de croire qu'on nourrisse en Chine la
pensée d'une rupture.

La Chine, messieurs, désire être en sûreté chez elle et elle a
raison. Certes, si elle est exposée à quelques périls, en butte à
quelques menaces, ce ne sera pas de notre côté. S'il lui convient d'ouvrir au commerce de l'Occident ses provinces du Midi,
nous en serons heureux; s'il lui convient mieux de rester hermé-
tiquement fermée aux produits et aux influences de l'Europe, nous
n'avons rien à dire; mais ce que nous ne pourrions admettre,
c'est que, hors la Chine, nous ayons à compter avec l'empire du
Milieu.

Nous avons la ferme confiance que la Chine, dont les intérêts
au Tonkin sont non pas opposés mais identiques aux nôtres, ne
se laissera pas entraîner à une immixtion que nous ne pourrions
pas supporter. Nous savons, messieurs, qu'on travaille à exciter
la Chine et nous savons qui l'excite. (*Très bien! à gauche.* —
Mouvement.) Nous voyons des passions, qu'on devait croire
assoupies pour toujours, se réveiller avec violence. Nous espérons qu'à force de sang-froid, de patience, de mesure, nous
aurons raison de ces passions, nous ferons tomber cette colère
apparente, nous donnerons à cette fumée le temps de se dissiper.
Nous pensons aussi que la Chine ne se laissera pas entraîner.

Sur ce point, je dois l'avouer, il s'est élevé entre nous et notre
ancien ministre en Chine une différence d'appréciation. La nôtre,
messieurs, repose sur des informations multipliées, approfondies, impartiales. Ou bien tout ce que disent nos agents en Chine,

l'opinion unanime de tous ceux qui ont vécu dans ce pays, qui l'ont parcouru, qui l'ont habité et observé, et les aveux même des fonctionnaires chinois de l'ordre le plus élevé, tout cela ne signifie rien, tout cela est sans valeur; ou bien il est avéré, il est certain que la Chine, sa sécurité garantie et son amour-propre mis à couvert, n'aura pas la pensée d'intervenir dans une affaire où elle n'a ni droit ni intérêt. (*Très bien! très bien! et applaudissements prolongés à gauche.*)

DISCOURS

LES AFFAIRES DU TONKIN

prononcé le 10 juillet 1883

A LA CHAMBRE DES DÉPUTÉS

Les affaires du Tonkin continuaient non seulement à préoccuper gravement l'opinion, mais encore à alimenter l'opposition des partis extrêmes à la politique coloniale. Le 10 juillet, la Chambre discuta deux interpellations, l'une de M. Granet, l'autre de M. Delafosse, relatives à l'entreprise indo-chinoise. M. Granet demandait au Gouvernement de ne rien faire sans avoir associé la Chambre à sa politique; M. Delafosse préconisait une combinaison analogue au traité Bourée.

M. Challemel-Lacour prononça le discours suivant :

M. CHALLEMEL-LACOUR, *ministre des Affaires étrangères.* Messieurs, le Gouvernement n'a pas hésité un seul instant à accepter les interpellations qui lui étaient adressées, et à cette heure il s'en félicite.

Nous sommes d'accord avec l'honorable préopinant sur tant de points qu'en vérité les dissidences deviennent presque imperceptibles. Nous n'avons pas songé à nous étonner que, au moment de se séparer peut-être pour plusieurs mois, la Chambre voulût avoir des explications sur la situation et sur les vues du Gouvernement.

Ces explications, qui n'étaient peut-être pas superflues même après les discussions qui ont eu lieu soit dans cette Chambre, soit au Sénat, qui ont pu paraître nécessaires en présence de tant d'allégations contraires, de tant de dits et de contredits, ces explications sont sans péril dans une assemblée patriotique, et le sentiment d'une réserve nécessaire en pareille matière est si naturel, que je ne me permettrai pas de féliciter M. Granet de celle qu'il a gardée. (*Très bien! très bien!*)

Dans le discours qu'il a prononcé, il a touché à des questions très diverses. Je suis obligé, avant d'en aborder la discussion, de faire remarquer à la Chambre — ce qu'elle sait bien — que la situation du Gouvernement dans les circonstances actuelles n'est pas exempte de difficultés. L'action militaire est à la veille de s'engager; nous poursuivons avec la Chine des négociations d'une nature délicate; et cependant nous devons à cette Chambre des explications précises, sur la foi desquelles le pays puisse attendre, sans émotion et sans trouble, l'issue de cette double partie. Aussi ne me flatterai-je pas de pouvoir dissiper toutes les obscurités qu'ont répandues sur certains points diverses circonstances et des bruits de toute nature; je ne suis pas sûr de répondre d'une manière satisfaisante à toutes les questions qui nous ont été posées ou à celles qui peuvent se présenter à l'esprit.

Messieurs, nous savons ce que nous voulons faire, et nous essayerons de vous le dire. Mais vous ne nous pardonneriez pas de ne pas nous montrer très sobres dans nos explications, très mesurés dans notre langage, quand ce langage peut avoir sur les événements une véritable et sérieuse influence. (*Très bien! très bien! à gauche et au centre.*)

Je demande à M. Granet la permission d'écarter la partie théorique de son discours, d'abord parce qu'elle ouvre un champ trop vaste, et que peut-être en pressant les principes qu'il a posés, on verrait qu'ils conduisent à des conséquences que cette Chambre paraît avoir entrevues, et que M. Granet lui-même n'accepterait peut-être pas dans toute leur étendue.

Je l'écarterai, parce qu'elle n'est peut-être pas entièrement d'accord avec la conclusion et le résumé de son discours, et parce qu'enfin il est temps, je crois, de revenir à la question du Tonkin.

Eh bien! dans ce discours, si riche d'aperçus, quelquefois hasardés, je distingue deux questions principales : l'une d'un

intérêt plus pressant et plus immédiat, c'est la question militaire,
celle de l'action que nous allons exercer, du champ dans lequel
elle doit s'étendre, du but qu'elle doit poursuivre; l'autre d'un
intérêt non moins grand, c'est la question politique, et cette
question politique elle-même se présente sous deux aspects : ce
que nous voulons faire, non pas dans un avenir éloigné, mais
prochainement, aussitôt que notre autorité...

M. PAUL DE CASSAGNAC. Aussitôt que la Chambre sera partie.

M. LE MINISTRE... sera rétablie et restaurée; et, en second
lieu, la position que nous ambitionnons de prendre et que nous
nous proposons de garder, dans ces parages lointains, à l'égard
des populations qui les habitent, et notamment à l'égard de la
Chine.

Je dépasserais ma compétence si j'essayais de traiter la question
militaire. Je dois me borner à dire, si je le puis, avec quelque
exactitude, quelle est à cette heure la situation.

Le jour où cette Chambre était appelée à voter le projet relatif
au Tonkin, légèrement modifié par le Sénat, ce jour-là même
nous recevions la nouvelle du fatal événement d'Hanoï. Cet événement se rattachait étroitement, directement aux faits militaires
accomplis par le commandant Rivière dans le courant du mois de
mars, à l'occupation de Nan-dinh et à la première affaire d'Hanoï.
Et ces faits militaires eux-mêmes n'étaient que la conséquence de
l'émotion causée, vers la fin de février, par l'arrivée de la *Corrèze*.
Les renforts amenés par ce navire étaient la première indication,
la première démonstration de la politique active et résolue dans
laquelle le Gouvernement était disposé à entrer. Cette arrivée
causa chez un grand nombre un sentiment de satisfaction; chez
d'autres, une irritation qui se traduisit bientôt par la tentative du
gouverneur de Song-toï sur Hanoï, et par la tentative du gouverneur de Nan-dinh pour couper les communications de nos
troupes avec la mer. A partir de ce moment, grossit et se res-
serra peu à peu le cercle qui entourait nos forces d'Hanoï.

Plusieurs affaires heureuses eurent lieu. Il n'est douteux
pour personne, aujourd'hui, qu'avec plus de patience, renforcé
comme il l'était par les compagnies de débarquement, qu'il avait
demandées le 7 mai et qui lui étaient arrivées le 14, le commandant de nos forces eût pu attendre en sûreté l'effet des résolutions
du Gouvernement. Mais c'était trop demander à son courage,
c'était trop attendre de son ardeur et de sa fierté. Le comman-

dant Rivière voulait, comme il le disait, donner de l'air à ses troupes ; il voulait punir ceux qui les bombardaient chaque nuit et qui les provoquaient chaque jour. Il fit une première sortie heureuse le 16 ; une seconde sortie fut tentée le 19, dont je n'ai pas à raconter les détails, ni à rappeler le funeste dénouement.

Messieurs, les ennemis qu'il avait devant lui étaient les mêmes que nous allons rencontrer, les Pavillons-Noirs, élevés aujourd'hui à la dignité d'armée du roi Tu-Duc, des Annamites, des Chinois en petit nombre et quelques Européens.

Les moyens que nous avons demandés et obtenus du Parlement étaient-ils désormais suffisants ?

En demandant ces moyens, messieurs, nous nous étions renfermés dans les limites qui nous étaient tracées par le but que nous nous proposions d'atteindre, celui de nous établir solidement et sûrement dans le delta du Soukoï ; et, selon l'opinion d'excellents esprits, ces ressources étaient bien modestes. Mais, je n'hésite pas à le dire, nous avions voulu prévenir, en nous contentant de moyens si restreints, une méprise dangereuse. Nous avions voulu empêcher que l'opinion ne s'égarât jusqu'à nous prêter des desseins que nous n'avions point.

Eh bien, messieurs, aujourd'hui, aujourd'hui encore, après ce qui s'est passé, nous avons la confiance, et, ce qui vous touchera peut-être davantage, des officiers d'une haute compétence, d'une expérience consommée et qui ont la connaissance profonde du pays expriment la certitude que ces forces sont suffisantes, qu'elles sont même considérables en proportion des difficultés que nous aurons très probablement à surmonter.

Messieurs, vous ne me demanderez pas quelles sont ces forces, ni à quelles opérations elles sont destinées.

M. PAUL DE CASSAGNAC. Si ! si !

A gauche et au centre. Non ! non !

M. PAUL DE CASSAGNAC. Nous sommes ici pour cela. Nous ne voulons pas voter comme des aveugles !

M. ERNEST DE LA ROCHETTE. Nous ne croyons plus aux Kroumirs.

M. LE MINISTRE. Si vous me posiez cette question, j'aurais le regret très vif de me refuser péremptoirement à y répondre. (*Applaudissements à gauche et au centre. — Réclamations à droite.*)

M. PAUL DE CASSAGNAC. Qu'est-ce que vous faites à la tribune, alors ?

M. FREPPEL. Pourquoi parlez-vous ?

M. Paul de Cassagnac. Vous n'avez qu'à retourner à Vichy! (*Murmures à gauche et au centre.*)

M. le Président. Monsieur Paul de Cassagnac, je vous rappelle à l'ordre. (*Très bien! très bien!*) Vous avez le droit d'interroger, le Gouvernement a le droit de répondre comme il l'entend et la Chambre a le droit de se prononcer. Voilà le droit ici. (*Approbation à gauche et au centre.*)

Voix à droite. Il en a été de même pour la Tunisie.

M. le ministre. Ce que je puis déclarer, c'est que le champ de ces opérations est, dans notre pensée, rigoureusement circonscrit; c'est la partie populeuse et laborieuse du Tonkin, la partie accessible, celle où nous pouvons toujours être assurés d'avoir la protection de nos vaisseaux, c'est celle enfin dont nous comptons faire le siège de notre établissement.

Je sais bien, messieurs, et l'honorable M. Granet nous l'a rappelé tout à l'heure, que les ennemis qui nous harcèlent ne sont pas tous là. Nous ne nous laisserons pas entraîner à les poursuivre. Purger le Tonkin du brigandage, y rétablir la sécurité et l'ordre, c'est une œuvre de longue haleine; il appartiendra à l'autorité, lorsqu'elle sera établie, organisée, de l'accomplir, et c'est précisément en vue d'asseoir et d'affermir cette autorité que nous allons au Tonkin.

Il est probable, messieurs, que le moment où commenceront ces opérations n'est pas éloigné. L'*Annamite* doit être à cette heure dans les eaux du Tonkin; le *Mytho* y arrivera sous peu de jours. Dans une ou deux semaines au plus, toutes nos forces venues de la Cochinchine, de la Nouvelle-Calédonie et de France y seront réunies, et, quelque grand que soit leur besoin de repos après une si longue traversée, le souvenir d'Hanoï est si récent, et si poignant, qu'elles seront sans doute impatientes de l'effacer. (*Applaudissements à gauche et au centre.*)

C'est, messieurs, la saison des grandes chaleurs, mais c'est aussi la saison des hautes eaux qui peuvent donner à notre marine toute son utilité et qui constituent un avantage dont il faut savoir profiter dans un pays où toutes les forteresses sont sur le bord des rivières.

Nous avons, messieurs, la confiance que le succès, un succès peut-être rapide, couronnera nos efforts. Mais je dois et je veux être sobre de promesses, circonspect dans mes prévisions; je ne vous répéterai même pas les assurances qui nous sont données par les officiers les plus compétents.

M. Paul de Cassagnac. Toujours!

M. LE MINISTRE. Il me paraît plus conforme à la sagesse, il me paraît plus digne de vous et plus digne de nous de prévoir le cas, très improbable aux yeux de ceux qui ont le droit d'avoir une opinion, où nous rencontrerions des difficultés inattendues et où devrait s'arrêter momentanément l'effort de nos troupes. Si cette conjecture se produisait pendant que vous êtes ici, il n'y aurait aucune difficulté : les Chambres jugeraient elles-mêmes. (*Approbation à gauche et au centre.*) Nous ne pouvons nous appuyer que sur le Parlement; nous ne puisons de force que dans son concours, soit pour négocier, soit pour agir. (*Nouvelle approbation sur les mêmes bancs.*)

Mais vous allez vous séparer pour quelques semaines, et tout le monde sait que les opérations militaires, une fois engagées, ne peuvent s'interrompre sans grave inconvénient et quelquefois sans grands périls. Si donc cette conjoncture, improbable, mais non matériellement impossible, se produisait, alors nous userions des moyens très limités que nous avons pour pourvoir aux besoins immédiats de la situation, et, pour peu que cette situation présentât de gravité et qu'il fallût d'autres moyens, c'est encore vous qui prononceriez. (*Applaudissements à gauche et au centre.*) Les Chambres seraient convoquées d'urgence et vous pouvez être assurés que ni nos forces ni nos finances ne seront engagées sans votre aveu. (*Nouveaux applaudissements sur les mêmes bancs. — Rumeurs à droite.*)

M. ERNEST DE LA ROCHETTE. M. Ferry avait dit cela, lui aussi!

M. LE MINISTRE. Nous nous sommes expliqués dans d'autres occasions sur le but politique que nous poursuivons. Cela ne me dispensera pas — M. Granet peut en être assuré — de donner, si je le puis, de nouvelles et plus amples explications.

M. PAUL DE CASSAGNAC. Ce n'est pas difficile.

M. LE MINISTRE. Il a eu bien raison de dire que quelque chose était changé depuis les dernières discussions qui ont eu lieu dans cette Chambre et au Sénat. Vous vous en souvenez : nous nous refusions alors, malgré des indices déjà graves, malgré des faits d'un caractère suspect et étrange, à voir dans le roi d'Annam un ennemi; nous ne pouvions pas admettre que le signataire du traité de 1874, souvent violé, mais librement consenti, voulût le déchirer par la force. Nous avions décidé de placer auprès de lui, pour remplacer M. Rheinart, un envoyé

extraordinaire, ayant pour mission de le ramener au sentiment
de ses obligations, à l'intelligence de ses véritables intérêts.

J'avoue, messieurs, qu'à l'heure qu'il est, il n'y a plus d'illusion possible. Les Pavillons-Noirs, qui, sous leur nom de tragédie, rassemblent les bandits, les aventuriers et les vagabonds
de l'Annam comme de la Chine méridionale, sont aujourd'hui
l'armée de Tu-Duc. Ses ministres adressent au gouverneur de la
Cochinchine des communications dont le ton tranche singulièrement avec celui dont ils ne s'étaient jamais départis jusqu'à présent. De telle sorte que toute action diplomatique étant impossible à Hué, il a été mis fin à la mission de notre envoyé
extraordinaire. Celui qui en était chargé est actuellement appelé
à un autre poste.

M. Paul de Cassagnac. C'est la guerre, alors?

M. le ministre. C'est la guerre, en effet, et personne, je
crois, jusqu'à présent n'en avait douté.

M. de Guilloutet. « C'est la guerre », dites-vous; je retiens le mot.
M. Paul de Cassagnac. Vous ne le nierez pas devant les électeurs.
M. Ernest de la Rochette. Le Gouvernement ne l'a pas dit
d'abord.

M. le ministre. En même temps, nous avons dû créer,
avec l'assentiment des commissions et de la majorité dans les
deux Chambres, nous pourrions dire sur leur indication, une
fonction nouvelle qui place sous la direction immédiate du Gouvernement les affaires du Tonkin; il fallait que le gouverneur de
la Cochinchine, qui réside à cinq journées du Tonkin, pût vaquer
librement aux soins de sa vaste administration; il fallait que le
commandant en chef des troupes fût affranchi de tout autre souci
que de celui de préparer et de conduire les opérations militaires;
il fallait qu'un fonctionnaire spécial fût là pour procéder, au fur
et à mesure du rétablissement de l'autorité, dans un pays profondément troublé et désorganisé, à la formation d'une ébauche
d'administration. Nous avons trouvé pour remplir ces fonctions
un homme que sa connaissance profonde du Tonkin, que des
qualités rares et diverses semblaient avoir désigné d'avance, un
esprit hardi qui a attaché son nom à des travaux de grand
mérite, mais à des travaux qui sont des systèmes et dans lesquels il ne puisera pas, — je puis vous en donner l'assurance,
— la règle de sa conduite.

M. Paul de Cassagnac. Un médecin de deuxième classe! Un lieutenant par assimilation!

M . LE MINISTRE. Nous avons donné à ce commissaire civil des instructions; il est le représentant et le dépositaire de la pensée politique du Gouvernement; c'est donc dans ces instructions que vous trouverez probablement la réponse la plus précise aux questions qui nous ont été posées. Je n'hésite pas, messieurs, à vous en lire quelques passages essentiels.

Nous avons commencé par définir d'une manière générale les attributions dont il se trouve investi.

« Le commissaire général civil représente la pensée du Gouvernement auprès de l'autorité militaire; il est chargé d'empêcher que l'action militaire ne dévie et ne s'étende au delà du cercle tracé dans les présentes instructions.

« Le commissaire général civil est un négociateur autant qu'un administrateur et un organisateur : il aura à employer tous les moyens dont il pourra disposer pour prévenir l'intervention de la Chine, pour ramener à nous le gouvernement annamite et rompre les intelligences qui subsistent entre Hué et Pékin; pour gagner, s'il y a lieu, les chefs des Pavillons-Noirs à la solde de l'Annam.

« Il est chargé d'organiser, dans des limites déterminées, une administration au Tonkin, en se bornant tout d'abord aux mesures nécessaires pour assurer le fonctionnement régulier de la vie sociale dans les territoires occupés et le recouvrement des impôts à notre profit.

« Enfin, dès que le moment favorable se présentera, il aura à entamer des négociations afin de régulariser, soit par des modifications introduites dans le traité de 1874, soit même par une nouvelle convention, les rapports nouveaux que notre établissement au Tonkin devra créer entre la France et l'Annam. »

Il y avait, messieurs, à régler la question délicate des rapports de l'autorité militaire et du gouvernement civil. Il est de toute évidence que, jusqu'à la complète pacification du Tonkin, et tant que nous serons exposés à l'action offensive des Annamites, la direction des opérations devra rester entièrement aux mains de l'autorité militaire. C'est au commandement militaire à en tracer le plan, à les préparer, à les organiser, à répartir nos troupes sur les différents points; sur tout cela c'est à lui de statuer, après s'être concerté avec le gouverneur civil. (*Interruptions à droite.*)

Il ne pouvait y avoir, à cet égard, aucune obscurité; mais,

messieurs, une autre question se posait, qui exigeait une définition précise : c'était celle de la portée de l'action que nous voulons exercer au Tonkin. Voici en quels termes nous en avons tracé les limites :

« La seule partie du Tonkin que nous nous proposons d'occuper est le delta du Song-Koï. Nous n'entendons pas dépasser Bac-ninh et Hung-hoa, près du confluent de la rivière Claire, sauf pourtant sur la côte les points dont l'occupation paraîtra nécessaire. »

Et pour plus de précision encore, nous ajoutons plus loin :

« Il convient d'éviter tout ce qui pourrait exaspérer la résistance ou fournir à la Chine une occasion d'intervenir. A cet effet, vous aurez soin de faire connaître nettement nos intentions aux populations locales.

« Nous n'en voulons point à l'empire d'Annam. Loin de songer à le conquérir en tout ou en partie, nous sommes disposés à garantir au roi Tù-Duc l'intégrité de ses États. Le traité de 1874 nous a donné sur le Tonkin certains droits en même temps qu'il nous a imposé des devoirs. Les nombreuses violations dont ce traité a été l'objet de la part des Annamites, l'impossibilité où nous nous sommes trouvés d'en obtenir l'exécution nous ont forcés à nous établir dans le bassin du fleuve Rouge pour exercer et défendre nos droits. Le fait même que nous nous bornons à occuper certaines positions indispensables dans le Delta démontre manifestement que nous n'avons pas en vue l'annexion du pays. »

J'arrive, messieurs, à la question de l'administration. Nous n'avons pas cru devoir vous proposer un plan définitif; il y aurait de la témérité à l'arrêter dès à présent. Nous y avions songé d'abord. Nous avions préparé un décret dont M. Granet vous a lu quelques lignes et auquel nous avons renoncé. Tout cela est ajourné. Il nous a paru que le commissaire général civil avait précisément en partie pour mission d'étudier ce qui est possible et de faire ce qui est nécessaire. Il nous a semblé qu'il ne fallait pas songer, quant à présent, au définitif, mais qu'il s'agissait uniquement de pourvoir, au fur et à mesure des besoins constatés, aux nécessités les plus urgentes. C'est ce que nous avons formulé dans le passage qui suit des instructions données au commissaire général civil :

« Avant même que la période militaire soit terminée et au fur et à mesure que nos troupes s'établiront dans les principales villes, il conviendra de créer un système de perception des impôts qui nous permette de couvrir le plus tôt possible nos dépenses. Il importe, en effet, que le Tonkin nous fournisse lui-même les ressources nécessaires pour y assurer la tranquillité. Vous compléterez ultérieurement ce système provisoire de perception quand l'ordre sera suffisamment établi pour permettre la création de services administratifs réguliers. C'est à vous qu'il appartient, d'ailleurs, d'étudier les détails de cette administration. Nous nous réservons d'examiner vos propositions et de vous envoyer en temps opportun des directions précises. »

Voilà, messieurs, ce que j'avais à dire sur la question administrative.

Ces explications suffiront, je l'espère, pour éclairer la Chambre sur nos intentions. Le but que nous avons en vue reste toujours le même. Le plan doit pouvoir nécessairement être modifié au gré des circonstances. Entrer sur ce point dans plus de détails pourrait présenter des inconvénients de plus d'un genre.

Reste un autre aspect de la question politique que je n'entends pas éluder. M. Granet en a parlé avec une discrétion que je dois imiter. Ce qu'il nous est permis d'affirmer, c'est que les bruits qui ont été répandus, peut-être avec l'intention de troubler l'opinion, sur les rapports de la France et de la Chine, sur les velléités d'agression qu'on prêtait gratuitement à celle-ci, ces bruits, dis-je, sont factices et sans fondement. Et, pour aller droit au but, je ne feindrai pas de dire : à l'heure qu'il est nous avons la plus entière confiance dans le maintien des relations pacifiques de la France avec la Chine. (*Très bien! très bien!*)

M. PAUL DE CASSAGNAC. Ce n'est pas exact!

M. LE MINISTRE. Certes, messieurs, si la Chine, contrairement à ses assurances positives, se laissait aller à adopter de funestes conseils, si elle cédait à un emportement qui n'est guère dans son caractère ni dans ses habitudes, elle connaît assez la France, elle connaît assez cette Chambre... (*Interruptions à droite.*) pour savoir que vous n'hésiteriez pas à défendre avec énergie les intérêts du pays. (*Vifs applaudissements à gauche et au centre.*)

Mais, messieurs, rien n'indique de pareilles tendances; tout, au contraire, nous porte à croire que les relations pacifiques, auxquelles nous attachons du prix, seront maintenues. (*Applau-dissements*.)

On nous a demandé quelle était notre politique dans l'Extrême-Orient. Elle est bien simple : faire exécuter les traités que nous y avons, affermir et étendre nos relations commerciales avec ces divers pays, en nouer de nouvelles. Nous sommes dans des rapports de confiance et d'amitié avec le gouvernement japonais; nous vivons dans les meilleurs termes avec le roi de Siam et avec la nation siamoise; nous avons avec ces divers pays des conventions que nous ne demandons qu'à maintenir et à améliorer. (*Interruptions à droite.*)

A gauche. Ces interruptions sont indécentes!

M. PAUL DE CASSAGNAC. Est-ce que vous croyez que vous allez nous faire taire? (*Rumeurs à gauche.*)

M. CHARLES FLOQUET. Nous n'avons pas pris le Palais d'Été!

M. LE PRÉSIDENT. Veuillez faire silence, messieurs.

M. PAUL DE CASSAGNAC. Nous sommes interpellés par la majorité.

M. LE PRÉSIDENT. N'interrompez pas et il ne se passera rien de pareil. La parole est à M. le ministre des Affaires étrangères, seul.

M. LE MINISTRE. Nous n'en voulons ni à leur indépendance, ni à leurs croyances, ni à leurs mœurs; heureux de les voir prospérer par l'industrie et le commerce, plus heureux encore s'il nous est donné, pour notre part, de contribuer à leur progrès.

Telle est, messieurs, notre politique dans l'Extrême-Orient. Nous sommes disposés à la pratiquer avec la Chine comme avec tous les autres États. Tel est l'esprit dont nous nous inspirons dans nos négociations à Paris ou à Pékin.

Si ces négociations n'ont pas encore abouti, nous en attendons sans crainte le résultat.

Ce que nous demandons à la Chine, c'est que le gouvernement chinois s'engage à n'entraver en rien notre action militaire et civile au Tonkin, et à ne porter aucune atteinte à notre situation dans l'Annam. Ce que nous lui offrons, c'est de conclure, le moment venu, un arrangement de nature à régler les rapports commerciaux des deux pays et à sauvegarder les intérêts des résidents chinois au Tonkin; c'est de nous obliger à respecter et à faire respecter les frontières chinoises, comme elle s'engagera à respecter et à faire respecter les frontières du Tonkin. (*Très bien! très bien!*)

Telles sont, messieurs, les bases des négociations que nous poursuivons et que nous avons l'espérance de voir aboutir.

Quelles que soient les hésitations que nous rencontrions, nulle lenteur ne fatiguera notre patience, nul procédé dilatoire ne nous empêchera de remplir la tâche de devoir, d'honneur et de dignité qui nous appelle au Tonkin. Avec votre assentiment, forts de votre concours, nous comptons accomplir ce double devoir : venger nos morts et mettre notre établissement au Tonkin à l'abri de toute injure, et amener un arrangement qui apaise les esprits et qui règle pour un long espace de temps les relations du grand empire oriental et de la France. (*Applaudissements répétés à gauche et au centre.*)

Un incident d'une violence extrême provoqué par M. Paul de Cassagnac, qui accusa le Gouvernement de « honteux tripotages » et encourut, en conséquence, la censure avec exclusion, termina le débat. La Chambre, par 362 voix contre 78, se déclara confiante « dans la politique ferme et prudente du Gouvernement ».

DISCOURS

LES AFFAIRES DE MADAGASCAR

prononcé le 16 juillet 1883

A LA CHAMBRE DES DÉPUTÉS

La politique coloniale n'était pas seulement engagée au Tonkin; à Madagascar, les marins débarqués à Tamatave, sous le commandement de l'amiral Pierre, furent attaqués par les Hovas qu'ils repoussèrent avec succès. Les rapports de l'amiral avec plusieurs fonctionnaires anglais de Tamatave ayant donné lieu à un vif incident à la Chambre des Communes et à un discours acrimonieux de M. Gladstone, M. Francis Charmes posa à ce sujet une question à M. Challemel-Lacour, qui lui répondit en ces termes :

M. CHALLEMEL-LACOUR, *ministre des Affaires étrangères.* Messieurs, ma réponse à la question très naturelle qui vient de m'être posée par l'honorable M. Charmes sera courte; je la réduirai au plus simple exposé des faits, je ne vous demande que quelques minutes.

Le 15 février dernier, le contre-amiral Pierre est parti de Toulon pour Madagascar sur le navire la *Flore*; il était muni d'instructions qui lui prescrivaient d'assurer l'exercice de nos droits sur la côte nord-ouest de l'île, en faisant disparaître successivement, après les notifications d'usage, les postes et les pavillons qui y avaient été indûment placés par les Hovas. (*Très bien! très bien!*)

Pour prévenir de nouvelles tentatives d'empiètement, il devait se saisir de la place de Majunga, qui commande l'entrée de la route militaire de Tananarive et du plus large estuaire de Madagascar.

Il devait y mettre une garnison. Ses instructions lui prescrivaient en second lieu de compléter cette première série d'opérations en faisant une reconnaissance sur la côte orientale et en se rendant devant Tamatave. Si les conditions que notre consul était chargé de transmettre au gouvernement d'Émyrne étaient rejetées, l'amiral Pierre avait instruction d'occuper le port et de s'emparer de la douane de Tamatave, de s'y établir et de percevoir les droits jusqu'à concurrence des sommes réclamées par nous.

Le 20 mai, l'amiral Pierre nous faisait savoir par un premier télégramme que, le 16 du même mois, après avoir supprimé les postes de Hovas établis sur la côte, il s'était saisi de vive force de Majunga.

Deux mille Hovas, qui s'y trouvaient rassemblés, avaient pris la fuite, nous n'avions eu à déplorer aucune perte ; une petite garnison y était établie dans une situation solide et que l'amiral qualifiait d'inexpugnable.

Une partie de la ville avait été ravagée par un incendie qu'au dire de plusieurs résidents étrangers, les Hovas avaient eux-mêmes allumé. L'amiral Pierre s'était ensuite rendu sur la côte orientale ; il était vers le 8 juin devant Tamatave, et les conditions posées par nous et transmises par notre consul ayant été rejetées par le gouvernement d'Émyrne, il avait dû procéder à l'exécution de la seconde partie de ses instructions. Il nous annonçait par une dépêche en date du 13 juin qu'il s'était rendu maître de la place et de la douane de Tamatave, que les Hovas, après avoir été dispersés de toutes parts, s'étaient rassemblés à quelque distance, dans un lieu d'où nos vaisseaux pouvaient les apercevoir de leurs mouillages.

Nous n'avions eu ni morts ni blessés, nous étions maîtres de la ville ; mais en raison de la population mêlée qui l'habite, l'amiral avait dû y proclamer l'état de siège.

Là s'arrêtaient nos informations, lorsque, au commencement de la semaine dernière, le 10 juillet, l'ambassadeur d'Angleterre nous a donné, par ordre de son gouvernement, communication de nouvelles transmises à Londres de Zanzibar, où elles avaient été apportées par le navire le *Dragon*.

D'après ces nouvelles, dont vous avez pu lire partout les détails, l'amiral Pierre, à la date du 22 juin, aurait fait arrêter le secrétaire du consulat anglais, un nommé Adrianisa, Hova de naissance, sous l'inculpation d'intelligences avec l'ennemi; il aurait enjoint au consul anglais, M. Pakenham, de quitter la ville dans un délai déterminé, et celui-ci, déjà malade, serait mort quelques heures avant l'expiration du délai.

L'amiral aurait fait également incarcérer un sieur Shaw, membre ou agent d'une des missions protestantes établies depuis longtemps à Tananarive. Enfin il aurait empêché — on ne dit pas pour quels motifs — un navire anglais, la *Dryad*, de communiquer avec la terre, malgré les réclamations du commandant de ce navire, qui aurait dû se borner à une protestation verbale.

Tels sont les faits dans leur nudité, mais résumés, je l'espère, avec une suffisante exactitude.

En nous donnant communication de ces nouvelles, le gouvernement anglais nous demandait si nous étions en mesure de les confirmer, si nous avions quelque connaissance des faits dont il nous parlait et si nous pouvions lui en donner l'explication. Nous fûmes obligés de lui déclarer que nous n'avions aucune connaissance de ces incidents.

Nous ajoutâmes qu'en raison des instructions données à l'amiral Pierre, et aussi du caractère connu de cet officier général, de pareilles nouvelles nous étonnaient profondément et nous ne pouvions pas nous empêcher de croire qu'elles devaient reposer sur quelque méprise, ou contenir au moins une grande part d'exagération. Nous nous empressâmes toutefois d'inviter, ce jour-là même, notre agent consulaire à Aden et notre consul à Zanzibar à saisir toutes les occasions qui pourraient se présenter pour porter à la connaissance de l'amiral Pierre les nouvelles qui nous avaient été communiquées de Londres et pour lui rappeler que nous attendions avec la plus grande impatience des informations sur tous les incidents qui avaient pu se présenter et des explications complètes.

Trois jours après, le vendredi 13 juillet, nous recevions un télégramme de l'amiral Pierre daté de Tamatave le 6 juillet, et apporté à Zanzibar par un navire étranger, un voilier américain.

Ce télégramme nous apprenait que l'amiral Pierre avait eu, à la

date du 26 juin et à celle du 5 juillet, à soutenir deux attaques de
nuit, qu'il les avait repoussées victorieusement; un seul soldat
français avait perdu la vie dans l'une de ces affaires. Il nous donnait quelques détails sur la situation, mais cette dépêche ne
contenait pas un mot, il n'y était pas fait la moindre allusion
aux faits portés à notre connaissance par le gouvernement
anglais.

Je ne puis vous cacher, messieurs, que nous avons éprouvé un
certain étonnement et des nouvelles répandues par les dépêches
anglaises et du silence gardé sur ces faits par l'amiral Pierre.
Nous avons l'honneur de connaître cet officier; c'est une intelligence distinguée, c'est un homme dont la prudence égale la résolution. (*Très bien! très bien!*)

M. DE MAHY. C'est absolument vrai; l'amiral Pierre est un de nos
meilleurs marins.

M. LE MINISTRE DES AFFAIRES ÉTRANGÈRES. Nous
n'avons pas le moindre doute que, s'il avait été amené à prendre
quelque mesure de rigueur, cette mesure se justifierait aux yeux
de tous par son absolue nécessité. Nous tenons cet officier pour
incapable d'oublier les égards dus aux représentants officiels
d'une nation avec laquelle nous sommes et nous voulons rester
dans des relations profondément pacifiques. (*Très bien! très
bien!*)

Nous ne saurions admettre que l'amiral Pierre ait perdu de vue
un seul instant les instructions formelles qu'il a reçues et dont
vous me permettrez de vous lire quelques lignes; car elles témoignent hautement et nettement de nos dispositions à l'égard de
l'Angleterre :

« Je vous prie, est-il dit dans ces instructions, d'éviter, autant
que possible, d'éveiller les susceptibilités de l'Angleterre, et vous
voudrez bien mettre vos soins à entretenir les relations les plus
courtoises avec le commandant en chef de la division navale britannique. » (*Très bien! très bien!*)

Quant au silence gardé par l'amiral Pierre sur des faits qui ont
excité en l'Angleterre, — j'ajoute en France, — une vive émotion,
nous aurions peine à nous l'expliquer si nous ne regardions qu'aux
recommandations très précises et très pressantes que nous avons
insérées dans les instructions. Il y est dit :

« Je vous prie de tenir le département exactement et promptement informé de tous les faits de quelque importance, de manière

21

à éviter les incidents auxquels donne lieu la publication anticipée de nouvelles répandues avant les rapports officiels. »

Il semble, messieurs, que, dans les lignes que je viens d'avoir l'honneur de vous lire, l'incident qui s'est produit ou tout autre analogue eût été, pour ainsi dire, prévu.

En présence d'un texte aussi formel, nous sommes obligés de chercher une raison plausible du silence gardé par l'amiral Pierre, et, quoique nous n'en apercevions aucune qui nous satisfasse complètement, pas même le peu d'importance qu'il a pu attribuer dans le premier moment à des faits grossis depuis par la passion ou défigurés par l'intérêt, nous comprenons cependant jusqu'à un certain point ce silence. Il est probable que l'amiral Pierre aura été obligé de laisser sur la côte nord-ouest une partie de sa division ; des circonstances que nous ignorons, mais qui doivent avoir été impérieuses, ne lui auront pas permis de détacher du reste de son escadre un navire pour l'envoyer à Zanzibar ; et ce qui nous porte à croire que telle est la véritable explication, c'est que sa dépêche du 5 juillet a été apportée à Zanzibar par un navire étranger.

Nous avons lieu d'espérer que des renseignements plus complets ne tarderont pas à nous arriver, sans pouvoir néanmoins dire avec exactitude à quelle date ils nous parviendront.

Je dois borner ici ma réponse, messieurs. Mais je ne descendrai pas de cette tribune sans dire que nous ne pouvions admettre que des faits mal connus, mal expliqués, pussent, avant même qu'ils soient entourés d'une lumière suffisante, altérer dans une mesure quelconque nos relations avec l'Angleterre. Aussi n'en a-t-il rien été.

Vous avez pu voir que les explications qui ont été demandées dans la Chambre des Communes à M. Glasdstone, dans la Chambre des Lords à lord Granville, ont été données avec la modération convenable et en termes empreints d'une confiance courtoise dont nous nous félicitons. Et, quoique nous soyons encore à cette heure profondément convaincus que l'officier général qui commande la division devant Madagascar n'a pu méconnaître les égards qui doivent présider aux rapports internationaux, je n'hésite pas cependant à le déclarer : s'il s'était produit, comme cela peut arriver en certaines circonstances, quelque erreur, un malentendu dans lequel la passion eût joué son rôle, nous ne faillirions pas au devoir qui nous serait imposé, nous n'hésite-

rions pas à prendre les résolutions qui nous seraient dictées
par l'esprit de justice et par l'intérêt du pays. (*Applaudissements.*)

M. Gladstone reconnut, par la suite, qu'il avait été mal renseigné.
Le missionnaire anglais Shaw, que l'amiral Pierre avait fait interner
à cause de ses rapports constants avec les Hovas, fut mis en liberté
sans procès, mais renvoyé en Europe.

DISCOURS

SUR

LES AFFAIRES DE L'ANNAM

prononcé le 21 juillet 1883

AU SÉNAT

On a vu que, dans la séance du 10 juillet, au cours d'une interpellation sur le Tonkin, à la Chambre des Députés, M. Challemel-Lacour, répondant à une interruption, avait prononcé ces mots : « C'est la guerre. » L'opposition souleva aussitôt la question de savoir si la guerre avait été déclarée à l'Annam selon les formes de la Constitution de 1875, et si notification avait été faite aux neutres de manière à pouvoir établir le blocus et à saisir la contrebande de guerre. M. Challemel-Lacour, interrogé au Sénat sur ces diverses questions par le duc de Broglie, lui répondit en ces termes :

M. CHALLEMEL-LACOUR, *ministre des Affaires étrangères.* Messieurs, dans la lettre qu'il m'a fait l'honneur de m'écrire pour m'exprimer son désir de me poser une question, M. le duc de Broglie m'a dit qu'elle ne comportait qu'une réponse très courte; et il la développe dans un discours étudié et important comme tout ce qui vient de lui. Il m'a annoncé une question de fait, et il soulève des points de doctrine controversés depuis longtemps, des problèmes de pratique sujets aux plus graves difficultés; il a parlé de blocus, il a parlé de la neutralité maritime, toutes questions extrêmement graves qui n'étaient nullement impliquées dans la question de fait qu'il se proposait de formuler à cette tribune, et sur lesquelles je ne pourrai certainement donner qu'une réponse bien incomplète; je l'aurais pu donner moins insuffisante peut-être si, mieux averti, j'avais pu, moi aussi, consulter mes auteurs. (*Réclamations à droite. — Très bien! très bien! à gauche.*)

M. le duc de Broglie est un observateur trop attentif de tous les incidents de la politique pour ne pas savoir personnellement à quoi s'en tenir sur notre situation au Tonkin. Il sait aussi, puisqu'il nous a fait l'honneur de lire au moins quelques lignes des explications que nous avons données à la Chambre des députés, de quelle manière nous l'envisageons nous-mêmes. Nos explications ne lui ont pas paru claires, elles ne lui ont pas paru suffisantes. Je désespère de le satisfaire, j'en fais l'aveu ingénument, je n'ai pas d'aussi hautes prétentions. (*Rires à gauche.*)

M. le duc de Broglie a jugé, sans doute dans un intérêt public, car toute autre pensée serait peu digne de lui, qu'il importait de reproduire devant le Sénat quelques-unes des explications que nous avions portées à la Chambre des députés; nous n'éprouvons aucun embarras à le faire. Je crois pouvoir même répondre, d'une façon claire cette fois, à l'une au moins de ses questions. Il est permis, il est même nécessaire, lorsqu'on a affaire à un orateur tel que M. le duc de Broglie, de prendre les expressions dans leur acception la plus rigoureuse. Eh bien, je lui dis : Non, nous ne sommes pas en guerre déclarée avec l'Annam, et, par une conséquence assez naturelle, nous n'avons pas eu jusqu'à cette heure à nous préoccuper des questions de blocus ou des questions de neutralité maritime.

S'il le fallait, nous proclamerions le blocus, qui ne résulte pas nécessairement d'une guerre déclarée, qui même n'implique pas toujours la déclaration de guerre. S'il était avéré pour nous qu'il y a quelque nation disposée à prêter assistance aux perturbateurs du Tonkin, si cette nation cherchait à leur fournir des armes et des munitions, dans ce cas nous n'hésiterions à prendre, avec les précautions nécessaires et les ménagements commandés pour prévenir les difficultés, les mesures que justifient les nécessités de la guerre et qu'autorise le droit des nations.

M. le duc de Broglie a prononcé un discours important — comme tous ceux qu'il apporte à cette tribune. — Je croirais manquer à ce qui lui est dû, si je me contentais d'une réponse

aussi brève; probablement, certainement, elle ne lui suffirait pas.
Je demande donc au Sénat la permission d'entrer dans de très
courtes explications.

Le gouvernement d'Annam, l'empereur Tu-Duc, n'a jamais fait
aucune déclaration de guerre; il n'a jamais publié, dans son
royaume, un de ces manifestes qui peuvent en tenir lieu. Je me
permettrai de faire observer à l'honorable duc de Broglie que,
dans les termes où sa question est posée, il semble avoir oublié
quelque peu à quel peuple nous avons affaire. Il n'est pas si facile
qu'il paraît le croire de savoir si, avec les Annamites et même
avec les Chinois, on est en paix ou en guerre.

Ces populations ne sont pas si instruites ni si rigoureuses
dans l'observation des règles du droit des gens à l'usage des
peuples civilisés de l'Occident, et il serait très possible que nous
fussions en guerre avec quelques-unes des populations sur un
point, tandis que nous aurions le droit de nous croire en paix
avec elles sur tous les autres et nous flatter de négocier à
l'amiable. C'est précisément ce qui s'est passé avec la Chine
en 1860.

Quoi qu'il en soit, non seulement le roi d'Annam n'a point fait
de déclaration de guerre, mais il a constamment protesté de son
respect pour les traités que nous avons avec lui, et de sa fidélité
à en observer toutes les dispositions. S'il y a eu des infractions,
— il y en a eu certainement, — elles doivent être imputées, non
pas à lui, grands dieux! mais tout au contraire à des officiers
français mal instruits de nos intentions ou peu soucieux d'y conformer leur conduite!

Lorsque, il y a trois mois, notre chargé d'affaires à Hué a jugé
le moment venu de se retirer, le gouvernement d'Annam, après
avoir essayé de le retenir, ou par crainte des conséquences éven-
tuelles d'une rupture de relations ou peut-être dans la pensée
inavouée de le conserver comme un otage entre ses mains, ce
gouvernement s'est empressé de dépêcher à Saïgon deux hauts
fonctionnaires pour s'informer de la signification de ce départ, et
il s'est montré extrêmement satisfait d'apprendre qu'il n'impliquait nullement une rupture de relations et qu'un nouvel envoyé
extraordinaire était sur le point de partir pour Hué.

Nous sommes depuis peu de jours en possession de plusieurs
lettres importantes adressées au gouverneur de la Cochinchine
par Thuong-Bac, le ministre des Affaires étrangères de Hué, per-

sonnage important, plus puissant peut-être que l'empereur lui-
même. Ces lettres, qui sont un chef-d'œuvre de diplomatie orientale, toutes remplies de protestations obséquieuses, de récriminations vagues, de menaces obscures qu'il est difficile de démêler,
vont du 2 mai à la fin du mois, c'est-à-dire qu'elles se rapportent
précisément à la période où se préparaient et se sont accomplis
les événements dans lesquels le commandant Rivière a perdu la
vie.

Eh bien, messieurs, ces lettres, à qui voudrait les prendre
dans leur sens apparent, ne témoigneraient que du désir de
vivre en paix avec nous, de la volonté de contenir les passions
au Tonkin et de la crainte de n'y pas réussir, du dessein amical
d'envoyer une escorte au-devant de notre nouvel agent pour le
recevoir avec les honneurs dus au représentant de la France, si,
en même temps, on n'y trouvait des insinuations multipliées et
fort claires destinées à faire entendre que cet envoyé ferait bien
de ne pas partir, car on ne serait peut-être pas en mesure de
garantir à Hué sa sécurité.

Dans tout cela, messieurs, il est difficile de trouver aucune
apparence de déclaration de guerre. Nous avons lu dans les
gazettes chinoises que des ambassadeurs annamites avaient été
envoyés dans le Céleste-Empire pour solliciter son aide contre
nous. Nous n'avons jamais été informés d'une pareille démarche;
il ne nous a jamais été dit un seul mot qui pût nous donner lieu
de penser que le gouvernement d'Annam se considérait comme
vassal du Céleste-Empire et qu'il se crût le moins du monde
autorisé à solliciter son appui.

Vous avez lu et nous avons également lu, dans le courant du
mois de juin, une lettre adressée par l'empereur Nyuyeu ou le
roi Tu-Duc, c'est tout un, au souverain de Chine. Dans cette
lettre se trouvaient développés tous les griefs du gouvernement
d'Annam contre nous et réclamée, de la manière la plus solennelle, conformément aux traditions que la Chine a invoquées
récemment dans les négociations, l'aide de ce gouvernement.
Cette lettre, qui a tous les caractères d'un document ridiculement apocryphe et qui est probablement l'œuvre de quelque
puffiste d'outre-mer, cette lettre est la seule déclaration franchement hostile en possession de laquelle nous soyons encore à
l'heure qu'il est.

Enfin, messieurs, dans les événements militaires qui se sont

accomplis au Tonkin en mars et mai, nous avons rencontré
devant nous des Chinois, des Annamites; mais, malgré des vraisemblances dont je dirai un mot tout à l'heure, nous ne sommes
en possession d'aucune preuve absolument certaine qui nous
permette de dire que ces troupes, et les chefs de troupes qui les
commandent, obéissaient aux ordres directs du gouvernement de
Hué. Il est possible, il est, en tout cas, permis de supposer que
des fonctionnaires auxquels l'autorité ne procure que des avantages sans leur imposer aucun devoir, menacés, dans le cas où la
nôtre viendrait à prévaloir au Tonkin, de voir augmenter leurs
devoirs et diminuer leurs avantages, ont pris sur eux de nous
attaquer et tenté spontanément de nous expulser.

Il n'y a rien dans tout cela qui ressemble à une déclaration de
guerre ni qui puisse en être considéré comme l'équivalent.

De notre côté, il n'y en a pas eu davantage. Nous avons de
longue date averti le gouvernement d'Annam de ce que nous voulions faire au Tonkin, et nous n'avons pas besoin d'autre déclaration. Nous lui avons fait savoir que nous étions au Tonkin et
que nous y resterions pour y faire prévaloir les droits qui nous
appartiennent, en vertu des traités, pour y remplir les obligations qui nous sont imposées. Nous l'avons averti que nous considérions comme impossible de supporter que nos établissements
de Hanoï et de Haï-phong fussent constamment, ou par son
incurie ou par son impuissance, menacés dans leur existence,
troublés dans leur sécurité, et que nous entendions réduire à la
raison, par la force, puisqu'il n'y avait pas d'autres moyens, les
bandes de Chinois ou d'Annamites qui désolent ou ensanglantent
le pays.

Cette raison date déjà de longtemps.

Pour être au Tonkin, nous avons une autre raison depuis le
19 mai et je n'ai pas besoin de la rappeler. Mais quelques événements qui se soient accomplis depuis deux mois, quelque difficile, quelque impossible qu'il soit, à cette heure, d'espérer du
gouvernement d'Annam ou l'exécution des traités ou de nouveaux
arrangements, tant que nous n'aurons pas solidement rétabli
nos affaires au Tonkin, quelque modifiée que soit, il faut bien le
reconnaître, la situation par suite de la catastrophe de mai,
nous ne voulons encore à l'heure présente que ce que nous
voulions au mois d'avril. Nous n'avons point déclaré la guerre à
l'Annam.

M. LE DUC DE BROGLIE. C'est tout ce que je voulais savoir.

M. LE MINISTRE DES AFFAIRES ÉTRANGÈRES. Puisque M. le duc de Broglie est satisfait, je pourrais descendre de la tribune, mais moi, messieurs, je ne le suis pas. Si cette réponse le contente, elle ne me suffit pas. Je croirais manquer de sincérité à l'égard du Sénat qui m'écoute et à l'égard du pays, j'en manquerais envers moi-même, si je n'ajoutais pas quelque chose.

Non, nous ne sommes pas en guerre déclarée avec l'Annam, nous ne voulons ni la destruction de cet empire ni le renversement de sa dynastie. Nous ne poursuivons au Tonkin que l'établissement d'un ordre de choses régulier et le maintien des droits que nous y avons en vertu des traités. Il est également très vrai que, de son côté, l'Annam n'a jamais protesté contre le traité dont nous réclamons l'exécution. Et cependant, encore une fois, je craindrais de vous abuser et je me mentirais à moi-même si je ne vous disais que l'ensemble des faits, des indices multipliés et concordants, la conduite de l'Annam, le langage de l'Annam, l'attitude du gouvernement chinois et de ses ambassadeurs, tout nous autorise, ou plutôt nous oblige à croire qu'en réalité nous sommes en guerre avec l'Annam. (*Mouvement à droite.*) Je ne comprends pas, en vérité, ce que vous pouvez trouver là d'étrange. Il n'y a point de guerre déclarée, point de guerre ouverte. Mais il n'est que trop établi...

M. LAMBERT DE SAINTE-CROIX. On en apprend tous les jours.

M. LE MINISTRE.... Il n'est que trop établi, dis-je, par les déclarations et les affirmations réitérées du gouvernement chinois et de ses diplomates, il n'est que trop vraisemblable, par les aveux échappés au gouvernement d'Hué lui-même, que les bandes chinoises et annamites, Pavillons-Noirs ou Pavillons-Jaunes, en présence desquelles nous nous trouvons au Tonkin, sont effectivement à la solde de l'empire d'Annam.

Et il n'est que trop probable que les gouverneurs de Son-tay, que Bac-ninh, de Nam-dinh, dans les tentatives qu'ils ont dirigées contre nous au mois de mars, dans la part qu'ils ont prise aux événements du mois de mai, dans l'effort auquel on les voit coopérer à l'heure qu'il est contre nous, s'ils n'obéissent pas aux ordres directs du gouvernement d'Annam, obéissent au moins à sa pensée. (*Rumeurs à droite et au centre.*)

Et cela, messieurs, ne doit pas nous étonner. Dès 1875, le len-

demain même de la signature du traité, le gouvernement d'Annam
n'avait qu'une pensée, il ne poursuivait qu'un dessein : c'était
d'annuler ou de déchirer, ou par la ruse ou par la force, le traité
qu'il venait de conclure, c'était de nous éliminer non seulement de l'Annam, non seulement du Tonkin, mais de la Cochinchine.

Au mois de novembre dernier, Mgr Puginier disait au commandant Rivière tenir de source absolument certaine que
le conseil d'Hué était décidé à nous faire la guerre et qu'il s'y
préparait; et aujourd'hui, messieurs, nous avons lieu de penser
que ce dessein n'est pas abandonné, que ce qui se passe au
Tonkin ne se fait très probablement pas par ses ordres, mais ne
se fait certainement pas sans son aveu. Et s'il est démontré qu'il
nous est impossible de triompher du désordre au Tonkin sans
nous adresser à celui qui l'y fomente, que nous ne pouvons établir la paix dans le bassin du fleuve Rouge sans faire sentir
notre action ailleurs, messieurs, nous aurions à examiner cette
nécessité (*Très bien! à gauche.*) et nous vous demanderions de
sanctionner les résolutions qui nous seraient commandées par
l'intérêt public. (*Très bien! à gauche.*)

Et dans ce cas nous aurions à examiner également s'il convient, pour abréger les résistances, d'user du droit de blocus et
de l'établir, dans les formes voulues et après les notifications
nécessaires, soit aux embouchures du Sonkoï, soit sur quelques
points des côtes de l'Annam.

Seulement, nous n'en sommes pas là, nous avons le ferme
espoir de n'en pas venir à ce point. Si nous sommes en guerre,
c'est contre des bandes qu'aucun gouvernement, pas même celui
d'Annam, n'ose avouer pour son armée.

Messieurs, je comprends les préoccupations de M. de Broglie,
je respecte ses alarmes. Je me permettrai toutefois de lui
demander s'il juge qu'il soit, à cette heure, d'un bien grand
intérêt public de savoir à qui, en réalité, nous faisons la guerre,
si le moment est vraiment bien choisi pour subtiliser sur une
formule. (*Rumeurs à droite. — Approbation à gauche.*)

Nous étions au Tonkin depuis longtemps déjà pour y faire
valoir, aux termes des traités, nos droits positifs et rétablir la
paix. Nous y sommes aujourd'hui pour une autre cause, pour
venger une cruelle injure faite à nos armes, nous y sommes
pour châtier des bandes qui, après avoir tué nos soldats,

ont mutilé et outragé leurs cadavres. (*Très bien! très bien! à gauche.*)

Qu'importe aujourd'hui, en présence d'une pareille tâche, que nous soyons en guerre avec des bandes d'aventuriers sans aveu et des gens perdus, ou avec un gouvernement qui soudoie ces bandes et s'en sert en se cachant? En vérité, je ne pense pas qu'à l'heure qu'il est, ce qui intéresse le Sénat, ce qui intéresse nos soldats, ce qui intéresse l'opinion publique, ce soit une pareille question. (*Très bien! et applaudissements à gauche.*)

DISCOURS

SUR

LES AFFAIRES DU TONKIN

prononcé le 30 octobre 1883

A LA CHAMBRE DES DÉPUTÉS

———

Le Parlement, qui s'était séparé le 2 août, se réunit en session extraordinaire le 23 octobre. Le Gouvernement fit distribuer aux Chambres, sous forme de *Livre jaune*, un exposé de la situation des affaires au Tonkin. Cet exposé comprenait le récit des événements qui s'étaient succédé en Indo-Chine depuis la mort du commandant Rivière, de l'opération de l'amiral Courbet sur les forts de Thuan-an (18-21 août), enfin des communications échangées entre les représentants de la France et de la Chine. Le Gouvernement ne déposait pas encore le traité de protectorat que M. Harmand avait conclu à Hué, le 25 août, parce qu'il examinait encore les modifications qu'il conviendrait peut-être d'y apporter.

Le 30 octobre, M. Granet, après quelque hésitation, se décida à interpeller de nouveau le Gouvernement sur les affaires du Tonkin. En présence de la violente campagne qui se poursuivait dans les journaux intransigeants et réactionnaires contre l'entreprise indo-chinoise, le ministère désirait vivement une explication publique que l'extrême gauche aurait, au contraire, préféré ajourner. M. Challemel-Lacour répondit en ces termes aux interpellateurs :

M. CHALLEMEL-LACOUR, *ministre des Affaires étrangères.* Messieurs, quel que puisse être le résultat de cette interpellation, et dût-elle être pour la France l'occasion de se ressaisir elle-

même, — à nos dépens, — M. Granet et ses amis ont droit
à notre reconnaissance. Nous devons leur savoir gré d'avoir compris deux choses : la première, c'est qu'en présence d'une situation qu'ils trouvent grave, la Chambre et le pays avaient le droit
de réclamer et de recevoir de nous sans délai des explications.
(*Très bien! très bien! sur divers bancs à gauche et au centre. —
Rumeurs à l'extrême gauche et à droite.*)

Un membre à droite. Il a fallu vous les demander!

M. LE MINISTRE DES AFFAIRES ÉTRANGÈRES. La se-
conde, c'est qu'après les vives attaques dirigées contre nous, il
était juste de donner au Gouvernement l'occasion de s'expliquer.
(*Approbation à gauche et au centre. — Interruptions à l'extrême
gauche et à droite.*)

Une voix à droite. Il fallait la prendre!

M. LE MINISTRE DES AFFAIRES ÉTANGÈRES. M. Granet
et ses amis nous l'ont donnée avec un empressement et une bonne
grâce dont nous sommes touchés, (*Sourires.*) avec une modération
que je reconnais et dont je remercie l'orateur, modération relative sans doute, (*Rires sur divers bancs à gauche et au centre.*) et
qui n'exclut pas la vivacité. Mais cette vivacité nous paraît faible
près des critiques qui résonnent à nos oreilles depuis trois mois...
(*Applaudissements à gauche et au centre. — Exclamations à l'extrême gauche et à droite.*) Ces critiques ont, par un crescendo inévitable, atteint dans les derniers temps un rare degré d'énergie.
Je ne m'en étonne pas.

Une question grave par elle-même, une entreprise qui s'accomplit à trois mille lieues de la mère patrie et dont le public suit
avec intérêt, avec émotion tous les incidents, souvent incertains,
le plus souvent encore défigurés par les fausses nouvelles ou par
les récits suspects, c'est là un beau champ à exploiter pour une
opposition. (*Très bien! très bien! à gauche et au centre.*)

Il est donc naturel qu'elle l'exploite. Est-ce également légitime? Je ne répondrai pas à cette question, parce que, si je disais
oui, je mentirais à ma pensée, en présence d'exagérations qui ne
sont pas faites pour servir la cause du pays. (*Marques d'approbation sur les mêmes bancs.*) Si je disais non, vous récuseriez avec
raison mon jugement comme intéressé, et vous diriez que jamais
vous n'avez eu plus de patriotisme qu'en déchaînant l'opinion
contre cette entreprise. (*Rumeurs à l'extrême gauche. — Très
bien! très bien! à gauche et au centre.*)

Les critiques, messieurs, ont porté depuis trois mois sur tout ce que nous avons fait, sur toutes les mesures que nous avons prises et que nous avons dû prendre en l'absence des Chambres. (*Murmures à l'extrême gauche.*)

Elles ont porté même sur le principe de l'expédition. Tout à l'heure, M. Granet prononçait encore le mot d'aventure; c'est celui qu'on répète chaque matin; on dénonce cette entreprise du Tonkin comme une aventure aux défiances du pays, justement avare de ses forces, justement préoccupé de sa sécurité.

Une aventure?... Si vous appelez de ce nom toute entreprise dans laquelle il y a quelques chances à courir, une part à faire à la fortune, des difficultés imprévues à rencontrer, à vrai dire je ne connais pas d'entreprise qui ne soit une aventure. Et la peur aveugle des aventures, messieurs, peut nous tuer. (*Interruptions à l'extrême gauche et à droite. — Vifs applaudissements au centre et à gauche.*) Elle ne peut que conduire au repos absolu, et, quelquefois, à des défaillances irréparables. (*Nouveaux applaudissements sur les mêmes bancs. — Bruit à l'extrême gauche.*)

Mais si vous réservez ce nom d'aventure à une entreprise formée sans réflexion, que ne commande ni l'intérêt ni l'honneur, qui ne procède que d'un esprit d'agitation et d'inquiétude, je ne connais pas, à vrai dire, d'entreprise qui le mérite moins que cette entreprise du Tonkin, délibérée, discutée dans je ne sais combien d'Assemblées successives, et décidée en dernier lieu, le 28 mai, par un vote dans lequel se sont confondus les noms de ses partisans les plus déterminés et de ses adversaires les plus persévérants. (*Vifs applaudissements à gauche et au centre. — Interruptions à l'extrême gauche et à droite.*)

M. Cunéo d'Ornano. Il ne s'agissait pas alors d'expédition!

M. le ministre. C'était peut-être une aventure...

M. Cunéo d'Ornano. Il s'agissait seulement de venger la mort du commandant Rivière, que vous aviez laissé tuer!

M. le Président. Laissez parler, monsieur Cunéo d'Ornano! Les auteurs de l'interpellation répondront.

M. le ministre. C'était peut-être une aventure, en 1858, lorsque la France et l'Espagne, associées pour venger leurs protégés chrétiens...

M. Paul de Cassagnac. Ne faites donc pas de diversion!

M. le ministre. ... faisaient ensemble cette expédition qui a abouti pour nous à la possession définitive de trois provinces de la Cochinchine.

C'était certainement une aventure, et une aventure aussi héroïque que téméraire, lorsque Francis Garnier et ses compagnons, enthousiasmés par la découverte de cette grande voie du fleuve Rouge, entraînés par la confiance de ces populations qui les recevaient comme des libérateurs et des amis, se flattaient, dans une campagne de quelques semaines, de jeter les bases d'un vaste établissement; et d'ouvrir à la France un immense avenir.

C'était alors une aventure, et on en jugea bien ainsi, puisqu'on renonça à continuer leur œuvre, ce qui n'empêcha pas quelques mois après de conclure, par je ne sais quelle contradiction, un traité qui est le point de départ de tout ce qui s'est fait depuis et de ce que nous faisons à l'heure qu'il est. (*Très bien! très bien! à gauche et au centre. — Interruptions à l'extrême gauche et à droite.*)

C'était peut-être encore une aventure, l'année dernière, lorsqu'un ministère nouveau, entrant dans une voie où le ministère précédent n'avait pas voulu s'engager, lorsqu'un ministre de la marine, autorisant ce que son prédécesseur n'avait pas voulu autoriser, approuvaient la demande du gouverneur de Cochinchine, approuvaient ses instructions au commandant Rivière, approuvaient l'envoi d'une petite force de cinq compagnies qui est restée dans le pays, seule, une année entière!

N'allez pas croire, messieurs, qu'en rappelant ce souvenir j'ai la pensée d'atteindre du plus léger blâme la décision de l'amiral Jauréguiberry...

A droite. Au contraire!

M. LE MINISTRE. Je sais, messieurs, à quels mobiles un tel cœur peut obéir; je sais de quelle pensée il s'est inspiré, mais on me permettra bien de dire que la Chambre, que le Gouvernement, préoccupés de la situation de cette petite force isolée au milieu d'une population immense, entourée d'ennemis inconnus, lorsqu'ils se préoccupaient de la dégager et de fixer notre situation au Tonkin, n'entraient pas dans une aventure. Et si quelqu'un aujourd'hui, poussant jusqu'au bout la logique de l'opposition, nous demandait de nous retirer, de renoncer à tout, je lui répondrais que personne ne tenait ce langage dans la séance du 26 mai, alors que venait d'arriver en France la nouvelle de la catastrophe du 19. Alors, pour tout le monde... (*Bruit à gauche.*)

M. TONY RÉVILLON. A qui répondez-vous?

M. LE MINISTRE. ... alors, pour tout le monde, pour vous,

critiques d'aujourd'hui, comme pour ceux qui nous approuvaient, il y eut comme une nécessité, comme une obligation, comme un devoir impérieux qui dictèrent un vote unanime et les paroles patriotiques que vous avez entendues ce jour-là.

Un membre à l'extrême gauche. Qui est-ce qui y a manqué?

M. LE MINISTRE. Quant à nous, messieurs, nous n'avons fait que signaler cette nécessité à la Chambre, et nous n'avons fait que lui demander les ressources qui, selon nous, dans notre profonde conviction, dans la conviction la plus réfléchie, étaient et devaient être suffisantes.

Je sais bien qu'aujourd'hui, messieurs, la lenteur du succès attendu soulève bien des critiques. On nous reproche — et c'est là, à vrai dire, le fond de toutes les critiques qui nous sont adressées — de nous être mépris sur la nature des résistances. Tous les matins on vous répète, — et c'est ce que vient de faire encore M. Granet dans son discours : — Vous êtes au Tonkin depuis quatre mois entiers, et vous n'avez pas encore surmonté toutes les résistances! Vous nous aviez promis une promenade militaire, et c'est une expédition véritable, (*Rumeurs à gauche.*) une lutte sérieuse, et dont l'issue se fait attendre!

Messieurs, je suis obligé d'en convenir. Oui, après quatre mois entiers révolus, toutes les résistances ne sont pas encore surmontées, et il reste un effort sérieux à faire. (*Ah! ah! à droite.*)

Mais la question est de savoir si nous nous sommes trompés autant qu'on l'a dit, et si ces résistances ont été aussi imprévues que le répétait tout à l'heure l'honorable M. Granet.

Je dois, messieurs, rappeler à la Chambre qu'au moment où le Gouvernement a reconnu la nécessité d'agir au Tonkin, il s'est trouvé appelé à choisir entre deux systèmes : le système d'une expédition relativement considérable et coûteuse; c'est celui auquel s'était arrêté l'honorable amiral Jauréguiberry, et qui échoua, je puis le dire, personne ne l'ignore aujourd'hui, dans le Cabinet, contre une opposition insurmontable.

M. GEORGES ROCHE. L'amiral Jauréguiberry avait vu juste.

M. LE MINISTRE. Nous étions aussi en présence d'un autre système, celui d'une expédition restreinte, c'est celui que nous avons adopté, messieurs, que nous sommes venus vous proposer, après nous être convaincus, par les renseignements les plus multipliés, les plus consciencieusement interrogés, que cette expédition était suffisante.

Vous pouvez bien croire, messieurs, que nous nous sommes entourés, avant de prendre une pareille détermination, de toutes les informations et de toutes les compétences : militaires, administrateurs, agents diplomatiques connaissant le Tonkin, connaissant la Chine, non pas la Chine d'autrefois, mais la Chine d'aujourd'hui. L'abondance des informations aurait pu être un embarras pour nous; leur diversité sur certains points nous a quelquefois rendus perplexes; mais toutes se sont trouvées d'accord, unanimes pour reconnaître, pour déclarer que le plan que nous avions conçu était praticable et que les ressources que nous allions vous demander étaient suffisantes pour l'exécuter.

Ah! messieurs, je suis obligé de reconnaître, ce qui est actuellement avéré pour tout le monde, que les résistances sont plus fortes que nous ne nous y étions attendus, que les forces devant lesquelles nous nous trouvons placés sont peut-être plus nombreuses et d'une autre nature; (*Bruit à droite.*) oui, messieurs, je le reconnais.

Je ne dirai pas que le Tonkin est un pays éloigné, difficile à étudier, sans routes, coupé de canaux. Non; je me contenterai de dire qu'en cette matière les certitudes sont difficiles à obtenir. Il y a tel pays, bien moins éloigné que le Tonkin, bien plus près de nous, bien plus facile à connaître, et à propos duquel des hommes éclairés, et des plus compétents, ont commis de bien autres erreurs. L'Égypte, messieurs, est presque à nos portes; elle est peuplée d'une immense colonie d'étrangers, elle est parcourue dans tous les sens, facile à connaître; elle est, permettez-moi cette expression, plus lumineuse que certains pays de l'Europe. Eh bien! rapppelez-vous qu'un consul, homme avisé, observateur attentif et scrupuleux, dans une dépêche qui a couru la presse, qui a servi d'argument pendant plusieurs mois, qui a peut-être exercé sur la direction des esprits dans le public, dans la Chambre, dans le Gouvernement, une influence décisive, rappelez-vous, messieurs, que l'agent auquel je fais allusion, dans une dépêche du 6 mars 1882, disait que, si la France se hasardait à intervenir en Égypte, il lui faudrait se résoudre au déplacement de 40 000 hommes; et vous avez entendu depuis lors les hommes politiques les plus intéressés à être bien informés, et qui certainement croyaient l'être, aller répétant que pour écraser l'insurrection militaire en Égypte il était nécessaire d'avoir 40 000 hommes et de dépenser 400 millions. (*Murmures à droite.*)

22

M. CLÉMENCEAU. On n'a jamais dit cela ici!

M. PAUL DE CASSAGNAC. Qu'est-ce que cela veut dire? Nous ne comprenons pas.

M. LE VICOMTE DE BÉLIZAL. Vous parlez par paraboles.

M. LE MINISTRE. Si je rappelle cette méprise, messieurs, ce n'est pas pour en triompher; de pareilles erreurs sont plus faciles à signaler après coup qu'à éviter en temps utile, mais je puis bien dire que si nous éprouvons aujourd'hui, dans ce qui se passe au Tonkin, peut-être certaines déceptions, les résistances que nous rencontrons ne sont pas cependant totalement imprévues.

Que se passe-t-il?

Les Pavillons-Noirs se sont cantonnés à Song-taï; des bandes chinoises, composées de déserteurs ou d'aventuriers, traversant la frontière, peut-être avec la faveur des gouverneurs des provinces méridionales de la Chine, sont venues grossir leurs rangs.

Rien de tout cela n'avait été imprévu, nous l'avions non seulement prévu, mais annoncé; et si, à l'heure qu'il est, nous nous trouvons arrêtés par ces résistances, elles n'ont rien et ne doivent avoir rien qui nous surprenne.

Cependant, quand elles se sont manifestées, nous avons dû nous décider à prendre une série de mesures, à les prendre immédiatement. Ce sont ces mesures, messieurs, qui, non moins que le principe même de l'expédition et après cette méprise sur la nature des forces et des résistances que nous devions rencontrer, ont été l'objet de tant de critiques.

Il n'est si simple mesure, de mesure si naturelle et si nécessaire, qui n'ait soulevé les objections les plus vives. Je pense en ce moment-ci à une critique que n'a pas rappelée M. Granet, mais il me permettra bien de répondre même à l'une de celles qu'il a négligées; je veux parler de ce qu'on a appelé d'un nom un peu solennel et légèrement impropre : la notification du blocus. (*Murmures à l'extrême gauche.*)

Devions-nous laisser entrer au Tonkin les armes et les munitions dont nos agents nous signalaient l'envoi soit des divers ports de la Chine, soit d'ailleurs? Si nous avions fermé les yeux sur des faits qui étaient portés à notre connaissance, qui avaient pour but et qui devaient avoir pour effet de prolonger la résistance, c'est alors que vous auriez pu nous taxer de négligence. Aussi avions-nous dû prévoir les circonstances qui pouvaient nous amener à prendre cette mesure et, dans la séance du 21 juillet, répondant à M. le duc de Broglie et parlant des éventualités que j'ai indiquées, j'ajoutais : « Dans ce cas nous aurions à examiner s'il convient, pour abréger les résistances, d'user du droit de blocus et de l'établir dans les formes voulues et après les notifications d'usage, soit aux embouchures du Sonkoï, soit sur quelques points des côtes de l'Annam. »

Ces éventualités se sont produites, et nous avons pris une mesure d'une légitimité incontestable. N'oubliez pas, messieurs, que nous sommes, au Tonkin, substitués au roi d'Annam, que cette situation emporte pour nous le droit de nous servir contre les pillards qui désolent cet État de tous les moyens qu'il aurait employés lui-même, et entre autres d'interdire l'accès des côtes aux envois d'armes et de munitions. C'est ce qu'a fait l'Espagne dans la guerre carliste en interdisant l'accès des côtes cantabriques ; et c'est ce que fait, à l'heure qu'il est, le gouvernement d'Haïti en déclarant le blocus des côtes où se trouvent réunis les rebelles. Mais nous n'avions pas même à invoquer le droit commun ; il nous suffisait de rappeler que, dans un traité de commerce conclu le 31 août 1874 avec le roi d'Annam, il y avait un article 2 ainsi conçu :

« Dans les ports ouverts, le commerce sera libre ; cependant les armes et munitions de guerre ne pourront être ni importées ni exportées par le commerce. »

Nous n'avions qu'à rappeler cette disposition, et les mesures que nous avons prises ne pouvaient et ne devaient être considérées que comme la sanction d'une interdiction préexistante. C'est bien ainsi, en effet, que toutes les puissances l'ont compris. Nous nous sommes hâtés de donner à notre décision la plus large publicité, et il ne s'est élevé de la part d'aucune puissance ni une réclamation, ni une protestation, ni une réserve. Je me trompe : la Chine a saisi cette occasion pour rappeler une fois de plus ses droits de suzeraineté sur l'Annam ; mais elle-même ne pouvait contester la légitimité de la mesure que nous lui annoncions, et elle a pris l'échappatoire d'une enquête, satisfaction facile, que nous ne lui avons point contestée. Elle est si accoutumée à procéder par voie d'assertion et à répondre à la question par la question, que sa réclamation ne pouvait nous étonner.

Nous avons pris ainsi, messieurs, une mesure légitime dont l'usage n'a soulevé aucune protestation, aucune critique, si ce n'est en Chine et parmi les adversaires du Cabinet. (*Réclamations à l'extrême gauche. — Mouvements divers.*)

M. CLÉMENCEAU. Nous ne nous attendions pas à trouver un pareil argument dans votre bouche, il n'est pas digne de vous.

M. LE MINISTRE. Je ne fais que constater un fait.

M. CLÉMENCEAU. Vous n'avez pas le droit d'employer de pareils arguments contre nous. Vous savez que nous ne méritons pas ce reproche.

M. LE MINISTRE. Je n'ai nulle intention de vous blesser, ni vous ni vos amis, monsieur Clémenceau, je me borne à signaler un fait connu de tous, et qui a été dans les journaux qui nous sont opposés l'objet des plus amères critiques. (*Interruptions à l'extrême gauche.*)

M. DE DOUVILLE-MAILLEFEU. Encore les journalistes! Mais, vous-même, monsieur le ministre, vous êtes journaliste.

M. PAUL BERT. Nous savons tous qu'il n'y a pas de journalistes ici.

M. LE MINISTRE. J'aborde, maintenant, l'opération de Tuan-an et le traité de Hué. Non pas, messieurs, pour examiner ce traité; le moment n'est pas venu, il sera soumis à votre ratification et vous pourrez alors étudier en détail et avec attention toutes ses clauses; mais uniquement pour exposer les raisons qui nous ont déterminés à autoriser cette opération et à l'autoriser sans nous croire obligés de la faire précéder par une convocation anticipée de la Chambre.

Un membre à gauche. Vous avez eu tort.

M. LE MINISTRE. J'écarte, messieurs, les accusations véhémentes, les imputations très vives qui ont été dirigées contre nous à ce sujet. Nous avons été injuriés, menacés... (*Interruptions à droite et à gauche.*)

M. GEORGES ROCHE. C'est le sort de tous les gouvernements.

M. LE COMTE DE DOUVILLE-MAILLEFEU. Mais, où donc?... Encore les journaux!... est-ce que cela nous regarde, les journaux? qu'ils s'arrangent entre eux! la presse est libre, et les journaux ne nous regardent pas.

M. LE MINISTRE. Nous avons été mis en accusation; nous avons été, je le crois, condamnés. La justice des réunions publiques, anarchistes ou autres, a devancé la justice de quelques-uns de nos collègues... (*Murmures à l'extrême gauche. — Protestations à droite.*)

M. GEORGES ROCHE. Vous savez bien que vos collègues ne veulent pas vous condamner sans vous entendre. Ce que nous vous demandons, ce sont des explications.

M. LE COMTE DE DOUVILLE-MAILLEFEU. Mais cela est pitoyable! Cela fait de la peine! Comment, on vient nous parler ici, maintenant, de réunions publiques!...

M. Tony Révillon. Les réunions publiques sont composées de nos électeurs et des vôtres.

M. Cunéo d'Ornano. Fusillez-moi tous ces gens-là! (*Exclamations sur un grand nombre de bancs. — Rires à droite.*)

M. le ministre. J'écarte tout cela, n'étant pas bien persuadé de la sincérité de cette émotion, et jugeant qu'il convient simplement de réduire sans aucun appareil oratoire la question à ses termes les plus élémentaires.

C'est, messieurs, le 30 juillet, que, dans une conférence tenue à Haï-phong entre le commissaire civil et les chefs militaires au Tonkin, a été décidée l'opération de Tuan-an. C'est le 5 ou le 6 août, deux jours après la séparation des Chambres, que cette décision a été portée à la connaissance du Gouvernement. C'est le 18 août qu'autorisée par nous, elle a été exécutée, vous savez avec quelle sûreté de coup d'œil, et avec quel succès.

Vous n'avez pas oublié que nous n'avions pas l'intention de nous rendre à Hué, que nous avions repoussé obstinément les suggestions qui nous étaient adressées à ce sujet. Nous n'avions même pas voulu que notre envoyé à Hué, M. de Kergaradec, se présentât accompagné d'une force militaire quelconque, parce que nous avions l'espérance, en dépit de tout, que le roi d'Annam reviendrait spontanément et sans contrainte à une appréciation plus saine de la situation. (*Interruptions à droite.*)

Mais bientôt, messieurs, cette opération fut reconnue nécessaire par tout le monde ; M. de Kergaradec, à peine arrivé à Saïgon, nous informait qu'il se convertissait à l'opinion qu'il avait combattue jusque-là. Nos agents diplomatiques en Chine insistaient sur la nécessité de mettre, en frappant à Hué un coup retentissant, un terme à une situation dangereusement équivoque.

Ici même, parmi vous, messieurs, les plus compétents, au Sénat plusieurs marins nous avertissaient, nous prédisaient que nous serions obligés de nous rendre à Hué, d'y imposer par la force la modification du traité en forçant l'entrée de la rivière et en nous emparant des forts qui en commandent l'accès.

Nous-mêmes, sans nous rendre encore, nous avions été obligés de prévoir cette éventualité, et le 21 juillet, interrogés par M. le duc de Broglie sur l'état de nos véritables rapports avec l'Annam, nous étions obligés de lui répondre qu'à la vérité il n'y avait point de guerre déclarée entre nous et cet État, mais qu'il était bien vraisemblable, et même presque certain que dès ce moment le roi d'Annam nous faisait une guerre occulte, et nous ajoutons :

« S'il nous était démontré qu'il nous est impossible de triompher du désordre au Tonkin sans nous adresser à celui qui l'y fomente, que nous ne pouvons établir la paix dans le bassin du fleuve Rouge sans faire sentir notre action ailleurs, messieurs, nous aurions à examiner cette nécessité (*Très bien ! à gauche.*) et nous vous demanderions de sanctionner les résolutions qui nous seraient commandées par l'intérêt public. »

Personne, messieurs, ne se méprit sur le sens de ces paroles. Il fut entendu dès lors que, du moment où ce que nous ne faisions que soupçonner serait avéré et certain, des résolutions s'imposeraient. Eh bien, l'éventualité que j'avais prévue à ce moment s'était déjà accomplie... (*Rires ironiques à droite*)... Messieurs, je la prévoyais à Paris et elle était accomplie au Tonkin.

Trois jours avant, la sortie heureuse du colonel Badens, en avant de Nam-dinh, avait eu lieu : plus de mille ennemis, tous Annamites réguliers, étaient restés sur le carreau ; parmi eux, un mandarin ayant le grade de général ; enfin, on avait pris sept canons portant la marque française : c'étaient les canons mêmes que nous avions donnés à l'empereur Tu-Duc en 1874. (*Mouvement.*)

Il n'y avait plus, en présence de cette preuve matérielle, de doute à conserver sur nos véritables relations avec le gouvernement annamite et sur la conduite qui nous était imposée.

Nous ne pouvions pas d'ailleurs méconnaître les nécessités de toute nature, politiques, diplomatiques, et les raisons d'opportunité même qui commandaient l'opération. Il fallait couper court à l'envoi secret, mais certain, de soldats annamites au Tonkin, a l'envoi de ressources en argent et en munitions aux Pavillons-Noirs ; il fallait enlever aux mandarins annamites le prétexte de dire que, en nous contrecarrant, en nous combattant, ils ne faisaient qu'obéir aux ordres de leur souverain ; il fallait mettre un terme à cette situation bizarre d'un souverain protégé par nous et sollicitant le secours de la Chine contre nous au moment même où il se répandait en protestations pacifiques à notre égard ; il fallait le faire et le faire à ce moment-là.

Le roi Tu-Duc venait de mourir vers le milieu de juillet, et sa mort devait avoir provoqué à Hué un trouble, elle devait avoir affaibli des influences auxquelles la nôtre pouvait et devait se substituer. Enfin, il fallait le faire à ce moment-là, parce que la saison même le commandait. On touchait à la fin du beau temps. Quelques semaines encore, et le changement de la mousson aurait, sinon rendu absolument impossible cette opération, au moins augmenté considérablement ses difficultés. Nous avons autorisé l'opération et nous l'avons autorisée sans croire que nous devions consulter les Chambres... (*Ah! ah! à droite.*) Nous n'avons pas appelé les Chambres, non pas seulement parce que le temps pressait, non pas seulement parce que nous ne voulions pas, en les rappelant deux ou trois jours après leur séparation, causer dans le pays une émotion vive et perturbatrice... (*Réclamations à droite.*)

M. LE BARON DUFOUR. Vous l'aviez formellement promis!

M. LE MINISTRE. Nous ne voulions pas troubler et tromper le pays en lui faisant croire à un péril qui n'existait pas.

M. OLLIVIER. Vous aviez les élections à faire!

M. LE MINISTRE. Mais, messieurs, quelque sérieuses et puissantes que fussent ces raisons, ce ne sont pas celles qui nous ont déterminés. Celles qui nous ont déterminés sont au nombre de deux : l'une, c'est que les conditions dans lesquelles nous avions prévu la nécessité d'une convocation, les conditions qui l'auraient rendue nécessaire, ne se trouvaient pas remplies. La seconde, c'est qu'il nous a paru que l'opération que l'on allait entreprendre rentrait absolument dans le cercle de celles que vous aviez d'avance autorisées. (*Protestations à l'extrême gauche et à droite.*)

Messieurs, il y a des critiques qui m'étonnent toujours. Je ne m'étonne pas qu'on nous reproche de trahir ou de violer la Constitution; je ne m'étonne pas que la Constitution trouve pour défenseurs toujours prêts et toujours animés d'une ardeur jalouse ceux qui la trouvent détestable ou ceux qui veulent la détruire. (*Rires approbatifs à gauche et au centre. — Interruptions à droite et à l'extrême gauche.*)

M. CUNÉO D'ORNANO. Vous l'avez imposée au pays.

M. LE BARON DUFOUR. Ceux qui l'ont faite devraient la respecter. Soumettez-la au pays et vous verrez ce qu'il vous répondra!

M. LE PRÉSIDENT. Veuillez faire silence, messieurs!

M. LE MINISTRE. Je m'étonne toujours que les oppositions parlent, critiquent — je ne dis pas déclament — comme si elles étaient convaincues que les cabinets n'attendent absolument que la séparation des Chambres pour se jeter dans des entreprises.

M. Paul de Cassagnac. C'est votre habitude! Demandez à M. Jules Ferry! (*Bruit*). Vous êtes des récidivistes, messieurs les ministres!

M. le ministre. Je ne m'abuse pas sur les difficultés de la discussion publique; personne ne les ressent plus que moi, personne n'en connaît plus que moi l'étendue; je crois pouvoir vous dire cependant que, si grandes qu'elles soient, ce n'est pas en l'absence des Chambres que le gouvernement est le plus difficile, que la responsabilité est la plus lourde. En l'absence des Chambres elle pèse tout entière sur les ministres, (*Très bien! à gauche.*) et ceux — je crois être de ceux-là — qui ont le sentiment de cette responsabilité, désirent plus qu'ils ne redoutent la présence du Parlement. (*Interruptions.*)

M. le vicomte de Bélizal. C'est un désir bien platonique jusqu'ici.

M. le ministre. Mais enfin, messieurs, je comprends que les partisans de la permanence des Assemblées, ceux-là surtout qui veulent non seulement que les Assemblées légifèrent et contrôlent, mais encore qu'elles gouvernent et parfois qu'elles administrent, ceux surtout qui n'admettent pas que le Gouvernement ait aucune initiative, qu'il puisse prendre aucune mesure, qu'il puisse concevoir et exécuter aucune résolution, qu'il puisse accomplir aucun acte qui n'ait été au préalable autorisé par le Parlement, je comprends que ceux-là élèvent des plaintes; mais je suis obligé de leur répondre que leur régime préféré, le régime de la permanence des Assemblées est peut-être excellent, est peut-être le meilleur de tous, est peut-être le seul bon; mais enfin ce n'est pas celui qui nous régit... (*Bruit à droite.*) Et ceux qui en sont les partisans n'ont qu'à l'inscrire — et c'est probablement ce qu'ils ont fait déjà — dans leur programme de revision. Quant à ceux qui acceptent définitivement ou provisoirement... (*Rumeurs sur divers bancs.*) le régime actuel, qui comporte, aux termes de la Constitution, l'absence des Assemblées, ou plutôt la prorogation des Assemblées pendant sept mois, si je ne me trompe, sans cependant que les fonctions gouvernementales soient interrompues, ceux-là n'ont à examiner qu'une chose, non pas si l'opération que nous avons autorisée était utile, cela ne serait pas assez; non pas même si elle était nécessaire, cela même ne suffirait pas; ils ont à examiner si elle rentrait dans le cadre des opérations que la Chambre avait d'avance autorisées; si elle était conforme aux engagements que nous avions pris nous-mêmes, ou bien si elle les dépassait. Eh bien, je n'hésite pas à dire que, selon moi, elle rentrait dans le cadre des opérations que vous aviez non seulement autorisées, mais implicitement prescrites. (*Exclamations à l'extrême gauche et à droite.*)

M. LAROCHE-JOUBERT. Pour le coup, c'est trop fort!

M. LE MINISTRE. Je n'ai pas l'intention, par une interprétation excessive, de vouloir tirer du vote de confiance du 11 juillet ce qu'on a appelé un blanc-seing, — nous ne l'avons pas demandé, j'ajoute que nous n'en aurions pas voulu, — mais enfin, messieurs, quoi qu'en puissent penser ceux aux yeux desquels les ordres du jour de confiance votés par une majorité sont des banalités insignifiantes, celui-là cependant avait et devait avoir un sens. Eh bien, nous avons pensé qu'en nous prescrivant la fermeté en même temps que la prudence, on nous recommandait de ne négliger aucune des mesures, de n'omettre aucune des opérations qui pourraient avoir pour effet d'abréger la guerre et de nous approcher du but que nous nous proposions. Or, je vous le demande, le but de la guerre, le but de l'expédition a-t-il changé? Les desseins que nous vous avons soumis ont-ils été modifiés, et la guerre, transportée un instant sur un autre théâtre, s'est-elle étendue? Nous avons autorisé une opération reconnue et proclamée par tous comme nécessaire... (*Interruptions à l'extrême gauche.*)... par tous ceux qui ont le droit d'avoir une opinion autorisée sur ces matières.

M. PAUL DE CASSAGNAC. Par un chirurgien de seconde classe!

M. CLÉMENCEAU. Mais c'est nous qui avons ce droit! C'est la Chambre! (*Bruit*).

M. LE MINISTRE. Elle s'est accomplie avec votre plein assentiment, avec la pleine confiance que vous l'approuveriez, dans des conditions qui ont fait le plus grand honneur à notre marine, à l'amiral Courbet, et j'ajoute : à nos négociateurs, MM. Harmand et de Champeaux; elle a abouti à un traité que le moment n'est pas venu d'examiner. Nous n'avons jamais cru ni pensé que ce traité dût avoir pour effet de mettre un terme à toutes les difficultés; mais il devait éclaircir une situation diplomatique et militaire déjà très fausse. A l'heure qu'il est, il est établi que, si les Annamites continuent à nous résister au Tonkin, ils ne le font plus de l'aveu du roi d'Annam... (*Interruptions et rires à droite.*)

M. PAUL DE CASSAGNAC. Nous voilà bien avancés! (*Bruit.*)

M. LE PRÉSIDENT. Messieurs, veuillez faire silence. Il serait impossible à M. le ministre des Affaires étrangères de continuer ses explications au milieu de ces interruptions.

M. LE MINISTRE. Ce traité n'a pas produit tous ses effets; il en a produit quelques-uns et, à l'heure présente, nous pouvons dire que la résistance des Annamites s'affaiblit, leurs troupes se désorganisent et désarment. (*Bruit et mouvements divers.*)

Messieurs, je regrette de fatiguer la Chambre... (*Non! non! Parlez!*)

Sur divers bancs. Reposez-vous! reposez-vous!

M. LE COMTE DE DOUVILLE-MAILLEFEU. Si vous voulez vous reposer, monsieur le ministre?...

M. PAUL DE CASSAGNAC. Oui, reposez-vous!

(*M. le ministre des Affaires étrangères se tourne vers M. le Président et lui dit quelques mots à voix basse.*)

M. LE PRÉSIDENT. Messieurs, ce que M. le ministre réclame en ce moment, ce n'est point un instant de repos, c'est une attention continue et un peu silencieuse, attention que je vous prie de vouloir bien lui accorder.

M. LE MINISTRE. Messieurs, la pensée qui a présidé à l'opération de Hué est la même qui nous a déterminés à envoyer des renforts au Tonkin.

Lorsqu'après les affaires du 15 août et du 1er septembre les premières demandes de renforts nous sont arrivées, lorsque dans le courant du mois de septembre on nous a représenté...

A gauche. On n'entend pas!

M. LE PRÉSIDENT. Messieurs, veuillez faire silence et vous entendrez!

A droite. Que M. le ministre se repose.

(*M. le ministre descend quelques marches de la tribune.*)

M. CLÉMENCEAU. Nous demandons que M. le ministre se repose.

M. LE MINISTRE. Je demande une suspension de la séance.

M. LE PRÉSIDENT. M. le ministre des Affaires étrangères demande que la séance soit suspendue.

Il n'y a pas d'opposition? (*Non! non!*)

La séance est suspendue pour quelques instants.

(*La séance, suspendue à quatre heures cinq minutes, est reprise à quatre heures vingt-cinq.*)

M. LE PRÉSIDENT. La séance est reprise.

La parole est à M. le ministre des Affaires étrangères pour continuer son discours.

M. LE MINISTRE DES AFFAIRES ÉTRANGÈRES. Je remercie la Chambre d'avoir permis une interruption qui n'a pour cause que ma grande fatigue et qui risque, je le crains, d'ôter quelque peu de leur intérêt aux observations qui me restent à lui présenter.

Je parlais des renforts que nous avons envoyés au Tonkin, et qui nous ont été demandés après les affaires du 15 août et du 2 septembre. Nous les avons envoyés sans hésiter, persuadés que nous répondions à la pensée de la Chambre et à ses véritables intentions. Nous n'avons pas cru manquer, en cela, à nos enga-

gements ; nous ne les avions point oubliés, M. Granet nous les a
rappelés ; ils nous l'ont été à différentes reprises dans le cours
des vacances, quelquefois accompagnés de commentaires qui
auraient pu être pénibles à notre amour-propre.

Je puis, messieurs, relire les paroles que j'ai prononcées dans
la séance du 11 juillet devant la Chambre, sans en éprouver le
moindre embarras. Je crois qu'on peut comparer notre langage
et nos actes sans trouver entre l'un et les autres aucune espèce
de contradiction.

Qu'avons-nous fait devant des résistances, plus fortes, il est
vrai, que nous ne nous y étions attendus et qui ont arrêté momentanément l'effort de nos troupes ? Nous avons usé des ressources
modestes dont nous disposions, sans faire ni en France, ni en
Algérie, aucun emprunt qui fût de nature à compromettre ou à
gêner en quoi que ce soit notre système de mobilisation.

Que vous avions-nous dit encore ? Nous vous avions dit que,
pour peu que la situation au Tonkin prît quelque gravité, et qu'il
fallût employer d'autres moyens, ce serait encore vous qui prononceriez.

Eh bien, messieurs, nous croyons pouvoir affirmer, sans manquer à la vérité, et dans tous les cas avec une conviction sincère
et profonde, que jamais, depuis l'arrivée, aux mois de juin et de
juillet, de nos premières troupes au Tonkin, que jamais la situation n'a présenté de gravité.

Certes, nous savons que toute entreprise à cette distance est
chose sérieuse, qu'une opération de ce genre peut être grosse de
conséquences, et que la moindre déception, l'apparence même
d'un revers, peut émouvoir fortement l'opinion. Mais, ce que
nous vous disons, c'est que jamais la sécurité des places dans
lesquelles nous nous sommes établis n'a été le moins du monde
compromise. Ce qui s'est passé de plus sérieux, vous le savez,
messieurs, c'est l'affaire du 15 août : la tentative du général
Bouët pour s'emparer d'un village fortifié, celui de Phu-hoai.
Eh bien ! il n'est pas possible de dire que la tentative a pleinement réussi, puisque le but poursuivi n'a pas été atteint ; mais il
serait également inexact de dire qu'il y a eu là un revers et que
l'entreprise a complètement échoué. Dans tous les cas, elle a été
réparée, glorieusement réparée, par l'affaire du 1er septembre,
dont le général Bouët résume ainsi qu'il suit les résultats :

« En résumé, à la suite de cette opération promptement

conçue, combinée et exécutée, l'échec infligé à l'ennemi par une poignée de monde (5 compagnies françaises, 44 artilleurs, le reste indigène) était notoire. Sa retraite s'effectuait de tous côtés, ses pertes étaient sérieuses : plus de 1,000 Chinois tués ou blessés et 500 ou 600 Annamites, dont le Tuan-Phu, notre ennemi acharné. Enfin Luu-Vinh-Phuoc » — c'est le chef des Pavillons-Noirs — « était blessé, d'après les bruits qui couraient. Le moral de la troupe avait doublé de valeur, sa confiance était entière ; le fleuve Rouge devenait libre jusqu'à l'entrée du Day. » Tels étaient les résultats de ces deux journées.

Et depuis lors, messieurs, pas une seule opération qui n'ait réussi. En sorte qu'à l'heure qu'il est, malgré la peinture bien assombrie que l'honorable M. Granet a faite de la situation, nous sommes en réalité, non pas renfermés dans le Delta, mais maîtres des trois quarts du Delta. Il est vrai que les ennemis, Pavillons-Noirs, Chinois, Annamites ou autres, restent en possession de deux places importantes, considérables, dont il est absolument nécessaire qu'ils soient promptement délogés. C'est à cela que nous avons dû pourvoir par l'envoi de renforts. Ces renforts nous étaient demandés dès le 2 septembre, et dès le 15 août même ils nous étaient réclamés avec instance, non pas que notre corps expéditionnaire courût le moindre péril, mais le temps était là un élément essentiel, et c'est en ces termes, dans le même rapport dont je viens de vous lire un passage, que le général Bouët renouvelait sa demande :

« Les journées du 1er et du 2 septembre (en raison de la résistance que les ennemis avaient opposée) confirmaient, disait-il, l'exactitude de cette appréciation. La métropole n'avait pas un moment à perdre si elle voulait en finir promptement au Tonkin. Les avis lui arrivaient assez à temps pour que la campagne pût s'ouvrir au commencement de la bonne saison. »

C'est qu'en effet, messieurs, à cette date, les eaux déjà basses ne permettaient plus d'utiliser, comme précédemment, notre flottille dans les opérations de guerre ; c'est que les chemins défoncés, le terrain détrempé allaient suspendre pour plusieurs semaines toutes les opérations ; c'est que le mois de novembre, le plus favorable en raison de la température et de l'état du sol, approchait, et il fallait être en mesure de reprendre, dès cette époque, les opérations dans les conditions les plus favorables. Nous n'avons pas hésité, et nous avons envoyé ces renforts.

Avons-nous agi conformément à vos intentions? Avez-vous jamais eu la pensée, qui serait, dans notre conviction, incompatible avec aucune espèce d'entreprise, de rendre le Gouvernement aveugle à toutes les nécessités les mieux démontrées, sourd à toutes les demandes les mieux fondées? Nous avons envoyé des renforts sans engager nos forces, en respectant jusqu'au scrupule l'intégrité de notre système de mobilisation, sans entamer un régiment, et nous croyons, en prenant cette responsabilité, avoir rempli un devoir; nous nous félicitons, quoi qu'il puisse advenir, sous ce déluge de fausses nouvelles, controuvées et propagées partout pour semer le découragement et le doute, nous nous félicitons d'avoir gardé notre sang-froid, et nous sommes heureux de voir que le pays n'a pas perdu le sien. (*Vifs applaudissements à gauche et au centre.*)

J'arrive, messieurs, aux considérations relatives aux négociations avec la Chine. Ces négociations ont avec les événements militaires du Tonkin des rapports étroits. Elles ont été, sur des informations souvent bien incomplètes et bien inexactes, l'objet de vives critiques; vous avez pu en juger par celles que l'honorable M. Granet a apportées à cette tribune. Nous avons pensé que le court exposé que nous avons présenté, que les dépêches, que les pièces peu nombreuses, mais capitales, que nous avons cru devoir y insérer, auront peut-être rectifié certaines idées. On peut voir quelle a été notre conduite, quel a été notre but. On nous reproche l'insuffisance d'un exposé dans lequel, je dois le dire, nous n'avons visé, en recherchant avant tout la brièveté et la clarté, qu'à donner une idée précise au pays et à vous-mêmes de la situation actuelle; c'est pourquoi nous en avons éliminé toutes les pièces qui auraient présenté un caractère particulièrement historique. D'autres nous ont suppléés. Une publication dont on a fait grand bruit, qu'on avait annoncée avec fracas comme devant être accablante pour nous, une autre publication a eu lieu.

Quoique la plupart des pièces dont elle se compose fussent connues de nous, j'ai profité de cette publication pour les relire avec soin, et il m'a semblé résulter avec évidence de cette lecture deux choses. La première, c'est que la Chine a cru, à partir de 1880, pouvoir rompre un silence qu'elle n'explique pas et qu'elle avait gardé pendant six ans, pour affirmer, pour élever, pour renouveler sans cesse les prétentions dont elle n'a jamais

produit le titre et n'a jamais exactement défini la nature. Il en
ressort, en second lieu, que le gouvernement français a suivi
dans cette question une ligne de conduite dont aucun des ministres successifs ne s'est écarté, et vous savez que depuis 1880 ils
ont été nombreux!

Un membre à droite. Oh! oui; beaucoup trop nombreux!

M. LE MINISTRE DES AFFAIRES ÉTRANGÈRES. Malgré
les différences de tempérament, de situation, de tendances,
tous, M. Barthélemy Saint-Hilaire comme M. de Freycinet,
M. Gambetta comme M. Duclerc, tous ont cru devoir garder la
situation qui avait été prise d'abord, tous ont cru devoir maintenir les droits fondés sur les traités dont nous avons toujours
argués, que nous avons toujours défendus, que nous n'avons
jamais abandonnés. (*Applaudissements à gauche et au centre.*)

J'ignore quel a été le but véritable de ceux qui ont suggéré ou
fait cette publication. Mais s'ils se sont proposé de mettre en
évidence l'inconsistance des idées du gouvernement chinois — je
lui en demande pardon — et la fermeté et la suite des idées des
ministres français, ils ont parfaitement réussi, et il nous est impossible de nous plaindre de cette publication. (*Vifs applaudissements sur un grand nombre de bancs à gauche et au centre.*)

J'avoue, messieurs, que cette publication, nous ne nous en
serions pas chargés; nous ne l'aurions pas faite; nous aurions
cru manquer, et manquer gravement aux convenances diplomatiques les plus élémentaires. (*Nouveaux applaudissements sur les
mêmes bancs.*) Nous n'aurions pas voulu publier notamment cette
dépêche du 14 juin dont le dernier paragraphe a paru, non sans
cause, à M. de Freycinet être une dérogation étrange aux usages
diplomatiques. Je n'aurais pas voulu publier cette dépêche à la
suite de laquelle M. de Freycinet crut devoir déclarer au gouverneur chinois, Lung-Tsi-Amen, que si le ministre qui le représentait ne changeait pas le ton de sa correspondance, on serait
obligé de renoncer à toutes relations avec lui. (*Très bien! très
bien! sur divers bancs à gauche et au centre.*) Je n'aurais pas
voulu publier cette pièce, non plus que beaucoup d'autres.

Ont-elles apporté sur quelque point que ce soit la moindre
lumière? Vous les avez toutes lues, vous avez pu en juger; quant
à moi, je ne le crois pas, mais, dans tous les cas, elles ne vous
ont pas appris ce qu'on saura certainement quelque jour : par
quelles suggestions la Chine s'est laissé induire non seulement

à concevoir, mais à formuler les étranges propositions que vous savez ; on saura quelque jour par quel travail souterrain certaines personnes se sont appliquées — et elles y ont réussi — à lui persuader que les projets de la France n'étaient pas sérieux et que vous n'aviez ni la volonté ni les moyens de les soutenir. (*Très bien ! très bien ! et applaudissements à gauche et au centre.*)

On saura également, messieurs, quelle influence ce travail et ces suggestions ont pu avoir sur les événements militaires qui se sont passés au Tonkin.

Je ne veux pas rechercher cela, en ce moment-ci. Je me contente de constater ce qui ressort avec évidence de toutes les publications placées sous vos yeux ou par nous ou par d'autres, à savoir la lenteur calculée que la Chine a apportée dans les négociations ; les interruptions, encore inexpliquées à cette heure, des pourparlers entamés. Qu'attendait-elle ? Était-ce que les événements prissent au Tonkin un tour favorable à ses vues ? ou bien quelque événement parlementaire qui la mît en présence d'un ministère... (*Très bien ! très bien ! applaudissements prolongés à gauche et au centre. — Protestations à l'extrême gauche.*)

M. Clémenceau. Qui est-ce qui vous a donné le droit de parler ainsi ?... (*Nouveaux applaudissements sur les mêmes bancs.*)

M. le ministre. Je ne sais ce qu'il en est, mais ce que je sais bien, c'est que, à juger des procédés employés par le gouvernement chinois....

M. Georges Périn. Je demande la parole.

M. le ministre. ... d'après nos habitudes occidentales, — et j'avoue que cela ne serait pas juste, — il semble bien évident, ou du moins bien probable que le gouvernement chinois n'a jamais cherché une transaction sérieuse et ne s'est jamais appliqué qu'à gagner du temps. Quant à nous, malgré tout, nous avons cru devoir négocier, avec la sincérité, avec le sérieux qui convenaient à la dignité de ce pays et à la grandeur des intérêts dont nous étions chargés.

Nous avons cherché à parler, à agir d'une manière conforme à la pensée de cette Assemblée, et c'était une pensée de transaction sage, d'arrangement pacifique, de combinaison équitable, mais elle n'a jamais pu être une pensée d'humiliante capitulation. (*Vive adhésion et applaudissements au centre et à gauche.*)

Nous avons, dit M. Granet, laissé échapper une merveilleuse occasion d'arriver à cette transaction, et il a rappelé l'arrange-

ment Bourée. Je suis obligé d'y revenir, messieurs, je le regrette
presque; il me semble que je devrais en avoir fini avec une question que j'ai discutée plusieurs fois, soit devant vous, soit au
Sénat, sur laquelle la Chambre s'est prononcée d'ailleurs en
pleine connaissance des faits...

Au centre. C'est vrai!

M. LE MINISTRE... je ne devrais pas avoir à y revenir;
mais on insiste, on rappelle incessamment cette merveilleuse
occasion que nous avons eue de fixer pacifiquement, avantageu-
sement notre situation au Tonkin. M. Granet a rappelé, a
signalé, a lu à la Chambre le télégramme envoyé au marquis
Tseng à la suite du rappel de M. Bourée, télégramme plein de
regrets de ce départ inattendu. On avait eu, à ce qu'il paraît,
des entretiens, et on en attendait de grands fruits.

Je ne dis pas non, mais je voudrais bien qu'on me dît et qu'on
m'expliquât comment, dans ces documents publiés probablement
par le gouvernement chinois ou par son ministre, il n'est pas
fait une seule allusion à cet arrangement, il n'est pas dit un
seul mot de cette merveilleuse convention. Il est bien parlé d'un
accord dans le télégramme qui vous a été lu, mais pas de convention; il mentionne tout simplement une entente par laquelle
les négociations, devenues impossibles à Paris entre le ministre
de Chine et le ministre des Affaires étrangères de France,
étaient transportées à Pékin. Où donc est-il question de cette
convention? Nous ne la connaissons que par ce que nous en a
dit notre agent. Le gouvernement chinois a l'occasion de parler,
il envoie des télégrammes à son ministre, il regrette le départ de
M. Bourée, et il n'est pas question de l'arrangement conclu
entre M. Bourée et lui. On a dit que cet arrangement avait été
accepté par le gouvernement chinois, et l'un de ces journalistes privilégiés, qui reçoivent toutes les confidences, a même
déclaré...

Plusieurs membres à l'extrême gauche. C'est le *Temps.*

M. LE MINISTRE... avoir vu, de ses yeux vu, les pièces par
lesquelles le gouvernement chinois avait accepté cet arrangement. Cette assertion devait éveiller mon attention. J'ai relu de
nouveau, avec le plus grand soin, les dépêches nombreuses de
M. Bourée. J'y ai cherché le détail précis de cette négociation,
et je vais vous dire ce que j'ai trouvé, messieurs.

A la date du 25 décembre, ou à peu près, M. Bourée envoie

au Tsong-li-Yamen une communication relative à cet arrangement. Il comptait sur une acceptation immédiate, c'est lui-même
qui nous en fait l'aveu ; au lieu de cette acceptation, il reçoit une
lettre contenant des contre-propositions de la nature la plus
inattendue, et voici comment il les résume :

« D'abord, on me demandait qu'aucun cadre ne fût assigné
par avance aux travaux des délégués français et chinois. Ce
n'est qu'après qu'ils auraient été déterminés de part et d'autre
que l'on s'occuperait de déterminer les matières à soumettre à
leur examen. Ensuite il était dit qu'un envoyé annamite devrait
faire partie de la conférence, et que les résolutions auxquelles
s'arrêteraient les plénipotentiaires ne deviendraient définitives
qu'après avoir reçu la sanction de la cour de Hué. Enfin la lettre,
écrite sur un ton médiocrement courtois, se terminait par la
demande que nous n'augmentassions pas nos effectifs militaires
au Tonkin, et l'on ajoutait que les troupes impériales s'étant
retirées de cette contrée, si nous venions, nous, à porter les
nôtres en avant, sous quelque prétexte que ce fût, il pourrait en
résulter des conséquences fâcheuses pour le maintien des bonnes
relations entre les deux pays. »

Cette lettre, « écrite sur un ton médiocrement courtois »,
nous ne la connaissons pas : notre agent n'a pas cru devoir
nous l'envoyer, peut-être parce qu'elle ne lui paraissait pas
intéressante, quoiqu'elle contînt — ce qui était pour nous d'une
certaine importance — les premières vues du gouvernement
chinois.

Dans sa déconvenue amère, notre agent s'adresse au secrétaire, à l'interprète, à l'ami de Li-Hong-Tchang, vice-roi de
Petchéli, avec lequel il avait négocié, M. Ma-Tching-Tong, fort
connu de plusieurs membres de cette Assemblée. Celui-ci, en
excellent conseiller, donne à M. Bourée l'avis de rédiger lui-
même un télégramme à Li-Hong-Tchang dans les termes qui
lui paraissent nécessaires pour le rassurer lui-même.

Le 27 décembre, Li-Hong-Tchang répond, non pas à M. Bourée,
mais à son fidèle interprète Ma-Tching-Tong ; il répond non par
le télégramme que M. Bourée avait rédigé — et que nous ne
connaissons pas, — mais par un autre télégramme, que je
demande à la Chambre la permission de lui lire intégralement,
quoique le commencement et la fin aient seuls véritablement
trait à la question qui nous occupe. Je le lirai intégralement,

23

cette garantie de notre sincérité paraissant devenue nécessaire pour certains esprits. (*Mouvements divers à l'extrême gauche.*)

Voici ce télégramme :

« Je vous prie de dire à M. le ministre de France que, dans le passage du Tchao-Kouei du Tsong-Li-Yamen, où il est question des points à étudier par les deux délégués à nommer, le véritable sens doit être : il faudra réserver pour plus tard la discussion des détails et l'on ne sortira pas du cadre convenu à Tien-tsin. Quant au délégué de l'Annam, il sera seulement adjoint pour fournir au besoin des informations s'il y est requis, et, en ce qui concerne les décisions à prendre, le plénipotentiaire chinois aura tout pouvoir pour se prononcer définitivement, c'est-à-dire sans avoir à soumettre ses décisions au gouvernement annamite.

« Dès à présent et jusqu'à une solution définitive, puisque les soldats chinois se sont retirés, l'armée française ne devra pas se porter en avant. C'est là le sens qu'il convient d'attacher à la communication du Tsong-Li-Yamen, et qui est conforme à mon propre sentiment.

« Il n'est pas nécessaire, après ces explications, de demander le retrait du Tchao-Kouei. »

En sorte, messieurs, que le Tchao-Kouei, la lettre dans laquelle se trouvaient contenues les contre-propositions d'une nature si étrange et contre lesquelles M. Bourée avait protesté, cette lettre écrite d'un ton médiocrement courtois, cette lettre dont, dans le télégramme qu'il avait rédigé lui-même, M. Bourée demandait le retrait, cette lettre était maintenue. Cependant, messieurs, il est entendu que si les délibérations continuent, on ne sortira pas du cadre convenu à Tien-tsin. C'est ce qu'on appelle une acceptation : on ne sortira pas du cadre convenu à Tien-tsin. Eh bien, soit! j'y consens, il ne s'agit plus que de savoir quel était le cadre convenu à Tien-tsin. Ceci me ramène à l'arrangement.

J'ai dit à la Chambre par quelle raison de sagesse élémentaire et de politique nous n'avions pas cru pouvoir souscrire à cet arrangement. Il nous paraissait inacceptable en raison des conditions qu'il contenait. Je lui ai dit également pourquoi l'idée même de ces négociations, dans lesquelles on s'était jeté bien rapidement, du soir au matin, comme par une sorte d'illumination, de révélation, comment ces négociations avaient été, par elles-mêmes, par leur principe même, regrettables, presque désastreuses. Je ne reviens pas sur tout cela.

Mais, messieurs, ce qui est nécessaire, ce dont je dois vous faire part, et c'est une chose que vous trouverez apparemment assez nouvelle, c'est que cet arrangement, qui constituait pour nous une situation si avantageuse, qui fixait d'une manière définitive notre situation au Tonkin, qui nous ouvrait les provinces méridionales de la Chine, qui inaugurait entre elle et nous une ère de paix et de bonne amitié, cet arrangement auquel j'ai cru, son existence même, à l'heure qu'il est, est devenue plus que problématique. (*Mouvement.*) Oui, messieurs, il est, à l'heure actuelle, douteux qu'il y ait eu un arrangement. (*Nouveau mouvement.*) Oh ! je sais bien que notre ministre a eu plusieurs entretiens avec le vice-roi du Petchéli, je sais bien que les entretiens ont roulé sur le Tonkin, je sais bien que le gouvernement chinois, d'après le télégramme du 2 avril, espérait que ces entretiens . seraient fructueux ; je sais bien qu'il y a eu un memorandum : il existe ; j'ajouterais que, dans mon opinion, il n'existe que trop.

M. LE VICOMTE DE BÉLIZAL. Ce n'est pas clair.

M. LE MINISTRE. Mais ce que je dis, c'est que, dans mon opinion, on ne s'est jamais entendu, et la raison de ce doute sur l'existence même de l'arrangement, elle vient de ce que nous en avons, à l'heure qu'il est, deux versions ; c'est que nous sommes en possession — ce qui n'était pas lors de notre dernière discussion, au mois de juillet et au mois d'août — de deux textes qui ne concordent pas, de deux textes qui sont inconciliables, et de deux textes qui sont cependant revêtus de la même autorité, car le deuxième émane de qui ? De Li-Hong-Tchang, le vice-roi de Petchéli, avec lequel M. Bourée a négocié, ou s'il n'émane pas de lui, il émane en tous cas de son secrétaire, Ma-Tching-Tong... (*Interruptions à droite.*)

Un membre à droite. Ce n'est pas sérieux, cela.

M. LE MINISTRE. Il se trouve dans un document dont l'importance n'a échappé à personne, qui a été publié le 11 juin dans la *Gazette Chinoise de Shang-haï*, reproduit par le journal anglais le *North China Daily News*, distribué à la plupart des membres du corps diplomatique et enfin traduit récemment, mais en partie seulement, pour une revue française, la *Revue britannique*. Ce document, messieurs, ce manifeste émane de Li-Hong-Tchang, il ne peut émaner que de Li-Hong-Tchang ou de son confident. (*Mouvements divers.*) Entre ce document et le memorandum que vous connaissez, il n'y a pas seulement des différences, il y a une opposition absolue sur les points fondamentaux.

Vous vous rappelez, en effet, que, d'après le memorandum du mois de novembre, le Tonkin devait être divisé en deux parties, dont l'une serait placée sous le protectorat de la France et l'autre sous celui de la Chine; elles seraient séparées par une ligne quelconque, à déterminer au nord du fleuve. Or, d'après le manifeste de Shang-haï, cette ligne n'était pas à déterminer, elle est déterminée : c'est le fleuve lui-même, c'est le thalweg du Sonkoï, en sorte que par cet arrangement la Chine se trouve maîtresse du Tonkin tout entier, depuis le nord du fleuve jusqu'à la mer; elle devient maîtresse de ce que vous avez, de ce que vous possédez à l'heure qu'il est. (*Mouvement.*) Ce n'est pas tout : le protectorat dont il était question dans le memorandum devait avoir ses effets naturels, il devait conférer à ceux qui l'exerceraient, à la France comme à la Chine, tous les droits qui en découlaient; il devait en particulier assurer à la France le droit de faire sentir son autorité et d'occuper certains points. Eh bien, messieurs, d'après le manifeste, la France s'engageait à n'occuper aucun point du Tonkin, à respecter d'une façon absolue l'autonomie du gouvernement d'Annam, c'est-à-dire qu'elle ne pouvait sous aucune forme, sous le nom de protectorat, pas plus que sous un autre, faire sentir son autorité au Tonkin.

En lisant ce manifeste, notre agent réclame, il proteste, il écrit à la *Gazette de Shang-haï*, il écrit au journal anglais; il explique qu'il n'a jamais été question du Sonkoï comme ligne de partage, que la ligne de partage devait passer dans un endroit quelconque à déterminer ultérieurement, mais non suivre le cours du fleuve.

M. Bourée ajoutait qu'il devait être entendu que nos agents, pouvant, en raison du protectorat, être entourés d'une force militaire quelconque, il en résultait par voie de conséquence que notre autorité s'exercerait au Tonkin.

Cela devait peut-être être entendu, mais ne l'a pas été. C'est un raisonnement excellent assurément, mais c'est un raisonnement qui ne peut valoir contre les faits. Il est certain que l'auteur du manifeste Li-Hong-Thang et que le négociateur notre agent ont entendu les choses différemment. Oh! messieurs, je n'hésiterai pas entre les deux documents. Je veux bien admettre, j'admets que le seul vrai, le seul sincère, c'est celui de notre agent. Je veux bien le croire; mais, messieurs, il ne résulte pas moins des faits que je viens de vous exposer qu'entre lui et le fonctionnaire chinois il existait un parfait malentendu. Et cela n'est pas étonnant, puisque les deux négociateurs, l'un peut-être de parti pris, l'autre sans doute par méprise, ont négligé le soin élémentaire et le soin nécessaire partout, — non moins nécessaire en Chine qu'ailleurs (*Sourires.*) — de coucher par écrit les choses dont on était convenu. Il est certain, dans tous les cas, que jamais il n'y a rien eu d'arrêté, jamais rien de fixé, qu'il n'y a jamais eu un écrit qu'on puisse produire, et que par conséquent le Tsung-li-Yamen ait pu accepter. (*Très bien! au centre et à gauche.*)

Je ne dis pas, messieurs, que l'arrangement soit une fiction; je me permettrai encore moins de dire qu'il a été une mystification; mais je dis qu'il a été une méprise; et ceux qui vont répétant que cet arrangement aurait tout fini ont tort; ils devraient dire : cet arrangement a tout commencé. (*Très bien! très bien! au centre et gauche. — Mouvements divers.*)

Messieurs, je suis obligé d'ajouter que le document chinois a pour lui une singulière vraisemblance, et que personne ne peut méconnaître : c'est qu'il répond de point en point à ce qui a été très probablement l'idée constante de la Chine.

On le sait aujourd'hui, ce que la Chine a voulu, ce qu'elle a cherché, ce n'est pas à nous faire une place ou à se faire une place au Tonkin, c'est simplement à nous en évincer.

Cette pensée, elle a percé pour la première fois dans un entretien du ministre de Chine au département des affaires étrangères.

Je dois m'interdire d'évoquer le témoignage de conversations dont il n'y a point de procès-verbal authentique, et je le regrette, car vous y verriez par combien de phases la pensée chinoise est passée avant de se montrer dans son plein.

Le 21 juin, par exemple, le ministre de Chine, dans une conversation dont le résumé a été immédiatement envoyé à notre agent à Tien-tsin, reconnaît que la France pouvait agir au Tonkin, que la Chine n'y verrait ni une occasion de rupture ni une cause d'hostilité; que, d'ailleurs, la Chine accordait à ses tributaires, quels qu'ils fussent, une grande liberté de traiter; que, dans tous les cas, elle n'envoyait personne au Tonkin et que, s'il s'y trouvait des aventuriers chinois, des déserteurs chinois, assurément elle n'en était pas responsable.

Voilà, messieurs, le langage qu'on tenait le 21 juin; mais je suis obligé de dire que ces déclarations se sont peu à peu modifiées jusqu'à prendre un caractère presque entièrement opposé. Nous avons bien été obligés de reconnaître à notre tour que ces conversations, remplies de vues changeantes et contradictoires, ne pouvaient conduire à rien, et nous avons invité avec instance la Chine à vouloir bien nous faire connaître ses vues et ses propositions par écrit, impatients que nous étions de discuter enfin quelque offre sérieuse, et d'examiner quelque essai sincère d'arrangement.

Après de longs retards, après avoir tenté des négociations indirectes dont nous n'avons pas bien compris l'opportunité et que nous avons dû écarter, le gouvernement chinois s'est enfin décidé, le 18 août, à nous faire connaître par écrit ses intentions.

Elles ont été placées sous vos yeux, vous les connaissez, vous pouvez en apprécier le caractère. Ces propositions ou des propositions pareilles, si elles nous avaient été présentées par un gouvernement européen, auraient pu éveiller en nous un certain sentiment d'humiliation, peut-être même d'irritation.

Nous avons seulement éprouvé de l'étonnement.

Nous avons été surpris de nous voir si peu connus, même en Chine. (*Interruptions sur divers bancs.*)

Car enfin, ce qu'on nous proposait, messieurs, c'était de reconnaître toutes les prétentions du Céleste-Empire, de renoncer d'une manière absolue à la situation que nous occupons au Tonkin, et, pour couronnement, d'évacuer les places dont nous sommes maîtres, à l'heure qu'il est. Oui, messieurs, nous aurions pu éprouver quelque émotion, nous nous sommes contentés d'exposer avec sang-froid les deux raisons pour lesquelles il ne nous paraissait pas possible d'entrer dans la discussion des propositions qui nous étaient présentées. De ces deux raisons, la première, c'est le caractère même de certaines de ces propositions.

Il y a des choses qu'une nation civilisée ne présentera et ne demandera jamais à la France, et que, d'ailleurs, on ne discute pas.

La seconde raison, c'est qu'il existe entre nous et la Chine, non pas un malentendu, — après toutes les explications qui ont été données, il n'y a plus de malentendu possible, — mais un désaccord que les propositions de la Chine rendaient absolument insoluble.

Suzeraine ou non, je ne l'examine pas, et quelle que soit la portée de la suzeraineté qu'elle revendique, qu'elle s'attribue, la Chine ne peut ignorer que nous avons des traités avec l'Annam, et il semblait dès le début que les négociations ne pouvaient avoir qu'un objet raisonnable et utile, c'était de trouver entre les droits historiques que la Chine réclame tardivement, et les droits plus récents dont nous produisons les titres en montrant les traités, une transaction raisonnable.

Messieurs, la Chine ne nie pas nos droits, elle ne les discute pas, elle les ignore. Et quant à sa suzeraineté qui, dans tous les cas, ne pourrait jamais équivaloir ni à la souveraineté absolue, ni à la propriété, elle n'en parle pas davantage; elle déclare simplement que le Tonkin est son bien; elle entend, quoiqu'il appartienne à l'Annam, quoique nous en occupions, à l'heure qu'il est, une partie, la partie la plus considérable, la plus importante par la population, par la richesse, elle déclare que le Tonkin est simplement une portion de la Chine; elle nous invite à en sortir; et par grande condescendance, elle nous offre de nous faire au Tonkin une place analogue à celle que les traités de 1844 et de 1858 nous ont faite dans certains ports chinois.

M. Georges Roche. C'est la rupture avec la Chine! (*Mouvement prolongé en sens divers.*)

M. le ministre. Messieurs, nous n'avons point discuté ces propositions; nous nous sommes contentés, sans nous départir de la modération que vous nous aviez prescrite, d'exposer, de faire connaître à notre tour les conditions qui nous paraissaient de nature à ouvrir la porte à un arrangement amiable.

Nous n'avions pas à chercher ces conditions bien loin. La Chine s'était montrée, dès le début, préoccupée de deux choses : de sa dignité d'abord, intéressée, disait-elle, au maintien de ses antiques relations avec l'Annam; en second lieu, d'un désir très vif d'écarter d'elle le voisinage des barbares, le voisinage de la France.

Sur le premier point, nous n'écartions aucune espèce d'arrangement; la discussion pouvait s'ouvrir; la Chine pouvait élever des prétentions; nous les aurions examinées. Nous n'avions pas contre cette discussion d'objection préalable et absolue.

Sur le second point, nous n'en revenions pas, quoi qu'en dise l'honorable M. Granet, à l'arrangement Bourée, que nous persistons, à l'heure qu'il est, à considérer comme inadmissible, inapplicable et dangereux; mais nous offrions de constituer une zone neutre; nous entendions par là une zone réservée qui aurait été maintenue sous l'administration annamite, mais dans laquelle les troupes, soit de la Chine, soit de la France, n'auraient été admises à pénétrer que pour faire la police pour un temps déterminé et après entente préalable; il nous paraissait que ces conditions étaient de nature à offrir un terrain de discussion sérieuse, qu'elles pouvaient amener un arrangement qui n'aurait rien coûté ni à la fierté ni à la dignité de la Chine, qui aurait constitué au Tonkin un état de choses pacifique et durable, dans lequel les puissances mêmes de l'Europe auraient trouvé leur compte; car, comme compensation de ce qui nous paraissait à bon droit une concession véritable, quoique légitime, nous demandions l'ouverture d'une ville du Yunnan au commerce européen.

Vous savez, messieurs, comment la Chine a répondu; le système qu'elle avait adopté en 1880, les prétentions qui étaient apparues d'abord dans le document chinois de Shang-haï, qui avaient percé, sous un déguisement nouveau, dans les propositions du 18 août, qui s'étaient montrées à découvert dans les conversations de M. le marquis de Tseng, et que cependant le ministre de la Chine n'avait pas voulu, malgré ma demande, formuler en termes positifs et concrets, parce que, disait-il, il lui paraissait inutile de présenter sous cette forme des conditions qu'il savait d'avance ne pouvoir être accueillies; eh bien, ces prétentions, énoncées dans la forme la moins acceptable, voilà la réponse qu'on nous a faite. (*Mouvements divers.*)

Messieurs, il a été fait grand bruit de l'omission volontaire, dans l'exposé que nous avons eu l'honneur de vous présenter, d'une partie du document qui renfermait ces conditions. On l'a annoncé à grand fracas, et l'attente de la publication de cette dépêche complète n'a peut-être pas été tout à fait étrangère au retard de quarante-huit heures qu'on a mis à déposer la demande d'interpellation.

Eh bien, oui, messieurs, nous avions de parti pris supprimé de cette communication de nombreux passages, et pour deux raisons : la première, c'est qu'ils ne nous paraissaient présenter qu'un très médiocre intérêt (*Interruptions à droite.*) contenant la reproduction déjà cent fois faite des prétentions de la Chine; et la seconde, c'est qu'il nous paraissait convenable de mettre en pleine lumière, en parfaite évidence, les conditions qui nous étaient présentées, et par conséquent de les dégager de la phraséologie dans laquelle on les avait enveloppées. (*Exclamations et rires ironiques à droite et à l'extrême gauche. — Très bien! sur divers bancs à gauche et au centre.*)

M. GEORGES ROCHE. Il faudrait cependant connaître ces prétentions pour savoir si elles sont acceptables.

M. LE MINISTRE. Nous avons voulu, je le répète, donner à ces conditions tout leur relief, et nous pensons que vous serez au moins d'accord avec nous sur ce point : qu'elles le méritaient bien.

En effet, on nous donne à choisir entre deux alternatives : ou bien le retour pur et simple au *statu quo* d'avant 1873, avant l'expédition de Francis Garnier. Et ici je dois dire, entre parenthèses, que, si on la prenait au pied de la lettre, la Chine éprouverait peut-être quelque embarras. Car, à cette date, avant le traité de 1874, il y en avait un autre qui avait été conclu entre l'empire français et le royaume d'Annam, traité dans lequel je lis cet article 4 :

« La paix étant faite, si une nation étrangère voulait, soit en usant de provocation, soit par un traité, se faire céder une partie du territoire annamite, le roi d'Annam préviendra par un envoyé l'empereur des Français, afin de lui soumettre le cas qui se présente, en laissant à l'empereur pleine liberté de venir ou non en aide au royaume d'Annam.

« Mais si dans ledit traité avec la nation étrangère il est question de cession de territoire, cette cession ne pourra être sanctionnée qu'avec le consentement de l'empereur des Français. »

La Chine a-t-elle jamais protesté contre ce traité? Et, s'il a existé, si la suppression du traité de 1874 vient à le faire revivre, je demande quelle nation serait suzeraine du Tonkin : serait-ce la Chine ou serait-ce la France? (*Très bien! au centre.*)

Mais, messieurs, la Chine ne connaît pas plus le traité de 1862 que celui de 1874. Ce qu'elle nous demande, en nous imposant le retour au *statu quo* de 1873, c'est de déchirer toute une page de notre histoire, c'est de désavouer les votes de plusieurs Assemblées, c'est de mettre à néant tous les actes que vous avez ou décidés ou accomplis; et elle vous le demande au nom d'une suzeraineté qu'elle allègue, mais dont elle n'a jamais fourni la moindre preuve. (*Applaudissements au centre. — Bruit à gauche.*)

Si vous refusez ce retour au *statu quo*, alors la Chine déclare purement et simplement s'approprier le Tonkin, le Tonkin tout entier, y compris les villes dans lesquelles nous avons des consuls depuis neuf ans, et les forteresses dans lesquelles nous sommes établis, — et établis, quoi qu'en dise M. Granet, d'une manière inexpugnable. Ce dont il s'agit, à l'heure qu'il est, ce n'est plus de protéger ses frontières du voisinage des barbares, mais de les reculer de 200 lieues; ce n'est plus de maintenir sa suzeraineté, c'est de dépouiller son vassal; ce n'est plus de traiter avec la France, c'est de l'éliminer! (*Très bien! très bien! au centre.*)

Maintenant je ne vous demande pas ce que vous pensez de ces conditions. Je n'examine pas si cette prétention, si cette progression dans des exigences qui étaient au début modestes ou du moins très vagues, n'appartient pas, comme cela est possible, comme cela est probable, au domaine de la stratégie diplomatique, ou bien si elle procède d'une illusion que les faits et le temps dissiperont. Je ne l'examine pas; sincères ou apparentes, ces conditions, j'ose le dire, — et je pense qu'on ne verra pas dans cette parole un paradoxe, — ne changent rien à la situation; elles nous replacent tout simplement dans la situation où nous étions d'abord et d'où nous n'aurions peut-être jamais dû sortir. (*Marques d'assentiment à gauche.*)

Il nous appartient, à l'heure actuelle, de continuer avec fermeté, si nous le pouvons, avec rapidité, mais dans tous les cas avec sang-froid, jusqu'à son complet achèvement, une œuvre déjà bien avancée. (*Applaudissements à gauche.*)

Les négociations sont rompues, dit M. Granet; je lui réponds : non, elles sont interrompues, (*Rires à droite.*) elles ne sont ni closes ni impossibles; laissez agir les faits, laissez parler les événements... (*Exclamations à droite. — Très bien! et applaudissements à gauche.*) et bientôt, peut-être, le moment viendra-t-il où l'on ne sera pas fâché de nous retrouver affermis dans notre modération, dont nous ne voulons pas nous départir. On nous trouvera toujours prêts à examiner toute proposition d'arrangement, je dis d'arrangement qui soit compatible avec nos intérêts et avec notre honneur. (*Applaudissements à gauche et au centre.*)

Quant à présent, messieurs, ce n'est pas de cela qu'il s'agit.

Nous pouvons continuer au Tonkin, sans craindre des complications, qui sont même à l'heure qu'il est bien invraisemblables, et auxquelles dans tous les cas, avec la flotte imposante que nous avons dans les mers de la Chine, nous sommes dès à présent en état de faire face... (*Nouveaux applaudissements sur les mêmes bancs.*)

Ce dont il s'agit en ce moment-ci, c'est de savoir, uniquement de savoir, si, dans les opérations que nous avons autorisées, dans les négociations que nous avons suivies, dans le langage que nous avons tenu, nous sommes restés fidèles à votre pensée, et fidèles à nos engagements. (*Très bien! très bien! sur divers bancs.*)

Nous nous sommes efforcés de ne jamais nous départir de la modération que vous nous aviez prescrite et que nous vous avions promise. Nous n'avons jamais oublié que, chargés de défendre vos intérêts au Tonkin, nous ne devions pas les compromettre ailleurs; et je me permettrai d'ajouter, sans forfanterie, sans déclamation, que nous avons eu le sentiment que, sans l'avoir voulu ni cherché, nous étions, dans cette affaire, les représentants des intérêts de toutes les puissances de l'Occident. (*Très bien! très bien!*) Toutes en ont dans ces régions lointaines, et plusieurs en ont d'immenses. Nous n'ignorions pas que ces intérêts sont solidaires des nôtres (*Très bien! très bien!*) et je dois dire qu'une telle pensée nous a soutenus dans une tâche qui avait ses difficultés. (*Applaudissements au centre et à gauche.*)

Les critiques acerbes ne nous ont pas manqué; les reproches immérités nous sont venus de bien des côtés et parfois de côtés d'où nous ne devions pas les attendre. (*Ah! ah! à droite.*) Nous avons la certitude que, malgré cela, on nous sait gré de notre modération, on apprécie notre patience. Nous avons les raisons les plus sérieuses et les plus fortes de croire et de vous dire qu'il y a bien des hommes dans le monde civilisé, de ceux que n'aveugle pas l'esprit de rivalité, qui s'intéressent à notre succès. Ils savent que ce succès est entre vos mains; car vous avez le droit et vous avez les ressources. Ils attendent vos résolutions, et je n'ai qu'un mot à ajouter : Vous n'avez pas à dire si vous avez confiance en nous, mais à dire si vous avez confiance en vous-mêmes. (*Applaudissements répétés au centre et à gauche.*)

La discussion de l'interpellation de M. Granet occupa deux séances. M. Challemel-Lacour, malgré son mauvais état de santé, avait tenu à répondre à M. Granet; ce fut M. Jules Ferry, président du Conseil, qui répondit à MM. Clémenceau et Georges Périn. Le général Campenon, ministre de la Guerre, déclara enfin que les renforts envoyés au Tonkin, pris soit dans l'infanterie de marine, soit dans les corps stationnés en Algérie, ne diminuaient en rien les ressources de la mobilisation en cas de guerre continentale. L'ordre du jour de confiance, présenté par M. Paul Bert, fut adopté par 369 voix contre 160.

M. Challemel-Lacour, malade, quitta Paris le 8 novembre pour se rendre dans le Midi; quelques jours après, malgré l'insistance de ses collègues, il donnait sa démission de ministre des Affaires étrangères. M. Jules Ferry, président du Conseil, remplaça M. Challemel-Lacour au quai d'Orsay et fut lui-même remplacé, au ministère de l'Instruction publique, par M. Fallières.

DISCOURS

SUR

LA POLITIQUE RADICALE

prononcé le 19 décembre 1888

AU SÉNAT

———

A la suite de sa démission de ministre des Affaires étrangères, M. Challemel-Lacour s'enferma, pendant plus de cinq années, dans le silence. Il assista, témoin attristé mais muet, à la chute du ministère Ferry, aux progrès tous les jours plus menaçants de la démagogie, à l'avènement du radicalisme aux affaires, aux débuts de l'aventure boulangiste et à la renaissance de l'esprit césarien. Malgré les sollicitations de ses amis, il ne pouvait se décider ni à remonter à la tribune du Sénat ni même à reprendre sa plume de journaliste.

Au mois de novembre 1887, il sortit un instant de sa retraite pour appuyer la candidature de M. Jules Ferry à la succession de M. Grévy. Il adressa à ce sujet la lettre suivante à M. Joseph Reinach, directeur de la *République Française* :

29 novembre 1887.

Monsieur le rédacteur,

Depuis que les républicains sont arrivés aux affaires, le président de la République a été élu par deux fois, en 1879 et en 1881, sans débat ni concurrence.

Je ne sais si ce sont là des mœurs bien républicaines ; ce ne sont pas des mœurs d'hommes libres. Au surplus, on peut voir à cette heure que ce procédé, commandé, dit-on, par la courtoisie, et commode à beaucoup de gens, n'était pas exempt de certains inconvénients et même de quelques périls.

Aujourd'hui la concurrence ne manque pas. Mais il paraît entendu qu'on évitera, comme devant, d'examiner le passé des candidats, au moins de certains candidats, et de se préoccuper de l'avenir qu'ils nous réservent. Silence et prudence! c'est, en ce qui les concerne, le mot d'ordre de leurs partisans et même de leurs adversaires.

Cet examen, assez délicat, je le reconnais, eût pu être cependant instructif. Il aurait fourni l'occasion de rechercher comment un candidat officiel de l'Empire déjà en déconfiture peut être à cette heure en position de briguer, sans exciter un prodigieux étonnement, et avec l'appui de quelques vieux républicains à bonnet rouge et à principes, la première magistrature de la République; comment, après avoir eu l'honneur d'être le collaborateur de Gambetta en 1870, il a pu être en 1882 un des artisans de sa chute et l'auxiliaire actif de ses ennemis (tous les amis de Gambetta n'ont pas oublié cette histoire); comment un ministre de M. Dufaure, et qui s'est vanté très à tort d'être son élève, a pu devenir si vite le favori de l'Extrême Gauche; comment enfin un personnage qu'on peut se représenter avec une égale facilité président d'un ministère de droite ou chef d'un cabinet d'extrême gauche, ose se flatter de recueillir dans les rangs du parti républicain assez de suffrages pour être, jusqu'à un certain point, le maître des destinées de la France pendant sept ans.

Cet examen, qu'on évite de parti pris, aurait eu des avantages précieux. Il aurait rappelé fort à propos au pays et aux membres du Parlement quel est l'homme qui — flattant et trompant tout le monde — a le plus contribué à la dislocation du parti républicain, à la subversion de toutes les idées de gouvernement, à l'énervement de l'administration; quel est celui qui a compromis, Dieu sait pour combien de temps, par son infatuation et par son imprévoyance, les intérêts de la France en Égypte, et qui, devenu le familier de l'Élysée, auquel d'ailleurs il a tourné le dos si allègrement dès que l'adversité y est entrée, est resté depuis six ans une sorte de ministre permanent, tantôt en fonctions, tantôt *in partibus*, également funeste aux affaires et hors des affaires, par son action et par ses intrigues.

Puisqu'il est convenu qu'on gardera le silence sur tout cela à la Chambre des députés et au Sénat, dans les réunions plénières ou non plénières; puisqu'on trouve plus sage de voter à la muette, vous me permettrez, monsieur le rédacteur, de faire connaître dans votre journal à quel choix je me suis arrêté, et pour quelles raisons.

Il est inutile d'insister sur les résultats de la conduite adoptée et suivie constamment, sauf à de courts intervalles, depuis sept ou huit ans. Tout le monde à cette heure peut les toucher du doigt; ils se résument en trois mots : plus de gouvernement, plus d'administration, plus d'autorité nulle part. Il ne reste que la police, une police

affaiblie, qui suffit pourtant, grâce à l'opinion publique assez forte
pour décourager, sans autre appui et par son seul calme, les amateurs de tapage et pour tenir en respect, s'il en existe quelque part,
toutes les velléités de désordre.

Il n'y a pas un esprit réfléchi, pas un bon Français qui ne voie et
ne déclare que le temps des remèdes dilatoires est passé, qu'un tel
état ne peut durer. Si cela durait encore quelque temps, la République achèverait de perdre toute considération et toute force. Le
pays lui-même serait en péril.

Il importe d'adopter sans retard une politique différente, ferme et
suivie, franchement avouée, étrangère aux basses complaisances, qui
rassure les populations républicaines, qui leur rende le sentiment de
leur force et la confiance en elles-mêmes.

Les républicains capables de réfléchir et de prévoir reconnaissent
que, parmi les candidats à la présidence de la République, le seul qui
puisse servir de point d'appui à cette politique est M. Jules Ferry.
La majorité des hommes éclairés, dans les deux Chambres, ne fait
aucune difficulté de convenir qu'il est l'homme de la situation. Vote-
ront-ils pour lui ? C'est une autre question.

Cette candidature a de nombreux partisans ; elle a aussi d'ardents
adversaires. Elle réunit d'abord contre elle tous ceux à qui l'état
actuel ne déplaît pas, qui se trouvent à l'aise dans ce régime douteux
dont le trait le plus frappant est l'absence de toute politique, qui ont
besoin pour vivre des complaisances du chef de l'État, qui aiment
l'anarchie présente comme la préface de leur propre avènement.

Mais elle a d'autres adversaires, très désintéressés et très honorables : ce sont les seuls avec lesquels il vaille la peine de discuter. Ils
craignent, disent-ils, qu'un tel choix ne froisse l'opinion publique. Ils
allèguent l'impopularité de M. Jules Ferry, tout en la déclarant injuste
et absurde. Ils vont jusqu'à parler de péril pour la paix publique
dans le cas où cette candidature triompherait.

Ce langage est, dans beaucoup de journaux, un procédé de polémique, un air connu, un essai de terreur qui peut réussir, je ne
l'ignore pas, auprès de quelques hommes naïfs et faciles à intimider. Chez ceux dont nous parlons, il témoigne d'une préoccupation
sincère sans aucun doute, mais d'une préoccupation dénuée de fondement.

L'ordre ne sera pas troublé, quel que soit le président élu ; je pourrais me vanter d'avoir pour l'affirmer mes informations tout comme
un autre. Je pourrais aussi rappeler simplement qu'il y a encore une
police, une force armée au service de la loi, et cela suffirait. Mais je
ne crains pas de dire que, si la candidature si vivement attaquée de
M. Jules Ferry l'emporte, l'opinion publique la ratifiera sans hésiter.
Je ne parle pas de l'opinion publique qui a pour foyer et pour limites
la salle Favié, pour organes les orateurs blanquistes, les journaux
intransigeants et M. Paul Déroulède. Je parle de l'opinion de la

France républicaine. Impatiente d'avoir enfin un gouvernement, loin de s'alarmer de cette élection, elle y verra le commencement d'une période d'ordre, la revanche de la raison, de la droiture et de l'honneur. Les somnambules qui poursuivent encore, après tant de fâcheux réveils, on ne sait quel rapprochement entre le bon sens et l'absurdité, entre l'esprit de gouvernement et l'esprit de chimère, entre la République et l'anarchie, en auront peut-être un mouvement d'humeur. Cela ne durera pas, et le pays, rassuré et tranquille, applaudira.

Parmi les candidatures en présence, il y en a une qui est vraiment un coup d'audace; elle nous jette dans les terres inconnues : c'est celle de M. de Freycinet. Telle autre est une fiction; telle autre encore est une énigme. Celle de M. Jules Ferry est la seule qui ait une signification claire. C'est là du moins, dans les ténèbres où nous sommes, un mérite qu'on ne lui contestera pas.

P. Challemel-Lacour.

Ce fut M. Carnot qui fut élu et à qui échut la redoutable tâche de combattre l'aventure césarienne. Le ministère Tirard, laborieusement formé, eut le courage de placer le général Boulanger, coupable d'actes répétés d'indiscipline, dans la position de non-activité par retrait d'emploi, c'est-à-dire de le rayer des cadres de l'armée. Mais une coalition hybride des radicaux, des boulangistes et de la droite renversa M. Tirard sur la question de la revision constitutionnelle; le président de la République offrit le pouvoir à M. Floquet, président de la Chambre, qui forma un cabinet radical; le nouveau ministère ne sut opposer à l'entreprise, tous les jours plus menaçante, de dictature que des formules sonores et un projet de revision qui décapitait le Sénat; le suffrage universel semblait désorienté; les partis de monarchie soutenaient par tous les moyens en leur pouvoir le général Boulanger qui s'appuyait, d'autre part, sur les factions les plus violemment démagogiques; jamais, depuis dix-huit années qu'elle était le gouvernement de la France, la République n'avait paru plus gravement en péril. M. Challemel-Lacour saisit l'occasion de la discussion générale du budget pour prononcer devant le Sénat le discours suivant :

Messieurs, je ne pense pas que le Sénat ait l'intention de prolonger la discussion du budget. S'il est, en effet, dans ces dispositions, ce n'est pas sans doute qu'il soit complètement satisfait du budget qui lui est soumis. Il y retrouve les vices qui ont été maintes fois dénoncés dans cette Assemblée et qui y ont provoqué des plaintes souvent répétées.

Mais c'est d'abord que le temps, comme toujours, lui fait
défaut pour un examen détaillé et approfondi, et que nous sommes
réduits à une sorte d'appréciation générale.

C'est, ensuite, que d'autres intérêts, d'un ordre non pas plus
pressant, mais peut-être plus élevé, sollicitent, à l'heure qu'il est,
son attention.

Il ne s'agit plus seulement, aujourd'hui, de l'avenir de nos
finances; il s'agit, je crois pouvoir le dire sans exagération, de
l'avenir de la France elle-même. (*Très bien ! très bien ! sur un
grand nombre de bancs.*)

Le budget n'en reste pas moins l'objet immédiat de nos préoccupations. Il est grand temps qu'aux budgets qu'on a cru pouvoir appeler des budgets d'attente succède un budget définitif...
(*Approbation sur divers bancs*) c'est-à-dire un budget d'où toutes
les fictions soient bannies... (*Nouvelle approbation*) qui permette
au pays d'y prendre une notion parfaitement claire de l'état de
ses affaires et qui lui procure la certitude de trouver, le moment
venu, sous sa main les ressources nécessaires pour affronter la
suprême épreuve.

Il est bien temps aussi de comprendre que, pour établir ce
budget, il ne suffit pas de recourir à des mesures pour le moins
illusoires, et dont l'effet le plus probable serait, à l'heure qu'il
est, de tout bouleverser, ou bien à des projets dont l'exécution
nous ramènerait, sous prétexte de progrès, à l'enfance de l'art...
(*Très bien ! très bien ! sur divers bancs à droite et à gauche*) et qui
n'ont eu jusqu'à présent d'autre résultat appréciable que de faire
naître un peu partout, et jusque chez ceux que ces projets ne
menacent pas quant à présent, une profonde et légitime émotion.
(*Très bien ! très bien !*)

Ce projet définitif, messieurs, personne, je crois, ne l'attend
du ministère que j'ai devant moi; j'essayerai d'en dire tout à
l'heure les raisons.

Quant au Sénat, il n'a pas la mission et il n'a pas d'ailleurs les
moyens d'établir un pareil budget. Tout ce qu'il peut faire c'est
de signaler sans réserve et sans détour les causes, déjà anciennes,
qui nous ont amenés dans la situation où nous sommes.

Ces causes, messieurs, sont des causes politiques. Ma conviction — et elle est, je crois, partagée par un grand nombre
de ceux qui me font l'honneur de m'écouter — est que notre situation financière, que notre situation politique, avec leurs diffi-

cultés poignantes et avec leurs périls évidents, proviennent des mêmes causes et réclament les mêmes remèdes.

Sans donc oublier un instant que c'est du budget qu'il s'agit, je ne me ferai, si vous le voulez bien, aucun scrupule de m'expliquer brièvement — le plus brièvement possible — sur les effets de la politique dans laquelle nous sommes engagés depuis longtemps, sur les dangers, à mon sens, très graves et de plus en plus menaçants de la politique représentée par le cabinet actuel et d'opposer à cette politique une politique différente et, à certains égards, opposée, hors de laquelle il ne peut, selon moi, y avoir désormais pour la République qu'une existence tourmentée et précaire. (*Très bien! à gauche.*)

Il me sera permis de faire, avant de commencer, une déclaration à laquelle j'attache quelque importance. Quoique nombre de mes amis m'aient exprimé le désir que mon opinion fût portée à la tribune, j'ai le devoir de déclarer que je ne parle qu'en mon nom; les idées que je puis être amené à énoncer, les jugements, peut-être pénibles pour moi-même, que je puis avoir à porter, j'en réponds seul, et si la politique que commandent en ce moment, selon moi, la situation actuelle et l'intérêt de la République paraît à quelques membres de ce côté du Sénat une illusion (*l'orateur désigne la gauche*), il faut qu'on sache que cette illusion est la mienne, elle n'est pas la leur.

Messieurs, il y a dix-sept ans que la République existe en fait. Elle est, depuis 1875, ou, si vous voulez, depuis 1878, aux mains des républicains déclarés. A cette date, après une lutte, qui n'avait pas été sans honneur, contre des difficultés assurément très grandes et, en apparence, insurmontables, elle pouvait s'enorgueillir d'une adhésion non pas unanime — quel gouvernement, depuis soixante-dix ans, en a obtenu en France une pareille? — mais d'une adhésion générale et croissante dans le pays.

Dix ans se sont passés et nous nous trouvons, aujourd'hui, à la veille d'un anniversaire dont la célébration, dans un esprit de concorde, pouvait amener bien des réconciliations et comme un renouveau de confiance patriotique; nous nous trouvons en présence d'un mouvement d'opinion qui n'est pas certes imprévu pour tout le monde, mais d'une violence et d'une rapidité extraordinaires. Et ce mouvement a revêtu une forme de laquelle je ne dirai qu'un mot : c'est qu'il n'y a pas dans toute l'histoire de France — et je n'en excepte pas les époques les plus décriées —

d'incident plus humiliant pour la raison publique... (*Bravos et applaudissements prolongés sur un très grand nombre de bancs*) ni plus alarmant pour le patriotisme.

D'où est venu ce mouvement... je ne dirai pas de détachement, mais d'hésitation, chez ceux qui avaient accepté la République comme définitive et qui attendaient d'elle un long avenir de sécurité ?

Serait-ce le résultat du travail persévérant et de plus en plus actif des partis hostiles, ou bien le résultat de fautes commises, d'erreurs accumulées, de ces erreurs à l'abri desquelles ne se trouve aucun gouvernement? Il n'y a pas de gouvernement qui soit complètement innocent des succès de ses adversaires ni de la désertion de ses amis. (*Très bien! à gauche.*)

Quoi qu'il en soit, messieurs, les républicains ont eu le droit de s'étonner d'un pareil mouvement, en pensant à tout ce qui a été fait, à ces entreprises longues et coûteuses dont toutes les Assemblées, tous les cabinets se sont appliqués successivement et sans relâche à faire sentir partout les bienfaits. Mais il se peut qu'un examen plus attentif dissipe ou affaiblisse cet étonnement.

Le gouvernement de la République a conçu, il y a dix ans, l'idée, et les ministères suivants ont fort avancé l'exécution, d'un ensemble de travaux publics sans pareil, pour donner à la France, selon l'expression consacrée, l'outillage nécessaire à son agriculture, à son commerce et à son industrie; ils ont entrepris de fonder un vaste enseignement populaire pour les deux sexes, ou plutôt de renouveler de fond en comble tout le système de l'enseignement public, pour l'élever à un niveau digne de la France; ils se sont préoccupés, presque sans regarder à l'argent, d'améliorer la situation de tous les serviteurs du pays, civils et militaires, surtout celle des fonctionnaires les plus humbles.

Je prends ces exemples, messieurs, parce qu'ils sont de notre fait, parce qu'ils ont directement influé sur notre budget et ont eu des conséquences qui pèsent actuellement et qui pèseront longtemps sur nos finances, et je laisse à dessein de côté les dépenses qui vous ont été imposées par la fatalité des circonstances, telles que celles de l'armée et de la marine. (*Approbation.*)

Messieurs, je ne crois pas que parmi les adversaires de la première heure de ces entreprises, et parmi ceux qui les ont combattues ou du moins critiquées depuis avec une énergie persévérante, il y ait personne qui en ait jamais contesté l'utilité et même, en un sens, la grandeur.

Il y a plus : il n'y a pas un gouvernement, pas un parti, et le parti royaliste comme les autres, qui ne puisse prétendre avec raison s'être, lui aussi, préoccupé de maintenir la France à son rang industriel et de la mettre en état de soutenir la concurrence de plus en plus ardente qu'elle rencontre partout.

Il n'y a ni un gouvernement ni un parti, et le parti royaliste comme les autres, qui ne puisse se vanter de s'être préoccupé de l'enseignement populaire, pas un qui ne puisse se vanter d'avoir fait des efforts sincères pour améliorer le sort des petits employés.

Eh bien, la République a entrepris d'un coup plus que tous les autres gouvernements n'avaient achevé. Comment se fait-il que ses bienfaits, au lieu de produire les résultats qu'on en attendait, semblent avoir produit au bout de dix ans des résultats absolument opposés ?

Je ne veux certes pas reprendre pour mon compte les objections et les critiques tant de fois entendues des adversaires de ces entreprises; j'examine la situation à la lumière des faits, je m'interroge en conscience, en imposant silence à mes préjugés de parti, résolu à ne pas reculer devant une réponse sincère. Eh bien, la première réponse qui se présente à moi est celle-ci : oui, dès la première heure, et avant même qu'elles eussent reçu ces extensions désordonnées ou subi ces déviations qui en ont altéré le caractère, il y a eu de la précipitation et de l'entraînement dans ces entreprises. (*Marques d'assentiment.*) La République, avec une intention généreuse, presque héroïque, a entrepris tout à la fois, comme si elle se défiait du temps, comme si elle n'avait point confiance en son avenir. (*Très bien ! très bien ! sur un grand nombre de bancs.*)

Voilà , messieurs, la première réponse qui se présente à moi ; et il s'en présente une seconde à propos des écoles.

Oui, nous nous sommes laissé peut-être conduire trop docilement par de pures idées à des conséquences extrêmes qui n'étaient pas sans péril. (*Très bien ! à droite.*) Nous avons trop confondu peut-être les théories abstraites avec les lois de la politique (*Très bien ! très bien ! sur divers bancs*), perdant de vue que, s'il est beau d'avoir le culte des principes absolus, il est dangereux de n'écouter qu'eux et je ne dirai pas d'alarmer, — personne dans cette Assemblée et aucun républicain digne de ce nom n'a jamais eu pareille pensée (*Légères rumeurs à droite*) — mais d'inquiéter ou seulement de gêner dans certaines habitudes la masse des populations... (*Assentiment au centre et à gauche.*)

M. OUDET. Voilà la vérité.

M. CHALLEMEL-LACOUR..... nous avons oublié que, même après le triomphe de la République, il y avait encore en France non seulement un parti qu'elle n'avait pas conquis, parti puissant dans tous les cas, redoutable quand il parle, plus dangereux encore quand il se tait (*Mouvement*), mais aussi des populations immenses attachées à leurs habitudes, attachées à leurs traditions (*Très bien! au centre*), avec des croyances peut-être attiédies et assoupies sur certains points et dans quelques régions, mais sujettes à des réveils surprenants (*Oui! oui! à droite*), vivaces encore presque partout (*C'est vrai! Très bien! sur les mêmes bancs*) et qui tiennent dans la vie intime, dans la vie de la famille plus de place que la politique n'en tiendra jamais. (*Vifs applaudissements.*)

M. LE COMTE DE TRÉVENEUC. C'est le langage d'un honnête homme.

M. CHALLEMEL-LACOUR. Messieurs, cette précipitation dans nos entreprises, cet oubli momentané de l'état vrai de l'opinion et d'une opinion qui, non seulement commande des ménagements, mais qui a droit au respect (*Bien! au centre*), ont été, j'en ai peur, une double erreur; et la politique qui en a été entachée et dont nous ne sommes pas encore sortis, cette politique a eu deux séries de conséquences. Des conséquences financières, d'abord. Oh! je ne les exagère pas, mais elles sont assez sérieuses, je pense, pour que personne ne soit tenté de les dissimuler; et nous ne devons avoir ni repos ni trêve jusqu'à ce que nous en ayons triomphé. (*Très bien! à gauche.*)

Je sais bien aussi que ces conséquences financières n'ont pas eu ces erreurs pour cause unique; elles en ont d'autres, je ne l'oublie pas; par exemple, une de ces crises qui se reproduisent périodiquement et dont on a fait depuis longtemps la théorie; par exemple, des calamités naturelles, supérieures à toute prévoyance humaine, mais auxquelles, pour cette raison même, on doit toujours s'attendre et se préparer. On ne peut toutefois contester que la politique que je viens d'indiquer ne soit, dans les difficultés de l'heure présente, pour une part considérable.

Voilà les premières conséquences. Et voici les secondes, qui sont d'un autre ordre, mais non pas moins graves : c'est le mécon-

tentement, d'abord silencieux, circonscrit ou à peu près dans les
rangs des adversaires déclarés de la République et qu'à cause de
cela on a pu considérer comme négligeable, traiter comme un
simple procédé d'opposition; mais ce mécontentement a bientôt
franchi ces limites, et il a éclaté depuis peu de mois, comme on
l'a vu, sur vingt points à la fois. Oh! on peut différer, et je ne
doute pas qu'il n'y ait entre le cabinet et moi un profond désaccord à cet égard, on peut différer beaucoup sur les causes de ce
mécontentement ou sur la part à faire à chacune d'elles.

Il pourrait bien se rencontrer sur les bancs de MM. les ministres tel esprit persuadé que, bien loin d'avoir trop fait, la République n'a pas encore fait assez et qu'elle subit à l'heure qu'il est
le châtiment de sa stérilité. (*Exclamations ironiques à droite.*)
Nous n'aurions pas assez fait!

Je ne discute pas cela, messieurs, mais ce qu'on ne peut nier,
c'est le fait; et je ne pense pas que l'optimiste le plus déterminé,
l'homme le plus confiant dans le prestige de la République ou
dans son propre prestige (*Sourires sur quelques bancs*) puisse
contester, à l'heure qu'il est, l'intensité de ce mécontentement et
son étendue. (*Vive approbation.*)

Il a eu, rien n'est plus certain, bien des causes diverses que je
ne prétends pas énumérer; le travail ininterrompu et toujours
ardent des partis hostiles y a sans aucun doute contribué; des
mesures malheureuses; des entreprises légitimes dans leur principe, mais dont l'exécution n'a peut-être pas toujours été à l'abri
de toute critique; des lois funestes qui ont démantelé l'autorité.
(*Très bien! très bien! et applaudissements sur un grand nombre de
bancs*); des fautes violemment exploitées; les dissensions des
républicains; la guerre implacable, sans précédent, sans merci,
faite par tous les moyens à ceux qui avaient rendu les services
les plus éclatants et qui étaient l'honneur de la République (*Nouveaux applaudissements à gauche*), cette guerre poussée jusqu'à
leur complet anéantissement, tout cela, messieurs, est entré pour
quelque chose dans le mécontentement dont nous parlons; mais
je n'hésite pas à en rattacher les premières origines aux deux
erreurs que j'ai eu l'honneur de vous signaler.

Si telles sont, messieurs, les origines du malaise actuel — et
j'ose espérer que mes amis me pardonneront de ne pas les avoir
dissimulées, nous sommes, j'en suis profondément convaincu, dans
une situation où il n'y a de salut qu'à la condition de reconnaître

résolument la vérité et de la proclamer. (*Applaudissements.*) Si
telles sont les origines de ce malaise, il s'est rapidement développé, et cela par l'effet d'une cause que je ne craindrai pas d'appeler de son vrai nom : l'esprit radical. (*Mouvement.*)

A mesure, messieurs, que le radicalisme a pris des forces,
qu'il a eu le verbe plus haut, qu'il s'est cru le droit de parler en
maître, à mesure qu'il s'est approché du pouvoir, le mécontentement a grandi ; et du jour où il est entré aux affaires, cet événement a été le signal d'un mouvement de détachement.

M. GIRAULT (Cher), *dans l'hémicycle*. La situation n'était plus tenable
(*Bruit*).

Un grand nombre de sénateurs à gauche, s'adressant à M. Girault. A votre
place!

M. CHALLEMEL-LACOUR. Le mécontentement, disais-je,
a pris, à partir de ce moment et sur certains points, un caractère de gravité véritablement menaçant.

Et pourquoi? Par deux causes qui sautent aux yeux.

La première, c'est que le radicalisme et, sous son nom, la
République, a vu se dresser contre elle ou se détacher d'elle en
même temps et ceux que les programmes du radicalisme avaient
alarmés parce qu'ils ne pouvaient voir dans ces programmes que
rêveries, menaces de désorganisation, et ceux que le radicalisme
avait depuis longtemps entraînés par des promesses prodiguées
sans prudence, accueillies sans réflexion, et dont les esprits à la
fois impatients et crédules réclamaient l'impossible réalisation.
(*Très bien! très bien! à gauche et au centre.*)

Voilà la première raison. La seconde, messieurs, c'est que le
radicalisme, en se donnant pour le représentant inflexible, dans
les Assemblées, de prétendus vœux populaires qu'il avait lui-
même dictés, en ne tolérant les cabinets qu'à proportion de leurs
complaisances pour ses chimères (*Très bien! très bien! au centre
et à gauche*), et en les renversant les uns sur les autres avec le
concours de quelles alliances, vous le savez... (*Approbation sur
les mêmes bancs*), c'est que le radicalisme a fatigué, excédé le
pays au point de lui faire prendre en défiance, sinon en dégoût,
le régime parlementaire lui-même. (*Applaudissements sur les
mêmes bancs.*)

Nous assistons, messieurs, depuis que ce mécontentement est
devenu une préoccupation publique, presque universelle, nous
assistons à un spectacle vraiment inattendu et que je ne crains
pas de qualifier de prodigieux. Ceux qui fomentent ce méconten-

tement et qui comptent l'exploiter vont criant, et rien n'est plus naturel : « Tout va mal, c'est la faute de la Constitution ! » (*Sourires.*)

Et ceux qui sont chargés de défendre cette Constitution, qui ont en elle leur dernier rempart (*Bravos et applaudissements à gauche et au centre*), auxquels le malaise actuel inspire, je ne dis pas de l'effroi — rien ne les effraye — (*Rires approbatifs*), mais au moins, je le crois, quelque inquiétude, ceux-là répètent comme un écho : « C'est la faute de la Constitution ! »

Et les partisans, à quelque degré ou sous quelque dénomination que ce soit, de la dictature, anciens césariens et nouveaux césariens, fauteurs du régime du sabre ou fauteurs d'anarchie, ceux-là tirent immédiatement la conséquence et disent avec une singulière unanimité : C'est la condamnation du régime parlementaire ! (*Très bien ! très bien !*)

Un tel mot devrait au moins donner l'éveil à ceux qui, tout en voulant modifier la Constitution, ne veulent cependant pas la détruire; il arrive, par un phénomène étrange, qu'au lieu de les arrêter ce mot paraît redoubler leur ardeur. (*Approbation.*)

Je n'ai pas, messieurs, à défendre en ce moment la Constitution de 1875; on ne sera pas, je crois, très embarassé pour démontrer, quand le moment sera venu, que la Constitution de 1875, cette Constitution attaquée dans ses origines, dans ses dispositions, toute défigurée qu'elle est par des modifications peu heureuses... (*Applaudissements à droite et au centre.*) que cette Constitution en butte à tant de critiques, ne laisse pas cependant de donner au pouvoir, pour peu qu'il sache en user (*Nouveaux applaudissements*), de suffisantes garanties et à la liberté les plus fortes garanties qu'elle ait. (*Applaudissements.*)

Mais, messieurs, en serions-nous réduits à défendre le régime parlementaire lui-même? S'imaginerait-on, par hasard, qu'il a jamais existé dans le passé ou qu'il existe aujourd'hui dans quelque pays une Constitution qui dispense les hommes d'avoir au moins quelque degré d'intelligence et de raison? Se figurerait-on qu'il existe dans la région des possibles un mécanisme constitutionnel qui, par son action en quelque sorte automatique, prévienne tous les périls et tous les inconvénients, produise tous les biens imaginables? ou bien, croirait-on que le régime parlementaire puisse être jugé et condamné indépendamment des hommes chargés de le pratiquer? (*Applaudissements sur un grand nombre de bancs.*)

Il faut y prendre garde, et il faut que la France y prenne garde. Si le déchaînement contre le régime parlementaire était justifié, la chose serait grave. On peut, en effet, imaginer bien des Constitutions, en varier à l'infini les formes et les détails : c'est un jeu auquel les républicains se sont livrés de tout temps avec complaisance, une superstition dont ils ne sont pas encore tous guéris. (*Sourires.*) Mais, messieurs, quelque ingénieuses que soient ces conceptions, il faut bien reconnaître que dans l'état présent de la France et même du monde il n'y a que deux gouvernements possibles : le gouvernement personnel et le gouvernement parlementaire.

Il importe donc beaucoup d'examiner, et de très près, avant de prononcer, si les fautes dont on se plaint ou dont on triomphe sont celles du gouvernement parlementaire, ou si elles ne sont pas celle des hommes. (*Applaudissements à gauche et au centre.*)

Car si, par malheur, il pouvait être établi que le régime parlementaire est impossible en France, que les hommes y sont incapables de ce degré de bon sens, d'intelligence, de désintéressement sans lesquels il ne peut fonctionner, encore une fois, les conséquences seraient graves. Cela voudrait dire, messieurs, que tout ce que la France a souffert d'agitations et de déchirements depuis cent ans a été en pure perte! Cela voudrait dire qu'après avoir voulu ardemment la liberté, qu'après l'avoir poursuivie à travers des mers orageuses, qu'après avoir cru la saisir et la posséder, elle la voit s'abîmer soudain dans un dernier naufrage et se voit elle-même vouée sans remède au despotisme! Cela voudrait dire qu'après avoir rompu tragiquement, il y a un siècle, avec une maison dont la grandeur était sans égale dans l'histoire... (*Très bien! très bien! à droite et au centre*), elle se voit condamnée à tomber épuisée, n'en pouvant plus, non pas entre les bras, mais sous les pieds du plus audacieux et du dernier des aventuriers. (*Applaudissements prolongés et répétés.*)

Mais, messieurs, la France n'est heureusement pas réduite encore à ce honteux aveu.

Non, le gouvernement parlementaire n'est pas coupable des crimes dont on le charge. Les fautes qu'on lui reproche, elles ne sont pas les siennes : elles sont celles d'un parti qui en a méconnu les conditions, faussé les ressorts et ignoré la nature. (*Très bien! très bien! au centre et à gauche.*)

On peut dire en effet, — et si cette considération est faite pour nous affliger, elle doit nous rassurer aussi et mettre le Gouvernement hors de cause, — on peut dire que depuis dix ans et davantage le gouvernement parlementaire n'a jamais été sincèrement pratiqué.

Un grand nombre de sénateurs. C'est vrai! c'est vrai!

M. CHALLEMEL-LACOUR. Qu'on repasse, en effet l'histoire de ces dix dernières années, et qu'on cherche quel jour, à quelle date, pendant quelle période on a vu un ministère vraiment homogène et solidaire, avec une politique déterminée dont il était résolu à ne point se départir, et en face de ce ministère une majorité reconnaissant en lui sa propre pensée, lui laissant le pouvoir comme la responsabilité, et décidée à le soutenir sans fantaisie et sans défaillance. (*Très bien! très bien! à gauche et au centre.*)

Cela ne s'est, on peut l'affirmer, jamais vu depuis dix ans; cela ne s'est point rencontré, et cela ne pouvait pas se rencontrer, du moment où les plus qualifiés parmi les membres du parti radical avaient posé en principe que dans le Gouvernement il ne fallait pas voir un guide, mais leur serviteur, du moment où ils avaient érigé en loi qu'au lieu de se prêter courageusement aux nécessités du régime parlementaire et de regarder, non pas leurs électeurs, mais la France, les députés avaient pour devoir de s'en tenir obstinément, sans en abandonner une syllabe, au mandat dont ils avaient subi la nécessité ou dont ils avaient eux-mêmes formulé les termes. (*Nouvelle approbation sur les mêmes bancs.*)

On a vu dès lors les candidats condamnés, pour gagner et pour retenir les électeurs, à la surenchère des promesses! (*Très bien! très bien! et rires.*) On a vu les programmes s'allonger indéfiniment, embrassant toutes les questions, politiques, sociales, financières, même les questions religieuses, même les questions métaphysiques (*Rires*); et on a vu les députés élus sur ces programmes venir à la Chambre avec le parti pris, la résolution inébranlable de culbuter, sans se soucier du pays et du repos public, tous les cabinets, jusqu'à ce qu'il s'en trouvât un assez hardi, ou assez servile, ou assez niais pour se charger de liquider leurs engagements. (*Bravos et applaudissements sur un grand nombre de bancs.*)

On a vu les cabinets, composés d'éléments disparates, obligés
de compter avec ces programmes, de s'incliner devant ces illusions, de transiger avec ces mensonges et de trahir ainsi peu à
peu, comme malgré eux, leur propre pensée, dans l'espoir toujours déçu d'un avenir qui ne leur a jamais été accordé. (*Très
bien! très bien!*)

C'est ainsi qu'on a vu le régime parlementaire tomber peu à
peu dans le discrédit; les gouvernements dépourvus non seulement de force, mais d'autorité; l'administration sans direction
dans un profond désarroi, cherchant sa voie à tâtons, sous des
ministères sans lendemain; la loi sans cesse violée et souvent
impunément violée. (*Mouvement prolongé.*)

M. OUDET. C'est vrai!

M. CHALLEMEL-LACOUR. De là, messieurs, les colères
de ceux qu'on avait enivrés en leur versant à plein verre le vin
des promesses et qui viennent aujourd'hui demander raison à la
République des déceptions que le radicalisme leur a préparées.

De là la lassitude et le mécontentement du nombre immense
des hommes laborieux et paisibles qui aiment la liberté, sans
doute, mais qui ont un impérieux besoin de repos et de sécurité!
(*Approbation sur un grand nombre de bancs.*)

Et ce n'est pas tout encore, messieurs, il faut ajouter un dernier trait. Du moment où il a suffi, non pas même d'avoir, mais
d'afficher des opinions avancées, radicales, pour être accueilli
dans la République, pour y être recommandé comme candidat,
comme fonctionnaire, comme magistrat et, oh! humiliation!
comme général, que dis-je y être accueilli? pour y être placé
d'emblée au premier rang, vous devinez, messieurs, ce que des
hommes sans scrupules et sans aveu, des ambitieux équivoques,
des gens au service d'on ne sait quelle cause, ont trouvé de facilités dans cet étrange système, et nous pouvons voir aujourd'hui
au bord de quel abîme ces favoris du radicalisme, qui ont longtemps arboré son drapeau, parlé son langage, usé de ses moyens,
profité de sa popularité, ont amené la République et la France.
(*Applaudissements prolongés.*)

Ainsi, messieurs, s'est développé ce mouvement que le prestige du cabinet actuel devait, à ce qu'assuraient ses amis, enrayer
dès le premier jour et refouler victorieusement; et qu'au contraire,
à en juger, du moins, par les élections qui se sont faites depuis
dix mois, césariennes ou démagogiques, et par bien d'autres

indices encore, son apparition n'a fait que précipiter. (*C'est vrai!
Très bien! à gauche et au centre.*)

Si ce mouvement, messieurs, atteignait le but qu'on se propose et qu'on annonce insolemment, je ne crois pas qu'on puisse
imaginer pour la France une révolution grosse de plus effroyables conséquences. Est-ce que nous nous laisserons périr, je ne
dis pas sans nous défendre, sans défendre la République, je dis
sans défendre l'honneur de la France et son avenir? Est-ce que
nous n'essayerons pas d'arrêter ce peuple, las, mécontent, mais
abusé et enivré, sur la pente qui l'entraîne à des agitations sans
fin, à des désastres sans nom? (*Très bien! très bien! et applaudissements à gauche et au centre.*) Est-ce que nous laisserons
recommencer la série des révolutions, ce jeu de hasard qui
énerve et qui déprave? Est-ce qu'on ne se réunira pas pour dire
à ce peuple que si la République ne jouit plus de la même confiance qu'il y a dix ans, elle n'en est pas moins, à l'heure qu'il est,
le gouvernement le plus capable, le seul capable de réparer les
fautes qu'il a commises, de restaurer l'autorité, de rétablir le
règne de la loi, de faire rentrer l'ordre dans les finances, la discipline dans l'administration; d'inspirer à ce peuple ce sentiment
de sa force qui lui est nécessaire rien que pour envisager les
perspectives qu'il a devant lui, pour voir de loin ces événements
que chaque jour rapproche de nous, et pour l'aider à porter son
fardeau?

Messieurs, il y a en France bien des hommes de bonne volonté
dans tous les partis, dans toutes les Assemblées, dans le Gouvernement; je veux dire par ce mot des hommes résolus à subor-
donner leurs griefs, leurs rancunes, de justes rancunes peut-
être, à l'intérêt souverain de la patrie. (*Applaudissements.*)

Eh bien, messieurs, est-ce que ces hommes de bonne volonté
ne s'associeront pas pour tenter un effort et pour conjurer les
chances d'une révolution qui, préparée au grand jour par de tels
moyens et avec de tels instruments, ne pourrait, si elle s'accom-
plissait, aboutir qu'au despotisme démagogique le plus abject
dont l'histoire fasse mention? (*Bravos et applaudissements.*)

Messieurs, pour ramener ce pays, deux politiques sont en
présence : l'une, que vous trouverez éloquemment développée
dans les discours, dans les programmes, dans les manifestes
du chef actuel du cabinet, c'est la politique radicale. Elle a un
autre nom, plus captieux : elle s'appelle la politique des réformes.

Quelles réformes? Elles sont annoncées ou exposées en termes
si vagues; elles portent sur tant de points à la fois; elle procèdent de systèmes si différents et même si opposés, qu'il est bien
difficile de s'en faire une idée précise; mais ce qui est, dès à
présent établi et ne peut être contesté, c'est que cette politique
n'a eu jusqu'à présent d'autre effet appréciable que de diviser et
de subdiviser sans fin le parti républicain, de faire la fortune des
monarchistes, de servir de bélier contre tous les ministères. Vous
connaissez les centres dans lesquels cette politique est en faveur,
il est facile de les compter; mais, ce que vous savez aussi, c'est
que cette politique, qui a laissé longtemps le pays indifférent, ne
lui inspire, à l'heure qu'il est, qu'une véritable inquiétude et de
vives alarmes. (*Très bien! très bien!*)

En face de cette politique, que je me permettrai de définir « la
politique d'agitation et de stérilité », je me permettrai d'en indiquer une autre, pour laquelle j'ambitionnerais le nom de « politique de simplification, de stabilité, de bon sens et de calme »...
(*Très bien! très bien!*)

Elle consisterait à répudier tous les programmes fastueux et
fanfarons... (*Très bien!*)... à s'interdire les promesses même
hasardées, car elles sont souvent décevantes; elle consisterait à
réduire la tâche du Gouvernement, à la simplifier, à la concentrer
sur un point unique : raffermir la République en pratiquant selon
son esprit la Constitution de 1875, en s'imposant la tâche de rendre
à nos finances leur ressort et leur vigueur, en tenant la main à
l'exacte et complète exécution des lois par tout le monde, individus ou corps publics, en s'appliquant à former une administration exercée, équitable et fidèle, enfin en réclamant, si ceux
qu'elle a entre les mains à l'heure qu'il est ne suffisent pas, les
moyens de gouverner. (*Très bien! très bien!*)

Je ne sais, quant à moi, messieurs, que cette politique qui
puisse ramener les esprits désorientés et rendre à la masse de ce
peuple qui n'a, lui, point d'engagement avec aucune famille, indi-
férent aux théories politiques, étranger à tout fanatisme, qui ne
peut avoir de préférences que pour le gouvernement qui lui
apportera le plus de sécurité et de repos; je ne sais que cette
politique qui puisse rendre à ce peuple la confiance qu'il a
témoignée à la République pendant quinze ans et qui paraît, à
l'heure qu'il est, non pas certes irrévocablement, mais sérieusement ébranlée. (*Applaudissements.*)

J'entends, messieurs, une objection. « Quoi! c'est vous, un républicain, qui paraissez croire qu'il n'y a plus rien à faire, nulle amélioration à rechercher, nul effort à tenter en présence des problèmes désespérants qui affligent et qui, quelquefois, troublent le monde? Vous croyez donc que le monde et la France sont arrivés à un état définitif? »

Non, je ne le crois pas. Au contraire, je crois, ou plutôt je vois le monde dans un mouvement éternel! Il y a plus : je crois qu'il s'accomplit autour de nous, sous l'impulsion des idées de plus en plus dominantes en Europe depuis trois siècles, et des faits qui en sont résultés, une révolution immense, une révolution si grande que la portée en dépasse infiniment celle de toute vue humaine. Elle est l'œuvre d'un révolutionnaire qui se sert de tout le monde et qui n'a besoin de personne. Qu'on s'en afflige ou qu'on s'en applaudisse, nous ne pouvons rien, nous ne pouvons au moins que bien peu de chose soit pour en retarder, soit pour en accélérer le dénouement. Mais ce que je sais aussi, c'est que les bases de la société française posées il y a un siècle sont encore solides; ce que je sais, c'est que ses bases civiles et sociales, ses bases financières même auxquelles on touche d'une main d'autant plus hardie qu'elle est inexpérimentée (*Sourires approbatifs*), ses bases sont fixées non pas pour toujours, mais pour longtemps. (*Très bien! très bien!*)

Et j'ai pour en être convaincu, messieurs, bien des raisons et de bien des sortes; mais j'en ai une preuve pour moi positive, une démonstration à mes yeux irréfragable. Cette démonstration c'est la complète inutilité de toutes les tentatives faites depuis soixante-dix ans au moins par tous les gouvernements successifs pour modifier ces bases, les uns dans un sens, les autres dans un autre. Les gouvernements royalistes l'ont essayé, ils l'ont essayé à une époque où ces bases n'étaient pas protégées par des habitudes qui sont aujourd'hui séculaires; ils l'ont essayé pour revenir à des institutions qui avaient leur raison d'être et leur grandeur. Ils n'y ont pas réussi.

Je vois depuis quinze ans les républicains vivre dans cette illusion qu'ils sont appelés à tout modifier et à tout transformer, que l'idée républicaine le veut ainsi; et tous s'y évertuent de leur mieux, les uns présentant les réformes de leur invention comme la réalisation pure et simple des dogmes de la Révolution; d'autres, qui pourraient bien être, à l'heure qu'il est, les plus nombreux, y ajoutant de nouveaux chapitres (*Rires.* — *Très bien! très bien!*) et en tirant des conséquences imprévues.

Ainsi, messieurs, on arrive plein de promesses, plein de rêves aussi, et lorsqu'on est au pouvoir, il faut rabattre de ces promesses, il faut renoncer à ces rêves; ou bien, si on n'y renonce pas, on se perd en des projets qui succombent, avant même d'être mis en discussion, sous leurs propres absurdités. (*Très bien! très bien! et vifs applaudissements.*)

Alors, messieurs, on s'irrite de la résistance des choses, on s'emporte contre la mauvaise volonté des hommes, on se plaint du vice des institutions; on accuse le Sénat (*Sourires et applaudissements*), qui n'en peut mais, le Sénat qui a fait des fautes sans doute, mais non pas celle d'avoir trop résisté! (*Très bien! très bien!*)

Arrière donc le Sénat! ouvrons la carrière au génie d'une Assemblée unique! Mais il est trop tard; déjà le gros de vos bataillons n'obéit plus à votre voix; les masses, nous le savons trop, se plaignent, avec une profonde injustice — je le crois, j'en suis convaincu, je le déclare bien haut — mais elles se plaignent de la trahison, du charlatanisme, de l'incapacité et de la corruption de leurs représentants; elles sont prêtes, si vous ne les arrêtez, à se jeter dans les bras d'un personnage qui vous surpasse tous en promesses (*Très bien! très bien!* — *Applaudissements répétés sur un grand nombre de bancs*), qui a déjà suborné une partie de votre clientèle en lui déclarant que ce que vous dites il le fera (*Nouveaux applaudissements sur les mêmes bancs*), et qui s'engage moins que vous : car il tient en réserve un moyen sûr et commode de payer ses dettes, c'est d'étouffer les réclamations de ses créanciers en mettant à l'ordre du jour le silence universel. (*Très bien! très bien!* — *Applaudissements vifs et répétés.*)

Je reste persuadé, quant à moi, que les pouvoirs publics, si la politique dont j'esquisse quelques traits pouvait prévaloir, auraient assez à faire d'étudier et de résoudre avec maturité les questions auxquelles donne toujours lieu le mouvement de la société dans un grand pays comme la France; ils auraient assez affaire d'introduire par degré les améliorations reconnues nécessaires et possibles, d'assurer à tous par un gouvernement vigilant l'ordre, la sécurité, la justice. (*Très bien! très bien!*)

Si cela ne suffisait pas à quelques-uns de mes collègues républicains; s'ils me demandaient comment je puis me flatter d'attacher le peuple de France, par des moyens si simples, à une forme politique, et si je m'imagine justifier par un si mince résultat les déchirements que la France a soufferts depuis cent ans avant de s'arrêter dans la République, eh bien, messieurs, je leur ferai ma confession tout entière.

Il y a des heures sérieuses où, en présence de certains spectacles, et quand le ciel paraît s'obscurcir, on se demande avec quelque tristesse si on n'a pas fait un mauvais emploi de sa vie en la consacrant presque tout entière au service d'une cause qu'on voit à la fin compromise.

Si quelques-uns de vous, mes chers collègues, connaissaient ces perplexités, qu'ils permettent à l'un d'eux, au moindre d'entre eux, mais qui a comme eux vieilli sous le harnais, qu'ils lui permettent de leur dire sans outrecuidance : Non! non! vous ne vous êtes pas trompés, et quoi que vous ayez souffert, quelques déceptions que vous ayez essuyées ou qui vous attendent encore, votre choix est justifié.

Vous avez cru qu'après les crises décisives de la fin du siècle dernier, avec l'épuisement dans les masses de l'esprit monarchique, qui n'a rien à faire, qui ne peut rien avoir de commun avec l'esprit césarien, vous avez cru que la République n'était pas seulement le gouvernement le plus propre à mettre en valeur toutes les bonnes volontés, à offrir une issue et une carrière à toutes les ambitions légitimes, à nous protéger contre les révolutions; vous avez cru qu'elle était, de plus, une grande et efficace école de dignité morale... (*Très bien! très bien! à gauche*); vous avez pensé que si les services du maître d'école ont leur valeur, il ne suffisait pourtant pas de l'instituteur pour faire un citoyen, un homme, qu'il y fallait bien d'autres choses et en particulier ce grand enseignement qui est l'esprit de la société où l'on vit. (*Marques d'approbation.*) Vous avez cru que la République était grande, non pas seulement par les avantages qu'elle apporte et par les perspectives qu'elle ouvre, mais parce qu'elle ennoblit jusqu'au plus petit en suscitant, en vivifiant chez tous le sentiment du devoir et de la responsabilité. Non, mes chers collègues, dût l'événement vous donner tort une fois de plus, non, vous ne vous êtes pas trompés. (*Applaudissements à gauche et au centre.*)

Ces convictions, messieurs, ont été de tout temps les miennes, et l'expérience, une expérience longue et parfois assez dure, ne les a pas encore ébranlées; au contraire, à l'heure qu'il est, voyant ce qui se prépare, je me rejette avec un redoublement de passion vers ces institutions qui ont été l'enthousiasme de ma jeunesse et que je vois, au déclin de ma vie, être encore l'abri, le dernier abri de la liberté dans mon pays. (*Applaudissements répétés à gauche et au centre.*)

Je vous dis à vous, mes collègues républicains : Faites que la République redevienne ce qu'elle n'aurait jamais dû cesser d'être, le règne de la loi; faites que chacun s'y sente protégé dans ses biens, dans sa personne, dans ses croyances, non seulement contre les bruits et le tumulte de la rue, mais contre la diffamation et la calomnie (*Nouvelle approbation à gauche*), contre les coups de cette puissance formidable, sans frein, sans mesure, sans responsabilité, qu'on appelle la presse.

Et je vous dis à tous : Conjurez, détournez les convulsions, les hontes, les ruines auxquelles n'échapperaient pas les existences les plus humbles et qui résulteraient pour tous les partis — et pour les vainqueurs plus encore peut-être que pour les vaincus — de la catastrophe de la liberté. (*Applaudissements à gauche et au centre.*)

Messieurs, la politique dont je me suis permis de vous présenter l'esprit est essentiellement simple, ce qui ne veut pas dire qu'elle soit facile. Je crois même, à ne vous rien celer, qu'elle est impossible à certaines personnes. (*Sourires sur divers bancs.*) Ainsi, je ne demanderai pas, je n'aurai pas la naïveté de demander au Cabinet qui est sur ces bancs de l'adopter. (*On rit.*) Il trouverait peut-être l'invitation peu discrète. (*Nouveaux rires.*) J'espère qu'au moins il ne la trouverait pas injurieuse.

Je ne suis pas, messieurs, de ceux qui ont désiré l'avènement de ce ministère. Je n'avais pas vu que, sauf quelques journaux dont le dévouement désintéressé honore M. le président du Conseil (*Sourires*), le vœu de l'opinion publique, soit dans les Chambres, soit au dehors, l'appelât aux affaires...

M. FLOQUET, *président du Conseil, ministre de l'Intérieur.* Je ne l'ai pas demandé, cependant!

M. CHALLEMEL-LACOUR... et, lorsqu'il y est arrivé, je n'ai pu me défendre de quelques appréhensions pour la République.

Ses actes et ses projets, depuis qu'il est aux affaires, tout ce qu'il a fait et tout ce qu'il n'a pas fait, n'a pu que justifier mes appréhensions.

Mais, messieurs, je n'en suis pas moins prêt à reconnaître les rares mérites de M. le président du Conseil (*Sourires*), prêt à rendre justice, comme je l'ai toujours été, à ses éminentes qualités.

Il en a, en particulier, deux qui sont presque des vertus, des vertus théologales tout au moins, mais parfois aussi, dans certaines circonstances, des vertus politiques.

Il a la foi, une foi profonde, absolue, dans ses idées, une foi qui ne connaît ni hésitation ni doute. Lorsqu'il les a une fois adoptées, qu'elles viennent de son fonds ou qu'il les emprunte à l'évangile de la Révolution, il s'y tient, il les soutient, il les soutiendra toujours.

On affirme de tous côtés qu'il vient de se rallier au scrutin d'arrondissement. C'est là une déviation légère, un accroc (*Nouveaux rires*) à la rectitude jusqu'à présent presque inflexible de ses idées et de son intelligence politique. Comment cela s'est-il fait? Je ne doute pas qu'il n'ait, pour expliquer son évolution, pour dissiper la surprise de ses amis et de ceux qui ne le sont pas, des raisons solides et sérieuses que nous ne tarderons pas, je l'espère, à connaître.

Outre cette foi, il a l'espérance, l'espérance de convaincre ses adversaires, de faire prévaloir ses idées dans le public et dans les Chambres; vous risquez, si vous n'y prenez garde, d'être vous-mêmes convaincus, vous, que le Sénat est de trop dans la Constitution (*Rires.*)

Cette espérance est fondée sur le juste sentiment de sa force; elle l'est surtout sur l'évidence dont ses idées sont entourées à ses yeux et qu'il se flatte, avec raison peut-être, de faire resplendir aux nôtres.

Pour peu que la fortune lui donne la durée, et pourvu que les circonstances s'y prêtent, tous les articles de son programme, de son unique programme, — car il n'a jamais eu, depuis qu'il est entré dans la politique, qu'un seul programme, invariable, et c'est ce qui fait la belle unité de sa vie publique, — tous les articles de ce programme passeront en projet, tous vous seront tôt ou tard soumis, si vous existez encore.

Nous croyons, nous, que ces idées ne répondent pas à celles du pays; nous croyons qu'elles sont contraires à ses tendances, à ses intérêts, à ses besoins. M. le président du Conseil ne le croit pas, et il n'y a pas lieu de s'en étonner; mais c'est là, assurément, une raison suffisante pour que je n'aie pas la témérité de lui proposer d'adopter une politique pour laquelle évidemment la nature ne l'a point fait.

Le voulût-il, d'ailleurs, messieurs, et mieux éclairé, selon moi, sur ce que l'intérêt de la France et l'intérêt de la République réclament dans les circonstances actuelles, fût-il disposé à renoncer à son programme pour adopter le programme, hélas! infiniment plus modeste que j'ai indiqué, il ne le pourrait pas, ou, s'il le faisait, cela serait inutile.

Et pourquoi, messieurs?

Je le dirai franchement, bien persuadé que M. le président du Conseil ne verra dans mes paroles rien de désobligeant : c'est que, pour appliquer cette politique, il n'aurait pas l'autorité suffisante, et il n'est pas homme à se charger des affaires dans de pareilles conditions.

M. LE PRÉSIDENT DU CONSEIL. Vous avez parfaitement raison!

M. CHALLEMEL-LACOUR. Si je ne me trompe pas radicalement, messieurs... (Sourires), si la politique que je vous ai indiquée est bien celle que la France attend, celle qu'elle est disposée à accepter et à soutenir, celle que le bon sens avoue dans les circonstances où nous sommes, la seule qui soit capable d'arrêter la désagrégation et de nous retenir sur une pente au bas de laquelle est l'abîme, il faut, pour avoir ce résultat, qu'elle se déclare hautement, qu'elle se présente au pays sans déguisement, bannières déployées; et cela ne suffit pas encore : il faut qu'elle se reconnaisse jusque dans les noms mêmes de ceux qui seront appelés à la pratiquer. (Vifs applaudissements.)

Je ne m'abuse pas, messieurs, je le répète, sur les difficultés de cette politique; elles sont réelles, et lorsque, considérant le terrain déjà perdu et qu'il fallait regagner, les ornières profondes et désormais impraticables où nous sommes embourbés et dont il faut sortir, l'atmosphère où nous sommes plongés et qu'il faut modifier, je me suis imposé la tâche d'en chercher les moyens, je l'avoue, messieurs, plus d'une fois le découragement m'a gagné! Mais je me suis dit qu'il ne s'agissait pas de moi, qu'il ne s'agissait pas du Sénat, qu'il ne s'agissait pas même de la République : qu'il s'agissait à l'heure qu'il est de la France! (Applaudissements répétés sur un grand nombre de bancs.)

Je crois, messieurs, qu'après tout, les difficultés de cette politique, pour grandes qu'elles soient, ne sont pas insurmontables. Ceux qui se chargeront de l'appliquer auront besoin de courage, de persévérance, surtout de sincérité!

Pendant que le charlatanisme continuera son œuvre, entraînant les faibles, achetant la complicité des habiles, obtenant — je ne sais comment — de certaines personnes dont l'honneur et la droiture étaient encore la plus grande force, un semblant d'adhésion... (*Très bien! très bien!*) je ne sais quel concours qui ne peut s'expliquer que par une incroyable aberration... (*Applaudissements sur un grand nombre de bancs*), le Cabinet, au lieu de vouloir rivaliser de paroles, mettra le pays en garde contre ce système de mensonge par sa propre sincérité. Son énergie dans l'action sera proportionnée à la simplicité de ses idées et à la modestie de ses prétentions. On saura que, s'il est résolu, absolument résolu à sauver la République des mains qui s'étendent déjà pour l'étouffer, à arracher le pays aux affamés qui le dévorent en espérance (*Bruyants applaudissements*), il est résolu aussi à rompre sans retour avec les chimères politiques et avec ceux qui s'en nourrissent. (*Très bien! très bien!*)

Le courage, messieurs, ne suffirait pas : il y faudrait l'appui — oh! l'appui des républicains ne lui manquera pas, je le crois — mais il lui faudrait l'appui de tous les esprits prévoyants, de tous les Français éclairés et calmes, même les plus conservateurs. (*Nouvelles marques d'approbation à gauche.*)

Oh! je ne nourris pas, vous le pensez bien, l'espérance que ceux qui sont restés à l'écart depuis si longtemps, retenus par des motifs que je n'apprécie pas et qui ont résisté à une expérience de quinze ans, viennent se ranger aujourd'hui parmi les défenseurs de la République.

Non, je ne l'espère pas; mais ce que j'espère, et il me suffit pour cela d'avoir confiance dans leur patriotisme, il me suffit de voir qu'ici l'honneur et l'intérêt sont d'accord — c'est que tout ce qu'il y a d'hommes clairvoyants parmi eux se gardera bien de se prêter, même de loin, à une entreprise où tout peut sombrer à la fois... (*Très bien! très bien!*)

M. BUFFET, *et plusieurs sénateurs à droite.* Assurément!

M. CHALLEMEL-LACOUR.... qu'ils n'iront pas abaisser leur fierté, souiller leur drapeau, pour se mettre à la merci de qui? tout le monde le sait, messieurs, et les ennemis de la France en rient déjà de mépris et de contentement. (*Très bien! très bien!* — *Applaudissements prolongés.*)

Et j'espère davantage encore, messieurs; j'espère qu'on ne les verrait pas contrarier les efforts d'un cabinet qui se présenterait avec ce programme bien simple, mais bien français : Sauver la liberté et sauver la patrie. (*Vifs applaudissements.*)

Dans les jours troubles où nous sommes, messieurs, nous n'avons guère pour nous conduire qu'une lumière encore bien vacillante, celle du devoir. Tout le monde a ses devoirs comme tout le monde a ses moyens d'action, les partis et les particuliers, les pouvoirs publics, la Chambre des députés, le Cabinet; je n'oublierai pas M. le président de la République, auquel personne n'aura jamais ni la pensée ni le besoin de rappeler ses obligations, ses droits constitutionnels, sa responsabilité. (*Très bien! très bien!*)

Nous aussi, messieurs, dans la sphère où nous sommes renfermés et qu'on voudrait rétrécir encore, nous aussi nous avons nos obligations d'autant plus impérieuses que le pays, insensible à des projets retentissants, peu touché par de vaines injures, entoure le Sénat de son respect et tourne avec confiance les yeux de son côté. (*Nouvelles et vives marques d'approbation.*) Tout ce que nous pouvons faire pour le moment, c'est d'élever la voix pour donner un avertissement.

Quel sera le succès de cet avertissement? Ira-t-il à son adresse? Sera-t-il entendu? Je n'en sais rien. Mais je me redis à moi-même et je vous demande la permission de répéter tout haut le mot du vieil Horace de Corneille, du vieil Horace dont le souvenir héroïque n'est peut-être pas tout à fait déplacé dans la crise où nous sommes :

Faites votre devoir et laissez faire aux dieux.

(*Triple salve d'applaudissements. — L'orateur, en regagnant sa place, reçoit les félicitations d'un très grand nombre de ses collègues.*)

Les républicains firent, en effet, leur devoir. Le ministère radical ayant été renversé peu de jours après l'élection du général Boulanger à Paris, M. Carnot rappela M. Tirard à la présidence du Conseil et le nouveau Cabinet entama résolument la lutte contre la conspiration boulangiste. La Chambre, qui avait déjà voté la loi sur le rétablisse-

ment du scrutin d'arrondissement, vota la loi interdisant les candidatures multiples; MM. Boulanger, Rochefort et Dillon, qui avaient
pris la fuite, furent déférés au Sénat, constitué en haute cour de justice, et condamnés par contumace à la déportation perpétuelle; enfin,
les élections du 21 septembre 1889 achevèrent la déroute de la coalition royaliste et césarienne. La République était de nouveau victorieuse et la liberté était sauvée.

DISCOURS

prononcé le 9 février 1890

A MARSEILLE

AU

BANQUET ANNUEL DE LA MUNICIPALITÉ

———

Le banquet annuel offert par le maire de Marseille, M. Baret, aux autorités civiles, judiciaires et militaires du département, eut lieu, le 9 février 1890, à Marseille.

M. Challemel-Lacour répondit à un toast de M. Baret par le discours suivant :

Monsieur le maire, votre aimable invitation, les paroles courtoises que vous venez de m'adresser en les assaisonnant d'éloges dont je vous remercierais davantage si j'avais le sentiment de les avoir à moitié mérités, vous condamnent — je le regrette pour vous, messieurs — à m'entendre quelques instants. Vous avez ajouté, s'il est possible, aux sentiments de reconnaissance que j'ai pour Marseille et pour le département. Que ne leur dois-je pas depuis dix-neuf ans que j'ai l'honneur de les représenter? Ils m'ont véritablement comblé. De pareilles dettes, quels que soient la bonne volonté et le dévouement, ne s'acquittent jamais qu'à demi.

Je ne puis que les reconnaître, et pour témoigner combien je suis touché, je ne sais qu'un moyen, c'est d'être aujourd'hui, comme je l'ai toujours été, d'une sincérité parfaite avec vous, de vous dire sans réticence, sans retour personnel et, je l'espère, sans abonder dans mon propre sens, ce que je pense sur les intérêts actuels de la République et de la France.

J'ai saisi avec empressement l'occasion qui m'était gracieusement offerte de rencontrer dans une même réunion tous ceux qui, fonctionnaires de l'État ou mandataires de la cité, participent à l'administration de Marseille. Non pas que je fusse animé d'un grand désir de faire un discours. Le lieu, le moment seraient à tous égards mal choisis pour ajouter à ce brillant et joyeux dîner un dessert de paroles. Que dire, en effet, sur la politique, quand on ne peut s'expliquer qu'avec une extrême réserve, personne ne pouvant savoir encore d'une manière authentique et certaine ce que révèle la nouvelle Chambre? Elle ne se connaît pas elle-même et cette ignorance n'est pas sans lui avoir causé jusqu'à présent quelques malaises. S'il est permis toutefois d'en juger par l'esprit qui a présidé aux élections d'où elle est sortie et dont elle ne peut manquer de s'inspirer, elle ne sera ni timide ni impatiente.

Elle ne reculera devant aucune question urgente et pratique, elle n'ira pas non plus soulever à tout propos et hors de propos des questions auxquelles le pays est indifférent et qui ne présenteraient tout au plus qu'un intérêt technique. Elle sera particulièrement attentive au sort des classes laborieuses; elle ne perdra jamais de vue que, si elle ne peut vouloir trancher d'autorité et par rescrit des questions prodigieusement complexes, hardiesse qui n'est pas permise à tout le monde, il n'est pas au-dessus de son pouvoir de tempérer, par des lois humaines et bien digérées, les rigueurs d'un sort fait pour préoccuper tous les cœurs bien placés, et de préparer à force de justice une réconciliation entre des intérêts que la nature des choses n'a pas faits inconciliables.

Si elle est pénétrée, comme on est en droit de le penser, des tendances et des instincts que les élections ont manifestés, la nouvelle Chambre aura sans cesse devant les yeux la situation de la France depuis vingt ans. Cette situation, ne l'oublions pas, messieurs, elle domine toute la politique, elle doit commander l'attitude des partis, elle doit régir la conduite des pouvoirs publics. Eh bien, messieurs, cette situation se caractérise par deux traits principaux. Le premier, c'est l'état instable de l'Europe telle que la guerre de 1870 et les événements subséquents l'ont faite. Nous sommes en présence d'un avenir inéluctable et terrible, nous devons à toute heure nous y tenir prêts.

Nous ne pouvons perdre de vue, à aucun moment, dans aucune de nos démarches, que ce qui se prépare sous nos yeux, par ce jeu d'alliances, c'est une partie dont notre existence même est l'enjeu. Armée, finances, situation morale et matérielle, il faut que sous tous ces rapports nous soyons à tout moment en mesure de faire face à des événements qui peuvent être ajournés long-temps, sinon indéfiniment, peut-être même conjurés, Dieu le veuille! qu'en tous cas nous sommes bien résolus à ne pas hâter d'une minute, à ne déchaîner jamais de parti pris, mais qui peuvent éclater du soir au matin et nous surprendre en pleine sécurité.

C'est là, certes, messieurs, une situation bien faite assurément pour calmer toutes les ardeurs, pour réprimer les impatiences les plus généreuses, pour refouler ces rêves de transformation presque instantanée auxquels la France s'est trop abandonnée depuis cent ans, qu'on pouvait toutefois excuser à d'autres époques, comme une fascination de l'idéal, mais qu'il faut à tout prix s'interdire aujourd'hui comme une ivresse dangereuse et peut-être mortelle.

Regardez-y de près, messieurs, et vous verrez, j'en suis sûr, que cette menace de guerre, dont l'Europe entière a le sentiment et la peur, ce cauchemar qui pèse sur toutes les poitrines en Europe, est la clé, qu'elle renferme l'explication de notre conduite intérieure. Prenez, si vous le voulez, pour exemple nos finances. Nous sommes condamnés, non seulement à les avoir en bon ordre, c'est la première loi d'un peuple sensé, mais à les entretenir dans un état florissant, avec des réserves assurées, avec des ressources qui nous permettent de suffire, je ne dis pas aux nécessités sans cesse grandissantes du présent, mais à des éventualités soudaines et terribles. Il nous est interdit de rien livrer au hasard. Et voilà pourquoi telles réformes rêvées depuis longtemps, réclamées à plus d'une reprise par des esprits graves et réfléchis, étudiées savamment et de longue date, recommandées par la pratique de plus d'un pays, mais dont la réalisation entraînerait en France quelque risque de désorganisation passa-gère, ne pourra être abordée chez nous qu'avec la plus grande circonspection, et a dû être forcément ajournée du moment où elle pouvait creuser, même pour un jour, dans nos recettes nécessaires et actuellement assurées un vide qu'on n'était pas sûr de combler à volonté. Voilà, messieurs, entre beaucoup d'autres, une des suites immédiates et à nos yeux incontestables d'une situation qui nous impose une prévoyance et des précautions de tous les instants.

L'autre trait de cette situation, qu'ont éclairée d'un jour si triste les élections du mois de septembre dernier, et qui avait apparu déjà en 1885 d'une manière inquiétante, c'est que la France est politiquement coupée en deux parties, je me hâte d'ajouter en deux parties heureusement inégales, mais qui ne le sont pourtant pas assez pour que la plus faible n'agisse pas puissamment sur l'autre comme menace et comme obstacle.

Je ne rêve pas, messieurs, une harmonie d'idées et d'intérêts que le monde n'a jamais connue, une sorte d'union paradisiaque dont l'histoire ne m'offre pas d'exemple ; je m'inquiéterais peu de cette division, elle n'aurait même rien que de normal, si elle portait uniquement sur la politique à suivre. Mais non, elle porte sur l'institution fondamentale, en sorte que cet établissement républicain, entrevu et poursuivi depuis si longtemps comme la réalisation du droit, comme la condition nécessaire et le moyen d'un état de choses meilleur, lentement conquis au prix de tant d'efforts, maintenu enfin comme le seul capable de réparer les ruines accumulées par le despotisme, cet établissement républicain, désormais identique, pour notre pays, à l'idée de liberté et même d'existence, se trouve périodiquement remis en question, au péril de la France elle-même. Vous l'avez vu il n'y a pas cinq mois.

Vous êtes encore, messieurs, sous l'impression de cet effort, le plus furieux qui ait jamais été tenté contre un gouvernement, de cette alliance invraisemblable où l'on a vu les prétendus dépositaires des saines traditions, les défenseurs attitrés et hautains des bons principes, marcher fraternellement, sous un même drapeau, la main dans la main, avec une bande d'aventuriers, l'écume des partis de dictature et d'anarchie. Vous voyez encore ici cette coalition sans précédent de toutes les passions même les plus basses, de tous les partis même les plus incompatibles, de tous les fanatismes même les plus éhontés. Je ne le cache pas, messieurs, j'éprouve une affliction profonde et comme une humiliation personnelle à penser que des hommes qui sont des Français comme nous, et dont je ne puis suspecter le patrio-

tisme, ont pu se laisser aveugler par la passion à ce point
d'accepter pour allié, de reconnaître pour chef le premier soldat,
le seul qui, dans cette armée laborieuse et dévouée, accoutumée
à n'écouter que la voix du devoir, ait donné l'exemple de
l'indiscipline.

Comment des Français ont-ils pu oublier ainsi que la discipline de l'armée est notre dernière ancre de salut, que le plus
impardonnable de tous les crimes serait de l'ébranler ou de la
corrompre? Comment d'honnêtes gens ont-ils pu s'associer de
gaieté de cœur à une entreprise abominable de révolutions sans
issue, qui devait selon toutes les vraisemblances avoir pour
résultat prochain, non pas de ramener une royauté déshonorée
que le sol de France aurait refusé de porter, mais de nous jeter
dans l'anarchie et dans la guerre et de détruire en un jour, par
des convulsions nouvelles, l'œuvre de défense péniblement
accomplie depuis vingt ans?

De telles choses se paient, messieurs; le temps n'en efface pas
la trace dans les esprits, les regrets même ne les font ni oublier
ni pardonner. Certes la royauté est bien loin de nous dans le
passé, encore plus loin de nous dans l'avenir. Mais si par impossible elle devait rencontrer encore quelque chance imprévue et
tenter un jour de reparaître, on agiterait devant elle le souvenir
des élections de 1889, on rappellerait cette campagne où tout a
sombré, l'honneur, la fierté, la réputation de prévoyance et
d'habileté dont on se targuait, le libéralisme vrai ou faux dont
on s'enveloppait; on rappellerait le coup peut-être irréparable
porté par les conservateurs eux-mêmes à l'esprit conservateur;
et cela suffirait pour refouler de nouveau la monarchie.

La France restera-t-elle toujours aussi divisée? Ces deux
parties inégales ne se rapprocheront-elles jamais? Le parti
monarchique impuissant à rétablir la monarchie, cela a été dix
fois démontré par l'événement, mais puissant encore dans le
corps électoral, puissant aussi dans la Chambre, subsistera-t-il
toujours pour entretenir le désordre et l'inquiétude, pour menacer la République, pour la stériliser et par conséquent l'affaiblir, en lui interdisant les grandes entreprises qui supposent
avant tout la durée et la sécurité? En sera-t-il éternellement
ainsi? On a fait la remarque, c'est, je crois, l'historien Macaulay,
qu'après cent vingt ans de luttes qui avaient troublé et ensan-
glanté l'Europe, le protestantisme et le catholicisme se sont

enfin fixés au milieu du xviiᵉ siècle et que, depuis cette époque,
ils sont restés chacun inébranlables dans leurs positions respectives, mais incapables de rien gagner l'un sur l'autre et de
faire aucun progrès. Faudrait-il nous résigner à la pensée qu'il
en sera de même en France et que les deux partis entre lesquels
elle est divisée resteront en face l'un de l'autre, à jamais irréductibles et toujours impuissants? Non, messieurs. Il est possible
que les états-majors s'obstinent longtemps encore de père en fils
dans la poursuite de leur chimère. Et, s'il faut l'avouer, je crois
peu pour ma part à cette diplomatie parlementaire dont on nous
a un instant parlé, je crois peu à cette stratégie de couloirs, à
cette politique de canapé qui ne fera jamais tout au plus que des
conversions rares et peu solides. Mais ne nous y trompons pas;
le gros de l'armée conservatrice, affamée d'ordre, nous appartient; elle est à nous, elle peut être détachée, elle se détachera.

Je pense, oui, messieurs, je pense sincèrement que la Chambre
actuelle, si elle est en effet telle qu'on l'annonce, et si elle ne
méconnaît pas le mandat qu'elle a reçu, je suis persuadé que,
par la nature même des questions qu'elle est appelée à discuter
et à résoudre, elle peut beaucoup pour avancer ce travail. J'ose
dire que, si elle y réussissait, ne fût-ce qu'en partie, et si elle
pouvait dans le cours de ses quatre ans regagner une portion de
ceux qui subissent encore, en dépit de leurs origines, contrairement à leurs instincts et à leurs intérêts, l'influence monarchique, elle aurait rendu à la République et à la France un immense service.

Je suis convaincu que les plus ardents à certaines réformes
n'auraient qu'à se féliciter qu'on commençât par mettre l'existence de la République hors de cause en lui donnant pour base
une majorité plus large, qu'on s'appliquât d'abord à l'affermir en
enfonçant et en prolongeant ses racines dans le sol, qu'on
réduisît enfin ses adversaires, qui peuvent encore, en raison de
leur nombre, s'appeler un parti, à n'être plus qu'une coterie,
débris insignifiants et curieux d'un monde disparu, de telle
sorte qu'on pût alors procéder avec suite et réflexion aux améliorations diverses que l'établissement d'un régime nouveau et
le progrès du temps rendent toujours indispensables.

Ces améliorations, je n'entreprendrai pas de les énumérer. Je
n'ai pas non plus la prétention de dresser ici d'avance la carte
du pays que la Chambre doit parcourir; si je m'arrogeais ce

droit, vous auriez celui de vous plaindre que j'abuse étrangement de votre patience.

Je vois d'ailleurs par bien des expériences combien d'accidents ou d'incidents, de nécessités imprévues, de diversions auxquelles on ne peut échapper, déjouent d'ordinaire les plans si bien concertés. Je ne veux que faire une ou deux observations, dirai-je donner des conseils? non, mais exprimer mon avis sur un ou deux points d'importance.

· Si je pouvais me faire entendre des nouveaux députés et même des anciens, je leur dirais : « Défendez-vous! » Cette parole n'est pas nouvelle dans ma bouche. Il y a dix ans, à Marseille même, alors que les anciennes lois sur la presse étaient déjà tombées de fait en désuétude et que la nouvelle, encore en élaboration, allait être discutée, dans une réunion à laquelle assistaient plusieurs d'entre vous, je disais déjà : « Défendez-vous! Défiez-vous de ce qu'on appelle l'impuissance de la presse; ne vous laissez pas aller à croire que la presse guérit les blessures qu'elle fait! Ce sont là de pitoyables et pernicieux sophismes. Défendez-vous pour l'honneur de la France, pour l'avenir et pour la fécondité de la République; défendez-vous si vous voulez agir; défendez-vous si vous voulez vivre! N'oubliez pas qu'en attaquant les hommes c'est à leurs œuvres qu'on en veut, qu'on travaille ainsi par le moyen le plus sûr à ruiner en les déconsidérant celles qu'ils ont accomplies, à rendre impossibles et à étouffer dans leurs germes celles qu'ils méditent! »

Tel était mon langage il y a dix ans; et je me rappelle la surprise que causaient à plus d'un des amis qui m'écoutaient ces paroles d'un vieux républicain portant les cicatrices encore fraîches de blessures reçues pour la liberté.

Depuis lors, l'expérience a parlé, la France entière a entendu et compris ces leçons. Je puis répéter avec plus d'assurance ce que je disais à cette époque, et j'ajoute aujourd'hui : Ne craignez pas que des mesures de défense légitime puissent restreindre ou inquiéter la liberté, car la liberté n'a rien de commun avec l'impunité, qui en est au contraire la pire ennemie! Ne vous laissez pas tromper par une accalmie qui ne durera pas! On se modère aujourd'hui; mais vienne l'occasion, qu'un homme surgisse et se rende redoutable par ses capacités ou sa vigueur aux ennemis de la République, qu'un projet soit conçu qui les inquiète, vous verrez se reproduire les mêmes déchaînements, rouvrir les écluses à ces torrents de boue où plus d'un a failli rester englouti. Les journalistes qui ont le respect de leur profession, — il en existe encore plusieurs, — assisteront avec tristesse au discrédit graduel et finalement à la perversion totale de cette grande, de cette puissante, de cette nécessaire école qui s'appelle la presse quotidienne.

Un autre point qui vous préoccupe assurément est la question douanière, dont l'examen et la solution constituent la tâche principale imposée à la Chambre actuelle. En observant ce mouvement protectionniste dont l'impétuosité semble en ce moment devoir tout emporter, vous éprouvez, je pense, quelque inquiétude et vous vous prenez à craindre qu'il ne dépasse les bornes de la raison. J'ai partagé, moi aussi, ces alarmes. Eh bien! mon avis est, messieurs, après y avoir réfléchi, qu'il n'y a pas lieu, quant à présent, de nous tant effrayer. Nous devons nous rassurer, non seulement parce que les intérêts de Marseille sont en bonnes mains : il est entré dans cette commission dont M. le maire parlait tout à l'heure d'un ton où perçait quelque défiance, il est entré trois de vos députés qui sont des hommes d'une expérience consommée en matière commerciale et des esprits fermes; ils sauront se faire écouter; ils ne laisseront pas péricliter les intérêts confiés à leur talent, et ils ne manqueront pas de trouver des alliés.

Mais il y a plus : j'ai, messieurs, dirai-je l'espérance ou la certitude? que le temps, l'examen des faits et surtout les sentiments d'une immense responsabilité modifieront bien vite la fougue des convictions les plus passionnées. On arrive tout bouillant d'ardeur, échauffé par la victoire, enivré de ses propres idées et de ses espérances; on ne veut plus entendre parler des traités de commerce. Attendez un peu : on reconnaîtra bientôt qu'il faut au négociant, à l'industriel, au spéculateur, qu'il faut à tout le monde, au consommateur comme au producteur, quelque garantie contre de brusques changements, un état stable qui permette d'escompter un certain avenir et de mettre quelque raison dans sa propre conduite.

On pense pouvoir se suffire à soi-même, on est fier de n'avoir besoin de personne; mais les faits forceront dès demain à reconnaître que cette fière indépendance est une illusion, et qu'un grand nombre parmi nos industries, depuis les plus humbles jusqu'aux plus élevées, exigent le concours de produits étran-

gers ; il faudra bien avouer que dans l'état présent du monde on
ne se confine pas à volonté. On se flatte, et peut-être n'a-t-on
pas tout à fait tort, d'avoir le plus riche marché du globe : c'est
notre marché intérieur, un marché de vingt-cinq milliards, disait
il y a trois jours M. de Dampierre à la Société des agriculteurs
de France ; et qu'est-ce auprès d'un tel marché que trois milliards d'exportation ?

Ce marché sans pareil, on prétend se le réserver. A la bonne
heure : mais on sera promptement amené à reconnaître que la
richesse de ce marché intérieur lui-même n'est pas sans dépendre à un certain degré de nos relations avec l'étranger et
qu'à risquer d'appauvrir ou même simplement d'arrêter dans
leur développement normal Marseille, Bordeaux, le Havre, on
risquerait fort aussi d'appauvrir les industries auxquelles on
paraît s'intéresser à cette heure exclusivement.

On devra songer enfin que la France n'est pas seule dans le
monde, et que, si elle est en butte à des rivalités haineuses, elle
conserve encore des sympathies jusqu'ici assez stériles, je le
veux bien, mais qui peuvent être un jour précieuses et qu'il
serait peut-être sage d'entretenir et de resserrer, au lieu de les
décourager. Une année, deux années d'études refroidiront les
passions effervescentes, éclaireront les intérêts, dissiperont les
illusions et les malentendus. Je me rassure, messieurs, sur le
résultat de cette délibération, parce que je crois à l'ascendant
final de la raison, je me rassure parce que je crois au patriotisme
de la Chambre.

J'aurais, messieurs, à m'excuser de ces trop longues observations. Et pourtant je ne veux pas m'asseoir sans dire au
moins un mot d'une question qui est loin sans doute d'avoir
l'importance vitale de celle que je viens d'effleurer, mais qui ne
laisse pas de présenter un intérêt réel, intérêt marseillais et
même national.

Vous devinez, messieurs, que je veux parler de la Faculté de
médecine de Marseille. Je suis, je l'avoue, de ceux qui ont em-
brassé cette idée avec une ardeur peut-être trop juvénile et qui
en poursuivent le succès avec une passion assez étrange chez un
sénateur. Les meilleurs esprits, les moins enclins aux aventures
et les moins sujets aux complaisances ont le droit de s'étonner,
et ils s'étonnent en effet que Marseille, malgré les ressources
dont la nature l'a dotée et malgré sa juste ambition, ne soit pas

depuis longtemps un centre scientifique. Serait-ce par hasard que Marseille s'est montrée dans cette affaire vraiment trop modeste, et est-ce pour avoir trop peu et trop timidement demandé qu'elle n'a jusqu'à présent rien reçu? Sa réserve lui serait-elle imputée à crime? Ou bien serions-nous condamnés à expier les erreurs que d'autres ont commises et où nous n'avons été pour rien?

Il est temps, messieurs, que le Gouvernement et les conseils dont il s'entoure se décident à vous rendre justice. La cause de Marseille ne manquera pas, nous pouvons l'espérer, de défenseurs convaincus dans la commission permanente du Conseil supérieur de l'instruction publique. Je crois savoir aussi qu'il y a dans le Conseil d'amirauté des hommes d'une haute compétence aux yeux desquels Marseille est, pour cent raisons, désignée entre toutes les villes maritimes pour devenir le siège de l'École de médecine navale en projet, et qui plaident ainsi la cause de la Faculté de médecine. Les écoutera-t-on? Je le désire, je le souhaite. Ne vous attendez pas pourtant qu'on se rende sans objections. Ces objections, nous en connaissons plusieurs et nous savons ce qu'elles valent.

On alléguera, c'est le fond de la question, qu'il y a déjà beaucoup de Facultés de médecine en France, et qu'elles ne sont pas toutes dans un état bien prospère. Faut-il donc rappeler sans cesse que cet échec avait été prévu, annoncé d'avance, qu'il s'explique par des raisons trop faciles à découvrir et qu'aucune de ces Facultés languissantes n'a jamais approché, même de très loin, des conditions dans lesquelles se trouverait placée la Faculté de Marseille.

On nous dira qu'une Faculté de médecine ne s'improvise pas, qu'elle est facile à décréter, longue et difficile à organiser, et que la marine est pressée; mais si une ville est en position de faire vite et bien, quoi qu'il en puisse coûter, n'est-ce pas Marseille, et votre École actuelle, avec les maîtres qu'elle renferme et les moyens dont elle dispose, ne saurait-elle en vérité suffire pour une année, pour deux années peut-être, au remplacement des écoles de Brest, de Rochefort et de Toulon? On vous dira encore — mais non, on ne le dira pas, tout au plus osera-t-on le faire entendre délicatement — que vous êtes une métropole maritime trop puissante, où la vie commerciale et industrielle est trop absorbée dans les intérêts positifs, pour devenir par surcroît une métropole scientifique, comme s'il fallait vraiment, pour tenir les esprits en éveil et les attacher au travail, une ville sans mouvement, une ville où tout dort, et l'armée, et les vents et Neptune, ou bien comme si les intelligences ne pouvaient, dans une grande cité, déployer leur activité que dans un seul sens! Ces objections ne se soutiennent pas, elles tomberont.

Ce ne sera pas en vain que la nature a fait de Marseille, cette porte de l'Orient, une ville patriote sans doute, mais aussi, permettez-moi de le dire, une ville internationale, qui, par sa position et sa richesse, appelle et sollicite les étrangers, qui réunit pour leur instruction et pour la nôtre des ressources incomparables.

Ce ne sera pas en vain qu'il s'est rencontré un maire infatigable, un conseil municipal éclairé, laborieux, jaloux de la grandeur de la cité qu'il administre, assuré d'être, en se montrant dans cette occasion généreux jusqu'à la magnificence, l'interprète fidèle du vœu des habitants.

Le ministre, la commission dont il prendra l'avis, les directeurs qui influeront sur sa décision, ont à faire un acte de justice et de sagesse; ils ne resteront pas sourds à vos légitimes réclamations et aux instances de vos représentants.

26

DISCOURS

SUR

LE RÉGIME DE LA PRESSE

prononcé le 27 février 1890

AU SÉNAT

L'expérience de l'aventure boulangiste avait révélé tous les dangers de la licence de la presse; dès le début de la nouvelle législature, des propositions de loi, émanées de l'initiative parlementaire, furent déposées sur le bureau des deux Chambres, au Sénat par M. Marcel Barthe, à la Chambre des députés par M. Joseph Reinach. La proposition de M. Marcel Barthe rendait aux tribunaux correctionnels la connaissance des délits d'injure, d'outrage et de diffamation commis par la voie de la presse contre le président de la République, les ministres, les membres des deux Chambres, les fonctionnaires publics, les dépositaires ou agents de l'autorité publique et, en général, toute personne chargée d'un service ou d'un mandat public; la proposition de M. Joseph Reinach tendait à l'abrogation de la loi de 1881 et au retour au droit commun.

M. Challemel-Lacour défendit en ces termes, devant le Sénat, la proposition de M. Marcel Barthe :

M. CHALLEMEL-LACOUR. — Messieurs, si j'avais contre la compétence du jury en matière de diffamation des fonctionnaires pour objection unique, du moins pour objection principale, l'objection qui a suggéré l'amendement de l'honorable M. Lisbonne et de ses collègues, les explications ingénieuses et convaincues présentées par lui seraient de nature à me faire réfléchir.

Encore pourrais-je me demander si avec ce système on verrait disparaître les inconvénients attachés à une procédure lente et dispendieuse.

Je pourrais me demander si l'amendement qui nous est proposé est de nature à donner satisfaction à ceux qui réclament justice contre les diffamateurs.

Je pourrais me demander si, dans les trois questions que l'amendement propose de poser au jury, il n'y a pas quelque contradiction. (*Très bien! très bien! à gauche.*)

Mais j'ai contre la compétence du jury une objection d'ordre général.

C'est cette objection que je veux présenter sans insister actuellement sur les considérations juridiques qui me sont moins familières et qui, d'ailleurs, seront développées plus tard.

Mais, je le répète, pour repousser cet amendement qui tend à maintenir le système que la proposition de M. Marcel Barthe a pour objet de remplacer, j'ai des raisons d'ordre plus général que je demande la permission d'exposer brièvement.

Et je dois, à ce sujet, faire d'abord au Sénat un aveu qui n'est pas un simple artifice de tribune.

J'ai hésité, j'ai longtemps hésité à intervenir dans la discussion, non parce qu'il y a quelque hardiesse à voter dans un sens conforme à sa conviction, quelle qu'elle soit : il n'y a à cela ni hardiesse ni courage; mais j'ai hésité à donner à la tribune les raisons qui peuvent sembler être la négation des principes soutenus avec une autorité incomparable par des maîtres admirés, par des hommes que nous avons l'habitude de placer au premier rang des fondateurs de la liberté française.

Ces principes, ce sont ceux qui ont été proclamés et soutenus depuis 1791, ce sont ceux qui ont été notre ressource et notre refuge dans les temps d'oppression, ce sont en un mot les traditions que l'on nous représentait hier comme étant celles du parti républicain, non pour nous en accabler, mais en des termes qui pourraient nous causer quelque embarras.

Qui sommes-nous, en effet, et surtout qui suis-je moi-même pour venir combattre ici les leçons des Royer-Collard, des Benjamin Constant, des Bérenger, des Daunou, de tous ces grands libéraux de la Restauration, habitués à identifier la liberté de la presse avec l'institution du jury, et, plus près de nous, des Thiers et des Jules Favre en 1868, au moment où l'Empire essayait de desserrer les freins et où ils soutenaient la juridiction du jury, aux applaudissements de tous les hommes éclairés ?

Eh bien ! je me suis décidé cependant à ne pas me contenter d'un vote silencieux, et j'espère que vous me pardonnerez.

Je vous donnerai simplement et clairement les raisons qui m'ont déterminé et j'essaierai d'expliquer le dissentiment ou de dissiper le malentendu qui existe entre quelques-uns de nos amis et nous.

J'admire et je respecte les autorités que l'on a invoquées. J'aurai toujours pour ces maîtres une profonde reconnaissance, me souvenant que c'est dans leurs écrits que j'ai puisé l'amour de la liberté légale.

Mais enfin je n'ai jamais accepté sans réserve et comme des vérités absolues leurs doctrines, sachant trop bien que la politique n'est pas le domaine des vérités éternelles; sachant aussi avec quelle facilité les doctrines sont affectées par les circonstances et les nécessités du moment, et comment les arguments qu'inspirent des intérêts élevés et passagers revêtent, par un effet de la prescription si naturelle à l'esprit humain, un caractère de perpétuité dont le temps ne manque jamais de les dépouiller quelque jour. (*Très bien ! très bien ! à gauche.*)

Je ne désavoue pas ces maîtres, mais j'ose affirmer que parmi eux il n'en est pas un seul qui, s'il vivait dans le monde où nous sommes, s'il assistait au spectacle que nous voyons, ne serait pas amené, je ne dis pas à changer de langage, cela va de soi, ni à renoncer à la liberté, ce qui est une hypothèse injurieuse et impossible, mais à modifier profondément les idées qu'il s'était formées de la liberté de la presse et à donner à cette liberté et à la société tout entière des garanties d'un autre ordre. (*Très bien ! très bien ! sur les mêmes bancs.*)

En effet, il s'est accompli dans la presse en ses rapports avec la société, avec le gouvernement, les particuliers et la justice, non pas des changements partiels, mais une révolution totale. (*Nouvelle approbation sur les mêmes bancs.*)

Nous sommes donc un monde nouveau.

Nous sommes en présence d'un état de choses auquel ne saurait être comparé aucun autre état antérieur et que nul n'avait pu connaître ou prévoir parmi les théoriciens de la liberté.

Nous sommes en présence d'une presse dont rien dans le passé, sous aucun régime ni dans aucun pays, n'a pu donner une idée.

Eh bien! c'est cette révolution qui met en défaut les théories que l'on a invoquées et qui modifie si profondément les doctrines que l'on avait conçues d'après le modèle de l'Angleterre.

Cette révolution se rattache à des causes variées, qu'il serait intéressant de démêler. Ses origines remontent à un temps déjà éloigné. Cette révolution date du jour où le suffrage universel est devenu subitement la base de notre société politique.

Elle a continué même sous l'Empire où, malgré toutes les entraves qu'il a maintenues jusqu'au bout, elle n'a pas cessé d'avancer sourdement.

Elle n'a éclaté et n'a été consacrée que par la loi du 29 juillet 1881, et depuis ce jour elle s'est développée avec une rapidité foudroyante.

Le premier trait de cette révolution c'est que, aujourd'hui, tout le monde peut faire un journal moyennant quelques formalités faciles à remplir, et dont vous connaissez tous la valeur.

Il ne faut ni argent, ni opinion politique, ni passé, ni avenir; il n'est besoin de présenter aucune garantie que l'accomplissement des formalités légales.

Au temps où ces théories si souvent invoquées étaient exposées par ces grands esprits, on reconnaissait qu'un journal est une influence et un pouvoir, et on proclamait comme un axiome, dans la langue abstraite de l'époque, que toute influence implique garantie et tout pouvoir responsabilité.

Messieurs, cet axiome a cessé d'exister aujourd'hui, ou du moins il est tombé en désuétude.

Les journaux sont toujours une influence et un pouvoir; ils sont même devenus une force en quelque sorte mécanique et irrésistible; mais on ne leur demande aucune garantie; c'est à peine s'ils connaissent une responsabilité. (*Très bien! à gauche.*)

Qui que vous soyez, une fois les formalités du début accomplies, vous pouvez fonder, que dis-je fonder, vous pouvez publier un journal trois ans, trois mois, trois jours même; vous pouvez ne le publier qu'une seule fois.

Tant qu'il durera, ce journal parlera sur qui et comment il voudra, sur les particuliers et les fonctionnaires, sur les sociétés privées et les institutions politiques, sur les hommes d'affaires et les hommes d'État. Il pourra répandre et multiplier ses attaques sans mesure, sans frein, les pousser jusqu'aux derniers excès, sans risquer autre chose que quelques poursuites en cour d'assises ou en police correctionnelle.

Et quand le plaignant se représentera devant la cour d'assises, tout aura disparu, le journal, le journaliste, le gérant ; il ne restera plus que le souvenir des diffamations par lesquelles ils auront signalé leur passage. (*Applaudissements à gauche.*)

Messieurs, il y a là un fait nouveau, qui dérange toutes les théories du passé, celles notamment de nos devanciers de 1818, qui avaient combattu avec tant d'éclat et de courage pour la liberté du journaliste.

Mais il s'est accompli dans la presse une autre révolution plus grande encore.

En 1818, tout le monde, les esprits les plus hardis comme les plus modérés, reconnaissait qu'il y avait des délits d'opinion.

Or, pour dire si telle opinion, exprimée avec un art consommé, enveloppée dans une forme éminemment littéraire, dépassait la mesure permise par l'ordre public, il fallait un arbitre.

Cet arbitre, on soutenait que ce devait être le jury, organe de l'opinion.

C'est à l'opinion publique qu'il appartenait de décider si une opinion exposée avec tous les raffinements d'un art consommé, dépassait ou non les limites des libertés permises.

Un homme dont je suis accoutumé à saluer le nom avec respect, Royer-Collard, disait qu'une semblable décision ne pouvait être qu'arbitrale et arbitraire.

Il en concluait que le jury, image fidèle de la société, organe de l'opinion publique, était seul en mesure de la prononcer.

Eh bien! messieurs, tous les délits d'opinion, tous les procès d'opinion ont disparu de nos lois.

On peut exprimer, par exemple, sous toutes les formes, depuis le persiflage élégant jusqu'au style frénétique, au besoin avec accompagnement des plus basses injures, l'opinion que la République est un gouvernement absurde, criminel, abominable, un gouvernement qu'il faut renverser, qu'on ne renversera jamais assez tôt, dont on prédit même la chute à jour fixe. (*Interruptions à droite.*)

M. ALGAN. — On a dit cela de toutes les monarchies.

M. CHALLEMEL-LACOUR. — On peut trouver cette opinion légitime, il est permis aussi de la trouver répréhensible et brutale. (*Très bien! à gauche.*) Mais ces messieurs (*l'orateur désigne la droite*;) savent comme moi qu'elle est à couvert de la loi, à l'abri de toute répression. (*Approbation à gauche*.)

C'est le législateur de 1881 qui a donné cette liberté aux écrivains, et il est hors de doute qu'il a cru ainsi faire faire un grand pas à la liberté de la presse.

Je ne critique pas son œuvre pour le moment. Je constate un fait et j'en tire cette conclusion que ce fait constitue une véritable révolution.

Au temps où des orateurs de premier ordre, des publicistes admirables, soutenaient, propageaient les doctrines qu'on nous oppose aujourd'hui, ils croyaient que certaines paroles prononcées à certains moments pouvaient équivaloir à des actes.

Ils pensaient qu'elles pouvaient même être des actes, selon le jour, selon l'heure, héroïque ou criminelle, où elles sont prononcées.

Tel était le sentiment profond, indiscutable de ceux dont on nous somme de respecter la tradition, dont on nous rappelle les théories obligeamment, quoique d'un peu haut. (*Rires approbatifs à gauche*.)

L'un des plus considérés parmi eux, un homme au nom duquel on est habitué à accoler l'épithète de sage, un républicain modéré, l'auteur de la Constitution de l'an III, le sage Daunou, après avoir parlé de ces discours toujours punissables, ajoutait ces paroles que je vous demande la permission de citer :

« L'acte, dans ce dernier cas, prend le nom de sédition, genre sous lequel sont comprises, non certes les théories ou doctrines politiques, mais la provocation à la désobéissance aux lois, les insultes adressées publiquement aux dépositaires de l'autorité, les machinations qui tendent au renversement de l'ordre de choses établi; voilà des délits et des crimes que rien n'excuse; ce sont des opinions qu'il ne doit pas être permis d'exprimer, si l'on ne peut empêcher de les concevoir. »

Voilà, messieurs, ce que disait Daunou dans un petit livre admirable et modeste sur « les garanties individuelles », qui doit être encore aujourd'hui le manuel de tous ceux qui s'honorent du titre de libéraux.

Eh bien! ces opinions punissables s'étalent parmi nous, marchent tête levée, nous poursuivent insolemment, nous assourdissent de leur bruit, car elles font plus de tapage que les doctrines de gouvernement : cette sédition d'idées et de paroles, c'est notre état habituel, nous y vivons, selon une expression vulgaire, comme le poisson dans l'eau, et c'est de cette même expression dont se servait d'un air satisfait, presque triomphant, en causant avec moi, un de ceux qui ont le plus coopéré à introduire ce régime nouveau. Je veux bien croire avec lui que la République est capable d'y résister, mais je demande si elle pourra y résister toujours, et si elle n'a pas perdu déjà aux yeux d'électeurs ignorants et naïfs un peu de son auréole. Je me demande si ce régime ne finira pas par énerver une nation vigoureuse encore, mais fatiguée, qui se lasse d'être ainsi ballottée et qui réclame à grands cris un abri définitif. (*Très bien! très bien! à gauche.*)

Je ne veux pas discuter avec les auteurs de la loi de 1881; je me contente de constater qu'il y a un état nouveau et que la suppression du délit d'opinion a amené une révolution qui frappe de déchéance des doctrines faites pour un régime de publicité qui n'a rien de commun avec celui-ci, et j'ajoute que l'article 25 de la loi de 1881 est une anomalie et une contradiction.

S'il n'y a plus de délits d'opinion, il reste encore le délit de diffamation et le droit de diffamer les fonctionnaires publics.

C'est le langage qu'on a tenu à cette tribune et dont celui de M. Lisbonne, tout à l'heure, ne s'éloignait pas beaucoup.

Ce droit est tellement essentiel au droit de discuter, si inhérent à la liberté de la presse, si inséparable du droit de citoyen, que pour le maintenir il importe de le soustraire au magistrat ordinaire, pour le confier à l'arbitraire du jury! Voilà ce qu'on a soutenu devant vous.

Je ne sais pas s'il en fut ainsi à d'autres époques, dans des temps où les écrivains avaient le respect d'eux-mêmes et d'un public restreint et plus difficile, et dans des temps où la vigilance ombrageuse de l'autorité, la crainte d'une répression prompte et inévitable, obligeait à diffamer avec prudence et discrétion, sous des formes savamment étudiées, par la voie d'allusions détournées; mais nous n'en sommes plus là.

La révolution dont je parlais a considérablement transformé la situation, cet état nouveau, inconnu à tous les temps et dans tous les pays, a singulièrement modifié l'art de diffamer. Depuis vingt ans qu'on a engagé la lutte contre la République par la diffamation, l'art s'est complètement transformé; ses procédés ont renoncé aux formes littéraires; ils attaquent brutalement, directement, emploient de parti pris les vocables les plus forts et les formules

les plus violentes. Si parfois la diffamation se fait jour dans une feuille perdue de nos départements, le lendemain elle trouve mille échos et retentit bientôt, grâce aux agences télégraphiques, dans tous les coins de la France.

La diffamation telle qu'elle se pratique aujourd'hui est un fait tangible et nullement littéraire. Il ne s'agit plus d'étudier des épigrammes savantes, il suffit pour la discerner d'avoir des yeux et des oreilles.

Et qu'on ne dise pas que si le délit de diffamation n'est plus renvoyé au jury, la liberté de la presse sera compromise.

La diffamation est patente et il ne saurait y avoir d'incertitude que sur la réalité ou la fausseté des faits allégués. Ici, je le reconnais, l'appréciation peut être délicate.

Eh bien! voulez-vous me permettre de parler sans ambages? Je n'irai pas, pour me faire une opinion sur les avantages ou les inconvénients des deux juridictions, consulter les données équivoques des statistiques; je me contenterai de consulter les pures données du sens commun et l'expérience la plus vulgaire.

Eh bien! je déclare hardiment que, pour les causes qui mettent en jeu les passions politiques, le jury offre moins de garanties que les magistrats correctionnels, quelle que soit leur origine et sous quelque gouvernement qu'ils aient reçu l'investiture.

Le jury, je ne sais s'il est l'image parfaite de la société ni s'il est désirable qu'il le soit; en tout cas, on m'accordera bien qu'à certaines époques troublées il pourrait refléter d'étranges choses, s'inspirer d'une singulière morale; mais j'ose dire que, à part les causes criminelles dans lesquelles il peut se considérer comme l'organe de la conscience universelle, il risque fort de se laisser pénétrer par les passions qui bouillonnent autour de lui, de céder à l'entraînement, car il est dans tous les cas convaincu, soit qu'il acquitte, soit qu'il condamne, de servir une cause supérieure.

Me sera-t-il permis de demander à ceux de mes collègues qui ont été mêlés à la politique il y a quarante ans quelle impression ils éprouvent aujourd'hui en se rappelant l'époque où, chaque matin, le verdict du jury arrachait des cris d'indignation et de scandale parce qu'il se ressentait de toutes les haines et de toutes les peurs du moment?

Oh! je n'entends pas blâmer le jury : son devoir est de juger en toute indépendance et selon les inspirations de sa conscience et de sa conviction; mais c'est là précisément ce qui me met en

défiance; car je sais jusqu'à quel point cette conscience est
accessible à la passion, combien la passion politique peut contenir d'éléments irréfléchis, d'instincts généreux et de mobiles
suspects, combien les préjugés régnants, les influences cares-
santes ou menaçantes de la presse peuvent contribuer, usurpant
et altérant la voix de la conscience, à former la conviction
intime chez le juge passager que le sort désigne, qui va rentrer
dans le néant d'où il est sorti un jour et qui n'a pas à motiver
son verdict.

Et de ce verdict non motivé, nul n'a le moyen et ne saurait
avoir la pensée de lui demander raison.

Eh bien! messieurs, je demande que dans l'intérêt de tout le
monde, dans celui du plaignant comme dans celui du prévenu,
et surtout dans l'intérêt de la société, la diffamation soit justi-
ciable du juge correctionnel, qui, lui aussi, a une conscience,
qui est habitué à juger suivant la loi, à motiver son jugement, et
enfin à le prononcer à la face de l'opinion publique. (*Très bien!
très bien! à gauche.*)

Je ne m'abuse pas volontairement sur l'impeccabilité des juges
correctionnels; je serais même excusable de me rappeler qu'au
cours de ma vie je n'ai pas toujours eu à m'applaudir de leurs
ménagements. Mais j'aurais honte de m'arrêter une seule minute
à de tels souvenirs.

J'accepte la magistrature comme une institution humaine,
c'est-à-dire comme une institution faillible et mélangée, où il faut
tenir compte de ce que l'intérêt personnel peut suggérer de blâmable et de calculé.

J'ai été témoin, sous le dernier régime, des actes de complaisance de quelques juges indignes, mais ce sont là des exceptions
et je ne m'en effraie pas.

J'éprouve même, je l'avoue, une surprise toujours nouvelle à
entendre parler des magistrats et des juges d'un État libre
comme on parlerait à peine, sous un gouvernement despotique,
de quelque magistrat, indigne de ce nom, voué par la bassesse
de sa nature à satisfaire les haines d'un Richelieu ou d'un Napoléon.

S'agit-il, en effet, de la magistrature en général, c'est une
institution sainte, c'est une institution sacrée.

Parle-t-on du juge en particulier, tout aussitôt on ne saurait
imaginer un être plus rogue et en même temps plus servile, plus

enclin à faire, dans un intérêt personnel, fléchir la justice devant les ordres de l'autorité, — cette autorité fût-elle l'autorité d'un garde des Sceaux éphémère.

Je m'inscris en faux contre cette suspicion injuste et intéressée. J'ose dire, messieurs, qu'il n'en est pas ainsi et que les lumières, l'expérience, la conscience, l'impartialité du magistrat nous offrent le plus souvent des garanties particulières et préférables à toutes les autres. (*Très bien! très bien! à gauche.*)

Je crois aussi que ce magistrat qui se sent sous les yeux de l'opinion publique, attentive à ses actes, n'ira pas volontairement humilier le droit, soit devant son intérêt personnel, soit devant des ordres occultes. (*Très bien! très bien! à gauche.*)

Voilà, messieurs, pourquoi je repousserai l'amendement de M. Lisbonne, et pourquoi je voterai la proposition de M. Marcel Barthe.

Si nous voulons rendre aux fonctionnaires quelque sécurité, quelque garantie contre le fléau de la diffamation, il faut que le Sénat vote en seconde lecture comme il a voté en première délibération.

Il ne doit donc pas oublier que la considération dont jouit le fonctionnaire est sa seule fortune ou plutôt la seule compensation à sa pauvreté.

Il y a là un intérêt considérable. Il serait secondaire cependant s'il était vrai que la liberté fût en question, mais elle n'y est pas. (*Très bien! très bien! à gauche.*)

Serait-il vrai aussi que l'intérêt qui s'attache à la protection du fonctionnaire faisant son devoir fût bien chétif à côté de celui de quelques journalistes auxquels on va enlever le théâtre retentissant de la cour d'assises où ils s'efforcent de jeter, à l'aide du scandale, les fondements de leur fortune?

Mais, messieurs, il y a un intérêt plus considérable. C'est l'intérêt de la République. (*Très bien! très bien! à gauche.*)

Les gouvernements qui se fondent sont sujets à plus d'une maladie de jeunesse.

Il me semble que la République n'y a pas échappé.

Une de ces maladies, c'est la confusion des attributions et des pouvoirs et tout particulièrement, à l'époque actuelle, l'invasion du pouvoir législatif dans le pouvoir exécutif. On se plaint de l'affaiblissement de l'autorité, de la ruine de l'administration.

Je vous conjure de réfléchir et de vous demander si ce mal ne

provient pas souvent de l'action malfaisante d'une presse irres-
ponsable, toujours prête à accuser et qui se croit assez forte
pour faire marcher les fonctionnaires de tout rang, parce qu'elle
voit dans tout conseiller municipal, dans tout député, dans tout
sénateur, des agents tenus à obtenir, d'après ses ordres, le changement de tout fonctionnaire récalcitrant à ses volontés.

Eh bien! cette question funeste du personnel, c'est la presse
qui la tient ouverte et qui ne la fermera pas, car il ne se trouvera
jamais, je l'espère, de fonctionnaire assez souple pour satisfaire
aux exigences de ce tyran qu'on appelle le journal de la localité.
(*Très bien! très bien!*)

Une autre maladie plus grave encore me paraît avoir la même
origine.

Peut-être est-il délicat de parler de ce mal spécial au gouvernement démocratique, et peut-être conviendrait-il de le passer
sous silence, s'il n'en était encore qu'à sa première phase et s'il
était encore possible de couper court à ses progrès.

Vous savez que j'ai pour beaucoup de mes collègues une profonde admiration et que pour tous je professe le plus grand respect, et c'est à peine si j'ose indiquer ce mal.

Mais je dois le faire!

Or, messieurs, c'est la diminution de valeur morale, la dégra-
dation de beaucoup de ceux qui, à divers degrés de l'échelle,
composent le personnel de la République.

C'est bien dans cette basse presse, toujours impunie, qu'il faut
chercher les origines de ce mal. Car c'est elle qui travaille et qui
réussit malheureusement à écarter des fonctions publiques les
plus dignes de les remplir.

Je ne sais si vous rencontrerez quelque républicain qui sou-
rira de ces paroles, mais peut-être entendrez-vous quelque journaliste spirituel s'écrier : « On nous menace de la grève des
candidats. »

Non, vous n'aurez pas de grève de candidats! Les candidats
ne feront jamais défaut, car vous aurez toujours ceux que personne n'estime, d'autant plus hardis à se précipiter dans la
cohue qu'ils n'ont aucune dignité à sauvegarder. (*Mouvement.*)

Un jour viendra où, pour dresser une liste municipale, il faudra
se livrer à un véritable racolage et descendre jusqu'aux plus
tarés, les candidats honnêtes répugnant à s'engager dans une
voie à l'entrée de laquelle ils ne trouvent que l'injure et où la

diffamation les attend à tous les tournants du chemin. (*Vive approbation à gauche.*)

Vous voudrez mettre un terme à cet état de choses. Vous voudrez rendre même au fonctionnaire la sécurité nécessaire à la vie.

Vous jugerez que la liberté dans ces conditions, c'est-à-dire l'impunité, n'est plus la liberté, mais la pire des tyrannies. (*Double salve d'applaudissements à gauche et au centre.*)

(*L'orateur, en regagnant sa place, est vivement félicité par un grand nombre de ses collègues.*)

La proposition de M. Marcel Barthe fut adoptée par le Sénat, le 28 février, à la majorité de 170 voix contre 96. Défendue à la Chambre par le ministre de la Justice et M. Joseph Reinach, combattue par MM. Camille Pelletan, Paul Deschanel et Émile Jullien, elle fut repoussée par 334 voix, qui comprenaient toute la droite, contre 183 voix exclusivement républicaines.

DISCOURS

SUR LE

RÉGIME DOUANIER DES MAÏS ET DES RIZ

prononcé le 3 juillet 1890

AU SÉNAT

Le régime commercial de la France était, depuis longtemps, l'objet des préoccupations constantes du gouvernement et des Chambres. Les traités de commerce en cours expirant en 1892, le ministère Freycinet, qui avait succédé au ministère Tirard, préparait un projet de tarif général des douanes et en annonça le dépôt pour la session d'automne. Le courant protectionniste se dessina, tout de suite, comme très intense. La Chambre, dès sa première session, prit des mesures conservatrices dans l'intérêt des produits agricoles qui n'étaient point compris dans les traités conclus en 1881. Elle soumit ainsi les raisins secs au régime des vins à raison de 3 hectolitres de boisson pour un quintal de raisin, avec exercice des fabricants, et porta les droits sur les maïs, riz, daris et millets à 3 francs le quintal.

M. Challemel-Lacour combattit en ces termes le projet sur le régime douanier des maïs et des riz :

M. CHALLEMEL-LACOUR. Messieurs, un article du règlement, je ne sais pas lequel, m'autoriserait à présenter, après le vote des articles de la loi et avant le vote de l'ensemble, des considérations générales pour l'adoption ou pour le rejet.

J'avais eu d'abord l'idée de réserver pour ce moment les observations que j'ai à soumettre au Sénat.

En y réfléchissant, j'ai dû reconnaître que ce droit, quelque discrétion qu'on puisse y mettre, est à ce moment tardif et, quand il faut interrompre les opérations déjà commencées du vote, d'un usage difficile. Je me suis rappelé qu'il avait été quelquefois contesté, et j'y ai renoncé, pensant que ces observations seraient tout aussi bien à leur place sur l'article 1er, qui est toute la loi.

Je sortirais de mon rôle naturel si je voulais rentrer dans une discussion détaillée, où je n'apporterais certainement pas l'autorité suffisante et où peut-être je montrerais une familiarité de trop fraîche date avec cette difficile question. Je ne m'engagerai pas davantage dans une lutte de chiffres; je n'ai pas, pour les manier, la maëstria de M. le président de la Commission ou la dextérité de son rapporteur. Je crois, d'ailleurs, que si les orateurs habiles comme lui ne s'embrouillent que rarement dans leurs chiffres, les auditeurs risquent de s'y embrouiller et s'y perdent quelquefois. (*Sourires.*)

De plus, la question engageant, à mon avis, un certain nombre de points délicats sur lesquels le Parlement aura bientôt à se prononcer, et qui me paraissaient avoir une importance très supérieure à celle que peut avoir le maïs dans notre production industrielle et agricole, ce sera peut-être une raison pour que le Sénat veuille bien m'accorder un peu de tolérance et me permette de lui exposer les raisons d'ordre général qui vont déterminer mon vote. Je n'en abuserai pas; je compte m'expliquer brièvement.

Je voterai, messieurs, contre l'article 1er de la loi et contre toute la loi. N'allez pas croire pour cela que je ferme volontairement les yeux à la révolution économique qui s'accomplit de nos jours; ne croyez pas que je sois indifférent aux conséquences que le rapprochement de toutes les parties du globe devenu à l'heure qu'il est comme un seul marché, les relations de plus en plus fréquentes et presque aussi faciles aujourd'hui entre les régions séparées par la longueur du diamètre terrestre qu'entre pays voisins, l'abaissement du fret, et, par une suite naturelle, l'abaissement général des prix, peuvent avoir sur notre agriculture et notre commerce.

Je vois cette révolution, j'en reconnais la gravité: je m'explique parfaitement que la France se préoccupe d'en conjurer les effets et qu'elle songe à se mettre en état de faire face à une situation si nouvelle.

Je ne refuserai jamais, messieurs, et j'en ai donné la preuve, les mesures de protection qui pourraient être commandées en faveur de notre commerce, de notre agriculture, de notre industrie, mais à une double condition : c'est ce que ces mesures soient avouées par la raison et justifiées par une incontestable nécessité. (*Très bien ! très bien ! sur divers bancs.*)

Eh bien, messieurs, c'est cette double condition à laquelle l'article 1er ne me paraît pas répondre.

Je pense, et peu de personnes seront, je crois, tentées de me contredire, que la condition première pour qu'une mesure de protection soit légitime, c'est qu'elle ait pour objet de nous défendre, non pas contre un mal d'imagination, mais contre un mal réel, non pas contre un mal futur, plus ou moins lointain, qui peut-être ne se produira jamais, mais contre un mal actuel et dont les effets sont déjà sensibles et constatés.

Messieurs, la raison en est évidente; c'est que l'importation n'est pas par elle-même un mal; elle est au contraire un bien, puisqu'elle n'existerait pas si elle ne répondait à certains besoins et si elle ne procurait certains avantages. Il faut donc, avant de la limiter ou de la supprimer, il faut qu'il soit établi par des faits positifs que les avantages que procure l'importation sont accompagnés d'inconvénients supérieurs.

Tant que ces inconvénients ne se sont pas produits, non seulement vous pouvez attendre, mais vous le devez. Vous le devez, dis-je, car vous ne sauriez parer à ces inconvénients éventuels sans risquer de compromettre et de perdre des avantages certains.

C'est, j'en suis persuadé, ce que vous allez faire par l'établissement de votre droit sur le maïs.

Vous ne me direz pas, je pense, qu'en cette matière, comme en quelques autres, mieux vaut prévenir que réparer; car prévenir ici voudrait dire méconnaître les besoins très réels auxquels l'importation donnait satisfaction, arrêter et supprimer les avantages qu'elle procurait, mettre obstacle à l'exercice de la liberté du travail dont le produit importé fournissait la matière, et cela, messieurs, pourquoi ? pour conjurer un mal qui n'existe pas encore et qui restera peut-être imaginaire.

Eh bien, messieurs, après les discours prononcés à la Chambre des députés, à trois reprises et dans trois discussions différentes, après ceux que vous avez entendus ici, maintenant que nous pouvons nous considérer comme à peu près parvenus au terme de cette discussion, souffrez que j'en fasse l'aveu, mes incertitudes subsistent; je conserve tous mes doutes sur la nécessité de la loi; ils subsistent sur son opportunité et, par conséquent, sur sa légitimité.

Que ces doutes soient nés dans mon esprit et dans ceux de beaucoup d'autres, vous n'avez pas à vous en étonner, si vous voulez bien vous rappeler un seul fait, et vous n'aurez pas grand peine à cela, car il s'est reproduit aujourd'hui même sous nos yeux. Au mois de février dernier, le ministre de l'Agriculture déclarait à la Commission des douanes de la Chambre des députés que s'il ne s'agissait que de l'agriculture, jamais personne n'aurait songé un instant à demander l'établissement d'un droit sur le maïs, et il ajoutait, apportant à l'appui de son dire des faits certains et des chiffres précis que vous l'avez vu reproduire tout à l'heure sans soulever une seule protestation, que le maïs n'avait encore atteint aucun de nos produits et qu'au contraire tout le monde devait comprendre que l'agriculture n'avait qu'à gagner à l'introduction d'une matière extrêmement avantageuse pour le développement de notre production animale.

Ainsi parlait, au mois de février, le ministre de l'Agriculture, ainsi parlait l'honorable M. Faye, un homme qui ne parle pas à la légère, ce qui ne l'oblige pas à changer fréquemment d'opinion, qui n'est pas porté aux extrêmes, un ministre prévoyant, circonspect et qui avait, chose à noter, sous les yeux toutes les informations dont a pu se servir son successeur.

Trois mois se passent et le ministre de l'Agriculture, — ce n'était plus, il est vrai, M. Faye, — parlant devant la Chambre, dans un discours d'ailleurs digne de son talent, tient un langage tout différent : il fait le procès au maïs, il déroule les méfaits du maïs, il dénonce le maïs comme dangereux pour tous nos produits agricoles, non seulement pour la betterave, mais pour l'avoine, pour la pomme de terre surtout, et il adjure la Chambre de voter le droit au plus tôt, au nom de l'agriculture. D'où vient cette contradiction? Du 28 février au 3 juin, dans un intervalle de trois mois, de trois mois seulement, que s'est-il passé? quels sont les faits nouveaux, les événements inattendus, les informations décisives, qui peuvent expliquer un changement si complet de langage et d'attitude? Il ne s'est rien passé, messieurs, sinon qu'on a changé de ministres.

Oh! messieurs, je n'en suis pas, je n'en suis plus, croyez-le

27

bien, à m'étonner que deux ministres qui se succèdent, fussent-ils du même parti et appartinssent-ils à la même nuance politique, diffèrent d'opinion sur un point essentiel. Je ne m'étonnerai même pas que le même homme ait, selon les temps et les situations, deux opinions différentes et que chez lui les opinions du ministre ne soient pas toujours exactement celles du député. Mais il ne s'agit pas ici d'opinions, il s'agit de faits qui, s'ils sont bien établis, s'ils sont certains, ne peuvent pas se ployer à toutes les fantaisies, se prêter aux besoins des causes les plus contraires et conduire à des conclusions diamétralement opposées l'une à l'autre.

Seulement, ces faits étaient si peu démontrés, ils étaient si peu établis et si incertains qu'ils font dire au premier de ces deux ministres : Pourquoi vous presseriez-vous ? Attendez dix-huit mois pour vous prononcer sur cette question ; le feu n'est pas à la maison, le maïs ne menace pas ou n'a encore atteint aucun de vos produits ! et qu'ils font dire au second : Hâtez-vous, votez, votez sans délai, il y va, non pas peut-être de l'existence, mais des intérêts les plus précieux de l'agriculture. En présence d'une si étonnante contrariété, il était, vous en conviendrez, bien excusable, il était même très naturel de concevoir quelques doutes ; mais on pouvait espérer que la discussion les dissiperait. Elle ne les a pas dissipés, messieurs, du moins pour tout le monde ; s'il m'est permis de parler pour moi et pour quelques autres, je dirai qu'elle les a grandement accrus et qu'elle n'a fait qu'ajouter à nos incertitudes. J'ai suivi avec l'attention la plus soutenue la discussion si éclatante de la Chambre des députés ; j'ai lu avec grand soin le rapport de l'honorable M. Viger, le rapport d'une clarté parfaite et, qu'il me le pardonne, un peu insidieuse de M. le rapporteur de la Commission du Sénat. (*Sourires.*) J'ai entendu les discours qui ont été prononcés ici et par M. le président de la Commission, et par M. le rapporteur, et par M. le ministre. Eh bien, j'en fais à cette heure humblement l'aveu, je le confesse avec quelque confusion, mes incertitudes sont plus grandes que jamais ; tous ces discours, toutes ces affirmations, toutes ces peintures menaçantes, tous ces calculs, tous ces chiffres n'ont pas produit la lumière, ils n'ont pas dissipé les ténèbres, ils les ont épaissies, ou plutôt, à l'heure qu'il est, ce qu'il y a de mieux établi pour moi, la seule chose établie, c'est que vous allez par l'article 1er de la loi créer un droit au nom de vos prévisions plus ou moins fondées, au nom de vos craintes peut-être chimériques, au nom de vos conjectures probablement erronées; vous n'allez pas le créer au nom de faits établis et certains. (*Très bien! très bien! sur plusieurs bancs.*)

J'ai entendu beaucoup de prédictions, je n'ai pas trouvé une démonstration. Non, après tant de raisonnements ingénieux et de calculs subtils, il ne m'est pas démontré que l'agriculture soit par aucun de ses produits, sauf la betterave dont il faudra bien dire un mot, intéressée à l'établissement d'un droit sur le maïs.

Je n'ai pas l'intention, messieurs, à cette heure avancée et après tant de discours, de rentrer dans une discussion qu'il est permis de tenir pour à peu près épuisée; j'ai pris à cet égard un engagement avec vous que j'entends tenir. Mais il m'est bien permis de vous rendre compte d'une impression qui ne m'est certainement pas personnelle et qui résulte pour moi de ce long débat.

Eh bien, des discours qui ont été prononcés devant vous, des arguments qui ont été produits, des calculs qui ont été faits, il résulte en définitive pour moi et pour beaucoup d'autres, il demeure établi par les faits qui ont été le plus généralement reconnus et qui n'ont été contestés par personne, que le maïs étranger ne fait pas, à l'heure qu'il est, concurrence au maïs indigène, consommé sur place, qui conserve ses hauts prix, qui n'a pas d'application industrielle et qui n'est pas susceptible de se développer ni en surface ni en rendement. Le maïs étranger ne fait pas concurrence à l'avoine, qui, malgré ces importations de maïs dont on s'effraie et dont M. le président de la Commission il y a deux jours, M. le ministre de l'Agriculture il y a une heure, tentaient de vous effrayer, conserve son prix, ou plutôt reste hors de prix, puisqu'elle atteint à l'heure qu'il est 21 et 22 francs au lieu de 18, puisqu'elle ne suffit pas à nos besoins, et puisque la consommation du maïs par certaines industries de transports ne représente pas un centième, peut-être un demi-centième de la valeur de la production annuelle de l'avoine en France. Le maïs étranger ne fait pas concurrence à la pomme de terre, dont la production croissante d'année en année atteint des chiffres qu'elle n'avait jamais connus et une importation où elle n'était jamais parvenue. En sorte que M. le ministre de l'Agriculture lui-même eût été sans doute, malgré sa bonne volonté et les ressources d'un esprit très ingénieux, assez embarrassé pour défendre un produit qui ne court aucun péril, s'il n'avait, par bonheur, rencontré, en feuilletant les *Recherches sur la pomme de terre industrielle* de M. Aimé Girard, une nouvelle espèce de pomme de terre dont je suis fort étonné que le nom n'ait pas été prononcé dans cette séance, puisque cette pomme de terre n'attend, à ce qu'il paraît, que l'expulsion, évidemment prochaine, du maïs pour nous enrichir et nous combler de ses bienfaits. Le véritable grief contre le maïs, c'est qu'il a le tort de retarder l'avènement de la pomme de terre *imperator*. (*Sourires.*)

Reste la betterave. Oh! ici, je ne tiendrai pas le même langage, mais je demanderai simplement si, après avoir comblé la betterave pour la sucrerie et l'avoir enrichie aux dépens du Trésor public, vous entendez combler à son tour la betterave de distillerie, qui est — on l'assure de bien des côtés, et le contraire n'a pas été démontré — dans un état florissant et qui ne peut, en tout cas, imputer les bas prix dont elle se plaint qu'à sa propre surproduction, en y joignant, il est vrai, la surproduction clandestine des bouilleurs de cru.

Il s'agit, dis-je, de savoir si vous voudrez, pour lui assurer un monopole, proscrire un produit qui fournit une matière précieuse à la main-d'œuvre, une ressource nécessaire à la petite agriculture dans des pays moins heureux que ces départements où fleurit la betterave. (*Sourires.*) Je ne pourrai jamais, quant à moi, souscrire à une faveur que je trouve injuste et désastreuse.

J'ai admiré, j'aurai peut-être l'occasion de l'admirer encore, la passion que les partisans du projet de loi ont apportée dans cette discussion, l'abondance de leurs arguments, la dextérité de leurs calculs, l'assurance de leurs assertions.

Je les supplie de me pardonner si j'ose dire que, malgré cela et quelle que soit leur incontestable bonne foi, ils ne me paraissent pas bien convaincus eux-mêmes de la valeur de leurs démonstrations, et ma raison de le croire c'est qu'après avoir produit tant d'arguments décisifs, après avoir fait tant de raisonnements savants et subtils, ils ne semblent pas encore complètement satisfaits, puisqu'ils en reviennent sans relâche à un autre argument destiné non pas à résumer, mais à remplacer tous les autres. Cet argument, c'est que la logique vous oblige à voter le droit; on vous ressasse sur tous les tons que vous ne ferez en le votant que compléter votre œuvre.

Vous avez voté des droits sur les blés, sur les seigles et les

orges, sur les avoines, et sur les bestiaux. Malheureux, vous
avez oublié le maïs !

M. le rapporteur à la Chambre des députés, la plupart des
défenseurs du projet de loi, M. le rapporteur du Sénat, dans son
lumineux rapport et dans son discours enfin, il y a deux jours,
M. Girault, qui, quoique libre-échangiste, a paru être la voix
même des protectionnistes si l'on en juge par les applaudissements qu'il a recueillis, (*Sourires.*) tous ces messieurs, sont
revenus sans relâche au même argument : si vous voulez que votre
œuvre ne reste pas incomplète, votez le droit; si vous voulez
être conséquents avec vous-mêmes, votez le droit; la logique non
seulement l'autorise, mais elle le commande impérieusement.

Ainsi, après nous avoir dépeint, vous savez avec quelle foudroyante éloquence et sous quelles couleurs, la culture du maïs
s'étendant sur les deux Amériques, de nouveaux emplois du maïs
chaque jour découverts par la science, le maïs revêtant pour pénétrer clandestinement chez nous les costumes et les déguisements
les plus inattendus; après nous avoir montré les prix des maïs
baissant à chaque arrivage, et l'importation devenant, selon la
formule, une inondation, une submersion totale; on ne tient pas
ces arguments pour bons et suffisants, on y ajoute celui-ci, en
vérité bien superflu si les autres avaient quelque valeur : La
logique commande, obéissons.

Messieurs, vous avez entendu comme moi, et, je l'espère, avec
la même satisfaction, dans les bureaux et hors des bureaux, nos
collègues de toute opinion déclarer que le moment était décidément passé des doctrines absolues, libre-échange ou protection,
que le moment était venu de ne regarder qu'aux faits, de ne consulter que l'expérience, de n'avoir en vue que l'intérêt national.
Vous avez entendu tout cela, et voilà que la doctrine reparaît.
Elle reparaît, sous le nom de logique, plus inflexible, plus impérieuse, j'allais dire plus aveugle que les théories contre lesquelles
on a si longtemps et si vivement protesté.

Mais enfin, s'il fallait tenir compte, dans une question où il ne
s'agit que d'intérêts et d'affaires, de cette puissance que je tiens
quant à moi pour tyrannique et souvent trompeuse, qu'on appelle
la logique, eh bien, je me permettrai de dire que ce serait avant
tout aux partisans du droit à se mettre eux-mêmes en règle avec
elle; car ils me paraissent avoir singulièrement enfreint ses lois
en se mettant en contradiction avec eux-mêmes.

En effet, messieurs, quand vous avez voté le droit sur le blé, vous aviez l'expérience pour vous, vous pouviez démontrer par un certain nombre de faits positifs que la baisse du blé en France tenait à l'importation du blé étranger; quand vous avez mis un droit sur les bestiaux, vous pouviez établir par des faits également certains que la concurrence étrangère portait une sérieuse atteinte à nos éleveurs. Ici, il n'y a rien de pareil, le maïs conserve ses prix et, quoi qu'en puisse penser mon cher et vénéré collègue M. Marcel Barthe, ne demande pas à être protégé. Vous me permettrez bien d'en croire la voix du conseil général des Basses-Pyrénées, dans laquelle je reconnais la voix du peuple beaucoup plus que je ne la reconnaîtrais dans nombre d'autres sociétés. L'avoine, elle, conserve aussi ses prix, la pomme de terre, elle, est florissante; en sorte que je ne puis voir dans la demande d'un droit sur le maïs qu'une absence complète de logique.

Mais ce n'est pas tout : quand vous avez mis un droit sur le blé, vous prétendiez, et vous aviez raison, protéger une culture qui se fait dans toutes les parties du pays et qui est essentielle, non seulement à la richesse de la France, mais à sa sécurité· Aujourd'hui, vous voulez protéger une culture spéciale à douze départements, peut-être, un produit qui fournit une alimentation véritablement indigne de l'homme et qui, à ce qu'il paraît, n'est pas même tout à fait digne des chevaux, une culture qui, depuis 1815, n'a pas fait un pas dans notre pays, à laquelle la nature a marqué une limite infranchissable et interdit toute extension sérieuse.

Et ce n'est pas tout encore. Quand vous imposiez le blé, vous vous flattiez non sans raison de protéger réellement l'agriculture. Aujourd'hui, en croyant protéger l'agriculture, car vous le croyez, je n'en fais aucun doute, vous lui portez dans certaines régions, et dans les plus déshéritées, une atteinte cruelle; il est douteux, en effet, que votre droit profite nulle part d'une manière sérieuse à l'agriculture, mais, en revanche, il ne l'est pas qu'il aggravera considérablement la situation d'un certain nombre de départements que je n'ai pas besoin de vous énumérer, ceux du sud-est en particulier, et qui sont ceux sur lesquels ont pesé le plus durement tous les fléaux dont nous nous préoccupons depuis vingt ans; des départements pour lesquels les découvertes de la science elle-même ont été des causes de ruine et qui trouvaient au moins dans la drèche du maïs une dernière et précieuse ressource pour l'entretien de leurs porcheries.

Messieurs, le droit proposé est contraire à la logique, je crois qu'il ira contre vos intentions; mais le projet de loi a un défaut plus grave encore. Il faut, avant tout, qu'une loi soit sincère, c'est-à-dire qu'elle avoue nettement et hautement l'intérêt qu'elle a en vue et le but qu'elle poursuit.

Eh bien, M. Faye le déclarait il y a quatre mois, il le répétait tout à l'heure, et rien dans ce que nous avons entendu n'est fait pour affaiblir cette assertion, il reste douteux que votre loi ait véritablement et sérieusement pour but de protéger l'agriculture.

Oh! je n'ai pas oublié que M. le président de la Commission des douanes, à la Chambre des députés, faisait il y a peu de jours sonner orgueilleusement les 500 sociétés agricoles qui, dit-il, marchent derrière lui.

Peut-être serait-il plus exact de dire qu'elles marchent devant lui et qu'elles l'entraînent.

On a déroulé devant vous une liste immense des sociétés agricoles qui réclament le droit. Je l'ai lue, cette liste, je l'ai examinée avec attention, et, quoique je ne me considère pas comme un grand clerc en ces matières, me permettrez-vous de le dire, cette liste est trop longue, oui, elle est trop longue : j'y ai vu en trop grand nombre des sociétés qui ne peuvent avoir pour le droit sur le maïs qu'une profonde indifférence; j'y ai vu en trop grand nombre des sociétés qui appartiennent à des régions où le droit sur le maïs sera un désastre. Aussi, je ne puis m'expliquer ces adhésions, contre lesquelles il m'est arrivé plus d'une protestation, que comme l'effet d'un mot d'ordre, comme des complaisances facilement obtenues et peut-être chaudement demandées.

J'ai entendu, comme vous, parler d'un pacte, d'un pacte formel; je n'y crois pas, messieurs, je ne veux pas y croire; malgré le mot échappé à M. le président de la Commission douanière à la Chambre des députés : « Non, non, vous ne parviendrez pas à nous désunir »; malgré un autre mot plus significatif encore prononcé par un autre député, et que je ne veux pas rappeler, non, je ne crois pas à l'existence de ce pacte; je n'y crois pas, parce que, véritablement, un tel pacte fondé sur la considération exclusive d'intérêts régionaux ou sur des arrangements d'intérêts privés dans une question où, évidemment, il n'est permis d'avoir en vue que l'intérêt national, ne serait pas une chose louable; j'irais jusqu'à dire que ce pacte serait une chose blâmable et presque criminelle.

M. Sébline. Il y a une communauté d'intérêts nationaux; voilà le pacte.

M. Challemel-Lacour. Eh bien, messieurs, je n'y crois pas. Mais je crois à des complaisances qu'on a jugées sans doute inoffensives, je crois à des illusions et à des espérances qu'il est toujours facile de susciter chez des amants passionnés, et les amants de l'agriculture sont toujours passionnés. (*Sourires.*)

Quoi qu'il en soit de ces démonstrations concertées, quelque nombreuses, quelque bruyantes qu'elles aient été ou qu'elles puissent devenir, elles ne peuvent pas altérer la certitude d'un fait, elles ne peuvent pas en obscurcir l'évidence : c'est qu'à l'heure qu'il est, la vraie lutte est circonscrite entre plusieurs industries rivales, et, pour n'en citer que deux, entre la distillerie du maïs et la distillerie de la betterave.

Et, messieurs, quelles que soient les causes du malaise dans lequel se trouvent ces industries, il n'a pas été démontré qu'il leur soit impossible de vivre concurremment; elles le pourraient sans doute si l'on avait le courage de poursuivre hardiment les causes les plus probables du malaise dont elles souffrent, là où elles résident, jusque dans une région où l'État aurait un si grand intérêt à porter la lumière.

Mais enfin, messieurs, quoi qu'il en soit, est-ce à nous de trancher ce conflit? et vous sentez-vous autorisés à intervenir, pour le terminer par le sacrifice d'une de ces industries à l'autre? Si vous avez le droit — et vous l'avez indubitablement — de défendre vos industries contre l'étranger, avez-vous le droit, à l'intérieur, de prendre parti pour une industrie française contre une autre industrie française?

Messieurs, la question est là, et c'est ce qui donne à cette question, en soi secondaire, d'un droit sur le maïs une importance très grande et une portée qui m'excusera peut-être de vous soumettre ces remarques. Quoi qu'en puisse penser M. le ministre de l'Agriculture actuel, vous faites à l'heure qu'il est le premier pas dans une voie où vous pouvez être entraînés bien loin. Vous inaugurez une nouvelle politique économique; ceci est une tentative qui, si elle réussit, se renouvellera, n'en doutez pas. Vous rencontrez ici pour la première fois une ardente rivalité entre des industries françaises, entre des capitaux français, entre des emplois différents d'une main-d'œuvre également française.

M. Escarguel. Et l'industrie agricole! Ce n'est pas une industrie?

M. Challemel-Lacour. Est-ce qu'il vous appartient de prononcer? Et, si vous interveniez, où en arriverions-nous et qu'adviendrait-il de la justice qui doit être égale pour tout le monde, de la sécurité de nos entreprises et de cette liberté du travail que vous voulez avec grande raison et qui est, après la liberté de conscience, la plus grande conquête de la Révolution française. Où en serions-nous, dis-je, s'il suffisait qu'une industrie, grande ou petite, parût ou fût incommode à une industrie plus puissante, pour qu'elle vît s'élever contre elle les pouvoirs publics pour l'écraser, pour la refouler, pour la condamner à périr, ou, si vous voulez, à végéter misérablement, par l'établissement d'un droit qui ne peut profiter qu'à une industrie rivale?

Je termine par une dernière considération. M. Poirrier, au début de cette discussion, a demandé — et en cela il reproduisait une demande faite à la Chambre des députés — que la discussion de cette question fût renvoyée jusqu'à celle du tarif général. C'était une demande raisonnable.

On a répondu en peignant sous les plus noires couleurs la situation actuelle, en vous faisant peur du moindre retard, en vous retraçant les effroyables arrivages dont nous sommes menacés après ceux qui sont déjà opérés. Cette proposition a été repoussée.

M. Trarieux a demandé que le droit, puisque vous teniez à frapper le maïs, fût réduit de 3 fr. à 1 fr. 50, sauf à être plus tard augmenté ou supprimé lorsque l'expérience aura prononcé. C'était une demande raisonnable et modérée; on a procédé ainsi dans d'autres pays, et l'on ne s'en est pas mal trouvé. Cette proposition, sur la demande même du Gouvernement, a été repoussée.

Eh bien, messieurs, ces résolutions que rien n'ébranle, ce parti pris qui se refuse à toute transaction, ces procédés inflexibles me suggèrent une réflexion : vous êtes appelés à renouveler et à fixer pour un temps plus ou moins long, sauf les chances de réaction que tout excès entraîne après soi, le régime douanier de la France. Jetez, messieurs, jetez un regard sur la France économique; elle se prête, par la configuration de son sol, aux cultures les plus variées; par son génie comme par sa situation, elle est amenée à exercer presque toutes les industries, quelques-unes avec la supériorité que lui donnent les traditions d'un goût exquis et un talent hors de pair, mais aucune avec ces avantages décisifs et écrasants que procurent à d'autres pays les trésors enfouis dans le sein d'une terre exceptionnelle.

Cette variété de ses cultures, cette multiplicité de ses industries, c'est le caractère dominant de la France, c'est son privilège, j'allais dire c'est son charme; c'est aussi une condition de son existence : et cette diversité est en même temps la cause de bien des difficultés pour le législateur qui lui imposent une prudence infinie. Car il n'est pas possible d'espérer qu'entre ces cultures si diverses il ne s'élève pas de rivalités, qu'entre tant d'industries si variées et si nombreuses il n'éclate pas des diversités et des conflits d'intérêts. Et cependant, messieurs, toutes ces industries, toutes ces cultures contribuent pour une part proportionnée, chacune dans son ordre et dans sa mesure, à la prospérité et même à l'existence de la France. Vous ne pouvez pas en atteindre une seule, fût-ce la plus humble, sans que beaucoup d'autres en ressentent immédiatement le contre-coup.

Vous voulez frapper le maïs, une matière d'un intérêt réellement subordonné, dont il entre annuellement en France de 3 à 4 millions depuis quelques années. Et voilà qu'aussitôt plusieurs industries, l'amidonnerie, la distillerie, l'agriculture dans certaines régions, la marine marchande, se sentent, non pas seulement menacées, mais atteintes, et qu'elles poussent un long gémissement.

Cette situation ne me paraît pas vous frapper comme elle le devrait. L'intérêt national, l'intérêt de ceux-là mêmes que vous avez le plus à cœur de protéger, tout vous impose l'équité, tout vous condamne à la modération.

Votre loi n'est pas modérée, votre loi n'est pas équitable. Et c'est pourquoi je voterai contre l'article 1er. (*Très bien! très bien!* — *Applaudissements sur un certain nombre de bancs.*)

Le projet de loi fut adopté, au Sénat, par 165 voix contre 71.

DISCOURS

prononcé le 27 juillet 1890

A LA

DISTRIBUTION DES PRIX DU LYCÉE

DE MARSEILLE

La distribution des prix aux élèves du lycée de Marseille eut lieu, le 27 juillet 1890, sous la présidence de M. Challemel-Lacour, vice-président du Sénat, sénateur des Bouches-du-Rhône.

Le discours d'usage ayant été prononcé par M. Girbal, professeur d'histoire, qui avait pris pour sujet : *l'Histoire et l'Érudition,* M. Challemel-Lacour prit ensuite la parole et prononça le discours suivant :

Applaudissez, jeunes élèves, aux vues pleines d'intérêt qui viennent d'être déroulées devant vous. Si l'histoire est une maîtresse sévère et même triste, qui vous apprend à chaque page de quelles épreuves est toujours traversée la carrière des grands peuples, elle a aussi d'autres leçons faites pour relever les cœurs : elle montre que l'esprit de conduite, la fermeté dans la patience, la modération qui est la parure de la force, l'emportent à la longue, tandis que les succès dus à la seule violence sont précaires et durent peu. Mais elle serait une maîtresse souvent trompeuse, et l'histoire même d'hier, que tout le monde croit savoir, deviendrait rapidement une dangereuse fiction, si les recherches d'érudition ne venaient contrôler la témérité des jugements contemporains et redresser ce qu'il y a souvent de hasardé dans ces premières distributions de la gloire.

Que l'élégant orateur me permette de le remercier à mon tour des paroles de bienvenue qu'il m'a fait l'honneur de m'adresser. Les années, qui dénouent tant de liens, n'ont fait que resserrer ceux qui m'attachent à Marseille. Ma dette s'accroît tous les jours. et je ne puis plus m'en acquitter qu'en la publiant : qu'il me soit permis d'exprimer ma gratitude pour ceux qui m'en fournissent aujourd'hui l'occasion.

A cette heure des vacances, vous n'avez, jeunes élèves, pour vos maîtres même les plus sévères que bon vouloir et reconnaissance ; vous ne les aimez jamais plus qu'au moment où vous allez vous séparer d'eux. La perspective d'une longue liberté après dix mois de travail discipliné et de tension d'esprit, l'heure déjà sonnée pour quelques-uns où ils vont s'appartenir pleinement (ils le croient du moins), effacent les souvenirs fâcheux et calment les impatiences.

En un pareil moment, votre âge quelquefois réfractaire aux avertissements et même, s'il faut en croire le poète, à ceux qui les donnent, *monitoribus asper*, écoute les conseils avec docilité, sauf à les oublier bientôt. C'est une heure rare et précieuse dont vous ne serez pas surpris que j'essaie de profiter, et vous ne m'en voudrez pas trop si je vous parais en abuser.

Si les exigences de vos maîtres vous semblent quelquefois importunes, s'ils sont et s'ils doivent rester armés dans votre intérêt contre l'inattention et l'oubli de la règle, si leur affection pour vous n'a pas, comme celle de vos parents, le droit d'aller jusqu'à la faiblesse, vous savez pourtant que cette affection n'est pas douteuse : ils ne connaissent pas de plus douce récompense de leurs efforts que de voir éclater chez vous les premières saillies du talent, s'épanouir la première fleur des qualités aimables qui sont le charme de votre âge, se former sous leurs mains ces intelligences et ces caractères qui seront un jour notre orgueil.

Eh bien, sachez que les pouvoirs publics, placés bien plus loin de vous, sont eux aussi animés pour votre jeunesse, pour cette France de demain qu'attendent de hautes et graves destinées, d'une affection qui n'est pas toujours exempte de quelque anxiété. J'en puis attester la place que votre éducation tient sans cesse dans leurs préoccupations. Il y a peu de jours encore ils se demandaient, avec quel souci de votre avenir, tout le monde l'a vu, si l'éducation qui vous est donnée et dont le système date déjà de plusieurs siècles, est toujours la meilleure pour vous préparer à votre tâche.

Cette éducation a suffi à bien des générations, dont plusieurs ont fait l'admiration du monde et contribué puissamment à l'ascendant de la France. Ce qu'il y a d'hommes distingués dans tous les pays se reconnaissent encore à ce signe que leur jeune intelligence s'est nourrie du même pain et abreuvée aux mêmes sources. Cependant le monde se transforme à vue d'œil ; la science a dans cette transformation une grande part ; elle nous étonne par ses prodiges, elle nous éblouit de ses découvertes, elle semble vouloir tout absorber ; et en même temps la vie a des exigences nouvelles qui obligent, pour ainsi dire, à la commencer plus tôt. De là ces incertitudes passagères dans les pouvoirs publics et des discussions dont l'écho pourrait bien, j'en ai peur, être arrivé jusqu'à vous.

Ces hésitations, je ne les ai pas partagées. Je les regretterais vivement, si elles pouvaient avoir eu pour effet de porter quelque atteinte à la confiance de vos parents dans un régime intellectuel depuis si longtemps éprouvé. Qu'il me soit donc permis de dire ici, dans cette ville vouée aux grandes affaires, où tout est activité et travail, pourquoi nous tenons énergiquement à cette éducation classique et pourquoi, loin de la croire menacée de désuétude ou atteinte de stérilité, nous la considérons comme bien vivante et comme plus nécessaire que jamais.

On se trompe si l'on croit que nous rêvons de faire de vous des humanistes, des littérateurs ou des poètes ; nous songeons bien moins encore à faire de vous des Grecs et des Romains, à vous dépayser en vous rendant étrangers aux conditions de la vie réelle. Bien peu parmi vous auront le loisir de se livrer, si ce n'est de loin en loin, aux pures jouissances de l'art, ou la pensée de céder aux tentations de la vie littéraire. Vos familles ont le droit d'attendre de nous des caractères trempés pour faire face aux nécessités de l'existence actuelle, et la société, des esprits préparés au maniement de ses affaires et à l'intelligence de ses intérêts. Nous savons tout cela, et notre devoir est de ne l'oublier jamais. Quel est donc le but de cette éducation classique ? Il n'a rien de mystérieux : nous voulons par cette éducation maintenir et, s'il est possible, augmenter en France le nombre des hommes éclairés, parmi lesquels se sont rencontrés plus d'une fois les ouvriers de la civilisation et qui en sont de tout temps les gardiens naturels.

L'homme éclairé n'est pas nécessairement, il s'en faut de beaucoup, un savant ou un érudit ; mais c'est un homme chez lequel une culture assidue et prolongée a développé, avec le sentiment moral et les délicatesses du goût, le sens pratique, qui n'est que la justesse des idées et l'habitude de la modération.

Les sciences, les langues vivantes, les littératures modernes sont assurément de dignes objets d'étude ; elles ont leur place marquée dans l'éducation. Mais il y aurait péril et presque folie à vouloir charger vos jeunes intelligences de l'accablant fardeau d'études encyclopédiques. Si avantageuse que puisse être en ce siècle de voyages et d'échanges la possession d'une ou deux langues vivantes, nous tiendrions pour un succès médiocre de ne faire de vous que des polyglottes.

Nous admirons les grandes littératures modernes et surtout la nôtre. Mais ces littératures, nourries de sentiments compliqués, souvent éphémères et quelquefois maladifs, remplies d'idées qui ne sont trop souvent que des lueurs d'imagination ou des aperçus individuels, vouées à une polémique éternelle entre des partis ou des doctrines contraires, riches assurément en grands esprits, plus riches encore en gloires douteuses que la vogue élève un jour jusqu'aux astres, qu'une mode contraire ou un goût effréné de nouveautés replonge bientôt dans l'ombre, ces littératures ne peuvent être le fondement d'une éducation générale. Vous y trouverez un jour de vifs plaisirs, de précieux sujets de réflexions et de rapprochements ; elles vous offriront le reflet attachant de nos agitations modernes, la vivante image des luttes qui déchirent depuis quatre cents ans les esprits et les sociétés. Elles ne sauraient servir de texte à un enseignement classique.

Ces luttes, jeunes gens, vous les connaîtrez assez tôt. Qui pourrait concevoir la pensée de vous y jeter prématurément, avant que votre raison aguerrie soit en droit de se former un avis ? Il est bon que, jusqu'à l'heure où vous aurez à vous faire une carrière, vos facultés s'exercent et se déploient harmonieusement sur d'autres objets ; il est bon que votre éducation s'achève loin de ces luttes et à l'abri des passions qu'elles allument, dans la sphère sereine des études désintéressées. S'il en était parmi vous qui n'en aient pas toujours senti le prix, qu'ils veuillent bien, et je ne m'adresse pas seulement aux vainqueurs d'aujourd'hui, je m'adresse de préférence à ceux qui ont suivi les classes d'un pas plus nonchalant et avec un intérêt moins éveillé, qu'ils veuillent bien jeter un dernier coup d'œil sur ces études qu'ils vont quitter.

Qu'avez-vous fait depuis plusieurs années? Vous avez fait connaissance avec l'élite des poètes, des moralistes, des orateurs, des hommes d'État que l'antiquité a produits, et, à force de les pratiquer sans relâche, vous vous êtes familiarisés avec ces hautes notions de morale éternelle, avec ces sentiments élémentaires et vraiment humains qui sont l'étoffe dont la vie est faite. En les traduisant, avec difficulté souvent, de ces belles langues anciennes dans la vôtre, vous vous pénétriez, sans y penser, en raison même de l'effort que vous aviez à faire, de ce que la pensée de l'homme a produit de plus parfait, de ce que son cœur a enfanté de plus grand; et vous acquériez du même coup, pour exprimer votre propre pensée, ces qualités de précision et de simplicité qui sont de mise partout et à toute heure.

Par une comparaison qui se faisait d'elle-même en vous entre les traits de ces vieilles civilisations et ceux du monde présent, vous entriez plus avant dans le génie de votre siècle, vous distinguiez l'accidentel du permanent, vous vous accoutumiez au roulement perpétuel des choses sur un fond de vérités qui changent de formes et qui ne périssent pas. Les sciences, qui sont les créations et la gloire du génie moderne, avaient aussi leur large part. Elles vous initiaient aux grandes lois de la nature, aux méthodes et aux découvertes qu'on voit de nos jours étendre presque sans limite assignable l'empire de l'homme sur ce globe. De ce monde intérieur dont les lettres et l'histoire mettaient les ressorts à nu sous vos yeux, ou du monde physique que les sciences vous révélaient dans l'harmonie de ses lois, qui pourrait dire quel est le spectacle le plus grand et le plus instructif?

Regardez maintenant devant vous. Quelques années encore, et vous voilà parvenus au terme des études spéciales qui vous ouvriront la porte de quelque carrière déjà encombrée. Adieu désormais les douceurs de l'étude cultivée pour elle-même! Dans le tumulte d'une société où les concurrences sont innombrables et sans pitié, il s'agit de trouver votre sentier. Vous n'avez pas trop de toutes vos forces, je ne dis pas pour vous y distinguer, mais pour vous y maintenir avec honneur. Avocats

ou négociants, médecins ou ingénieurs, lancés dans des entreprises particulières ou chargés de quelque grand intérêt public,
peut-être aussi péniblement occupés, dans une sphère obscure,
d'assurer l'existence de votre famille et l'avenir de vos enfants,
que vous restera-t-il, quel profit sérieux et palpable, des études
que vous avez faites? C'est ici qu'elles triomphent, au contraire.
Cette droiture de jugement, .ces habitudes de raison et de
mesure, cette haute manière de comprendre la vie, vous accompagnent et vous servent partout. Les affaires comme les lettres,
l'administration comme le barreau, tout peut être conçu avec
élévation ou rabaissé à un niveau inférieur; il n'y a pas de profession si orgueilleuse qui ne devienne vulgaire par la vulgarité
de l'esprit, pas de profession si modeste qui ne se relève par la
noblesse habituelle des idées. Ces nobles dispositions, l'éducation classique ne les donne pas; elle les conserve, elle les développe, et ce sont elles qui font l'homme vraiment éclairé.

Le monde où vous entrerez tout à l'heure et que vous devez
vous figurer, ne fût-ce qu'à cause de son âge, sinon toujours raisonnable, au moins respectueux de la raison, sérieux dans ses
occupations, sensé dans ses divertissements, vous le verrez plus
d'une fois gravement épris de bagatelles ou atteint d'étranges
manies d'esprit. Paradoxes philosophiques ou bizarreries littéraires, utopies de toute espèce, enthousiasmes sans lendemain,
terreurs paniques qu'une lueur de réflexion dissiperait, fanatismes
opposés qui se mesurent des yeux et qui échangent, comme
impatients d'en venir aux mains, leurs défis et leurs anathèmes,
il semblerait certains jours, à en juger par de tels indices, que la
raison publique est menacée d'un cataclysme. Heureusement les
hommes éclairés sont là, gardiens imperturbables du sens
commun, qui conservent au milieu de ces entraînements la lucidité de leur raison, réduits parfois à se taire, mais dont l'ascendant finit toujours par l'emporter. Interrogez l'histoire : elle
vous dira combien de fois depuis trois ou quatre siècles la
France a dû recourir à leur sagesse, combien de fois ils ont contribué à remettre d'aplomb la raison prise de vertige et aidé ce
pays à sortir des crises où les fautes des uns et les passions des
autres l'avaient follement engagé.

Le rôle des hommes éclairés n'est pas et ne sera jamais terminé. Aussi ne sont-ils ni surpris ni décontenancés d'avoir à
vivre dans une démocratie et à se plier aux lois d'une Répu-

blique, ils savent que leur tâche y est plus grande et plus nécessaire, sinon plus facile, que sous tout autre régime. Ils ne sont ni
une classe ni une caste et se trouvent, grâce à Dieu, répandus à
tous les étages de la société. Notre ambition est que vous deveniez
les continuateurs de cette tradition de lumières et que vous con-
serviez en l'accroissant le patrimoine moral qu'elle a fondé. L'éducation que vous recevez est un privilège, et tout privilège a pour
contre-partie quelque obligation. Du moment où vous êtes classés
parmi les riches en connaissances, vous devez vous considérer
comme délégués à la diffusion de ces idées de raison et de ces
sentiments de bienveillance humaine qui sont le ciment de la
société et le cordial d'une grande nation. Étant les plus éclairés,
vous serez aussi les plus généreux et les plus patients. On ne vous
verra pas vous tenir à part, dans un isolement hautain qui vous
priverait du spectacle réconfortant de ce qu'il se pratique loin
des regards, parmi ceux qui travaillent et qui peinent, de vertus
solides. Vous vous garderez des dédains stériles, qui ferment la
voie aux rapprochements. Par cette facilité de commerce qui
vous préservera des ridicules du mandarinat et qui préservera
les autres de la jalousie, vous aiderez à raffermir la société véritable, celle des cœurs, que les agitations d'un monde ébranlé
depuis des siècles par tant d'événements sans pareils ont
quelque peu disloquée.

Vous pardonnerez, mes jeunes amis, la longueur de ces
conseils à l'affection que vous m'inspirez et à l'intérêt que je
prends à l'honneur de la grande cité où vous êtes nés et qui
m'est si chère. Vous tenez la première place dans ses préoccupations : elle a le droit d'attendre beaucoup de vous. Une
municipalité ardente à bien faire songe à transformer ce lycée
pour vous y assurer une vie plus commode, pour le rendre plus
digne encore de sa prospérité, plus digne aussi de la ville de
Marseille. Elle nourrit encore bien d'autres projets. Une noble
ambition anime Marseille à cette heure, c'est de contribuer plus
qu'elle ne l'a fait jusqu'à présent à la grandeur intellectuelle de
la France, en constituant chez elle un grand centre d'études.
Ambition légitime, messieurs, et qui n'est pas nouvelle. Vous
vous rappelez cette page de Tacite où il compte parmi les bon-
heurs de son beau-père, le noble Agricola, celui d'avoir eu dès
sa première enfance pour séjour et pour école Marseille, *quod
statim parvulus sedem ac magistram studiorum Massiliam habuerit.*

Alors, il y a de cela dix-huit siècles, Marseille, dont les navires
étaient connus dans tous les ports de la Méditerranée et dont les
négociants trafiquaient sur toutes ses côtes, réunissait chez elle
les maîtres les plus distingués; elle attirait dans ses écoles,
outre la jeunesse de cette région dont elle est la métropole naturelle, des étrangers de tous pays. Aujourd'hui, ses institutions
scientifiques, ses écoles de beaux-arts, les cercles et les nombreuses sociétés fondées pour procurer à sa population des
distractions élégantes ne lui suffisent plus. Voilà bientôt vingt
ans que la France travaille à la reconstitution de son enseignement supérieur, pour lui rendre le rang qu'il n'aurait jamais dû
perdre; Marseille, qui n'a été jusqu'ici pour rien dans ce mouvement; Marseille, sans songer à se plaindre de l'oubli où elle a été
laissée, offre libéralement à l'État la variété de ses réformes, le
zèle de son administration, la bonne volonté de ses habitants, ses
immenses relations dans toutes les parties du monde, ne demandant pour elle que l'honneur d'ajouter un rayon à la gloire
nationale et de redevenir comme autrefois *sedes ac magistra stu-*
diorum.

Que cette ambition excite la vôtre, jeunes élèves. Que vos
efforts et vos succès nous autorisent, nous que le temps pousse
et emportera bientôt, à témoigner devant la France que Marseille lui prépare des enfants dignes d'elle.

DISCOURS

PROJET DE LOI RELATIF A L'ÉTABLISSEMENT

DU

TARIF GÉNÉRAL DES DOUANES

prononcé le 19 novembre 1891

AU SÉNAT

———

Le projet de loi relatif à l'établissement du tarif général des douanes, qui avait été adopté à la Chambre après de longs débats, fut, au Sénat, l'objet d'une non moins importante discussion. M. Challemel-Lacour le combattit en ces termes :

M. CHALLEMEL-LACOUR. Messieurs, quoique j'aie une certaine carrière à parcourir, vous devez être persuadés que je retiendrai le moins longtemps possible votre attention.

J'ai trop de hâte moi-même de voir la fin d'une discussion déjà presque épuisée avant de commencer au Sénat et que je trouve — vous l'avouerai-je — un peu pénible. Elle est pénible pour ceux qui, comme la minorité à laquelle j'appartiens, restent fidèles à une cause pour le moment quelque peu compromise. Elle est pénible aussi pour ceux qui aiment à y voir clair et qui ne parviennent pas sans quelque peine à démêler les arguments sérieux, sincères, parmi les suggestions de l'intérêt personnel.

J'aurais compris qu'au moment où les traités de commerce

arrivaient à leur terme on les soumît à l'examen le plus attentif pour y réparer les erreurs et les oublis qui ont pu s'y glisser; j'aurais compris qu'on tînt le plus grand compte des changements que le temps peut avoir apportés dans la situation du marché, dans les procédés industriels, dans les voies de transport, dans les relations et dans les tendances des différents pays. J'aurais compris qu'on fît toutes les corrections nécessaires, mais sans rompre brusquement avec la situation actuelle; sans affronter les chances, j'oserai dire les périls toujours attachés à une révolution de cette nature.

Mais, messieurs, est-ce de cela qu'il s'agit? Il semble qu'on se soit donné pour tâche de prendre en tout le contre-pied du système qui nous régit depuis trente ans. Plus de traités de commerce! Nous voulons rester maîtres de nos tarifs; au nom d'un nouveau grand principe d'invention récente, qu'on appelle l'égalité dans la protection, protection générale dont rien ne sera excepté, ni les produits auxquels la protection est inutile ou qu'elle ne peut sauver, ni les produits sans valeur, ni les produits d'une importance primordiale et d'une nécessité universelle.

Dans l'intérêt du travail national, pour assurer à nos producteurs la jouissance exclusive du marché intérieur, rehaussement de tous nos droits à la fois, et dans quelle proportion, messieurs? Si vous considérez l'ensemble du tarif, dans la proportion énorme, invraisemblable et pourtant exacte de 77 p. 100 : c'est le chiffre qui ressort de la comparaison si bien établie par M. le ministre du Commerce lui-même des droits de douane perçus par l'État et qu'il évalue, déduction faite des droits purement fiscaux et des droits sur la houille qui n'ont pas changé, à 151 millions, avec la majoration de 117 millions qui résulte des droits votés au tarif minimum par la Chambre des députés. Si vous considérez uniquement les produits fabriqués, rehaussement dans la proportion de 68 ou 69 p. 100; et si vous comparez les droits votés avec la valeur des produits taxés, vous en trouvez un très grand nombre taxés à 25 p. 100 et un nombre non moins considérable sur lesquels les droits s'élèvent à 30, 40, 60, 80, 100 et même 150 p. 100; c'est-à-dire qu'on ne rétablit pas les prohibitions sous leur nom véritable, mais on entend bien arriver au même résultat; et si on ne l'obtenait pas du premier coup, si les droits votés ne suffisaient pas encore pour tenir à distance les produits étrangers, on se propose — et c'est pour cela qu'on ne fait pas de traités — de rehausser ces droits qui ne seraient décidément pas assez protecteurs.

Tels sont bien, messieurs, les linéaments généraux du régime nouveau ou renouvelé qu'on se propose d'établir. Je ne puis vous dissimuler que cette brusque rupture avec un régime qui, après tout, a fait en grande partie la France telle que nous la voyons aujourd'hui, cette volte-face radicale et absolue me cause d'insurmontables appréhensions, et je vous demande la permission de vous en exposer les motifs.

Ce n'est pas que j'ignore ou que je méconnaisse ceux qu'on allègue pour la justifier. On nous dit que si la France ne s'entoure au plus tôt d'un rempart de douanes, elle risque de devenir le déversoir — c'est le mot adopté — de tous les pays producteurs de l'Europe et même du monde.

Danger immense pour son industrie, immense pour son agriculture, danger d'autant plus grand pour la France, qu'en raison des charges exceptionnelles qu'elle supporte du chef des impôts et du service militaire, ni son agriculture, malgré la richesse du sol, ni son industrie, malgré ses ressources, son activité et son génie, ne seraient en état de lutter de bon marché avec les autres peuples producteurs, et qu'elles se verraient condamnées, si on ne leur accordait des droits largement compensateurs, à un long, à un incurable dépérissement. On allègue encore les changements, prodigieux en effet, qui se sont produits depuis vingt, depuis trente, depuis quarante ans et qui ont amené tous les peuples ou à peu près tous les peuples — car enfin il reste bien encore quelques exceptions notables et qu'il n'est pas permis de négliger — qui ont amené la plupart des peuples à se mettre en devoir d'être prêts pour résister aux concurrents nouveaux que chaque jour peut voir surgir.

On érige ces changements, leur fréquence, leur continuité, en loi de l'avenir. Et pour donner plus de force à ces observations, on nous fait le compte effroyable de ce que la France a perdu depuis trente ans, le tragique tableau des ruines que le régime des traités a causées ; on suppute ce qu'elle serait devenue sans ces traités malheureusement faits, plus malheureusement maintenus et, je ne sais par quelle fatalité, deux fois renouvelés.

N'y a-t-il pas, messieurs, dans ces observations, quelque exagération? Mon intention n'est pas de les examiner en détail. D'autres, je l'espère, le feront; mais il me suffit, pour me ras-

surer, et peut-être suffirait-il pour y répondre de regarder la
France telle qu'elle est en réalité et de supplier ceux qui tiennent ce langage de comparer enfin une fois impartialement l'état
de la France, l'état de son industrie, de ses ouvriers, avec celui
des peuples, protégés ou non, que l'on entend nous proposer
pour modèles.

On allègue encore, messieurs, une autre raison, et, quand on
ne l'allègue pas, quand on la sous-entend, elle n'est pas moins
puissante pour cela; elle est, pour un grand nombre d'esprits, le
motif déterminant et elle triomphe chez beaucoup des vives appréhensions, des perplexités que leur inspire, comme à moi, le nouveau régime qu'il s'agit d'établir.

Cette raison messieurs, c'est le mouvement d'opinion en faveur
de la protection qui s'est produit dans le pays, mouvement très
étendu et très fort, que je crois bien ralenti à l'heure qu'il est,
(*Interruption à droite.*) mais dont l'impétuosité a paru cependant,
il y a un ou deux ans, près de tout emporter. Quoique peut-être
à certains égards un peu artificielle, préparée par une diplomatie
habile et patiente, fomentée par une propagande qui s'adressait à
des esprits que des souffrances réelles, de longues crises, des
fléaux sans exemple avaient rendus crédules à toutes les espérances, cette impétuosité d'opinion n'en était pas moins sérieuse et
digne d'attention.

C'est alors, messieurs, que nous avons vu, pour la première
fois, des intérêts, jusque-là toujours en opposition, associés pour
pousser la France dans une nouvelle voie; c'est alors que nous
avons entendu pour la première fois l'agriculture et l'industrie,
le Nord et le Midi, parler le même langage...

M. Fresneau. Eh bien! mais, c'est parfait!

M. Challemel-Lacour. C'est alors que nous avons vu —
était-ce par un mouvement spontané, était-ce par un accord plus
ou moins explicite? — nous avons vu ces intérêts si divergents
s'engager dans les routes de la protection à outrance, nous avons
vu des opinions changées, des tendances profondément modifiées, des départements qui avaient, il y a trente ans, acclamé le
régime actuel comme une libération et qui, il n'y a pas dix ans,
en demandaient encore avec ardeur le maintien, se ranger tous
sous l'étendard de la protection universelle.

. *Un sénateur.* C'est le fruit de l'expérience!

. M. Challemel-Lacour. Dès lors, messieurs, cette una-

nimité est devenue une sorte d'argument souverain et sans
réplique. S'il se rencontrait quelque dissident, on lui fermerait
la bouche avec ce volume où sont résumées les réponses au
questionnaire. Vous avez entendu un de ceux qui sont certainement au premier rang dans la discussion des douanes à la Chambre
des députés, le protectionniste distingué qui a sans aucun doute
le plus contribué au vote du droit sur les blés, s'écrier au commencement de son discours : « Le suffrage universel a prononcé », comme il aurait dit : *Roma locuta est.*

Il n'est pas étonnant que cet argument ait entraîné bien des
indécis, et troublé un grand nombre d'esprits. Je vous demande
la permission de m'expliquer brièvement et sans réticences sur
ce sujet délicat. Lorsqu'on approchait de l'échéance des traités
de commerce, le Gouvernement — il avait avait alors à sa tête
l'honorable M. Tirard — a cru devoir, comme tous ses devanciers,
faire, lui aussi, son enquête. Il a fait dresser un questionnaire
qui a été envoyé aux chambres de commerce, aux chambres con-
sultatives, aux syndicats industriels et commerciaux.

M. Lacombe. Et pas agricoles! (*Rires approbatifs à droite.*)

M. Challemel-Lacour. J'imagine qu'il s'est aussi enquis
des vœux de l'agriculture. Il ne l'a pas fait dans le questionnaire — d'ailleurs, les chambres agricoles n'existent pas encore,
à l'heure qu'il est, — il n'aurait pu s'adresser qu'à une grande
société qui n'a pas, comme vous le savez assez, besoin d'être
sollicitée pour s'expliquer. Il a fait son devoir, il a bien fait, et
le volume où sont recueillies et condensées les réponses de toutes
ces sociétés est un répertoire précieux où l'on trouve des raisons, des faits en abondance, où l'on peut, chose presque aussi
nécessaire, se renseigner sur les tendances, sur les préjugés,
j'ajouterai sur les erreurs des sociétés auxquelles il s'adressait.

Nul doute que cette enquête et le volume qui la résume n'aient
rendu la discussion plus facile à tout le monde. Mais, messieurs,
si l'on abusait des résultats de cette consultation pour compter
les opinions et pour présenter celles qui forment la majorité
comme une sorte de verdict, comme un véritable plébiscite sur
la question douanière, si on prétendait lui donner la valeur d'une
décision presque souveraine et sans appel, oh! alors, je crois
qu'on se tromperait complètement. Pour ma part, je résisterais
de toutes mes forces. Car enfin, ce plébiscite serait, comme la
plupart des plébiscites, une fiction et un piège, il serait radica-

lement vicié, puisqu'il n'aurait porté que sur des questions ou
bien équivoques ou qui ne comportent qu'une réponse. Vous
demandez à des producteurs s'ils veulent être affranchis de la
concurrence, s'ils veulent être maîtres du marché et des prix :
comment vous répondraient-ils qu'ils ne le veulent pas?

Et quand bien même, messieurs, le suffrage universel aurait
parlé, ce qui n'est pas vrai, ceux auxquels on s'est adressé ont
répondu comme ils le devaient, comme c'était leur devoir, et en
tout cas leur mission, sur des intérêts locaux et spéciaux; intérêts
si divergents, si souvent inconciliables — car qui pourrait se
flatter de donner une satisfaction égale aux fabricants de soieries
de Lyon, par exemple, et à la sériculture du Midi, à la filature
des Vosges ou de la Normandie et aux fabricants de mousseline
de Tarare ou de Saint-Quentin? — on vous a répondu sur des
questions spéciales, sur des intérêts particuliers; or, messieurs,
c'est une décision d'intérêt général que vous avez à rendre.
(*Très bien! à gauche.*)

Je répète qu'au surplus le suffrage universel n'a pas parlé; il
n'a pas parlé, non seulement parce que, à côté de ceux que vous
avez consultés, il y a le nombre infiniment plus grand des intéressés à qui vous ne vous êtes pas adressés, et dont la réponse
aurait probablement été différente; mais encore parce que ceux-
mêmes que vous avez consultés ont donné des réponses incomplètes et par conséquent trompeuses. Il est trop vrai, vous le
savez très bien, tout le monde le reconnaît tout haut, qu'il y a
dans le producteur deux personnes : il y en a une qui parle et
une qui se tait; le producteur est libre-échangiste pour ce qu'il
vend et protectionniste pour ce qu'il achète. (*Très bien! très
bien! sur plusieurs bancs à gauche.*)

Ce n'est pas tout. Vous interrogez les chambres de commerce
sur les industries dont les intérêts leur sont confiés; quand je
devrais prendre leurs réponses au pied de la lettre, pourrais-je
compter toutes ces réponses comme égales, leur attribuer à toutes
la même valeur? Comment pourrais-je sans choquer grossièrement le sens commun mettre sur le même rang la réponse de la
chambre de commerce de telle ville maritime dont l'activité commerciale se chiffre chaque année par deux milliards, et la réponse
d'une autre chambre de commerce qui représente un mouvement
d'affaires de quelques centaines de mille francs?

Vous interrogez ces sociétés, ces chambres de commerce, ces

syndicats sur la question de savoir s'ils veulent ou ne veulent pas de traités, et certes je ne refuse à personne, à aucune chambre de commerce, importante ou non, le droit d'avoir là-dessus son idée. Mais aura-t-on le droit de venir nous dire après avoir recueilli les voix et constaté la majorité : La France ne veut plus de traités?

Quoi! Voilà une question que la Constitution, que toutes les constitutions ont avec grande raison réservée au Gouvernement, seul en état d'apprécier ce qu'exige l'intérêt national...

M. LE MARQUIS DE L'ANGLE-BEAUMANOIR. Le pouvoir personnel!

M. CHALLEMEL-LACOUR. Non pas le pouvoir personnel, le pouvoir national, républicain ou autre!

Il le fait sous sa responsabilité, et les Chambres n'ont que le droit très grand, très suffisant, mais bien délimité, après avoir entendu ses raisons, de ratifier ou de ne pas ratifier ses actes.

Et par une confusion totale de toutes les fonctions, par un bouleversement des règles élémentaires de la politique, on en viendrait à alléguer, comme une décision anticipée qui s'impose aux Chambres, les opinions d'un certain nombre de compagnies?

Et ces réponses, croyez-vous qu'il serait toujours inutile de savoir de qui elles émanent, de rechercher si elles sont spontanées ou si elles ont été reçues toutes formulées du dehors?

On disait tout à l'heure que l'agriculture n'avait pas été consultée. J'ai entendu dire aussi qu'elle n'avait pas parlé parce qu'elle n'avait pas d'organes. Je suis prêt, pour ma part, à lui en donner.

L'agriculture n'a pas parlé? Elle n'a jamais tant parlé que depuis deux ans ; et on peut dire qu'à de certains moments, elle nous a véritablement assourdis de son bruit et excédés de ses lamentations.

Voulez-vous juger par un seul fait de la valeur de ses réclamations?

Je suis sénateur d'un département dans lequel l'industrie agricole, pour ne pas parler des autres, paye déjà fort cher la protection.

Ce département produit 571,000 hectolitres de blé; il en consomme 1,200,000. Il produit 250,000 hectolitres d'avoine; pour nourrir les 26,000 chevaux ou mulets employés dans les exploitations agricoles, il faut qu'il achète encore 700,000 hectolitres d'avoine. Les petits propriétaires, les plus modestes paysans, les maraîchers, les jardiniers s'y livrent à l'engraissement de 42,000 porcs dont l'alimentation représente au bas mot 500,000 hectolitre de maïs; le département n'en produit pas 500. Le maïs valait, il y a dix-huit mois, 13 fr.; il vaut à l'heure qu'il est 18 fr.; sans compter que la fermeture des distilleries qui fournissaient à ces agriculteurs leurs résidus à bas prix est encore venue aggraver la situation.

Eh bien, ce département, où il y a pour tout bétail 5,000 bovidés sur 11 millions que possède la France; qui possède, il est vrai, un assez grand nombre de moutons, richesse à l'heure qu'il est presque inutile, puisque, par une fatalité cruelle, la laine se trouve être un des rares produits qui ont échappé à toute protection; ce département dans lequel tout le monde, sauf un nombre restreint de viticulteurs et une poignée de sériciculteurs, a le plus évident intérêt à la liberté, ce département qui paye ou qui payerait dès à présent, si les droits produisaient tout leur effet ou, comme on dit élégamment aujourd'hui, s'ils jouaient dans leur plein, ce département qui payerait dès à présent de 4 à 5 millions de primes à la protection, a vu, à côté de sociétés agricoles anciennes et connues, surgir des sociétés nouvelles dont on n'avait jamais entendu parler. Elles ont fait entendre leur voix, ces sociétés de fraîche date, elles ont réclamé à grand bruit une protection, elles l'ont réclamée avec une ardeur qui touchait par moments à la violence. D'où venaient-elles? Qui les avait fait naître? D'où recevaient-elles leurs inspirations? Je ne le sais pas; cependant je puis le dire avec certitude : (*Sourires.*) d'une société puissante, active, dont les opinions politiques, notoirement hostiles aux institutions républicaines... (*Interruptions à droite. — Très bien ! à gauche.*)

M. LE BARON DE LAREINTY. Restez sur le terrain de la discussion du tarif général des douanes.

M. CHALLEMEL-LACOUR. Oui, messieurs, dont les opinions notoirement hostiles à la République s'étalent en caractères lumineux dans les noms de ceux qu'elle s'est donnés pour état-major; d'une société qui n'a d'égale pour la rigueur de sa discipline, pour l'ardeur de sa propagande...

M. LE MARQUIS DE L'ANGLE-BEAUMANOIR. Elle est dans son droit.

M. CHALLEMEL-LACOUR... pour le ton impérieux de ses

communications, pour le nombre des sociétés affiliées, qu'une autre société qu'elle semble avoir prise pour modèle et qui s'appelle dans l'histoire les Jacobins. (*Exclamations ironiques à droite.*)

Eh bien, quand je vois exercer une telle action, quand j'en constate les effets, je me demande ce que valent les réclamations bruyantes dont on nous assourdit depuis deux ans, et il m'est impossible, je l'avoue, de reconnaître dans ces réclamations qui se sont manifestées sous tant de formes, la voix sincère de l'opinion publique.

Mais, messieurs, tel est, quand on n'y regarde pas d'assez près, le prestige qui s'attache à ce grand mot d'opinion publique, telle est l'action qu'exercent sur les plus fermes esprits des allégations audacieusement répétées et des sophismes unanimement professés que, parmi les membres de cette Assemblée, il y a, je n'en doute pas, un grand nombre de républicains qui croient qu'en votant des droits fortement protecteurs, ils font une œuvre républicaine.

Un sénateur au centre. Parfaitement!

M. CHALLEMEL-LACOUR. Je crois qu'ils se trompent, et je crains qu'un des étonnements de l'avenir de cette réforme à rebours, ce retour imprévu vers un passé trop connu, ce rétablissement d'un régime qui a depuis longtemps fait ses preuves par des désastres, ait trouvé, dans deux Chambres républicaines, une majorité. Mes collègues savent si je suis de ceux dont l'esprit s'ouvre facilement à la défiance ; je ne les juge pas, je juge encore moins de leur attachement à la République par la conformité de leurs opinions avec les miennes, non plus que par la véhémence de leurs protestations, ou par leur facilité soit à promettre, soit à accueillir des nouveautés.

Et cependant, je me permets de les supplier d'y regarder encore une fois et de près, persuadé qu'ils reconnaîtront enfin que l'œuvre à laquelle on les convie, qu'ils achèveront sans doute, qu'ils achèveront avec les intentions les plus patriotiques et les plus droites, n'est pas et ne saurait être une œuvre républicaine.

Il y a quelques mois, messieurs, — c'était, si ne me trompe, au mois d'août, — à Saint-Dié, l'honorable M. Méline, dans un discours où il laissait percer un goût du paradoxe que ses amis ne lui avaient jamais connu (*Sourires sur plusieurs bancs.*) et où il

se livrait probablement pour la première fois de sa vie à un jeu
d'esprit... (*Hilarité à droite.*)

M. LE MARQUIS DE L'ANGLE-BEAUMANOIR. C'est très flatteur.
M. HALGAN. Oui, il sera flatté quand il lira votre discours !

M. CHALLEMEL-LACOUR... M. Méline n'a pas craint de
dire que la vraie politique libérale, c'était la politique protectionniste à laquelle il se fait honneur d'avoir attaché son nom.

Libérale ! je ne sais. Le mot libéral a déjà tant servi ; il a reçu
tant d'acceptions diverses ; il a été appliqué à tant de partis et
à tant d'opinions contraires, qu'il n'a plus, à l'heure qu'il est,
sauf l'étymologie grammaticale, rien de commun avec le mot
liberté. (*Marques d'approbation à gauche.*)

Il ne saurait donc être interdit à personne, et surtout à l'honorable M. Méline, d'en faire, s'il lui en prend fantaisie, une application nouvelle... oh bien nouvelle !... de plus.

Mais, si cette politique est libérale, je crois pouvoir dire,
messieurs, — et personne ne me démentira — qu'elle n'est ni
démocratique, ni républicaine.

Les maximes sur lesquelles repose la doctrine de la protection
ont été de tout temps, dans tous les pays, en Angleterre comme
en Prusse, en Autriche comme en France, et elles sont encore
aujourd'hui les maximes des classes les plus conservatrices, pour
ne pas dire les plus rétrogrades... (*Exclamations à droite. — Très
bien ! à gauche.*)

M. BUFFET. Et l'Amérique ?

M. CHALLEMEL-LACOUR... et elles s'y appuient sur des
arguments très semblables ou plutôt identiques à ceux que nous
entendons tous les jours.

L'honorable M. Buffet m'interrompt pour me dire : « Et
l'Amérique ? » M. Buffet doit bien supposer que je n'ignore pas
l'existence des États-Unis. (*Sourires.*) Je sais que les États-Unis
sont une république fédérative dont le gouvernement siège officiellement à Washington ; mais il y a un autre gouvernement qui
ne siège pas à Washington, qui siège dans Wall Street, la rue
des financiers de New-York. C'est là qu'une petite aristocratie
financière brasse, au profit de ses usines et de ses monopoles, les
lois qui condamnent la population tout entière au renchérissement
de la vie ! (*Très bien ! très bien ! — Applaudissements à gauche.*)

M. LACOMBE, *ironiquement.* Et les Américains sont assez sots pour
la laisser faire ?

M. Le Breton. Nous avons l'équivalent en France!

M. Challemel-Lacour. Vous ne devriez pas vous en vanter, si cela est vrai; mais jusqu'à présent, je n'y crois pas.

M. Le Breton. Je ne m'en vante pas, je le déplore!

M. le Président. Oui; eh bien, n'interrompez pas! (*Hilarité.*)

M. Challemel-Lacour. Je dis, messieurs, que les maximes de la protection sont en tout pays celle des classes riches et privilégiées; elles sont celles des personnes qui attachent la puissance, la force, l'éclat des sociétés humaines à l'existence d'une classe investie d'avantages spéciaux, jouissant d'une stabilité garantie par la possession d'une grande partie du sol et des capitaux, qui en fait la gardienne fidèle de la tradition et la forteresse de l'esprit conservateur.

Et, messieurs, que ces personnes pensent ainsi, croyez bien que je n'aurai ni la naïveté ni l'injustice de leur reprocher leurs idées protectionnistes. Sans rechercher si le vague sentiment d'un avantage personnel à recueillir ne se mêle pas aux arguments qu'elles font valoir, si, tout au moins, l'espoir confus d'un profit personnel ne les affermit pas dans leurs convictions, j'admets très bien, j'admets sincèrement qu'elles puissent, de bonne foi, identifier l'intérêt social avec les intérêts qu'elles veulent protéger. Mais que, dans une société démocratique, après une révolution qui a eu pour but et, du moins en partie, pour effet d'éliminer les privilèges, des Chambres républicaines reprennent ces doctrines et restaurent ce système, sans se souvenir des résultats qu'il a donnés, assurément cela est fait pour surprendre et pour inquiéter. (*Très bien! très bien! à gauche.*)

Messieurs, encore une fois, je vous prie de ne pas vous méprendre sur ma pensée.

Je ne dis pas qu'il suffit qu'une doctrine soit professée par les conservateurs pour que les républicains doivent en prendre le contre-pied; je ne dis pas que ces doctrines sont fausses et doivent être rejetées par cette seule raison, mais j'ai le droit de rappeler qu'elles ont été et sont partout celles des classes aristocratiques, amies du privilège, et qu'elles en sont, sur le terrain économique, le drapeau toujours déployé.

Et je me permets d'ajouter qu'il ne suffit pas que ces doctrines aient, par l'effet d'une propagande active, puissamment aidée par des circonstances inattendues, pris tout à coup un grand essor, qu'elles soient devenues pour un moment celles de tous les intérêts en état de faire entendre leurs voix par des syndicats, des comités et des journaux, qu'elles aient même pénétré — je ne l'ignore pas — jusque dans une partie de la population laborieuse; non, cela ne suffit pas pour en changer le caractère et pour que les Chambres républicaines les embrassent d'emblée et se mettent à les appliquer, sans hésitation, sans inquiétude, sans scrupule, dans ce qu'elles ont de plus exagéré.

Oh! je sais bien, messieurs, qu'un grand nombre de républicains, préoccupés surtout des misères de la campagne, se flattent de réaliser, en votant des droits fortement protecteurs en faveur de l'agriculture, un mot échappé un jour au grand cœur de Gambetta, et qui témoigne à la fois de sa générosité et de sa vue profonde de l'intérêt national, un mot excellent, pourvu qu'on ne le prenne pas dans un sens restrictif : « la République des paysans ».

Nombre de nos amis se flattent assurément de travailler à l'établissement de la république des paysans. Ils croient, parce que les paysans propriétaires sont nombreux en France, que le sol de la France est aux mains du paysan, et que c'est le paysan qu'ils vont protéger.

Je crois pouvoir sans présomption affirmer qu'ils se trompent grossièrement.

Messieurs, je lis volontiers, quand je le rencontre placardé sur les murailles d'une mairie du village, le *Moniteur officiel des Communes*.

Il y a quelques mois — c'était pendant les vacances — mes yeux tombèrent sur un article intitulé : « De la propriété rurale en France. »

Si cet article eût été d'un journaliste quelconque, j'avoue que, malgré ma grande considération pour cette catégorie d'écrivains, peut-être ne m'y serais-je pas arrêté; mais c'était un simple extrait du rapport si hautement et si justement estimé de M. Tisserand sur l'enquête décennale de 1882.

Je me suis depuis procuré cet article; et le voici. Je ne vais pas vous le lire, quoiqu'il vaille assurément la peine d'être connu; je me permettrai du moins de vous en donner la date; il est du 23 août 1891.

Qu'ai-je vu dans cet article? je pourrais dire : qu'ai-je vu dans le rapport de M. Tisserand? car je m'y suis comme toujours référé et, comme toujours, avec grand intérêt et avec un sin-

gulier profit. J'y ai vu un fait des plus instructifs et trop peu
connu : c'est que si, en effet, le paysan propriétaire est très nombreux en France, il n'y possède qu'une faible, une très faible
partie du sol. J'y ai vu que quatre millions huit cent mille exploitations, représentant la très petite et la petite culture, celle où
l'on ne fait presque pas de blé, si ce n'est pour le consommer, celle
où l'on n'élève pas de bétail, si ce n'est un porc ou quelque
vache laitière, comprennent en tout 12,450,000 hectares, moins
du quart de la surface exploitée.

J'y ai vu que 747,000 propriétaires, représentant la moyenne
culture, y possèdent 14,845,000 hectares.

J'y ai vu enfin, messieurs, que 142,000 propriétaires représentant la grande culture, la seule où l'on fait sur une vaste échelle
le blé, le vin et le bétail, celle à qui profite le plus largement la
protection, y possèdent 22,260,000 hectares, c'est-à-dire les quarante-cinq centièmes de la totalité du sol exploité.

M. FRESNEAU. Y compris les forêts.

M. CHALLEMEL-LACOUR. Que signifient ces chiffres, messieurs? Ce qu'ils signifient, ce qui en résulte, c'est un fait qui
mérite toute votre attention et que je recommande à vos plus
sérieuses réflexions : c'est que, en violation du grand principe,
du principe fondamental et, je l'espère, indestructible, du moins
en France, de la Révolution française, la protection est un privilège.

On a beau l'étendre le plus qu'on peut, on a beau alléguer le
grand principe de l'égalité dans la protection et le faire sonner
bien haut! Ce sont là des formules creuses et des apparences
décevantes. La protection ne saurait embrasser et n'embrassera
jamais tout le monde. On protège les forts et les riches ; les autres
ne sont protégés qu'en paroles ! (*Vives protestations à droite.* —
Applaudissements sur quelques bancs à gauche.)

M. BIRÉ. La protection est le droit de vivre, ce n'est pas un privilège!

M. CHALLEMEL-LACOUR. Mais en revanche cette protection
onéreuse dont ils ne profitent pas, ils en supportent en grande
partie les frais, puisqu'ils vont payer plus cher tout ce qu'ils achètent. Ces charges, elles pèsent sur tout le monde sans doute,
mais elles atteignent surtout ceux qui n'ont rien ou ceux qui ont
peu, les plus petits et les moins riches, c'est-à-dire ceux qui ont
mis dans la République leurs espérances.

On a calculé, messieurs, — et ceux qui ont fait ce calcul ont à la fois une compétence indiscutable et les moyens les plus sûrs d'information, — on a calculé ce que les droits, par le renchérissement inévitable qu'ils doivent produire, qu'ils ont déjà produit, sur le blé, le vin, la viande, vont ajouter aux charges qui pèsent sur le consommateur.

Pour le blé, 318 millions; pour les autres céréales, 126 millions; pour le vin, 150 millions; pour les viandes, — surtout pour les viandes abattues, les viandes, comme on dit, de seconde et de troisième catégorie, celles qui sont la ressource des gens peu aisés et le régal du pauvre — 220 millions; en tout 794 millions!... 794 millions, qui pèseront sur qui?... Ils atteindront, messieurs, 30 millions de Français sur 38, 30 millions de Français qui ne profitent en aucune façon de la protection, paysans qui achètent leur blé, ouvriers, fonctionnaires, militaires, pensionnés et rentiers; ce sont eux qui payeront cette prime aux producteurs protégés, parmi lesquels 142,000 propriétaires possèdent, comme je le disais tout à l'heure, les 45 centièmes du sol exploité. (*Interruptions à droite.*)

M. LE PRÉSIDENT. Veuillez écouter, messieurs. Ayez cette patience et cette tolérance ; vous répondrez!

M. CHALLEMEL-LACOUR. L'auteur de ce calcul, que vous êtes d'ailleurs invités à vérifier, — vous en avez les éléments entre les mains ou vous les trouverez facilement, — met au défi les actuaires les plus exercés, les calculateurs les plus subtils et les plus habiles à chicaner, à épiloguer, à réduire, il les met au défi de modifier sérieusement ces résultats.

Eh bien, si ces chiffres sont exacts, si même ils ne sont qu'à peu près exacts, votre raison ne s'émeut-elle pas, au moment de voter des droits qui augmenteront à ce point les charges des pauvres gens pour qui la vie est déjà si dure? Ne sentez-vous pas, j'oserai le dire, l'humanité gémir en vous et protester? 794 millions de charges nouvelles établies sur les principales substances alimentaires par un Gouvernement qui doit avoir plus que tout autre le souci de la vie à bon marché!

Et si vous y joignez, comme vous êtes bien obligés de le faire, les droits sur les produits de tout genre, qu'il est impossible, d'après le même calculateur, d'évaluer à moins d'un milliard au minimum, voilà donc une charge de 1,800 millions qui va grever en pleine paix, sans nécessité démontrée, sans avantages assurés, les trois quarts de la population française, au seul profit d'une minorité privilégiée! (*Murmures à droite.*)

Messieurs, si quelque jour le régime douanier qu'on vous propose d'établir, au lieu de donner les résultats qu'on veut nous faire espérer et qui doivent servir de compensation à ces énormes charges, donnait des résultats opposés? S'il produisait la cherté de tout, sans produire en même temps l'abondance du travail et l'élévation des salaires? S'il frappait de langueur les affaires au lieu d'y développer l'activité? Si par la suppression, ou du moins par la réduction du commerce extérieur, il engendrait le vide dans vos ateliers, la désertion et le silence dans vos ports, le malaise, le chômage? Si finalement tout le monde en souffrait, n'allez pas croire, non, non, ne croyez pas qu'il nous suffirait de dire que nous n'avons fait que suivre l'impulsion de l'opinion publique; que nous avons obéi, en bons républicains, à la voix du suffrage universel, pour vous décharger à ses yeux de la responsabilité d'une si grande déception. Cette responsabilité, elle pèserait tout entière sur nous; elle pèserait sur le législateur sans prévoyance et sans courage, qui n'aurait pas su résister à un entraînement momentané; elle pèserait sur la République elle-même. (*Interruptions ironiques sur les mêmes bancs.*)

Surtout, messieurs, ne vous flattez pas de la pensée qu'après tout, ce régime que vous allez établir n'est qu'un essai; que, s'il ne tournait pas au gré de vos espérances, vous n'auriez garde de vous y obstiner, et que vous sauriez en sortir au plus tôt.

C'est là, messieurs, une profonde illusion.

Le propre du régime de la protection, ce qui le rend si dangereux, ce qui justifie et ce qui augmente nos alarmes, c'est qu'on n'en sort pas à volonté. Une fois établi, ce régime dure, il dure longtemps; il peut durer jusqu'à la ruine. Il dure parce que lorsqu'on voudrait en sortir, on se trouve en présence d'intérêts coalisés qui vous demandent grâce, et qu'on est bien obligé de ménager, car ils ne sont plus en état de supporter la liberté. On se trouve en présence de sophistes qui ne manquent jamais de raisons pour expliquer par des maladresses, par des erreurs, par des fautes, l'échec du système qui a leur préférence. On se trouve en présence d'amours-propres d'autant plus intéressés à maintenir ce système qu'ils ont eu plus de peine à l'établir et qui ne désarmeront pas, soyez-en sûrs, à la première injonction.

De grâce, messieurs, songez un peu à l'histoire du passé, rappelez-vous ce qu'il a fallu de peine et d'efforts pour sortir du

29

régime des prohibitions; rappelez-vous, je vous en supplie, ce
qu'il a fallu d'événements supérieurs à la volonté des hommes —
et quelques-uns déplorables — pour vous en affranchir.

Le régime des prohibitions, qui sont la forme la plus franche
du régime protecteur, a duré en France — je laisse de côté la
période impériale — quarante-cinq ans. Eh bien, lorsqu'il a disparu du soir au matin, supprimé par un coup d'autorité, rien
n'avait encore pu l'entamer sérieusement ni modifier les idées de
ceux — leur nombre était grand, et ils étaient puissants — qui
considéraient, selon le mot de la chambre de commerce de Rouen
au roi Louis XVIII, « les prohibitions comme de droit politique
et de droit social ». Rien, pendant cette période, n'avait pu contenir ni satisfaire dans ses prétentions croissantes le parti protectionniste.

Sous la Restauration, elles avaient fatigué, désespéré, dégoûté
ses meilleurs amis, à tel point que l'un d'eux, rapporteur de la
Chambre des députés, des plus attachés à la protection, M. Morgan du Belloy, en vint un jour, de guerre lasse, à prononcer à la
tribune ces paroles courageuses qui, je regrette de le dire devant
le Sénat et devant la commission, n'ont pas encore perdu tout
à-propos. M. Morgan du Belloy dit un jour à la tribune : « La
commission n'a pu porter son zèle jusqu'à vous proposer d'accorder des dispenses d'activité et des privilèges d'imperfection. »
Et le fonctionnaire de grand mérite qui a eu l'honneur — si c'en
est un — d'organiser pendant quinze ans la protection, un homme
d'une rare intelligence, ardemment dévoué à cette cause et qui
avait mis à son service des facultés hors ligne et les ressources de
l'esprit le plus avisé, mais, en même temps, homme prudent,
ennemi des exagérations, parce qu'il redoutait les retours de la
fortune, M. de Saint-Cricq, avait fini par encourir, par sa prudence même, les soupçons de ses amis, et, au moment où la Restauration est tombée, il n'était pas loin d'encourir leur disgrâce.

Le gouvernement de Juillet avait amené de bien grands changements; il parut, dans les mois qui suivirent les trois glorieuses,
être la fin d'un monde et le commencement d'un autre. Eh bien,
messieurs, le parti protectionniste avait-il été modifié par l'événement? était-il devenu plus souple, plus maniable, plus accessible
aux conseils de sagesse et aux avertissements?

Non, messieurs, il était resté et il est resté pendant quinze ans
le même, maître ombrageux et exigeant, étouffant dans leur germe

les moindres velléités de changement, prompt à s'irriter et à s'effrayer des mesures les plus inoffensives ; prenant en défiance ses amis les plus éclairés et les plus dévoués.

M. Duchâtel, en 1834, a-t-il l'idée d'ordonner une enquête ?.. Ce simple projet le fait déclarer aussitôt suspect de vouloir, ce qui était vrai, toucher aux prohibitions, et il est obligé de renoncer à son enquête.

M. Guizot revient-il de Londres animé d'intentions conciliantes ?... Il n'échappe pas aux soupçons qui enveloppent tout ce qui n'est pas hautement déclaré pour le maintien éternel du régime protectionniste, et son gouvernement, harcelé sans cesse sous prétexte qu'il roulait sans doute quelque pensée hostile au travail national, à l'industrie nationale, à l'agriculture nationale, est menacé tous les jours de voir se dérober ses plus sûrs appuis.

Et l'un d'eux, homme d'esprit, que nous avons encore connu à l'Assemblée nationale, dans sa verte vieillesse, M. le comte Jaubert, dévoilant, oserai-je dire ingénument ? le secret du règne, s'écriait, un jour : « Aucune société ne peut se passer absolument d'aristocratie. Il en faut une à tous les gouvernements. Voulez-vous savoir quelle est celle du gouvernement de Juillet ? C'est celle des grands industriels et des grands manufacturiers. Ce sont là les fondateurs de la dynastie nouvelle. »

Ces messieurs savaient le prix de leurs services, ils savaient ce que valait leur protection, ils la taxaient très haut, et ils ne souffraient pas qu'on leur en marchandât le prix.

Sous l'Empire, quand le silence règne, quand tout le monde obéit, ou par enthousiasme ou par peur, une seule opposition, chose merveilleuse ! se manifeste encore par intervalles ; une seule voix se fait entendre de loin en loin, c'est celle du parti prohibitionniste qui s'élève contre les mesures de détail par lesquelles le gouvernement impérial semblait essayer son pouvoir contre les prohibitions et tâter, pour ainsi dire, les Chambres.

En 1826, M. de Villèle, sous la Restauration, défendant à la Chambre des pairs je ne sais quelle mesure trop modérée sans doute, imaginée par M. de Saint-Cricq, avait dit que « les restrictions doivent se modifier avec les progrès qu'elles ont favorisés et que toute prohibition doit avoir un terme ».

Le malheur, messieurs, c'est que ces progrès sont d'une lenteur qui les rend insensibles et que l'heure de lever les prohibitions ne sonne jamais.

Il y avait trente ans que cette parole avait été prononcée; on
était en 1856; M. Rouher venait d'être nommé ministre d'État, et
il se hasarda, dans les premiers jours qui suivirent son avènement aux affaires, à parler timidement de toucher aux prohibitions.

Comment cette parole fut-elle reçue?

On s'étonne, messieurs, aujourd'hui, quand on revient sur
l'histoire de ces temps éloignés, on s'étonne de quelle manière,
après l'Exposition universelle, après la guerre de Crimée, après
le traité de Paris, fut accueillie une pareille ouverture et de quel
ton il y fut répondu. Une insurrection, dont, il est vrai, le public
ne s'aperçut pas, éclata, celle de tous les comités industriels
répandus en grand nombre sur la surface de la France; et le
comité central de Paris, s'adressant en style militaire aux sociétés
affiliées, leur disait : « Pour nous, nous faisons bonne garde et
nous restons l'arme au bras, comme des sentinelles vigilantes,
au poste difficile que vous nous avez confié. »

Voilà, messieurs, un langage qui nous aurait bien « rafraîchis »,
s'il avait eu une autre source et un autre but, mais il suffit pour
faire reculer ce gouvernement si fort ; les projets de M. Rouher
furent ajournés.

Trois ans après, en 1859, le ministre ose prononcer de nouveau le mot d'enquête ; le même Comité central s'oppose à toute
enquête et le Gouvernement ajourne encore ; mais cette fois ce
n'était pas pour longtemps.

Eh bien, messieurs, de ce rapide aperçu ne sort-il pas un enseignement qui a son prix? Cette résistance ardente, insurmontable,
frénétique, des intérêts protégés au gouvernement de leur choix
ne donne-t-il pas à réfléchir? Et n'y a-t-il pas de quoi hésiter à
s'engager dans la voie de la protection, quand on pense que pour
en sortir il a fallu une révolution politique et un coup d'État?
(*Très bien! sur plusieurs bancs à gauche.*)

Messieurs, il est étrange, et c'est vraiment une destinée, je
prends le mot le plus doux, bien désobligeante pour des républicains d'être amenés aujourd'hui, comme d'autres l'ont été en 1868,
à se porter, ou du moins à en avoir l'air, pour les défenseurs du
traité de 1860, et contre qui? Presque toujours contre ceux qui,
non contents de passer l'éponge sur ses origines, acclamaient
l'Empire dès le lendemain et l'ont soutenu fidèlement pendant
vingt ans.

Il faut pourtant parler de ce traité de 1860 : car enfin, il est toujours le grand argument contre le système des traités, il résume encore aujourd'hui couramment tous les arguments et tous les griefs qu'on peut avoir contre eux, de même que l'article 11 du traité de Francfort résume tous les griefs qu'on a contre la clause de la nation la plus favorisée.

Et, pour le dire en passant, voyez à quelles erreurs conduisent à la longue des préventions invétérées et la malheureuse habitude de répéter, sans examen, ce qu'on entend autour de soi. Il y a bien peu de personnes aujourd'hui — peut-être n'y en a-t-il pas beaucoup même au Sénat — qui ne croient encore que l'article 11 du traité de Francfort fut une invention perfide, une exigence cruelle du vainqueur. Eh bien, messieurs, c'est une erreur. L'article 11 du traité de Francfort, ce cheval de Troie qui a déversé tant de maux sur la France, a été une invention française et une trouvaille de l'esprit protectionniste. M. de Bismarck demandait simplement qu'on revînt pour cinq années au traité du 2 août 1862 avec le Zollverein et avec le Mecklembourg, mais nos négociateurs — c'était M. Pouyer-Quertier, c'était surtout M. Thiers qui ne laissait pas volontiers faire aux autres ce qu'il pouvait, en tout ou en partie, faire lui-même (*Sourires.*) — nos négociateurs avaient horreur des traités. On était à la veille de l'échéance de ceux de 1860, et ils espéraient bien l'un et l'autre que, l'Assemblée de Versailles aidant, ces traités ne seraient pas renouvelés.

De quoi s'avisèrent-ils? Oh! d'un stratagème bien innocent, et dans tous les cas, bien permis avec un vainqueur aussi dur : ils proposèrent la clause de la nation la plus favorisée, et comme l'année suivante il ne devait plus y avoir de faveurs pour personne, ils se frottèrent les mains, tout heureux d'avoir donné à boire au vainqueur dans un verre vide.

C'est ainsi, messieurs, que l'article 11 entra dans le traité de Francfort. O finesse imprévoyante des hommes d'esprit!

On reproche au traité de 1860 d'avoir été un coup d'autorité. Nous sommes encore ici un certain nombre qui aurions le droit de nous plaindre de ce coup d'autorité, sans que personne y trouvât à redire; mais, vraiment, n'y a-t-il pas un peu d'enfantillage de la part de certaines personnes à se plaindre qu'avant de conclure un traité de commerce en vertu du pouvoir qu'elles lui avaient joyeusement laissé prendre, au nom d'une constitution

à laquelle elles avaient applaudi et qu'elles ratifiaient tous les
jours par leurs acclamations, n'y a-t-il pas quelque enfantillage
de leur part à se plaindre que l'empereur Napoléon III ne les eût
pas consultées? Elles se figuraient donc, en acclamant l'Empire,
qu'elles acclamaient un gouvernement d'opinion? Est-ce que, par
hasard, le sénatus-consulte de décembre 1852 manquait de clarté?

On reproche au traité de 1860 d'avoir été secret, préparé,
élaboré dans l'ombre entre quelques personnes, comme un mauvais coup. Il est certain que l'empereur, après s'être bien assuré
qu'il n'obtiendrait jamais de son Corps législatif, pas plus que le
roi Louis-Philippe ne l'avait obtenu de la Chambre des députés,
l'abandon volontaire des prohibitions, ne prenant plus conseil
que de l'intérêt de son pouvoir, assuré d'ailleurs de faire un acte
populaire, il est certain que l'empereur a fait, avec quelques
conseillers qu'on appelle aujourd'hui poliment ses complices, un
traité qui levait les prohibitions et qui fixait le maximum des
droits à 30 p. 100 pour une première période et à 25 p. 100 pour
la seconde. Voilà ce qui a été secret, et c'est beaucoup. C'était la
revanche naturelle du pouvoir absolu, contre lequel n'ont pas,
je pense, le droit de protester ceux qui l'avaient appelé, créé et
applaudi.

Mais si le traité a été secret, faut-il redire encore une fois que,
dans les tarifs et les conventions qui en ont réglé l'application,
rien n'a été secret, que ces tarifs ont été le résultat d'une discussion publique et prolongée, où tous les industriels ont pu prendre
part, où tous les intérêts ont pu faire valoir leurs raisons. Le
nombre de ceux qui y ont pris part, — ils figurent dans un document que j'ai sous la main, — est très grand; les résultats de
cette discussion, consignés dans huit gros volumes, sont encore
aujourd'hui l'arsenal où les deux partis vont puiser leurs arguments.

Ce traité a-t-il sacrifié l'agriculture? Je ne doute pas que nous
n'entendions, à cette tribune, répéter cette accusation. Mais est-
ce qu'elle est fondée? Quoi! les applaudissements avec lesquels
les traités furent accueillis dans quarante départements du Midi
ne retentissent pas encore à nos oreilles? Quoi! même dans le
Nord, les départements de Normandie, et les départements de la
Bretagne, dont notre collègue M. Fresneau défend les intérêts
avec un zèle si passionné, n'en ont-ils pas aussi profité?

M. Fresneau. Je demande la parole.

M. Challemel-Lacour. Mais, messieurs, l'agriculture,
si elle avait eu à se plaindre des traités, elle en aurait eu une
occasion merveilleuse. Il y a eu, en 1866, une grande enquête
agricole, très longue, très approfondie. Eh bien, il est si peu
vrai que l'agriculture eût été sacrifiée, que vous pouvez chercher
dans les vingt-sept volumes qui contiennent les résultats de
cette enquête, vous ne trouverez pas un mot, pas une plainte,
pas une réclamation de l'agriculture contre les traités.

M. Bouilliez. Ils en sont remplis. (*Bruit.*)

M. Challemel-Lacour. Eh bien! vous viendrez les
apporter ici.

Quels ont été les effets de ces traités? Ont-ils arrêté ou seulement ralenti le mouvement d'affaires qui avait commencé avant
eux? Ont-ils été une cause d'appauvrissement pour la France,
ou bien ont-ils été le point de départ d'un développement de la
fortune publique sans précédent? Le débat a commencé le lendemain du traité; il n'a pas cessé depuis lors un seul jour. Il
continue aujourd'hui, et ne vous imaginez pas qu'il soit terminé
définitivement ni même un moment suspendu par le vote des
tarifs.

Je n'entreprendrai pas, quant à moi, de le clore, ni de lui
donner une conclusion. Il me suffit d'ouvrir les yeux et de
regarder ce que la France est devenue après trente années de ce
régime, trente années dans lesquelles se trouvent accumulés des
événements qui ont changé non seulement la face des deux
mondes, mais qui ont modifié, de fond en comble, l'organisation
et l'équilibre de l'industrie en même temps que l'état du marché
général : la guerre des États-Unis, les guerres d'Allemagne, la
guerre de 1870, les découvertes incessantes de la science, l'apparition sur le marché de je ne sais combien de concurrents inconnus, imprévus, qui y ont apporté l'ardeur, les ressources et
les ambitions de la jeunesse.

Ajoutez à cela les modifications qui se sont produites sur le
marché monétaire, et des fléaux sans exemple, dont un seul,
depuis quinze ans, a coûté, que sais-je? six milliards, huit milliards, peut-être davantage, à notre pays. Eh bien, messieurs,
comment la France a-t-elle traversé toutes ces crises? Comment
a-t-elle supporté ces calamités et le contre-coup de pareils événements? Quelle est sa place actuelle dans le monde? Quelle
figure y fait-elle, par son crédit, par son industrie, j'oserai dire

même, en pensant à quelques-uns de ses produits, par son agriculture? Si elle n'a plus aujourd'hui sous quelques rapports la
primauté à laquelle elle était accoutumée, à quel pays se trouve-
t-elle donc inférieure? Où sont les indices de ce triste état
dénoncé tant de fois et avec tant d'obstination et de tapage par
les promoteurs de la réforme douanière, par leurs comités, par
leurs agents dans la presse, état qui réclamerait d'urgence l'établissement d'un régime entièrement nouveau?

Des statisticiens rigoureux ont passé en revue tous les faits
qui sont de nature à donner de la situation économique de la
France une idée exacte : l'état de ses industries, la consommation de la houille, l'importation des matières premières nécessaires à ses usines et à ses manufactures, le trafic des chemins
de fer, les valeurs successorales, le nombre des machines à
vapeur, celui des maisons, la répartition de la richesse mobilière,
le mouvement des caisses d'épargne. Que résulte-t-il de cet
examen? C'est que la France, avec son énorme budget, après
tant de dépenses faites en peu de temps, — plusieurs pensent et
disent : en trop peu de temps, — pour achever son réseau de
chemins de fer, pour compléter ou transformer ses écoles, est,
à l'heure qu'il est, au niveau des puissances les plus riches et ne
le cède peut-être jusqu'ici qu'à la seule Angleterre.

Qui oserait dire, messieurs, que dans un pays tel que celui-là,
une révolution soudaine comme celle qu'on vous demande de
décréter soit suffisamment justifiée?

Oh! je sais bien qu'il y a des ombres au tableau; je ne doute
pas que quelques-uns de nos collègues ne viennent ici vous les
présenter : la valeur de la propriété territoriale a diminué, elle
a baissé, — peut-être parce qu'elle avait monté trop haut (*Mouvement.*) — l'agriculture et l'industrie ont eu leurs jours d'épreuves,
et comme l'imagination de l'homme est ainsi faite qu'il lui faut
imputer sans retard à des causes définies, fussent-elles imaginaires, tout ce qui la frappe, on a rapporté ces crises à des
causes peu sérieuses, et l'on se prépare, pour y échapper désormais, à essayer d'un remède empirique, singulièrement aventureux, déjà trop connu par ses résultats, d'un remède qui n'est
pas nouveau, qui n'a jamais réussi et qui semblait définitivement
jugé par une expérience d'un demi-siècle.

Je ne puis qu'exprimer, non sans tristesse, un souhait : c'est
que le remède ne soit pas pire que mal.

Je me sens un peu fatigué, monsieur le président; voudriez-vous avoir l'obligeance de suspendre la séance pendant quelques instants?

(La séance est suspendue pendant un quart d'heure.)

M. LE PRÉSIDENT. Nous reprenons la discussion générale du tarif des douanes.

La parole est à M. Challemel-Lacour pour la continuation de son discours.

M. CHALLEMEL-LACOUR. Je vous demande pardon, messieurs, de m'imposer encore quelques instants à votre attention.

J'aurais pu m'arrêter ici, peut-être l'aurais-je dû, ne fût-ce que pour reconnaître l'attention que le Sénat a bien voulu me prêter. Mais j'ai à cœur de m'expliquer rapidement sur une ou deux idées qui, j'en ai peur, préparent aux partisans du nouveau régime de sérieux mécomptes.

Vous voulez réserver au producteur français la jouissance exclusive du marché intérieur, de ce marché sans pareil que tous les peuples producteurs se disputent sans relâche...

M. BLAVIER. C'est exact.

M. CHALLEMEL-LACOUR. ... et dont on enfle à plaisir la richesse et les ressources, comme pour nous consoler d'avance des pertes que nous pourrions éprouver si l'excès de protection venait, par un retour malheureusement trop probable, à nous fermer plus ou moins les marchés étrangers. Vous voulez, en établissant des droits élevés, premièrement vous mettre à l'abri du contre-coup des crises extérieures, et secondement, vous assurer le relèvement des prix. Eh bien, je tremble que cette double espérance ne réserve à ceux qui la nourrissent une profonde déception.

Cette espérance repose d'abord sur une grande illusion : c'est de croire que vous pourrez vous soustraire à la solidarité industrielle qui enveloppe aujourd'hui toutes les nations productrices des deux mondes, ou du moins la diminuer à votre gré. Que cette solidarité soit, à certains égards, indestructible, vous vous en apercevez bien à l'heure qu'il est. En présence d'une récolte en blé insuffisante, vous êtes obligés de parcourir du regard, je ne dirai pas l'Europe, mais la planète tout entière pour y chercher les peuples plus favorisés qui combleront votre déficit.

Vous avez vu les promoteurs des droits sur les blés, ceux qui y sont le plus passionnément attachés et qui se croient dès à présent en droit d'en vanter les bienfaits, être les premiers à vous proposer de les réduire pour éviter, nous ont-ils dit, les prix de cherté. A mon avis, ils ont bien fait. Enfin la Chambre des députés, quoiqu'elle n'ait pas su résister au torrent, n'a pas été à ce point aveuglée par l'esprit protectionniste, qu'elle n'ait reconnu que pour un certain nombre de produits, pour les laines, pour les peaux, pour les soies, pour les graines oléagineuses, les industries françaises étaient jusqu'à un certain point dans la dépendance des producteurs étrangers.

Il y a là les solidarités particulières qui sont trop évidentes pour être méconnues; personne ne les conteste; et ce n'est pas précisément de celles-là que je veux parler.

Mais il y a une autre solidarité plus générale, tout aussi réelle, quoique moins facile à expliquer, et qu'un fait encore récent, dont certainement vous n'avez pas perdu le souvenir, a mise il y a peu d'années en évidence.

Ce fait, c'est la crise qui de 1883 à 1887 a pesé sur l'industrie et qui, jointe à la crise agricole qui sévissait dans le même temps, a troublé non seulement l'industrie, mais presque au même degré un grand nombre d'esprits. C'est en effet de cette époque que datent, non pas, certes, les récriminations des protectionnistes, leurs lamentations, leurs protestations, — elles n'ont jamais cessé un seul instant, même à l'époque où elles avaient moins d'écho, — mais le succès subit, inattendu et rapide qu'elles ont eu auprès de ceux qui y étaient restés jusqu'alors indifférents; c'est alors que nous avons vu redoubler de vigueur les plaintes contre les traités, les récriminations contre l'article 11 du traité de Francfort; c'est alors enfin qu'a commencé à se dessiner nettement cette coalition de l'agriculture et de l'industrie, du Nord au Midi, qui a préparé le succès final.

Eh bien, cette crise a-t-elle pesé particulièrement sur la France? Non, messieurs, elle a pesé en même temps sur tous les pays producteurs, dans les deux mondes, sur les États-Unis aussi bien que sur l'Angleterre; sur la Prusse, sur l'Italie en même temps que sur la France. A-t-elle du moins pesé plus lourdement sur les pays dont la législation douanière était la plus libérale? En aucune manière. Elle a pesé au même degré sur les pays dont le régime commercial était le plus différent.

Sans aucune distinction, elle a atteint avec la même violence, pendant le même temps, les pays les plus protégés et ceux qui l'étaient le moins, elle y a traversé les mêmes phases, elle s'y est terminée vers la même époque. Et il y a même une observation curieuse à faire, un fait notable à signaler : c'est que, des quatre grands pays importateurs dont l'importation avait pour l'ensemble des années 1884 et 1885 diminué dans une proportion si considérable, qui atteignait le chiffre de 3 milliards, de ces grands pays, la France est celui qui a le moins souffert. Tandis que la diminution était, pour l'Italie, de 11 1/2 p. 100, pour l'Allemagne, de 10 p. 100, pour l'Angleterre, de 5 1/2 p. 100, elle était, dans cette mauvaise année de 1885, pour la France, de 1 1/2 p. 100, ou, si vous voulez appliquer à l'année 1885 le relèvement proposé par la commission des valeurs pour l'année 1884, elle n'a été frappée que d'une diminution de 4 1/2 p. 100. La France reste encore le pays le moins maltraité.

Je demande s'il est une manifestation plus frappante que cette crise elle-même du lien secret qui unit tous les pays producteurs, qui leur fait traverser les mêmes vicissitudes, courir même fortune sans aucune distinction de régime douanier! Cette diminution de l'exportation à laquelle répond, de toute nécessité et très naturellement, un resserrement de la consommation intérieure, n'est-elle pas la preuve la plus évidente et pour ainsi dire la plus palpable de cette solidarité industrielle dont je parlais tout à l'heure et à laquelle aucun peuple ne peut se soustraire?

La crise que je rappelle, messieurs, ne s'explique nullement par quelque calamité de la nature, par quelque fléau qui aurait éclaté dans les différents pays ou qui les aurait atteints par contre-coup et pendant le même laps de temps. Il n'y a rien de pareil; elle provient de causes certainement plus générales et plus profondes. Mais si profondes qu'on les suppose, elle ne le sont pourtant pas assez pour qu'on ne puisse les entrevoir : quelles que soient les différences de mœurs, de gouvernements, de développement industriel qui existent entre ces divers pays, quelque déchirés qu'ils aient été et qu'ils puissent être encore par la guerre, quelque rivalité qui existe entre eux, quelque jalousie qui les aigrisse les uns contre les autres, ne font-ils pas après tout partie du même corps de civilisation? (*Très bien! très bien! à gauche.*) Ne sont-ils pas tributaires des mêmes sciences? Ne sont-ils pas assujettis à l'emploi des mêmes procédés? Ne sont-ils pas voués à la satisfaction des mêmes besoins, dans des sociétés très semblables?

Je ne prétends pas que tous ces pays soient également dotés

par la nature, ni sous le rapport intellectuel, ni sous le rapport
des richesses et de la fécondité du sol, ou de la concentration
des capitaux, ou du prix de l'argent; je ne méconnais pas et je
ne nie pas les inégalités ou les différences qui peuvent exister
entre eux; je suis tout prêt à admettre que quelques-uns sont
peut-être obligés à des précautions dont les autres peuvent se
dispenser. Mais je dis que l'indépendance, dont le rêve hante un
certain nombre d'esprits, est une ambition folle; que l'idée de se
faire, en s'entourant de droits élevés, une sorte de vie séparée
et — passez-moi l'expression — d'existence claustrale, est une
prétention extravagante qui ne saurait prévaloir contre la solidarité industrielle dont je vous parle, parce qu'elle tient à des
lois naturelles, parce qu'elle est un fait supérieur à toutes les
volontés et à tous les systèmes. (*Très bien! très bien! sur plusieurs bancs à gauche.*)

Vous le savez bien, messieurs : cette solidarité, qu'on oublie
quelquefois dans la préoccupation de se défendre, à chaque instant vous la reconnaissez par vos actes; et non seulement vous
la reconnaissez, mais, pressés par un sentiment vif quoique
obscur de sa nécessité vitale, ou bien en vue des avantages qu'elle
vous procure, vous faites tout pour en resserrer les liens. Vous
donnez à la marine marchande des primes, aux services maritimes des subventions qui ont pour effet direct, immédiat,
d'abaisser le prix du fret. Vous abandonnez aux marines étrangères l'usage gratuit de phares, de ports construits et entretenus
à grands frais; vous supprimez les péages sur vos rivières et
sur vos canaux; vous réclamez incessamment la création de
nouvelles lignes ferrées, vous poursuivez à outrance la réduction
des frais de transport par les chemins de fer.

C'est-à-dire que, rien que pour faciliter à tous les communications avec la France, vous grevez chaque année votre budget
de 60 millions au moins, car il faudrait y ajouter l'intérêt et
l'amortissement du capital emprunté pour l'exécution des travaux de premier établissement. Vous rougiriez de marchander
quand il s'agit d'intérêts de cette nature.

Et voilà que, par une contradiction surprenante, souvent
signalée, mais à laquelle l'esprit refuse de rien comprendre et
de trouver un sens, donnant un démenti à vos tendances naturelles, vous voulez maintenant vous entourer de nouveau d'un
fossé protecteur.

Vous essayez vainement sinon de supprimer, au moins de rendre plus difficiles des relations nécessaires, vous entreprenez de détruire ce que la nature a fait et d'annihiler ce que vous avez fait vous-mêmes. (*Très bien! sur divers bancs. — Dénégations à droite et au centre.*)

Ces idées vous sont familières, messieurs.

Elles ont été exprimées bien souvent, elles l'ont été en termes excellents dans les rapports que notre honorable collègue, M. Teisserenc de Bort, présente depuis plusieurs années aux ministres comme président de la commission des valeurs.

J'espère que notre cher et vénéré collègue me pardonnera de m'en être inspiré. Il m'excusera aussi d'exprimer un regret : c'est qu'il ne soit pas venu lui-même les développer à la tribune. Je sais qu'il a droit au repos, et que son repos même est laborieux; mais quelle force ces idées n'auraient-elles pas eue dans la bouche d'un homme qui réunit, comme lui, la sagacité, l'expérience et la modération? (*Très bien! très bien! et applaudissements.*)

On allègue, messieurs, pour expliquer cette contradiction à laquelle nous ne nous accoutumerons jamais, la nécessité d'arrêter l'abaissement continu des prix, qui finirait par rendre l'agriculture et l'industrie également impossibles, et par faire, dans un délai donné, de la France une vaste jachère. Cet abaissement des prix, que nous ne pouvons plus supporter, on l'attribue à la concurrence étrangère.

Eh bien, il y a là, j'en suis convaincu pour ma part, une double erreur.

La concurrence étrangère n'est pas la seule cause, elle n'est même pas la cause principale de l'abaissement des prix, et l'énorme relèvement des droits de douane que vous allez voter, pourra bien, pendant un certain temps, modifier, troubler profondément le marché, enrichir les uns, causer la ruine des autres, mais assurément il ne produira pas les résultats que vous en attendez.

Permettez-moi, msssieurs, de vous rappeler un fait. Lorsqu'éclata la crise dont je parlais tout à l'heure, vers l'année 1883, on put constater un phénomène au premier abord singulier.

L'activité industrielle n'avait pas diminué, la production ne s'était pas arrêtée et elle n'était pas moins grande, au contraire; et cependant, le malaise était général; les affaires étaient lourdes, l'industrie arrivait à grand'peine à couvrir ses frais, et même elle n'y arrivait pas toujours. Que se passait-il donc?

Il se passait un fait bien grave, une chose nouvelle et que pourtant on aurait pu prévoir.

De tout temps, dans la plupart des pays et surtout en France, l'acheteur s'était attaché à la bonne qualité des produits, à l'élégance, à la solidité, à la durée; maintenant l'acheteur paraissait rechercher plutôt le bon marché; c'était là, messieurs, un fait assez nouveau, sérieux, très frappant, mais que, je le répète, on aurait pu prévoir. Il semble même qu'un pays au moins l'eût prévu.

Après l'Exposition de Philadelphie, en 1876, si je ne me trompe, le commissaire allemand, un Prussien quoiqu'il porte un nom français, M. Reuleaux, dans un rapport qui eut un immense retentissement et qui était remarquable au moins par l'impartialité, caractérisant l'ensemble de l'exposition allemande, en signalait le trait principal par ces deux mots : « laid et bon marché » *hœssig und billig*.

Ces deux mots, qui firent grand bruit, comme vous pouvez le penser, sont restés longtemps au cœur de l'Allemagne : elle en soupire encore. Etait-ce, messieurs, un instinct de nature qui la prédisposait à ce genre de fabrication, une aptitude particulièrement heureuse à produire des objets de cette sorte, *hœssig und billig?* Ou bien était-ce une vue anticipée de l'avenir, et son profond génie avait-il aperçu, le premier avant tous les autres, l'évolution qui commençait alors? C'était peut-être tout cela à la fois. Mais le fait est que l'évolution a continué. Elle ne s'est pas arrêtée et elle ne pouvait pas s'arrêter. Ce fait était le résultat légitime, inévitable d'une révolution dans la société. Ce goût nouveau, messieurs, il provenait de l'extension prodigieuse de la clientèle, par suite du progrès de l'aisance et de l'accroissement de la richesse générale; pour tout dire en un mot, il manifestait, sous un aspect particulier, ce qui est le grand fait de ce siècle, le développement de la démocratie.

Ce fait d'une si grande portée une fois constaté, messieurs, qu'en est-il résulté? C'est que l'organisation industrielle a subi une rapide et profonde modification. Les fabricants ont dû penser à réduire leurs frais généraux de fabrication en augmentant la puissance de production de leurs ateliers; et dès lors, malgré l'apparition de concurrents nouveaux sur le marché, malgré les ralentissements de la vente, malgré les crises, ils ont dû maintenir leurs établissements en activité, produire, produire sans cesse, fallût-il même écouler parfois leurs produits à perte.

En un mot, messieurs, vous vous trouvez, à l'heure qu'il est, en présence d'un fait non point passager, mais définitif; en présence d'une organisation industrielle qui conduit naturellement, presque invinciblement, à la surproduction; et la surproduction a pour résultat naturel, inévitable, de réduire à rien l'effet des droits de douane.

Est-ce que vous auriez la prétention de revenir sur une évolution qui tient à des causes si profondes ou de l'arrêter?

Mais, messieurs, on l'a essayé en Allemagne même; il s'y est formé des sociétés pour régler, pour modérer la production; on a vu des chambres de commerce adhérer à ces idées et les encourager; on a vu le gouvernement patronner des associations qui s'étaient formées notamment pour limiter la production de la houille.

Eh bien, tous ces essais ont échoué. Vains efforts! Ces tentatives condamnables partout, et qui seraient en France délictueuses, car elles tomberaient sous le coup des articles 414 et 415, ont avorté, parce qu'elles allaient contre la nature des choses. Ce n'est pas vous, en tout cas, qui auriez jamais la pensée de les reprendre et qui vous prêteriez au retour d'abus que nos pères ont eu tant de peine à déraciner.

Vous voilà donc ramenés, pour relever les prix, aux droits de douane. Eh bien, si vous réussissiez à obtenir un moment par ce procédé les hauts prix que vous avez en vue, si vous opériez ce relèvement, n'est-il pas visible que vous réduiriez rapidement la consommation des produits français, et de deux façons?

A l'extérieur, cela est évident.

Je sais bien que c'est là une préoccupation à laquelle un certain nombre de protectionnistes de haut vol n'ont pas la pensée de descendre; qu'importe à leurs yeux le sacrifice partiel ou même total de 3 milliards et demi ou 4 milliards tout au plus d'exportation, quand on a pour se consoler la possession exclusive d'un marché,... de combien a-t-on dit! de 36 ou 37 milliards, je crois?

Seulement, ceux qui font ce beau calcul, dont je n'ai certainement pas la prétention d'examiner l'exactitude, — d'autres d'ailleurs ont pris la peine de le faire, ils en ont démontré l'insanité et, permettez-moi de le dire, le parfait enfantillage — oublient une seule chose, c'est que l'organisation centralisée de l'industrie moderne, telle qu'elle résulte d'un si grand nombre de faits, et notamment de celui dont je vous donnais tout à l'heure un court aperçu, c'est que la puissance presque illimitée de cette industrie lui font une nécessité de pouvoir se répandre au dehors. A d'autres époques, le commerce extérieur, l'exportation a pu être considérée comme un luxe, comme une superfétation ; c'était l'argent de poche d'un grand pays.

Mais, messieurs, à l'heure qu'il est, l'exportation est devenue une des assises essentielles de l'organisation de nos usines ; l'exportation leur est nécessaire, à ce point qu'elle est aujourd'hui le véritable régulateur des prix de vente en gros.

Je n'ai pas à énumérer ici — d'autres le feront, je désire vivement qu'ils le fassent — tous les avantages politiques, moraux, économiques de l'exportation. Je me contente de rappeler et de maintenir un fait que personne ne sera tenté de contredire : c'est que le commerce extérieur, dont on se montre si dédaigneux, présente l'image la plus exacte de l'état manufacturier d'un pays. Est-il florissant? est-il actif? la hausse se répercute sur les prix à l'intérieur. Est-il languissant? tous les prix sont entraînés. (*Très bien! très bien! à gauche.*)

Mais, messieurs, une atteinte bien plus grave encore serait portée à la consommation intérieure par cette élévation artificielle des prix, laquelle atteint tous ceux à qui la protection ne profite en aucune manière, le nombre si considérable des détenteurs de la petite et de la très petite propriété, l'immense majorité des ouvriers, les commerçants qu'on flétrit aujourd'hui sous le nom d'intermédiaires, on veut dire sans doute par là des parasites. Si les prix se soutiennent, si même, par l'effet de ce monopole particulier qui est le fruit de la protection, ils s'élèvent, la clientèle doit nécessairement diminuer.

Le bon marché multiplie les acheteurs, la cherté les fait disparaître ; on se restreint d'abord au nécessaire, on restreint bientôt le nécessaire lui-même ; et, vous ne le savez que trop, il n'y a pas un seul produit, même le plus indispensable, même le blé, qu'on ne puisse supprimer pour un temps et remplacer par un autre.

Et si cette diminution de la clientèle ne se produisait pas, comment ne voit-on que les espérances fondées sur la protection seraient déjouées d'une autre façon? Les producteurs d'aujourd'hui qui la réclament si haut se figurent-ils que, l'invasion, comme on dit, des produits étrangers une fois repoussée, les intrus définitivement expulsés, ils vont se partager en sécurité un marché florissant?

Ils ne voient donc pas les producteurs nouveaux qui, suscités par les hauts prix, vont surgir à leurs côtés, plus dangereux que la concurrence lointaine qui n'a ni la même ardeur, ni les mêmes moyens d'action? (*Rumeurs à droite et au centre.*)

Ils ne voient donc pas que le marché intérieur, une fois purgé de l'étranger, va devenir un champ de bataille acharnée? (*Nouvelles rumeurs sur les mêmes bancs.*) et que l'effet de cette concurrence, qui va doubler le nombre des producteurs, ne peut être qu'un nouvel abaissement des prix jusqu'au niveau des prix de revient, peut-être au-dessous...

M. BLAVIER. Eh bien, alors?

M. CHALLEMEL-LACOUR... car vous ne serez plus en présence que d'une clientèle limitée; il faudra ou la conquérir ou succomber.

Non, messieurs, rien n'arrêtera, j'en suis convaincu, cet abaissement des prix, et ne vous étonnez pas si j'ose en exprimer à cette tribune ma profonde satisfaction; rien au monde n'est plus heureux, car cet abaissement n'est autre chose que la manifestation du progrès de la force productive d'un pays, c'est-à-dire la preuve du progrès de la civilisation elle-même.

Je ne parle, messieurs — car il ne faut pas qu'il y ait méprise, que de l'abaissement normal; je ne parle pas de cet affaissement des prix qui atteint parfois la rémunération du capital, le payement des frais généraux, le bénéfice légitime de l'industriel et de l'agriculteur. Cet affaissement est l'effet de causes accidentelles toujours regrettables; non, je parle de l'abaissement normal et cet abaissement, j'en ai l'espoir et la conviction, continuera malgré vous; il continuera par vous, car lorsque tout le monde est en mouvement, il n'est pas possible de rester stationnaire; vous suivrez de loin avec répugnance, comme des traînards... (*Sourires.*) parce que l'effet naturel de la protection est d'endormir l'activité, de paralyser l'effort, de tuer le courage...

Un sénateur à droite. Voyez donc l'Amérique!

M. CHALLEMEL-LACOUR.... mais enfin, vous suivrez, car il faudra marcher. Et qu'arrivera-t-il? Il arrivera que cet abaissement des prix, résultat inévitable des applications de la science qui s'imposeront à vous, de l'emploi des meilleurs procédés, que vous ne pourrez éluder toujours, aura pour effet d'élever, d'année en année, sans bruit, silencieusement, la proportion des droits déjà si forts que vous établissez, de les élever au point de les rendre un jour choquants par leur absurdité et de les faire apparaître au consommateur même le plus protectionniste, qui sera bien obligé de comparer ce qu'on exige de lui avec ce qu'il payerait au dehors le même produit, comme une extorsion intolérable.

Messieurs, vous m'excuserez de ne pas avoir su abréger ces observations. (*Non ! non ! Parlez !*)

Mais, en revanche, ma conclusion sera fort courte et je me flatte que ceux mêmes qui ne seraient pas tentés de l'adopter, du moins quant à présent, la trouveront modérée. Je ne me fais aucune illusion, je sais qu'il est bien tard — soyons sincères : qu'il est trop tard — pour espérer de vous une modération de tarif, je ne l'espère donc pas.

Si nous étions obligés de subir sans atténuation, je ne dis pas le tarif maximum qui a été voté et que je considère pour ma part comme une fantaisie, mais le tarif minimum, nous n'aurions qu'à nous abandonner les yeux fermés au cours des choses, à attendre les leçons de l'expérience qui ne sauraient tarder beaucoup et à souhaiter qu'elles ne soient pas trop dures pour le pays.

Mais il y a peut-être — il y a sûrement — un moyen de tempérer l'usage de ce tarif : ce sont les traités de commerce.

Je n'ai pas le droit de m'adresser au Parlement, mais j'ai celui de parler à mes collègues du Sénat, et je l'ai fait avec une franchise que je les remercie d'avoir tolérée.

Le Sénat est un corps modérateur; il l'est par destination; il l'est, je pense, par nature. (*Mouvements divers.*) Il méconnaîtrait gravement et dangereusement son rôle si, exagérant encore ce que la Chambre des députés a fait, il poussait à outrance les principes, selon moi erronés et funestes, dont elle s'est inspirée.

Je demande hardiment au Sénat de se désarmer de sa rigueur à l'égard des traités de commerce, d'en accepter généreusement l'idée. L'œuvre déjà à moitié accomplie par la Chambre des députés, que vous allez compléter, n'en sera pas pour cela inutile. Les difficultés ont été examinées avec conscience, avec sincérité; les intérêts ont été entendus, il sera tenu compte de tout ce qu'il y a de fondé dans leurs réclamations.

Tout le monde, dans le Gouvernement, n'est pas, je crois
pouvoir le dire sans témérité et sans indiscrétion, ardemment
protectionniste. Les ministres protectionnistes le sont avec
mesure, et les membres qui ont été chargés de défendre, à la
Chambre des députés, les tarifs proposés, l'ont fait avec une
modération, parfois avec un courage, égaux à leur science et à
leur talent.

Ils me permettront cependant, car ils connaissent mes sentiments pour eux, d'exprimer un regret : c'est qu'ils n'aient pas
tout d'abord usé de la grande autorité morale dont ils étaient
investis et qui, je l'espère, ne s'est pas affaiblie à l'heure qu'il
est, pour maintenir hardiment en face d'une opinion dévoyée
hors des gonds, leur droit de faire des traités.

J'exprimerai aussi le regret que, dans quelques-uns de leurs
exposés de motifs, tout en maintenant l'idée de conventions, ils
l'aient fait dans un langage un peu enveloppé et timide et qu'ils
aient paru se résigner à l'idée d'offrir, pour toute convention,
le tarif minimum à ceux qui nous feraient des avantages corrélatifs.

Des avantages corrélatifs?... Ce mot, la première fois que je
l'ai vu, m'a singulièrement étonné, et je suis encore plus surpris,
s'il est possible, à l'heure actuelle, de voir qu'il ait pénétré dans
la loi et qu'il figure au paragraphe 2 de l'article 1er.

Des avantages corrélatifs? Qu'est-ce que cela? Comment? Vous
élevez tous vos droits à une certaine hauteur, de manière à en
faire une prohibition à peine déguisée.

M. Buffet. Oh non!

M. Challemel-Lacour. Ne nous payons pas de mots,
monsieur Buffet; la prohibition peut être réelle et avouée, elle
peut être réelle et dissimulée.

Puis, vous les élevez ensuite à une hauteur un peu moindre
qui en fait une quasi-prohibition, et alors vous dites aux autres
nations : Pour jouir de cette quasi-prohibition, faites-moi des
avantages corrélatifs.

En vérité, messieurs, voilà une offre qui n'est pas bien enga-
geante. Je ne sais pas si vous trouverez beaucoup de nations
pour l'accepter, mais enfin, soit!

Des avantages corrélatifs? Quelle idée vous en faites-vous?
Comment les mesurerez-vous? Comment les apprécierez-vous?
Et, à supposer que vous puissiez les mesurer, je vous demande

si vous réclamerez des avantages corrélatifs égaux de toutes les nations.

Voici, par exemple, l'Angleterre qui vous ouvre ses portes toutes grandes ;... (*Bruit.*) non pas à vous en particulier, elle n'a pas de faveurs à vous faire, elle ne fait de faveurs à personne, elle ne pense qu'à elle-même. (*Rires approbatifs.*)

M. Ollivier. Elle ferme ses portes à notre bétail, dans tous les cas!

M. Challemel-Lacour. Elle vous ouvre ses portes toutes grandes, sauf pour le vin et pour l'eau-de-vie. (*Exclamations ironiques.*)

M. Le Breton. Et pour le bétail.

M. Challemel-Lacour. Elle arrête le bétail comme vous avez arrêté vous-même les porcs d'Amérique pendant de longues années. Il n'y a pas encore assez longtemps que vous avez rouvert vos portes pour reprocher à une autre nation ce que je considère, d'ailleurs, comme une erreur, et je me flatte que cette erreur trouvera un terme..., non pas, cependant, si vous lui offrez le tarif minimum et encore moins le tarif maximum.

Eh bien! est-ce que vous allez demander à l'Angleterre, au moment où vous élevez tous vos droits, que, par compensation, elle abaisse les siens? Si vous ne lui faites pas cette demande au moins bizarre, elle jouira donc de votre tarif minimum, et voilà l'Allemagne qui en jouira du même coup sans avoir, elle, à faire d'avantages corrélatifs.

Mais, encore une fois, corrélatifs à quoi? Je comprends parfaitement que, pour deux produits analogues, similaires ou même différents, dont deux pays désirent en même temps l'écoulement, ils puissent chercher ensemble et trouver un accord. Je comprendrais qu'on dît à l'Angleterre : Abaissez vos droits sur mes vins et j'abaisserai mes taxes sur vos bières, ou bien abaissez vos droits sur nos vins, et je laisserai entrer vos filés de cotons fins; je comprends ce langage; mais des avantages corrélatifs à un tarif, et encore à un tarif fort élevé! vous imaginez-vous qu'il suffira d'en avoir fait un encore plus élevé pour rendre celui-là acceptable?

Je crois, messieurs, que ces réflexions, le Gouvernement les a faites, et, me rappelant le langage qu'il a tenu dans l'une des dernières séances de la discussion des droits de douane, me souvenant qu'il a enfin maintenu avec fermeté, à la grande satisfaction de ses amis, son droit d'ailleurs incontestable de conclure des traités, je me plais à penser qu'il est dès à présent dans une disposition d'esprit un peu nouvelle, que je désire vivement voir s'affermir et se développer. J'espère qu'il réussira sans grande peine à faire partager aux deux Chambres cette idée que le tarif minimum ne peut être qu'une sorte de tarif général à l'usage de tout le monde et d'un caractère provisoire. (*Très bien! très bien! à gauche.*)

J'en suis d'autant plus sûr, messieurs, que le Gouvernement sera amené non seulement par ses réflexions, par sa sagesse et par la considération des intérêts véritables du pays, mais encore par la logique, à faire des traités; car les traités dérivent de la protection, quand cette protection n'est pas la prohibition pure et simple, comme la conséquence dérive du principe; ils en sont le corollaire naturel.

Le Gouvernement fera donc des traités, il les fera, bien entendu, avec l'assentiment des deux Chambres qui ne manqueront pas de motifs de tout ordre et de motifs bien puissants pour se déterminer. La France est assurément souveraine chez elle, libre dans l'établissement de ses tarifs, libre dans le choix de ses amitiés, seule juge du prix qu'elle peut et qu'elle veut y mettre; rien ne peut l'obliger à faire des traités, rien, si ce n'est le bon sens, la prudence, le soin éclairé de sa sécurité et de son avenir, le souci de sa prospérité et de son honneur industriels. Il suffit de quelques faits de détail, d'observations en apparence secondaires, pour faire sentir à tout le monde que la France ne peut sans péril se passer de relations, qu'elle a besoin de traités, qu'elle en a besoin pour produire comme elle a besoin d'air pour respirer.

La France a le privilège séculaire de faire en toutes choses ce qu'il y a de plus élégant et de plus beau, et j'espère pour son honneur qu'elle n'est pas près de renoncer à cette fabrication; elle ne peut s'y livrer qu'à la condition d'avoir une clientèle spéciale; laquelle? La clientèle du monde élégant dans les sociétés civilisées. (*Marques d'approbation sur plusieurs bancs.*)

Je me permettrai d'ajouter un mot, oh! sans me faire illusion, car je n'ai pas la présomption de croire que je puisse être écouté par les industriels auxquels je l'adresserai, ni la simplicité d'imaginer qu'ils puissent attacher le moindre prix à l'observation d'un profane.

Je hasarde cette observation toutefois : c'est que de même que l'opposition n'est pas sans quelque utilité pour un gouvernement assez avisé pour la tolérer et pour lui prêter une oreille intelligente, de même un certain degré de concurrence est avantageux à l'industrie, au point de vue de la fabrication comme stimulant, au point de vue des prix comme frein. Les traités ont précisément pour objet et pour effet d'organiser cette concurence nécessaire.

Mais c'est surtout à un autre point de vue que les traités me paraissent indispensables, et si je m'attache avec énergie à l'espoir que vous n'y échapperez pas, c'est que j'y vois la seule atténuation possible aujourd'hui d'un tarif véritablement excessif, et pour me servir d'un mot bizarre, mais expressif, que j'emprunte à un orateur de la Restauration, le seul moyen d'en effacer le caractère « privilégiaire ». Je ne sais pas, messieurs, si vous avez l'âme plus ferme que la mienne; j'avoue que quand je regarde ce qui se passe autour de nous, je ne suis pas toujours rassuré.

Je vois partout dans les deux mondes, en Europe surtout et en France comme ailleurs, des questions qui sont posées et qui me semblent présager un avenir difficile. Le monde du travail est agité de mouvements profonds, vous ne pouvez pas vous le dissimuler et, contrairement aux espérances que nous avions si longtemps fondées sur l'efficacité des efforts individuels, espérances anéanties dans bien des cœurs, que quelques-uns conservent encore, on voit se dessiner partout avec une netteté croissante une tendance à attendre, que dis-je, à réclamer impérieusement des pouvoirs publics on ne sait vraiment quelle protection. (*Très bien! — C'est vrai! sur plusieurs bancs à gauche.*)

Et, chose bien nouvelle, il semble que ces idées aient pénétré dans des conseils d'où sortent, par intervalle, des voix plutôt faites pour irriter ces impatiences que pour les calmer. (*Mouvement.*) On ne croit plus ou l'on croit de moins en moins à la puissance des initiatives privées. Vous-mêmes, messieurs, vous montrez incessamment votre sollicitude pour les ouvriers, par des projets, par des lois, dont l'élaboration met à chaque pas en lumière l'effrayante difficulté.

Eh bien, ne craignez-vous pas que le fruit de tous ces efforts ne fût perdu, qu'il ne fût du moins compromis, si l'on pouvait dire, à tort sans doute, mais avec une ombre de vraisemblance, qu'en écartant toutes les concurrences, en voulant établir par des moyens artificiels uu minimum des prix, aussi illusoire et presque aussi révoltant que la loi tant diffamée du maximum, vous accordez à une catégorie de producteurs une protection injustifiée? (*Protestations sur plusieurs bancs.*)

Et ne donneriez-vous pas à d'autres, dont la situation n'est pas moins digne d'intérêt, et est, je ne crains pas de le dire, cent fois plus dure, le droit de venir à leur tour réclamer de vous une protection contre toutes les misères, contre tous les accidents, contre toutes les difficultés et toutes les fatalités qui sont l'étoffe dont la vie est faite?

Messieurs, la liberté politique semble par moments avoir perdu un peu de son prestige, et je ne suis pas sûr que les corps publics, qui en sont les organes nécessaires, n'aient pas un peu souffert de ce discrédit.

Je vous en prie, ne donnez pas aux adversaires du gouvernement parlementaire, — il y en a encore de plus d'un genre et en grand nombre, ne leur donnez pas l'occasion de dire que les Chambres républicaines ressemblent à toutes les autres et que ces Assemblées ne sont occupées qu'à rechercher solennellement, à découvrir, à inventer des prétextes spécieux de sacrifier à des considérations particulières le bien public. (*Très bien! et applaudissements à gauche.*)

DISCOURS

SUR LE

RÉGIME DOUANIER DES GRAINES

OLÉAGINEUSES

(Discussion du tarif général des douanes)

Prononcé le 30 novembre 1891

AU SÉNAT

La Chambre des députés avait établi la franchise pour les graines oléagineuses; la commission sénatoriale des douanes proposait de revenir sur cette décision; M. Challemel-Lacour combattit dans les termes suivants le droit sur les graines :

Messieurs, je viens demander au Sénat de repousser les droits que sa commission des douanes lui propose de mettre sur les graines oléagineuses exotiques.

Je suis, je l'avoue, un peu étonné d'avoir à reprendre cette question devant le Sénat. Il pouvait sembler à tout le monde, même à ceux qui sont les plus respectueux des droits du Sénat, — et je me fais honneur d'être de ceux-là, — que la question était jugée définitivement, et bien jugée.

La Chambre des députés a repoussé le droit de 7 fr. 50 qui lui était proposé par la commission. Elle a maintenu l'exemption pour les graines oléagineuses à une majorité considérable, une majorité de 122 voix.

Était-ce, messieurs, un vote rendu à la légère, sans un examen suffisant? Était-ce un de ces votes de méprise, comme l'a dit l'honorable rapporteur, qui réclamait une revision? Quelque fait décisif avait-il été oublié? Quelque argument irréfutable avait-il été omis? Il n'en est rien, messieurs. On peut dire que la question a été approfondie devant la Chambre des députés. Elle a donné lieu à une discussion qui est certainement une des plus fortes et des plus brillantes que l'on ait vues. Des hommes d'une compétence supérieure et toute spéciale, un rapporteur savant, studieux, d'une fécondité inépuisable en arguments, deux ministres, parlant au nom du Gouvernement, ont été entendus. Enfin, M. le rapporteur général de la Commission des douanes, M. Méline lui-même, M. Méline en personne, a donné. Auparavant le plus grand nombre, de beaucoup, des chambres de commerce s'étaient prononcées contre le droit.

Le conseil supérieur du commerce et de l'industrie l'avait repoussé, et si le conseil supérieur de l'agriculture avait accepté un droit de 1 fr. 25, il l'avait fait avec une hésitation, un déplaisir, une répugnance dont les procès-verbaux de ses discussions portent la trace.

Quelles sont donc les raisons sérieuses qui ont déterminé votre commission à vous proposer de mettre sur les graines oléagineuses exotiques un droit, et un droit si exorbitant? A-t-elle cru devoir au promoteur principal du nouveau régime douanier de le relever d'une défaite qui vraiment n'était pas un désastre, qui n'était de nature, en tous cas, ni à diminuer son prestige, ni à altérer en lui la joie de la victoire?

Ou bien, comme certain passage du rapport de l'honorable M. Malézieux me le ferait croire, la protection formerait-elle, dans certains esprits, un système tellement lié qu'il ne pût être entamé sur aucun point sans être compromis ou du moins déshonoré? ou bien encore ce principe nouvellement découvert de l'égalité dans la protection serait-il une loi tellement absolue qu'il fallût protéger quand même ce qu'aucune protection ne saurait sauver, et cela, au risque de compromettre, en vue d'un intérêt secondaire ou même infime, des intérêts de premier ordre?

Messieurs, j'ai lu avec empressement, avec curiosité, et, vous pouvez le croire, avec la plus grande attention le rapport de M. Malézieux.

Eh bien, le savant rapporteur, dans son travail si étudié, a-t-il produit un fait nouveau qui eût été oublié, un argument qui n'eût pas été formulé et auquel il n'eût point été répondu? Je n'y ai rien vu de pareil. M. le rapporteur n'en repousse pas moins la décision prise par la Chambre des députés, il lui reproche de s'être laissé éblouir par des arguments sans valeur et par des objections frivoles. Il qualifie cette décision de malentendu et d'erreur, il la taxe d'injustice, d'inégalité, d'inconséquence; et tout cela, au nom de quoi, messieurs? Au nom d'une théorie agronomique que je veux bien admirer sur sa parole, mais qui, en tant que théorie, paraît lui être propre; car dans les innombrables communications dont la Société des agriculteurs de France vous a gratifiés, j'ai bien vu des faits analogues à ceux que M. le rapporteur invoque, mais je n'y ai point rencontré sa théorie.

Cette théorie, elle est bonne ou elle est mauvaise, personne n'en sait rien; elle n'a jamais été appliquée, et, à dire vrai, je doute qu'elle le soit jamais, au moins dans les proportions que M. le rapporteur voudrait lui donner.

Mais il la place sous l'invocation d'un prophète qu'il ne nomme pas, qui aurait, il y a quelque dix ans, annoncé que, faute de faire à la culture des plantes sarclées et, en particulier, aux graines oléagineuses une place suffisante, — M. Malézieux voudrait qu'elle fût de 4 ou 5 millions d'hectares, pas davantage, — faute de leur avoir fait une place suffisante, on en viendrait, un jour, à mettre un droit sur le blé.

Ce jour est venu; on a été amené à cette déplorable extrémité de mettre un droit sur le blé, par des raisons, il est vrai, toutes différentes de celles dans lesquelles le colza et la navette n'ont rien à voir du tout. N'importe, la prédiction dudit prophète a été réalisée; c'est assez pour que vous deviez vous prononcer, ni plus ni moins que si vous étiez une académie d'agronomes, sur cette théorie et de la consacrer en frappant les graines oléagineuses exotiques de droits très élevés, de droits qui ne sont encore qu'un commencement et qu'on vous demandera de relever plus tard, quand vous serez assez éclairés pour en comprendre la nécessité, et assez courageux pour les voter. En attendant, il faut voter ceux-ci pour l'honneur de la théorie, sans vous soucier du contre-coup funeste qu'ils peuvent avoir sur plusieurs industries capitales.

C'est toujours, en effet, la même question. Il s'agit de savoir quel sera l'effet des droits qu'on vous demande, soit sur l'agriculture, soit sur ces industries. La question n'a rien de théorique, c'est une question de fait et j'ajouterai même une question assez simple, quoiqu'il ne soit pas tout à fait impossible de l'embrouiller et qu'on y ait parfois assez bien réussi.

Vous vous trouvez en présence de deux ordres d'intérêts : d'un côté, l'intérêt d'une culture d'importance véritablement secondaire, sauf, bien entendu, pour ceux qui s'y livrent et pour ceux qui seraient épris ou entichés d'une théorie; de l'autre côté, un ensemble d'intérêts considérables : ceux de deux ou trois industries de premier ordre : l'huilerie, la savonnerie, la stéarinerie et les intérêts de la marine marchande, les intérêts de l'agriculture elle-même, mais compris d'une manière tout autre que ne les a compris la commission. Voilà ce que j'entends, quant à moi, discuter et pas autre chose.

C'est au nom des graines oléagineuses cultivées en France : le colza, l'œillette, la navette et la cameline, qu'on vous demande de frapper de droits les graines oléagineuses exotiques, de mettre un droit de 3 fr. 50 et de 2 fr. 75 sur les arachides, de 6 fr. et de 4 fr. 50 sur les sésames.

Je commence par déclarer, dès à présent, — et c'est une observation que je vous serai reconnaissant de retenir, sauf à en attendre la démonstration, — que les huiles que l'on tire des graines oléagineuses françaises et celles qui proviennent des graines oléagineuses exotiques, ne se font pas concurrence les unes aux autres, les huiles d'origine française étant exclusivement employées à l'éclairage et au graissage, les graines étrangères donnant une huile employée presque en totalité à la fabrication des savons, auxquels les huiles françaises sont radicalement impropres.

Il importe, messieurs, de vous donner, en quelques mots, une idée de la situation de ces cultures, particulièrement de la culture du colza, la seule à laquelle il soit possible d'attribuer quelque importance.

Le colza couvre en France 61 000 hectares, c'est-à-dire moins de 4 millièmes, exactement 36 dix-millièmes de toute la surface cultivée.

Dans le Calvados, où cette culture occupe le plus de place, elle couvre 13 400 hectares.

Dans la Seine-Inférieure, elle en couvre 12,000.

Dans aucun des autres départements où on la rencontre, la surface qui lui est dévolue ne dépasse pas 2,700 hectares.

Je suis obligé, messieurs, de reconnaître dès à présent, — c'est un aveu qui me pèse, mais dont je compte tirer quelque parti — que cette culture diminue sensiblement et depuis fort longtemps déjà. En 1862, elle couvrait encore 201,000 hectares; en 1882, elle était réduite à 92,000; en 1889, elle ne couvre plus que 61,000 hectares. Non seulement elle diminue comme surface cultivée, messieurs, mais elle baisse également comme valeur du produit. En 1862, le prix de l'hectolitre était de 28 fr.; en 1882, il était tombé à 22 fr. 50, et en 1889 il ne se vend plus que 21 fr. 50.

Il n'y a pas à le nier : c'est une culture qui diminue, et si vous recherchez ce que rapporte à l'heure actuelle un hectare de cette culture, en admettant le rendement moyen de 12 quintaux au prix de 31 fr. 34 le quintal, vous trouvez qu'il donne un revenu brut de 377 fr., et une perte de 25 p. 100 sur ce qu'il était il y a vingt-cinq ou trente ans. Il est inférieur également de plus d'un tiers à peu près au produit brut d'un hectare de blé, de betterave ou de pommes de terre convenablement fumé et récolté sur un sol en bon état.

Inutile de fermer les yeux à l'évidence, (*Approbation.*) c'est une culture qui est aujourd'hui en décadence. Et cette décadence, incontestable, est continue; elle ne s'est pas arrêtée un seul jour. De plus, et c'est là un point d'une importance capitale et à mes yeux décisive, cette décadence est générale, elle s'est produite partout; elle a commencé partout à la même époque et partout elle a produit les mêmes effets.

En Belgique, en 1866, le colza couvrait encore 26,000 hectares; en 1882, il était réduit à 6,500. On peut dire qu'à l'heure qu'il est, il n'y existe plus. En Hollande, il occupait, en 1860, 26,000 hectares; il n'en couvrait, en 1880, que 7,000. Aujourd'hui, il ne figure plus dans les statistiques. En Allemagne, de 1878 à 1883, dans l'espace de cinq ans, sa culture a diminué de 26 p. 100; et ici se produit un fait capital sur lequel j'appelle toute l'attention du Sénat et dont vous apercevrez, messieurs, du premier coup d'œil, la portée. Le gouvernement allemand s'est préoccupé de cette diminution de culture du colza. Il a voulu l'arrêter, et il a établi un droit de 2 fr. 50 sur les graines oléagineuses exotiques. C'est précisément ce que vous voulez faire.

Qu'est-il arrivé? L'année suivante, en 1886, la culture du colza remonte de mille hectares; mais en 1887, elle retombe au-dessous, du chiffre antérieur, et, depuis cette époque, elle n'a pas cessé de diminuer : de 87,000 hectares en 1885, la culture du colza tombe, malgré le droit, à 74,000 en 1889. Le droit de 2 fr. 50 n'a produit aucun résultat.

Le droit de 2 fr. 75 au tarif minimum qui vous est proposé par la commission, en produira-t-il un plus heureux? La chose est plus que douteuse. La raison en est que cette décadence incontestable, continue, générale, est une décadence fatale et qu'aucun droit de douane, aucun procédé administratif, aucun régime artificiel ne saurait ni l'arrêter ni la ralentir. (*Marques d'approbation sur plusieurs bancs.*)

Et pourquoi, messieurs? C'est que les graines oléagineuses d'Afrique et d'Asie n'y sont absolument pour rien. Cette décadence a d'autres causes, et il faut être aveugle pour ne pas les voir.

Il y a vingt-cinq ans, à une époque où l'importation des graines oléagineuses commençait seulement à prendre de l'importance, M. Mouny de Mornay, dans son rapport général sur la grande commission d'enquête agricole de 1866, constatait déjà la diminution de la culture du colza, et résumant le sens et la portée des dispositions reçues à l'enquête, il en donnait deux raisons :

La première, c'est que la culture du colza, trop souvent renouvelée, avait épuisé la terre dans certains départements.

La seconde, tout autrement grave, et celle-là sans remède, c'était la concurrence faite aux huiles de graines par les huiles minérales, surtout par le pétrole.

Le pétrole, messieurs, voilà le véritable ennemi du colza, celui qui lui a porté le premier coup; depuis il s'en est produit un second, c'est le gaz d'éclairage. Ce sont là, messieurs, les vraies causes, les seules, qui ont amené la décroissance du colza, décroissance sans remède, encore une fois, et dont nul procédé, si ce n'est la proscription absolue du pétrole et celle du gaz, n'aura raison.

On s'en sert encore; on continuera peut-être à brûler de l'huile de colza pendant longtemps — de moins en moins, toutefois, — jusqu'au jour où le pétrole sera devenu ce qu'il est déjà, jusqu'à un certain point et sous certaines formes, un éclairage élégant et

tolérable, ou bien jusqu'à ce que l'électricité, joignant son action
à celle du pétrole et du gaz, ou les remplaçant l'un et l'autre, ait
également évincé le colza d'une manière définitive.

Je sais bien — c'est une observation qui a été faite dans la commission — que cette condamnation ne paraît pas à certaines personnes sans appel ni même très menaçante. Elles ont allégué que
si le colza diminue chez nous, l'importation n'a pas cessé. Il entre
effectivement en France, je ne l'ignore pas, une certaine quantité
de colza étranger. Et quelle conséquence y a-t-il à tirer de ce
fait ? C'est que l'usage n'en est pas complètement abandonné,
quoiqu'il diminue de jour en jour; c'est que le colza est sans
doute produit à meilleur compte dans d'autres pays qu'en France ;
et cela pourrait justifier ou expliquer jusqu'à un certain point une
demande de protection contre le colza étranger. Cette protection,
vous l'avez accordée, mais arrêtera-t-elle la diminution de cette
culture ? Je l'ignore, et j'en doute.

Si elle ne l'arrêtait pas en France plus qu'elle ne l'a arrêtée
en Allemagne; si le colza, vaincu et exterminé par des ennemis
implacables dont vous ne pouvez pas avoir l'espoir sérieux de
triompher, venait à disparaître, que voulez-vous ? Il subirait le
sort de plusieurs autres cultures que nous avons vues disparaître
de nos jours, sous nos yeux : le sort de la garance, par exemple,
que nous avons vue disparaître devant les couleurs dérivées de la
houille; de la garance dont beaucoup de départements du Midi,
et notamment le Vaucluse et les Bouches-du-Rhône déplorent
encore la perte.

Non, vous dit M. Malézieux, il faut à tout prix sauver le colza
et les autres plantes oléagineuses; car, en les perdant, vous per-
dríez avec elles un assolement précieux dont dépend le salut de
votre agriculture. Déjà le rapporteur de la Chambre des députés
avait insisté sur l'utilité de cet assolement, mais il ne s'était pas
élevé jusqu'aux hauteurs de la théorie.

L'honorable M. Malézieux reprend l'argument, il lui donne une
portée nouvelle et inattendue : avec lui la question change de
face, il déclare que le colza et les autres plantes oléagineuses sont
à titre de plantes sarclées indispensables à l'agriculture, et il
édifie là-dessus toute une théorie agronomique à laquelle il donne
lui-même pour devise : « bétail et plantes sarclées ». Il ne s'agit
plus de défendre tel ou tel intérêt particulier, celui des cultiva-
teurs de colza ou celui des fabricants d'huile d'œillette; ce sont là

des considérations plus que secondaires. Le but que l'on poursuit, ce que l'on veut, c'est enrichir le sol français ; voilà pourquoi on défend le colza. Les plantes sarclées qui nettoient le sol, qui le débarrassent des plantes parasites, qui le rendent propre et net, sont, grâce à ces précieuses vertus, la condition des grands rendements en blé...

A droite. C'est certain.

M. CHALLEMEL-LACOUR. Que la culture des plantes sarclées oléagineuses se propage, qu'elle s'étende le plus possible, jusqu'à couvrir les 4 ou 5 millions d'hectares rêvés par M. Malézieux...

M. SÉBLINE. Pardon, c'est une erreur : 4 ou 500,000 hectares.

M. CHALLEMEL-LACOUR. Je ne me trompe pas, monsieur Sébline. Je répète ce que M. Malézieux a dit.

M. MALÉZIEUX. Veuillez lire mon rapport.

M. CHALLEMEL-LACOUR. Vous l'avez, messieurs, certainement lu avec la même attention que moi ; il est assez intéressant pour cela ; et vous y avez vu, à la quatrième page, conformément à la théorie dont il est l'interprète, qu'il serait désirable de voir les plantes sarclées occuper la moitié de la sole-jachère, soit 4 ou 5 millions d'hectares.

Eh bien, messieurs, que la culture des plantes sarclées et surtout des oléagineuses se généralise, et les rendements en blé augmenteront au point de rendre un jour possible, — on ne nous dit pas quand, si ce sera dans une ou deux générations, — la suppression du droit de 5 fr. sur le blé, et qui sait? peut-être aussi celle du droit de 3 fr.? C'est certainement une perspective magnifique, enchanteresse, et si nous pouvions y croire, nous nous laisserions aller doucement, avec M. Malézieux, au désir de voir bientôt, si le sol et le climat s'y prêtaient, le colza couvrir de ses fleurs d'or les champs de la France depuis le Nord jusqu'au Midi.

Vous pensez bien, messieurs, que je ne puis discuter ni cette théorie, ni les conséquences que M. le rapporteur en tire. Que ces conséquences soient fantastiques ou qu'elles soient fondées en raison, je n'en sais rien. Mais je ne puis m'empêcher de faire une observation. Est-ce que le colza est la seule plante sarclée? Est-ce qu'il n'y en a pas beaucoup d'autres que M. le rapporteur connaît mieux que moi, qu'il prend la peine d'énumérer dans son rapport, il est vrai pour les éliminer l'une après l'autre ? Il ne reste donc que le colza?

Eh bien, s'il en est ainsi, je crains, que sa théorie ne soit bien malade ; car le colza, vous l'avez vu, est une culture peu rémunératrice, si même elle l'est, à aucun degré ; et si comme les chiffres l'établissent, comme l'expérience le démontre, elle doit le devenir de moins en moins ; si, comme il est probable, ses ennemis d'aujourd'hui, qui ne sont nullement les graines oléagineuses, mais des ennemis tout autrement redoutables, le pétrole et le gaz, ne sont pas disposés à lui céder la place, quelque précieux que soit cet assolement, on ne reviendra pas au colza. Il y aurait moins de peine et tout autant de profit à laisser la terre en jachère.

Permettez-moi maintenant, messieurs, de mettre en présence de cet intérêt agricole, que je ne méconnais pas, que je ne déprécie pas, mais qu'enfin il faut voir tel qu'il est à l'heure qu'il est, sans l'exagérer, sans se bercer d'espérances uniquement fondées sur une théorie, en face de cette décroissance du colza à laquelle je compatis, (*Sourires.*) que je regrette (j'ai été élevé dans un pays de colza, et j'avoue que le souvenir de ces champs rit encore à mon imagination), permettez-moi, dis-je, de mettre en face de cet intérêt celui des industries qui se trouveraient atteintes au point d'être sérieusement compromises par les droits que votre commission vous propose d'établir.

L'importation des graines oléagineuses de toute sorte n'avait atteint, en 1860, que le chiffre de 1,443,923 quintaux métriques. Grâce au régime qui a succédé, encore en vigueur actuellement, lequel permet l'entrée en franchise de tous les fruits et graines venant directement du pays d'origine, que celui-ci appartienne ou non à l'Europe, l'importation a constamment augmenté depuis lors ; elle s'est élevée en 1889 au chiffre de 5,400,000 quintaux métriques, c'est-à-dire à un chiffre plus que triple de celui de 1860.

Cette importation représente le chargement de 540 navires de 1,000 tonnes et une valeur de 200 millions de francs.

Elle alimente des huileries qui, sur le pied d'un rendement moyen de 35 p. 100 d'huile et de 65 p. 100 de résidus, livrent à l'industrie 190 millions de kilogrammes d'huile, et à l'agriculture 360 millions de kilogrammes de tourteaux.

Cette production donne lieu à une exportation d'huile de 40 millions, à une exportation de tourteaux de 8 à 10 millions ; en tout 50 millions de francs.

Mais, messieurs, ce n'est pas tout : il faut ajouter à cela le commerce général, les salaires distribués par l'huilerie, les frais de camionnage, les frais de transport par chemin de fer ou par caboteurs, les frais de déchargement; il faut ajouter surtout la grande industrie de la savonnerie, qui produit annuellement 320 millions de kilogrammes de savons.

Si vous faites l'addition de tous ces chiffres, vous arrivez à un mouvement commercial et industriel représentant une somme qui n'est pas inférieure à 490 millions de francs, et qui très probablement approche de 500.

Eh bien, messieurs, voilà l'intérêt qu'on s'expose à compromettre gravement en frappant les graines exotiques, au nom d'une théorie, dans le vain espoir de préserver d'une décadence inévitable les graines oléagineuses indigènes, dont la production totale représente quoi? 30 millions...

M. BOUILLIEZ. 50 millions.

M. CHALLEMEL-LACOUR. ... c'est-à-dire un chiffre inférieur, comme l'a très bien fait observer M. le ministre de l'Agriculture à la Chambre des députés, aux salaires payés par les industries de Marseille et aux importations qu'elle dirige sur l'étranger.

On risque, dis-je, de porter une terrible atteinte à ces deux grandes industries de l'huilerie et de la savonnerie et à d'autres qui en dépendent. Ne croyez pas, en effet, qu'il soit facile à nos importateurs de se procurer les 540 millions de kilogrammes de graines dont ils ont besoin et que, sur ce terrain, ils manquent de concurrents. Nous en avons au contraire partout, en Italie, en Espagne, en Russie, surtout en Angleterre et en Allemagne, où Hambourg est devenu pour les grains le plus grand marché. Nous rencontrons des concurrents qui se sont bien gardés, sauf l'Allemagne qui a jusqu'à présent maintenu ce droit dont je vous indiquais il y a un instant les merveilleux effets, de frapper d'aucun droit les graines oléagineuses exotiques. Sauf 400,000 tonnes qui sont produites sur territoire français au Sénégal, et qui forment à peine un huitième de notre importation, tout le reste nous vient de l'étranger, surtout de l'Inde.

Eh bien, lorsque ces graines seront soumises aux droits proposés par la commission, lorsque les Anglais auront sur nous cet avantage de 6 fr., de 4 fr., de 3 fr. 50 ou de 2 fr. 75, ou même lorsqu'ils auront cet avantage de 1 fr. 50, les graines qui sont embarquées aujourd'hui à Pondichéry seront dirigées sur Bombay,

31

sur Kurachee ou tout autre port anglais. Les Anglais feront rafle
de tout. Adieu les 300,000 quintaux de graines de coton que nous
tirons à grand'peine d'Égypte! Ce triste et presque dernier reste
de notre commerce aura bientôt disparu. Nos comptoirs de Pondichéry pourront fermer leurs portes, et les grandes maisons qui
les ont établis, les Ralli, les Schœsing, les Estrangin, et bien
d'autres pourront renoncer à ce commerce, ou plier bagage et
aller s'établir ailleurs. Nos industries françaises n'auront plus qu'à
périr ou à dépérir par la famine.

Car, encore une fois, il ne faut pas s'imaginer que les huiles
oléagineuses françaises puissent remplacer ces graines exotiques.
Il semble que ce soit là une illusion à laquelle M. le rapporteur
s'est donné le plaisir de s'abandonner. Il rêve le jour, sans doute
prochain dans sa pensée, où les 7 où 800,000 quintaux d'huile
employés dans la fabrication du savon seront uniquement fournis
par des graines françaises.

Je serais bien fâché de le contrister, mais je suis obligé de lui
dire — sur la foi du peu que j'ai appris dans la fréquentation des
Marseillais — que ni le colza, qui ne sert qu'à l'éclairage et au
graissage, ni les huiles d'œillette et de navette avec lesquelles on
ne peut faire qu'un savon tout à fait défectueux, inacceptable dans
l'état présent de l'industrie, ne sauraient en aucune manière remplacer les huiles oléagineuses exotiques.

Pour les huiles concrètes, cela est évident; pour les huiles
d'arachide et de sésame, cela est démontré. Aussi M. le rapporteur de la Chambre des députés laissant enfin de côté, lorsqu'il
est intervenu à la tribune, cet argument insoutenable dont s'était
beaucoup servi le rapporteur spécial, M. Graux, en est-il venu à
dire que c'est aux huiles comestibles que les huiles exotiques faisaient concurrence. Voilà, messieurs, qui changeait complètement
l'aspect de la question. Car je ne sache pas que le colza donne une
huile comestible...

Un sénateur. Mais si! (*Dénégations sur divers bancs.*)

M. CHALLEMEL-LACOUR. Si? Je ne le croyais pas, et j'admire les amateurs.

M. JULES ROCHE, *ministre du Commerce.* Je ne vous souhaite pas de
(manger de la salade à l'huile de colza! Vous ne m'inviterez pas ce jour-là!
Rires.)

M. CHALLEMEL-LACOUR. Quant à l'huile d'œillette, je
n'ignore pas qu'elle se mange; j'en ai mangé. Mais je ne crois

pas qu'à aucune époque, même à cette époque qui a été, selon M. le rapporteur, l'âge d'or des graines oléagineuses et, par suite, de l'agriculture française, en 1845, l'œillette ait jamais tenu une grande place dans la consommation.

L'argument de M. le rapporteur général de la Chambre des députés valait ce qu'il valait, mais il fallait à tout prix sauver ce grand principe de l'égalité de tous les produits devant la douane, presque aussi absolu que l'égalité de tous les hommes devant la mort.

Il fallait surtout ne pas laisser croire que les graines oléagineuses, étant une matière première, dussent être exemptées en cette qualité. Des matières premières! Qu'est-ce que c'est que cela? Qu'est-ce que c'est que ce langage suranné? On ne sait plus aujourd'hui ce que c'est qu'une matière première. On le savait autrefois. En 1872, lorsque M. Thiers demandait un impôt sur les matières premières, malgré sa grande autorité, malgré la déférence due à sa supériorité et à ses services, on le lui refusait sans hésiter. On savait à ce moment ce que c'était que la matière première; on ne le sait plus; on a découvert que toutes les matières premières, tous les produits représentant déjà un certain travail humain, tous les produits d'ailleurs servant à la fabrication les uns des autres, il n'y avait pas de matière première.

A la bonne heure : il n'y a pas de matière première; on l'a décidé ainsi, du moins théoriquement, car, en fait, il a bien fallu mettre à part, dans une catégorie distincte, les soies, les peaux, les laines, et reconnaître qu'encore qu'ils aient reçu une élaboration plus ou moins longue et qu'ils représentent une certaine somme de travail humain, ces produits sont destinés à servir d'aliment premier à des industries supérieures par le nombre des ouvriers qu'elles occupent, par les capitaux qu'elles représentent, par le mouvement qu'elles donnent au commerce et par la place qu'elles y tiennent, et que ces produits, toute subtilité mise à part, se reconnaissent au premier coup d'œil et réclament, dans l'intérêt du travail national lui-même, un traitement particulier.

Or, à cet égard, je ne puis pas contester que les graines oléagineuses sont une matière première, comme les peaux, comme les laines, comme les soies, bien qu'au moment où elles sont triturées elles représentent un certain travail déjà effectué, celui qu'il a fallu pour les cueillir, pour les décortiquer, pour les mettre en sacs, pour les transporter à bord d'un navire, et de là dans un port de débarquement, pour les emmagasiner, et le reste; elles n'en sont pas moins l'aliment premier de grandes industries qui, sans elles, retomberaient à l'état d'enfance, tandis qu'elles comptent, à l'heure qu'il est, parmi les industries les plus florissantes.

M. TRARIEUX. Très bien!

M. CHALLEMEL-LACOUR. Ces industries, messieurs, ont, aux yeux des partisans des droits proposés, un grand tort : il paraît qu'elles ne sont pas des industries d'exportation. Si elles étaient des industries d'exportation, on pourrait y regarder et, qui sait? épargner peut-être les matières qui leur sont nécessaires. Mais le savon n'est pas une industrie d'exportation!

Il se fabrique en France 320 millions de kilos de savon. Sur ces 320 millions, 20 millions seulement sont exportés.

M. MALÉZIEUX, *rapporteur*. En Algérie.

M. CHALLEMEL-LACOUR. En Algérie; donc il n'y a pas d'exportation du tout.

M. LE RAPPORTEUR. Il y en a un peu.

M. CHALLEMEL-LACOUR. Dès lors, pourquoi ménagerait-on le savon ou sa matière première ?

Il est bien naturel, n'est-ce pas, dès qu'un produit est consommé tout entier en France, qu'il renchérisse ; et, messieurs, dans quelle proportion ? Tout le monde sait que c'est uniquement par le mélange de la ressence, c'est-à-dire de la dernière expression du marc d'olives, avec les huiles exotiques qu'on peut fabriquer les savons dans les conditions de bon marché où on le fait aujourd'hui, et que, sans les huiles exotiques, les frais de fabrication s'élèveraient dans la proportion de 30, de 40, de 50 p. 100.

Qu'importe? l'inconvénient est, paraît-il, considéré comme minime. Il en coûtera un peu plus cher pour porter du linge propre ; (*Sourires.*) l'hygiène, que nous considérions à la fois comme un des résultats les plus précieux et une des marques les plus évidentes du progrès de la civilisation, y perdra quelque chose; qu'importe encore une fois? Soit. Je ferai seulement observer que le savon est employé en quantités considérables dans beaucoup d'industries, et d'industries de première importance. (*Nouvelle approbation à gauche.*)

Il est employé dans le décruage de la soie, et nos collègues du Rhône pourront vous dire quelle est l'importance du rôle qu'il y joue; il est employé dans le lavage et le peignage des laines, dans les filatures et les blanchisseries du coton, dans les manufactures de draps, toutes industries qui, par le fait de cette augmentation, devront ajouter quelque chose à leurs prix de revient.

Messieurs, je n'insiste pas. Vous ne voudrez pas, pour l'honneur d'une théorie ou pour celui du principe nouveau inventé par les doctrinaires de la protection, vous exposer à aggraver la situation des industries importantes qu'on se flatte si hautement de protéger.

On se flatte aussi de protéger l'agriculture, et elle n'a pas de protecteur plus déclaré que M. le rapporteur de la commission, j'ajoute de protecteur plus éclairé, quoique, peut-être, d'une imagination un peu échauffée en ce qui concerne les graines oléagineuses. (*Sourires.*) C'est ici, messieurs, que vous pouvez vous donner le spectacle des conséquences bizarres et contradictoires auxquelles on peut être conduit par une préoccupation systématique et par l'établissement d'un droit malencontreux.

L'agriculture avait-elle à se plaindre de la situation prospère que le régime de 1861 avait faite à l'industrie des huiles ?

Je vous ai dit tout à l'heure à quel chiffre s'élevaient les résidus de cette fabrication : à 360 millions de kilogrammes.

Oui, messieurs, c'est 3,600,000 quintaux de tourteaux que l'importation des graines oléagineuses procure actuellement à l'agriculture pour l'alimentation du bétail et pour la fumure des terres : 360 millions de kilogrammes.

C'est là un beau chiffre. Aussi la commission de la Chambre des députés ne pouvait-elle fermer les yeux sur un pareil cadeau.

De quoi se sont avisées et cette commission de la Chambre des députés et la commission du Sénat, où l'agriculture compte tant d'amis et de protecteurs passionnés? Messieurs, elles ont l'une et l'autre proposé de mettre un droit sur les graines oléagineuses et, en même temps, d'exempter de tout droit les tourteaux qui en dérivent. Les graines oléagineuses payeront pour entrer, les tourteaux qui en sont un produit immédiat ne payeront pas. Ce qui veut dire qu'on expulse, ou qu'on fait ce qu'il faut pour expulser de France, sans difficulté, sans nécessité, sans scrupules, une industrie considérable qui ira, n'en doutez pas, s'établir ailleurs, loin de nous ou près de nous, probablement à nos portes, où nous aurons enrichi quelque voisin, où nous aurons doté d'une grande industrie quelque ennemi ; et, cela fait, cette industrie expulsée, nous ouvrons la porte toute grande aux produits de cette industrie. N'est-ce pas véritablement admirable ? (*Très bien ! très bien ! à gauche.*)

Les tourteaux pourront donc entrer en France gratis. Ils entreront ou ils n'entreront pas ; car ici, sachez-le bien, la demande est toujours supérieure à l'offre. Tous les pays agricoles se disputent ce produit, qui représente à la fois tant de prairies et tant de fumier.

360 millions de kilogrammes, livrés presque en totalité à l'agriculture française, encore une fois cela vous paraît un gros chiffre. Eh bien, messieurs, c'est peu de chose auprès des quantités employées ailleurs, par exemple par les agriculteurs anglais, qui consomment, rien qu'en résidus de graines de coton venues d'Égypte — sans parler des quantités immenses qui leur arrivent de l'Amérique ou des Indes — 2 millions et demi de quintaux métriques.

Les 360 millions consommés en France ne sont pas à beaucoup près ce qu'il faudrait pour satisfaire l'agriculture française ; ce n'est rien auprès de ce qu'elle pourrait absorber.

Ce n'est pas 3 millions et demi de quintaux métriques, c'est, d'après des juges compétents dont l'autorité est reconnue indiscutable, le décuple, c'est 4 millions de tonnes qu'il lui faudrait, rien que pour la consommation de l'espèce bovine. Eh bien, ne voit-on pas que, malgré la franchise, lorsque vous aurez frappé d'un droit les graines oléagineuses importées en France, une partie au moins de ces 3 millions 600,000 quintaux ne peut manquer d'être détournée ailleurs ? Voilà donc comment on entend la protection de l'agriculture ! (*Très bien ! sur divers bancs.*)

Vous protégez aussi la marine marchande, et, certes, s'il est une protection légitime, nécessaire, à tous égards justifiée, c'est assurément celle-là. Je n'imagine pas que personne, ici ou ailleurs, protectionniste ou libre-échangiste, ait la pensée d'y renoncer.

Eh bien, je vous disais tout à l'heure que l'importation de graines exotiques en France représentait le chargement de 540 navires de 1,000 tonnes. Estimez-vous vraiment qu'il soit sage de les détourner en totalité ou en partie de nos ports ? Croyez-vous qu'il soit raisonnable, pour un intérêt, je ne dis pas secondaire, mais réellement nul, de priver de ce fret votre marine marchande, à laquelle c'est précisément le fret de retour qui

manque le plus? Serait-ce là encourager notre marine marchande,
ou ne serait-ce pas la ruiner à plaisir? Je sais bien, — et il me
semble avoir saisi cette observation sur les lèvres de M. Buffet,
— je sais bien que tous ces navires ne sont pas des navires
français. Oui, je le sais, ils ne sont pas tous français, en effet, il
s'en faut! Il y a parmi eux un certain nombre — un trop grand
nombre — de navires étrangers; je ne l'ignore pas et je le
déplore.

Mais vraiment, M. Buffet croit-il qu'il soit indifférent que ces
navires fréquentent nos ports, qu'en y entrant et en y faisant les
mille dépenses qu'un séjour plus ou moins prolongé entraîne
nécessairement, ils y entretiennent le commerce et le travail, ils
y apportent le mouvement, l'activité et la vie? N'est-ce pas là au
moins une compensation de notre infériorité, je l'espère, passa-
gère, et de quoi nous donner le temps d'attendre, pour notre
marine marchande, un retour de fortune, qu'une politique plus
libérale hâterait peut-être plus que la politique douanière qui
prévaut à cette heure? (*Très bien! sur plusieurs bancs à gauche.*)

Vous le voyez, messieurs, l'intérêt de la marine marchande,
l'intérêt agricole concourent, avec l'intérêt industriel, pour protester contre l'établissement des droits que vous propose la
commission, de ces droits énormes, si supérieurs à ceux que la
Chambre a repoussés à une si forte majorité, et même d'un droit
quelconque.

Je me suis efforcé de vous montrer, puissé-je avoir réussi!
qu'une sérieuse atteinte serait portée à deux grandes industries
françaises, sans parler de plusieurs qui gravitent autour de celles-
là, et qu'il ne pouvait en résulter qu'une diminution de la
richesse publique.

Qu'on ne s'imagine pas, en effet, qu'une seule ville, qu'une
région particulière soient intéressées dans cette question. Grâce
précisément à l'emploi de ces huiles de graines exotiques, on
fabrique du savon partout, et du savon de Marseille, car ce nom
n'indique plus un lieu de provenance, mais une qualité obtenue
à l'aide de procédés qu'une longue pratique, une expérience séculaire, une application intelligente des données scientifiques ont
popularisée à Marseille.

La fabrication du savon ne réclame plus, comme autrefois, un
temps très long et de vastes capitaux; elle s'est, comme on l'a
très bien dit, démocratisée, ce qui est un grand bienfait.

Aussi nombre de villes et de régions, Dunkerque et Boulogne-sur-Mer, le Havre et Fécamp, Nantes et Bordeaux, Cambrai et Béthune, Saint-Quentin et Nimes, ont toutes un intérêt considérable dans cette question et au maintien de l'exemption des graines oléagineuses.

A Avignon, seulement. il n'y a pas moins de onze fabriques de savon; et à Marseille... Je m'arrête, j'hésite presque à prononcer un nom qui pourrait offenser certaines oreilles. (*Non! non!*) Je ne sais, messieurs, s'il est vrai, comme on me l'a dit et affirmé, que certaine personne ait déclaré que Marseille était décidément une ville encombrante et que le moment était venu de la remettre à sa place. (*Protestations sur un grand nombre de bancs.*)

Je croirai difficilement, je ne croirai jamais qu'un homme de cœur se soit oublié au point de tenir ce propos incongru, qu'un homme poli se soit servi d'expressions aussi malséantes. Mais que le mot ait été dit ou non, il ne saurait m'empêcher d'être sincère et d'avouer que je pense à Marseille. Non, ce n'est pas un intérêt de localité ni un intérêt spécial que nous croyons défendre, mais un intérêt général; et pourtant j'aurais mauvaise grâce à vouloir dissimuler que, si je porte dans cette question un degré de vivacité de plus, c'est ce que je pense à l'étendue des intérêts que je défends et aux dangers qu'ils courent.

M. COCHERY. Très bien! très bien!

M. CHALLEMEL-LACOUR. Je ne vous cache pas, messieurs, que je suis travaillé de pénibles préoccupations et que je me demande souvent ce qui adviendra pour cette grande ville, si intelligente et si laborieuse, qui réunit le courage, l'audace et les ressources, je me demande ce qui adviendra pour elle du régime que vous établissez.

Si votre commerce extérieur venait à diminuer, si surtout votre commerce avec l'Orient était, je ne dis pas tari dans ses sources, mais profondément troublé, dites-moi qui en souffrirait d'abord, dites-moi qui en ressentirait le plus vivement et le plus douloureusement le contre-coup! (*Très bien! très bien!*)

Personne ne peut nier ce que la situation a de menaçant pour Marseille. Or, les plus disposés à considérer Marseille non pas comme une ville encombrante...

M. EDMOND MAGNIER. Personne n'a dit cela.

M. CHALLEMEL-LACOUR... pour rencontrer de pareilles trouvailles, il faut une grâce spéciale qui n'est donnée qu'à bien

peu, — mais au moins comme une ville bien éloignée et un peu
bruyante, reconnaîtront bien, je pense, que le Marseille industriel, commercial, maritime, a compté pour quelque chose en
France. Messieurs, permettez-moi de vous rappeler que Marseille est le berceau et le siège principal d'une industrie ancienne,
nationale, sans rivale; d'une industrie qui y occupe à elle seule
cent deux fabriques et qui représente la moitié au moins de la
production française; qui donne la vie à plus de dix établissements de produits chimiques établis autour d'elle, auxquels elle
demande 300,000 quintaux métriques de soude; qui absorbe
presque en totalité la production de 48 huileries qui lui doivent
leur création, et qui comprennent 1,480 presses, d'une valeur
vénale de 35 millions; qui amène à Marseille, pour les répandre
sur tous les grands marchés de France et de l'étranger,
800,000 quintaux métriques d'huiles de graines de toute sorte,
dont 200,000 viennent se consommer dans ses chaudières; d'une
industrie qui, soit directement, soit par les opérations qui se
rattachent à sa mise en œuvre, assure sans interruption le travail
à 20,000 ouvriers.

Cette industrie recevrait un coup peut-être irrémédiable d'un
droit qui, ne pouvant avoir, malgré les plus belles théories,
aucune efficacité, n'a par conséquent aucune raison d'être. (*Très
bien! et applaudissements à gauche. — L'orateur, en retournant à
son banc, reçoit les félicitations de plusieurs de ses collègues.*)

Les droits sur les graines furent repoussés, dans la séance suivante,
par 129 voix contre 127.

DISCOURS

SUR

LA CONSTITUTION DES UNIVERSITÉS

prononcé le 10 mars 1892

AU SÉNAT

Le Sénat avait été saisi par le gouvernement d'un projet de loi tendant à conférer la personnalité civile et le titre d'Université à tout
groupe de quatre Facultés co-existant dans une même ville. La discussion s'ouvrit le 10 mars 1892 par le discours suivant de M. Challemel-Lacour :

Messieurs, c'est presque un paradoxe, je ne l'ignore pas, que
de venir, à l'heure qu'il est, combattre le projet de loi qui vous
est soumis; que d'oser malgré des démonstrations très bien
arrangées pour simuler une sorte d'opinion publique, se prononcer contre l'institution des Universités.

Voilà plusieurs années que l'idée de cette création émeut et
même agite en des sens opposés le monde universitaire. Si le
Gouvernement n'a rien fait pour calmer les inquiétudes que cette
idée a fait naître de plus d'un côté, les ministres, au contraire,
n'ont rien négligé pour allumer les ambitions d'un grand nombre
de personnes.

Il y a six ou sept ans, lors de l'inauguration de la nouvelle
Sorbonne, un fonctionnaire de l'ordre le plus élevé saluait déjà
la renaissance de l'université de Paris et, s'il faut en croire des
affirmations qui n'ont été démenties nulle part, le même fonction-

naire, il y a quatre mois à peine, adressait au recteur de l'université de Berlin, à l'occasion d'une fête célébrée en l'honneur de MM. Helmholtz et Wirchow, les hommages de l'université de Paris [1].

Il y a deux ans, les fêtes de Montpellier n'ont été, sous le prétexte d'un centenaire, que le baptême anticipé des universités futures.

L'année dernière, à l'occasion de l'inauguration de l'école de médecine de Toulouse, M. le ministre de l'Instruction publique tenait un langage que les Toulousains ont pu prendre pour un engagement.

A la fin de l'année, dans son discours au concours général, il parlait déjà *des élèves de nos universités*, et il n'y a pas un mois, il se rendait à Lyon, escorté de M. le directeur de l'enseignement supérieur et de M. Bardoux, rapporteur de la commission du Sénat — commission divisée depuis le premier jour jusqu'au dernier en deux parties numériquement égales, — M. le ministre, dis-je, se rendait à Lyon pour continuer, dans un milieu déjà, ce me semble, assez bien disposé, son apostolat.

Comment, messieurs, nombre de professeurs, échauffés par tant de promesses si souvent réitérées, n'attendraient-ils pas avec une impatience un peu fébrile la création de ces universités qui vont, à ce qu'il paraît, ouvrir une nouvelle ère pour l'enseignement supérieur et pour la science?

Aussi, messieurs, plusieurs professeurs paraissent-ils maintenant un peu confus, presque humiliés d'être simplement professeurs de l'Université nationale, où chacun ne compte, il est vrai, que pour sa valeur propre. Ils s'imaginent sans doute qu'ils seront de bien plus gros messieurs... (*Sourires.*) lorsque, sortant de cette roture et arborant comme un titre de noblesse la qualité de professeur d'une université quelconque, ils pourront croire que leur mérite personnel est multiplié par celui de tous leurs collègues.

A Lyon, M. le ministre disait : Les universités sont déjà

1. On lit dans le journal *le Matin*, du 3 novembre 1891 :

« M. Gréard, recteur de l'Université de Paris, vient d'adresser au recteur de l'université de Berlin le télégramme suivant : « En ce jour où l'université de Berlin fête deux de ses plus illustres maîtres, MM. Helmholtz et Virchow, l'Université de Paris adresse son hommage aux deux savants à qui la science doit de si grands progrès dans l'étude de l'homme et de la nature. »

faites. En effet, les parts sont prises, les villes déjà désignées *in petto* pour en être le siège; de tous côtés il se publie des bulletins de telle université, des annales de telle université, des revues de telle université; de sorte, messieurs, que vous n'auriez plus, à l'heure qu'il est, qu'à ratifier ce qui a été arrêté ailleurs et ce que d'autres ont décidé.

Il m'en coûte, vous devez bien le penser, de me séparer, sur une question qui leur tient si fort au cœur, de mes amis de l'Université; il m'est pénible aussi, je ne le cache pas, de contrarier peut-être ceux de nos collègues qui représentent des villes destinées à devenir des universités; mais je ne puis partager leurs illusions et je suis obligé de les combattre par une conviction profondément enracinée et que tout ce que je lis affermit chaque jour.

Et, messieurs, comment oserais-je, sans cette conviction, venir rompre une tradition établie par un si grand nombre d'autorités, que l'exposé des motifs et, après lui, M. le rapporteur ne manquent pas de rappeler? Vous pouvez croire qu'il en sera plus d'une fois question dans ce débat.

On parle peu de l'ordonnance du 15 février 1815, dont Royer-Collard fut l'inspirateur et qui érigeait en universités les dix-sept académies existantes. Quoique cette ordonnance, qui ne reçut même pas un commencement d'exécution, eût, au moins, outre le mérite d'être claire et précise, le mérite plus grand de rentrer parfaitement dans le plan de restauration mitigée de l'ancienne France que le Gouvernement apportait avec lui, on en parle peu, et pour cause.

Mais, en revanche, on parle beaucoup plus, on cite longuement M. Victor Cousin et M. Guizot.

M. Cousin, au retour d'un voyage en Allemagne, où il avait fait deux grandes découvertes, — la philosophie de Hegel et les universités, — comparant la langueur et le silence de nos facultés de province avec ces ruches bourdonnantes qu'il avait vues en courant, préconisait les universités, et il les préconisait avec cette verve impérieuse, avec cette assurance dans l'affirmation, qui le rendaient irrésistible.

M. Guizot, plus accoutumé à n'écouter qu'avec défiance la folle du logis, et qui peut-être savait aussi bien, sinon mieux, à quoi s'en tenir sur ces universités allemandes tant vantées, en recommandait les avantages d'un ton plus rassis.

Ce sont des autorités, cela, messieurs, devant lesquelles je m'inclinerais en toute autre circonstance. Elles ne sont pas les seules. M. le rapporteur de la commission, si bien informé, en aurait pu citer plusieurs autres ; il aurait pu citer, par exemple, celle du duc Victor de Broglie. Dans un livre qui peut passer pour avoir été, pendant une certaine période, le vade-mecum du vrai conservateur, cet illustre libéral, refaisant de pied en cap une France à sa guise, ne manquait pas, bien entendu, de refondre notre système d'enseignement public, qu'il divisait en huit ou dix morceaux, — je ne me rappelle plus exactement le chiffre, — savamment découpés.

Ce qui frappe dans tout ceci, messieurs, indépendamment de la couleur uniforme d'opinions politiques de ces imposants prôneurs, c'est que ces conceptions n'ont jamais été que des intentions vagues ; elles ne se sont jamais élevées jusqu'à des velléités ; même quand ces messieurs ont été au pouvoir ou dans le voisinage du pouvoir, elles sont restées dans les limbes des idées inachevées qui n'arrivent jamais à l'existence.

Vers 1867, après les événements d'Allemagne, un écrivain, grand amateur de formules brillantes, s'était écrié : « Ce qui a vaincu à Sadowa, c'est la science germanique ! » Ce cri, messieurs, devait avoir, quelques années après, un écho douloureux à l'Académie des sciences.

Le 6 mars 1871, lorsque les Prussiens étaient encore sous les murs de Paris, M. Henri Sainte-Claire Deville jeta encore une fois ce cri presque déchirant pour un savant : « C'est la science qui nous a vaincus ! » Et il adjurait l'Académie des sciences de sortir de la région sereine où elle s'enfermait, de prendre hardiment en mains la direction scientifique de l'esprit français. Et l'on vit alors — notre collègue M. Berthelot ne peut avoir oublié cette grande scène, — on vit alors ces savants apporter chacun leurs critiques des vices de notre enseignement supérieur et proposer chacun leur remède : celui-ci voulant revenir aux écoles centrales de la Révolution ; celui-là recommandant la diffusion sans mesure de la science usuelle ; cet autre enfin préconisant, comme si c'étaient des institutions qui pussent se transporter à volonté ou qui eussent entre elles le moindre trait de ressemblance, préconisant les universités anglaises, les universités allemandes avec l'indépendance de leur budget, avec la liberté de leurs programmes et de leurs examens.

Q'est-il resté de tout ce beau feu? Rien, pas même des cendres.

Ce qu'il en est resté, c'est l'idée des universités qui n'a pas cessé, depuis lors, d'occuper le tapis ; elle est devenue, pour un certain nombre d'esprits, une sorte d'obsession ; elle a suggéré un nombre immense de brochures, qui va encore augmentant tous les jours. De ces brochures, je n'en veux citer qu'une seule, et je la cite moins à cause du nom de son auteur que pour sa valeur propre.

C'est une brochure modestement intitulée : *Projet de loi sur l'enseignement supérieur*, par le docteur Paul Bert. On y trouve esquissé le plan certainement le plus hardi, le plus large, le plus philosophique qu'on ait conçu ; ce plan reposait sur la séparation absolue des établissements de sciences pures et des établissements d'enseignement professionnel ; il reposait, en même temps, sur l'indépendance absolue, sans restriction ni réserve, des universités. Ce plan, comme les idées émises au pied levé dans la séance de l'Académie des sciences du 6 mars, était une de ces utopies qu'on voit surgir sous le coup d'une grande émotion, même dans les esprits les plus réglés, au lendemain des catastrophes, en présence des ruines, quand la société semble à refaire et que tout paraît réalisable, sur un sol dévasté.

Il faut dire aussi que ces utopies procédaient du sentiment très vif des imperfections, et, disons le mot, de la misère de notre enseignement supérieur, de la part vraiment insuffisante qu'il avait eue, sous les gouvernements précédents, dans les préoccupations des pouvoirs publics, bref du lamentable oubli dans lequel il avait été laissé.

Certes, il serait aujourd'hui, personne ne le contestera, bien exagéré, presque puéril de dire que c'est la science qui nous a vaincus. On ne sait que trop comment nous avons succombé. Tout le monde sait aujourd'hui, et l'histoire dira mieux encore, à quelle date, par quels événements, par quelles défaillances, par quelles fatalités ont été préparées nos défaites.

Mais enfin, l'importance de l'enseignement supérieur est telle qu'il est presque impossible de l'exagérer. Aussi tout le monde a-t-il applaudi aux efforts persévérants faits par les pouvoirs publics depuis 1870, car l'honneur de ces efforts remonte encore à l'Assemblée nationale, pour développer l'enseignement supérieur, pour lui rendre la force et la vie.

Ces efforts, messieurs, j'ai été des premiers à y applaudir, et c'est précisément pour qu'une partie essentielle des résultats déjà obtenus ne soit pas compromise, ou plutôt ne soit pas complètement perdue sans compensation réelle, que je viens combattre dans son principe même la loi qui vous est présentée.

Vous m'excuserez, messieurs, d'avoir rappelé brièvement le mouvement d'idées qui a conduit au projet de loi actuel. Cette rapide revue jette peut-être une certaine lumière sur les origines du projet et sur le but où il tend. Vous me pardonnerez également de n'avoir pas voulu me donner l'air d'ignorer ou de négliger les autorités dont j'ai parlé. Elles sont grandes! Eh bien, je n'hésite pas à déclarer, sans croire pour cela mériter le reproche de présomption, que je ne me sens, au moment de combattre la loi, ni troublé devant elles ni accablé par leur poids.

Et pourquoi! C'est qu'aucune des autorités dont on se prévaut, aucun des hommes dont on allègue l'opinion en faveur du système des universités, ni Royer-Collard, ni Victor Cousin, ni Guizot, ni de Broglie, ni Paul Bert, n'ont jamais imaginé rien de pareil à ce qui nous est présenté. Jamais idée si bizarre n'a traversé l'esprit d'aucun d'eux; jamais aucun de ces hommes n'a pensé à juxtaposer deux sortes d'enseignement qui ne peuvent pas coexister, à rapprocher et à combiner deux ordres d'établissements, celui des facultés éparses et celui des universités, c'est-à-dire à coudre un lambeau d'étoffe neuve à un vieux vêtement.

Non, cette belle trouvaille, elle vous appartient, l'idée merveilleuse de ce projet de loi est vôtre, vous en avez seul la responsabilité comme vous n'en partagez l'honneur avec personne.

En exposant les motifs de votre projet, vous insistez sur ce point que le nombre des universités doit être limité; cette idée est devenue une espèce de mot d'ordre que les journaux du Nord, du Midi, de Paris à votre dévotion, les Conseils municipaux intéressés à soutenir le projet, répètent depuis quelques jours sans relâche.

C'est l'opinion émise par le conseil général du Rhône, dans un vœu, très spontané sans doute, qu'il vous adressait il y a quelques semaines, le surlendemain de votre visite à Lyon.

Le nombre des universités est d'ailleurs limité par la définition même qui forme l'article 1er de votre projet. On ne dit pas quel sera ce nombre, on ne dit pas quelles seront les villes élues, mais on déclare avec fermeté que plutôt que d'ériger en universités tous les groupes de facultés, mieux vaudrait le *statu quo*. Eh bien, la première question que je me permets de vous poser est celle-ci : Je vous demande tout de suite ce qu'il adviendra des facultés destinées à n'être jamais des universités, quel est le sort qui leur est réservé, ce que vous en comptez faire.

Vous songerez d'abord, et rien au monde n'est plus naturel, à assurer la prospérité des cinq ou six grands centres que vous allez créer, puisque c'est en eux que vous mettez vos espérances, puisque c'est sur eux que vous comptez pour relever l'enseignement en France au niveau si supérieur, à ce qu'il paraît, de l'enseignement étranger. Vous prodiguerez à vos universités les laboratoires, les instituts, les collections, les conférences, tout cet appareil coûteux qui est aujourd'hui la condition indispensable du travail scientifique. Les meilleurs professeurs seront pour elles. Vous espérez bien que leur population d'étudiants augmentera; mais si, par hasard, elle n'augmentait pas assez vite, ou dans des proportions suffisantes à votre gré, c'est encore dans vos universités, et rien n'est plus naturel, que vous placeriez vos boursiers. (*Sourires à droite.*) Vous entourerez ces universités chéries de toutes vos complaisances, et vous pouvez compter que ces enfants gâtés coûteront cher à élever. Pendant ce temps-là, que deviendront les facultés isolées?

M. le rapporteur de la commission s'efforce d'établir longuement que les petites facultés, comme il les appelle paternellement, pourront très bien vivre à côté des grandes universités; qui sait? peut-être n'en vivront-elles que mieux.

Ce sont là, messieurs, des prévisions optimistes qui partent d'un bon cœur, d'une belle âme, d'un esprit heureux; mais enfin les assurances les plus sincères et les plus éloquentes des prometteurs de beaux jours ne sauraient prévaloir contre un fait évident : ce fait, c'est que du jour où cette loi serait votée, ceux des facultés isolées ou des groupes de facultés qui ne seront pas universités, seront comptés; elles continueront peut-être à vivre, non, à végéter misérablement; elles traîneront une existence de plus en plus chétive, ou plutôt une agonie humiliante, jusqu'à ce qu'enfin elles meurent de leur belle mort.

Je ne sais si vous les regretterez beaucoup, et, à ne vous rien céler, je ne le crois pas. Votre projet de loi serait véritablement trop dépourvu de sens s'il n'escomptait pas la disparition successive, et même à bref délai, de ces facultés. Mais enfin, vous ne voulez pas les frapper brutalement de votre propre main ; vous aimez mieux laisser opérer la nature. (*Sourires.*) C'est pourquoi vous retracez avec force compliments les efforts faits pour les développer, les dépenses énormes — 52 millions, si je ne me trompe, selon vos chiffres — que se sont imposées les villes et les départements pour les transformer.

Voilà qui mérite bien quelques ménagements ; voilà qui donne droit au moins à un sursis de quelques jours. Aussi protestez-vous, la main sur le cœur, contre toute pensée de porter atteinte à leur chère existence.

L'État, dites-vous pathétiquement, doit être honnête homme, et, par honnêteté, vous imaginez, pour les rassurer sur leur avenir, pour justifier leur maintien, pour leur donner encore une sorte de raison d'être, vous imaginez je ne sais quelles attributions spéciales, différentes de celles des universités, qui seraient une humiliation de plus.

Oui, l'État doit être honnête homme ; mais il faudrait bien aussi que l'État, s'il est possible, ne fût pas aveugle. Et, véritablement, il donnerait une preuve d'aveuglement qui dépasserait les limites permises, s'il allait s'imaginer pouvoir faire vivre longtemps côte à côte deux ordres d'établissements qui s'excluent, s'il voulait par des expédients misérables pallier les conséquences d'une inégalité intolérable.

Mais ces conséquences, elles sautent aux yeux de tous. Un des partisans les plus chauds du régime des universités, homme distingué à tous égards, qui a partagé, dès le début, qui partage encore vos illusions, et qu'on pourrait, sans se tromper beaucoup, considérer comme un des collaborateurs de votre loi, vient de rappeler ces conséquences avec force. Dans un article tout récent de la *Revue historique*, qui semble vous être spécialement adressé, M. Gabriel Monod, professeur à l'École des hautes études, que vous connaissez bien, vous supplie de renoncer à un système inacceptable. M. Gabriel Monod, après s'être plaint, comme d'une inégalité fâcheuse, du privilège accordé à Paris en fait de traitement, continue en ces termes :

« Que sera-ce si l'on établit deux catégories de centres de haut enseignement en province, des grandes et des petites facultés ? Les professeurs de celles-ci se sentiront dans une situation d'infériorité vis-à-vis des autres, et ils n'auront qu'une idée : changer de faculté. Les habitudes et l'esprit nomades, qui sont

32

la plaie de notre enseignement secondaire et qu'on cherche heureusement à modifier aujourd'hui, pénétreront dans l'enseignement supérieur. L'Etat, sans doute, pourra et devra concentrer dans certains centres universitaires des ressources plus abondantes, des chaires plus nombreuses, un plus grand nombre de bourses, mais il faut encourager les provinciaux à faire des sacrifices pour leurs universités régionales. Qui sait si cette émulation n'arrivera pas à créer des foyers d'enseignement supérieur très brillants dans telle ou telle ville de second ordre, où, sans cela, les facultés délaissées auraient dépéri faute de professeurs et d'élèves? Le projet de création des universités trouvera partout un accueil chaleureux le jour où il ne menacera pas d'une véritable *deminutio capitis* des facultés et des villes qui ont déjà fait pour l'enseignement supérieur des sacrifices dont on doit leur tenir compte, et qu'on doit encourager à en faire de bien plus grands encore. »

Ces considérations, messieurs, sont décisives et on ne peut s'étonner que d'une chose, c'est que cet excellent esprit ne s'en soit pas avisé plus tôt. Encore une fois, M. Gabriel Monod n'est pas un ennemi : c'est dans l'intérêt de votre loi qu'il vous adresse cet avertissement.

Il voudrait la sauver; mais comment ne s'aperçoit-il pas que ces considérations atteignent au cœur votre projet, que vous ne pouvez pas faire droit à ses justes observations, que vous ne pouvez pas entrer dans sa pensée sans renoncer au principe même, au principe fondamental de votre projet, puisque votre loi tout entière repose sur l'idée d'une limitation étroite, la plus étroite que faire se pourra, du nombre des universités?

L'honorable rapporteur de la commission, mon ami M. Bardoux, fait observer ici que « ... dans une question de cette importance, l'intérêt général doit être seul pris en considération et que la crainte de léser des intérêts particuliers, quelque respectables qu'ils soient, ne doit pas être un obstacle à la réalisation de réformes projetées ».

A la bonne heure! Voilà qui est parler! Ce principe incontestable, bien digne, d'ailleurs, de l'âme ferme, de l'esprit intrépide de M. Bardoux, (*Sourires sur un grand nombre de bancs.*) je suis convaincu que c'est à l'adresse de M. le ministre de l'Instruction publique qu'il l'a formulé, car enfin, si ce principe doit dominer toutes les décisions du Parlement, à plus forte raison

doit-il présider à tous les projets de loi qui lui sont apportés par
le Gouvernement.

Dans tous les cas, je me permets de le rappeler pour mon
compte à M. le ministre de l'Instruction publique. Si vous croyez
que les universités sont la forme nécessaire et supérieure de
l'enseignement, si vous croyez cette création indispensable, si
vous êtes convaincu qu'il y va non seulement de la dignité des
professeurs, mais de l'avenir de l'enseignement et du progrès
scientifique lui-même, — on va jusque-là, — certes vous avez
raison de les demander; mais si l'existence des facultés isolées
ou des groupes de facultés, que vous ne pouvez pas ériger en
universités, est un obstacle évident — et vous seriez seul à ne
pas le voir, — si vous leur faites une situation qui ne peut pas
durer, car elle révolte tous les esprits et choque le bon sens;
pourquoi, par quelle faiblesse ou par quels incompréhensibles
ménagements les conservez-vous?

M. le ministre de l'Instruction publique est, à ce qu'on assure,
un esprit décidé; le parti radical se fait honneur de le compter
parmi les siens, et M. le ministre de l'Instruction publique n'est
pas, je pense, homme à décliner une qualification qui lui est
décernée comme un honneur par ses amis. Eh bien, alors, pourquoi M. le ministre de l'instruction publique ne va-t-il pas jusqu'au bout de sa pensée? Pourquoi ne taille-t-il pas en pleine
étoffe, à la mode radicale? (*Sourires à droite.*) Pourquoi bar-
guigne-t-il, veuillez me passer le mot, avec ces petites facultés
incommodes? Qu'il s'en débarrasse courageusement. Peut-être
alors nous apportera-t-il un plan rationnel et raisonnable, où ces
universités seront quelque chose, où, au lieu d'être distribuées
au hasard et de former, comme on paraît en avoir la pensée, une
sorte de chapelet de Bordeaux à Lyon en passant par Toulouse
et Montpellier, elles seront réparties d'une manière moins
bizarre, plus conforme au sens commun, à la justice et aux
intérêts du pays.

M. le ministre ne saurait le contester, il n'est pas d'un gouvernement sérieux de passer les yeux fermés à côté d'une difficulté qu'on a soulevée soi-même, de faire aux petites facultés
une situation insoutenable, et puis de les abandonner négligem-
ment à leur fortune, de léguer à ses successeurs un problème
qui l'embarrasse, et dont il ne lui convient pas d'aborder la
solution.

L'auteur de l'exposé des motifs nous dit, il est vrai, à plusieurs reprises, et le rapporteur de la commission répète fidèlement après lui qu'en somme l'institution des universités n'est que le terme nécessaire et prévu d'un mouvement commencé depuis longtemps, que le projet de loi actuel est le couronnement d'une œuvre presque accomplie, à l'heure qu'il est, par une longue série de mesures auxquelles tous ou presque tous les ministres de l'Instruction publique ont participé.

On nous écrit en détail les améliorations introduites à grands frais, dans les Facultés, et les résultats obtenus depuis quinze ans : les édifices transformés, les chaires multipliées, les laboratoires, les collections, les bibliothèques créés ou agrandis, les émoluments des professeurs augmentés, les bourses distribuées plus largement et formant de nouvelles catégories d'étudiants, en un mot, ce qui dit tout, le budget plus que doublé...

Plusieurs sénateurs à droite. Oh! oui, plus que doublé!

M. CHALLEMEL-LACOUR. C'est ce qu'on appelle un peu pompeusement l'évolution des facultés; d'un mot qui est, si on me permet de le remarquer en passant, tout à fait impropre; car en quoi ces accroissements, qui sont une œuvre de volonté et de parti pris, qui se résument, en somme, dans une grande dépense d'argent,... (*Très bien! très bien! à droite.*) en quoi ces accroissements ressemblent-ils, je vous prie, au développement spontané d'un principe interne, et qu'y a-t-il là de commun avec l'évolution?

Enfin, on rappelle les décrets de 1885, ces décrets que tout le monde a approuvés et applaudis, parce qu'ils agrandissaient dans une juste mesure le rôle des facultés, et l'on conclut en disant : « Les décrets de 1885 réclament pour achèvement, l'institution des universités. Ils n'en ont été que la préface. »

Eh bien! messieurs, voilà une logique que je me permets de trouver bien étrange, et que je vous prie d'admirer comme elle le mérite. Comment! vous dites que votre projet d'institution des universités n'est que le complément des décrets de 1885? Comment! en 1885, vous agrandissez la situation des facultés, vous les émancipez; puis vous en jugulez plus de la moitié en 1892, et vous dites, en vous frottant les mains, que la logique enfin est satisfaite!

Quoi! lorsque vous vous prêtiez à tous les changements opérés dans les facultés, lorsque vous encouragiez les villes et les

départements dans cette voie de dépenses peut-être peu prudentes
où elles étaient entrées, lorsque, il y a six ou sept ans, vous
dotiez les facultés, toutes les facultés, de la personnalité civile, et
lorsque vous établissiez en leur faveur les rouages compliqués de
trois conseils nouveaux, quoi! dès cette époque, vous prépariez
déjà la déchéance et la ruine à bref délai de huit ou dix groupes
de facultés sur quinze! Non, non; n'essayez pas de faire croire à
personne qu'on se soit joué d'elles à ce point. Je viens de relire
l'exposé des motifs présenté par le ministre d'alors au conseil
supérieur avec les décrets de 1885. Il y est bien question des universités, des universités futures, — longuement et à plus d'une
reprise; — mais s'y trouve-t-il un mot, un seul mot, qui pût faire
présager que les franchises dont vous dotiez les facultés n'étaient
que pour acheminer les deux tiers d'entre elles, c'est-à-dire vingt-
cinq ou trente facultés, à cette *deminutio capitis* dont parle
M. Gabriel Monod, c'est-à-dire à la ruine, et qu'elles n'y devaient
voir qu'une faveur analogue à la décoration qu'on apporte *in
extremis* à un soldat blessé qui va mourir? (*Applaudissements.*)

Votre loi n'est pas le complément des décrets de 1885, elle en
est, pour ving-cinq ou trente facultés, la négation absolue et révol-
tante.

Mais enfin, messieurs, cette création des universités qu'on nous
donne comme la réalisation d'un vœu presque général, quoique
le pays s'en soucie peu et ne sache pas bien ce qu'on lui veut,
cette création qui doit nous placer enfin de pair avec les autres
pays et nous mettre en état de faire, soit dans l'enseignement, soit
dans les sciences, quelque figure à côté d'eux, cette création
ajoutera-t-elle, au profit des universités, quelque chose de sérieux
aux décrets de 1885, et accroîtra-t-elle en quelque mesure l'autonomie des facultés?

Non, messieurs, elle n'ajoute rien. Vous pouvez y regarder de
près, vous ne verrez leur situation agrandie, fortifiée, ennoblie
en aucune manière.

L'indépendance d'un établissement d'enseignement supérieur
suppose avant tout, est-il besoin de le dire? deux conditions : qu'il
est dans une large mesure, du moins dans une mesure sérieuse,
maître de son budget, et qu'il est maître de ses programmes. Eh
bien, de ces deux conditions, vos universités n'en obtiendront
aucune.

Leur budget est préparé par elles; oui, mais c'est M. le ministre

de l'Instruction publique qui l'arrêtera. Qu'est-ce à dire, messieurs, sinon que M. le ministre pourra toujours repousser une
proposition, toujours réclamer une modification, qu'il garde le
dernier mot, qu'il reste le maître? Les facultés pourront déli-
bérer sur leurs programmes; elles pourront dresser le tableau de
leurs cours; oui, mais le conseil de l'Université est chargé de
veiller, sous la direction de M. le ministre, bien entendu, à ce que
les divers enseignements comprennent tout ce qui est nécessaire
pour l'obtention des grades prévus par la loi.

Est-ce là, messieurs, la liberté des programmes, ou n'en est-ce
pas plutôt la négation? Le professeur ne se trouvera-t-il pas avec
les universités, comme il l'est aujourd'hui, forcément renfermé
dans le cercle de l'enseignement professionnel? Oh! ce cercle est
vaste : on peut y faire entrer sans beaucoup d'habileté toutes les
questions et même toutes les nouveautés; on le pourrait, du moins,
si le temps ne manquait pas presque toujours pour épuiser la
série des questions sur lesquelles tout candidat doit nécessairement être préparé; le professeur pourra varier l'ordre des
matières, mêler les questions, comme on mêle un jeu de cartes,
au gré de sa fantaisie, ou dans la mesure du moins où le comporte la science qu'il est chargé d'enseigner; il pourra, comme il
le peut aujourd'hui, s'étendre plus ou moins sur telle ou telle
partie de la science, mais il ne pourra, il ne devra jamais perdre
de vue les nécessités de l'examen qui dominent tout. Encore une
fois, est-ce là ce qu'on peut entendre par la liberté des programmes?

Je vous en prie, messieurs, remarquez-le bien, je n'élève pas
de critique; je constate un fait, et un fait qui ne peut être autrement. Au point de vue des programmes, il faut bien que l'État
veille à ce que chaque enseignement soit complet, régulier, conforme aux nécessités professionnelles qui, dans le tourbillon de
la vie actuelle, dans ce temps de concurrence implacable et de
lutte acharnée pour l'existence, pressent si vivement les familles
et la jeunesse.

Au point de vue du budget, ces universités qui n'ont rien, qui
ne possèdent rien que des espérances, ces universités que, par
un singulier renversement de l'usage et du sens commun, on crée
précisément pour solliciter par une belle enseigne bien voyante
les libéralités des donateurs, ne vivront-elles pas uniquement des
deniers de l'État? Et personne au monde peut-il trouver étrange

que l'État garde inspection et autorité sur leur emploi ? Comprendrait-on même qu'il en fût autrement ?

Je vous le demande, messieurs, comment pourrait-il laisser la disposition d'un budget à des universités qui, telles qu'elles sont conçues, sont le plus factice de tous les corps ?

Je comprends, en effet, qu'une faculté, un syndicat, une société de secours mutuels, une association, laïque ou religieuse, peu importe, qu'elle soit vouée à l'enseignement, ou à la charité, ou à tout autre objet de cette nature ; je comprends qu'une association de ce genre reçoive la personnalité civile et qu'elle dispose d'un budget : ces sociétés ont quelque chose de réel; il y a au moins un intérêt commun qui en relie tous les membres. Mais quoi! suffira-t-il que l'École de droit à Paris, la Sorbonne, l'École de médecine, parce qu'elles sont dans la même ville, d'ailleurs presque complètement étrangères l'une à l'autre, soient réunies sous un même nom pour constituer un corps véritable? Suffira-t-il qu'elles soient également des écoles pour qu'il se forme entre elles un lien vivant ?

Suffira-t-il que vous réunissiez dans les mêmes conseils des professeurs qui n'ont ni mêmes tendances, ni mêmes préoccupations, que vous les appeliez à s'expliquer sur des questions qui la plupart du temps seront hors de leur compétence ou qui les laisseront indifférents?

Il y a deux mois à peine, lors de la discussion du budget, répondant à une question de mon cher et vénéré maître, M. Wallon, relative au rétablissement du conseil supérieur de l'École des hautes études, M. le ministre de l'Instruction publique disait que cette centralisation ne lui paraissait nullement conforme au bien des études et il en donnait des raisons que je n'ai pas oubliées, car elles m'ont beaucoup frappé :

« L'École des hautes études, disiez-vous, comporte des enseignements de l'ordre le plus différent; on y enseigne les sciences philologiques, les sciences historiques, les sciences physiques et chimiques, les sciences naturelles, les sciences mathématiques.

« Chacun de ces organismes a sa vie propre ; chacun de ces éléments forme, à proprement parler, un individu ayant son existence autonome et ses habitudes spéciales de travail, ne se préoccupant en rien de ce qui se fait dans la section voisine.

« Les professeurs de mathématiques, dans leurs recherches, ne s'intéressent pas à ce que font les professeurs de sciences phi-

lologiques, et réciproquement. Chacun de ces groupes a sa pleine
indépendance scientifique. »

Voilà ce que vous disiez, et ces raisons ont paru, je crois, décisives à la plupart de nos collègues comme à moi. Eh bien, je vous
demande comment ce qui était vrai il y a deux mois, en janvier, a
cessé d'être vrai au commencement de mars, comment ce qui était
vrai de l'École des hautes études a cessé d'être vrai des universités. Y a-t-il par hasard moins de différences entre les enseignements que vous entendez y réunir ? Vous représentez-vous mieux
les grands praticiens qui constituent, à l'heure qu'il est, le corps
enseignant de l'école de médecine, appelés à se prononcer dans
un conseil sur les mérites et sur les titres comparés de plusieurs
candidats à une chaire de philologie, ou de calcul différentiel et
intégral, ou de droit romain ? Ou bien, inversement, un professeur de littérature grecque ou un professeur d'algèbre obligés de
concourir à la désignation d'un candidat à une chaire d'anatomie
pathologique ?

Ceci me remet en mémoire un mot de Fontenelle. Au moment
où il vient de raconter les premières séances de l'académie des
sciences, il fait cette remarque :

« Il se trouva que des savants de différentes espèces, un géo-
mètre, par exemple, et un anatomiste furent voisins, et comme
ils ne parlaient pas la même langue, les conversations particulières en furent moins à craindre. » (*Sourires.*)

C'est précisément l'histoire de vos universités; mais si les conversations particulières n'y sont pas à craindre, croyez-vous
sérieusement que les conversations générales y seront plus faciles
et plus lumineuses ou qu'elles y seront plus fécondes ? Comprenez-
vous ces professeurs *qui ne parlent pas la même langue*, délibé-
rant en commun sur les besoins de leur enseignement respectif ?
Ne voyez-vous pas d'ici le beau personnage que fera, par exemple,
votre faculté des lettres parmi ces professeurs qui font, ceux-ci
des médecins, ceux-là des avocats, d'autres des chimistes, des
électriciens qui seront demain de gros industriels, tandis qu'elle
ne fait, elle, chaque année, qu'un certain nombre de licenciés et
par exception quelques docteurs, ce qui ne constitue pas encore
jusqu'à présent une profession ?

J'ose dire, monsieur le ministre, que c'est là une conception
plus que chimérique. On a beau nous parler, dans un travail sur
les universités futures que vous connaissez bien, car il n'est qu'un

long panégyrique de votre projet de loi, une espèce d'appel au
public pour l'intéresser à vos universités, on a beau nous parler
de ce « cerveau » qu'on appelle Paris, on a beau dire que rien
n'empêchera qu'en dehors de ce cerveau, il se forme de « puissants ganglions », que les universités conserveront toujours avec
l'État « un cordon nourricier » — c'est le budget, (*Sourires.*) et le
cordon risque de grossir beaucoup — qu'il faut aussi que les universités soient enveloppées « d'un placenta local »; (*Rires.*) ces
gracieuses métaphores, ces similitudes si justes, ce langage de
clinique si approprié ne donneront pas la vie à nos universités,
elles ne recevront jamais de vie que ce qu'en comporte un jouet
de Nuremberg, elles sont et seront des fictions, *vanæ fingentur
species.*

Messieurs, il ne faut pas s'étonner que M. le ministre n'ait pu
mieux faire, que sa bonne volonté ait été stérile, que, comme un
Pygmalion impuissant, il ne réussisse pas à animer son œuvre.
Si M. le ministre, contrairement à la maxime de droit si connue,
retient tout ce qu'il semble donner; si la loi qui vous est soumise
n'aboutit, après tant de promesses, qu'à des libertés apparentes;
si elle n'enfante que des créations purement verbales; si elle n'est
pas seulement une loi de désorganisation et d'ostentation, mais
encore un simple trompe-l'œil, ce n'est pas la faute de M. le
ministre, c'est, messieurs, que la conception en est fausse,
c'est qu'elle vient se heurter et qu'elle se brise contre un
grand principe de notre droit public, qu'elle est en contradiction
avec des faits, avec des traditions consacrées chez nous depuis
un siècle, qu'elle est en contradiction avec les tendances naturelles et avec le génie même de la France.

M. ADRIEN HÉBRARD. Avec sa maladie surtout!

M. CHALLEMEL-LACOUR. Ce principe, messieurs, c'est que
depuis la Révolution l'enseignement à tous ses degrés est en
France un grand service public; c'est que l'État, qui en fait les
frais, en garde la surveillance et la direction; cette fonction,
dévolue à l'État, constitue pour lui non seulement un droit, mais
un devoir essentiel. Voilà pourquoi, lorsque vous tentez ou par
admiration pour le passé, ou à l'imitation de l'étranger, dans l'intérêt prétendu de la science et des études, de déléguer une partie
de ce service public à des corporations qui seraient votre œuvre,
vous ne réussissez qu'à donner naissance à des ombres sans réalité.

Dans l'exposé des motifs du décret de 1885, je rencontre cette idée que si les universités ne devaient pas s'appeler de ce nom, il y aurait un grand obstacle de moins à leur établissement!... Comme s'il s'agissait uniquement d'une querelle pour la possession d'une étiquette, tandis qu'en réalité on se trouve en présence d'une opposition absolue de principes. Il est vrai que l'auteur de l'exposé des motifs, et après lui, si je ne me trompe, l'auteur du rapport de la commission du Sénat font observer que l'université a cessé, en droit, d'exister depuis la loi de 1850, et ils triomphent l'un et l'autre de cette disparition.

C'est encore là, si je ne m'abuse, une profonde erreur.

L'université napoléonienne... oh! elle avait cessé d'exister bien longtemps avant la loi de 1850. Je ne sais même pas et l'on peut douter si cette corporation laïque avec une organisation quasi-monastique, que Napoléon avait imaginée, dotée et dénommée, non seulement pour lui confier l'enseignement public, mais surtout pour la charger de servir ses vues politiques *et de lui faire un peuple agréable à ses yeux,* a jamais vécu, au moins dans le sens et selon l'esprit de son fondateur. Si elle a vécu, elle a grandement trompé ses espérances.

Mais ce qui a vécu, ce qui s'est développé sous le nom d'Université, — et c'est ce que M. Wallon a cru devoir rappeler dans un amendement spécial, — ce qui, mis en question dès les premiers jours de la Restauration, et sans cesse attaqué depuis, est aujourd'hui plus vivace et plus enraciné que jamais, c'est cet ensemble d'institutions créées successivement pour assurer le service public de l'enseignement à tous les degrés.

Ce régime, sorti victorieux de tant de luttes, il dure depuis bientôt un siècle, se fortifiant, se transformant, se corrigeant sans cesse, laissant à la science sa pleine indépendance, assurant à tous, malgré des réclamations aussi bruyantes que mal fondées, toute la liberté légitime.

Ce régime forme un système où tout se tient, il est un tout complet. L'enseignement secondaire, condition et fondement de l'enseignement supérieur, y est établi sur un plan dont vous ne trouvez l'analogue nulle part. Et lorsque vous avez songé à créer ces universités dont certains cours — et je parle surtout des plus élevés — seront difficilement peuplés, au moins par un auditoire préparé, et resteraient souvent sans auditeurs si vous ne recouriez à des créations de bourses que vous ne pouvez pourtant pas multiplier indéfiniment, (*Approbation.*) lorsque vous avez songé à cette création, il est vraiment étonnant, il est inconcevable que vous ne vous soyez pas demandé si pareille œuvre était possible, et si, pour assurer à vos universités des auditeurs, il ne vous fallait pas commencer par refondre en grande partie votre enseignement secondaire, par en détacher la philosophie, les mathématiques spéciales, même les élémentaires, pour en confier l'enseignement à vos universités, en même temps que la préparation au baccalauréat et l'examen qui en est la sanction naturelle.

Et non seulement notre enseignement forme un système dont vous ne pouvez pas modifier à votre fantaisie telle ou telle partie sans risquer d'en troubler l'ensemble, non seulement l'État, qui en fait la dépense, a la direction des études et doit en maintenir le niveau, ce que vous feriez bien de ne jamais oublier, contre des tendances qui le compromettent, et dont le Gouvernement devrait se garder d'être le complice, mais il s'assure que les services publics, l'armée, la justice, l'enseignement, les travaux publics, la haute administration, il s'assure que les professions savantes, la médecine et le droit, qui intéressent à un si haut degré la vie et la fortune de tous, il doit s'assurer que ces services publics et ces professions savantes se recruteront parmi les hommes qui offrent au moins le minimum des garanties indispensables. De là, un système d'examens auxquels l'État préside, que vous ne songez pas, que vous ne pouviez pas songer à modifier, qui imposent à l'enseignement une règle et à la liberté des programmes une limite nécessaire.

On peut admirer tant qu'on voudra les nations étrangères, les admirer jusqu'à leur envier certaines institutions et à vouloir tenter de les imiter gauchement, mais on ne méconnaîtra pas, on ne peut pas le contester, que la France a son génie propre ; et ce génie, malgré les révolutions qu'elle a traversées, malgré les turbulences qui en agitent encore trop souvent la surface, mais qu'elle ne supporte jamais longtemps, ce génie, c'est un goût dominant de l'ordre, c'est le besoin de lumière et d'humanité.

Nul ne croit sérieusement aujourd'hui et n'oserait soutenir que le Gouvernement a rempli toute l'étendue de sa tâche, qu'il sera quitte avec le pays lorsqu'il aura assuré la sécurité de la rue, lorsqu'il aura protégé les particuliers contre les malfaiteurs vulgaires ; on attend de lui davantage, on lui demande aussi de nous protéger contre les malfaiteurs d'un autre ordre : en médecine,

contre les embûches d'un charlatanisme meurtrier; en fait de procès, contre les manœuvres des hommes d'affaires et des conseillers
véreux. De là, les garanties que l'État exige et la sécurité qui en
résulte; de là ces examens auxquels vous n'avez pas osé toucher.

On peut trouver ces garanties gênantes, surtout quand on les
compare à ce qui se passe dans d'autres pays, moins prompts que
le nôtre à se dénigrer eux-mêmes, plus habiles à cacher les côtés
défectueux de leurs constitutions et à n'en présenter à l'admiration de l'étranger frivole que les côtés avantageux et brillants;
personne cependant n'est disposé à y renoncer. Ces garanties,
c'est notre sécurité, et ces comparaisons mêmes tournent à notre
honneur.

Car je me permets de vous demander où, dans quel pays béni
du ciel, vous trouverez une sécurité supérieure à celle que vous
procurent ces garanties? Je demande à ces grands admirateurs
de l'étranger où ils trouveront un corps plus éclairé de médecins,
de jurisconsultes, de magistrats, d'ingénieurs ou de professeurs?

L'honorable rapporteur de la commission du Sénat, M. Bardoux, qui, malgré son zèle pour les universités, ne veut désobliger
personne, s'efforce de dissiper les scrupules qui pourraient rester
dans un certain nombre d'esprits en montrant que ces universités ne sont rien ou presque rien.

Elles auront le droit de recevoir des largesses, s'il en vient;
sauf ce droit de s'enrichir par des libéralités sur lesquelles M. le
ministre, et même ses successeurs, feront bien de ne pas trop
compter pour alléger leur budget, elles sont bien peu de chose;
M. le rapporteur résume les franchises dont elles vont être dotées
dans les termes que voici :

« Si l'État possède le droit de nommer les professeurs, de fixer
leur traitement, de déterminer les programmes des examens, de
pourvoir aux dépenses... » — s'il a cela, il a tout — « ... d'annuler tout acte contraire aux lois et aux règlements, il y a de quoi
dissiper tous les scrupules. »

Je crois bien : il ne reste rien ! il reste toutefois le mal immédiat que cette création ne manquera pas de faire, sans parler des
dangers éloignés qu'elle peut présenter.

Vos universités sont des ombres, mais des ombres malfaisantes,
à côté desquelles périront infailliblement, dans un temps fort
court, je ne sais combien de facultés.

Votre loi confère à vos professeurs l'avantage douteux de figurer dans trois ou quatre conseils, de prendre part à de nombreuses parleries dont l'efficacité, dans les affaires de quelque importance, est nulle, radicalement nulle, dont l'inutilité, dans les affaires d'intérêt secondaire ou minime, qui seraient plus vite et sûrement mieux réglées par un simple administrateur, est plus que vraisemblable. Les professeurs parleront! M. le ministre décidera.

Je vous demande, messieurs, si vraiment il y a là de quoi faire tant de bruit pour atteindre un si mince résultat! (*Très bien! très bien! sur divers bancs.*)

M. LE PRÉSIDENT. M. Challemel-Lacour demande un instant de repos.

Il n'y a pas d'opposition?... (*Non! non!*)

La séance est suspendue pour dix minutes.

(La séance, suspendue à trois heures vingt-cinq, est reprise à quatre heures moins dix minutes.)

M. LE PRÉSIDENT. La parole est à M. Challemel-Lacour pour la continuation de son discours.

M. CHALLEMEL-LACOUR. Messieurs, j'ai essayé de montrer au Sénat que le projet de loi soumis à son examen n'ajoute rien à l'autonomie des facultés, qu'il aboutit à une création qui n'est qu'une simple façade, qu'il ne relève nullement, bien au contraire, la dignité des professeurs; mais on fait valoir d'autres arguments et l'on invoque des intérêts d'un ordre plus élevé.

M. le rapporteur de la commission dit quelque part, dans son rapport, que «l'avantage d'une université est de dégager la formule de l'enseignement supérieur ». Je supplie mon honorable collègue de me pardonner, je serais très heureux d'examiner avec lui la valeur de cet argument, mais je lui confesse avec une véritable confusion que je ne le comprends pas.

Je n'entends pas ce qu'on veut dire quand on parle de la formule de l'enseignement supérieur.

Je comprends encore moins que des établissements tels que le Muséum, l'école des chartes, l'école polytechnique, l'école normale, ne rentrent pas dans la formule (puisque formule il y a) de l'enseignement supérieur.

On nous dit encore : l'Université, c'est l'école universelle; elle féconde et fortifie les facultés rien qu'en les rapprochant; elle donne aux jeunes étudiants la vision de la science entière; dégage l'unité qui est l'âme commune des facultés, l'esprit de la science, le grand éducateur des temps modernes, l'obstacle aux prétentions du passé, etc., etc.

Mon Dieu, messieurs, vous reconnaissez ici le langage de l'enthousiasme. Pour ma part, je respecte beaucoup l'enthousiasme, tout en le redoutant un peu comme cousin germain de l'enflure et du pathos. Qu'est-ce que c'est que l'âme des facultés, dont on nous parle? Je comprendrais ce langage dans la bouche d'un partisan des universités catholiques. A son point de vue, il y a en effet une âme des facultés.

Cette âme, c'est la religion, ou, pour mieux dire, la théologie; toutes les sciences s'y rattachent, toutes s'en inspirent, y trouvent la règle qui les dirige ou le frein qui les contient.

Saint Thomas dit, je crois, quelque part, que le droit, la médecine, la philosophie, doivent être une partie de l'Église de Dieu : *pars esse Ecclesiæ Dei!* En ce sens, oui, les anciennes universités étaient vraiment des personnes.

Catholiques ou protestantes, selon la date et les circonstances de leur origine, elles procédaient de l'esprit religieux, elles étaient des créations religieuses, au service d'un intérêt religieux. Elles pouvaient se flatter de posséder une âme, d'avoir en elles-mêmes leur principe vital.

Mais vous, qu'est-ce que vous pouvez bien entendre par l'âme des facultés? Est-ce que ce serait le goût exclusif de la vérité démontrée, ou l'esprit de rigueur, ou bien l'initiation aux bonnes méthodes? Ou bien faudrait-il entendre par cette expresssion la synthèse de toutes les vérités acquises?

C'est un lieu commun, tout le monde sait, tout le monde répète que la solitude et le recueillement sont la condition du travail fécond, que le progrès scientifique a été de tout temps et sera toujours l'œuvre d'une heureuse division du travail entre un grand nombre d'hommes spéciaux, et je veux bien ajouter d'une coordination intellectuelle de leurs efforts en vue du but commun.

Mais cette coordination, qui la fera? Il y a soixante ans, un homme dont assurément personne, surtout M. le ministre de l'Instruction publique et ses auxiliaires, ne récusera l'autorité scientifique, Geoffroy-Saint-Hilaire, disait déjà que ce n'est pas du rapprochement des facultés, ce n'est pas de ce qu'elles travailleront dans la même ville ou porte à porte que résultera cette coordination. C'est dans une seule tête que s'associeront toutes ces connaissances, que se fera sa coordination éclairée, que se dégagera la grande pensée résultant de toutes ces découvertes.

Savez-vous quel est le résultat de vos éternels dithyrambes en l'honneur de la science? dithyrambes bien superflus, car tout le monde respecte la science, tout le monde en admire les progrès, tout le monde en désire l'avancement.

Le résultat de ces hymnes sans fin, vous le connaissez déjà. En proclamant après M. Albert Dumont, de respectable mémoire, que les facultés ont pour mission principale le progrès de la science, qu'elles sont ou doivent être avant tout des sociétés coopératives de production scientifique, vous avez développé des ambitions excessives et, passez-moi le mot, presque extravagantes [1].

A l'heure qu'il est, il y a des professeurs, je n'ai pas besoin de vous les indiquer autrement, ils se sont eux-mêmes expliqués assez clairement dans des travaux qui n'ont pu vous échapper; il y a des professeurs qui se considèrent, dès à présent, comme investis de la mission, je ne dirai pas principale, mais unique, de chercher et de découvrir. Ils croient ne devoir aux étudiants et ils comptent bien ne leur donner que le superflu de leur temps, c'est-à-dire ce que ces travaux personnels, ces recherches heureuses ou malheureuses leur en laisseront. Ils se regardent dès aujourd'hui comme pensionnés au service de la science, à l'exemple des savants du siècle de Louis XIV, mais pensionnés avant les découvertes. (Sourires.)

Vous serez obligé, monsieur le ministre, je n'en fais aucun doute, vous serez contraint dans peu de temps de leur rappeler que les établissements d'enseignement supérieur, quel que soit leur nom, qu'ils soient de simples facultés ou qu'ils soient décorés du titre d'universités, sont faits aussi pour enseigner. Ces établissements n'ont pas uniquement pour but de dégager l'esprit de la science, l'unité qui est l'âme des facultés, ils ne sont pas destinés seulement à faire des découvertes, mais à enseigner d'abord les découvertes déjà faites; ils ont pour fonction de faire des médecins, des avocats, des ingénieurs, des chimistes, des électriciens, parmi lesquels il se rencontrera des

---

1. Voir notamment dans le *Bulletin des travaux de l'Université de Lyon*, troisième année, fascicule 3, un article de M. Raphaël Dubois, sur les réformes universitaires.

savants de premier ordre, j'en ai l'espérance et même la certitude; mais les facultés n'ont pas pour mission, pas plus qu'elles n'ont les moyens, de créer les grands rénovateurs de la science, et elles ont pour devoir de se souvenir que tous les jeunes gens et toutes les familles ne sont pas en position d'attendre.

Vous nous dites que vos universités, entre autres bienfaits, donneront à la jeunesse la vision de la science entière. C'est une belle expression : la vision de la science entière, c'est presque la vision béatifique. Mais voilà qu'en y réfléchissant, cette expression m'embarrasse un peu; je m'aperçois que plus je la rumine, moins je la comprends. Qu'est-ce donc que cette vision de la science entière?

Auriez-vous par hasard l'idée de développer chez vos étudiants la manie de l'encyclopédisme, l'esprit de polymathie, comme l'appelle Malebranche, qui ne s'agite que trop chez les jeunes gens, et qu'il importe à un si haut point de discipliner?

Voudriez-vous allumer en eux une curiosité sans frein qui les promènerait des années durant de cours en cours et de science en science?

Rêveriez-vous de transplanter chez nous ces habitudes de vagabondage intellectuel qui ont à peu près disparu même en Allemagne, et qui, après avoir conduit l'étudiant à travers le droit, la philosophie, la médecine, le laissaient au bout du compte théologien, philosophe ou poète?

Ne pensez-vous que cette méthode ambulatoire, si elle donne aux jeunes gens la vision de la science entière, pourrait bien n'être pas pour eux sans péril, et qu'elle a pour résultat le plus ordinaire cet entassement de connaissances disparates, cet amas de notions indigestes, qu'on retrouve quelquefois dans les livres d'outre-Rhin, qui ne sont pas la richesse, mais la confusion et qui forment un capharnaüm dans lequel l'esprit français ne se reconnaîtra jamais? (*Très bien!*)

Me pardonnerez-vous de le dire?

Je crains que vos universités ne soient, si l'on regarde à l'état actuel des sciences, un pur anachronisme L'auteur de l'exposé des motifs et, après lui, M. le rapporteur de la commission du Sénat, parlent beaucoup d'évolution. Ils savent certainement mieux que moi ce que c'est que l'évolution, et je n'aurai pas l'impertinence de leur apprendre qu'elle a des lois. Mais je leur rappellerai modestement que la loi principale de l'évolution, c'est que le progrès, dans tous les ordres, a précisément pour caractère de distinguer ce qui était confondu, de séparer ce qui était mêlé à une masse homogène.

C'est précisément ce qui est arrivé à la science. Elle n'est plus aujourd'hui, je ne dirai pas ce qu'elle était du temps des philosophes d'Ionie; non, elle n'est plus même ce qu'elle était à l'époque de la Révolution.

Les anciennes universités, même les plus fortes, l'Université de Paris, contenaient peut-être des savants; elles en ont peut-être préparé sans le savoir quelques-uns, en bien petit nombre. Alors, un professeur de latin pouvait, en même temps, être professeur d'algèbre; il pouvait enseigner les notions élémentaires de la physique, il aurait même pu enseigner au besoin, — peut-être le faisait-il quelquefois? — les premières notions de la médecine. Mais au moment où ces universités ont disparu en France, où elles ont disparu sans trouver un défenseur, sans susciter une plainte, sans laisser un regret, en vertu d'un décret qui a paru si naturel et qui a fait si peu de bruit que bien peu parmi les honorables collègues qui me font l'honneur de m'entendre pourraient en donner la date exacte; à ce moment, les sciences s'étaient déjà singulièrement développées, en dehors des universités et à leur insu, et des sciences qui, la veille, n'avaient pas encore de nom, étaient déjà nées et même organisées.

Elles avaient déterminé leur objet, elles avaient fixé leurs méthodes, elle avaient circonscrit leur champ d'exploration. Un professeur de latin ne pouvait plus les enseigner toutes ; chacune d'elles exigeait déjà des méditations et des efforts exclusifs; il ne pouvait plus être question, je ne dirai pas de tout embrasser, mais même de tout aborder.

Eh bien, c'est alors qu'avec un sentiment véritablement admirable des conditions nouvelles de l'enseignement scientifique et des besoins, nouveaux aussi, de la société, la Convention, qui avait déjà créé l'école des travaux publics devenue bientôt après l'école polytechnique, c'est alors que la Convention créait des écoles spéciales.

Oh! je sais bien que M. le ministre et l'auteur de l'exposé des motifs parlent des écoles spéciales avec peu d'estime : ce ne sont, d'après eux, que des expédients presque misérables; ils opposent dédaigneusement aux « hommes de pensée », qui ont fait de si beaux rapports, « les hommes d'action », qui ont fait quelque

33

chose, au grand philosophe Talleyrand, l'homme d'action Daunou.

Vous n'aimez pas les écoles spéciales, et, franchement, vous ne pouvez pas les aimer, je le reconnais, car l'école polytechnique, l'école normale, l'école des chartes, l'école des langues orientales, et beaucoup d'autres, enlèvent chaque année les élèves les mieux préparés, les seuls qui pourraient donner des auditeurs, aux cours les plus élevés de vos facultés et en maintenir le niveau.

Aussi, un partisan déclaré de vos universités, dont le nom figure parmi ceux des auteurs du projet de 1877, le prototype du vôtre, un écrivain très ingénieux qui, dans ses fantaisies politiques, philosophiques, religieuses et même dramatiques, émet en souriant toutes sortes d'idées qui ont pour principal mérite d'étonner et parfois de scandaliser les simples; un écrivain d'un esprit si conciliant qu'il trouve moyen d'être à la fois un conservateur déclaré et un grand révolutionnaire demandait, il y a longtemps déjà, la suppression pure et simple de l'école polytechnique et de l'école normale. Il la demandait d'une manière presque brutale, sans y mettre, contrairement à ses habitudes invariables, aucune espèce de nuances.

Je ne sais pas ce que vous en pensez, quoique l'article 2 du projet de loi ministériel ne me dise rien de bon.

Il y est question du rattachement aux universités de certains établissements d'instruction publique qu'on ne prend pas la peine d'indiquer.

Vous ne parlez que de ceux qui sont dans votre dépendance directe, mais que des circonstances favorables viennent à se présenter, vous pourriez porter vos ambitions plus loin.

Si jamais vous aviez l'idée de prendre au sérieux le conseil du hardi démolisseur dont je parlais tout à l'heure, si vous vouliez comme lui aller jusqu'à la suppression de ces écoles spéciales, vous auriez, je crois, quelque peine à y réussir, et la raison en est bien simple, c'est que ces écoles spéciales répondent aujourd'hui éminemment au nouvel état de la science, c'est que la spécialisation est actuellement la condition du progrès scientifique, aussi bien que la condition d'un solide enseignement. (*Très bien! très bien!*)

Et cette spécialisation, elle n'exclut en aucune façon les idées générales; oh non! il n'est pas à craindre que le goût des idées

générales, toujours très vif dans la jeunesse, surtout dans la jeunesse française, s'éteigne et meure jamais; seulement, ces idées
générales, elles ne résultent pas du voisinage des maisons, elles
ne résultent même pas de la rencontre des professeurs dans ces
conseils où l'on traitera de tant de choses; elles ne résulteront
pas de la rencontre des étudiants dans leur cercle où l'on donne
de si belles fêtes; et je ne sache pas que le mot « d'université »
ait la vertu de les faire éclore.

On nous promet, messieurs, que lorsqu'elles auront duré un
certain temps, les universités, riches de biens, c'est toujours la
grande hypothèse, riches aussi de traditions, présenteront un
jour, au lieu de cet enseignement dont la monotonie fatigue et où
l'on veut introduire la diversité, quelque chose de particulier,
un attrait spécial, une physionomie individuelle. Comme tous les
hommes, j'aime la diversité, bien que je n'en fasse pas exclusivement ma devise, mais je voudrais savoir en quoi consiste la
diversité dont il est question. Quand on aura créé une chaire
d'œnologie à Dijon ou à Bordeaux, ou bien des chaires de
chimie industrielle ou de chimie des matières tinctoriales à Lyon,
ou bien un cours d'histoire de la science arabe et de la langue
d'oc à Toulouse, ou bien encore un cours d'antiquités druidi-
ques ou de la langue celtique et de bas-breton à Rennes, je me
demande si c'est là de quoi donner, selon vous, à ces universités
une physionomie bien distincte.

Est-ce là, vraiment, toute l'originalité que vous rêvez pour
elles? et pensez-vous que l'institution des universités soit nécessaire pour l'obtenir? J'en doute, pour ma part. Dans une pièce
signée d'un de vos prédécesseurs et annexée à votre projet de
loi, je trouve une phrase, reproduite, bien entendu, dans l'exposé des motifs du projet et qui doit se rencontrer dans quelque
coin du rapport de M. Bardoux, c'est que « nous aurions, à ce
qu'il paraît, obtenu un grand résultat si nous pouvions constituer
un jour des universités s'inspirant des idées propres à chaque
région ».

Cette phrase m'a vivement frappé au premier abord par la
beauté de l'idée, puis elle a sollicité mon attention par son
obscurité; j'ai cherché cette idée si belle, elle s'est évanouie, je
n'ai plus rien trouvé; je ne suis pas encore sorti de cette perplexité : je me demande de quelles idées propres à chaque région
on a voulu parler. Est-ce que ce serait des idées religieuses ou

des idées politiques? Oh! il y a à cet égard, je le reconnais, en France, bien des diversités et mêmes certaines oppositions. Est-ce qu'on aurait l'espoir que ces diversités seraient un jour ou l'autre reflétées dans les universités de création nouvelle? Cela m'étonnerait. Ou bien y aurait-il, contre toute vraisemblance, des idées scientifiques qui seraient propres à chaque région? Je ne peux m'arrêter à une supposition de ce genre; je ne crois pas qu'il en soit des idées scientifiques comme des vins, et qu'elles réussissent plus ou moins dans un certain cru. (*Sourires.*)

Cependant, messieurs, il m'est impossible d'admettre qu'il puisse arriver à un ministre ni à ceux qui l'entourent de laisser, comme de vulgaires mortels, échapper dans un document officiel une phrase dépourvue de sens; non, je ne le croirai jamais. (*Rires.*) Je pense qu'en écrivant celle-ci on aura songé à quelque chose comme l'originalité de Montpellier.

Oui, messieurs, l'école de Montpellier — il y a longtemps qu'on parle de l'école de Montpellier; quant à l'université de Montpellier, jusqu'aux farandoles du fameux centenaire, je ne crois pas qu'il en ait jamais été beaucoup question — l'école de Montpellier a revêtu à la fin du siècle dernier et conservé pendant une grande partie de celui-ci un caractère propre. On y professait en médecine, ou plutôt en philosophie médicale, des idées particulières.

Est-ce que ces idées étaient une inspiration régionale? L'animisme de Stahl, modifié et remis en vogue sous le nom de vitalisme, était-il un fruit du terroir, un produit languedocien, ou n'était-il pas simplement une importation germanique? Quoi qu'il en soit, les doctrines dont s'inspirait l'école de Montpellier lui ont, pendant cinquante ou soixante ans, fait une situation particulière et par moments assez brillante en face de l'école de Paris, placée à un autre pôle, qui professait des idées bien différentes.

A l'heure qu'il est, qu'est-il advenu de ces doctrines de l'école de Montpellier et de l'originalité qui s'y attachait? Ces belles doctrines, elles sont aujourd'hui enfermées sous triple clef dans un reliquaire où des fidèles, chaque jour plus rares, vont peut-être encore porter en secret leurs hommages; ou bien, si vous voulez, elles sont en dépôt dans le musée des antiquités philosophiques, déjà fort riche, attendant silencieusement un retour de fortune ou un retour d'opinion; elles ont disparu et avec elles a disparu l'originalité de l'école de Montpellier.

On y enseigne, on y travaille comme ailleurs, de la même manière, par les mêmes procédés, suivant les mêmes méthodes. Et que diraient ceux qui en ont été l'honneur si, rappelés à la lumière, ils visitaient aujourd'hui leur chère école? Que dirait Barthez qui, on le sait, n'avait pas beaucoup de goût pour les travaux anatomiques et qui proscrivait toute recherche sur les origines de la sensibilité et du mouvement, presque à la veille du jour où Charles Bell allait faire sa grande découverte? Que dirait Lordat, son interprète, son élève préféré, son continuateur, qui, en 1837, si je ne me trompe, donnait ingénument pour épigraphe à son Traité de physiologie ce mot d'Hippocrate : « La médecine est aujourd'hui achevée », lorsque le temps était déjà proche où les bases de l'ancienne médecine allaient être sérieusement ébranlées et où toutes les théories médicales allaient être renouvelées de fond en comble; que diraient ces esprits distingués, sans parler des autres, s'ils visitaient ces laboratoires, ces amphithéâtres, ces collections d'instruments inconnus au service d'une science transformée? Je crois qu'ils seraient bien étonnés, peut-être un peu alarmés de voir leurs doctrines délaissées et déjà presque ensevelies dans l'oubli. C'en est fait, messieurs, de l'originalité de Montpellier; en France et partout les enseignements et les travaux scientifiques se ressembleront de plus en plus.

Il pourra se rencontrer encore des facultés où l'on se livrera à des recherches curieuses, quelquefois bizarres; il pourra même arriver que l'on édifie sur des faits mal observés, ou incomplets, ou mal interprétés, des théories aventureuses qu'on verra peut-être un matin s'étaler, au scandale du sens commun, jusque dans un prétoire; (Rires.) mais cette originalité de bas aloi ou plutôt ces excentricités ne dureront qu'un jour.

La vérité est que plus l'esprit scientifique se répand, plus les méthodes se précisent, plus les procédés se propagent et deviennent rigoureux, moins il y a de place pour l'originalité, si ce n'est bien entendu pour celle qu'on ne produit pas à volonté dans vos couveuses artificielles, l'originalité du génie. (Très bien!)

Le projet de loi est bien fait, il faut en convenir, pour capter la faveur de certains esprits, en assez grand nombre dans les partis les plus opposés, plus nombreux encore dans les partis les plus extrêmes. Je parle des esprits que fascine toujours, que séduit infailliblement le mot de décentralisation.

Sans être, je l'avoue, de ceux qui trouvent que la France est

trop gouvernée, trop disciplinée, trop unie, je ne suis pas plus
insensible qu'un autre à l'attrait des horizons que découvre à
l'esprit le mot de décentralisation, à la beauté du champ illimité
qu'il paraît offrir aux activités individuelles ; mais je ne crains pas
d'affirmer que ceux qui attachent à la création des universités
l'espérance d'une décentralisation intellectuelle, qui se représentent ces universités comme des foyers de travail, d'activité, de
découvertes journalières dans les sciences, de créations littéraires
et philosophiques, projetant au loin la lumière autour d'eux, qui
y aspirent comme à une Jérusalem céleste de l'enseignement où
tout le monde communiera dans l'amour profond et désintéressé
de la science, je crains qu'ils ne soient trompés par un singulier
mirage.

Je voudrais bien qu'ils me disent à quelle époque de notre histoire ils rencontrent cette décentralisation intellectuelle dont ils
sont jaloux et qu'ils voudraient voir renaître ; je les prierais au
moins de vouloir bien parcourir d'un regard les pays à universités, je ne dis pas l'Espagne et l'Italie, la Belgique et la Hollande, non, je dis l'Angleterre et l'Allemagne, et je les supplie-
rais d'examiner si, à tout prendre, la vie intellectuelle y est, en
dehors des grandes capitales, plus active qu'en France, si l'intelligence y est plus répandue, si la science y est plus féconde, si
les esprits y sont plus lucides.

Chaque année, les sociétés savantes de nos départements,
sociétés d'archéologie, sociétés des beaux-arts, sociétés littéraires,
viennent à Paris témoigner dans une session pleine d'intérêt que
le nombre des esprits voués aux travaux sérieux, non seulement
dans les villes importantes, mais jusque dans les localités en
apparence les plus endormies, va sans cesse augmentant ; que le
goût du savoir, l'ambition des découvertes modestes, quoique
sérieuses et souvent importantes, s'y répand de plus en plus,
sans avoir pour cela besoin de l'aiguillon des universités.

Oh ! je sais bien que Paris éclipse tout, il faut bien le reconnaître : c'est que, pour cent raisons qu'il ne serait pas bien difficile d'indiquer, mais que tout le monde aperçoit d'abord, Paris
était devenu, sous l'ancienne royauté, et qu'il est resté le rendez-
vous de toutes les ambitions et de tous les talents.

Quand bien même vous parviendriez à diviser, selon le vœu
intime de quelques personnes, la France en huit ou dix régions
presque autonomes, ayant chacune sa capitale, son université,

son académie, n'en doutez pas, même alors, les chemins de fer ne cesseraient pas subitement d'amener à Paris, comme ils le font aujourd'hui, étudiants et professeurs, savants et lettrés.

Mais enfin, vous-mêmes, qui parlez de décentralisation, que faites-vous par votre projet, si ce n'est centraliser encore? Votre projet de loi n'est pas autre chose qu'un projet de centralisation (*Très bien! très bien! à droite.*) non pas aux dépens de Paris, qui résistera peut-être bien encore quelque temps à l'attraction de Lyon, de Bordeaux, même de Montpellier, (*Sourires.*) mais aux dépens des petites facultés. C'est elles qui périront et, si elles périssent, ce ne sera pas au profit de vos universités.

Ces petites facultés, à l'heure qu'il est, elles entretiennent, dans certains centres, une vie honorable; elles mettent la haute instruction à la portée des jeunes gens que la situation de leurs familles, l'insuffisance de leurs ressources, leur pauvreté empêcheront toujours d'aller la chercher, je ne dis pas à Paris, mais dans une autre ville que celle où ils sont nés et où ils résident. (*Vive approbation sur un grand nombre de bancs.*) Elles favorisent, beaucoup mieux que vos grands centres, ce commerce habituel et familier entre les professeurs et les étudiants, auquel, avec raison, vous attachez tant de prix! Rien n'empêcherait même, si vous vous y prêtiez quelque peu, que ces professeurs n'allassent, par des cours et des conférences, porter le goût de l'étude, du travail sérieux, des lectures difficiles dans les petites villes du ressort où les distractions n'abondent pas, et où seraient sûrs d'être bien accueillis ceux qui viendraient arracher pour une heure l'élite des habitants à la vulgarité de leurs amusements, à leur désœuvrement, ou à la monotonie de leurs occupations habituelles. (*Nouvelles marques d'approbation.*)

Ces petites facultés, si vous n'avez pas le courage de les exécuter d'un seul coup, vous les frappez dès à présent de paralysie. Vous les frappez au moment où, dans d'autres pays, en Angleterre, par exemple, comme vous avez pu le voir par un article de la *Quarterly review* qui a paru au mois d'avril dernier, il se produit depuis longtemps déjà, sous le nom d'extension des universités, un mouvement qui tend précisément à conquérir cette décentralisation que vous possédez et dont vous ne savez tirer aucun parti.

Il vous faut des universités; il vous les faut à tout prix, d'abord

parce qu'il y en a ailleurs, parce qu'il y en a presque partout;
vous suivez à la lettre le prudent conseil de Chrysale :

> Toujours au plus grand nombre il faut s'accommoder.

Eh bien, quoique le conseil soit souvent utile, ici vous avez
tort; vous voulez des universités, parce qu'il y va, paraît-il,
d'un intérêt patriotique! Ah! c'est là-dessus, messieurs, que la
déclamation se donne carrière. Je ne la suivrai pas. Je suis trop
épuisé pour cela. On s'étend, à ce sujet, sur les associations
d'étudiants, si belles, si brillantes, — je ne dis pas si bruyantes
(*Sourires.*) — qui ont déjà leurs immeubles, qui peuvent y recevoir et qui, sans aucun doute, y recevront les ministres; et l'on
nous dit que ces associations, auxquelles est promis le plus
brillant avenir, qui ont un idéal commun (je ne le connais pas),
seront des écoles d'unité et, ce qui est bien plus précieux encore
dans ce pays si divisé, des écoles de rapprochement.

Elles seront des écoles d'esprit public et de dévouement à la
démocratie. Les jeunes gens y apprendront — ce n'est plus moi
qui parle — que la science n'est pas la conscience, que la patrie
est un corps vivant, qu'ils ont des devoirs sociaux! Que sais-je
encore? car la litanie est longue. Ce sont de fort belles choses,
et je souhaite qu'ils les apprennent s'ils les ignorent. Mais vraiment, comment se peut-il faire — et ce serait là une révélation
effroyable — que les jeunes gens ignorent et ignoreront, si
l'on ne crée des universités au plus tôt, qu'ils ont des devoirs
sociaux : je ne puis le penser, messieurs, et je vous demande la
permission de ne pas examiner de plus près des allégations de
cette nature. L'enthousiasme ne se discute pas.

Je me demanderai plutôt quelle peut être la source première
de pareilles rêveries. Eh bien, je crois qu'il n'y a pas à en
douter : ces rêveries viennent de ce que, depuis trop longtemps,
on voit les universités futures à travers l'image fantastique qu'on
se fait de certaines universités étrangères. L'auteur de l'exposé
des motifs et M. Bardoux, qui ne le quitte jamais, (*Sourires.*) ont
beau protester à vingt reprises contre toute pensée d'imitation
en présentant, contrairement aux faits et malgré l'évidence, ces
universités comme le fruit naturel des développements donnés
aux facultés depuis quinze ans et comme issues en droite ligne
de la Révolution française, je me permets de leur dire qu'ils
s'abusent : ils sont entraînés, à leur insu, c'est possible, malgré

eux, je veux bien le croire, ils sont entraînés par l'idée d'avantages imaginaires, à l'imitation, non pas des universités de Pise et de Padoue, malgré les grands noms qu'elles évoquent, non pas des universités de Salamanque ou de Gand, de Leyde ou d'Utrecht, non pas des universités de l'Angleterre, qu'il n'est donné à personne d'imiter, qui sont de grands séminaires aristocratiques auxquels il n'y a rien, absolument rien à emprunter, mais des universités allemandes.

Oui, ma conviction profonde, c'est que ce sont ces universités qui vous empêchent de dormir; (*Sourires approbatifs.*) c'est là que vous croyez trouver le patron des vôtres; c'est celles-là que vous espérez, dans la mesure du possible, prendre pour modèle, et cela, à quel moment? Lorsque, depuis vingt ans, la vie universitaire se transforme en Allemagne à vue d'œil, lorsqu'elle se réfugie des petits centres où les étudiants, formant la population presque tout entière, pouvaient se croire chez eux, dans les grandes villes, à Berlin, à Leipzig, à Munich, où toutes ces nations d'étudiants sont perdues, tout comme à Paris, dans le vaste tourbillon d'un peuple affairé.

Vous oubliez les différences de toute nature qui expliquent seules la fondation, la prospérité, la durée de ces universités; vous l'oubliez bien à tort; car, par cet oubli, vous vous exposez à n'en faire jamais que des imitations maladroites, pour ne pas dire de mesquines parodies. Vous perdez de vue notamment que toutes ont la même origine, sauf deux; qu'elles sont nées du particularisme, filles d'un temps où chaque prince voulait avoir ses écoles, comme il avait sa monnaie, où chaque confession religieuse voulait avoir son enseignement; que toutes émanent de ce même principe, toutes sauf deux que nous avons vues naître de notre temps, celle de Bonn et celle de Berlin, et dont la date d'ailleurs, 1809 et 1818, vous indique assez clairement le caractère : elles ont été de pures créations politiques.

Mais ces universités allemandes vous fascinent et vous aveuglent; vous leur attribuez sans doute une supériorité d'enseignement que je nie de la manière la plus absolue, peut-être même une supériorité dans la science que, sauf dans les sciences philologiques, je considère comme plus que contestable. Vous leur attribuez dans les événements d'une certaine époque une part importante qu'elles n'ont jamais eue. Prenez garde : ces admirations démesurées, cette idéalisation de ce que vous connaissez de trop loin et peut-être incomplètement, cette injuste sévérité pour vous-mêmes sont le symptôme d'une maladie grave, qui est proprement la maladie des peuples vaincus. (*Vive approbation.*) Tâchez de comprendre les autres, c'est bien; et, eussent-ils remporté sur vous l'avantage d'une campagne, ne craignez pas de leur rendre justice; à la bonne heure. Mais gardez-vous de vouloir les imiter à tout propos. Ne vous courbez pas à ce point sous leur ascendant. Relevez-vous, de grâce, et appréciez-vous à votre valeur. Vous êtes en possession d'un système d'enseignement qui n'est pas parfait, qui n'est pas complet, et dont le perfectionnement offre à votre activité un champ suffisant.

Il a fait ses preuves depuis un siècle. Ce système, facultés et écoles spéciales, a eu dans le progrès de toutes les sciences, — je n'en excepte aucune, entendez-vous, pas même la linguistique, — il a eu, dans les découvertes qui font la grandeur de ce siècle, une part digne de la France, et, si je ne craignais d'outrer la fierté patriotique, je dirais la première. Ce système, respectez-le; ne lui portez pas, par des projets mal conçus, un coup dangereux; n'y portez pas légèrement la main. Au lieu d'irriter, comme on l'a trop fait depuis plusieurs années, au grand chagrin de beaucoup d'hommes réfléchis, l'ardeur des ambitions irréfléchies et les rêves de changements dans le monde universitaire, calmez, éteignez ces ambitions qui, sans le savoir, aspirent à descendre.

Plusieurs sénateurs. Très bien! très bien!

M. CHALLEMEL-LACOUR. Vous placez, de bonne foi certainement, non pourtant sans quelque habileté, votre projet sous les auspices de la Révolution française, sans doute pour conjurer l'imputation de vouloir ressusciter le passé. Vous invoquez non seulement les noms de Talleyrand et de Condorcet, mais ceux de Briot (du Doubs) et de Roger Martin, que, à vrai dire, je ne savais pas être des autorités si imposantes en cette matière ni en aucune autre. (*Sourires.*)

Il faut de bons yeux, il faut plutôt l'excès de la préoccupation qui vous domine, pour trouver dans les rapports des deux premiers rien qui ressemble au système que vous prônez.

Ce n'est assurément pas dans les écoles de district ou dans les écoles de département de Talleyrand que vous en trouvez le principe et le modèle; ce n'est pas davantage dans les cent quatorze instituts de Condorcet, ni même dans ses neuf lycées, où vous vous flattez pourtant de trouver quelque lointaine analogie avec les créations que vous prônez si vivement. Ce n'est pas, à coup sûr, dans cet institut que vous qualifiez d'immense, que Daunou, l'ancien oratorien, appelait l'Église académique, qui devait recevoir de tous les points du ciel et distribuer de toutes parts, à grands flots, la science universelle...

Non, ce qui se dégage de tout ce qui a été rêvé et imaginé sous la Révolution, de tant de plans improvisés, de tant de conceptions individuelles et contradictoires, de ce farrago d'utopies surannées, ce qui résulte de tout ce qui s'est dit et fait de sérieux, et ce que vous trouvez en termes exprès dans le rapport de Daunou du 27 vendémiaire an IV, le seul qui surnage dans cet océan de paroles et qui ait abouti à une loi positive, c'est que l'État, en maintenant la liberté des établissements particuliers, en assurant la liberté de l'éducation domestique, en respectant la liberté des méthodes d'instruction, l'État reste chargé d'une fonction qu'il ne peut déléguer même en partie à aucune corporation, celle de constituer lui-même un enseignement national.

Cet enseignement a-t-il donc si mal fonctionné? Croyez-vous qu'il soit permis de dire, comme vous le faites, sans choquer la vérité et sans faire crier la justice, qu'il n'est que temps d'y substituer vos universités?

Non, vous n'êtes pas dans la tradition de la Révolution, vous êtes en dehors de son esprit et, si vous me permettez de vous le dire en toute franchise, vous êtes emportés, sans vous en apercevoir, par un courant que les observateurs clairvoyants n'observent pas sans inquiétude et qui semble nous éloigner de jour en jour de plages qu'on pouvait croire conquises sans retour.

Ah! la Révolution, on en parle beaucoup, on l'asseoit encore sur un trône comme une déesse; on l'affuble d'un manteau de pourpre, on lui met à la main un roseau en guise de glaive, on lui prodigue les invocations et les génuflexions, on s'interdit surtout d'en approcher de trop près, de peur de voir si l'or n'y est pas mêlé de quelque impur métal.

Mais, par derrière, on se rit de l'idole, on déchire ses principes comme une vieille affiche et, par intervalles, on enlève quelque pierre de son édifice.

Celui-ci, trouvant la France trop forte apparemment, propose, sous prétexte de remanier la carte administrative, de revenir aux anciennes provinces ou à quelque chose d'analogue; d'autres, oubliant que la liberté individuelle et la liberté du travail ont été les premières et sont restées les précieuses conquêtes de 1789, s'appliquent de la meilleure foi du monde à restaurer, sous des noms nouveaux, l'oppression des anciennes corporations! (*Très bien! très bien!*)

Il existe un enseignement national qui vous suffit et vous honore depuis un siècle; on vous propose de le démembrer pour élever, sous le nom d'universités, quelques monuments gothiques qui ne sont rien, qui ne peuvent rien devenir, qui ne peuvent produire aucun bien et qui vont faire immédiatement beaucoup de mal.

On admire vraiment que des républicains prennent tant de peine pour réaliser le vœu de cet orateur monarchiste et catholique qui proposait pour but aux efforts de son parti de ressusciter une à une les institutions du moyen âge. (*Applaudissements répétés à gauche et au centre. — L'orateur, en retournant à son banc, reçoit les félicitations d'un grand nombre de ses collègues.*)

Le Sénat ayant pris en considération un contre-projet de M. Bernard, la commission essaya de combiner les deux textes dont elle avait été saisie. Le ministre de l'Instruction publique, M. Bourgeois, annonça alors le retrait du projet qui avait été l'objet des critiques de M. Challemel-Lacour et le prochain dépôt d'une nouvelle proposition.

DISCOURS

PRONONCÉ

A L'OCCASION DE LA CÉLÉBRATION

DU

CENTENAIRE DE LA RÉPUBLIQUE

le 22 septembre 1892.

———

Le centenaire de la proclamation de la première République fut célébré, le 22 septembre 1892, avec un grand éclat. La partie officielle de la fête consista dans la réunion au Panthéon des représentants des pouvoirs publics et des grands corps de l'État, sous la présidence de M. Carnot. Trois discours y furent prononcés : par M. Loubet, président du Conseil, M. Challemel-Lacour, vice-président du Sénat, et M. Floquet, président de la Chambre.

M. Challemel-Lacour s'exprima en ces termes :

Monsieur le Président,

Messieurs,

La France célèbre en ce moment au sein d'une paix profonde, dans l'allégresse et l'espérance, la commémoration du grand fait qui s'accomplit à pareil jour il y a cent ans, le lendemain d'une victoire, mais après des crises répétées, à la veille de longs et terribles déchirements, quand les cœurs étaient encore oppressés par les angoisses de l'invasion.

Ces cérémonies ont pour objet ordinaire la glorification d'un homme ou d'une assemblée d'hommes à qui revient l'honneur de l'événement qu'elles rappellent. Ici, rien de pareil; les hommes n'ont dans l'événement qu'une part subordonnée, bien que glorieuse encore. La République apparaît, le 22 septembre 1792, non pas comme une conception individuelle, comme une inspiration de génie, non pas comme une conquête de longue main et poursuivie avec persévérance, mais comme une réalité déjà existante, issue, par une élaboration longtemps inaperçue, des forces créatrices d'où procède tout ce qui vit.

La première séance de la Convention offre un spectacle instructif. Plusieurs heures se passent en tâtonnements, les orateurs se succèdent à la tribune et abordent presque au hasard diverses questions sans pouvoir maîtriser l'attention; l'Assemblée, distraite, est visiblement sous le poids d'une pensée qu'elle ne parvient pas à dégager. Tout à coup une voix s'élève, une voix qui n'était pas des plus connues ni des plus autorisées; elle fait entendre les mots d'abolition de la royauté. A l'instant tout change : l'Assemblée semble alors se ressouvenir, comme frappée par une illumination soudaine, que depuis de longs mois il n'y a plus de gouvernement; la Constitution de 91, fruit de si longues délibérations et à laquelle on avait attaché l'avenir de la France, cette Constitution dont la royauté s'est refusée « par conscience » à appliquer plusieurs dispositions essentielles, tombée en désuétude avant d'avoir été essayée, usée avant d'avoir servi, n'est plus qu'une lettre morte. Le Pouvoir est en déshérence. La République qu'on ne voyait pas surgit aux yeux sur les ruines de toute autorité, comme seule capable d'en rassembler les débris. Il ne reste plus qu'à donner solennellement son nom au régime nouveau qui s'est substitué par degrés au régime ancien, encore respecté longtemps après qu'il avait cessé d'être respectable et mort de décrépitude.

L'abolition de la royauté, c'est-à-dire l'avènement de la République, votée en un instant dans un recueillement profond, est acclamée ensuite à grand bruit avec une unanimité que nous avons revue depuis plus d'une fois. Elle est saluée par quelques-uns en termes dont l'emphase et l'accent théâtral nous étonnent aujourd'hui. C'est que nous ne respirons plus cet air qui portait l'ivresse au cerveau des plus fermes. La Convention sentait en ce moment que quelque chose de grand et peut-être de terrible allait s'accomplir par elle, et chacun cherchait à s'élever par la grandeur des paroles au niveau de l'aurore prodigieuse à laquelle

il était appelé à coopérer. Sans doute, la grandeur des actes
n'eût pas moins éclaté dans la simplicité du langage; en gardant
à travers tant de crises redoutables l'habitude salutaire du
naturel et de la précision, on eût évité plus d'un malentendu
déplorable, et l'on se fût épargné plus d'une faute de conduite.
Mais n'oublions pas que l'heure était singulièrement tragique et
que, pour la première fois dans l'histoire des Assemblées, on vit
souvent alors la déclamation jointe à la plus parfaite sincérité.

La République, proclamée sans concert préalable, sans délibération, et qui allait être presque aussitôt écartée pour faire
place à une dictature avec laquelle ses ennemis ont pris trop
souvent plaisir à la confondre, ne fut donc pas le triomphe d'une
école philosophique, l'avènement d'une secte fortement disciplinée et arrivée par adresse à faire main basse sur le pouvoir.
Au contraire, elle était l'œuvre involontaire de tous ceux qui,
depuis plus de trois ans et presque toujours dans des vues bien
différentes, avaient mis la main à la Révolution. Le temps était-il
si éloigné où, dans la salle des Jacobins, le seul mot de République soulevait encore des murmures et où les plus habiles étaient
obligés pour en parler de recourir à d'étranges précautions?
N'était-ce pas hier qu'un des plus redoutés parmi les révolutionnaires s'écriait ironiquement: « Qu'est-ce que c'est que la République? » Le matin du 22 septembre 92, le nombre était encore
très petit des hommes qui s'y trouvaient préparés par leurs réflexions. Et qui oserait dire que parmi ceux dont les acclamations
retentirent dans la Convention et qui dès cette heure demeurèrent
attachés à la République jusqu'à la mort, plus d'un n'éprouvait
pas, la veille encore, à cette idée, une secrète appréhension?

Les plus intrépides, pour peu que la passion ne les rendit pas
entièrement incapables de réfléchir, pouvaient bien éprouver
quelque émotion à se sentir emportés par l'ouragan, à travers les
brouillards, dans les profondeurs inexplorées. Mais les circonstances étaient si fortes et la nécessité parlait si haut que, chez
ceux-là même, il n'y eut pas une minute d'hésitation. Tous accep-
tèrent avec une résolution héroïque, sans s'abuser cependant sur
l'immensité de la tâche et des périls, la mission qui leur était
dévolue : et comme portés par une force surhumaine, ils fran-
chirent d'un bond l'abîme creusé à cette heure entre un passé de
mille années et l'ordre nouveau qu'ils étaient chargés d'inaugurer.

Des penseurs d'un génie mystique et d'un assez haut esprit,

mais incapables de secouer le joug de leurs préjugés héréditaires, s'étonnèrent en ce temps-là qu'une Assemblée d'hommes infatués de philosophie, sortis hier de leur obscurité pour y rentrer demain, s'abandonnât sérieusement au rêve extravagant de constituer à nouveau, sur un plan préconçu, une vieille nation; ils ne manquèrent pas de crier au scandale et de tourner en dérision ceux qui, s'arrogeant un tel droit, osaient entreprendre insolemment sur le domaine de Dieu. Ils annoncèrent que pareil empiétement était chose impie, que la nation qui le souffrait serait châtiée, et que cette tentative tournerait à la honte de ses auteurs. Ces penseurs commettaient une grave erreur de fait. Non, la chute de la monarchie n'était l'œuvre de personne, ou, ce qui revient au même, elle était l'œuvre de tout le monde, et d'abord des rois eux-mêmes, de leurs conseillers, de leur noblesse. La République n'était pas l'essai aventureux d'un système imité de l'antiquité ou récemment éclos dans la tête de quelque sophiste; elle était la conclusion inévitable d'une longue histoire. Les formes qu'elle a revêtues en divers temps ont pu être imaginées par des esprits systématiques, inspirées par des théories abstraites, ou empruntées plus ou moins heureusement à des doctrines en vogue; elles n'ont pas duré, elles ont passé comme passent les fantaisies individuelles, comme passeront toujours les conceptions les plus ingénieuses quand elles seront en désaccord avec les lois de la réalité; mais le principe de la République a subsisté.

Une telle erreur peut se comprendre après tout chez des penseurs encore tout imprégnés de Moyen Age, et la plupart étrangers à la France; ils sont excusables d'avoir osé mettre en doute le succès d'une entreprise qui commençait sous leurs yeux. Mais si, parmi les adversaires de la République il venait à s'en rencontrer de nos jours pour reprendre avec un immense appareil d'érudition la thèse de ceux qu'on a si bien nommés les prophètes du passé, et pour venir, après un siècle entier d'enseignements décisifs, reprocher encore à la République d'être une doctrine d'école sans application possible à une nation si longtemps monarchique, que devrait-on penser de cet étrange procès, et serait-il possible d'y voir autre chose qu'un mémorable exemple des aberrations auxquelles peut conduire l'esprit de système? La haine et la peur, qui pervertissent le sens politique dans les partis, sont aussi des muses fatales au talent, fatales surtout à l'intelligence de l'historien.

Il suffit aujourd'hui d'un regard jeté en courant sur les péripéties de ce siècle agité pour y reconnaître, à la lumière des événements, une vérité qui n'admet plus de contestations; c'est que, loin d'être une apparition fortuite, la République a été une nécessité. Et qu'y a-t-il de plus vain que de protester contre la nécessité, de plus périlleux et, à la longue, de plus coupable que de fermer l'oreille obstinément aux leçons de l'histoire? A Dieu ne plaise que nous ayons la pensée de feuilleter celle de ce siècle pour y chercher en un pareil moment le souvenir des luttes politiques qui en remplissent tant de pages et dans lesquelles a coulé plus d'une fois le plus pur sang de la France! Nous acquittons une dette sacrée en rendant un solennel hommage à nos devanciers, en admirant leur clairvoyance, leur foi indomptable et leur courage. Mais nous ne refuserons pas à d'autres fidélités la justice qui leur est due et le tribut de notre respect; si nous déplorons des résistances qui ont retardé et quelquefois, hélas! compromis les destinées de la France, nous reconnaissons volontiers la noblesse des mobiles auxquels ont obéi tant d'hommes éminents restés jusqu'à la fin attachés par un lien presque féodal à des causes perdues. Notre espérance, ou du moins notre vœu le plus cher, serait que le souvenir de tous les torts fût enfin effacé, et qu'il ne surnageât dans les cœurs que des sentiments d'estime réciproque.

Oui, nous voudrions que cette fête ouvrît une ère de rapprochement patriotique. Mais comment ne pas relever dans les agitations d'un des siècles les plus tourmentés de l'histoire, et pour l'instruction de tous, le fait qui en ressort avec le plus d'éclat? C'est que tous les gouvernements qui se sont succédé, qu'ils fussent fondés sur le génie d'un grand homme, ou entourés des prestiges du passé, ou distingués par le nombre et la variété des talents, ont été convaincus l'un après l'autre d'être des utopies éphémères. Viciés dans leur origine et rongés dès le premier jour par quelque contradiction intime qui était un germe de mort, quelques-uns se sont abîmés bientôt dans le gouffre qu'ils avaient eux-mêmes ouvert; les autres ont été emportés en peu d'instants, après une existence inquiète, par quelque incident en apparence futile, à l'étonnement de ceux qui les avaient fondés et qui la veille encore les soutenaient avec orgueil. Ils sont tombés, et la République a reparu, non pas comme une crise intermittente, comme un expédient d'un jour, comme un abri fragile et précieux pendant la durée d'un orage, mais comme le destin de la France.

Pendant que ces gouvernements duraient et que leur haine vigilante ne perdait pas de vue les républicains, tandis qu'ils les poursuivaient sans relâche tout en adoptant eux-mêmes, pour se justifier d'exister et pour s'assurer un lendemain, quelque principe de la République, celle-ci grandissait dans le secret. Préconisée ou maudite, célébrée avec enthousiasme ou calomniée avec fureur, objet d'aversion et de terreur pour les uns, d'espérance pour les autres, elle n'a pas cessé, même quand ses partisans attendaient dans les prisons ou erraient sur les chemins de l'exil, elle n'a pas cessé un seul jour, depuis le 22 septembre 1792, de vivre d'une vie latente, comme le gouvernement de réserve et de salut. Lorsqu'il y a dix-sept ans elle est rentrée dans notre histoire, à travers quels amas de décombres et malgré quelles résistances, personne ne l'a oublié, ce n'est pas l'éloquence, ce ne sont pas les procédés d'une tactique savante, ce n'est pas même l'impossibilité des régimes qu'on lui opposait et la folie des ambitions qui se dressaient devant elle, ce n'est rien de tout cela qui lui a donné la victoire : c'est la force des choses qui s'est fait reconnaître une fois de plus.

Nous voyons, messieurs, depuis quelque temps se produire dans les rangs des adversaires de la République une sorte de mystérieux ébranlement; plusieurs parmi les plus sincères semblent tentés de renoncer enfin à une hostilité stérile, à une opposition sans prétexte sérieux, sans espérance et désormais sans honneur. Est-ce la République seule qui les subjugue enfin par son ascendant? Est-ce l'œuvre qu'elle peut se vanter déjà d'avoir accomplie : la fortune du pays reconstruite, la France redevenue puissante et prospère, replacée à son rang, calme dans sa force et entourée de la considération universelle, est-ce cette œuvre qui, après avoir forcé le respect du monde, les désarme à leur tour? Peu importe, il n'est pas un esprit sérieux qui ne suive ce mouvement avec intérêt. Nous le saluons pour notre part avec satisfaction et avec confiance. Qu'est-ce qui pourrait empêcher des hommes à qui ne manque pas plus la pénétration que le patriotisme, de rompre avec la mort pour rentrer dans la vie? Ils n'ont pas à humilier leur raison devant une doctrine récente et particulière, dont on pourrait donner la date et nommer les parrains : ils n'ont pas à rendre les armes à un parti qu'ils ont longtemps dédaigné et qu'ils se souviennent d'avoir traité sans ménagement; ce n'est même pas devant la volonté du pays qu'ils capitulent, quoique pareille capitulation n'ait rien qui pût coûter à leur fierté. Ils s'inclinent devant l'autorité d'une longue suite de faits où nul ne peut méconnaître la marque souveraine de ce qui s'appelle, dans le langage habituel au plus grand nombre d'entre eux, un décret providentiel.

Nous ne sommes pas de ceux que ce mouvement inquiète et nous ne craignons pas qu'il soit une simple manœuvre; une telle stratégie ne tromperait que ceux qui l'auraient conçue. Qu'ils se rallient encore une fois sans arrière-pensée, sans chercher à distinguer subtilement entre la République et les principes qui la constituent ou, pour mieux dire, qui résument le génie de la Révolution française et celui de la France nouvelle : liberté de la conscience et de la pensée, liberté individuelle, liberté du travail, égalité pour tous des charges et des garanties. Au lieu d'en contester inutilement quelque application spéciale, qu'ils s'y attachent au contraire avec énergie : dans les secousses qui ont ébranlé tant de choses, ces principes sont restés intacts, ils ont conservé leur vérité, ils n'ont rien perdu de leur vertu; ils sont l'ancre de la civilisation.

Voici qu'une révolution nouvelle s'annonce par bien des signes; plusieurs la croient déjà commencée et en train de s'accomplir insensiblement autour de nous. Cette révolution dans laquelle la volonté de l'homme a moins de part encore que dans les autres, quoiqu'elle ait été amenée par les découvertes du génie et qu'elle soit fille de la science, peut et doit s'achever pacifiquement. Mais elle impose aux pouvoirs publics un redoublement de vigilance et des obligations sérieuses; elle exige de tous, et surtout des plus éclairés, un concours de bonne foi; elle risquerait de réveiller par de brusques surprises ceux qui, effrayés par les premières difficultés ou déjà las avant d'avoir mis la main à la tâche, se feraient de l'indifférence un asile et s'endormiraient dans une nonchalante inertie. Pour résoudre ces difficultés, pour maintenir contre des prétentions peu réfléchies et contre des rêveries menaçantes la raison et le droit, nous n'avons qu'une force, mais invincible : ce sont les principes de la Révolution. Ceux qui les ont proclamés et donnés pour fondement à la République ont bâti sur le roc.

Qu'ils soient glorifiés non seulement pour avoir fait faire un grand pas à la justice sociale, mais pour nous avoir préparé, au prix de tant d'efforts, cette forteresse et cette lumière!

DISCOURS

prononcé le 28 mars 1893

EN PRENANT POSSESSION DU FAUTEUIL

DE LA

PRÉSIDENCE DU SÉNAT

M. Le Royer qui, pendant onze ans, avait été constamment réélu président du Sénat, avait donné sa démission, le 21 février 1893, pour des raisons de santé. Le Sénat lui choisit pour successeur M. Jules Ferry, qui prit possession du fauteuil présidentiel le 27 février, et qui recevait ainsi l'éclatante et tardive réparation de cruelles injustices. L'injustice avait été longue, la réparation fut courte. M. Jules Ferry mourut subitement, le 17 mars, d'une maladie de cœur.

Le 27 mars, le Sénat procéda au remplacement de M. Ferry; M. Challemel-Lacour fut élu par 172 voix. Il prit possession, dès le lendemain, du fauteuil et prononça le discours suivant :

Messieurs les sénateurs, le poste où votre confiance vient de m'élever est au niveau des plus orgueilleuses ambitions; il dépasse de beaucoup toutes mes espérances.

En recevant un tel honneur, je ne puis que vous en témoigner ma profonde reconaissance; si j'en éprouve une satisfaction légitime, je m'empresse d'ajouter, et je suis sûr que cette parole ne sera pas taxée par vous de modestie affectée, que cette satisfaction est tempérée par la crainte de rester au-dessous des devoirs dont je me fais une si haute idée.

Il n'y a d'ailleurs guère de place en ce moment pour la joie dans mon cœur. Il est encore rempli, comme les vôtres, par l'amère tristesse qu'y a laissée la disparition inattendue de l'homme supérieur choisi par vous, il y a un mois à peine, pour présider à vos travaux.

Ce choix, bien moins préparé par une entente formelle que par une sympathie tacite mais générale pour cet homme d'État, cet orateur, ce citoyen intègre et courageux, soumis à de si longues et si rudes épreuves, avait honoré le Sénat. Il avait été une manifestation éclatante de votre grand esprit de justice, il avait mis en lumière la délicatesse, l'élévation et l'indépendance des sentiments dont vous êtes animés.

Vous n'aviez fait en le nommant que devancer, et sans doute de bien peu, le retour de l'opinion ; vous donniez à celle-ci un signal qu'elle avait compris et qu'on la voyait déjà suivre avec empressement.

Jules Ferry était de ceux dont une pensée unique remplit et gouverne la vie ; elle les domine ; quelquefois elle les entraîne, mais elle augmente leur force et leur assure l'ascendant sur les esprits.

Pendant plus de trente ans, depuis l'époque où je le rencontrai, simple journaliste, n'ayant d'autre arme que sa plume sous un régime qui n'aimait ni la plume ni la parole, jusqu'au temps où il commença d'avoir part aux affaires et où il exerça bientôt un si grand pouvoir, jusqu'au jour cruel où, blessé dans la lutte, il s'était vu condamné tout à coup, non pas à l'inaction qu'il ne connut jamais, mais à l'impuissance, Ferry n'avait eu qu'une pensée : poursuivre l'établissement en France d'un gouvernement libre, conforme à l'état nouveau de la société et des esprits, digne de la grandeur historique de la France et de sa place parmi les nations civilisées, fonctionnant dans des conditions compatibles avec l'ordre et avec le progrès. (*Très bien ! très bien ! à gauche et au centre.*)

Il avait sur ces conditions des idées très arrêtées, quoiqu'il n'eût rien de l'esprit doctrinaire. Son ardeur à les défendre égale à son courage pour les appliquer, oserai-je le dire? une certaine âpreté de pensée et de langage contractée dans une suite de luttes sans trêve, avaient à la longue accumulé contre lui bien des préventions ; et ces préventions exploitées par des inimitiés, qui sont l'inévitable lot des hommes de cette valeur, avaient fini par l'évincer de la vie publique.

Il y a deux ans, il s'était réfugié parmi vous; vous l'aviez accueilli avec respect, et déjà l'opinion, longtemps entraînée et égarée par un de ces torrents d'erreur aussi difficiles à contenir qu'à expliquer et où se perdent parfois, englouties sans retour, des forces précieuses, commençait à s'émouvoir en sa faveur.

Vous ne l'avez pas attendue, messieurs. Vous avez offert à Jules Ferry une réparation qui fut peut-être la plus grande joie de sa vie, mais qui fut la dernière. Le repos forcé, en un temps où la lutte est encore loin d'être close et où il voyait tant de choses à faire, avait laissé un germe mortel dans ce cœur toujours affamé d'activité.

Le jour où vous l'aviez appelé à diriger vos travaux, il avait conçu pour le Sénat l'idée d'une grande tâche, qui n'avait d'ailleurs rien de chimérique, car elle consistait simplement dans l'accomplissement total de sa fonction constitutionnelle. Il vous a donné, en termes présents à toutes les mémoires, une rapide esquisse de ce plan, où il n'y a rien à retrancher.

A l'heure qu'il est, tout le monde reconnaît, et nous pouvons dire sans orgueil, mais sans crainte de nous abandonner trop complaisamment aux illusions de l'esprit de corps, que le Sénat est entouré de la confiance publique. Les années ont passé, les événements se déroulent; et, en dépit des critiques et des théories décevantes, l'autorité du Sénat n'a cessé de grandir.

De jour en jour l'opinion se rend plus clairement compte de son rôle dans l'ensemble des pouvoirs publics et de la fonction qui lui est dévolue. Aussi attend-elle de lui qu'il maintienne, dans un invariable esprit de conciliation et de progrès réfléchi, mais avec fermeté, les droits qui sont les siens, ou plutôt qui sont ceux de la République elle-même : (*Très bien! très bien!*) le Sénat n'en est que le dépositaire.

Il n'y a pas de républicain éclairé qui ne sente que la République, sa force et son avenir sont intéressés au premier chef à ce que la Constitution soit pratiquée avec scrupule dans toutes ses parties. (*Nouvelle approbation.*) Il n'y a pas d'esprit amoureux de réformes qui ne doive souhaiter, pour leur triomphe durable, que ses idées passent par l'étamine devant ce grand corps, recruté parmi ceux qui ont donné le plus de gages à la France, à la République, à la démocratie, et qui ont amassé dans la pratique des affaires la plus large provision d'expérience et de savoir. (*Très bien! très bien!*)

Mais, messieurs, les droits se maintiennent surtout par l'usage. Les attaques contre la République se réduisent de plus en plus aux agitations de groupes irréconciliables que le temps diminue à vue d'œil. Les partis peuvent être irréductibles, un peuple ne l'est jamais. (*Très bien! très bien!*)

A mesure que la France devient plus républicaine, de nouvelles questions se posent, des nécessités imprévues se révèlent, et la tâche imposée aux pouvoirs publics grandit.

La nation voit toujours dans le Sénat sa plus sûre sauvegarde contre les agitations encore renouvelées par intervalles, à l'aide de procédés qui ne varient pas, mais de plus en plus vaines des partis expirants; elle voit en lui une garantie contre les tentatives hasardeuses ou détournées de réformes précipitées et mal conçues; mais elle attend de lui davantage.

Elle espère que le Sénat, attentif au renouvellement qui s'opère dans les conditions économiques et morales de la société, si étranger aux utopies, mais en relations si intimes avec la démocratie et si attaché à ses intérêts, utilisera sa riche expérience pour aborder, de concert avec le Gouvernement, les plus pressantes de ces questions. (*Marques d'approbation.*)

Elles offrent un champ inépuisable à votre activité, et ce champ est si vaste qu'il me suffit de l'indiquer du doigt.

Je n'ai point la témérité de vous tracer un programme. Témoin de vos travaux depuis dix-huit ans, je sais que vous êtes accoutumés à étudier toutes les questions avec la gravité et le sérieux qu'elles méritent, à ne vous inspirer que de la justice, à consulter toujours et avant tout l'intérêt de la patrie.

Vous m'avez élevé à cette place pour aider dans la mesure de mes forces à vos travaux. Quoique je veuille rester sobre d'assurances, je ne crains pas de vous donner celle que vous pouvez compter sur un collaborateur assidu et sur tout mon dévouement. (*Applaudissements prolongés.*)

DISCOURS

PRONONCÉ

AUX OBSÈQUES DE TIRARD

Le 8 novembre 1893

———

Messieurs,

L'émotion profonde causée par la mort de M. Tirard a montré
de quelle estime le nom de ce vaillant homme était partout
entouré. Sa carrière politique a été pendant vingt-cinq ans une
carrière de travail et d'honneur. Il commandait le respect par la
rectitude de sa vie, par la simplicité de ses mœurs dont il ne se
départait pas dans les situations les plus élevées, par son intégrité à l'abri de tout soupçon, par des talents qu'il ne devait qu'à
ses seuls efforts. Il n'avait, en effet, reçu de la fortune aucun des
avantages qui écartent les obstacles et facilitent le succès ; mais
il avait l'intelligence, la persévérance, le courage avec un sentiment de la responsabilité qui l'a toujours porté sans effort au
niveau des tâches les plus hautes et les plus difficiles. Sa loyauté
lui avait acquis, outre la considération générale, de précieuses
et de solides amitiés ; et parmi ceux qui n'étaient pas dans son
intimité et qui n'avaient avec lui que des relations intermittentes,
beaucoup nourrissaient pour ce caractère sans détour et sans
intrigue, pour ce cœur toujours ouvert, une estime où il entrait
une secrète affection.

M. Tirard avait fait à l'Empire une guerre vive et loyale. Il a
été donné à plusieurs d'entre nous de connaître par intervalles

un groupe politique dont il faisait partie. Dans ce groupe de négociants, d'industriels, de petits commerçants, où tout le monde avait à cœur de racheter la France des hontes qu'elle avait subies, de la préserver des périls qu'on voyait grandir à mesure que l'Empire s'affaiblissait, on ne conspirait pas; on ne conspirait du moins que pour éviter les écueils sur lesquels la République de 1848 avait péri et pour préparer une République qui fût un régime de liberté, d'ordre et de justice, qui pût élever les cœurs en rassurant les intérêts. Elle vint, cette République, mais après la défaite, au milieu des désatres sans nom de l'invasion et de la guerre civile, chargée de souvenirs lugubres, entourée d'ambitions et d'inimitiés diverses qui n'étaient d'accord que pour dévorer d'avance son héritage. M. Tirard, un de ceux qui l'avaient préparée, vit de près les obstacles à surmonter et il ne se découragea pas.

On ne peut parcourir cette existence si pleine sans y rencontrer à chaque page les tristesses, les déceptions, les amertumes, les angoisses, toutes les difficultés et toutes les crises morales que nous avons traversées depuis vingt-cinq ans. M. Tirard, qui avait donné, comme maire d'un arrondissement, la mesure de ce qu'il valait pendant le siège, venait d'être nommé à l'Assemblée nationale, lorsqu'eurent lieu à Paris les élections municipales du 26 mars. Il crut sage de n'en pas discuter la légalité, et il accepta le mandat de conseiller municipal, espérant trouver dans cette assemblée un élément d'ordre. Mais il se retira, désabusé, trois jours après; non sans courage, car il était sûr d'être traité dès ce moment en ennemi, les partis n'étant que trop portés à confisquer comme une conquête et à flétrir comme une trahison la liberté de ceux qui lui ont donné des gages; il se retira en déclarant fièrement que, déjà membre d'une assemblée politique, il n'avait pas entendu entrer dans une autre en révolte contre la première.

A l'Assemblée nationale, il se rangea résolument, sans abandonner d'ailleurs aucune de ses opinions, sous la conduite de de M. Thiers. Ce républicain décidé, cet homme qui, la veille encore, était un simple négociant en bijouterie de doublé, mais esprit libre et sérieux, capable de réflexion et capable d'études, rarement tenté de sortir de la sphère modeste où il se sentait à l'aise, d'une intelligence que ne troublaient ni les calculs d'une ambition impatiente, ni les passions haineuses, ni aucun fana-

tisme, jugeait avec une rare netteté de ce qui était possible et se
soumettait à toutes les précautions qu'exigeaient le relèvement
de la France et la préparation de son avenir. Il prenait part à
nombre de discussions sur des questions spéciales, de jour en
jour plus écouté et plus apprécié, jaloux de conserver intacte, en
ne la laissant effleurer par personne, une considération qui était
toute sa richesse; se mettant ainsi, sans y penser, en état de
rendre de sérieux services, le jour où il serait fait appel à son
courage.

Après de longues années d'alarmes presque quotidiennes, de
luttes incessamment et imprudemment renouvelées, car elles
avaient pour enjeu le salut de la France, lorsque la République fut
sortie victorieuse d'une dernière crise et qu'une situation nouvelle
appela, comme on l'a dit, des hommes nouveaux, Tirard se trouva
désigné pour entrer, le 5 mai 1879, dans le cabinet présidé par
M. Waddington. Il a figuré depuis lors dans un grand nombre
de cabinets, comme ministre du Commerce et de l'Agriculture,
comme ministre des Finances, comme président du Conseil; il
apportait avec lui la sécurité; on sentait, quand il était là, que
les grands intérêts dont on le chargeait étaient placés en bonnes
mains; ce qui signifie, et ce n'est pas un éloge médiocre, qu'ils
ne risquaient d'être compromis par aucun entêtement théorique,
par aucune complaisance, par aucune faiblesse. Il était attaché à
la liberté du commerce comme à toutes les autres, et il ne vit
pas sans de vives appréhensions la France renoncer à un régime
qui, malgré des origines contestables, avait donné au pays une
longue prospérité. On a dû reconnaître, et j'ai pu juger moi-
même, en 1880 et 1881, dans les négociations relatives au renouvellement des traités de commerce avec l'Angleterre, comme
dans les conférences qui eurent lieu à Paris et qu'il présida, aidé
de deux directeurs du premier mérite, MM. Amé et Marie, sa
fermeté et sa vigilance à maintenir ce que lui paraissaient exiger
la sécurité et l'avenir de nos industries. Ce dont il ne pouvait
souffrir la pensée, ce qui révoltait tous ses sentiments de justice, ce qu'il repoussait au nom de son expérience d'industriel et
d'homme d'État, c'était une protection onéreuse pour tout le
monde et dont ceux qui la réclamaient si haut ne tireraient pas
longtemps les avantages qu'ils s'en promettaient. Il devint
ministre des Finances; son expérience des affaires, son ardeur
au travail, ses qualités morales le désignaient pour ce poste diffi-

cile, et même ses défauts, je veux dire certaine rudesse, étrangère à sa nature, qui n'était que cordialité et franchise, mais dont s'armait le ministre pour tenir les faiseurs à distance et pour conjurer, si c'était possible, le fléau des solliciteurs. Il s'y montrait sans cesse préoccupé de grandes questions d'équilibre, de clarté dans les comptes, de réserve patriotique et d'économie; il souffrait, plus qu'il n'eût souffert d'une atteinte à sa propre fortune, des difficultés que créaient ou préparaient au budget de l'État des imprévoyances auxquelles ses collègues ne lui paraissaient pas résister toujours avec assez d'énergie.

Il rencontra, comme président du Conseil, par deux fois, à deux années d'intervalle, la même tâche, à commencer en 1887, à consommer en 1889. Une conspiration s'étalait alors au grand jour, formée d'éléments en apparence incompatibles, poursuivant des buts contradictoires, jetant l'inquiétude dans les cœurs, le trouble dans les esprits et le désordre dans la rue; en somme, la plus dangereuse des conspirations pour la liberté, pour la République, pour la France, et la plus humiliante qu'on eût jamais vue. Tirard avait essayé le premier d'y couper court en 1887; lorsqu'il fut appelé pour la seconde fois à former un cabinet, il jura d'avoir raison d'une si criminelle entreprise, et il y réussit. Ses collègues d'alors (le Sénat en compte aujourd'hui plusieurs) seront les plus empressés à témoigner de la résolution tranquille que Tirard montra dans ces circonstances et qu'il sut communiquer à tous. Grâces lui soient rendues! Il eut assez de clairvoyance pour ne pas s'endormir dans un optimisme qui pouvait être mortel, et assez de confiance dans la Constitution pour s'en remettre à l'action régulière des pouvoirs publics du soin de sauver à la fois la liberté et l'honneur. Un tel service suffirait à lui assurer dans l'histoire de notre temps une noble page; la France lui en sera toujours reconnaissante, et tous les partis, sans en excepter même le parti vaincu, devront un jour lui en savoir gré.

Nous pouvons, au milieu de la douleur que nous éprouvons en ce moment, regarder l'avenir avec confiance. Tirard est un exemple des forces que recèle notre démocratie française, et cet exemple doit nous rassurer. Sans naissance et dépourvu même des avantages que peut donner à quelques-uns une éducation brillante, il a honoré la République pendant vingt-cinq ans, travaillé utilement pour elle et attaché son nom à une œuvre de salut. Cet homme simple, sur lequel ont été portés bien des jugements frivoles, avait quelques-unes des plus hautes parties de l'homme d'État : il avait le sentiment juste des situations, le courage de proposer ou de faire ce qu'elles exigeaient, et il le faisait avec une simplicité qui n'était pas sans grandeur. Il ne comprit jamais que la République, la forme la plus noble et la plus souple que puissent revêtir les sociétés humaines, ne dût pas être un véritable gouvernement; il comprenait encore moins qu'il se rencontrât dans la démocratie un parti pour lui marchander l'autorité et le respect, sans lesquels elle serait hors d'état d'aider au progrès et de remplir ses fonctions essentielles. Puisse-t-il, pour l'honneur de la France, pour la durée de la République et pour l'avantage de la démocratie, s'y rencontrer toujours beaucoup d'hommes de ce caractère et beaucoup de serviteurs tels que lui !

DISCOURS

PRONONCÉS

les 12 juin, 10 juillet, 14 novembre, 11 décembre 1893, 22 janvier,
29 janvier, 25 juin, 27 juin, 5 novembre,
13 décembre, 14 décembre 1894, et 11 janvier 1895

A LA

PRÉSIDENCE DU SÉNAT

ÉLOGE FUNÈBRE DU COMTE DE TRÉVENEUC [1]

12 juin 1893

Messieurs, le Sénat vient de faire une nouvelle perte dans la personne d'un de ses membres les plus respectés, et la Bretagne est encore frappée d'un nouveau deuil.

Le comte Henri de Tréveneuc, sénateur des Côtes-du-Nord, est décédé avant-hier matin : il était entré dans sa soixante-dix-huitième année. Le sage que nous avons eu si longtemps pour collègue avait connu toutes les ardeurs de la jeunesse, et, quoique issu d'une vieille famille noble dont le nom figure dans le récit de quelques-uns des événements les plus fameux de notre histoire, il avait partagé un instant les opinions du parti libéral. Il

---

1. En sa qualité de Président du Sénat, M. Challemel-Lacour fut appelé à prononcer l'éloge funèbre de plusieurs sénateurs décédés au cours de sa présidence. Nous ne reproduisons, à leur date, que les principaux de ces éloges.

eut le malheur, étant élève à Saint-Cyr, en 1833, de les professer avec un éclat qui le fit exclure de l'école ainsi qu'une vingtaine de ses camarades. Il n'y rentra pas; il servit quelque temps comme soldat au 5ᵉ de ligne et comme sous-officier au 11ᵉ léger, puis quitta définitivement l'armée pour entrer à l'école des beaux-arts et pour faire son droit.

La trace de ces premières opinions n'était pas entièrement effacée de son esprit lorsque la République reparut en 1848. Aussi fut-elle loin de trouver en lui un adversaire. A l'Assemblée constituante, il marcha quelque temps avec le parti qui choisit le général Cavaignac pour candidat à la présidence, et il approuva hautement la conduite de ce dernier lors de l'expédition de Civita-Vecchia. Il avait repoussé la première demande de poursuites contre Louis Blanc et prononcé à cette occasion des paroles qui méritent qu'on les rappelle. « Ne faisons pas, dit-il, la guerre aux idées, en écartant leurs auteurs; n'en revenons pas aux procès de tendance. » (*Très bien! très bien!*) Il est beau de conserver au milieu des passions déchaînées un si noble sang-froid.

Plus tard, déconcerté sans doute par la marche des événements qui se précipitaient, ou plutôt entraîné par le parti auquel le rattachait sa naissance et par le mouvement de plus en plus marqué de l'opinion dans une portion notable du pays, ses idées se modifièrent. Lorsqu'il eut pris rang dans le parti conservateur, il lui appartint sans réserve et le suivit jusqu'au bout.

Il continua toutefois à tenir l'Élysée en défiance. Sa droiture naturelle, son amour de la liberté, son patriotisme inquiet lui faisaient pressentir les dangers d'une politique qui devait aboutir rapidement à la pire des révolutions. Il se prononça vivement contre elle, mais trop tard, et réduit à protester contre le coup d'État consommé, il se trouva au nombre des représentants qui furent arrêtés et un moment détenus à Vincennes.

Il ne se réconcilia jamais avec l'Empire. Lorsqu'il présenta, le 19 février 1872, à l'Assemblée nationale et fit par un discours éloquent voter la loi qui porte aujourd'hui son nom et qui autorise les conseils généraux à se réunir pour reconstituer provisoirement la représentation nationale en cas de la dispersion des Assemblées, il n'avait pas seulement en vue de conjurer les suites d'une insurrection populaire, il voulait encore ménager un asile à la liberté contre la dictature et sauvegarder le droit du pays

contre le succès momentané d'un coup de main de quelque usurpateur. (*Marques d'approbation.*)

Pendant les vingt-deux ans que nous l'avons eu pour collègue,
d'abord à l'Assemblée nationale, puis au Sénat où il fut élu en
1876 et réélu en 1885, il n'est personne parmi nous qui n'ait eu
l'occasion non seulement de reconnaître en lui les qualités qui
font le galant homme, mais encore d'apprécier son application
sérieuse à ses devoirs de sénateur, son assiduité à les remplir,
l'élévation de son esprit et son patriotisme. A l'époque de la
guerre, il avait, servi malgré son âge, comme major de place au
6ᵉ secteur de Paris et déployé une activité qui lui mérita d'être
décoré de la Légion d'honneur.

Profondément attaché à ses convictions religieuses, il ne s'en
flattait pas moins, non sans droit, d'être un esprit libéral; et,
bien que sur des points essentiels il n'entendît pas tout à fait le
libéralisme comme le plus grand nombre d'entre nous, il était
de ceux dont une Assemblée comme le Sénat est heureuse
d'honorer la loyauté et qu'elle doit avoir à cœur de saluer comme
les plus dignes représentants d'une opinion. (*Vifs applaudissements.*)

————

ÉLOGE FUNÈBRE DE M. MARCOU

10 juillet 1893.

Messieurs, à cette heure même la ville de Carcassonne est au
moment de rendre les derniers honneurs à un de ses citoyens
les plus aimés, M. Théophile Marcou, notre collègue, mort subitement samedi dernier, presque au pied de la tribune.

Nous venions de l'entendre réclamer, d'une voix émue et avec
une vivacité juvénile qui faisait oublier ses quatre-vingts ans, la
mise à l'ordre du jour d'une loi qui l'intéressait jusqu'à la passion. Il espérait y trouver le moyen d'achever ce qu'il regardait
comme la grande œuvre de sa vieillesse, la réhabilitation d'un
innocent. Pendant quatre ans, à force d'enquêtes, de démarches,
de voyages et de travaux, sans être rebuté par les difficultés,
sans se laisser troubler par une prévention presque générale
même dans le pays, il s'était donné pour tâche d'arracher à
l'échafaud un homme condamné, selon lui, par erreur; il y était

parvenu ; non content de lui avoir sauvé la vie et rendu la liberté, il voulait encore, avant de mourir, lui rendre l'honneur. Il se croyait au moment d'y réussir, lorsque la mort l'a devancé. (*Mouvement.*)

Cette dernière passion d'un vieillard n'est pas seulement un trait de caractère, elle donne, ce me semble, la clé de sa vie politique tout entière. Si, au lieu du simple adieu que nous devons à un collègue estimé, nous avions à apprécier sa vie, nous ne devrions pas oublier qu'il avait participé aux luttes, aux défaites, aux rêves obstinés du parti républicain dans les années qui suivirent 1830, qu'il avait été l'ami d'Armand Barbès, qu'à son exemple il se faisait un honneur d'entrer dans la politique avec des principes inflexibles, avec une fierté pure de tout calcul et un héroïsme qui, loin de connaître la mesure, ne connaissait pas même toujours la prudence. Il faudrait nous souvenir qu'il était né dans un de ces départements du Midi où les questions de sentiment se mêlant toujours à la politique lui donnent trop souvent un caractère d'agitation passionnée et parfois d'ardeur presque fanatique.

Marcou appartenait à la Révolution par sa naissance même. Son père, engagé dans une congrégation aujourd'hui disparue, celle des *Doctrinaires*, avait repris sa liberté au moment de la Révolution, dont il adopta les plus nobles idées; il en profita pour travailler, autant qu'il était en lui, à restaurer l'enseignement tombé en ruine dans plusieurs villes du Midi. C'était un éducateur éminent, ses paroles se gravaient dans les jeunes esprits; pendant un demi-siècle d'enseignement, sous quatre régimes différents, il a dressé de nombreuses générations où son souvenir ne s'est jamais effacé; nous en avons parmi nous des témoins. Il avait marqué l'esprit de son fils d'une empreinte profondément spiritualiste, qui avait résisté chez notre collègue, non seulement aux années, mais à la vogue des doctrines nouvelles et au discrédit de celles dont il avait été nourri dès l'enfance.

Il devait naturellement partager tous les enthousiasmes de la révolution de 1848; il s'y jeta avec une fougue candide, et lorsqu'après deux années de luttes, d'illusions et de mécomptes, la République fut abattue, il fut des premiers frappés par le Deux-Décembre. Il s'était retiré en Espagne, et presque aussitôt il lui fallut rentrer en France clandestinement, comme un malfaiteur, braver la déportation et les peines les plus sévères, pour venir recueillir le dernier souffle d'une mère qu'il adorait. Il apprit, lui aussi, combien est dur à monter l'escalier de l'étranger et combien son pain est amer. Dans la grande ville où il avait élu domicile et commencé d'exercer la profession d'avocat consultant, la dignité de sa vie, l'agrément de ses relations, ses connaissances juridiques et la sûreté de ses conseils lui avaient bientôt acquis la considération et procuré une riche clientèle. Ce succès donna de l'ombrage aux hommes de loi du pays; il dut renoncer à sa profession et se rabattre sur l'enseignement privé. Il ne garda de cette pénible expérience aucune amertume; il ne parlait jamais de l'Espagne qu'avec un souvenir reconnaissant de l'hospitalité qu'il y avait reçue et des amitiés qu'il y avait formées.

Lorsqu'il rentra en France en 1867, on sentait déjà approcher l'ombre des dernières catastrophes. Il reprit aussitôt son œuvre d'opposition sans trêve et de propagande républicaine. Il ne tarda pas à devenir bâtonnier de l'ordre des avocats et maire de Carcassonne. Il a eu la joie de voir élever de son vivant sur le point culminant de l'antique cité, en souvenir des bienfaits de son administration, un monument qui porte son nom. Après la guerre, son passé, son activité, son talent de polémiste dont son journal, *la Fraternité*, apportait chaque matin quelque preuve nouvelle, avaient fait de lui le conseiller quotidien d'une population enfiévrée par les événements. Il sut la contenir, sans compromettre toutefois sa popularité, et montra en plus d'une occasion qu'il n'était pas incapable de résistance. Plusieurs d'entre nous se rappellent encore avec quelle fierté d'accent il sut repousser les imputations dirigées contre lui dès le lendemain de son entrée à l'Assemblée nationale.

Il arrive un jour pour beaucoup d'hommes politiques, quand ils ont passé la meilleure partie de leur vie loin des responsabilités du pouvoir et joui trop longtemps des immunités de l'opposition, il arrive un moment où leurs idées se fixent sans retour et, si j'ose m'exprimer ainsi, se cristallisent à jamais. Les opinions qu'ils ont reçues dans leur jeunesse revêtent à leurs yeux une autorité absolue, elles deviennent des traditions inviolables et comme des dogmes qu'ils ne discutent plus, ne s'apercevant pas que les situations qui les expliquaient, ont changé et que la face des choses s'est renouvelée.

Théophile Marcou se flattait d'avoir au plus haut point ce genre de fidélité. On aurait pu dire d'avance, dans les questions les plus débattues, de quel côté il se rangerait. Les hommes qui avaient été l'admiration de sa jeunesse, les hommes de la Révolution qui avaient pris dans son esprit des proportions légendaires, avaient donné ou du moins indiqué toutes les solutions; et si aux questions politiques se mêlait une question d'humanité, l'hésitation même n'était plus permise. Il suffisait qu'une résolution eût un air de générosité chevaleresque ou qu'elle parût commandée par la tradition du parti pour qu'il s'y attachât avec emportement. C'est ainsi qu'en 1879 il présenta et soutint la plus large proposition d'amnistie qui eût encore été faite. C'est ainsi qu'en 1875, après s'être prononcé pour l'amendement Wallon, il n'avait pas cru pouvoir voter l'ensemble des lois constitutionnelles. Avec un très petit nombre de nos collègues républicains, et parmi eux un ou deux des plus illustres, il repoussa ces lois, surtout parce que la tradition du parti ne lui permettait pas de souscrire à l'institution d'une seconde Chambre. Il ne prévoyait pas qu'un jour il y entrerait sans trop de regret, qu'il y tiendrait sa place avec honneur, qu'il y recevrait de votre président le sincère hommage dû à son dévouement et à ses qualités morales. (*Très bien ! très bien !*)

Sans doute il est permis de se demander, en présence de telles contradictions, si cette fidélité plus que religieuse à des idées contingentes de leur nature n'est pas une règle de conduite quelquefois décevante et si elle est la meilleure école d'esprit politique. Mais ce qu'on ne peut contester, c'est qu'elle a quelque chose de touchant et qu'elle est profondément respectable lorsqu'elle s'allie, comme chez Théophile Marcou, au plus profond désintéressement, à l'élévation morale, au culte suprême de la justice. (*Nouvelle approbation.*) Une chose domine cette longue vie de perpétuelle opposition, se reconnaît toujours à travers ces polémiques que n'effrayait aucune vivacité, dans ces comparaisons souvent amères des jeunes générations avec celles d'autrefois, c'est le rêve d'une France où la liberté républicaine eût élevé le niveau des âmes et ramené l'harmonie comme par enchantement, où des nobles doctrines, supérieures pour lui à toute contestation, eussent excité dans tous les cœurs la même foi enthousiaste qu'elles allumaient dans le sien.

Il s'étonnait naïvement que de telles espérances ne fussent pas

encore réalisées. Il ne pouvait pas comprendre qu'ayant placé
son but si haut et si loin, il parût à quelques-uns se contenter
d'ambitions arriérées et qu'on lui préférât parfois de nouveaux
venus, parce qu'ils avaient porté leur but plus loin encore, au
delà de ce que peuvent atteindre le bon sens et la raison, jusque
dans les ténèbres des terres inconnues. (*Très bien! très bien!*)

Son cœur était souvent attristé et il ne le dissimulait pas;
mais le découragement n'y pénétra jamais. Avec lui disparaît un
des derniers exemplaires d'une génération d'hommes qui peuvent s'être quelquefois trompés, et gravement, mais qui ont droit
au respect; car leur foi était sans intérêt, leur abnégation très
grande, et leurs espérances invincibles comme leur courage.
(*Applaudissements prolongés sur tous les bancs.*)

OUVERTURE DE LA SESSION EXTRAORDINAIRE

14 novembre 1893.

Messieurs les sénateurs, je crois qu'il est convenable qu'avant
d'entrer dans les travaux de la session, votre Président rappelle,
dès cette première séance, ce que nous avons vu s'accomplir chez
nous, il y a quelques semaines, et qui a fixé l'attention du monde
civilisé, je parle de la visite en France des marins de l'escadre
russe dans la Méditerranée. Cette visite, qui était une réponse à
la visite faite par notre flotte à Cronstadt en 1891, a profondément ému la France.

Les marins russes ont été reçus partout avec la cordialité la
plus sincère, et les acclamations qui les ont accueillis à Toulon,
qui les ont accompagnés partout, depuis leur arrivée jusqu'à leur
départ, ont eu dans le pays un long retentissement. (*Très bien!
très bien!*)

Si le Parlement avait pu être réuni, si le Sénat avait été en
session, vous auriez été heureux de fêter, vous aussi, la bienvenue des hôtes de la France et de joindre vos acclamations à
celles du pays. (*Applaudissements.*)

Je remplis un devoir, et je suis sûr d'être l'interprète fidèle de
votre pensée unanime, en déclarant aujourd'hui que vous vous
associez pleinement aux sentiments qui se sont manifestés de

toute part avec tant de spontanéité et d'éclat. (*Nouveaux applaudissements.*)

Nous sommes persuadés que ces sympathies réciproques de
deux grands peuples n'ont rien d'accidentel ni de passager.
(*Vive approbation.*)

Elles reposent sur un sentiment déjà ancien d'estime mutuelle
et sur des intérêts qui se correspondent partout et qui ne se
contrarient nulle part. (*Vifs applaudissements.*)

Le Sénat adresse à l'empereur Alexandre III et à la famille
impériale de Russie l'hommage de son respect. Il salue dans
cette illustre amitié une espérance nouvelle de paix et une
garantie de plus pour la civilisation. (*Bravos et applaudissements
prolongés.*)

Sur l'attentat anarchiste commis a la Chambre

11 décembre 1893

Messieurs, le Sénat et son Président ne sauraient rester
silencieux en présence de l'attentat commis samedi dernier
contre la Chambre des députés [1], (*Très bien! très bien!*) non pas
que j'aie la pensée, dans ces quelques paroles, de donner cours
au sentiment d'indignation que nous éprouvons tous — les
expressions les plus fortes resteraient toujours infiniment au-
dessous de l'horreur dont la France est à cette heure saisie
(*Marques très vives d'assentiment.*) — mais je crois devoir, en
votre nom, déclarer que le Gouvernement peut avoir une entière
confiance dans le Sénat, comme le Sénat, en admirant le sang-
froid du Gouvernement, a confiance dans son énergie, dans son
courage et dans la promptitude de ses résolutions. (*Nouvelle
approbation.*)

Il ne s'agit pas seulement de rendre impossible ou du moins
plus difficile désormais un système de crimes qui a déjà trop
souvent épouvanté la France, et d'en assurer la répression ; il
s'agit surtout d'extirper une secte abominable (*Très bien!*) en
guerre ouverte avec la société, en guerre avec toute notion morale

---

1. L'attentat commis par l'anarchiste Vaillant qui avait lancé, le
9 décembre, une bombe dans la salle de la Chambre des députés.

et qui, en proclamant son but qui est de détruire tout, et ses moyens qui sont le crime et la terreur, s'est placée elle-même en dehors des lois. (*Très bien! très bien!*)

Le monde se trouve pour la première fois en présence d'un fanatisme jusqu'ici inconnu, ou plutôt d'une lèpre morale dont l'histoire n'a offert jusqu'à présent aucun exemple.

Il est temps, il n'est que temps que cette horrible contagion soit arrêtée. Le Gouvernement, en entreprenant cette tâche, est sûr de rencontrer l'approbation et l'appui de l'opinion publique, de tous les républicains, de tous les partis. Il peut compter sur le concours des pouvoirs publics; il peut compter notamment sur le concours du Sénat. (*Très bien! et applaudissements.*)

Il faut que la France reconquière la sécurité. Elle la reconquerra; elle la rétablira par son courage, joint au courage du Gouvernement.

Il faut qu'elle la reconquière elle-même. Il y va non seulement de la sûreté de chaque particulier et de la sûreté de l'État, il y va de l'avenir de la République, il y va de la liberté, il y va de l'honneur. (*Très bien! très bien! et applaudissements répétés sur tous les bancs.*)

RÉÉLECTION A LA PRÉSIDENCE DU SÉNAT

22 *janvier 1894*

M. Challemel-Lacour, réélu Président du Sénat, le 10 janvier 1894, prononça, en remontant au fauteuil, le discours suivant :

Messieurs, cette absence obligée de dix jours, en de pareilles circonstances, m'a paru bien longue; j'espère que mes collègues me l'ont déjà pardonnée. Le plus pénible sentiment que m'ait fait éprouver cette malencontreuse indisposition est certainement l'impatience où j'étais de vous apporter mes remerciements.

Je me fais une si haute idée du rôle dévolu au Sénat dans le jeu de nos institutions, et je le tiens pour si important à l'avenir de la République qu'il n'y a pour moi rien au-dessus de l'honneur de présider à ses délibérations. En me conférant cet honneur une seconde fois, vous m'imposez de grands devoirs, vous m'imposez en même temps une dette dont il me sera toujours difficile de m'acquitter pleinement.

Les récentes élections ont montré que l'opinion publique, comme éveillée par les critiques adressées au Sénat et par les attaques dirigées contre son existence même, n'a cessé de réfléchir sur la nature de cette institution; elle en comprend de mieux en mieux les avantages et la nécessité; elle se rend plus nettement compte des inconvénients et des périls attachés à la dictature d'une Assemblée unique, fût-elle une assemblée de sages et assurée de rester, ce qui est bien difficile, l'organe toujours respecté du vœu public.

La France attend beaucoup du Sénat. Vous saurez, messieurs, par l'étude de plus en plus approfondie des questions soumises à votre examen, par votre activité, par la pratique sans jalousie, mais intelligente et ferme, de vos droits, justifier l'attente de la France.

Les dernières élections sénatoriales, mettant une fois de plus en évidence la volonté persévérante du pays, nous ont montré l'esprit républicain victorieux dans plusieurs départements où la tradition de l'idée monarchique l'avait emporté jusqu'à présent. Nous ne pouvons voir sans une émotion d'intime regret, sans un serrement de cœur, disparaître d'au milieu de nous des hommes, il est vrai, séparés de la majorité sur une question fondamentale, mais dont nous avions appris de longue date non seulement à apprécier la grâce courtoise, mais à estimer le caractère et à respecter le dévouement à leur cause. (*Très bien! très bien!*) Leur talent honorait la tribune du Sénat et je rends votre pensée à tous en disant que nous ressentons leur départ comme une sorte d'appauvrissement. (*Très bien!*)

Et pourtant, je suis obligé de l'avouer, nous ne pouvons nous défendre d'une satisfaction patriotique en voyant approcher à chaque élection le moment où le Sénat ne comptera plus que des républicains, et où personne n'y séparera plus de l'avenir de la République ses espérances de paix sociale et de grandeur pour la France.

Non pas que nous ayons la moindre impatience de voir disparaître toute opposition politique. Nous sommes persuadés au contraire que cette disparition, d'ailleurs peu à craindre, serait un malheur; bien loin de la désirer, un gouvernement avisé serait plutôt tenté de réclamer cette opposition et de solliciter sa vigilance. Mais cette opposition sera d'autant plus utile, ses critiques et ses avertissements auront d'autant plus de chances d'être efficaces qu'ils seront plus purs de tout soupçon d'en vouloir au régime que la France aspire de plus en plus à pouvoir considérer comme indestructible et définitif.

Cette union dans les pouvoirs publics est plus nécessaire encore au moment où se réveille le vieil esprit de chimère qui nous a fait tant de mal et où, comme enivré de quelques succès accidentels, il se croit le droit de parler en maître. Combien n'est-il pas désirable qu'il trouve debout devant lui les pouvoirs publics unis dans une même confiance en nos institutions?

Je salue cordialement les sénateurs nouveaux que les dernières élections ont envoyés parmi nous. Quelques-uns connus de la France entière pour leur vieil attachement à la République, pour leurs longs services, et que leur éloquence a portés bien haut dans d'autres assemblées, nous apporteront le concours de leur expérience et de leurs lumières. Ils s'assureront promptement que le Sénat n'est et ne veut être, comme c'est son devoir, que le collaborateur consciencieux et sincère, mais libre, de l'autre Chambre; il a même attachement à la démocratie, même amour de la justice, même souci de la puissance et de l'honneur de la France.

Ils savent déjà que, si le jeu compliqué du régime de discussion amène quelquefois, entre les corps dont le concours y est nécessaire, certains frottements, ils s'adoucissent bientôt, et que l'on sort des difficultés pourvu qu'on s'attache à l'interprétation loyale des dispositions constitutionnelles. Quant aux nouveaux venus dans la vie parlementaire, ils ont trouvé en entrant ici des habitudes de discussion qui les ont sans doute déjà rassurés : une courtoisie qui tempère toutes les vivacités, des auditeurs bienveillants et chez tous, surtout chez les plus éminents, une indulgence faite pour triompher de toutes les timidités. (*Très bien! très bien!*)

Qu'ils ne craignent donc pas d'entrer dans ces mêlées pacifiques, qu'ils s'intéressent à toutes les questions, — les plus arides ont aussi leur attrait; — le sûr moyen d'y prendre goût et, si on le veut bien, de s'y rendre maître, c'est l'assiduité, l'attention et le travail : le prix de ces efforts, c'est d'honorer la République, c'est de servir la France; il doit suffire aux plus ambitieux. (*Applaudissements prolongés.*)

On a vu que M. Challemel-Lacour avait fait allusion, dans son allocution, aux dernières élections sénatoriales. Il avait fait parti lui-même de la série sortante et avait été réélu, pour la troisième fois, sénateur des Bouches-du-Rhône, après avoir adressé aux électeurs sénatoriaux de ce département la circulaire suivante :

14 décembre 1893.

Monsieur et cher Concitoyen,

J'ai l'honneur de me présenter pour la troisième fois au suffrage des électeurs sénatoriaux.

Il ne m'appartient pas d'énumérer mes titres et de rappeler les phases de ma vie politique : elles ne sont pas ignorées de vous.

Peut-être ai-je le droit de penser que ma longue fidélité à la cause de la République et de la liberté, l'expérience et l'autorité que j'ai pu acquérir pendant vingt-deux ans de pratique parlementaire, mon dévouement aux intérêts populaires et à ceux du département, me mettent à même de rendre quelques services.

Lorsque je fus amené, dès ma jeunesse, à me consacrer tout entier à l'établissement en France d'un gouvernement stable et libre, qui ne pouvait être que la République, les difficultés étaient grandes.

Aujourd'hui, la République est fortement assise. Elle a reconstitué les forces de la France. Elle lui a rendu sa place dans le monde. Elle a déjà fait beaucoup pour le peuple.

Si elle n'a pas fait davantage, c'est que des questions mal posées ou de nature à troubler l'opinion publique, des solutions que la majorité repousse ou auxquelles elle se montre indifférente, ont engendré trop de discussions stériles et donné lieu, parmi les républicains, à de fâcheux malentendus.

Il est temps que nos efforts se concentrent sur des questions plus pratiques : sur notre régime fiscal, qui réclame, dans l'intérêt du peuple et de la justice, une revision sérieuse ; sur les questions si nombreuses et si urgentes qui intéressent l'agriculture ; sur celles qui concernent la situation des travailleurs, l'amélioration de leur sort et la sécurité de leur vieillesse ; sur les institutions de mutualité.

Je considérerai comme l'honneur de ma vie de pouvoir consacrer mes derniers efforts à restaurer, dans ce pays travaillé par tant de révolutions, l'unité morale si nécessaire à sa puissance et à sa grandeur.

ÉLOGE FUNÈBRE DE M. ALPHONSE GENT

29 janvier 1894.

Messieurs, notre collègue M. Alphonse Gent, sénateur de Vaucluse, est mort vendredi soir, 26 janvier, dans son domicile à Paris. Il était dans sa quatre-vingt-unième année. On peut dire que, depuis longtemps, il se survivait à lui-même. Non pas que ses facultés intellectuelles semblassent avoir subi une sérieuse atteinte, et quand il reparaissait de loin en loin parmi nous, avec son air recueilli, avec sa haute taille restée droite malgré le poids des années, nous le trouvions à peine changé.

Mais il portait en lui d'anciennes et secrètes blessures qui l'avaient peu à peu détaché, non certes de la cause à laquelle il avait voué sa vie et qu'il aima jusqu'au bout, mais des luttes de partis dans lesquelles il s'était jeté dès sa jeunesse avec une si vive ardeur. Il cédait à un besoin de paix de plus en plus impérieux, et il goûtait davantage les douceurs de la retraite et du silence, à mesure qu'il approchait du terme d'une existence si remplie d'agitation et qui avait connu de terribles épreuves.

Il avait trente-cinq ans et il était avocat, inscrit au barreau d'Avignon, lorsque s'accomplit la révolution de Février. Maire d'Avignon, depuis longtemps acquis aux idées républicaines et devenu par son activité le chef reconnu du parti démocratique dans une région où les passions allumées par la première Révolution ne s'étaient jamais complètement éteintes, il devait attirer l'attention des hommes portés au pouvoir par la catastrophe de la Monarchie : il fut nommé commissaire du Gouvernement dans Vaucluse.

Les électeurs du département le choisirent pour député le 4 juin 1848, puis, son élection ayant été annulée, il fut élu de nouveau le 17 septembre. Son humeur vive, sa promptitude à la riposte, son courage qui ne supportait pas facilement une agression même apparente ou une insinuation suspecte, lui valurent plusieurs duels retentissants. Cependant il était très facile à vivre et il avait des habitudes de courtoisie un peu apprêtée, qu'il conserva toujours

Mais le courage, chez lui, l'emportait. Le 13 juin 1849, ayant aperçu M. Lacrosse, ministre des Travaux publics, dans le premier cabinet du prince-président, qui s'était égaré je ne sais comment dans l'échauffourée des Arts-et-Métiers, et le voyant entouré d'une foule menaçante, il entreprit seul de l'arracher de ses mains et il y réussit. M. Lacrosse, que nous avons vu mourir en 1865 sénateur de l'Empire, n'oublia jamais ce service.

M. Gent ne fut pas réélu à la Législative, mais il était emporté par le torrent de la politique, et il n'en sortit plus. Dès le lendemain de l'élection du prince Louis-Napoléon à la Présidence, il était facile de prévoir à quels périls la République serait prochainement exposée et qu'on n'éviterait pas quelque jour une tentative de révolution militaire.

Gent entreprit, pour préparer une base de résistance à cette tentative qu'il considérait comme inévitable, d'organiser dans la vallée du Rhône une vaste association qu'il appela l'association du Sud-Est. Beaucoup d'esprits sentaient alors que la France se trouverait bientôt dans une alternative difficile, celle de tenter ou du moins de préparer une résistance qui tiendrait peut-être en respect de dangereuses ambitions, et celle de subir une restauration de l'empire qui pourrait avoir des conséquences non seulement funestes à la liberté, mais peut-être mortelles pour la patrie.

Cette alternative, une des fatalités de notre histoire, était bien faite pour troubler les consciences et pour paralyser les courages. Elle n'ébranla point celui de M. Gent, que surexcitaient les difficultés et les périls. Mais il fut arrêté à Lyon le 29 octobre 1850 sous la prévention de complot contre la sûreté de l'État. Après dix mois de prison préventive, il fut traduit devant le conseil de guerre.

Le plus qualifié parmi les avocats que les accusés avaient choisis pour défenseurs, M. Michel de Bourges, invité à esquisser les grandes lignes de la défense, opposa qu'il n'y avait pas de complot, que les accusés n'avaient pas cherché à renverser la République, mais au contraire à la défendre en prenant des mesures de précaution.

Le président du conseil de guerre ayant déclaré qu'il ne laisserait pas plaider cette thèse, les avocats se retirèrent et les accusés refusèrent le ministère des avocats d'office; ils ne se défendirent pas et furent condamnés. Ils portèrent alors l'affaire devant le conseil de revision, la cour de cassation militaire; et ce fut un de nos honorables collègues, M. Cazot, alors le secrétaire de Michel de Bourges, qui présenta seul leur défense collective. M. Gent, un avocat nommé Ode et Longomazino, ouvrier lyonnais, furent condamnés à la déportation simple.

M. Gent avait épousé en prison une jeune fille de dix-sept ans, qui l'a suivi partout avec un dévouement dont les femmes sont peut-être seules capables. Il fut embarqué le 21 décembre 1851 pour Nouka-Hiva, où on l'enferma dans un fort. Il pouvait cependant se livrer à quelque culture, et M. Lacrosse, resté en correspondance avec lui, lui envoyait des graines pour ses essais.

Il resta dans cette île jusqu'en 1854, date à laquelle Nouka-Hiva fut déclassée comme lieu de déportation. Sa peine ayant été commuée en vingt ans de bannissement, il gagna le Chili et résida pendant plusieurs années à Valparaiso en qualité d'avocat. Puis il revint en Europe en 1861 et se fixa vers 1863 à Madrid comme correspondant de plusieurs journaux de Paris.

Lorsqu'il rentra en France, il se trouva, dans ce monde nouveau, inconnu et parfaitement oublié. De ceux qui l'avaient vu au temps de son exubérante jeunesse, ou qui l'avaient aidé dans sa tentative vingt ans auparavant, beaucoup avaient disparu, tous avaient vieilli; bien peu le reconnurent. Quelques-uns seulement se souvenaient de son énergie, que l'âge et le malheur n'avaient pas épuisée.

Dans le désarroi profond où étaient tombées les affaires de Marseille vers le mois d'octobre 1870 et qui inquiétait tout le Midi, le Gouvernement de Tours cherchait un homme d'intelligence et de décision qui osât entreprendre de les rétablir, de ressaisir l'autorité, de réprimer les passions anarchiques, de rendre courage aux honnêtes gens en leur offrant un centre et en leur imprimant une direction. Il fit choix de M. Gent.

Il y a là dans sa vie une page qui fait le plus grand honneur à son caractère et qui suffirait, à elle seule, pour qu'un homme eût le droit de se flatter de n'avoir pas vécu inutile.

Au lieu de retracer les scènes douloureuses dont Marseille était à ce moment le théâtre, de parler des désastres sanglants dont elle était à chaque instant menacée et auxquels le moindre incident pouvait servir de signal, qu'il me suffise de vous rappeler le rapport présenté à l'Assemblée nationale par M. Chaper, un juge peu suspect de partialité ou même d'indulgence pour les républicains. Il a donné le détail de cette navrante histoire, et il raconte ainsi l'arrivée de M. Gent à Marseille :

« On lui conseillait de ne partir qu'après avoir réuni des forces suffisantes pour étouffer sûrement l'insurrection marseillaise. Il se crut assez fort pour en triompher seul. A quatre heures du soir il arrivait à la gare.

« Il était attendu et fut reçu comme un libérateur par tout ce que Marseille comptait d'honnête ; la garde nationale sans armes et la population escortèrent sa voiture.

« Mais à peine M. Gent eut-il franchi le seuil de la préfecture, que la porte se referma sur lui. Le conseil départemental et les civiques voulaient rester maîtres d'une situation qu'ils avaient su rendre fructueuse.

« C'est à peine si deux ou trois personnes avaient pu suivre M. Gent. Enveloppé par les misérables qui depuis deux mois terrifiaient et rançonnaient Marseille, le nouveau préfet fut sommé de résigner ses fonctions ou de les partager avec M. Esquiros.

« M. Gent, avec une fermeté que nous ne saurions trop louer, résista à ces forcenés et refusa de se démettre des fonctions qu'il avait reçues. Le tumulte était effroyable. Tout d'un coup on entendit crier en patois : « Faites venir les caïmans. » Une porte s'ouvrit : dix ou douze civiques arrivèrent, la baïonnette au bout du fusil. M. Gent tomba blessé par une main inconnue, d'un coup de feu tiré presque à bout portant. »

La blessure était heureusement sans gravité ; et par son sang-froid, par sa souplesse, par l'emploi des moyens les plus propres à réduire peu à peu une population dont il connaissait le tempérament mobile, grâce aussi à la réaction immédiate produite par ce coup de pistolet, M. Gent réussit à regagner graduellement l'autorité.

Il administra non pas au point d'effacer les traces d'une si profonde désorganisation ou même d'en arrêter tout à fait le progrès, mais assez pour rendre à tous la sécurité et faire renaître l'espérance. M. Chaper résume son jugement d'ensemble dans ces deux lignes : « Sous la main de M. Gent, l'ordre matériel se rétablit à Marseille et régna dans le département des Bouches-du-Rhône. Il n'y eut plus d'émeutes. »

Avoir traversé sans défaillance de pareilles journées et pouvoir se dire qu'on a prévenu des luttes entre citoyens, empêché l'effusion d'un peu de sang français, c'est presque assez pour l'honneur d'une vie d'homme. Mais quelle que soit la satisfaction qu'on éprouve, on ne sort guère de telles scènes sans y avoir contracté un sérieux qui ressemble parfois à la tristesse.

Ces souvenirs rendent peut-être moins propre aux luttes parlementaires. Aussi à l'Assemblée nationale, à la Chambre des députés, au Sénat où il était entré en 1882, M. Gent s'est-il généralement contenté de soutenir de son vote les idées du parti auquel il avait appartenu dès sa jeunesse et dont il ne se sépara jamais.

Il cherchait et il trouvait la paix de l'esprit auprès de la femme dévouée qui partageait depuis quarante ans sa fière pauvreté et dont l'affection, sans que personne s'en doutât, sans que peut-être il s'en rendît compte lui-même, était une partie de sa force.

Il y a une quinzaine d'années, comme je me permettais un jour de lui adresser quelques paroles amicales au milieu d'une nouvelle épreuve qui réveillait en lui bien des douleurs : « Je vous remercie, me dit-il. Je suis accoutumé à souffrir, et c'est une habitude précieuse dans la vieillesse. Je souffre tranquillement avec ma femme, au coin de mon feu, et je me sens presque heureux. » (*Très bien ! très bien ! — Applaudissements.*)

Sur l'assassinat du Président Carnot.

25 juin 1894

Messieurs les Sénateurs,

Vous vous êtes tous associés au sentiment d'horreur qu'a inspiré à la France entière l'attentat abominable dont le Président de la République a été hier victime.

Le moment n'est pas venu de rappeler les services rendus par M. Carnot à son pays et de décerner l'hommage qui convient au citoyen excellent qui a, pendant près de sept années, exercé avec tant de dignité et une correction si parfaite la première magistrature de la République.

L'Europe, qui appréciait la noblesse et la sûreté de son caractère, joindra ses regrets aux nôtres; elle partagera notre réprobation pour ce lâche attentat à la vie d'un homme qui s'est toujours inspiré de ces deux idées essentielles : le maintien de

l'ordre social dans la nation au gouvernement de laquelle il présidait et le maintien de la paix entre les nations de l'Europe.

Il ne peut y avoir, il n'y aura pas devant cette catastrophe de
divergences d'opinion entre nous. Les dissidences politiques
feront trêve devant cette mort qui frappe dans la force de l'âge
un homme universellement respecté. Le Sénat adressera l'expression unanime de ses condoléances à une famille désolée qui joint
au deuil de tous les bons citoyens le deuil intime et inconsolable
d'un époux et d'un père tendrement aimés.

Si un homme semblait par la modération de ses idées, la droiture de son âme, l'esprit de justice dont il était animé envers
tous et notamment envers les faibles et les déshérités de la vie,
par la bonté de son cœur compatissant à toutes les infortunes et
par l'exemple touchant, enfin, de ses vertus domestiques, devoir
échapper à la haine et au fanatisme, c'était M. Carnot.

Mais, de tout temps, le fanatisme s'est acharné sur ceux qui
auraient dû être les moins exposés à ses coups. Il n'a réussi en
se démasquant de la sorte qu'à se rendre plus odieux et à fortifier
dans toutes les âmes vaillantes, respectueuses des droits des
hommes et de la vie humaine, la résolution énergique de défendre
les lois fondamentales des sociétés et de protéger l'humanité
outragée dans ce qu'elle a de plus sacré.

C'est dans ces sentiments que les Chambres françaises se réu-
niront pour désigner le citoyen à qui sera dévolue la tâche de
remplacer M. Carnot. Elles sauront montrer à la France et à
l'Europe, par le sang-froid qu'elles garderont dans cette épreuve,
leur confiance inébranlable dans la solidité de nos institutions.

Elles s'inspireront, nul de vous n'en doute, avant tout des
devoirs que leur impose la bonne renommée de la France dans
le monde. Le choix qu'elles feront sera certainement celui que
ratifiera la grande majorité des Français, uniquement préoccupée
d'assurer au dehors l'honneur de l'État et à l'intérieur la concorde dans la République.

L'Assemblée nationale se réunira mercredi 27 juin, à Versailles,
à une heure. Si cette date a été choisie, c'est dans la pensée que,
malgré l'expression *immédiatement* qui figure dans les lois constitutionnelles, un acte aussi important que l'élection du premier
magistrat de la République ne devait avoir à aucun degré l'apparence d'une improvisation et d'une surprise.

Je pense que le Sénat voudra suspendre ses séances jusqu'à ce

qu'il ait été procédé à l'élection du Président de la République.
Je lui propose de se réunir vendredi, à deux heures, en laissant
au Président le soin de le convoquer auparavant si les circonstances le commandaient.

———

Election de M. Casimir-Perier

27 *juin 1894*

L'Assemblée nationale, réunie à Versailles sous la présidence de
M. Challemel-Lacour, nomma M. Casimir-Perier président de la
République. M. Challemel-Lacour, en remettant le pouvoir présiden-
tiel à M. Casimier-Perier, lui adressa l'allocution suivante :

Monsieur le Président de la République,

Le vote qui vient de vous élever à la Présidence de la République honore le Congrès et me rend plus fier de l'avoir présidé.

C'est un événement important. La France républicaine, tous
ceux qui portent un cœur patriote le ratifieront avec un empressement unanime.

La France a le droit d'y voir la promesse d'un long avenir de
sécurité, de prospérité et d'honneur.

Permettez-moi de vous en adresser mes félicitations les plus
intimes en y joignant l'expression de ma satisfaction de citoyen.
Cette satisfaction est profonde. Elle est grande ; car elle égale en
moi, et je ne saurais rien dire de plus, la joie de l'ami.

———

Sur la mort d'Alexandre III

empereur de russie

5 *novembre 1894*

J'ai reçu de M. le président du Conseil la communication suivante dont je donne connaissance au Sénat :

« *Paris, le 4 novembre 1894.*

« Monsieur le Président,

« Le gouvernement de la République a le douloureux devoir d'annoncer officiellement au Sénat la mort de S. M. Alexandre III.

« L'Empereur de Russie a succombé le jeudi 1er novembre, dans l'après-midi, aux atteintes d'un mal impitoyable dont la France a suivi avec anxiété les redoutables progrès.

« Dès la première nouvelle du fatal événement, la nation française a exprimé son émotion profonde et ses regrets unanimes par les hommages spontanés qu'elle a rendus à l'empereur défunt.

« De tous côtés ont afflué les témoignages provoqués par le souvenir des précieuses sympathies que l'empereur Alexandre manifesta envers notre pays dans des circonstances mémorables ; ce souvenir restera dans la vie des deux grands peuples comme un gage de concorde et d'amitié.

« En faisant parvenir à l'Empereur Nicolas II ses condoléances émues et ses vœux ardents, le Gouvernement est assuré d'avoir été l'interprète fidèle des sentiments du pays et de la représentation nationale.

« Veuillez agréer, monsieur le Président, les assurances de ma haute considération.

« *Le Président du Conseil des ministres,*

« Signé : Ch. Dupuy. »

Acte est donné au Gouvernement de sa communication au Sénat.

Je n'aurais rien à y ajouter, certain que par elle-même elle suscitera dans vos esprits d'assez sérieuses réflexions.

Cependant, dès que la cruelle angoisse qui a pesé sur tout le monde pendant deux semaines a pris fin pour faire place en nous à une profonde douleur, je me suis aussitôt décidé à faire usage de la faculté que vous aviez réservée à votre Président de vous convoquer à domicile. (*Très bien! très bien!*) J'ai pensé que vous deviez être impatients de témoigner par la voix du Parlement qui est celle de la France, (*Très bien! très bien!*) la part qu'elle prend et que nous prenons tous individuellement au deuil d'un grand peuple ami, à l'immense douleur de l'auguste famille de Russie actuellement dans les larmes, à l'affliction et aux regrets de tout ce qui porte en Europe un cœur d'homme. (*Applaudissements.*)

La tristesse dans laquelle toute la nation russe est à ce moment plongée y manifeste, indépendamment du filial attachement que chacun y ressent pour le souverain, un autre sentiment : le regret d'un maître dévoué sans mesure à son avenir, à sa grandeur, à sa sécurité. La nation russe goûtait, sous le règne juste et pacifique de son empereur, la sécurité, qui est le bien suprême des sociétés et où elles trouvent un instrument de grandeur.

Pendant les dix jours que l'Europe a pu, chose peut-être sans exemple jusqu'à cette heure, se livrer en présence d'un empereur condamné par la science, mais encore vivant, et debout, à l'examen et à l'appréciation des actes de l'homme et de la carrière du souverain, rien n'y est apparu qui ne fît honneur à sa droiture et à sa justesse de raison, à sa probité, à sa fixité dans ses desseins, à la hauteur d'un esprit dont les vues n'avaient rien de compliqué et se réduisaient à des idées vraiment humaines, la grandeur de la Russie par la paix, le désir ardent et continu de conjurer la guerre ; (*Très bien! très bien!*) ce qui est grand dans un siècle que la guerre a presque toujours rempli, grand surtout de la part d'un souverain dont l'empire est certainement une des grandes puissances militaires que le monde ait connues. Aussi son nom a grandi subitement dans le respect et l'admiration des hommes; ces sentiments ont trouvé plus d'une fois dans la bouche des écrivains ou des hommes d'État une expression qui a devancé l'histoire.

Nous lui devons, la France lui doit quelque chose de plus. Lorsque, poussé par une inspiration magnanime, il se décida à faire savoir à tous que la France, malgré les cicatrices dont elle est couverte, n'était pas isolée dans le monde, il obéissait à une de ces grandes pensées qui viennent aussi du cœur.

La France peut-être avec ses quinze siècles de grandeurs diverses apparaissait à son esprit; mais il se montra, surtout ce jour-là, convaincu que la véritable gardienne de la civilisation, ce n'est pas telle nation ou telle autre, de quelques lauriers qu'elles se parent, c'est l'Europe elle-même; il se montra convaincu, sans parler de tant et de si hautes raisons d'humanité, que la France ne saurait être mutilée ou diminuée, et que l'Europe demeurât intacte.

C'est la raison de notre indestructible respect et de notre haute admiration. Cette conviction est ce qui le rend sacré pour nous.

Nous adressons à son jeune héritier, l'empereur Nicolas II,

appelé à cueillir un si lourd héritage, nos vœux pour que la sagesse le conduise et que son règne soit en tout digne de celui qui vient de se terminer au milieu de l'émotion universelle. (*Très bien! très bien! — Applaudissements prolongés.*)

SUR LA MORT DE M. BURDEAU

PRÉSIDENT DE LA CHAMBRE

13 décembre 1894

Messieurs, avant de continuer la séance, je pense qu'il me sera permis — ou plutôt je considère comme un devoir — d'associer d'un mot le Sénat à l'émotion douloureuse produite partout par la mort de M. le président de la Chambre des députés. (*Très bien! très bien!*)

Ceux qui connaissaient M. Burdeau, ceux qui avaient suivi ses travaux, ceux même qui ne le connaissaient que pour avoir entendu parler de lui, savaient ce que la France pouvait attendre de son intelligence et de son courage. (*Très bien! et applaudissements.*)

Mais ce n'est pas seulement comme membres du Parlement, comme sénateurs que nous nous associons à la douleur de nos collègues de la Chambre des députés. M. Burdeau était considéré comme une espérance et c'est comme Français que nous avons le cœur navré de voir disparaître si vite, dans la plénitude de sa force et arrivé à l'âge de l'expérience, un des meilleurs, un des plus généreux enfants du pays, un des plus vaillants serviteurs de la patrie. (*Très bien! et applaudissements répétés sur tous les bancs.*)

ÉLOGE FUNÈBRE DE M. JEAN MACÉ.

14 décembre 1894.

Messieurs, (*Mouvement d'attention.*) M. Jean Macé, sénateur inamovible, est mort hier matin 13 décembre, à Monthiers, près de Château-Thierry, dans le département de l'Aisne. Il était né le 22 août 1815, à Paris. Il nous est impossible, tout en pensant à la perte que le Sénat vient de faire, de ne pas songer à l'émotion que cette mort va produire parmi les membres de la grande association dont il avait été l'initiateur en 1866, et dont il est resté l'âme pendant trente-huit ans : la ligue de l'enseignement.

Développer l'enseignement primaire, c'était pour lui plus qu'une fonction, c'était une mission, j'allais dire un apostolat. La conviction dont il était pénétré, sa foi profonde, avaient provoqué en faveur de l'instruction primaire un mouvement d'opinion qui aboutissait, en 1874, au pétitionnement d'un million et demi de signataires.

Quoi qu'on pense de cette œuvre, quelque jugement qu'on porte sur les idées dont elle procède et que prononce l'avenir, lorsque ses résultats en seront connus et incontestables, on ne peut s'empêcher d'en être frappé. Elle a entraîné le Gouvernement et les pouvoirs publics, elle a exercé une action réelle dans la politique intérieure des vingt dernières années, elle a eu sa part dans la conception de plusieurs lois d'une grande portée; cette œuvre a montré une fois de plus ce que peut, même dans un pays de centralisation comme la France, l'initiative hardie et persévérante d'un seul homme. (*Très bien! très bien!*)

Après avoir fait ses études au collège Stanislas, qu'il quitta vers 1835, Jean Macé y rentra l'année suivante en qualité de maître répétiteur. Nous avons retrouvé chez lui le même tempérament moral et les mêmes idées régularisatrices que nous avons connus chez plusieurs de ses camarades de cette époque : M. John Lemoinne, M. Jules Hetzel, M. François Huet et beaucoup d'autres. Il était resté spiritualiste; il a gardé jusqu'à la fin l'empreinte dont l'avait marqué, lui et ses camarades de ce temps, la forte éducation de cet établissement.

Aussi croyait-il à la puissance presque illimitée de ces impressions premières, et après avoir servi quelques années dans le 1er léger et travaillé comme secrétaire auprès d'un professeur de l'Université dont le nom n'est pas oublié, M. Théodore Burette, se livrait-il avec ferveur à l'enseignement. Il était d'ailleurs étranger à la politique; il s'en était tenu volontairement éloigné, non sans une secrète défiance, lorsque la révolution de Février éclata.

Elle le secoua violemment comme beaucoup d'autres, et lui ouvrit un monde où, malgré ses trente-trois ans, c'est-à-dire à la

veille de la maturité, il se jeta avec l'ardeur de la jeunesse. « Je
n'oublierai jamais, disait-il, ce moment de ma vie, où les idées
de patrie et de justice se dressèrent pour la première fois, de
toute leur hauteur, devant moi, et entrèrent en maîtresses dans
mon âme, qu'elles n'avaient fait encore qu'effleurer. »

Une brochure signée « Jean Moreau », sous le titre de *Lettres
d'un garde national à son voisin*, ses vivacités de néophyte
l'obligèrent, après le 13 juin 1849, à se mettre à l'abri pendant
quelques mois. Lorsque le coup d'État survint et dispersa les
partisans les plus déclarés de la République, M. Jean Macé
quitta Paris; il se retira dans un village d'Alsace, à Beblenheim,
qu'il avait traversé peu de temps auparavant, par hasard. Il y fut
accueilli affectueusement et trouva un gagne-pain dans un pen-
sionnat de jeunes filles, le Petit-Château, dont le nom tient une
grande place dans sa vie.

Dès les jours de Février, il ne s'était pas senti trop rassuré :
« La proclamation du suffrage universel, disait-il énergiquement,
m'avait fait froid dans le dos. » Ce saut dans les ténèbres l'effrayait, et le Deux-Décembre ne fit que justifier et augmenter ses
appréciations.

Il se dit que le suffrage universel devait être éclairé; c'était
plus qu'un devoir, c'était une condition de salut. Dans ce pays
d'Alsace où il voyait l'enseignement primaire relativement développé et florissant, il ne pouvait qu'en admirer les bienfaits.
Comme ceux qui sont voués à l'enseignement et qui le pratiquent
avec succès, ou même avec supériorité, il était porté à s'en exagérer la puissance et à lui prêter une sorte de vertu magique qui
pouvait assurer en partie le bonheur de l'individu et la sécurité
sociale. Certaines préoccupations du gouvernement impérial,
manifestées en ce moment avec quelque bruit, semblaient encourager ces pensées.

A l'exemple de nos voisins de Belgique, où les libéraux avaient
déjà leur ligue de l'enseignement, M. Jean Macé, jaloux de ce
qu'il voyait opérer dans ce petit pays par des associations privées, conçut le projet de réaliser en France quelque chose d'analogue sans rien demander à l'État, et, le 25 octobre de la même
année, il lança un appel au public dans le journal l'*Opinion nationale*. Le premier fondement de la ligue de l'enseignement était
posé. Vous savez quel édifice il a porté plus tard.

Je n'ai pas à vous faire l'exposé des progrès de la ligue, lents

d'abord, mais à d'autres époques rapides et prodigieux. Cette
histoire n'est plus à faire. Elle a été faite par Jean Macé lui-
même; nul n'a été plus disposé à s'expliquer sur ses actes, sur
les buts qu'il a poursuivis, à rendre compte de ses intentions; et
cette sincérité n'a pas dû lui coûter d'efforts, car il n'y eut jamais
rien dans sa pensée qui ne fût de nature à lui faire honneur.

Il ne m'appartient pas, d'ailleurs, de revenir en ce moment
sur des discussions qui touchent à plusieurs des événements les
plus passionnants de la politique depuis vingt ans et à ce que la
conscience a de plus sensible et de plus délicat. Mais je puis bien
rappeler ce que je vous disais sur la persistance des idées que
M. Jean Macé avait emportées en quittant Stanislas.

Je ne serais pas tout à fait vrai, si je me taisais, dans une notice
consacrée à son honneur, sur ce qui était essentiel pour lui et
formait l'âme de sa pensée :

« C'est l'enseignement confessionnel seulement qu'il s'agit de
renvoyer à l'Eglise. Quant à ce fonds commun, ajoutait-il, de
religion universelle qui s'impose à tous et qu'élargit d'âge en âge
le progrès de la conscience humaine, il ne saurait être bien certainement rayé du programme de nos écoles; elles pécheraient
par la base, si la conscience des enfants n'y était pas l'objet de
la même sollicitude que leur intelligence et leur raison. » (*Très
bien! très bien!*)

Dans le 4ᵉ congrès de la ligue de l'enseignement, qui avait
lieu à Nantes, il y a quatre mois, et, disait Jean Macé, peu sujet
pourtant aux pressentiments mélancoliques, le dernier qu'il dût
présider, ces préoccupations, sans s'exprimer avec éclat, se laissaient entrevoir ou deviner à travers les discours des orateurs.
Le moment semblait venu de se demander courageusement si les
résultats étaient proportionnés à l'effort et en rapport avec les
espérances qu'on avait conçues, si une nouvelle période ne commençait pas pour la ligue, si une tâche nouvelle, aussi vaste et
plus difficile que la première, ne s'imposait pas à elle pour maintenir ou relever le niveau moral.

A ceux qui semblaient hésiter devant une telle entreprise et
dont quelques-uns alléguaient les fatigues de l'âge, M. Jean Macé
répondait avec cette verve gauloise que nous lui connaissions :
« Vous êtes bien aussi jeunes, et moi je suis quatre fois jeune,
puisque je vais avoir tout à l'heure quatre fois vingt ans. » Il
n'en avait que soixante-dix-neuf

Je ne vous ai pas parlé, car il faut choisir dans une vie si riche, des écrits de M. Jean Macé, quoique plusieurs, avec l'agrément d'un esprit humoristique, révèlent un réel talent; ils sont presque tous consacrés aux questions d'éducation et à l'enfance. Quelques-uns, comme l'*Histoire d'une bouchée de pain*, les *Serviteurs de l'estomac*, l'*Arithmétique du Grand-Papa*, ont eu un grand succès. Pour écrire de tels livres il ne faut pas seulement un grand art de dégager les idées qui sont le fond des vérités scientifiques; une autre condition était nécessaire : c'est l'amour des enfants et l'habitude de se réduire aux proportions de leur esprit. Il l'avait au plus haut degré, et le recueil fondé par lui avec son camarade et son ami Jules Hetzel, sous le titre de *Magasin d'éducation et de récréation*, en restant toujours les délices des enfants, a été souvent l'aimable et utile conseiller des familles.

Ce qui restera de Jean Macé, c'est l'exemple d'une volonté que nulle difficulté n'a lassée, que nul obstacle n'a pu décourager. Il rencontra des auxiliaires, — l'un surtout dont le nom doit être prononcé à côté du sien, M. Emmanuel Vauchez, le dévouement même, — que les lumières du cœur ne trompèrent jamais et dont M. Jean Macé serait plus heureux que personne d'entendre rappeler le nom à la tribune du Sénat.

En voyant ce que Jean Macé, aidé de quelques amis fidèles, a pu tenter et même accomplir dans une époque ingrate, sous un régime ombrageux et tyrannique, on se demande si l'intervention habituelle de l'État ne coûte pas, à ceux en faveur de qui elle s'exerce, plus qu'elle ne paraît leur accorder, et si la puissance publique ne vend pas toujours, comme la fortune, ce qu'on croit qu'elle donne. (*Applaudissements.*)

RÉÉLECTION A LA PRÉSIDENCE DU SÉNAT.

11 janvier 1895.

M. Challemel-Lacour, réélu, pour la troisième fois, en 1895, président du Sénat, prononça, en remontant au fauteuil, le discours suivant :

Messieurs et chers collègues, quoique vous m'ayez accoutumé depuis deux ans à compter sur votre bienveillance, je n'en suis pas moins profondément touché du témoignage nouveau que vous venez de m'en donner en m'appelant encore une fois à ce fauteuil. J'en éprouve une vive reconnaissance. Oserai-je ajouter qu'il se mêle à ces sentiments de gratitude une sorte d'appréhension?

L'œuvre de reconstitution que la France poursuit depuis vingt-quatre ans et qui n'est pas encore achevée, cette œuvre à laquelle vous avez pris une grande part et les continuels efforts des pouvoirs publics pour donner une juste satisfaction aux espérances éveillées par un nouveau régime, ont abouti à faire naître, surtout en matière de finances, certaines difficultés. Il n'y a pas à s'en étonner et il serait inutile de les méconnaître.

On a vu s'élever, depuis un certain temps, sous l'action de causes diverses, non seulement en France, mais partout et jusque dans le nouveau continent, un vent d'utopies qui compliquent étrangement la tâche des gouvernements et qui ont fait parfois entrevoir certains périls. Ces difficultés ont donné naissance à des projets qui n'ont pas été sans émouvoir les esprits, sans susciter chez les plus prévoyants certaines alarmes et sans jeter les moins hostiles aux innovations dans des doutes sérieux.

Les uns et les autres ont tourné les yeux sur le Sénat avec un redoublement de confiance. Son autorité morale grandit heureusement en même temps que ses devoirs. Les citoyens éclairés comptent avec raison sur votre sagesse et sur votre fermeté. Vous trouverez naturel que votre président se·demande en ce moment avec une secrète inquiétude s'il sera toujours à la hauteur de la tâche que votre confiance lui a imposée. (*Applaudissements.*)

Nous avons regretté le retard apporté par les circonstances au vote de certaines lois : la discussion de la loi de finances est à peine commencée, et, si l'on ne s'interdit rigoureusement toute diversion et tout épisode, le vote du budget risque d'être encore éloigné. Je ne sais si des personnes, peu préoccupées de l'honneur du régime parlementaire, voient ces retards sans déplaisir; nous ne saurions partager cette indifférence. (*Très bien! très bien!*)

Il se peut qu'un régime de discussion ait à leurs yeux des torts graves, celui de n'agir qu'avec réflexion, celui de soumettre toutes les idées, même celles qui ont pour certains esprits le caractère de l'évidence, à l'obligation de subir mille contradic-

tions; la discussion libre ne laisse guère de chance aux idées
absolues, c'est-à-dire à celles qui seules enflamment les imaginations jusqu'au fanatisme, de passer de la région des rêves dans
la réalité sans se soumettre à quelque transaction; aussi le
régime parlementaire est-il un régime de sacrifices et de patience.
Mais vous êtes de ceux à qui la liberté, quel qu'en soit le prix,
ne paraît pas achetée trop cher. (*Très bien! très bien!*)

Vous pouvez, messieurs, vous rendre ce témoignage que le
Sénat, en se faisant une règle de ne pas empiéter sur la sphère
où s'exerce l'initiative naturelle du Gouvernement, n'a laissé en
souffrance aucune des affaires qui étaient entre ses mains. La loi
sur les octrois a été étudiée avec tout le soin que réclamait une
question de cette importance; cette question ne saurait se trancher au nom de principes théoriques, elle nécessite au contraire
une connaissance détaillée des situations particulières où se trouvent les communes intéressées; elle a été l'objet d'une longue
étude et d'un rapport approfondi, qui était prêt pour la discussion; la discussion a été ajournée pour des raisons qui ne venaient
pas du Sénat et dont la valeur n'a pas paru à tout le monde
également décisive. (*Mouvement.*)

Nombre d'entre vous, sans cesse préoccupés et à juste titre de
la sécurité nationale, ont déposé un projet depuis longtemps
attendu par tous les esprits prévoyants, projet nécessaire en vue
d'assurer contre des perturbations sans raison ou des entreprises blâmables l'accomplissement régulier de certains services
publics et de protéger les particuliers contre certaines atteintes
à la liberté du travail. (*Très bien! très bien!*)

Nul doute que ce projet ne soit résolu par vous avec un égal
souci de la sécurité publique et de la liberté. (*Vive approbation.*)

Je ne dois pas manquer de rappeler un autre projet d'une nature
différente, mais d'un intérêt également élevé, qu'un de nos collègues, jurisconsulte, moraliste, orateur, a déposé sous sa responsabilité personnelle; question délicate, car elle concerne la
moralité publique, mais bien digne assurément de l'examen du
Sénat. L'auteur ne prétend certes pas remplacer la moralité par
la police. Il entend laisser aux puissances morales, sans le concours desquelles nulle société ne saurait exister, l'œuvre supérieure qui leur appartient. Mais personne ne pensera que l'État
excède son rôle en s'occupant de l'ordre extérieur, et en voulant
faire de la police, dans les limites tracées par la raison et tuté-

laires de la liberté, la gardienne de ce qui constitue la décence publique. Nulle question plus haute à beaucoup d'égards, plus compliquée sans doute, mais plus digne d'occuper dans une République policée les pouvoirs délibérants. (*Très bien! très bien!*)

Si je me plais en ce moment à rendre au Sénat une justice qui n'étonnera personne, c'est que le pays a droit d'en éprouver quelque fierté.

La France a conçu depuis longtemps la volonté de ne relever que d'elle-même, et elle n'est pas prête à y renoncer. Nulle ambition plus noble pour une nation que la pensée d'être et de rester, selon le mot d'un vieil orateur, « dans la main de son conseil ». Toutefois, il ne suffit pas, pour la réaliser, qu'elle forme des assemblées à son image; il faut qu'elle porte, dans le choix d'éléments dont elle les compose, un discernement scrupuleux. Il y aurait une étrange contradiction à y faire entrer des hommes qui feraient profession de placer la violence au-dessus de la discussion... (*Vive approbation.*) et dont la politique se résumerait à reprendre, à présenter sous des déguisements plus ou moins nouveaux les rêveries qui ont formé de tout temps l'héritage indestructible de la folie humaine. (*Nouvelle approbation.*) De tels choix peuvent être une erreur accidentelle; s'ils devenaient trop fréquents, ils compromettraient l'existence ou du moins la dignité du pays. Ils feraient douter de sa raison. (*Très bien! très bien!*)

Je dois adresser vos remercîments au digne collègue qui a présidé si noblement vos premières séances. Je regarde comme un surcroît d'honneur pour moi d'être l'interprète de la considération respectueuse dont le comte de Laubespin est entouré parmi vous. (*Très bien! très bien!*)

Qu'il me permette de relever un seul mot dans les paroles qu'il vous a adressées : il a eu tort de dire que sa carrière était insignifiante, puisqu'elle signifie : courage, fidélité politique, simplicité dans la vie, munificence et charité. (*Très bien! très bien! Applaudissements prolongés sur tous les bancs.*)

M. Challemel-Lacour, atteint par la maladie, ne se représenta pas au mois de janvier 1896; il fut remplacé à la présidence du Sénat par M. Loubet.

DISCOURS

DE

RÉCEPTION A L'ACADÉMIE FRANÇAISE

prononcé le 25 janvier 1894

M. Challemel-Lacour, élu membre de l'Académie française en remplacement de M. Ernest Renan, fut reçu, le 25 janvier 1894, et prononça le discours suivant :

Messieurs, le projet de l'Académie que MM. Faret et de Boisrobert présentèrent, le 30 octobre 1634, au cardinal de Richelieu et qui fut agréé par le terrible protecteur, portait que pour être de l'Académie il fallait « comme un mélange de certaines qualités en un tempérament égal, assujetties sous la loi de l'entendement et sous un jugement solide ». Formule heureuse pour ne décourager aucune ambition. Vous êtes, Messieurs, les appréciateurs de ce mélange. Au lieu de me demander comment il se fait que j'aie aujourd'hui l'honneur d'élever la voix sous cette coupole, je n'ai qu'à m'incliner avec reconnaissance devant votre décision. Je me suis toujours pour ma part, et je m'en sais bon gré à cette heure, plus curieusement appliqué à comprendre les choix de l'Académie qu'à les critiquer. Vous me pardonnerez si pour la première fois j'y éprouve un peu d'embarras, et si j'ajoute que cet embarras se complique de quelque appréhension.

Lorsqu'elle a jugé bon de donner pour successeur à un grand

esprit, qui comptera parmi les plus brillants écrivains de ce
siècle, un homme que la politique a presque violemment éloigné
des lettres et dont elle a dévoré les années, l'Académie avait
sans doute ses raisons. Je suis touché d'un si grand honneur,
mais, je l'avoue, la tâche que votre choix m'a confiée n'est pas
sans m'inquiéter. Est-il possible, en effet, de louer sans tromper
l'attente d'aucun de vous un écrivain si supérieur aux éloges
ordinaires par l'étendue et la diversité de son œuvre, par l'originalité de sa pensée, et je dirai par ses succès? Peut-on se flatter
de parler dignement d'un homme qui, non content d'avoir en
une occasion remué son temps à des profondeurs inconnues, a
pendant quarante ans renouvelé, pour ainsi dire, à volonté l'attention publique et qui l'a tenue en éveil jusqu'à la fin? Et si l'on
veut lui épargner, comme il convient, les banalités d'une admiration de commande, qui sera sûr d'apprécier avec équité un penseur accoutumé à planer de si loin au-dessus des opinions vulgaires, toujours clair et pourtant insaisissable, dont nul n'oserait
se vanter d'avoir eu tout le secret; un penseur qui avait pris la
contradiction pour devise et qui se jouait avec délices en présentant dans la même page, quelquefois dans la même phrase, les
aspects opposés des choses; toujours le premier d'ailleurs à prévoir les difficultés et d'une adresse sans égale à parer d'avance
les objections avec une élégance de jeu qui laisse la critique à la
fois éblouie et décontenancée?

Si c'est chez vous, Messieurs, qu'on trouve le culte de la
pensée pour elle-même, sans préoccupation ultérieure, et que
règne par tradition, entre toutes les façons de penser sur les
objets les plus délicats, un commerce de courtoisie bien supérieur à la tolérance, M. Renan remplit l'idée qu'on peut se faire
de l'esprit académique. Qui a vécu plus entièrement que lui pour
la pensée pure? Et, quant aux idées des autres, il n'avait pas
seulement pour elles un accueil toujours avenant : il eût au
besoin fourni à celles qu'il trouvait fausses des raisons les plus
fines pour les faire valoir. Sa vaste intelligence avait une place
pour toutes les doctrines, comme elle en reconnaissait une dans
l'harmonie des choses pour toutes les bizarreries et même pour
les monstruosités. « Si j'étais né, disait-il, pour être chef d'école,
j'aurais eu un travers singulier : je n'aurais aimé que ceux de
mes disciples qui se seraient détachés de moi. » Ce goût déclaré
du schisme me rassure un peu. S'il m'arrive de me séparer de

lui sur quelque point, je croirai lire dans son regard bienveillant la satisfaction de se voir traiter avec une liberté digne de lui.

Je n'ai pas, Messieurs, à vous retracer cette vie simple, où éclate une si parfaite unité. La personne de M. Renan remplit tous ses écrits : elle remplit ses préfaces, ses examens de conscience, ses prières, car il prie souvent dans ses livres; elle remplit ce qu'il appelait ses *bretonneries*, c'est-à-dire les allocutions qu'il prodiguait dans les fêtes que lui préparaient presque chaque année ses amis de Bretagne; elle remplit même ses Histoires, où des paradoxes, reflet sincère de ses sentiments les plus intimes, se rencontrent de page en page comme sa signature. Il a d'ailleurs pris une précaution prudente et sûre contre l'insuffisance ou les trahisons des biographies en se racontant lui-même dans un livre qui est un chef-d'œuvre. Je ne sais si, parmi les écrivains qui ont voulu mettre leur âme à nu devant la postérité, depuis saint Augustin jusqu'à Gœthe, il en est un seul que M. Renan n'égale ou ne surpasse par l'art de dégager ce que peuvent recéler de poésie les menus faits d'une vie sans événement. Qui essayerait de peindre après lui le petit écolier revenant de la classe et traversant, les yeux baissés et déjà songeur, la grande place de Tréguier pour regagner le logis maternel? Qui oserait parler des jeunes filles compagnes de ses jeux d'enfant, la petite Noémi, Kosilis, Mlle Keruelle, dont l'image lui reparaissait, au seuil de la vieillesse, à travers une nuée d'or? Les pages qu'il leur a consacrées resteront comme des joyaux de la langue française. Qui se hasarderait à parler de cette mère qui lui avait appris non seulement à supporter la pauvreté, mais à l'égayer, ou de cette sœur dont il a fixé, dans un monument qui ne périra pas, les traits à la fois austères et doux? Qui entreprendrait de raconter après lui ses succès à Saint-Nicolas-du-Chardonnet et ses tristesses lorsque, arraché au grand air des landes natales, il se vit cloîtré derrière des murailles enfumées, dans cette noire maison de la rue Saint-Victor? ou bien son passage à la maison d'Issy et son séjour à Saint-Sulpice, quand se préparait déjà, peut-être à son insu, la crise morale qui allait éclater tout à l'heure sous l'impression de ce périlleux avertissement : « Vous n'êtes pas chrétien! », et marquer, en dissipant tout d'un coup ses illusions de jeunesse, la fin de ce qui fut la période paradisiaque de sa vie?

Il aimait à repasser sur ces souvenirs, attiré par le charme

qu'on trouve, lorsque l'âge est venu, à se retourner vers les
années lointaines que colorent déjà les reflets du couchant.
Oserai-je le dire? Il trouvait en lui-même un sujet d'étude de
prédilection. Par excès de scrupule et pour ne pas surprendre
notre admiration, ou par simple amusement, il nous fait, non
sans adresse toutefois, les honneurs de ses petits ridicules, en y
mettant une franchise que personne n'eût eu l'indiscrétion de lui
demander. Peut-être aussi, par un reste des habitudes du séminaire, trouvait-il, comme les âmes pures, une secrète douceur à
se confesser, et même à s'accuser de fautes, il est vrai, toujours
vénielles, ses examens de conscience les plus rigoureux ne lui
en ayant jamais révélé d'autres. Je crois cependant qu'il y portait une pensée plus philosophique. Curieux de toutes les origines, il l'était aussi des siennes; il voulait savoir comment il
était devenu ce qu'il était. Il ne négligeait aucune des influences
sous lesquelles il s'était formé, ni celle des prêtres, ni celle des
femmes, ni celle de la nature, ni celle de la race, jusqu'à nous
donner, pour être complet, sa formule ethnique : « Un Celte mêlé
de Gascon et mâtiné de Lapon », c'est-à-dire, d'après l'interprétation qu'il imposait obligeamment aux anthropologistes, « un
mélange, qui devrait représenter le comble du crétinisme et de
l'imbécillité ».

M. Renan était à sa sortie de Saint-Sulpice ce qu'il fut toute sa
vie, l'amant de la vérité, voué sans réserve et sans distraction
au culte de la pensée : tel il sera jusqu'à son dernier jour. S'il
faut l'en croire, la nature l'avait fait prêtre *a priori*; il répète
sans cesse que le sulpicien subsiste en lui, qu'il est un curé
manqué, qu'il est resté prêtre malgré tout et qu'il ne pouvait
même pas être autre chose, en raison de sa parfaite inaptitude à
toute carrière profane. Il y avait du prêtre, en effet, non seulement dans sa personne et dans ses manières, mais surtout dans
son esprit. De l'éducation qu'il avait reçue entre les mains des
prêtres pendant treize ans, il garda une empreinte ineffaçable ;
pour lui la chose nécessaire entre toutes et la seule qui valût la
peine de vivre était la recherche de ce qui est éternel, la con-
templation de la vérité. Les conséquences de cette disposition
dominante, vous les avez vues se dérouler d'œuvre en œuvre
dans tout le cours de sa vie. M. Renan trace entre l'idéal et la
réalité une ligne qui n'est d'abord qu'un sillon léger; ce sillon,
rafraîchi chaque matin, devient un fossé profond et finit par être

un abîme. Le souci des intérêts temporels, même les plus élevés, ne le touche que par accident; la nature ne l'ayant point armé pour l'action, il la dédaignera, parce qu'elle implique toujours un abandon au moins partiel de la vérité; elle lui paraîtra quelque chose de servile et de vain; il en viendra un jour à écrire : « Le penseur sait que le monde ne lui appartient que comme sujet d'étude, et, lors même qu'il pourrait le réformer, peut-être le trouverait-il si curieux qu'il n'en aurait pas le courage. » Il sera conduit enfin par excès d'idéalisme à des théories où l'on verra l'humanité presque tout entière sacrifiée à une oligarchie de penseurs chargés de faire la science, d'en conserver le dépôt et de l'appliquer au besoin pour faire régner la raison, en subjuguant par la terreur la bestialité humaine.

M. Renan quitta le séminaire sans secousse tragique et même sans émotion visible, n'ayant que le regret de tromper de chères espérances et de se séparer d'un monde qu'il aima toujours. Au moment où il mettait le pied dans cet autre monde si différent du premier, tout entier à des occupations si inférieures, et auquel il ne s'adapta jamais qu'imparfaitement, il y régnait un calme apparent : une révolution était pourtant à la veille d'y éclater, et quelle révolution! Une soudaine explosion d'utopies apparaissant toutes à la fois et dans des camps opposés, le champ du possible agrandi aux imaginations jusqu'à des horizons sans limites, partout des crédulités et des terreurs également irréfléchies, le sol comme entr'ouvert et livrant aux mains effrénées de quelques-uns et à la curiosité de tous les fondements de l'ordre social, le tumulte dans la rue répondant au désordre dans les idées, puis les discussions à grand bruit, la lutte sanglante, enfin la catastrophe. M. Renan nous a dit à quel point, dans sa solitude profonde, il ressentit le contre-coup de 1848. Il ne l'a peut-être pas dit assez : sa philosophie date de là.

Il ne pouvait appartenir et il n'appartint jamais à aucun parti politique, moins peut-être au parti républicain de 1848 qu'à aucun autre. Mais l'agitation du dehors n'avait à ce moment rien qui l'effrayât. N'était-elle pas le juste châtiment de la quiétude bourgeoise dans laquelle la France, oublieuse de son passé, s'était lourdement assoupie? Son éducation cléricale lui avait inculqué le sentiment que cette société, depuis longtemps sortie de l'ordre, asservie maintenant à des convoitises vulgaires, méritait peu d'intérêt. Le jeune Renan, frais émoulu du séminaire, accep-

tait avec placidité l'idée d'une révolution, mais d'une révolution
qui ne pouvait être accomplie que par des hommes de pensée. La
politique avait prétendu gouverner les choses humaines comme
on gouverne une machine qui, maniée adroitement, obéit en
général avec une régularité imbécile, sauf à faire sauter de temps
en temps le mécanicien, s'il vient à commettre quelque bévue ou
à sommeiller un instant : la politique était à ses yeux une routine
vieillie et désormais frappée d'impuissance. Parmi tant d'utopies,
il conçut aussi la sienne, que personne alors ne soupçonna, la
plus grandiose, la plus inoffensive, la plus faite pour séduire une
telle candeur, la plus impraticable aussi : c'était l'établissement
d'une religion nouvelle, oui, Messieurs, d'une religion, la religion
de la science. Il ne voyait plus que la science pour être un moteur
moral. Non pas la science abaissée au rôle de servante de nos
besoins, mais, au contraire, élevée à celui de régulatrice des esprits,
car elle est la seule réalité stable et qui ne trompe jamais; elle est
la révélation de Dieu, si même il n'est pas plus exact de dire
qu'elle est Dieu lui-même. Cette conception d'une intelligence de
vingt-cinq ans, élaborée dans le silence d'une retraite studieuse,
loin de tous les bruits, mais au milieu d'un monde en ébullition,
et comme sur le feu d'un brasier, elle est restée la pensée de
M. Renan et l'inspiration de toute sa vie; elle a été son dernier
rêve. Elle a revêtu jusqu'à la fin dans son esprit des formes incessamment renouvelées sans jamais changer ni s'affaiblir un seul
jour. Elle a été son ancre au milieu des fluctuations auxquelles il
se laisse aller nonchalamment avec la sécurité d'une pensée sincère. C'est elle qui lui a donné cette impassibilité de sphinx en
possession d'un secret divin. Elle a imprimé à son langage, en
face de nos disputes frivoles et de nos petites colères, cet accent
de haute ironie auquel il ne renonce presque jamais, et qui est
peut-être son attrait le plus subtil.

La science n'était pas seulement pour M. Renan le grand ressort et l'ornement de la civilisation, elle en était plutôt le but;
elle était la fin supérieure des choses humaines; que dis-je?
la raison d'être de l'Univers. C'est beaucoup, peut-être c'est trop.
La nature humaine et les sociétés ont des besoins variés, elles
ont plus d'un genre de grandeur. La foule des ignorants (vous
pardonnerez à l'un d'eux de faire entendre devant vous cette
timide réclamation), s'ils sont exclus de la science, ne le sont pas
pour cela de toute participation à la vie divine. Vous savez mieux

que personne, et vous le rappelez chaque année au public, que
les plus simples demeurent, à l'égal des plus cultivés, capables de
beauté morale. La science, une religion, Messieurs? Je crains que
la science elle-même ne fût la première à répudier une pareille
ambition. Ses merveilles nous éblouissent depuis un siècle, et
elles ne sont encore, assure-t-on, qu'au début. La science pourra
entasser découverte sur découverte, non plus peut-être avec cette
rapidité qui donne le vertige et qu'explique l'application si récente
encore de la vraie méthode à l'exploitation d'un domaine resté
vierge jusqu'à nos jours; elle avancera sans s'arrêter, sans
épuiser les secrets du monde livré à ses recherches, sans lasser
la curiosité, sans la satisfaire non plus. Le jour ne viendra jamais
où le savant le plus infatué pourra dire à l'Univers : « Tu n'as plus
de secret pour moi. » Pour que la science nous suffît, il faudrait
que le sentiment d'une première et d'une dernière raison de
l'Univers, qui fuient devant nous d'une fuite éternelle, s'étei-
gnît dans l'âme humaine. Si cela arrivait jamais, ce ne serait
pas un progrès, mais la fin de tous les progrès et le premier pas
sur une pente qui aboutit à l'abaissement définitif. Voilà pourquoi la science, fût-elle parfaite, laissera à la religion toute sa
place. Et laquelle, Messieurs? Rien moins que l'infini. Quelque
riche imagination comme celle de M. Renan s'épuisera de loin en
loin, pour le remplir de ses rêves particuliers; la foule, et j'ose
y comprendre le gros des savants eux-mêmes, réclamera toujours, passez-moi le mot, une doctrine de l'Inconnu qui apporte
la paix aux esprits, qui soit le frein des fantaisies et qui puisse
devenir pour de longs siècles le principe des civilisations et le
ciment des sociétés.

M. Renan réclamait alors une place, la première de toutes,
pour une science restée ou plutôt devenue étrangère à la France
et qui semble aujourd'hui sentir un peu l'école : la philologie ou,
si vous voulez, la critique; c'est-à-dire les recherches méthodi-
ques sur la formation, la valeur et le sens exact des documents
où se trouve déposée et parfois ensevelie, parmi les légendes et
sous les alluvions de toute sorte apportées par le temps, la vérité
concernant les origines des institutions sociales, des arts, de la
poésie et du droit. La critique a déjà renouvelé l'antiquité; elle
était appelée, selon M. Renan, à changer la face de l'histoire religieuse. Née en France, mais exilée presque aussitôt et natura-
lisée en Allemagne, elle y a pris depuis un peu plus d'un siècle

des développements qui commandent l'admiration. Cette admiration, M. Renan l'exprime, avec la vivacité d'un initiateur, en
termes dont l'exagération, oserais-je dire un peu naïve, s'étend à
tout ce qui est allemand. Mais, si les termes en sont parfois excessifs eu égard à la certitude de cette science et au mérite de ceux
qui la cultivent, ils ne le sont pas comme témoignage de la reconnaissance de M. Renan. Il croyait lui devoir son émancipation.
C'est pour y avoir goûté presque furtivement et dans une mesure,
je crois, assez discrète à Saint-Sulpice, qu'il avait senti ses yeux
se dessiller tout à coup et sa poitrine respirer plus librement.

La philologie n'est pourtant pas parmi les sciences celle qu'il
eût préférée. Il se flattait, sans doute avec raison, qu'il eût réussi
dans les sciences physiologiques ou les sciences naturelles, et qui
sait? peut-être aurait-il sur quelque point devancé Darwin. Il se
plaignait, l'ingrat! de la destinée qui l'avait réduit à cette petite
science conjecturale qui s'appelle l'histoire. C'est, Messieurs,
que l'histoire tient encore beaucoup trop de la littérature; et
M. Renan ne faisait nul cas de la littérature, cette vanité, ni du
talent littéraire, qu'il définit je ne sais où « l'art d'amener un certain cliquetis de paroles et de pensées ». Et que n'a-t-il pas dit
de la manie littéraire, le fléau des époques de décadence, dont
Néron, pour ne pas citer d'autre exemple, lui paraissait un produit particulièrement distingué. De tels dédains ne pouvaient
convenir qu'au plus accompli des littérateurs. Il n'aurait pas
trouvé bon qu'on lui fît honneur d'aimer les lettres, et il se serait
justement révolté si vous lui eussiez imputé à faiblesse d'y chercher pendant une heure une distraction ou un plaisir ; il laissait
à d'autres et traitait avec quelque mépris le goût de ces jouissances indolentes. Il parlait bien des poètes, mais il les pratiquait
peu : ils n'étaient pour lui que matière de science, comme tout le
reste ; et, s'il les feuilletait, c'était à titre de documents sur le
génie des peuples et sur l'histoire de l'esprit humain.

L'hébraïsant et l'érudit ne m'appartiennent pas; il y aurait, de
ma part, trop d'imprudence et de présomption à me hasarder sur
ce terrain difficile, où les contentions sont quelquefois si vives,
même entre initiés, et les rivalités si injustes. Mais quoi! les travaux de l'érudit et du savant, chez M. Renan, ne relèvent-ils pas
de vous par la beauté de la forme? L'*Histoire générale des langues sémitiques*, les merveilleuses traductions de plusieurs livres
de la Bible avec les introductions qui les accompagnent, ne sont-

37

elles pas de la littérature, et de la plus haute? Me pardonneriez-vous de ne pas mentionner au moins, outre le *Corpus des inscriptions sémitiques* et les comptes rendus au *Journal asiatique,* ces contributions à l'*Histoire littéraire de la France,* dont plusieurs sont de premier ordre? Lorsque, à l'âge de vingt-trois ans, il présenta ce Mémoire qui obtint le prix Volney et qui est devenu plus tard un grand livre, Ernest Renan, à peine sorti des mains de M. Le Hir, son maître à Saint-Sulpice, était encore un écolier, mais de quelle distinction! On n'a pas oublié les ardentes contradictions que souleva l'*Histoire des langues sémitiques.* C'était le temps où la théorie des races était en Allemagne dans toute sa vogue, où le génie de la race servait d'explication courante à toutes les particularités religieuses, littéraires ou sociales que présente l'histoire. Depuis lors, il a fallu en rabattre, et beaucoup d'assertions en ce temps-là triomphantes ne seraient plus de mise aujourd'hui ou ne peuvent plus être accueillies qu'avec réserve. Mais comment ne pas remarquer ce que cette réputation de savant, attachée au nom d'un écrivain original et hardi, devait ajouter d'autorité à ses paroles? Elle a fait à M. Renan, dès le début, une place à part. Ne devait-il pas, en effet, avoir ce que la pratique de la science et la sévérité de ses méthodes donnent à leurs adeptes : le sérieux dans les affirmations, la prudence portée jusqu'au scrupule dans les hypothèses, la crainte des généralisations précipitées, c'est-à-dire de l'accident érigé en loi et de l'exception prise pour la règle, enfin ce qu'il y a peut-être de plus difficile et sûrement de plus nécessaire, le courage d'ignorer ce qu'on ne peut savoir et de se taire sur ce qu'on ignore?

M. Renan, chargé d'une mission littéraire en Italie, y travaillait en paix sur le philosophe Cremonini; il goûtait les ravissements que ne pouvait alors manquer de procurer à un jeune homme poète, érudit et penseur, un premier voyage sur cette terre des souvenirs. Cependant les choses avaient rapidement tourné en France. Lorsqu'il y revint, la liberté, déjà démodée, s'y trouvait en péril de plus d'un côté. Un matin, la rue fut pacifiée; l'ordre matériel, image peu fidèle de l'ordre dans les esprits, fut solidement assuré; la presse se vit réduite au silence, ou, ce qui est encore plus contraire à sa nature, obligée de parler bas; les utopies parurent s'être évanouies comme un songe; celle que M. Renan avait conçue, mais sagement tenue en réserve (le secret ne nous en a été révélé que plus de quarante ans après par la

publication de l'*Avenir de la science*) était comme les autres indéfiniment ajournée. M. Renan garda du Deux-Décembre un long
ressentiment, sans même en prévoir toutes les suites. Avoir
caressé l'espérance que la France allait retrouver la véritable voie
et retomber de si haut dans les réalités, apercevoir en se réveillant d'un si beau rêve une main toujours prête à s'appesantir sur
votre front, voir cette vieille société qu'on a crue au moment de
se rajeunir par la religion de la science rentrer joyeusement dans
son ornière et se laisser prendre aux plus grossiers appâts, c'était
une chute profonde. M. Renan en resta froissé pour toujours. Il
disait en 1875 : « La réaction de 1850-51 et le coup d'État m'ins-
pirèrent un pessimisme dont je ne suis pas encore guéri. » Il en
conçut une grande mélancolie d'esprit ; il la répandit dix années
de suite dans des articles qui faisaient les délices du public lettré
par l'agrément du style, par la nouveauté des aperçus et plus
encore par le contraste de ces maximes sévères, de ces dédains,
de ces sombres prévisions, avec l'éclat des fanfares et l'enfantillage des acclamations qui remplissaient tout de leur bruit. Il
trouvait, je pense, quelques heures d'oubli dans la salle de rédaction des *Débats*, où s'était réfugiée du moins une liberté qui con-
sole un moment de la perte des autres, la liberté de l'épigramme.
Mais dans ses articles il semblait n'avoir ou n'aimer à parler que
de ruines : la ruine du libéralisme, dont les promesses ne lui
avaient, à vrai dire, jamais inspiré grand enthousiasme ; la ruine
de l'éclectisme, généreux et suprême effort d'une passion épuisée ;
ou bien il montrait dans la destinée de Lamennais la fin des
essais de renaissance néo-catholique ou démocratique. Remontant à la cause de tous ces écroulements, et, comme s'il eût pris
plaisir à narguer le préjugé le plus cher au cœur de la France, il
dénonçait sans relâche la Révolution française. Il ne s'arrêtait
pas à la tâche oiseuse d'en flétrir une fois de plus les excès, mais
il tournait en dérision ses principes, il réprouvait également ses
destructions et ses créations, il aimait à la rabaisser en la rédui-
sant aux proportions d'un petit fait gaulois. Ces idées, il n'en est
jamais revenu : il les a exprimées trop souvent pour qu'elles ne
fussent pas chez lui indestructibles. C'est, j'en suis sûr, avec le
sourire que vous lui avez connu qu'il se donnait à lui-même ce
démenti : « J'ai dit trop de mal de la Révolution : c'est peut-être ce
que nous avons fait de mieux, puisque le monde en est si jaloux. »
Il ne lui déplaisait pas de rompre en visière aux enthousiasmes

du moment. Son article sur l'Exposition universelle de 1855 fit scandale. C'est que cet adorateur de la science avait en grand mépris le baconisme pratique que l'Anglais Macaulay avait célébré jadis à grands frais de rhétorique et dont cette Exposition était l'éclatant triomphe. L'amour de M. Renan pour la science conçue comme la révélation des lois de l'Univers et la plus haute expression de Dieu n'avait d'égal que son aversion pour le goût bourgeois du confortable et pour la badauderie en extase devant ces prétendues merveilles. En face des foules ébahies à cet étalage et rêvant un paradis provisoire où la science aurait pour mission de satisfaire sur l'heure à leurs fantaisies, il se sentait pris de pitié, il s'enfuyait d'horreur à l'autre pôle. Pour échapper à cet océan de vulgarités, il se plongeait avec volupté dans les *Acta sanctorum* des bollandistes, heureux de trouver parmi ces héros de la vie désintéressée, moines ou rois, chevaliers ou loqueteux, des souvenirs de distinction et de noblesse.

De temps en temps, quelques belles études d'histoire religieuse, où se trouvaient indiqués avec un charme bien nouveau en pareille matière les résultats de la critique contemporaine, émerveillaient un public de choix; quelquefois, elles l'inquiétaient aussi. M. Renan protestait avec vivacité contre toute interprétation de ses travaux qui verrait en eux des œuvres de polémique ou qui y chercherait une pensée de prosélytisme. Il ne voulait pas être pris pour un Voltaire. Il déclarait bien haut n'écrire que pour le petit nombre de ceux qui marchent dans la grande ligne de l'esprit humain. Qui pourrait, Messieurs, élever un doute sur la sincérité de ces paroles? Mais il oubliait qu'il avait reçu de la nature le plus puissant instrument de propagande : c'était le talent; il ne songeait pas que, s'il est facile à quelque professeur allemand de confiner sa pensée dans l'enceinte d'une école, ce don ne lui avait pas été départi : il marchait, lui, porteur de la lyre que tous suivent et qui met en mouvement jusqu'aux arbres des forêts, *tum rigidas motare cacumina quercus*. Il ne pensait pas au grand artiste qu'il était; il oubliait que par instinct l'artiste veut séduire tout le monde : il ne choisit pas parmi les applaudissements, et s'il en est qui aient plus de douceur à son oreille, ce sont peut-être ceux des ignorants et ceux des femmes.

M. Renan s'en aperçut le lendemain du jour où parut *la Vie de Jésus.*

Le retentissement européen de cet événement littéraire n'a pas
encore cessé dans nos souvenirs. Les éloges et les contradictions, les mandements, les sermons, les pamphlets, les injures
mêlées aux cris d'admiration, les Vies de Jésus publiées coup
sur coup en France et à l'étranger, tout ce qui grandit en un
moment les renommées comme un orage grossit les ruisseaux,
éclata en peu de semaines. M. Renan fut admirable de calme philosophique sous cet ouragan de gloire, et par son silence il attei-
gnit presque à la grandeur. Fut-il étonné de ce bruit, ou n'est-il
pas permis de croire que, s'il ne l'avait pas provoqué de parti pris
en écrivant son livre, il l'avait du moins prévu? Il savait bien
qu'on ne touche pas au vieux fond chrétien qui subsiste encore
partout en Europe, même au cœur des plus détachés, sans soulever une émotion extraordinaire. Aujourd'hui le calme est
revenu, les esprits sont apaisés : on peut parler de cet ouvrage
avec tranquillité.

M. Renan a raconté les enchantements au milieu desquels il en
écrivit une partie. Il parcourait depuis des mois la Galilée, suivant à la trace le long des lacs et des collines, dans les vallons
en fleurs, Jésus et ses amis ; les soirées et les nuits se passaient
en suaves entretiens avec sa sœur Henriette sur ces souvenirs
sacrés. Il sortit de tout cela un livre qui respirait l'ivresse et qui
la répandait. Tous les lecteurs la ressentirent. Puis les objections
se firent jour, et de bien des côtés. Les savants reprochèrent au
livre de n'être pas scientifique : ils demandaient compte à l'auteur
des libertés qu'il avait prises avec certains documents et de
l'usage qu'il en faisait après avoir jeté lui-même le soupçon sur
leur autorité ; ils lui demandaient surtout de quel droit il les avait
brisés en mille pièces pour les ajuster à son plan et pour en com-
poser, comme dans une verrière, la figure qu'il avait imaginée ;
ils osaient douter que les grossiers habitants des villages où
Jésus prêcha d'abord, pêcheurs et paysans, d'une rudesse passée
en proverbe, travaillés à cette heure même par l'espérance d'une
révolution violente et prochaine, eussent pu se prêter à cette pas-
torale. Les lettrés, plus préoccupés de l'art et du goût, revenus
du premier éblouissement, se demandaient si ces procédés romanesques, descriptions de paysage, analyses subtiles, supposi-
tions piquantes, étaient à leur place dans la plus grave de toutes
les histoires, et si ce coloris n'aurait pas mieux convenu pour
peindre une cour d'Italie du quinzième siècle que pour retracer

les commencements d'une grande religion; ils se demandaient
enfin quel rapport il pouvait y avoir entre le prêcheur idyllique
de Galilée et « le sombre géant » des derniers jours, où était
l'unité du caractère, par conséquent la vérité de la vie. Quant aux
croyants, ils souffraient de voir la figure du maître, au lieu de
mieux apparaître dans sa grandeur par le travail de l'artiste,
s'abaisser peu à peu par l'abus même des embellissements et
devenir à la fin un incompréhensible mélange de faiblesse et de
duplicité, de douceur et d'emportement, qui glaçait par degrés
l'adoration.

Je ne sais ce qu'il est devenu de ces objections et si elles se
murmurent encore quelque part à petit bruit. Le livre a résisté
en partie et sa nouveauté consiste justement à les avoir soulevées. S'il n'a pas marqué dans la science, il aura une place dans
l'histoire des idées. Il est le premier essai de substituer, en la
faisant entrer dans l'histoire, au vague fantôme qui a traversé les
siècles une figure de chair et de sang. Ce qu'on ne peut se dissimuler toutefois, c'est que, malgré les formules dont il l'accable
et qu'on dirait parfois empruntées au protocole du Bas-Empire,
l'auteur n'a retracé qu'une figure sans proportion avec celle que
se crée, sur quelques mots de l'Évangile, le cœur ému du croyant.
Jésus a, pour M. Renan, le tort d'avoir aimé autre chose que
l'idéal; il a cru que l'idéal devait être réalisé au moins par-
tiellement, et qu'il n'était rien s'il ne devenait pour la vie intérieure une règle et pour les sociétés de ce monde une lumière.
Jésus n'a pas craint de se mêler à la foule, de descendre à la con-
troverse, de se commettre avec les Pharisiens et de s'exposer à
leurs embûches. Le héros de sainteté a été un héros d'action : aux
yeux de l'écrivain, son auréole pâlit, il n'est plus qu'un idéaliste
déchu.

Après *la Vie de Jésus*, tout autre succès ne pouvait que lan-
guir. L'*Histoire des origines du christianisme* a fait, de volume en
volume pendant vingt ans, le charme des lecteurs cultivés. L'histoire des empereurs y va de front avec celle du christianisme, et
le goût romantique de M. Renan pour l'excessif et pour l'énorme,
en a tiré d'admirables épisodes. Mais il marchait maintenant sur
un terrain trop historique, et son imagination n'y avait plus la
même liberté. L'imagination, Messieurs, a son rôle légitime et
même nécessaire dans l'histoire. Elle seule peut délivrer l'esprit
des obsessions qui l'empêchent de se représenter, avec la nuance

exacte de chaque siècle, la face mouvante des choses. Sans
l'imagination, comment l'historien pourrait-il rassembler selon
les lois de la vie les membres épars, souvent incomplets, que lui
livrent les documents pour en tirer, je ne dis pas une résurrec-
tion, mais une simple restauration? L'imagination de M. Renan
est plus exigeante. S'il se plaît exclusivement à l'histoire des
origines, — origines du langage, origines d'Israël et de la religion de Jahvé, — s'il semble dominé par l'ambition de se représenter ce que nous sommes condamnés à ne savoir jamais, s'il
tente de parti pris l'impossible, ce n'est pas sans raison; il ne
faut pas moins à son imagination que ces grands espaces vides
pour s'y ébattre à l'aise. Il réclame, dans la préface de l'*Histoire
d'Israël*, un peu de l'indulgence qu'on a coutume d'accorder aux
voyants. N'est-il pas lui-même, en effet, une sorte de voyant?
Les résultats en très grande partie négatifs de la critique allemande n'ont laissé dans cette *Histoire d'Israël* que peu de certitude. Otez les discussions sur l'authenticité des documents, les
rapprochements à l'aide desquels M. Renan essaye de faire
pénétrer dans ces ténèbres une légère lueur, les réflexions qui
sont le fond de sa philosophie de l'histoire, et çà et là quelques
fresques hardies pour ranimer des figures dont le nom seul subsiste avec des débris frustes et presque réduits en poussière,
que reste-t-il, si ce n'est un canevas à mailles trop larges pour
supporter une broderie et qui ne peut être rempli que par les
visions de l'auteur?

Mais que d'inattendu et que d'amusement dans ces fantaisies!
S'il est un art supérieur, fait de justesse et de vérité, qui représente la pleine santé de l'esprit, art sévère auquel nous ramène
toujours le besoin de trouver à de certaines heures le réconfort
et la paix divine, il y a aussi un art d'amuser, art moins pur
sans doute, mais infiniment précieux, et M. Renan y excelle.
L'admirable chroniqueur! Et quelle dextérité pour donner d'un
mot à ces faits qu'enveloppe le nimbe héroïque de la légende une
tournure moderne! Quelle habileté à se jouer avec grâce du bon
sens vulgaire par des paradoxes d'où s'exhale un vague parfum
de vérité, perceptible seulement aux sens les plus délicats!

Les rapprochements en histoire exposent à d'étonnants ana-
chronismes : on ne se les permet qu'avec précaution, quand on
tient par-dessus tout à la justesse et qu'on attache quelque prix
à distinguer les nuances. M. Renan rappelle à l'occasion du roi

David je ne sais quel assassin mort de nos jours sur l'échafaud ;
il y a pourtant, à ce qu'il semble, entre le brigand d'Adullam et
le scélérat moderne, outre l'inégalité du succès, un peu plus
qu'une nuance. Mais l'histoire, œuvre de la foule et de quelques
audacieux, était, selon M. Renan, un tissu de crimes triomphants
et d'efforts vertueux trahis par le sort ; et c'est ce qui lui gâtait
le métier d'homme d'action. L'homme d'action n'est ni un artiste
ni un savant : « Ce n'est pas même, ajoutait M. Renan, un homme
très vertueux, car jamais il n'est irréprochable, la sottise et la
méchanceté des hommes le forçant à pactiser avec elles ; jamais
surtout il n'est aimable. »

Sans rappeler qu'Alexandre, César, Napoléon Ier ont été violemment aimés et qu'ils passent, d'après des témoignages graves,
pour avoir été, quand ils l'ont voulu, les plus aimables des
hommes, je suis sûr que M. Renan n'aurait pas cessé de l'être,
même s'il était devenu homme d'action ; et ce malheur faillit un
jour lui arriver. En 1869, il eut la fantaisie de briguer un siège
de député. Il se présenta dans Seine-et-Marne ; il échoua. S'il
se consola promptement de cet échec, il s'en souvint toujours. Il
en a cherché plusieurs fois l'explication, et même devant vous
dans une séance comme celle-ci. Comment n'y reconnaissait-il
pas simplement une faveur de la fortune qui lui avait rendu ce
jour-là un signalé service ? Au lieu de se tromper dans ses prédictions, petit malheur arrivé à beaucoup de grands esprits, il
lui aurait été sans doute plus pénible de se tromper dans sa
conduite ; et qui sait, une fois dans le tourbillon, sur quels
écueils il aurait pu être jeté ? S'il était entré au Sénat, comme il
l'a désiré, il y eût été honoré et écouté, rien de plus certain ;
mais aurait-il été entendu ? Pour toucher utilement aux choses
humaines, il ne faut pas avoir trop de dédain pour elles, il ne
faut pas non plus dépasser de trop haut le niveau commun des
esprits. M. Renan se serait-il laissé discipliner, comme un
homme ordinaire, encadrer comme un homme de parti ? Qu'aurait-il fait du droit qu'il se réservait avec un soin si jaloux de se
contredire une fois par jour, par respect pour la vérité ? Que
fût-il advenu de la belle unité de sa vie ? Et nous-mêmes, Messieurs, que n'aurions-nous pas risqué d'y perdre ? Il n'aurait pas,
je le crains, obtenu la faveur qu'il ambitionnait, de mourir à la
romaine, assommé sur son siège de sénateur ; ces beaux jours de
péril qui prêtent à l'héroïsme ne sont pas fréquents : il aurait pu

seulement recueillir de cette excursion aventureuse l'avantage
de reconnaître que dans ce pandémonium des Assemblées politiques il y a place aussi pour quelque noblesse d'âme; que, si la
pensée et la science ont la grandeur sans égale, le caractère, qui
donne l'ascendant, auquel vont aussi naturellement qu'à la science
les respects des hommes quand il se déploie dans ces luttes
bruyantes au profit de la justice et de la patrie, n'est pas sans
avoir aussi sa beauté.

Lorsque les événements rouvrirent encore une fois, comme
vingt ans auparavant, le champ des spéculations politiques,
M. Renan se trouva prêt des premiers à offrir à la France un
plan de *Réforme intellectuelle et morale*. Ce n'était pas tout à fait
le même qu'en 1848; mais il tendait au même but : la constitution d'une classe qui aurait eu, avec le dépôt de la haute culture
et de la science, la charge de l'avenir. Il stipulait à cette fin les
conditions d'un pacte difficilement acceptable. « Que l'Église,
disait-il, admette deux catégories de croyants : ceux qui sont
pour la lettre et ceux qui s'en tiennent à l'esprit! Ne vous mêlez
pas de ce que nous enseignons, de ce que nous écrivons, et
nous ne vous disputerons pas le peuple. Ne nous contestez pas
notre place à l'Université, à l'Académie, et nous vous abandon-
nerons sans partage l'école de campagne. » Le seul moyen de
nous relever était, dans sa pensée, l'abjuration de tout ce que
nous avions cru depuis cent ans, un retour courageux vers ce
qui nous paraissait depuis si longtemps condamné sans appel;
et il démontrait avec une force invincible l'absurdité, que dis-je?
l'impossibilité de ce qui est. « Sont-ce des rêves? s'écriait-il.
Peut-être; mais alors, je vous l'assure, la France est perdue. »
Il ne se trouva personne pour convertir ce plan en projet de loi.
C'était vouloir en effet imposer à l'histoire une correction un
peu forte, et, de la part d'un adversaire du surnaturel, demander
un trop grand miracle. Il est heureux cependant pour ces idées
de restauration du passé qui hantaient beaucoup de personnes,
et dont tant de belles intelligences sont peut-être encore pour-
suivies, qu'elles aient rencontré un tel patronage. Elles ne seront
jamais justifiées par des raisons tirées de plus haut ni exposées
avec plus de séduction.

Ces lendemains de catastrophes sont pour les esprits comme
M. Renan le moment de philosopher. Sa philosophie se devine
dès ses premiers écrits; elle circule comme un fluide vital dans

toute son œuvre; il ne l'avait encore rassemblée nulle part. Il n'avait pas le goût dogmatique, et il considérait presque comme un délire la prétention d'enfermer dans ces coquilles de noix qu'on appelle un système l'océan toujours en mouvement de la vérité. Il ne voyait pas d'avenir à la métaphysique, il l'avait plus d'une fois déclarée éteinte pour jamais. Quiconque se mêle de penser doit avoir une philosophie. M Renan estimait que l'art de l'habile homme et de l'écrivain qui sait son métier est de n'en parler jamais. Il éprouva pourtant, après 1871, le besoin de résumer la sienne; il le fit sous la forme, il est vrai, la moins compromettante, celle du dialogue. Il prend soin de distinguer les certitudes, les probabilités et les rêves. Les certitudes, Messieurs, se réduisent à peu de chose; encore ne sont-elles peut-être pas toutes absolument incontestables. Mais les rêves de M. Renan, qui aurait la hardiesse de les exposer? Il a raconté gaiement qu'un jour, au sortir de la jeunesse, il s'était aperçu que le Breton était mort en lui, mais que le Gascon avait eu des raisons de survivre. N'aurait-il pas survécu seulement, et serait-ce lui qui domine seul dans les rêveries philosophiques? Les belles mélancolies d'autrefois ont passé sans retour. M. Renan ne garde plus trace de cette tristesse qu'il disait être seule féconde en grandes choses; il fait maintenant profession d'une bonne humeur qui n'est pas le simple enjouement, mais qui confine à une jovialité assaisonnée d'ironie. Le sourire est, selon lui, le correctif nécessaire de toute philosophie. Sont-ce des spéculations sérieuses ou des jeux d'esprit que ses vues sur l'avenir de la terre, sur l'avenir de la raison, sur les chances diverses de ce qu'il appelle l'expérience de l'Univers, sur ce qui résultera dans quelques millions d'années des chocs qui s'opèrent à chaque instant sur le billard infini? M. Renan est habile à revêtir de formes religieuses les idées les plus étranges. Grâce à sa langue aérienne, des choses énormes passent enlevées avec une légèreté qui ferait supposer dans ses formules une puissance magique. Ne touchez pas à ces formules, vous ne pourriez que les altérer ou les épaissir; n'essayez pas de traduire ces idées en langue profane, vous ne trouveriez peut-être au fond que la conception lugubre d'un monde dépourvu de sens et poursuivant sans raison un but absurde ou futile. On ne suit pas sans surprise M. Renan dans ses spéculations sur les progrès qui devront aboutir, ici ou ailleurs, « à l'organisation de Dieu ». On l'admire

quand on le voit s'élever avec aisance dans ces régions où rien
ne respire plus et où, loin du globe noir, loin de l'astre vivant,
à la lueur des nébuleuses, semblable au condor dont un de vous
a parlé,

> Il dort dans l'air glacé, les ailes toutes grandes.

Mais on se demande si à de pareilles hauteurs la raison n'aurait pas besoin, pour se préserver du vertige et de la folie, de
porter le lest d'une pensée sérieuse et d'avoir en vue quelque
but vraiment humain.

Une idée se détache toutefois, avec un caractère, me permettrez-vous de le dire? un peu inquiétant. Serait-elle pour M. Renan
une fantaisie sans portée? Il est difficile de le croire, car elle
occupe dans ses écrits une place capitale; elle est le pivot de sa
philosophie de l'histoire, la clef de ses opinions sur l'avenir de
notre espèce et sur la situation présente, l'explication de ses
sévérités à l'égard de la Révolution française et de son aversion
pour la démocratie, qu'il appelle l'erreur théologique par excellence.

La raison et la science, synonymes de Dieu, devront régner
un jour, puisque leur règne est la fin de l'Univers. Armées de
découvertes qui mettront à leur discrétion l'existence même de
la planète et la vie des individus, elles sauront bien, malgré
toutes les résistances, se faire reconnaître et obéir. La science
est l'œuvre et restera le privilège d'un nombre infiniment petit
d'intelligences auquel il faut que le reste du monde soit sacrifié.
Les masses, c'est-à-dire la presque totalité de l'espèce humaine,
sont le terreau nécessaire pour faire vivre et prospérer une
poignée de penseurs. Je crains, Messieurs, que ces perspectives
peu rassurantes ne compromettent un peu la religion de la
science. M. Renan se félicitait qu'il lui eût été donné de comprendre, seul dans son siècle, Jésus et saint François d'Assise.
Pour saint François, je n'oserais me prononcer; pour Jésus,
puisque M. Renan l'a si bien compris, il n'ignore donc pas qu'il
s'éloigne ici plus qu'il ne l'avait encore fait de sa doctrine, et
qu'il rompt avec le christianisme une seconde fois plus gravement que la première? Il s'était séparé jadis sur l'idée du surnaturel, il se sépare aujourd'hui sur l'idée de l'humanité. L'Évangile ne fait pas de catégories parmi les âmes humaines, et les
plus humbles s'y voient relevées par ce qui est pour elles au-

dessus de tous les biens, la tendresse et le respect. L'Évangile est l'épopée des simples, un hymne anticipé à la Jérusalem des misérables.

M. Renan ne les voit qu'abandonnés sans espoir à la brutalité de leurs instincts. Il peint d'un pinceau véhément et sans se lasser les vices de la foule. Ses *Drames philosophiques*, qui sont la suite des *Dialogues*, en sont remplis. Dans les trois premiers (je ne veux pas parler que de ceux-là), ces vices se retrouvent incessamment, personnifiés sous des noms poétiques : les paradoxes sur la philosophie de l'histoire que M. Renan a exprimés si souvent, devenus pour lui des lieux communs ou plutôt des axiomes, en sont le thème véritable; la foule, avec ses formidables méprises, toujours la proie de ses vices et la dupe des charlatans qui les exploitent, en est le héros. Tout ce que M. Renan a vu de ses yeux en 1848, en 1851, en 1871; ce que l'histoire de tous les temps lui a offert de scènes atroces ou burlesques, dans ces moments où tout le monde est foule, même les réfléchis et les raffinés, fournit les traits de ces peintures. Je m'imagine parfois que l'artiste en aurait peut-être atténué la dureté s'il avait pressenti quelles funérailles plus que royales lui ferait, sous les yeux de la foule respectueuse, un gouvernement démocratique; — à moins toutefois qu'il n'eût vu dans cette pompe un suprême argument à l'appui de ses idées sur les méprises dont la démocratie est coutumière.

La vie et les choses humaines n'étaient pour Renan qu'un spectacle peu sérieux, mais toujours intéressant. En se prêtant à tout de bonne grâce, il paraissait de plus en plus convaincu que, dans cette grande comédie où se déroulent les jeux de la fortune et de l'illusion, dans cette fantasmagorie où tout a sa place, même par moments l'héroïsme et la vertu, il n'y a rien à changer, au moins si l'on ne veut pas s'exposer à rendre la pièce moins amusante. Il avait sur l'avenir des idées qui auraient pu conduire à un assez sombre pessimisme. Et pourtant M. Renan a été un homme heureux. Il vous a charmés jusqu'à la fin par sa placidité souriante; il vous a édifiés par l'exemple d'un bonheur qui ne sentait ni la tension ni l'effort, et où l'on ne voyait qu'un entier abandon. Je ne sais si, depuis Spinoza, personne a jamais puisé dans une familiarité de toutes les heures avec l'éternel une plus parfaite quiétude.

Nul n'était d'un commerce plus facile, et je comprends qu'il

fût un peu l'enfant gâté de l'Académie. Sa douceur allait jusqu'à
la complaisance; elle aurait dépassé la mesure, si elle n'eût été
peut-être le don rare de découvrir dans un propos vulgaire,
dans une erreur bourgeoise, dans la façon de voir la plus
opposée à la sienne une paillette de vérité. Mais il ne pouvait
être question d'intimité étroite avec un homme incapable, selon
son aveu, de se communiquer à d'autres qu'à ceux qu'il savait
n'avoir pas d'opinion. Condition moins facile à remplir qu'on ne
croirait. Qui peut se flatter, à moins d'une organisation particulièrement favorisée, d'être assez affranchi de toute croyance, ou
de tout parti pris sur quoi que ce soit, pour se croire parvenu à
cet éminent degré de liberté d'esprit?

M. Renan était de ceux qui n'imitent personne et qu'on n'imite
pas. Vous chercheriez en vain à sa pensée quelque parenté
parmi ses devanciers : s'il fallait le rattacher à quelque origine
ou lui découvrir des affinités, c'est à l'étranger qu'on aurait
chance de les rencontrer. Encore M. Renan s'abusait-il, je
pense, sur l'étendue et sur le prix de ce qu'il devait aux Allemands. Il n'a point eu de maître, il n'a pas fait de disciples, et
il n'en fera pas. Il est et restera unique en France, idole des uns,
pierre de scandale pour un grand nombre, exerçant sur les
autres l'attrait d'une pensée qui fuit, comme Galatée, et qu'on
poursuit sans l'atteindre.

Il y a quelque raison de croire que la tradition française l'im-
portunait un peu. Il déclarait Descartes surfait; un de ses regrets
aura dû être, en mourant, de n'avoir pas, comme il se l'était
proposé si longtemps, délivré la France de cette superstition qui
s'appelle Bossuet; on peut deviner ce qu'il pensait de Voltaire.
S'il s'est placé volontairement en dehors de cette tradition, il
n'en a pas rompu la chaîne. Je me vois entouré de nobles esprits
qui la continuent avec honneur. Voilà quatre siècles que les
lettres se développent en France, constamment mêlées à notre
vie sociale; elles en font partie. La littérature s'y prend assez au
sérieux pour ne pas renier sa prétention de servir de flambeau.
La pensée française a trouvé dans cette alliance avec l'action un
préservatif contre les singularités de l'imagination, et cet équilibre admirable qui fait son autorité. Elle y a contracté l'habitude
d'une mâle franchise dans l'expression, le besoin de se mettre
d'accord avec elle-même, et le mépris de petites précautions qui
énervent la pensée. Lorsque le temps, faisant son œuvre, a

frappé de caducité les doctrines, il s'est trouvé que ces doctrines, quelquefois grandioses, n'avaient pas été stériles : elles avaient dominé toute une époque et donné une longue impulsion aux intelligences ; elles avaient labouré profond, et du sillon était sortie une moisson abondante : le monde en vit à l'heure qu'il est. Comme elle a eu la loyale ambition d'être comprise et acceptée, elle n'a point dédaigné la propagande par amour de l'art, et elle s'est presque toujours tenue en garde contre l'abus des paradoxes, qui amusent un moment, mais qui éveillent bientôt la défiance et qui vieillissent si vite. Le premier mot de Descartes dans le *Discours de la méthode* est un hommage rendu à l'équitable distribution du sens commun : vous en êtes un peu les gardiens, Messieurs ; il n'y a pas de mission plus haute.

DISCOURS

PRONONCÉ

AUX OBSÈQUES DU PRÉSIDENT CARNOT

le 1er juillet 1894

AU PANTHÉON

Messieurs,

Ma pensée et peut-être aussi la vôtre se reportent en ce moment à quelques années en arrière. Nous célébrions, il y a cinq ans, une cérémonie analogue à celle-ci, quoique moins tragique; sous ces voûtes retentissait alors comme aujourd'hui le nom de Carnot. Le 4 août 1889, un grand nombre de ceux qui sont ici rendaient des honneurs tardifs, mais profondément émus, aux restes de Lazare Carnot, qui nous revenaient d'un long exil. Lazare Carnot avait été mêlé à des événements terribles; il avait été emporté, jeune officier, dans une tourmente où tant d'autres perdirent pied; il ne périt pas, il eut l'honneur d'incarner un jour en lui l'âme de la Patrie; ses travaux et le succès de ses plans inscrivirent son nom en caractères ineffaçables à côté des victorieux. Mais la destinée, quand elle fait à quelque élu de son choix une place d'honneur dans les jeux où elle se complaît, ne le fait pas gratuitement. Lazare Carnot, exilé deux fois, après avoir erré des années en pays étranger, était mort dans une ville lointaine et ses restes y étaient obscurément ensevelis lorsque, soixante-six ans après, ils nous étaient fidèlement rendus par la terre à laquelle en avait été confié le dépôt.

Nous rendons aujourd'hui, à cette même place, les derniers honneurs à un autre Carnot. Celui-ci était pacifique entre tous.

Sa vie privée, sa vie publique ne présentaient pas une tache; il serait difficile au juge le plus sévère de trouver en lui matière à un reproche sérieux et mérité. La bienveillance était le trait dominant de son caractère. Il n'a jamais connu la colère; jamais une pensée de vengeance n'effleura son cœur; s'il ne fut pas incapable d'indignation, il a toujours ignoré la haine, et même dans les jours lugubres où il votait pour la continuation de la guerre, il rêvait, sans irritation contre personne, un ordre européen qui, bien loin d'ouvrir une longue perspective de guerre et une période d'angoisses accablantes même pour les plus résolus, assurât une paix durable parce qu'elle serait sincère. Puis, porté d'une manière imprévue à la magistrature suprême, il travaille sans relâche pendant près de sept ans au bien du pays; il s'applique à faire aimer la République, en désarmant par son sourire aimable et loyal jusqu'aux plus profondes rancunes, en se prodiguant à tous dans ses voyages sans fin. Entouré de la considération européenne, il attache son nom à des actes d'heureux présage pour l'avenir du pays; quelques mois encore, et il va rentrer dans le repos auquel il aspire. Le moment est venu : il faut qu'il tombe, et sans motif imaginable, sans avoir fait à qui que ce soit la plus légère blessure, victime d'un dévouement que la maladie n'a pas affaibli, victime de cet excès de confiance auquel l'homme droit et bon s'accoutume si vite, il tombe à l'improviste sous le poignard d'un misérable assassin.

Voilà l'aïeul et le petit-fils à cette heure réunis. Devant cette destinée qui semble réserver de parti pris aux vies les plus honnêtes, aux cœurs les plus hauts et les plus désintéressés, tantôt l'exil, une vieillesse errante, une mort obscure loin du pays natal sous un toit étranger, tantôt la vengeance inexplicable d'un fou sorti de l'ombre uniquement pour frapper, un doute amer se glisse dans l'âme; elle se demande à quoi bon agir, puisque telle est la rémunération qui attend les plus purs dévouements.

Doutes futiles, car la réponse éclate autour de nous. La France, que le grand-père et le petit-fils ont aimée d'un même amour, dont l'idée dominante et unique faisait oublier au membre du Comité de salut public les horribles tragédies où il vivait, qui remplissait toute la pensée du Président au point de n'y laisser nulle place pour les calculs de l'ambition ou d'une vulgaire prudence, elle est là vivante et forte, portant noblement la cicatrice

des blessures qu'elle a reçues, forçant dans ses heures les plus
critiques le respect des autres par la dextérité avec laquelle elle
sort de ces crises. L'ouvrier est frappé au milieu de son travail,
il périt par un accident vulgaire ; l'œuvre avance et se conserve.
La foi dont ils ont vécu, où ils ont puisé la force d'agir n'est
point trompée ; l'inspiration qui a fait la dignité de leur vie et qui
fait aujourd'hui l'honneur de leur nom était la bonne. Ce qu'ils
ont amassé d'estime ou mérité d'admiration est un trésor impérissable, il demeure et tourne au profit de ceux qui survivent.
La France vit du dévouement de tous ceux qui se sont sacrifiés
pour elle, des nobles pensées qui ont traversé leur esprit, de
leurs souffrances, même de leur mort ; le coup frappé à Lyon
retentit en témoignages de sympathie où nous avons le droit de
puiser quelque force et quelque fierté.

Oui, l'action humaine est fort bornée, et grande est l'erreur de
ceux qui s'en exagèrent la portée ; mais elle est réelle, quoiqu'elle ne se mesure pas à l'orgueil des promesses, ni à la grandeur des desseins, ni à la présomption de ceux qui se confient
trop dans leur force. Nul n'eut moins de prétention que M. Carnot
et ne fut plus sobre de promesses. Mais quand on se rappelle la
situation troublée au milieu de laquelle il fut appelé à la Présidence et comment il en est sorti sans recourir une seule fois à
d'autres moyens que les plus constitutionnels, les plus honnêtes
et les plus simples, on ne peut se défendre d'un profond sentiment de respect. Ceux d'entre nous qui se rappellent le jour de
la distribution des récompenses de l'Exposition universelle, ceux
qui revoient en idée ce défilé immense de bannières de toutes
couleurs, de tous pays, de toutes dénominations, s'inclinant l'une
après l'autre en passant devant ce jeune Président, ne peuvent
avoir oublié l'impression d'autorité calme et de majesté bienveil-
lante qui se dégageait d'un tel spectacle. Les échos remplis
depuis une semaine des témoignages de l'émotion sincère soulevée par cette disparition foudroyante disent assez quelle place
il occupait dans l'estime de l'Europe. Comment s'était-il trouvé
si vite et si facilement de plain-pied avec une situation si nouvelle ? Par cette impeccable correction dont des esprits légers,
gâtés par l'habitude et l'abus du persiflage, ont voulu parfois
s'égayer. Avec plus de réflexion, ils auraient aperçu que cette
correction, c'est-à-dire la dignité constante du maintien, du langage, de la vie, n'est point chose apprise et l'effet d'une contrainte

38

de la volonté; elle ne peut être que le reflet de la correction de l'âme, l'expression d'une nature dégagée de tout ce qui est bas et accoutumée à prendre au sérieux tous les devoirs, de quelque nature qu'ils soient, qui lui sont imposés.

Cette dignité d'attitude et de langage peut-être avait-elle en partie sa source dans ce calme d'âme, si éloigné de l'indifférence et de la frivolité, et qui ressemble plutôt à une foi supérieure. Ce calme est un don d'une rare valeur chez un homme d'État, il est d'un prix sans égal chez celui qui occupe la première place; il est le plus sûr auxiliaire de la raison, car il conserve au jugement sa lucidité et à la volonté son équilibre. M. le Président Carnot ne s'en départit jamais : soit en présence de l'indéfinissable aventure qui troubla les premiers jours de sa présidence, lorsqu'un étrange aventurier et un cortège d'alliés plus extraordinaire encore escomptaient à si grand bruit un succès auquel ils ne croyaient pas; soit en face des difficultés troublantes nées de changements brusques et fréquents dans l'administration. M. Carnot toujours paisible attendait, non pas avec une résignation fataliste, mais avec une confiance raisonnée qui peu à peu se communiquait aux autres et où plusieurs, qui se flattaient pourtant d'avoir une tête solide et une âme forte, étaient heureux de trouver un cordial inattendu.

Que ce calme nous soutienne dans l'heure grave que nous traversons! Il semble que la destinée, en plaçant sur notre route des criminels d'une espèce inconnue et en livrant à l'un d'eux une victime d'un si grand prix, nous sollicite elle-même de réfléchir plus sérieusement que jamais sur l'énigme qu'elle nous donne à expliquer lettre à lettre. En attendant que nous en découvrions le mot, si nous ne sommes pas condamnés à l'ignorer toujours, nous n'avons rien de mieux à faire que de suivre, dans ce temps si rempli de questions obscures, la plus sûre de toutes les lumières, celle qui reluit de toutes parts dans la vie du Président Carnot : l'amour profond de la Patrie, le culte inflexible de la loi.

TABLE DES MATIÈRES

CHALLEMEL-LACOUR.. I

Discours sur *les marchés de Lyon*, prononcés les 30 janvier, 1er et
17 février 1873 à l'Assemblée nationale........................... 1
Discours prononcé le 20 juin 1873 aux obsèques de *Brousse*, député
à l'Assemblée nationale.. 74
Discours sur *l'interpellation du centre gauche*, prononcé le 12 novembre 1873 à l'Assemblée nationale................................. 77
Discours sur *l'interpellation au sujet de la circulaire relative à l'exécution de la loi sur les maires*, prononcé le 18 mars 1874 à l'Assemblée nationale.. 85
Discours sur *la liberté de l'enseignement supérieur*, prononcés les 4 et
5 décembre 1874 à l'Assemblée nationale.......................... 118
Discours sur *le maintien de l'état de siège*, prononcé le 29 décembre 1875
à l'Assemblée nationale.. 135
Discours prononcé le 14 mai 1876 aux obsèques d'*Alphonse Esquiros*,
sénateur des Bouches-du-Rhône................................... 152
Discours prononcé le 18 mai 1876 aux obsèques de *Michelet*.......... 158
Discours sur *la proposition de loi relative à la collation des grades*,
prononcé le 18 juillet 1876 au Sénat............................. 166
Discours sur *la question des prétendants*, prononcés les 10 et 17 fé-
vrier 1883 au Sénat... 199
Discours sur *l'organisation de la juridiction française en Tunisie*,
prononcé le 3 mars 1883 au Sénat................................ 234
Discours sur *les entreprises coloniales et les affaires du Tonkin*, prononcé
le 13 mars 1883 au Sénat.. 240
Discours sur *la triple alliance*, prononcé le 1er mai 1883 au Sénat...... 249
Discours sur *les crédits du Tonkin*, prononcé le 15 mai 1883 à la
Chambre des députés.. 260
Discours sur *les affaires du Tonkin*, prononcé le 24 mai 1883 au Sénat. 284
Discours sur *les affaires du Tonkin*, prononcé le 2 juin 1883 au Sénat. 292
Discours sur *les affaires du Tonkin*, prononcé le 10 juillet 1883 à la
Chambre des députés.. 306
Discours sur *les affaires de Madagascar*, prononcé le 16 juillet 1883
à la Chambre des députés.. 318
Discours sur *les affaires de l'Annam*, prononcé le 21 juillet 1883 au
Sénat... 324

Discours sur *les affaires du Tonkin*, prononcé le 30 octobre 1883 à la
  Chambre des députés.. 332
Discours sur *la politique radicale*, prononcé le 19 décembre 1888 au
  Sénat... 365
Discours prononcé le 9 février 1890, à Marseille, au *banquet annuel de
  la municipalité*... 391
Discours sur *le régime de la presse*, prononcé le 27 février 1890 au
  Sénat... 402
Discours sur *le régime douanier des maïs et des riz*, prononcé le
  3 juillet 1890 au Sénat.. 414
Discours prononcé le 27 juillet 1890 à la *distribution des prix* du lycée
  de Marseille.. 427
Discours sur *le projet de loi relatif à l'établissement du tarif général des
  douanes*, prononcé le 19 novembre 1891 au Sénat.................. 435
Discours sur *le régime douanier des graines oléagineuses (discussion
  du tarif général des douanes)*, prononcé le 30 novembre 1891 au
  Sénat... 472
Discours sur *la constitution des universités*, prononcé le 10 mars 1892
  au Sénat.. 490
Discours prononcé à l'occasion de *la célébration du centenaire de
  la République (cérémonie du Panthéon)*, le 22 septembre 1892........ 525
Discours prononcé le 28 mars 1893 *en prenant possession du fauteuil de
  la présidence du Sénat*... 532
Discours prononcé aux *obsèques de M. Tirard*, le 8 novembre 1893... 536

Discours prononcés à la présidence du Sénat :
  Le 12 juin 1893, *éloge funèbre du comte de Tréveneuc*............. 541
  Le 10 juillet 1893, *éloge funèbre de M. Marcou*.................. 543
  Le 14 novembre 1893, *ouverture de la session extraordinaire*...... 547
  Le 11 décembre 1893, *sur l'attentat anarchiste commis à la Chambre*. 548
  Le 22 janvier 1894, *réélection à la présidence du Sénat*.......... 549
  Le 29 janvier 1894, *éloge funèbre de M. Alphonse Gent*........... 553
  Le 25 juin 1894, *sur l'assassinat du Président Carnot*............ 557
  Le 27 juin 1894, *élection de M. Casimir-Perier*.................. 559
  Le 5 novembre 1894, *sur la mort d'Alexandre III, empereur de Russie*. 559
  Le 13 décembre 1894, *sur la mort de M. Burdeau, président de la
    Chambre*.. 562
  Le 14 décembre 1894, *éloge funèbre de M. Jean Macé*............ 562
  Le 11 janvier 1895, *réélection à la présidence du Sénat*.......... 566
Discours de *réception à l'Académie française*, prononcé le 25 jan-
  vier 1894... 570
Discours prononcé aux *obsèques du président Carnot*, le 1er juillet 1894,
  au Panthéon.. 591

Coulommiers. — Imp. PAUL BRODARD. — 18-97.

Imprimé en France
FROC021742030119
20184FR00014B/325/P